법으로 읽는
중국 고대사회

이 번역서는 2017년 대한민국 교육부와 한국연구재단의 지원을 받아 수행된 연구임
(NRF-2017S1A6A3A1079180)

현대의
고전
14

취퉁쭈 지음 ― 김여진 · 윤지원 · 황종원 옮김

중국 고대 법률 형성의 사회사적 탐색

법으로 읽는
중국 고대사회

글항아리

개정판 서문

　1947년 상무인서관에서 출판한 이 책[1]은 필자가 윈난대학과 시난연합대학에서 강의한 중국 법 제도사 및 사회사 원고를 수정한 것으로, 해외에 있을 때 보완과 수정을 거쳐 1961년에 영문으로 번역 출간되기도 했다.[2] 이 책이 여전히 학술적 가치를 지니고 있다고 본 중화서국이 최근 재판을 요청했고, 현재 중국 법 제도사 분야의 저술이 부족함을 생각하여 재판에 동의하게 되었다.

　내용과 관련해 설명되어야 할 것이 몇 가지 있다. 첫째는 쿤밍에서 원고를 쓸 때 자료가 부족해『송형통宋刑統』을 구하지 못했다는 점이다. 그리하여 그 법전의 조문을 인용하지 못한 것이 이 책의 큰 결함이었으되, 영문 번역본이 출판될 때에야 비로소『송형통』과 기타 자료들을 보완해 넣을 수 있었다. 둘째는 이 책의 6장에서 유가와 법가 사상에 대해 논하고 있는데, 이 책이 출간된 후 중국 법률에 끼친 유가 사상의 영향에 관한 필자의 견해에 새로운 인식과 변화가 생겼다는 점이다. 그리하여 1948년 베이징 대학 50주년 기념회에서 필자에게 원고 작성을 요청했을 때 이 문제를 가지고「중국 법률의 유교화」라는 글을 쓴 바 있다.[3] 그 후 영문 번역본이 출간될 때 그 글에 토대를 두고 6장 마지막 절(3절)을 고쳐 썼으며, 소제목을 '법률의 유교화'로 고쳐 달았다. 이제 이 책을 다시 인쇄하게 되어, 원 모습을 보존하는 뜻에서 초판 그대로 인쇄하되 6장 3절의 '조화調和'라는 제목이 적절치 않은 것 같아 '예에서 법으로'로 바꾸었다. 3절은 유가가 예에서 출발해 법으로 귀결된다는 사실을 주로 설명하고 있다. 아울러 독자들의 이해를 돕기 위해 「중국 법률의 유교화」를 이 책의 부록으로 싣기로 했다. 셋째는 글과 관련하여 초판의 오탈자를 바로잡고 사실과 다른 대목에 대해 약간의 수정을 한 것 외에는 하나도 건드리지 않고 초판 그대로 인쇄했다는 것이고, 넷째는 머리말과 맺음말 부분을 고쳐 썼다는 점이다.

마지막으로, 이 책에서 사용한 일부 명사의 함의와 개념이 오늘날 통용되는 것과 다른 까닭은 그것이 당시 나의 생각을 드러내고 있기 때문이라는 점을 강조해두고자 한다. 이 책을 다시 펴내는 목적은 법률사 분야의 자료를 제공하여 중국 법 제도사를 연구하는 독자들에게 참고가 되게 하려는 데 있을 따름이다.

이 책에 결점과 한계가 없을 수 없으며, 관점과 개념상의 오류는 더 말할 것도 없을 것이다. 독자들의 비평과 지적을 바라 마지않는다.

취퉁쭈瞿同祖

1981년 2월 25일 베이징에서

머리말

이 책은 고대 중국 법률의 기본 정신과 주된 특징을 연구하고 분석하는 데 목표를 두고 있다. 법률은 사회적인 산물로서 사회 제도, 사회 규범 가운데 하나다. 법률은 풍습과 밀접한 관계를 맺고 있으며 현존하는 제도·도덕·윤리 등의 가치관을 옹호하며, 특정 시기의 특정 사회 구조를 반영하는 등 법률과 사회의 관계는 굉장히 밀접하다. 그런 까닭에 분석학자들처럼 법률을 고립된 것으로 보고 사회와의 관계를 무시해서는 안 된다. 모든 사회의 법률은 그 사회 제도와 사회질서를 유지하고 굳건히 하기 위해 만들어졌으므로 특정 법률이 생겨난 사회적 배경을 충분히 이해해야만 그 법률의 의미와 기능을 이해할 수 있다.

고대 중국 법률의 주된 특징은 가족주의와 계급 관념에 나타나 있다. 이 둘은 유교 이념의 핵심이자 중국 사회의 토대이며, 중국 법률이 집중적으로 옹호하던 제도 및 사회질서다. 그래서 이 책에서는 두 장에 걸쳐 가족과 혼인에 대해 논하고, 또 다른 두 장에서는 사회 계급에 대해 논할 것이다. 또 종교와 법률 사이에도 상당히 밀접한 관계가 존재하므로, 한 장을 할애해 종교가 법률에 끼친 영향에 대해서도 논할 것이다.

그 밖에 이념 또한 연구 범위 안에 포함시켰다. 어떤 제도나 법률에 관한 연구에서 그 배후에 있는 개념들을 무시해서는 안 된다. 그것들을 무시한다면 제도나 법률을 잘 이해할 수 없으며, 기껏해야 현상만을 이해할 수 있을 뿐 현상의 원인에 대해서는 알지 못하게 된다. 이 개념들을 살펴보아야 법률의 정신을 명확히 알 수 있으며 그런 법률이 생겨난 이유까지 이해할 수 있다. 중국에서 법률이 형성되고 발전한 역사를 보건대 법가 외에 가장 영향이 깊었던 것은 유가였다. 이에 이 책의 마지막 장에서는 유가와 법가 사상 그리고 유가 사상이 법률을 지배하게 된 과정에 대해 논할 것이다.

법률의 역사라는 견지에서 이 책은 역사적 연구로서 의심할 것도 없이 법률의 발전 과정을 추적하고 법률의 변화에 유의할 것이다. 그런 의미에서 이 책의 두 번째 목표는 고대 중국 법률이 한나라로부터 청나라에 이르기까지 커다란 변화가 있었는지를 논하는 데 있다. 중국은 각 왕조마다 법률이 다르고, 법전 체제·사법 조직·사법 절차·형벌·각종 죄에 대한 처벌 등도 차이가 있었다. 그러나 이 책에서 주목하는 것은 커다란 변화이지 세세한 차이가 아니다. 이 책에서는 공통점을 찾아 법률의 기본 정신과 그 주요한 특징을 설명하고, 나아가 이 기본 정신 및 특징에 변화가 생겼는지를 탐색하고자 한다. 이상의 목표에 도달하기 위해 한나라에서 청나라에 이르는 2000여 년 동안의 법률을 하나의 전체로 보아 분석하고 각 장·절마다 다른 주제를 논하여 비교했다. 이로써 역사적으로 법률에 커다란 변화가 있었는지 여부도 어렵지 않게 판단할 수 있을 것이다.

법률의 연구는 자연히 법조문 분석을 벗어날 수 없으니, 이것은 본 연구의 근거가 된다. 그러나 법조문 연구만 가지고는 부족하다. 법률의 실제 효과라는 문제에도 주의를 기울여야 한다. 법조문의 규정과 법률의 시행은 다른 문제다. 법률이라 해서 반드시 집행되는 것은 아니어서 사문화되는 경우도 있다. 사회 현실과 법조문 사이에는 종종 일정한 격차가 존재하기 때문이다. 따라서 법조문만을 중시하고 시행 상황에 대해 유의하지 못한다면,

그것은 법조문에 갇힌 형식적이고 표면적인 연구일 뿐 살아 있는 기능적 연구라고 할 수는 없다. 우리는 법이 사회에서 시행된 상황, 효력이 있었는 지의 여부, 시행된 정도, 민중의 삶에 끼친 영향 등에 대해 이해해야 한다. 법 제도사의 연구에서 이와 관련된 자료는 다소 부족한데, 이 책에서는 옛 사람들의 관련 기록 외에도 사례 및 판례를 인용하여 법의 실제 효과를 논 하는 근거로 삼을 것이다.

개정판 서문 _005

머리말 _007

1장 가족

1. 가족의 범위 _016

2. 부권父權 _020

3. 형법과 가족주의 _049

　　1) 친족 간의 침범

　　2) 은닉

　　3) 형벌의 대체

　　4) 형 집행유예 및 면제

4. 친족을 대신하는 복수 _106

5. 행정법과 가족주의 _133

2장 혼인

1. 혼인의 의미 _138

2. 혼인의 금기 _139

　　1) 친족 간 혼인

　　2) 혼인 관계로 맺어진 친족

　　3) 친족의 처첩 취하기

3. 혼인의 체결 _152

4. 아내의 지위 _157

5. 남편 집안 _176

6. 혼인의 해소 _188

   1) 칠거지악

   2) 강제 이혼

   3) 합의 이혼

7. 첩 _194

3장 계급

1. 생활 방식 _208

   1) 음식

   2) 의복

   3) 집

   4) 수레와 말

2. 혼인 _242

   1) 계급 내부의 혼인

   2) 혼인 의례의 계급성

3. 장례 _257

4. 제사 _267

4장 계급 속편

1. 귀족의 법률 _276

2. 법률상의 특권 _289

   1) 귀족과 관리

   2) 귀족과 관리의 가솔

3. 양민과 천민 간의 불평등 _304

   1) 양민과 천민

   2) 주인과 노예 관계

4. 종족 간의 불평등 _329

5장 무술巫術과 종교

1. 신판神判 _338
2. 복보福報 _346
3. 형벌의 금기 _355
4. 무고巫蠱 _357

6장 유가 사상과 법가 사상

1. 예와 법 _364
2. 덕과 형벌 _381
3. 예에서 법으로 _407

결론 _440
[부록] 중국 법률의 유교화 _444
옮긴이의 말 _475
주 _483
찾아보기 _604

1장
가족

1. 가족의 범위

중국에서 가족은 부계를 따른다. 친족 관계는 아버지 쪽만을 따지며 어머니의 친족은 무시된다. 어머니의 친족은 외척이라 하여 본가本宗와 구별해왔다.[1] 이들과의 관계는 극히 소원하여 한 세대만을 따진다. 어머니를 중심으로 위로는 부모, 옆으로는 형제자매, 아래로는 형제자매의 자식들이 이에 포함된다. 외조부모·외삼촌·이모·이종사촌 형제들은 친족 가장자리에 있는 자들로, 이들을 넘어서면 상복을 입지 않았다. 어머니의 조부모·사촌형제자매[2]·질손 등은 친족 관계가 아니라고 할 정도로 외척의 친족 범위는 상당히 좁다. 이와 함께 복제服制 망자와의 존비·친소 관계에 따라 상복을 달리 착용하는 제도. 참최斬衰·자최齊衰·대공大功·소공小功·시마緦麻의 오복五服으로 구분된다도 극히 가벼워서 친족 관계의 소원함을 다시금 나타낸다. 외조부모는 혈연관계상 조부모와 같았으나 상복은 소공小功을 넘지 않아 백부·숙부의 조부모에 대한 것과 같았다. 외삼촌과 이모는 혈연관계상 백부·숙부·고모와 같았으나 상복은 아버지 사촌형제의 부모와 당고모와 같아 소공만을 입었다. 외삼촌과 이모의 자식은 관계가 더욱 소원하여 시마緦麻를 입을 뿐이어서[3] 족族형제자매와 같았다. 『의례儀禮』의 "외척에 대한 상복은 모두 시마로 한다"[4]는 데 근거하되 외조부모는 존귀함 때문에, 이모는 그 이름 때문에 겨우 소공에 더해졌다.[5] 외삼촌은 본래 시마를 입었으나 당 태종이 외삼촌과 이모는 친소 관계가 유사하지만 복기服紀에 차이가 있으니 이치상 맞지 않다고 하여 비로소 소공의 범주에 들게 되었다.[6]

고모는 비록 본가에 속하지만 시집간 후에는 다른 종가로 귀속되므로 복 입는 것을 낮춘다. 그리고 그녀의 자녀와 '나'는 시마를 입는 관계다.[7]

부계를 논하자면, 동일한 남성 시조 계통의 후손들은 모두 동일한 부계 일족 집단이므로 일률적으로 일족 사람族人이 된다. 친족의 범위는 고조부 이하 남성 계통의 후예를 포함한다. 또 세대로 따지자면 고조에서 현손玄孫에 이르기까지 9세대를 포함한다. 이른바 구족九族이 그것이다.[8] 복제로 말할 것 같으면 참최에서 점차 나아가 시마에 이르기까지 다섯 등급의 복제를 포함한다. 『예기禮記』에서는 이렇게 말한다. "사람이 그 친한 이를 친애함에 우선은 위로 아버지를 친애하고 아래로는 자식을 친애하여 3대가 친애함이 이루어진다. 그런 다음 아버지에서 조부를 친애함에 이르고, 자식에서 손자를 친애함에 이르니, 이렇게 5대가 서로 친애함에 이른다. 5대가 서로 친애함을 기반으로 하여 다시 위로 미루어 가면 친애함이 증조부·고조부에 이르고, 다시 아래로 미루어 가면 친애함이 증손과 현손에 이른다. 이렇게 하여 9대가 서로 친애함에 이른다. 아버지로부터 위로 올라가 혈연관계가 멀어질수록 친애의 감정도 옅어지고 아들로부터 아래로 내려가 혈연관계가 멀어질수록 친애의 감정도 멀어지고 상복도 가벼워진다. 방계 친족 중에서 '나'와 혈연관계가 멀수록 친애의 감정도 옅어지고 상복도 가벼워진다. 이렇게 위로 갈수록 줄어들고 아래로 갈수록 줄어들며 방계로 갈수록 줄어드니, 이로써 친애함의 관계가 완성된다."[9] 또 이렇게도 말했다. "4대에는 시마를 입으니, 이는 오복五服의 마지막 등급이다. 5대에는 왼팔을 드러내고 모자를 벗고 슬픔을 표시하면 되니, 이는 비록 같은 성씨이지만 혈연 관계가 멀어졌기 때문이다. 6대의 경우에는 친족 관계가 끝난다."[10] 분명한 것은 친족 집단이라는 것은 4대를 한계선으로 하고 시복緦服을 끝으로 한다는 점이다. 복제의 범위는 곧 친족의 범위였고, 복제의 경중은 곧 친족 간의 친소와 원근을 측정하는 표준이었다.[11] 복제에는 두 가지 기능이 있었던 것이다. 본가와 외척의 친족 관계에 대한 비교는 상이한 복제를 비교하기만 하면 일목요연하게 드러났다.

가족家은 함께 거주하며 공동의 생활을 영위하는 친족 집단을 가리키는 말로, 범위가 비교적 좁아서 통상 2세대 혹은 3세대의 인원을 포함했다. 일반적인 가정, 특히 경작을 하는 가정은 농지 면적이 제한되기 때문에 대체로 한 가정은 조부모, 이미 혼인한 아들, 미혼의 손자손녀를 포함할 뿐이었다. 그러다가 조부모가 사망하면 동년배의 형제들이 분가하므로, 가족은 부모와 그 자녀들만을 포함하게 된다. 자녀가 혼인하기 전에는 대여섯 식구를 넘어서는 경우가 드물었다. 옛사람들은 "대공복을 입는 사람들은 재산을 함께한다大功同財"라고 했는데, 이는 같은 조상의 형제들을 가리킨다. 진秦나라 때 2남 이상의 분가하지 않은 백성은 세금을 배로 냈고, 또 백성 중부자와 형제가 같은 방 안에서 지내는 것을 금했다.[12] 당시 형제와 부모가 함께 거주하는 것이 매우 보편적인 일이었음을 알 수 있다. 맹자가 집에 들어가서는 아버지와 형父兄을 섬기라[13]고 했고, 또 부모·형제와 처자식을 봉양한다거나 부모·형제와 처자식이 흩어졌다는 등의 말[14]을 한 것도 이 점을 증명한다. 한원장韓元長 형제는 종신토록 함께 살았고, 번중樊重은 3세대가 재산을 공유했으며, 채옹蔡邕은 숙부 및 사촌동생과 함께 살면서 3세대가 재산을 나누지 않았는데, 향당에서 그 의義를 높이 평가했다. 이는 한나라 때의 일반적인 관습상 부모가 돌아가신 뒤 형제들이 3세대에 이르도록 함께 사는 경우가 드물었음을 보여준다. 향당에서 그 의를 높이 평가하고[15] 역사가가 이를 기록한 것은 이것이 흔치 않은 어려운 일이었기 때문이다. 일반적으로는 무동繆彤 형제가 원래는 재산과 생업을 함께하다가 각자 장가를 든 후에는 분가를 요구한 상황과 유사하다. 무동은 한나라 때 사람으로, 부모를 일찍 여읜 후 4형제가 화목하게 한 집에서 살았으나, 결혼 이후 집안 불화가 심해졌다. 이에 다른 형제들이 분가를 요구했지만 무동은 큰형으로서 자신을 자책했고, 이에 동생들이 반성함으로써 실제 분가는 이루어지지 않았다 물론 이는 사대부 집안의 상황이고, 보통의 경우에는 무동처럼 자책을 하거나 동생과 제수씨가 사과하는 일은 없었다. 도희성陶希聖은 한漢나라 법률에서 삼족을 멸하는 죄를 물었다는 점을 들어 한대의 가정은 부모 그리고 같은 어머니에게서 태어난 형제를 보편적인 범위로 한다고 증명했다.[16] 하지만 가족의 연대 책임이 반드시 가정의 범위와 합치되는 것은 아니라는 사실에 주의해야 한다. 후대에 구족을 멸하는 법률이 있었지만, 구족은 결코 함께 거주하는 일가가 아니었다. 삼족을 멸하는 것으로 논하면, 단연코 이러한 연대 책임이 부모가 사촌형제와 함께 살던 때로 한정된다고 말할 수는 없는 것이다. 후대의 법률은 부모가 생존해 있을 때 자손들이 호적과 재산을 분립시키지 말 것을 요구했을 뿐이지, 부모가 돌아가신 후에 형제가 따로 거주한다고 해서 형제의 연대 책임이 없어지는 것은 아니었다.

자연히 역사상 여러 세대가 함께 거주하는 의로운 가문義門도 있었다. 수백 명을 포함하는 대가大家를 이루었으니,[17] 그런 상황에서 함께 거주하는 범위는 확대되어 족族에 이르렀고, 가家와 족族이 분리될 수 없게 되었다. 하지만 그와 같이 방대한 집안은 예외적인 경우로, 효제의 윤리를 중시하고 대량의 토지를 소유한 극소수의 관료 집안만이 그러할 수 있었다. 교육의 원동력과 경제적 지원의 힘, 어느 것도 결여되어서는 안 되므로 일반인들에게는 흔치 않은 일이었다. 일반적인 상황은 가는 가이고, 족은 족이었다. 전자는 하나의 경제적 단위, 공동으로 생활하는 집단이었다. 반면 후자는 가家의 종합체로서 하나의 혈연 단위였고, 각각의 집은 하나의 경제적 단위였다. 역사서에도 기록되어 있듯, 설안도薛安都의 가문은 대대로 강한 족强族이었는데 같은 성을 가진 3000여 가가 있었던 상황과 같다.[18] 송 효왕宋孝王의 『관동풍속전關東風俗傳』에서는 영기瀛冀의 제유諸劉, 청하淸河의 장張씨와 송宋씨, 병주幷州의 왕씨, 복양濮阳의 후족侯族 등과 같은 무리는 한 종가가 1만 칸에 가까웠고 집 안에서 나는 연기가 맞닿아 있을 만큼 집들이 다닥다닥 붙어 있었으되, 함께 거주하며 취사를 함께했던 것은 아니었다.

2. 부권父權

가족의 범위는 위에서 서술한 바와 같다. 이제부터는 이러한 친족 집단의 통솔 문제를 논해보겠다. 중국의 가족은 부권의 가부장제로서 부계가 통치의 수뇌부다. 모든 권력은 그의 수중에 있다. 가족의 모든 구성원, 즉 자신의 처첩 및 자손과 그들의 처첩, 혼인하지 않은 딸과 손녀, 함께 거주하는 방계비속, 가정 안의 노비 등이 모두 그의 권력 아래에 있다. 경제적·법적·종교적 권한도 모두 그가 쥐고 있다. 경제권의 장악은 가부장적 권력을 지지해주는 힘으로서 매우 중요하다. 또 중국의 가정은 조상 숭배를 중요시한다. 가족을 연결하고 단결하게 하는 윤리는 모두 조상 숭배를 중심으로 이루어지며, 조상 숭배를 위해 가족이 존재한다고까지 말할 정도였다. 이런 상황에서 가부장의 권한은 두말할 나위 없이 가정의 제사장제사를 주도하는 자이라는 신분으로 더욱 신성시되고 강대해지고 굳건해진다. 더불어 통치 권한에 대한 법률적 인정과 지원이 이들의 권력을 더욱 강고히 했다.

앞서 친족 집단의 범위를 논할 때 가家와 족族은 차이가 있다고 말했는데, 부권 혹은 가장을 말할 때에도 그 범위를 분별해야 한다. 부모와 자녀의 2대를 포함하는 가정에서는 아버지가 가장이고, 3대를 포함하는 가정에서는 할아버지가 가장이다. 가정의 범위가 크건 작건 한 집에는 가장이 통치의 수뇌부가 된다. 집안의 남자 쪽 후예들에 대한 가장의 권력은 거의 절대적이고 영원하다. 자손은 어른이 된 후에도 자주권을 얻지 못한다.

『설문說文』에 아비 '부父'자는 "표준矩을 상징한다. 가장으로서 솔선수범하여 가르치는 자이니, 오른손으로 지팡이를 쥐고 있음을 뜻한다"[19]라고 되어 있다. 글자 자체에 통치와 권력의 의미가 담겨 있으며, 부모 자식 간 생육 관계를 지시하는 데 그치지 않는다. 자손이 아버지의 뜻을 거스르고 단속에 따르지 않으면 아버지는 권위를 행사해 징계하고 꾸짖을 수 있다. 법률의 관점으로 보건대 아버지의 이런 권력이 사회적으로 인정되는 것은 법률에 의해 보장된 것이라고 볼 수 있다. 『여씨춘추呂氏春秋』에서는 이렇게 말한다. "집안에서 꾸지람의 매가 없으면 곧바로 동복과 어린 자식의 잘못이 나타난다."[20] 『안씨가훈顏氏家訓』에서도 이렇게 말한다. "집안에서 꾸지람의 매를 폐한다면 아이들의 잘못이 곧바로 나타날 것이다. 나라의 형벌이 합당하지 않으면 백성은 따를 바를 모르게 된다. 집안을 다스리는 너그러움과 엄격함은 나라를 다스리는 것과 같다."[21] 여기서 자손에 대한 아버지의 체벌과 꾸지람이 어린 종이나 어린아이에 제한된 것이 아니어서 성인이 된 이후에도 그 자손들은 여전히 자신의 뜻대로 할 수 없었다는 것, 그렇지 않으면 처벌을 면할 수 없었다는 사실에 주목해야 한다. 전형적인 효자였던 순舜과 증자曾子가 장杖을 맞았다는 이야기는[22] 사람들, 특히 지식인들의 마음에 오래도록 영향을 끼쳤다. 양梁나라 때 대사마大司馬였던 왕승변王僧辯의 어머니는 집안을 매우 엄하게 다스렸는데, 승변이 40여 세에 3000여 명을 이끄는 장수가 되었으나 어머니의 뜻에 조금이라도 어긋나면 매를 맞았다.[23] 전형적인 효자는 부모로부터의 꾸지람에 순종해야 했고 매를 맞더라도 피하지 않고 기뻐하며 받아들여야 했다. 설사 맞아 피를 흘린다 하더라도 "감히 미워하거나 원망하지 않고不敢疾怨" 여전히 낯빛을 환하게 하여 "공경하고 효도해야 한다起敬起孝."[24]

자손을 꾸짖고 때리다 보면 불가피하게 다치거나 죽게 되는 경우도 있는데, 이렇게 부모가 자손을 죽이는 일이 법적으로 용인되었을까? 이는 주목할 만한 문제다. 로마 시대에는 아버지에게 생살여탈권Jus vitae necisque이 있었는데, 중국에서도 같은 상황이었을까? 송宋의 사마 화비수華費遂의 아들화다료華多僚가 형제인 화추華貙를 미워하여, 송나라 왕에게 화추를 모함했다. 왕이 사람을 보내 사마에게 알리자, 사마가 "나에게는 참언을 한 아들이 있지만 죽일 수는 없다"고 말하고는 왕과 모의하여 화추를 쫓아냈다.[25] 그 당시 아버지는 생살여탈권이 있었던 것 같다. 그 시대는 종법宗法의 시대였고, 부권에 관한 이론이 형성되던 시대였으니, 부권이 가장 성한 시대였다는 점과 아버지에게 생살여탈권이 있다는 점이 들어맞음은 우연이 아닐 것이다.

진의 2세는 진시황의 조서를 조작해 몽염蒙恬과 부소扶蘇에게 사약을 내렸는데, 부소는 "아버지로서 아들에게 죽음을 내렸는데 어찌 감히 다시 청하겠는가?"라고 했다.[26] 군주는 신하에 대해, 그리고 아버지는 아들에 대해 모두 생살여탈권이 있었으나, 후대에 이르러서는 그것이 군신 간에만 적용되고 부자 사이에는 적용되지 않게 되었다. 법률 제도가 생살여탈권을 완전히 국가 기구 및 군주에게만 허락하고 백성에게는 허용하지 않은 것이다.

아버지와 아들의 관계에서도 이는 예외일 수 없었다. 아버지는 아들을 꾸짖고 때릴 수만 있을 뿐 단연코 죽일 수 없었다. 이에 따르지 않았다면 국법의 제재를 받아야 했다. 『백호통白虎通』에서는 이렇게 말했다. "아버지가 자식을 죽이면 주살해야 하는가? 천지의 성性은 사람을 귀히 여기니 사람은 모두 하늘이 낳은 것이고 부모의 기운에 기대어 생겨난 것이다. 왕이 길러주고 가르치니 아버지는 자식의 생사를 마음대로 할 수 없다. 『춘추전』에 이르기를 '진의 제후가 세자 신생申生을 죽였다'고 했다."[27] 이는 군권이 부권을 넘어섬을 명확히 밝힌 것으로, 한나라 사람들은 아버지가 자식을 죽일 수 없다는 관념을 가지고 있었음을 알 수 있는 대목이다. 북위北魏의 법률에 따르면 조부모나 부모 중 분노하여 병기로 자손들을 죽이는 자는 5년형에 처하고, 구타해 죽인 자는 4년형에 처하며, 마음에 애증이 있어 고의로 죽인 자는 각각 한 등급을 가중한다고 되어 있다.[28] 당唐과 송宋의 법률에 따르면 이유 여하를 막론하고 자손을 죽이면 모두 징역형에 처했다. 자손이 명령을 어겨 죽인 경우라도 고의적 살해죄보다 한 등급 감형하는 정도로, 구타해 죽이면 1년 반형에 처하고 무기로 죽인 자는 2년형에 처하게 되어 있다. 자손이 명령을 어기지 않았는데도 죽이면 그것은 고의적 살해죄로 보았다.[29] 또한 명령을 어긴 경우란 "따를 만한데도 어기는可從而違" 것을 가리켰다. 따를 만한 올바른 명령을 고의로 어긴 경우에만 자손들은 그에 따른 처벌을 받으며, 그렇지 않은 경우에 명령을 어긴 죄는 성립하지 않았다. 그리고 조부모나 부모가 제멋대로 살해하면 명령을 어겼다는 이유로써 책임을 면할 수 없으며 반드시 고의로 살해한 책임을 져야 했다.[30]

원·명·청의 법률은 당의 법률에 비해 훨씬 너그러워, 부모가 절대로 자손을 죽일 수 없는 것은 아니었다. 자손이 위반한 것이 없는데 고의로 죽인 경우는 예외지만, 불효를 행한 자손을 부모가 때리거나 욕하고 죽였더라도 그 죄를 면할 수 있었다. 설사 이치에 맞지 않게 살해한 경우에도 무죄였다.

왕기王起의 장자 왕조동王潮棟은 동생 왕조상王潮相이 돈을 빌려주지 않으려 함에 원한을 품고 칼을 들고 쫓아가 죽이려 했다. 왕기가 왕조동을 잡아들여 그의 두 손을 묶고 욕을 해대자 왕조동도 욕설로 답했다. 왕기는 분노가 치솟아 왕조동을 산 채로 묻어버렸다. 길림의 장군은 명령을 어긴 자손을 부모가 이치에 맞지 않게 구타해 치사한 법률에 따라 죄를 판정했다. 형부에서는 아들이 아버지를 욕한 것은 죽을죄로, 명령을 어기지 않았는데 고의로 죽이는 것과는 다르며, 이치에 맞지 않게 명령을 거스른 자식을 때려죽이는 것과도 차이가 있으므로, 법률에 따라 따지지 않는다고 했다.[31]

자손이 명령을 어기면 조부모는 본디 꾸짖고 때릴 권한이 있었는데, 무심코 죽음에 이르게 하는 경우가 없지 않았다. 이 경우 우연히 죽음에 이르게 하는 것은 무죄였고, 이치에 닿지 않게 때려죽이면 유죄였으나 그 죄는 매우 가벼웠다. 명·청 시대의 법에 따르면 고작 장형 100대였다.[32] 『청현행형률清現行刑律』에서는 10등 벌에 처하고, 은 15냥을 벌금으로 내도록 했다.[33] 처벌이 당률唐律보다 약했던 것이다.

이치에 닿지 않게 때려죽인다는 것은 물론 꾸짖어 때리는 것이라기보다 목 졸라 죽이거나 산 채로 묻는 따위의 잔인한 학대적인 살해를 가리킨다. 한편 명령을 어긴다는 것은 그 함의가 극히 추상적이고 모호하지만 도박이나 도적질 같은 행위에 대해 아버지가 훈계하고 나무랐는데 따르지 않은 경우가 포함된다.

장용張勇의 둘째아들은 21세로 밖에서 자주 절도를 저질렀다. 장용은 누차 아들을 타일렀으나 고치지 않자 그를 죽일 작정으로 삼노끈으로 목을 졸라

죽였다. 이 경우 명령을 어긴 자손을 부모가 이치에 닿지 않게 때려죽이는 죄에 따라 선고했다.[34]

하지만 같은 죄명임에도 벌의 정도가 크게 다를 경우가 있다. 예컨대 똑같은 절도라도 상습 절도라면 명령을 어긴 죄보다 중한 것으로, 설사 이치에 닿지 않게 때려죽였다 해도 아버지는 무죄가 될 수 있다.

이증재李增財는 아들 이지영李枝榮이 누차에 걸쳐 절도를 하자 외부 사람의 도움을 얻어 이지영을 묶고 쇠도끼의 뒷면으로 몇 차례 때려 양쪽 옆구리에 상해를 입혔다. 이지영이 소리를 지르며 떼굴떼굴 굴렀다. 이증재는 곧이어 이지영의 두 발꿈치를 잘라 죽음에 이르게 했다. 형부에서는 아들이 누차에 걸쳐 절도하여 이증재가 발꿈치를 잘라 죽게 했으므로 이치에 닿지 않게 때려죽이는 것과는 다르다고 보아 관용을 베풀어 기소를 중지하기로 했다.[35]

또한 자손이 간통을 했거나 음탕한 행동을 저지르고도 부끄럽게 여기지 않아 가문을 욕되게 한 경우, 그 자손을 죽인 부모에 대해 기소를 중지했다. 세 가지 사건이 있었다. 두 명은 간통을 한 딸을 목 졸라 죽이고 한 명은 간통한 딸을 베어 죽였는데, 모두 기소 중지되었다.[36]

다른 한편 명령을 어긴 경우가 종종 미미하고 자질구레한 일이라는 데 주목할 필요가 있다.

진십자陳十子는 아들 진존근陳存根에게 함께 밭에 가서 비료를 주자고 했다. 아들이 핑계를 대며 따르지 않자 훈계를 했다. 아들은 어쩔 수 없이 밭으로 따라갔지만 여전히 일을 하지 않았다. 진십자는 화난 얼굴로 큰소리로 욕을 했고 아들은 계속 울어댔다. 격분한 진십자는 갑자기 살의가 치솟아 끈으로 아들의 목을 졸라 죽였다. 진무晉撫에서는 의식적인 고의 살해에 해당되므로 아버지가 고의로 아들을 살해한 법률에 의거해 장 60대에 징역 1년에 처해야 한다고 했다. 형부에서는 그에 반박해 진존근이 명령을 듣지 않은 것은 부모의 뜻을 거스른 것이므로 자식이 명령을 거스르고 아버지는 이치에 닿지 않게 때려죽인 죄에 대한 법률에 의거해 장 100대에 처해야 한다고 했다.37

이러한 사건처럼 이치에 닿지 않는 때려죽임이 아니라면 논죄하지 않을 수 있었다. 법적으로 주목하는 것은 명령을 어긴 것이 아니라 이치에 닿지 않게 죽인 부분이다. 이는 객관적인 문제다. 전자는 주관적인 것으로, 자식이 명령을 어겼다고 아버지가 주장했을 때 법관이 그 원인을 제시하기를 요구할 리도 없고 법관이 그것을 인정할 필요도 없다. 명령을 어긴 자식을 때려죽인 사건 중에서 공문에 그 원인을 설명한 것은 없다. 단지 명령을 어긴 이유로 자식을 때려죽였다는 글귀만이 있을 뿐이다.38

자손이 불초하면 법률은 부모가 징계할 권한을 인정해주어 부모 스스로 징벌할 수 있도록 했지만 지방 정부가 대신 권한을 집행하도록 하는 송징권送懲權을 부여하기도 했다. 생살여탈권의 박탈은 일종의 부권 축소라는 점을 이야기한 바 있다. 그렇다면 가족에 대한 징벌 권한을 정부에 이양해 법관이 심판하고 집행하도록 하는 것은 헨리 메인Henry Maine이 제시한 로마 제정 시대 말기의 상황처럼 부권의 축소다. 송징送懲의 방식은 일반적으로 두 종류를 벗어나지 않으며, 부모는 자손이 법령을 어겼다는 이유로 징계할 것을 요청한다.

당나라와 송나라 때의 처분은 징역 2년이었고,39 명나라와 청나라 때에는 장 100대였다.[40] 명령을 어긴 경우의 범위는 앞에서 말했듯이 매우 넓어, 부모가 고발하기만 하면 법관은 원하는 대로 해주는 편이었다. 특히 명나라와 청나라 때 법률의 처분은 매우 가벼웠다.

명령을 어기는 것 외에 부모는 또한 불효의 죄명으로 자손을 고발해 대리 징벌을 요구할 수 있었다. 불효의 죄는 명령을 어긴 것보다 더 무거웠다. 그래서 법률적인 징벌 또한 더 무거웠다. 불효의 내용은 법률의 명례名例(총칙)에 하나하나 열거되어 있다. 조부모와 부모를 저주하는 것, 조부모·부모와 분가해 따로 재산을 축적하는 것, 봉양에 부족함이 있는 것, 부모상을 치르는 기간에 시집·장가를 가고 음악을 연주하고 상복을 벗고 길복을 입는 것, 부모의 죽음을 숨긴 채 상례를 치르지 않는 것, 조부모와 부모가 돌아가셨다고 거짓말을 하는 것 등이다. 이에 대해 어떠한 벌로 다스려야 하는지 조문 세칙에 명확하게 규정되어 있어 처리에 곤란함은 없었을 것이다. 그렇지만 열거한 범위에 해당하지 않는다 해서 부모에 대한 불손함이 불효가 아니라거나 부모가 고발할 수 없었던 것은 아니다. 법리적으로 그리고 사실상 부모가 자녀의 불효를 알리기만 하면 법관은 그것을 접수하지 않을 수 없었다.

그 밖에 또 한 가지 주목할 만한 것은 부모가 불효의 죄명으로 자식을 고발하고 사형을 요구하는 경우 정부는 거부하지 않았다는 사실이다. 비록 사형에 처하는 경우는 부모를 저주한 불효죄 외에는 없었지만 말이다. 이 대목에서 법률이 부권 쪽으로 기울어진 것을 발견할 수 있다. 법률 제도가 어느 정도 발전하자 부모의 자녀 생살여탈권은 법적 기구에 의해 없어졌지만, 살리고 죽이는 것에 대한 의지는 여전히 남아 있었음이 분명하다. 바꿔말하면 국가가 거두어들인 것은 생살여탈권뿐이고 유지된 것 또한 이것뿐이어서, 자식을 살리고 죽이는 것에 대한 부모의 의지는 부정되지 않았고 대리 집행을 요구했을 뿐이다. 이것이 옛날 아버지가 지녔던 생살여탈권의 남은 흔적이라는 것은 믿을 만하다.

남조南朝 시대 송나라의 법률에 따르면 불효한 자식을 부모가 고발하여 죽이길 원하면 모두 그렇게 하도록 했다.[41] 당나라 때 이걸李杰이 하남윤河南尹으로 있을 때 어떤 과부가 자식이 불효한다고 고발했는데 그 자식은 스스로를 변호하지 않고 다만 "어머니께 죄를 지었으니 죽음을 달게 받겠습니다"라고 했다. 그 정황을 살펴보니 불효자식이 아니었다. 이걸은 과부에게 말했다. "그대는 과부로 살면서 아들 하나밖에 없는데, 지금 고발하여 사형으로 죄를 다스려도 후회가 없겠는가?" 과부가 말했다. "자식이 막돼먹어 어미에게 순종하지 않으니 어찌 다시 후회함이 있겠습니까?" 이걸이 말했다. "정말 그렇다면 관으로 쓸 나무를 사와도 좋다."[42] 이 과부는 "자식이 막돼먹어 어미에게 순종하지 않는다"고만 했을 뿐인데도 자식은 곧 사형에 처해졌다. 이를 통해 부모가 자식을 죽이기로 결정한 경우 실제로 죽을죄를 지었는지 명확한 증거를 제시할 필요가 없었음을 알 수 있다.

그러나 모든 시대의 법률이 불효로 고발당한 자를 다 사형에 처했던 것은 아니다. 송나라 때 그와 같은 예가 있었으니, 진덕수陳德秀가 지천주知泉州일 때 자식의 불효를 고발한 어머니가 있었다. 심문해 진실을 파악한 뒤 거리에서 장으로 등을 때리고 머리를 깎아 노역을 시켰다.[43]

청나라에는 자식을 변방 군대의 노예로 바칠 권한을 부모에게 부여하는 법률이 있었다. 자손이 가르침에 복종하지 않거나 그에 저촉한 정황이 있으면 관례에 따라 이를 청구할 수 있었다. 부모에게 고발된 불효한 자손들은 내륙에서 운남, 귀주, 광동·광서 지역 군대로 유배되곤 했다.[44] 이 유형의 죄인들은 일반적인 상황에서는 사면이 허용되지 않았다常赦所不原. 황제의 특별한 명령이나 특별 사면 혹은 감형 조치를 얻거나 죄인의 부모에게 물어

보아서 그가 집으로 돌아오기를 간절히 원해야 석방될 수 있었다. 특별 사면된 경우에는 즉시 석방되었고 황제의 명령이 감형 조치에 그치면 형량만 깎였지만, 그 부모가 연로한 경우에는 봉양토록 하는 사례에 따라 1개월 동안 가형枷刑에 처한 뒤 석방되었다.[45] 관례에 따르면 군대에 유배된 죄인 중 감형된 자는 모두 장 100대에 3년형으로 줄어들었으며, 형기를 마친 후에야 석방되었다. 변방 군대의 노예로 보내는 안건이 달리 처리되는 까닭은 자상한 부모가 죄 지은 자식을 생각하는 마음 때문이다. 부모가 변방 군대로 보내는 일은 일시적인 분노에서 비롯된 경우가 잦다. 그러나 자손이 변방을 지키러 떠나면 다시 볼 수 없으리라는 생각에 그리워하게 되고 자식에 대한 사랑이 지극해지므로, 석방을 위한 청원이 허용되었다. 그러면서도 이를 경솔히 결정할 것을 저어하여 지정된 상황에서만 받아들였고 아무렇게나 요청할 수는 없었다. 법을 세운 원뜻은 조부모와 부모의 마음을 두루 체험하게 하는 데 있었지, 불효한 자식을 너그럽게 대하는 데 있는 것은 아니었다. 따라서 어떤 경우에는 죄인을 변방으로 유배 보낸 지 얼마 되지 않아 사면해줄 뜻을 죄인의 부모에게 묻지만 부모의 분노가 식지 않아 사면을 원하지 않다가 오랜 세월이 흘러서야 아들이 집으로 돌아오기를 바라며 석방을 청원하곤 했다. 비록 관례에 부합하지는 않지만, 부모의 마음을 체득시키기 위해 본적에서 떼어내는 것을 허락하고 관례에 따라 감형하고 가형에 처한 뒤 석방했다.[46] 한편 아들이 여럿인 경우, 부모의 뜻을 거스른 아들은 변방 노예로 보내는 게 마땅하지만 다른 아들들이 죽어 봉양할 자식이 없다면 석방을 청구할 수 있으며 대개 허가 받을 수 있었다. 사면을 맞이해야 청할 수 있는 일반적 관례에는 맞지 않지만 말이다. 도광道光 때 광서廣西에 살던 임모 씨는 맏아들이 은을 훔쳐다 써버리자 혼을 냈는데 아들이 말대꾸를 하여 귀주의 군대 노예로 보냈다. 그 후 둘째아들이 병으로 죽고 셋째아들도 병으로 버려졌다. 70세가 넘어 의지할 데 없이 외로워진 임모 씨는 맏아들의 석방을 청했다. 형부에서는 칼을 채워 심문하고는 석방했다. 이는 봉양할 자식이 없는 부모의 입장을 헤아린 것으로, 석방된 자식은 집에서 부모를 모셔야 하는 조건을 반드시 이행해야 했다. 만약 사면되어 돌아간 자식이 또다시 부모의 뜻을 거슬러 변방의 군대로 보내달라는 요청이 접수되면 가중의 죄로 신강新疆의 관병 노예로 보냈다.[47] 한편 봉양할 대상이 존재하지 않는 경우 석방되어 집으로 돌아갈 수 없었다.[48] 다만 범죄가 우연하게 부모의 뜻을 거스른 것으로서 여러 차례 악행을 저지른 것이 아니고, 또 상을 당해 애통해 하는 상황에 있고, 독무督撫 장군 자문부서에서 상주문을 검토하는 경우에는 제외된다.[49] 변방 군대로 유배당하게 된 어떤 자식은 감금된 상태에서 부모가 작고했다는 소식을 듣게 되었는데, 석방의 기회를 잃은 데 상심하여 자살하기도 했다.[50]

이렇듯 변방 군대로 자식을 유배시키는 사례에서 조부모나 부모가 자손의 신체 자유에 대한 결정권을 쥐고 있었음을 분명히 알 수 있었다. 그들은 친권을 행사했을 뿐 아니라 법률의 힘에 기대어 자손들의 자유를 영원히 박탈하고 변두리로 내쫓을 수 있었다. 자손은 가족 공동체에서 배척되는 동시에 광범위한 사회, 즉 국경을 넘어 전체 중국에서도 배척되었다. 이는 자손이 영원히 부모와 조부모에 속해 있으며, 가정과 분리될 수 없음을 말해준다. 또한 가정을 벗어나 자유롭게 자신의 사회적 삶을 얻을 수 있다는 근대의 의식과는 크게 다른 것이다.

더욱 중요한 것은 이 방면에서 부모가 절대적인 결정권을 지니고 있다는 사실이다. 자유를 박탈할 것이냐의 결정, 형벌의 일부분을 집행한 후에 면해줄 것이냐의 결정이 모두 부모의 의지에 달려 있다. 법률은 그저 그들에게 범위와 구체적인 방법을 정해주고 그들을 대신해 집행할 따름이다. 위탁

받은 결정 기구라 할 수 있다. 형식적으로 판결은 법관이 하지만 실질적인 결정권자는 법관에게 위탁한 부모로서, 일찌감치 법률적으로 그들의 친권이 인정되었다. 그들이 자손의 자유를 박탈할 수 있는 합법적 권력은 엄밀히 말하면 변경 군대의 노예로 유배시킬 것을 청구할 때 시작되는 것이 아니다. 마찬가지로 원래의 형벌을 면하게 해주는 권력 또한 석방을 청할 때 시작되는 것이 아니다.

전해지는 청나라의 공문서를 보면, 부모가 자신의 뜻을 거역한 아들을 유배 보내달라고 요청한 사건들은 대부분 비교적 사안이 가벼운 것으로, 자식이 부모의 지시에 복종하지 않거나 말로써 충돌한 경우다. 예를 들어 평소 게으르고 빈둥거리던 아들이 어머니의 말에 따르지 않자 변경의 군대로 보내달라고 요청된 사례가 있다.[51] 또 술에 취해 일을 벌이곤 하던 아들을 여러 차례 혼냈으나 뉘우치지 않아 직례直隷에서 광서로 유배 보낸 사례도 있다.[52] 봉양에 소홀하여 유배가 요청된 사례도 있다. 집을 나간 자식이 2년 동안 돌아오지 않자 아버지를 돌보지 않는다는 죄로 변경 끝 서남 지역의 충군充軍으로 보내졌다.[53] 하지만 재물을 훔친 죄로 유배되는 경우가 많았다. 어떤 자는 아버지의 선곡膳穀을 훔쳐 팔았다가 발각되었는데 말을 거칠게 내뱉어 사천에서 광동으로 유배되었다.[54] 빈둥거리며 낭비를 일삼다가 아버지의 은을 훔쳐 팔아먹은 자,[55] 도박으로 돈을 잃자 어머니의 의복으로 빚을 갚은 자도 있다.[56] 유배를 재차 요청하는 것도 대단한 악이 아니었다. 어떤 자는 술을 좋아하고 방탕하여 아버지의 요청으로 유배되었는데, 부모를 간절히 그리워하여 유배지에서 도망치다가 붙잡혔다. 때마침 황제가 조서를 내려 조사하게 하니 그 아버지는 아들이 되돌아오기를 원했다. 아들은 칼을 쓴 채 취조를 받고 나서 석방되었다. 그런데 아들이 또 다시 밖에서 술을 마시고 취해버리자 분노한 아버지는 재차 유배를 요청했다. 판례에 따라 가호형枷號 칼을 쓰는 형벌 2개월에 처하고 변경 끝 충군으로 보내어 영원히 돌아오지 못하도록 했다.[57]

이것들은 모두 명령에 따르지 않은 유형에 속한다. 만약 부모를 때리고 욕하는 중대한 죄목이라면 그 죄수는 유배로 그치지 않고 사형에 처해졌을 것이다. 조례에서도 분명히 말하고 있다. "부모 등이 자손이 죄를 범했다고 고발하는 사건은 자손이 확실히 부모 등을 때리고 욕하는 중죄를 지어 엄벌에 처해야 하는 경우를 제외한다면, 즉 부모의 가르침과 명령을 거스르는 데 불과하다면 항상 법률과 조례에 따라 처리한다. 그중 부모와 조부모가 자손을 고발하여 변경으로 유배하기를 간청하거나 자손이 여러 번 거역했다면 고발된 자손을 연장烟瘴의 변경 지역 충군으로 유배 보낸다."[58] 그래서 도광의 유지諭旨 중에는 다음과 같은 말이 있다. "자식이 부모에게 중죄를 지었다면 속히 법률에 따라 죄를 물어야 하지만, 우연히 가르침과 명령을 거슬러 부모가 일시적으로 분노하여 자식을 관에 감금시킨 상황이라면 다소 벌이 가벼워야 한다."[59]

여기서 소홀히 여겨서는 안 될 부분이 있다. 자손이 가르침이나 명령을 거슬렀거나 봉양에 문제가 있다면 본 법률에 따라 장 100대를 넘지 않지만, 같은 잘못을 또 저질러 부모가 유배를 요청한 경우에는 변경으로 보내 영원히 자유를 박탈했다는 것이다. 이것은 처분의 가감이나 사면의 권리가 전적으로 부모에게 있음을 말해준다. 이는 형부의 설첩說帖·의견서이 입증해주고 있다. "자손이 거역하여 조부모나 부모에 의해 관에 압송된 경우 유배시키도록 간구되었다면 실제의 예에 따라 충군에 배치한다. 그러나 유배를 원치 않는다면 위반한 법률에 따라 장형에 처한다."[60] 법률 기관은 부모를 대리하여 징계의 권한을 사용할 뿐 형벌의 경중은 완전히 부모의 뜻에 따랐다. 이는 유송劉宋 시대(남북조 시대의 송나라)에 부모가 불효한 자식을 관청에 고발하고 죽음을 청했을 때 모두 수락한 것과 같은 이치다.

사법 기관은 불효한 자손을 고발한 부모의 요청을 거부할 수 없었다. 아울러 고발인에게 증거를 제시하라고 요구하지도 않았다. 법률에 명문으로 "부모가 자식을 고소하면 부모가 고소한 것에 따라 처리할 것이지 심문할 필요는 없다"[61]고 규정하고 있다. "천하에 잘못된 부모는 없다." 자녀에 대한 가르침과 징계는 본래 부모의 절대적인 권한이었다. 그 윤리는 아들은 "오직 순종하되 거스름이 없어야 한다"고 말한다. 이는 옳고 그름의 문제가 아니고 윤상倫常의 문제다. 부모가 나무랄 때 자식이 변명하고 이치를 따지는 것, 심지어 맞받아치거나 불복하는 것은 효의 윤리에서 있을 수 없는 일이다. 부모가 아들을 고발했을 때 관청에서 부모의 고발 이유가 합당한지를 확인하거나 자녀가 진정 불효했는지를 따져 묻는 것 역시 상상할 수 없는 일이다. 누가 옳고 그른지 법관이 확인하는 것 자체가 부모의 잘못을 인정하는 것이자 부권의 절대성을 부정하는 것이었다.

옳고 그름은 차라리 신분에 달려 있는 것이었다. 내가 잘못된 것은 내가 그의 아들딸이기 때문이고, 그의 말과 행위가 옳은 것은 그가 나의 아버지이기 때문이다.

이제 재산권에 대해 토론해보자.

『예기』에는 부모가 생존해 있는 동안 자식은 사적 재산을 취할 수 없다는 말이 여러 번 언급되고 있다.[62] 자손의 사유 재산 금지는 예법의 일관된 요구였다고 할 수 있다. 법적으로 자손이 집안의 재산을 사사로이 유용하거나 처분하는 것을 방지하기 위한 명확한 규정도 있다. 역대의 법률은 동거하는 낮고 어린 자들이 가장의 허가 없이 집안의 재산을 멋대로 쓰면 형사처분을 하도록 했다. 얼마나 유용했느냐에 따라 몸에 가해지는 형벌의 경중이 결정되었는데, 가벼운 것으로는 태형 10~20대, 무거운 것으로는 장형

100대였다.[63]

자손들은 사사로이 재산을 쓸 수 없었을 뿐더러 집안의 재물을 사사로이 전매典賣할 수 없었다. 그러한 행위의 효력은 법적으로 인정되지 않았다. 『송잡령宋雜令』에서는 가장이 있을 때 자손이나 동생, 조카 등은 누구든 노비, 육축六畜, 전택田宅 및 기타 재물을 사사로이 팔아버리거나 담보로 돈을 빌릴 수 없었다. 설사 가장이 집을 떠나 있더라도 300리 내에 있다면 동거하는 아랫사람은 같은 구속을 받았다. 오직 특수한 상황(집이 현실 사회 밖에 있거나 군대에 의해 가로막혀 있는 상황)에서만 주현州縣에 청구해 공문서에 의거해 교역을 할 수 있었다. 이를 위반하면 곧바로 물건을 주인에게 되돌려주고 돈은 몰수하되 뒤쫓지 않았다.[64] 원나라에도 유사한 규정이 있었다. 전택의 전매는 반드시 윗사람의 수결이 있어야 계약 효력이 있었다.[65]

부모가 계신데 따로 호적을 세우고 재산을 나누는 것은 봉양의 도를 다하지 못하는 것이며 자애로운 부모의 마음을 크게 상하게 하는 것으로, 사사로이 재산을 쓰는 죄보다 더 크다. 그래서 법률에서는 불효의 죄명 가운데 하나로 열거된다.[66] 그리고 처분 또한 사사로이 재산을 쓴 것보다 무거워서 당·송 때에는 징역 3년에 처했다.[67] 명·청 때에는 장형 100대로 바뀌었다.[68] 조부모와 부모가 죽은 경우라면 이와 같은 제한이 없었으나 복상服喪이 만료될 때까지는 호적과 재산을 달리할 수 없었다. 이에 따르지 않으면 법률의 제재를 받았다.[69] 입법의 본뜻은 자식이 부모를 잊지 않게 하는 데 있다. 이와 더불어 부모와 조부모의 재산에 대한 소유권과 지배권은 그 당사자가 죽은 뒤에야 소멸된다는 사실을 알 수 있다. 이미 자손이 성인이고 혼인하여 자녀를 두었으며 직업도 있고 공민으로서 정치적 권리를 지니고 있다 하더라도 부모와 조부모가 생존해 있다면 그는 여전히 사적 개인으로서의 재산 혹은 새 호적을 따로 가질 수 없다.

법률의 부권에 대한 지원과 가족 공동체의 경제적 기반 유지에 끼치는 힘은 소홀히 여길 수 없다. 더 나아가보면 가산家産은 아버지 또는 가장에 속했을 뿐 아니라 자손 또한 재산으로 여겨졌다는 점을 발견할 수 있다. 엄밀히 말해 아버지는 자녀의 소유자로서 자녀들을 타인에게 저당 잡히거나 팔 수 있다. 수천 년 동안 많은 자녀가 그렇게 타인의 노비가 되었고 영원히 독립적인 인격을 상실했다. 자녀는 자기 인격에 대해 자주적일 수 없었고 보호할 수도 없었다. 소수의 예외는 있었지만 법률은 이 방면에서 부모의 권력을 부인한 적이 없다.[70]

또 다른 중요한 부권은 자녀의 혼인에 대한 결정 권한이다. 부모의 의지는 자녀의 혼인이 이루어지거나 깨지는 주된 요인으로, 그들은 아들에게 방을 제공하거나 딸에게 짝을 지어줄 수 있는 한편 자식과 며느리를 이혼시킬 수도 있었다. 이 일에 자녀 개인의 뜻은 고려 사항이 아니었다. 사회와 법률은 가장의 혼인 주도권을 인정했고 사회적, 법적 제재를 유력한 수단으로 삼았다. 자녀의 반항은 소용이 없었다. 자세한 상황은 혼인을 다룬 장에서 논의하도록 하겠다.

위와 같은 분석을 통해 우리는 다음과 같은 결론을 얻을 수 있다. 아버지 혹은 가장은 한 집안의 주인으로, 그의 뜻은 곧 명령이다. 집안사람은 모두 그의 절대적인 통치 아래에 있다. 사마광司馬光은 이렇게 말했다. "모든 낮고 어린 자는 반드시 가장의 명령을 받들어야 한다. 부모가 위에 계신데 어찌 자녀가 멋대로 하며 부모의 뜻을 살피지 않을 수 있겠는가? 부모가 아니더라도 당시의 가장이 있으니 마땅히 그 가르침과 명령을 받들어 행해야 한다. 명령이 한 사람의 입에서 나와야 집안은 잘 다스려질 수 있다."[71] 바로 이러한 상황을 말해주는 것이다.

이 주제에서 벗어나기 전에 부권에 대해 명확히 설명해 개념의 혼란을 막아야 할 것 같다. 지금까지 우리는 아버지와 어머니를 통칭하여 '부모'라는 표현을 사용했다. 사회적으로 법적으로 자손은 아버지와 어머니에게 똑같이 효도할 것을 요구하고, 가르침과 명령을 어기거나 다른 침범 행위를 했을 때 아버지와 어머니는 똑같이 처분할 수 있다. 그 둘 사이에는 경중이 없다. 그러나 엄밀하게는 부권만 논할 수 있을 뿐 모권은 논할 수 없다는 점에 유의해야 한다. 여기에는 두 가지 의미가 있다. 첫째로 모권은 아버지에게서 얻은 것, 즉 아버지의 아내라는 신분으로 얻은 것이다. "자사伋의 아내가 아니라면 자상白의 어머니도 아니다"[72] 급伋은 공자孔子의 손자인 자사이고, 백白은 자사의 아들이다. 자사가 아내와 이혼한 뒤 이혼한 아내가 죽었는데, 자사의 아들 공백孔白이 상복을 입지 않았다. 제자들이 그 이유를 묻자 자사는 이와 같이 대답했다라는 말은 이러한 상황을 잘 말해준다. 모권은 영원한 것이 아니고, 그 연속성은 아버지의 의지에 의해 좌우된다고 할 수 있다. 둘째로 모권은 최고인 것도 절대적인 것도 아니다. 아내는 지아비를 따라야 했으므로, 집안을 다스리는 데에서도 보조적 지위였음은 익히 아는 바다. 부모로 말하더라도 어머니는 보조적 지위에 있었다. 부모 양측의 뜻이 충돌하지 않을 때 그들의 명령은 하나로, 부권과 모권을 나눌 필요가 없다. 법리로 말하더라도 어머니는 아버지를 따라야 하므로 애초에 충돌이 있어서는 안 된다. 그러나 사실상 모권과 부권이 충돌할 때에는 지아비의 권한이 아내의 권한을 넘어서고 아버지의 권한이 어머니의 권한을 넘어섰다. 자녀는 아버지의 절대 명령에 따라야 했다. 많은 가정에서 어머니는 종종 아들을 애지중지해 단속하지 않지만 아버지가 때리라고 지시하면 때렸다. 어머니는 마음이 아프더라도 거역할 수 없었다. 또 아들을 위해 며느리를 택할 때 아들은 물론 어머니의 뜻을 거역할 수 없었지만 최후의 결정권은 아버지가 갖고 있었다. 그래서 옛사람들은 "집안에 두 명의 주인은 없다"[73]고 했다. "어머니는 자애롭지만 높지는 않다"고 하여 집안에는 오직 한 명의 최고 주권이 있음을 분명히 인정하고 있다. 이는 국가에 두 군주가 없는 것과도 같다. 상복으로 논하더라도 아버지는 높고 어머니는 낮음을 알 수 있다. 아버지가 살아 계시면 모친상에 대해서는 1년복만을 입었다. 그러다가 개원開元 시기에 격론이 벌어졌고 그리하여 겨우 자최齊衰 3년으로 개정했고, 명나라 때에 이르러서야 일률적으로 참최斬衰 3년이 되었다.

엄격히 말해 부권이란 실제로는 가장의 권한을 의미한다. 남자만이 이 권한을 가질 수 있기에 할머니와 어머니는 해당되지 않았다. 부권을 행사하는 자가 반드시 할아버지나 아버지인 것만은 아니라는 데 유의할 필요가 있다. 때로는 할아버지의 형제이거나 아버지의 형제이고, 때로는 동년배의 형이기도 하다. 가장인 자가 부권을 행사하는 자였고, 집안의 낮은 자와 어린 자는 그의 통치 아래에 있었다. 할아버지나 아버지가 죽더라도 할머니나 어머니가 한 집안의 어른으로서 가장의 뒤를 이을 수는 없었다. 오히려 그들은 아들을 따르는 위치이며, 아들이 미성년자라면 명의상으로 촌수가 가장 가까운 방계의 남성 중 서열이 높은 친족이 가르치고 보호하는 책임을 맡아 부권을 대행했다. 가장 분명한 것은 혼인을 주도하는 권한이었다.

이상으로 집안 내 부권의 행사에 대해 알아보았다. 이 집의 종합체가 족族인 경우, 일족이 거주하는 대가족은 일족 전체 구성원을 통치할 한 사람이 더욱 요구되니, 그가 곧 족장族長이다. 설사 일족이 함께 거주하는 집단이 아니라 단지 친족 관계만을 대표한다고 하더라도 족장은 여전히 필요하다. 무엇보다 집안의 많은 대소사를 관장해야 하기 때문이다. 예컨대 족제族祭를 지내고 조묘祖墓와 족의 재산을 관리하는 일을 손꼽을 수 있다. 다음으로는 최고 권한으로 집안 사이의 사회적 관계를 조절해야 한다. 집집마다 가정을 다스리는 가장은 있지만 서로 간에 충돌이 발생할 경우 공통된 법률로써 집행할 족장이 없다면 집안 사이의 안정적인 결속 그리고 집안 사이의 사회질서가 유지될 수 없다. 부족에서 족장의 권한은 부권의 연장이라 할 수 있다.

상고 시대 주나라에는 종법宗法 조직이 있었다. 이 조직은 "동성의 종을 따르고 족속을 합하는同姓從宗合族屬" 일종의 결합으로 대종大宗과 소종小宗에 의해 각기 통솔되었다. 대종의 계통은 별자別子(처음 봉해진 조상)를 계승한 적장자(대종의 종자宗子)에 의해 구성되는데,[74] 족 전체의 공동 조직과 족 전체의 부계 후예는 모두 이 종체宗體에 포함되며,[75] 족 전체가 함께 으뜸으로 여기니,[76] 가장 종합적이고 가장 영구적이라고 하겠다. 그 밖의 적자와 서자는 각기 무수한 소종을 구성한다. 아버지를 계승한 경우父宗,[77] 할아버지를 계승한 경우祖宗, 증조부를 계승한 경우曾祖宗, 고조부를 계승한 경우高祖宗 등 각기 같은 아버지의 여러 동생, 같은 할아버지의 동생, 같은 증조부의 동생, 같은 고조부의 동생을 통솔한다. 마지막으로 모든 소종은 대종에 통솔되어 "대종은 소종을 통솔할 수 있고 소종은 여러 동생을 통솔할 수 있는"[78] 상황이 된다.

대종은 100대가 되어도 변치 않으며 100대가 되어도 그 종을 바꾸지 않는다.[79] 모든 시조의 후예는 이 종체 안에 포함되며 모두 대종의 종자를 종주宗主로 하므로 대종의 체계는 종합적이고 가장 영구적이다. 반면 소종의 경우에는 고조부를 시작으로 하고 5대째에는 옮긴다. 조상이 위에서 옮기면 종宗은 아래에서 바뀐다. 조상이 위에서 옮기는 것은 제례의 변동에 영향을 주고 종이 아래에서 바뀌는 것은 종체 및 통솔 관계의 변동에 영향을 준다. 그러므로 소종의 범위는 비교적 작을 뿐만 아니라 시간에 따라 변동하지 영구적인 것이 아니다.

종宗이라는 것은 주主다. 종 자체는 곧 일종의 통솔이고 종자宗子는 곧 통솔의 권한을 지닌다. 그러므로 한나라 유가들은 이렇게 말했다. "종은 높임尊이다. 선조의 주인이 되니 종인宗人이 존경하는 바다."[80] 또한 종의 도道는 형이 동생을 통솔하는 것이니, 종의 도는 곧 형의 도다.[81] 공자는 집에 들어가서는 아버지와 형을 섬겨야 한다는 말을 자주 했다. 그리고 주나라 사람들은 매번 효孝와 제弟를 함께 거론했는데, 이는 곧 종도宗道 의식으로, 후세에 말하는 동생의 도弟道와 다르다.

종자의 권한 중 가장 중요한 것은 제사권이다. 종법 체계에서는 모든 자손에게 제사권이 주어진 게 아니라 종자에게만 주어졌다.[82] 별자別子 적장자가 아닌 아들들을 뜻함를 계승한 자는 별자에게 제사지내고, 아버지를 계승한 자는 아버지에게 제사지내며, 조부를 계승한 자는 조부에게 제사지내고, 증조부를 계승한 자는 증조부에게 제사지내며, 고조부를 계승한 자는 고조부에게 제사지내는 등, 각기 계승한 바가 있고 각기 제사지내는 바가 있었으며, 그 밖의 계승할 바가 아닌 것에 대해서는 제사지낼 수 없었다. 이들 제사지내지 않는 대종과 소종의 종자의 동생들은 제사 때 종자를 경건히 받들었다. 같은 아버지의 형제들은 부종父宗의 종자를 함께 받들어 아버지에게 제사를 지냈고, 사촌형제는 조종祖宗의 종자를 함께 받들어 조부께 제사지냈다. 재종형제는 증조부의 종자를 함께 받들어 증조부께 제사지냈다. 족형제는 고조부 종자를 함께 받들어 고조부께 제사지냈고, 대종의 종자가 시조 계통에 제사를 지낼 때에는 여러 종이 모두 와서 경건하게 받들었다. 그러므로 『백호통』에서 이렇게 말했다. "종자에게 장차 일이 있으면 족인이 모두 경건하게 받들었다."[83] 하순賀循은 이렇게 말했다. "종자가 시제時祭를 지내면 종宗 안의 남녀가 모두 모였다."[84] 대종과 소종의 종자는 실로 대종과 소종의 제사를 주도하는 자였던 것이다.

둘째, 종자는 족 전체의 재산권을 갖고 있었다. 『백호통』에서는 "대종은 소종을 통솔할 수 있고 소종은 여러 동생을 통솔할 수 있다. 그 있는 것과 없는 것을 통하게 함으로써 족인들을 통솔하는 것이다"[85]라고 한 말은 바로 이런 의미다. 종법 조직 속에서 형제는 "다른 곳에 살아도 재산은 함께했다. 남는 것이 있으면 종자에게 귀속되었고 부족하면 종자에게 기대었다."[86]

그 밖에 족 내부적으로 큰일이 있으면 모두 종자에게 묻고 알렸다. 그래서 하순은 "종자를 받드는 것은 일반적인 예보다 더한 것이다. 평소 거주할 때 매사를 묻고 보고한다. 종자에게 보고하는 예로는 종 안의 제사, 여자 시집보내기, 아내 취하기, 사망, 자녀 출산, 왕래, 개명 등으로 모두 보고한다."[87]

족인의 혼인에 관하여 말하자면, 종자의 입지는 혼사를 보고받거나 종족들을 두루 이끌고 나아가 참석하는 정도로 그치지 않았다.[88] 가장 주요한 것은 혼인을 주도하는 권한이었기 때문이다. 그래서 『의례』에서는 이렇게 말한다. "종자에게 부모가 없고 명할 친족도 모두 돌아가신 경우에는 자기 스스로 혼례를 명한다. 지자支子는 모두 종자의 명을 따르고 종자의 동생은 그 형종자의 명을 따른다."[89] 또 여자가 시집가는 것이 허락된 후에는 조묘祖廟가 허물어지지 않았으면 관부公宮에서 가르치고, 허물어졌으면 종실宗室에서 가르쳤다.[90] 종실이란 곧 종자의 집이다.

아들을 낳으면 반드시 보고했고, 보고받은 종자는 종적宗籍에 기재했다.[91]

종자에게는 살리고 죽이는 권한도 있었던 것 같다. 초나라에서 지앵知罃을 진晉나라로 돌려보내려 했다. 초나라 왕이 지앵에게 어떻게 보답할 것이냐고 묻자 다음과 같이 대답했다. "임금의 영명함으로 옥에 갇혔던 신이 이 뼈를 진나라로 가지고 갈 수 있게 되었습니다. 우리 임금께서 저를 죽인다 해도 썩지 않을 것입니다. 만약 임금의 은혜를 입어 풀려나 우리 임금의 사대부인 순수荀首 지앵의 아버지에게 넘겨진다면 아버지는 우리 임금께 청하여 종실에서 죽게 되겠으나, 죽는다 해도 썩지 않을 것입니다. 만약 죽으라는 명령이 아니라면 종자의 직을 잇게 할 것입니다."92 종실에서 죽는다는 것은 종자에게 죽이고 살리는 권한이 있었음을 뜻한다.

이렇게 종족에서 종자의 지위가 높았기 때문에 종자와 종부宗婦는 가장 극진한 예우를 받았다. 이런 뜻에서 하순이 "종자를 받드는 것은 일반적인 예보다 더한 것이다"라고 한 것이다. 『예기』에서는 이렇게 말한다. 적자와 서자는 종자와 종부만을 섬겨, 부귀하더라도 부귀한 태도로 종자의 집에 드나들지 않는다. 여러 대의 수레를 거느리더라도 밖에 세워놓고 검소한 차림으로 출입한다. 아랫사람들은 의복, 상복, 침구, 수레, 말 등의 기물器物을 반드시 윗사람에게 바친 후 그 차례에 따라 썼다.93 이를 보면 종자의 존귀함을 짐작할 수 있다.

종법은 본래 봉건 귀족의 친족 조직이었는데, 봉건 제도가 파괴된 뒤로는 종법 조직 또한 와해되었다. 봉건 시대에 작위와 봉읍의 계승은 한 명으로 제한되어 있었으므로 대종과 소종을 분별했고 오직 적장자만을 중시했다. 그러나 봉건이 폐지되고 관에는 세습되는 녹봉이 없어졌으므로 이러한 분별은 불필요해졌고, 그리하여 종법 조직 또한 역사의 유적이 되고 말았다. 후대에 비록 장방長房 동고조同高祖의 자손 가운데 항렬이 가장 높은 연장자을 대종으로 차방次房 이하를 소종으로 삼기를 좋아했는데, 이는 맞는 것 같지만 틀린 것으로, 후대에 100대에 걸쳐 영원히 계승되는 지파는 없었으니 집房은 단연코 종宗과 뒤섞어 논할 수 없다.

게다가 엄격히 말하자면 종의 도는 형兄의 도였다. 즉 종법의 중심 조직은 형으로서 동생을 통솔하는 데 있었는데, 후세에는 그런 의식이 전혀 없었고 그런 조직도 없었다. 형에게는 단연코 동생을 통솔할 권력이 없었고,

집집마다 통치자는 아버지이지 형이 아니었다.

종법 조직이 사라진 뒤에 그것을 대신한 것은 가장 혹은 족장이었다. 가장이 소종의 종자라면 그는 한 집 혹은 한 지파의 주인이고, 족장이 대종의 종자라면 그는 족 전체의 주인이다. (그러나 가장과 족장의 구분이 엄격하지 않을 때도 있어서 광의의 용법으로 족장은 가장이라 칭해지기도 했다. 역사적인 용어로 보건대 족장이라는 명칭은 비교적 뒤에 생겨난, 비교적 통속적인 용어로 쓰인 것 같다. 육구소陸九韶 형제는 여러 대가 함께 거주했는데, 역사에서는 족장이라 하지 않고 가장이라 표기하고 있다. 강주江州 진陳씨, 무주婺州 정鄭씨의 족보와 가규家規에도 일률적으로 가장이라 하고 있다.) 일반적인 관습에 따르면 족장은 공적으로 추천된 이를 말하는데, 대개 항렬이 높고 나이가 많으며 대중을 따를 만한 덕행을 지닌 자로 족 전체의 일을 주관했다.

종족 집단 가운데 일족 전체의 수입과 각 항목의 소비는 세밀하게 계획되고 운영되고 관리되었으니, 그것의 경제적 기능은 아주 번잡했다. 금계金溪 육陸씨는 여러 대가 의롭게 거주했는데, 그중 최고의 장자를 가장(실제로는 족장)으로 추대했으며, 해마다 돌아가며 자제들이 집안의 일을 나누어 맡았다. 전답·조세·출납·주방·손님 등 각각 주관하는 자가 있었다.[94] 포강浦江 정씨의 경우에도 주기主記, 신구장관新舊掌管, 수복장羞服長, 장선掌膳, 지빈知賓 등의 항목에 대해서는 자제들이 그 직을 나누어 맡았다.[95]

족이라고 해서 반드시 생활 공동체로 동거하는 것은 아니었다. 많은 경우 각각의 집에서 따로 거주했고, 각 단위의 집안일은 그 집의 가장이 책임을 졌다. 족장은 간여하지 않았다. 그가 간섭하는 경우는 집안 사이의 공무, 예컨대 족전族田·족사族祠·족학族學의 관리, 족전 수입의 분배 등에 관한 것이었다.

족장은 종교적 기능도 담당하여 족제族祭의 제사장이었다. 육구령陸九齡

형제의 집은 매일 아침 가장이 여러 자제를 이끌고 선조의 사당을 배알했다.[96] 보통 집에서는 매일 사당을 방문하지 않았지만 세시 제사를 지낼 때의 제사장은 족장이었다.[97] 일반적인 관습에 따르면 집안 사당의 사적인 제사는 가장에 의해 주재되고 집안사람들만 참여했으나, 세시의 족제는 족의 사당에서 거행되었고 족장에 의해 주재되었으며 족 전체 구성원이 참여했다.

제사 외에 족장의 가장 중요한 임무는 내부의 분규를 처결하는 것이었다. 개별적인 집 문제는 가장이 처결하지만 족 내 가정 사이의 분규는 가장이 해결할 수 없는 일이었다. 족장은 실로 족의 법 집행자이자 중재자로, 이런 분야에서 족장의 권위는 지극히 높았다. 그의 한마디로 내부 갈등은 해결되었으며 그 효력은 법관의 그것보다 결코 덜하지 않았다. 심지어 어떤 권력은 법률에 의해 보장되기도 했다. 예를 들어 족 가운데에 입사立嗣 대를 이을 아들이 없는 사람이 친족 중에서 아들과 같은 항렬인 사람을 데려다가 대를 잇는 것를 논할 때는 종종 심각한 분규를 야기했으며, 때로는 소송으로도 분명치 않아 법관은 판결하기가 어렵기도 했고 판결에 불복하는 경우도 있었다. 오로지 족장 및 족 전체의 공론을 통해서만 이 분규를 해결할 수 있었는데, 족장이 한마디로 결정하면 다툼이 곧 종결되기도 했다. 이 점을 분명히 알고 있었기 때문에 다음과 같은 법적 규정을 두었다. "아내의 남편이 사망하고 남편의 직분을 이을 자식이 없다면 족장이 항렬과 위치에 합당한 사람을 선택하여 후사를 잇도록 한다."[98] 또 예컨대 독자獨子가 집 두 채를 승계하려면 족 전체의 감결甘結을 받아 가지고 있어야 했다.[99] 승계를 다투는 것은 인명 사고를 초래할 수 있기 때문에 재산을 다투거나 승계를 꾀하거나 승계 다툼과 연계되어 있는 집은 족 전체에서 따로 공론을 벌임으로써 승계가 확립되었다.[100] 이때 족장은 사회를 봐서 족 전체의 공론을 이끌었다.

데릴사위로 하여금 봉양케 하는 것은 본래 일가의 계승자 한 명을 세워 종가 제사를 이어받게 해야 하지만 승계자를 세우지 못한 채 사망한 경우 어쩔 수 없이 족장이 일가에서 한 명을 골라 승계자로 세우는 것이니, 법률에서는 "족장이 관례에 의거해 논의하여 세우는 것을 따른다"[101]고 명문으로 규정하고 있다.

족장은 족의 규범族規을 어기고 중재에 불복하는 구성원을 징벌할 수 있었다. 많은 종족은 법률을 갖추고 있었으며 성문화한 경우도 있었다. 『정씨규범鄭氏規範』이 가장 유명한 예다. 일부 가족들은 조규條規는 없을지라도 적어도 전통적인 금기는 있어, 가문의 기풍을 해치고 조종祖宗을 욕되게 하는 행위는 종족에 의해 허용되지 않았다. 국법과 가법이 서로 합치되는 경우가 있었기 때문에 종종 종족이 금하는 것을 어기면 형률刑律을 어기는 것이 되기도 했다.

족장은 사실상 종족의 법률(가법)을 받들어 행하는 법관으로, 다름 아닌 종족 법률(족법)의 집행자였다. 그는 자신의 의지에 따라 시비곡직을 판단하고 처벌을 정할 수 있었다. (만약 처벌 조항이 규정되어 있지 않으면 임의로 결정하는 방식을 취할 수밖에 없었다.) 족 내에서 그의 말은 곧 명령이고 법률이었다. 그는 손해배상이나 예법에 따라 사과를 하라는 따위의 명령을 할 수 있었다.

왕영만王榮萬은 사촌동생 왕귀만王貴萬이 공중의 대청을 허물고 거처를 수리하려 하자 돈 빌리는 것을 허락하지 않고 왕귀만의 돈을 뺏어갔다. 왕귀만은 족장에게 고발했고 족장은 왕영만을 찾아내 돈을 돌려주라고 명령했다.[102]

요염팔饒念八의 형이 병사하자 과부 조曹씨는 절개를 지키려 했다. 요염팔은 조씨가 가풍을 무너뜨릴까 우려되니 체면을 잃지 않게 하겠다는 핑계로 조씨를 시집보내 팔아먹으려 했다. 조씨가 종족의 무리에게 판결해달라고 청하자 요염팔에게 예법을 따르라고 명령했다.[103]

유채문劉彩文은 평소 행동이 단정치 못해 어머니 유진劉陳씨로부터 쫓겨나 따로 살았다. 유채문이 종족 사람 유장劉章이 경작하는 소 한 마리를 훔쳤다가 당사자에 의해 알려졌고, 유채문은 종족의 손에 잡혀왔다. 족장 유빈劉賓은 종족의 금기를 어기고 절도를 저질렀으니 벌금으로 은 80냥을 내고 주연을 베풀어 족인들에게 사과하도록 선고했다. 이로써 관부에 보내져 추궁과 처결되는 것을 면하게 했다.[104]

죄가 더욱 무거운 경우에는 신체형을 가하거나 족적族籍에서 빼버렸다. 가장과 족장에게는 신체 징벌권이 있었는데, 이는 중국의 가족사에서 지극히 중요한 것이다. 육구령, 구소 형제의 집안은 가법이 극히 엄했다. 자식이 잘못을 저지르면 가장이 꾸짖어 훈계했고, 그래도 고치지 않으면 때렸고, 끝내 못 고치면 냉정히 관부에 고하여 먼 곳으로 내보냈다.[105] 무주婺州의 정문사鄭文嗣, 문융文融 형제의 가정은 관아처럼 엄정했는데, 반백의 나이라도 죄를 지은 자는 때렸다.[106] 족 단위로 거주하던 시대에는 인구가 많고 관계가 복잡해서 충돌이 쉽게 발생했기 때문에 가법이 없으면 질서를 유지하기 어려웠다. 그렇지 않았다면 정씨 종족은 200년이 훌쩍 넘도록 10대에 걸쳐 이어올 수 없었을 것이다.

심지어 족장이 잘못을 범한 족인을 사형에 처하도록 명령한 경우도 있었다.

족장 유빈은 유채문에게 은으로 벌금을 내고 족인들에게 사죄하도록 명령한 후, 유채문을 유공윤劉公允에게 넘겨 진씨에게 돌려보내도록 했다. 유채문은 집에 돌아와 선전膳田을 팔아 술을 마련하려 했다. 그러나 진씨가 허락하지 않자 유채문은 소란을 피우다가 진씨를 밀어 넘어뜨렸다. 이튿날 유빈, 유장, 유대취劉大嘴(유장의 아들), 유공윤 등이 벌금을 독촉하러 진씨 집에 갔는데 진씨가 어제의 일을 토로하며 관아에 압송해 추궁하고 처결하는 것을 도와달라고 했다. 유빈이 말했다. "절도를 저질러 불효하게 두느니 나중에라도 족인에게 누가 되지 않도록 묻어 죽이는 편이 낫겠다." 진씨가 허락하지 않았다. 유빈이 말했다. "묻어 죽이지 못한다면 반드시 선전을 팔아 술을 마련하려 한 죄로 벌을 주어야 한다." 유빈은 유대취에게 개 묶는 얇은 줄을 가져다 유채문을 묶게 한 뒤 밖으로 끌고 가려 했다. 유채문이 버티자 유빈은 유채문의 대공복大功服 형인 유문등劉文登에게 뒤에서 밀게 했다. 진씨가 볏짚을 가지고 유채문의 동생인 유상劉相과 유아劉牙를 불러 동행하게 했는데, 유상은 중간에 도망쳤다. 유아가 울면서 용서를 구했으나 유빈은 허락하지 않고 유문등에게 구덩이를 파게 했고, 진씨에게는 구덩이 안에 볏짚을 깔게 했다. 유빈이 유대취에게 줄을 풀게 한 다음 유채문을 구덩이 속으로 밀어 넣었다. 유문등과 진씨가 흙을 덮어버렸다.[107]

서공거徐公舉와 질녀 서소영徐昭英이 간통을 했다. 서공거는 서소영의 어머니와 숙부에 의해 붙잡혔고 족장 서첨영徐添榮에게 고발되었다. 족장은 관아에 보내 추궁하고 처결하도록 했고, 풀어달라는 서공거의 부탁을 들어주지 않았다. (…) 그가 가문을 망쳤다고 격분한 족장 서첨영은 서첨수徐添壽에게 서공거를 밀어 빠뜨려 죽이라고 큰소리로 명했다.[108]

물론 족장이라 해도 사람을 죽이고 살리는 권한은 법률로 인정되지 않았다. 전자의 사건은 유빈이 병사하여 논죄되지 못했으나, 후자의 사건은 천살률擅殺律 멋대로 죽이는 것에 관한 법률에 따라 서첨영을 치죄했다. 그러나 전통적인 권위에 유의할 필요가 있다. 족인들이 그의 명령에 복종한 것은 죽이고 살리는 족장의 권한에 대해 의심하지 않았음을 나타낸다. 궁벽한 곳에서는 이러한 일들이 얼마나 빈번했을지 알 수 없다. 기록이 남아 있었다면 분명 그 수치는 놀라웠을 것이다.

이로부터 우리는 가장과 족장이 가족의 질서 및 가족 사법에서 차지하는 위치, 그리고 국법과 가법의 관계를 알 수 있다. 사회와 법률이 가장 혹은 족장의 권력을 인정하는 시대에서 가족은 실질적인 정치·법률의 기본 단위이고, 가장 혹은 족장은 각 단위의 주권자로서 국가에 대해 책임을 지니는 것으로 여겨졌다. 따라서 가족은 가장 낮은 등급의 사법 기관으로서 가정이라는 단체 안에서 벌어진 분규 및 충돌은 마땅히 족장에 의해 우선 중재되어야 하고, 조율할 수 없을 때에만 국가의 사법 기관에 의해 처리되었다고 볼 수 있다. 그렇게 함으로써 사법 관리는 성가신 일들을 덜어낼 수 있었고, 그 결과 비교적 조화로울 수 있었다. 속담에 "청렴한 관리는 집안의 일을 처결하기 어렵다"는 말이 있는데, 사회적 근거가 있는 말이다. 본디 많은 분규는 조율될 수 있거나 가법으로 처리할 수 있으므로 소송까지 갈 필요가 없고, 가족 스스로 처리할 수밖에 없는 일도 많다. 가장과 족장은 죽이고 살리는 권한 외에 최고의 판결과 징벌 권한을 지녔던 것이다.

거꾸로 보면, 법률이 가장과 족장이 지닌 가족에 대한 주권을 인정하고 갖가지 법적 권력을 부여한 것은 각 단위의 주권자가 그 단위 및 단체의 구성원에 대해 그리고 국가에 대해 책임을 지기를 희망했기 때문이다. 이와 같은 책임은 국가에 대한 엄격한 의무이기도 하다.

기원전 2세기 무렵 중국의 법률은 가장에게 그러한 책임을 요구했음을 알 수 있다. 당시의 조세율은 가장을 책임저야 할 대상으로 삼았으며, 조세 납부 신고가 부실한 자는 유죄였다.[109] 조세를 탈루한 가구에 대해서는 모든 시대에서 가장이 모든 책임을 지도록 했다. 당·송의 법률에서 조세를 탈루한 가구의 가장은 징역 3년에 처하고, 요역이 없는 자는 2등급을 감해주었다. 명·청의 법률에서는 한 가족을 호적에 등록하지 않으면 부역이 있는 자의 가장은 장 100대에 처하고 부역이 없는 자는 장 110대에 처했다. 타인을 호적에 숨겨 신고하지 않거나 몇 가구를 합쳐 호적에 올린 자도 같은 죄로 다스렸다.[110] 진晉나라 때에는 가족 전원이 달아났을 때 그 가장을 참수형에 처했다.[111] 호적과 조세에 관한 일은 본래 가장의 직권으로, 가장이 홀로 그 책임을 졌다.

개인이 책임저야 마땅한 경우에도 가족의 모든 성원이 가장 혹은 족장의 권위 아래 수시로 감독되었으므로 가장에게도 책임을 물었다. 때로는 잘못을 저지른 본인은 오히려 법적 책임을 지지 않는 경우도 있었다. 복사服舍 부모상을 치를 때 머무르는 방가 격식에 맞지 않으면 명·청 법률에서는 모두 가장에게 죄를 물었다.[112] 아울러 청의 법률에서는 족장에게 발급되는 녹봉 3개월 치를 중단했다.[113] 또 상을 치르는 집에서 도사를 불러 기도를 하거나 남녀가 어울려 술을 마시거나 고기를 먹은 경우에도 가장에게 죄를 돌려 장 80대에 처했다.[114]

가법과 국법, 가족 질서와 사회질서의 연계를 통해 알 수 있는 것은 가족이 정치와 법률의 실질적인 단위이며 정치와 법률 조직은 이들 단위의 조합에 불과하다는 사실이다. 이것은 가족 본위의 정치·법률 이론의 기초이자 제가치국齊家治國 이론의 기초다. 각 가족이 단위 내의 질서를 유지하고 국가에 대해 책임을 이행하면 자연히 전체 사회가 유지될 수 있다는 논리다.

3. 형법과 가족주의

1) 친족 간의 침범

· 살상죄

직계의 서열이 높은 친족은 원래 자손들에 대해 가르치고 때릴 권리가 있으므로 상해죄가 성립하지 않았다. 또 자손들이 불효하거나 가르침이나 명령을 어기면 자손들을 죽여도 법적인 처벌은 극히 가벼웠고 심지어 무죄를 받기도 했으며, 과실로 죽이면 논죄하지 않을 수 있었다. 이러한 내용은 앞서 부권을 논하면서 이미 다루었다. 그러나 부모가 아무 과실이 없는 자손을 멋대로 죽인 경우는 훈육의 범위를 넘어선 것으로, 형사상의 책임을 져야 했다. 북위北魏의 법률에 따르면 부모가 분노하여 칼로 자손을 죽인 자는 5년형에 처했고, 때려죽인 자는 4년형에 처했다. 또한 애증의 감정으로 고의로 죽인 자라면 한 등급을 더했다.[115] 당과 송의 법률에서는 고의로 자손을 죽이거나 때려죽인 자를 2년 징역에 처했으며, 칼로 죽인 자는 2년 반 징역에 처했다.[116] 원의 법률에서는 무고하게 칼로 자식을 죽인 자는 장형 77대에 처했다.[117] 명과 청의 법률에서는 고의로 자손을 죽인 자는 장 60대, 징역 1년에 처했다.[118] 『청현행형률淸現行刑律』에서도 징역 1년에 처했다.[119]

당·송·명·청의 법률은 자손 모살을 꾀한 자에 대해 고의 살해죄에 의거하되 두 등급을 감해주었고, 상해한 자는 한 등급을 감해주었으며, 이미 죽

인 자는 고의 살해죄에 의거했다.[120]

이와 같은 처벌은 일반적인 처벌보다 훨씬 가벼웠다. 친족이 아닌 경우에는 싸우고 때려 경상을 입혀도 태장答杖형에 처했고, 중하면 징역형이나 유배형에 처했으며, 치사에 이르게 한 구타 또는 살인한 경우에는 생명으로 대가를 치르지 않는 경우가 없었다. 모살을 꾀한 자는 상대가 죽음에 이르지 않았다 하더라도 교수형에 처했다.[121]

자손은 본래 공손하고 조심스러운 태도로 효도를 다해야 했기에 부모에게 불손하거나 거역하는 행위에 대해서는 사회와 법률이 용인하지 않았다. 불효는 법적으로 극히 중대한 범죄였으며, 처벌 또한 극히 무거웠다. 『효경孝經』에서는 오형五刑에 속하는 것이 3000가지인데 불효보다 더 큰 것이 없다고 했다. 『주례周禮』에서도 불효는 팔형八刑 가운데 하나였다. 한漢의 법률에서도 불효죄는 참수하여 효시했다.[122] 북위 시대에는 부모에게 불손하면 곤형髡刑 머리를 삭발하는 형벌에 처했으나, 태화太和 조서에 따르면 이 벌이 너무 가볍다고 여겨 더욱 상세한 제도를 명했다.[123] 상고 시대의 법률에서도 불효죄를 중히 다루고 있음을 발견할 수 있는데, 제齊와 수隋 이후에 불효는 중죄로서 용서받을 수 없는 10대 악으로 다루었다. 그 사항을 관련 서적의 서두 명례名例, 현대 법률의 총칙에 해당함에 명시했다.[124]

좀더 깊이 살펴보면, 역대 법률에서는, 불효죄에 대해 중국 고대의 법률이 가중加重주의라는 동일한 원칙을 취해왔음을 발견할 수 있다. 예컨대 욕을 하는 행위는 일반적으로는 대수로운 죄가 아니었다.[125] 그러나 조부모와 부모에게 욕설을 한 경우는 교수형에 해당하는 죄였을 뿐 아니라,[126] 불효의 중죄로 10대 악에 포함되었다. 『청현행형률』에서 능지처참을 폐지하고 사형을 다시 제정한 관계로 교수형 처결에서 교감후絞監候 교수형 집행유예로 바뀌었다.[127]

욕설 이상의 행위는 더욱 용인할 수 없는 패역한 중죄로(이 또한 10대 악에 포함되었다), 이는 불효의 수준을 넘어선 것이므로 법적인 처분도 더욱 엄했다. 한의 법률,[128] 송의 법률[129] 모두 그 죄가 효수에 이르렀다. 당·송·명·청 법률의 처분은 모두 참수형이었으며, 『청현행형률』에서는 징역형으로 바뀌었다.[130] 원나라 법률에서 조부모와 부모를 구타해 상해 입힌 자손은 사형에 처했는데,[131] 다른 시대의 모든 법률은 상해 여부나 정도와 무관하게 구타의 행위만 있어도 이 죄가 성립되었다.[132]

아울러 고의적인 상해인지 실수로 인한 상해인지도 분별하지 않았다. 법적으로 실수로 인한 상해를 다스리는 것에 관한 명문 규정이 없기 때문에 의도하지 않았더라도 부모를 상해한 행위는 일률적으로 참수에 처했다. 오래전 한나라 때 사람들은 다음과 같이 생각했을 것이다. 예컨대 갑의 아버지 을이 병과 싸우다가 병이 칼로 을을 찔렀고, 갑이 아버지를 구하려고 막대기를 휘둘렀는데 실수로 자신의 아버지인 을이 맞았다고 하자. 이 경우 한나라 사람들은 아들이 아버지를 찔렀으니 실수 여부를 논할 필요 없이 효수해야 한다고 말했을 것이다. 그러나 오직 동중서董仲舒는 이렇게 말했다. "신은 아버지와 아들은 지극히 친하다고 생각합니다. 아버지가 싸운다는 말을 듣고 아들은 걱정했을 것이고, 이에 막대기를 들고 구하려 한 것일 뿐 아버지를 욕보이려 한 것이 아닙니다. 『춘추』의 의리에 따르면 아버지의 병을 치료하기 위해 약을 지어드렸는데 돌아가셨다면, 이는 고의가 아니므로 놓아주어 마땅합니다. 갑의 행위는 법률적 의미로 부친을 구타한 행동이 아니므로 형벌을 내려서는 안 됩니다."[133] 그러나 당시에 이런 견해를 갖고 있던 사람은 많지 않았으며, 후대에서도 극소수였다.

적소량翟小良이 담을 수리하여 번 돈으로 생선, 술, 음식을 샀는데, 이를 본

아버지가 화를 내면서 소량의 변발을 틀어쥐고 구타했다. 성질 급한 소량이 벗어나려고 칼로 변발을 자르다가 뜻하지 않게 아버지의 손목을 그어 상해를 입혔다.[134]

공노재龔奴才는 간통을 저지른 아내와 다툼을 벌였는데, 싸우고 때리다가 가위를 휘두르자 진씨가 피했다. 이때 아버지 공가홍龔加紅이 뛰어와 이들을 말리던 중 아들이 손을 거두어들이다가 잘못하여 공가홍의 왼쪽 옆구리를 찔러 상해를 입혔다.[135]

번괴樊魁가 동생 번원樊沅과 다투다가 칼을 들어 을러대며 위협했다. 그의 어머니 왕씨가 칼을 빼앗아 스스로를 그어 상해를 입었다.[136]

이와 같은 여러 사건은 자식이 부모를 구타한 죄에 따라 참수형으로 결정되었다가, 사정이 불쌍히 여길 만하여 나중에 참후斬候로 바꾸어 추분秋分에 심리하여 형 집행이 유예되었다. 아울러 번괴 사건에 대해서는 새로운 조례를 다음과 같이 정했다. "그것은 조부모와 부모를 오인하여 상해하는 법률에 따라 참수형으로 판결해야 할 사안으로 여전히 본 법률에 따라야 하지만, 번괴 사건을 들어 황상의 뜻을 경건히 받들고자 황상의 결정을 공손히 기다린다."[137]

또 다음과 같은 사건도 있었다.

주삼아周三兒가 버들가지로 자신의 아내를 때리며 혼내던 중 어머니가 앞을 가로막고 감싸다가 왼쪽 볼에 상해를 입었다. 음식을 먹거나 활동함이 평소와 다름없었고 아파하지도 않았다. 그러던 어느 날 몸에 한기를 느끼던 어머니가 구덩이에 용변을 보다 발을 헛디뎌 빠졌고, 그로 인해 천식이 도져 힘들어하다가 사망했다. 형부에서는 상해가 아주 경미하고 사망 원인은 병 때문이었다고 보았으나, 앞서 상해를 입힌 바는 인륜과 관련된 것이니 법률에 따라 참수로 처결하려 했다. 황상의 뜻을 받들어 구경九卿이 논의하고 상주하여 참수 유예로 바꾸었다.[138]

부모를 치사하면 자연히 죄가 한 등급 가중되었다. 당과 송에서는 형벌이 참수형과 교수형 두 가지뿐이었고, 구타죄만으로도 참수형에 처해지므로 그 죄는 더 가중되지 않고 참수형에 그쳤다. 그러나 원·명·청의 법률에서는 죄가 능지처참으로 가중되었다.[139] 능지처참은 본래 오형五刑에는 없었던 것으로, 법 바깥의 참혹한 극형이었다. 오직 모반이나 악역惡逆 등의 극악무도한 죄에만 내려지던 처벌이었다. 인륜에 반하는 사건을 법률이 중시했음을 알 수 있는 대목이다. 한편 『청현행행률』에서는 능지처참의 형벌을 폐지하면서 부모를 죽인 죄를 참수형으로 개정했으며, 부모를 때리고 욕한 죄 또한 각각 한 등급 낮추어 교수형 및 교수형 유예로 개정되었다.[140] 부모를 때려죽인 자는 그가 이미 죽었다 해도 부관참시되었다. 청나라 때 어떤 자가 미쳐서 아버지를 도끼로 찍어 죽이자, 어머니에 의해 도끼로 찍혀 죽임을 당했다.[141] 또 어머니를 밀어 넘어뜨려 죽인 어떤 자는 산 채로 매장되는 형벌을 받았다.[142] 나중에는 모두 부관참시되었다. 또 형을 때리다가 실수로 어머니를 상해 치사한 자가 두려운 나머지 자살했는데 결국 부관참시되었다.[143] 정상적인 법에 미치지 못하는 경우, 인륜에 반하는 죄를 지어 옥사한 경우도 똑같이 처리했다. 원의 법률에는 명문화된 규정이 있었고,[144] 청대에도 모두 법률에 따라 부관참시되었다.[145] 부모에게 상해를 입혀 인륜에 반하는 죄를 지은 자가 이미 법률에 따라 참수형 판결을 받았는데 이후

부모가 상해로 인해 사망했다면 이 경우에도 부관참시를 면할 수 없었다. 죽어서도 형벌을 피할 수 없었고, 심지어 형벌을 받은 시체에 2차 형벌이 내려지기도 했다. 법률이 부모를 때려죽인 죄에 대해 극형을 유지하려 했음을 알 수 있다.

다시 말해 아무리 실수였다 해도 부모를 죽게 만든 자는 능지처참을 피할 수 없었다. 원래 법률에서는 실수로 죽인 경우와 고의로 죽인 경우를 분별하지 않았고,[146] 무조건 법률에 의거해 심문하고 판결했다. 특별한 상황이 있어 용서할 만하다면 황제의 긍휼히 여김을 얻어야만 경감의 기회가 주어졌다.

백붕학白鵬鶴은 형수인 백갈씨白葛氏에게 등잔 기름을 빌리려다가 얻지 못하자 길거리에서 소리를 지르며 욕을 해댔다. 백갈씨가 쫓아 나와 입씨름을 하던 중 백붕학이 단단한 흙덩이를 집어 들어 형수에게 던졌다. 때마침 말리러 나온 어머니 백왕씨白王氏가 맞아서 상해를 입고 사망했다. 형부에서는 자식이 부모를 살해한 죄는 능지처참에 처하는 법률에 따라 심문하고 판결하려 했다. 그러나 멀리서 흙덩이를 던져 실수로 어머니에게 상해를 입힌 것은 생각지 못했던 것으로서, 싸우고 때리다가 잘못하여 살해한 경우와는 간극이 있는 것이므로 황제의 뜻을 받들어 참입결로 바꾸었다.[147]

또 유사한 사건으로 아래와 같은 것도 있다.

농아후隴阿侯와 여무승餘茂勝이 말다툼을 벌이다가 치고받고 싸웠다. 농아후가 장작 패는 도끼를 주워들어 도끼의 등으로 여무승에게 반격했다. 여씨는 급히 피했으나 마침 농씨를 말리려 뛰어든 할머니가 정수리를 얻어맞고 쓰

54

러져 사망했다. 순무巡撫가 심문하고 법률에 따라 능지처참으로 결정했으나, 실수로 친 것은 때려죽인 것과 다르다는 황제의 뜻을 받들어 참결로 바꾸었다.[148]

이로 인해 그 당시 하나의 조례가 정해졌다. 자손이 조부모와 부모에게 실수로 상해를 입혀 죽음에 이르게 한 경우, 법률에 따라 그 죄를 판결하되 백붕학과 농아후의 사건을 인용한 황제의 뜻을 받들어 황제의 결정을 겸허히 기다리도록 했다.[149]

심지어 부모가 타인에게 맞고 있을 때 부모를 구하고자 급하게 나서다가 부모에게 상해를 입혀 죽음에 이르게 한 경우에도 법률에 따라 능지처참을 결정하되, 이후 황제에게 죄의 경감 여부를 살펴줄 것을 청했다.

등봉달鄧逢達이 척흥戚興에 의해 땅바닥에 짓눌려 있었다. 척흥이 돌을 들어 치려 하자 아들 등광유鄧光維가 칼을 들어 척흥을 찌르려 했다. 척흥이 계속 등봉달을 잡고 놓아주지 않자 등광유는 다급한 마음에 칼을 내리쳤다. 그런데 척흥이 발을 움직이는 바람에 칼이 아버지의 오른쪽 배를 찔러 사망케 했다. 관리는 싸움에서 위급한 상황에 처한 아버지를 구하려다 잘못하여 상해를 입혔으니 동정의 여지가 있다고 여겼다. 그는 아들이 아버지를 죽인 법률에 따라 능지처참으로 결정한 뒤 참입결로 감해줄 것을 주청했다. 이에 동의한다는 황제의 뜻을 받들었다.[150]

진씨陳氏와 동학시董學試가 대나무 조각을 빼앗으려 잡아당기다가 서로 때렸다. 진씨의 아들 담아구譚亞九가 동董에게 놓으라고 소리쳤으나 동은 이를 무시했다. 어머니가 해를 당할까 싶어 아들이 돌을 던졌는데 동은 피하고 진씨가 맞아 죽고 말았다. 법률에 따르면 능지처참이지만, 자세한 상황을 밝혀 황제가 정해주기를 겸허히 기다렸다. 뜻을 받들어 참감후斬監候로 바뀌었다.[151]

법적으로는 자손이 과실로 부모를 살상한 경우에 관한 규정도 있다. 일반적인 경우에는 과실로 살상을 해도[152] 돈으로 죄를 경감할 수 있었다.[153] 그러나 자손이 과실로 부모를 살상한 경우에는 돈으로 죄를 경감할 수 없고 부과되는 벌 또한 극히 무거웠다. 당·송·명·청의 법률에서 과실로 부모를 상해한 자는 징역 3년이었고 과실로 죽인 자는 3000리 밖 유배형이었다.[154] 그러다가 건륭乾隆 시대에는 과실로 조부모와 부모를 죽인 자를 교입결絞立決하는 것이 상규로,[155] 그 이전보다 더욱 중해졌다. 과실로 부모를 살상한 죄가 이와 같이 엄중한 이유는 효도의 윤리와 연관이 있었기 때문이다. 여기서는 청의 법률의 원주原注를 인용해 입법의 원뜻과 정신을 분석해보는 것이 최선이겠다. "과실은 비록 무심코 일어난 것이지만 자손은 (…) 조부모와 부모에 대해 마땅히 경건하고 조심함으로써 과실에 이르게 해서는 안 된다. 그러므로 남이라면 돈으로 죄를 경감시킬 수 있으나 자식은 유배나 징역의 중죄를 받을 수밖에 없음은, 신하와 자식은 군주나 부모에게 잘못을 해서는 안 된다는 의미다."[156] 그러므로 과실로 인한 조부모와 부모의 살상에 대해서는 어떤 경우라도 법률에 따라 정해진 벌을 줄일 수 없었다. 안타까운 상황이 밝혀져 황제에게 살펴줄 것을 주청할 수는 있으나, 그마저도 교수형 처결絞決에서 교수형 유예絞候로 바뀔 수 있을 뿐이었다.[157] 다음에 제시한 몇 가지 신청서는 모두 교수형 처결에서 교수형 유예로 바뀐 경우다.

대방온戴邦穩이 짚더미에서 밥을 짓다가 부주의하여 짚더미에 불이 붙었다. 연로한 어머니 대오씨戴吳氏는 피하지 못하고 불에 타 사망했다.[158]

서장귀徐張貴가 아버지 서국위徐國威와 함께 우물을 팠다. 아버지는 우물 안에서 흙을 퍼내고 아들은 우물 밖에서 통을 들어올렸다. 통을 우물 중간쯤 올렸을 때 매달아놓은 줄이 끊어져 흙이 담긴 통이 우물 속으로 떨어졌고, 아버지가 목숨을 잃게 되었다.[159]

최삼崔三이 아버지와 함께 목판을 자르던 중 나무가 흔들릴 만큼 바람의 기세가 맹렬하여, 목판을 받치던 작은 나무가 떨어져나가고 큰 나무가 쓰러져 아버지가 깔려서 부상당하여 사망했다.[160]

방원씨方袁氏는 원단씨袁單氏의 출가한 친딸로, 어느 날 원단씨가 사위에게 돈을 빌리기 위해 찾아왔다. 그때 사위가 외출 중이어서 방원씨는 남편이 돌아와서 돈을 마련할 때까지 어머니를 기다리게 했다. 원단씨는 문지방에 앉아 딸이 직물을 짜는 모습을 바라보면서 저녁때까지 기다렸으나 사위는 돌아오지 않았다. 방원씨가 남편을 찾아보려고 문지방을 넘어 나아갔다. 그러자 원단씨는 몸을 돌려 방원씨의 옷자락을 잡으며 말리려 했다. 옷을 잡힌 방원씨는 어찌할 틈도 없이 뒤로 미끄러지면서 원단씨와 부딪쳤다. 땅에 쓰러진 원단씨는 머리의 태양혈 발제髮際 부분을 다쳤다. 평소 천식을 앓고 있던 원단씨는 일시적으로 숨이 차올랐고 가래에 막혀 사망했다.[161]

부모가 자손으로 인해 분노하여 목숨을 끊은 경우에도 자손은 그 책임을 면할 수 없었다. 명의 법률 조례에서는 원래 자손이 조부모와 부모를 죽음에 이르게 한 경우에는 조부모와 부모를 때리는 법률에 의거해 참수형으로 심문하되 주청하여 결정하라는 조문이 있다.[162] 그리고 청의 법률은 그 규정이 더욱 구체적이고 확정적이다. 자손이 불효하여 조부모와 부모가 스스로 목숨을 끊은 경우, 만약 자식이 부모의 뜻을 거스르는 행동으로 부모를 격분케 한 정황이 발견되었다면 바로 참수로 처결한다. 반면 그러한 정황은 없지만 행위가 가르침과 명령에 위배되어 부모가 분노를 품고 스스로 목숨을 끊었다면 교수형 유예로 정한다.[163]

엄극련嚴克連의 어머니 유씨劉氏는 평소 정신질환이 있어 발작했다가 그치곤 했는데, 화를 낼 때마다 발병했다. 엄극련은 아내에게 신발을 늦게 만든다고 욕설을 해댔다. 유씨가 그만하라고 호통을 쳤지만 소용이 없었고, 그 분노가 정신병을 촉발시켜 독을 먹고 자진했다. 진무晉撫는 유씨의 죽음은 정신병으로 인해 정신이 혼미해진 탓으로, 분노를 품고 생을 가벼이 여긴 것과는 간극이 있으니 엄극련의 벌을 감형하여 교수형에서 유배형으로 정하려 했다. 그러나 형부에서는 이 범인이 어머니를 화나게 한 허물은 피할 수 없는 것이라고 판단했다. 유씨가 숨진 것은 정신병 발작 때문이지만 그 정신병을 재발케 한 것은 이 범인이 가르침과 명령에 따르지 않은 소치이니, 법률에 의거해 교수형 유예로 정해야 한다고 했다.[164]

유계종劉繼綜은 아내에게 밥을 늦게 짓는다고 심하게 나무라며 다투었다. 아버지 유의청劉衣靑이 호통을 치며 그만두라고 했으나 말을 듣지 않자 큰소리로 욕을 했다. 유계종이 겁이 나서 도망치자 유의청이 쫓아가면서 욕을 하면서 뒤쫓다가 넘어졌고, 중풍에 걸려 사망했다. 조례에 따라 교수형 유예로 정했다.[165]

율송년栗松年은 아내가 밥을 늦게 짓는다고 때리고 욕을 해댔다. 어머니 이 씨가 나서서 호통을 치며 못하게 했지만 듣지 않았다. 이씨가 아들을 관아에 압송시켜 추궁하겠다고 하자 송년은 머리를 조아리며 살려달라고 빌었으나 소용없었다. 곧장 현에 가서 고발하고 돌아온 뒤에야 이씨는 자식을 불효죄로 고발하면 (아들이) 국경의 군대로 유배되는 벌을 받는다는 사실을 알게 되었다. 이씨는 자신을 봉양할 사람이 아무도 없다는 생각에 후회와 상심으로 우물 속에 몸을 던져 자진했다. 관리는 그 아들이 비록 이씨를 죽게 한 것은 아니지만, 가르침과 명령을 어김으로써 부모가 먼저 고발하여 추궁하도록 했기 때문이니, 법률에 따라 교수형 유예로 정해야 한다고 여겼다.[166]

이와 같이 가르침과 명령을 어겨 부모가 스스로 목숨을 끊은 사건들은 그 범행의 성격이 어떠하든 간에 줄곧 법률에 따라 처리했을 뿐 관대히 감면한 적이 없다.[167] 오로지 다음과 같이 참으로 용서할 만한 상황에서만 감형의 희망이 있었다.

유지청劉知淸은 평소 효성이 지극했다. 그러나 어머니인 장씨가 족인에게 매혼한 며느리의 몸값을 요구해 받아내자 가져서는 안 되는 재산이니 돌려주라고 권면했다. 장씨는 되돌려주려 하지 않았다. 유지청은 어머니에게 말하지 않고 돈을 모아 몰래 돌려주었다. 이를 알게 된 장씨는 남들이 자기를 약하고 무능하다고 비웃을 것이라 생각하여 불가마 속으로 뛰어들어 죽었다. 형부에서는 장씨가 돈을 돌려주려 하지 않은 것은 본디 옳지 않은 일이라고 여겼다. 유지청이 돈을 돌려줄 것을 권하다가 자신이 갚은 행동 또한 그동안 몇 번을 간언하고 부모의 허물을 덮으려 한 것이므로 원래의 뜻에 부합되지 않음이 없다. 따를 만한 가르침과 명령을 고의로 어긴 것이 아니니, 가르침과 명령을 어겨 부모가 자진한 조례에 따라 교수형으로 정해서는 안 된다. "그 어머니가 죽음에 이르게 된 것은 이 범인이 몰래 돈을 갚았기 때문이다." 사정을 헤아려 내린 결과는, 가르침과 명령을 어겨 어머니가 스스로 죽게 한 경우를 따르되 한 등급 감형해 장 100대에 3000리 밖으로 유배하는 것이었다.[168]

바른 명령正命을 어겨 부모가 스스로 죽게 만든 것은 당연히 예법에 위배되며 마땅히 그 벌을 받아야 하는 것이다. 그러나 자손이 몇 차례 간언했으나 부모가 따르지 않았고, 자손이 올바르지 않은 명亂命을 거스른 것은 이치상 가르침과 명령을 어긴 경우로 지목할 수 없다. 가르침과 명령을 거스른다는 것의 법률적인 정의는 '원래 따를 만하지만 고의로 어기는 것'이라고 주석에 설명되어 있다. 반면 올바르지 않은 명령을 어겨 부모를 죽게 만든 경우 어떤 죄로 다스려야 하는지에 대한 규정은 없다. 유지청의 행위는 불효로 지목될 수 없을 뿐 아니라 유학에서 말하는 '부모를 섬기는事親'도에도 부합한다. 형부의 설첩에서도 이 점은 인정되고 있다. 심지어 당시 산서성 순무는 교수형이라는 죄목에서 형량을 줄이면 유배로 추론되나 정황과 법이 균형을 얻지 못한다 해도 여전히 유배로 추론된다고 했다. 법률의 초점은 자손의 거스름으로 인해 부모가 목숨을 끊었다는 사실에 있으며 가르침과 명령의 옳고 그름은 부차적인 문제였음을 알 수 있다. 장씨가 죽은 이유는 유지청이 돈을 갚았기 때문이라는 형부의 생각이 그렇고, "끝내 논의하지 않은 것은 적합하지 않다"는 산서성 순무의 말도 그렇다. 그 밖에 자신의 아들 내외가 손자를 나무란 일로 분노하여 죽은 사례도 그러한 상황을 나타내고 있다.

전종보田宗保의 전처가 낳은 5세의 장수長受를 할머니 당씨唐氏는 무척 귀여워했다. 어느 날 당씨가 집을 비웠을 때 장수가 밥을 천천히 먹자 종보는 빨리 먹으라고 큰소리로 명령했다. 그러나 장수가 응석을 부리다가 그릇을 깨자 종보는 화가 나서 장수의 배를 때렸다. 장수가 울음을 터뜨리자 계모 전팽씨田彭氏는 시어머니가 들으면 화를 낼까 두려워 아이의 울음을 그치게 하려 얼렀으나, 장수가 소리 내어 울기를 그치지 않았다. 이에 팽씨도 아이를 때렸다. 이때 이웃집에 놀러 갔던 당씨가 돌아왔고 화를 내며 욕을 해댔다. 종보는 감히 변명하지 못하고 이웃 아주머니에게 어머니를 위로해달라고 부탁했다. 당씨는 방으로 들어가 누웠고 종보는 어머니에게 드릴 술을 사기 위해 밤에 외출했다. 팽씨는 당씨가 노여움을 풀고 편안히 주무시길 기다리며 감히 방에 들어가지 않았는데, 뜻밖에도 당씨는 분을 참지 못해 목을 매어 죽었다. 형부에서는 본디 장수에게 책망할 만한 부분이 있었으니 결코 학대가 아니었으며, 당씨는 이웃집에 있어서 장수를 때리는 것을 직접 본 것이 아니므로 가르침과 명령을 어긴 죄와는 구별된다고 여겼다. 또 당씨의 자진은 예측할 수 있었던 일이 아니고 그 세부 정황을 살펴보면 긍휼히 여길 만하므로 그 세부 정황을 분명히 밝혀 유배로 감형해줄 것을 주청했고, 그것에 동의한다는 황제의 뜻을 받들었다.[169]

법률은 부모가 자손으로 인해 스스로 목숨을 끊었다는 사실을 중시하므로 불효 또는 가르침과 명령을 어긴 사유가 아니라도 자손은 형사상의 책임을 피할 수 없었다. 예컨대 자손이 평소 불효를 저지른 적은 없다 해도 공갈, 재물 다툼, 구타, 도박 등의 사악하고 불법적인 일로 죄를 지어 부모가 근심 속에서 죽은 경우에는 장 100대에 3000리 유배의 가벼운 처벌을 받을 수 있다.[170] 하지만 자손의 죄가 강도나 살인 등의 중죄라면 처벌이 가중되었다.[171] 자손이 평소에 규범을 따르지 않고 온갖 나쁜 짓을 하다가 사건을 일으킨 후에도 부모의 뜻을 거슬러 그 부모가 근심 속에서 자진한 경우, 용서는 고려될 수 없으며 처벌은 가중되었다. 저지른 죄가 강도 같은 중죄든, 단순히 싸움·도박·재산 다툼·사기 등의 잡범이든 모두 자손이 죽음으로 내몬 사례에 따라 참입결斬立決 즉각 참형한다.[172]

설령 부모가 일부러 죽으려 한 것이 아니고 그 죽음이 자손의 직접적 과실에 의한 것이 아니라 해도 자손은 마찬가지의 형사상 책임을 졌다. 청나라 때에 부모가 자식을 때리며 욕하다가 넘어져 죽은 사건이 많았는데, 그 죽음은 자손의 과실로 인한 살상이 아니므로 이치상 자손은 가르침과 명령을 어긴 책임만 있다.[173] 하지만 법률은 이 점에 대해 좀더 주목하여 분별하지 않고, 단지 넘어져 죽었다는 사실과 그 원인만을 중요하게 생각했다. 이러한 사건들에 대해서는 자손이 부모의 가르침과 명령을 어겨 부모를 자진하게 한 사례에 따라 교감후에 처했다.

진문선陳汶選이 아들 진자강陳自彊에게 차를 내오라고 시켰는데, 차가 뜨겁지 않아 바닥에 쏟아버렸다. 그리고 욕을 하며 몽둥이를 들어 아들을 때렸다. 자강은 무서워서 방 밖으로 도망쳤다. 문선이 몽둥이를 들고 쫓아가려다가 바닥에 뿌려진 찻물로 인해 미끄러졌는데 머리를 부딪쳐 사망했다. 형부에서는 진문선이 스스로 미끄러져 죽은 것이긴 하나, 진자강이 머리를 조아리고 용서를 빌지 않고 도망쳤기 때문에 아버지를 미끄러져 죽음에 이르게 했으니, 실제로 가르침과 명령을 어긴 것이므로 자식이 가르침과 명령을 어겨 아버지를 자진케 한 사례에 따라 교수형 집행유예에 처했다.[174]

이와 비슷한 예는 많다. 아래의 몇 가지 사건은 모두 교수형 집행유예로 죄를 물었던 것들이다.

수기산隋起山이 강운주姜雲舟에게 올리초軏鞠草를 달라고 했다. 강운주가 대답을 하지 않았는데, 아들 강팔姜八이 세 묶음을 주었다. 아버지가 술에 취하여 아들에게 욕을 하자 강팔은 말로써 변호했다. 강운주가 분노하며 두 차례 때리자 강팔이 문 밖으로 나갔다. 강운주가 주변에 있던 작은 칼을 들고 쫓아가자 강팔은 무서워 피했다. 술에 취해 뒤쫓던 강운주가 기운을 잃고 풀뿌리에 휘감겨 넘어졌고, 자기 손에 들린 칼에 눌렸다. 상처가 중해 사망했다.[175]

맹재흥孟再興은 평소 술을 좋아했다. 어느 날 채소를 팔고 집에 돌아왔는데, 아버지 맹옥동孟玉垌이 돈이 적은 것을 보고 그가 술을 사 먹었다고 의심하여 아들에게 따져 물었다. 맹재흥은 요즘 채소 값이 비싸서 많이 벌지 못한 것일 뿐 술을 마셔 낭비한 것이 아니라고 했다. 맹옥동은 아들이 가르침에 따르지 않는다고 여겨 화를 내며 때렸다. 맹재흥이 도망가자 쫓아가다가 미끄러져 머리를 부딪쳐 사망했다.[176]

당본화唐本華가 비옥한 밭에서 캐어낸 석회를 200근 판 후 아버지 당폭례唐幅禮에게 고했다. 당폭례는 밭에 때마침 석회를 사용할 일이 있는데 왜 먼저 말하지 않고 팔아버렸느냐고 아들을 책망했다. 당본화는 겨우 200근 팔았고 남은 석회가 많으니 쓸 수 있다고 했다. 당폭례는 아들이 강변을 한다고 나무라면서 담뱃대를 쥐고 일어나 당본화를 때리려 했으나, 지병으로 인한 어지럼증 때문에 똑바로 서지 못하고 넘어지다가 담뱃대로 숨구멍에 찰과상을 냈다. 그는 17일 후에 중풍으로 사망했다.[177]

서사흥徐土興이 골조용 나무로 불을 때려 하자 아들 서경신徐庚申은 좋은 재료이니 태우지 말라고 말렸으나 듣지 않았다. 서사흥이 나무를 더 가져오라고 시켰다. 서경신이 못 들은 척하자 서사흥이 화를 내며 쫓아가 때리다가 미끄러져 죽었다.[178]

이러한 예는 모두 사소한 일로 부모를 화나게 만들어 부모가 쫓아가 때리고 욕하다가 스스로 미끄러져 죽은 경우다. 이러한 경우 죽음의 계기가 사소하고 자손에게는 과실이 없기 때문에 자손이 가르침과 명령을 어겨 부모를 자진하게 한 예에 따라 교수형으로 판결했다는 점에 유의해야 한다. 자손이 대든 정황이 있다면 부모를 들이받아 격분케 하여 자살하게 한 사례에 따라 참형이 선고되었을 것이다. 더욱이 죽음의 원인이 스스로 가다가 넘어진 것이 아니라 자손의 과실로 인한 것이라면 가르침과 명령을 어겨 부모를 자진하게 한 예에 따라 처리할 수 없으며, 반드시 자손이 과실로 부모를 죽인 예에 따라 교수형으로 처결했다. 부모가 스스로 가다가 미끄러져 죽은 사건 가운데 명확히 정상을 참작할 만한 경우만 황제의 허락을 받아 교수형 집행유예에서 유배 최고형으로 바뀌었다.

강소선姜紹先은 아내 강노앙姜老仰이 쌀을 빻지 않자 욕설로써 질책하고 구타했다. 어머니 양로만楊老晚이 방 안에서 소리쳐 말렸다. 이때 강노앙이 큰소리로 우는 바람에 강소선은 작은 목소리로 말한 양로만의 명령을 듣지 못했다. 이에 양로만이 말리려고 방에서 나오다가 미끄러져 사망했다. 귀주 순무는 강소선을 자손이 가르침과 명령을 어겨 부모를 자진하게 한 예에 따라 교수형 집행유예를 선고하면서, 고의로 어긴 것은 아니라고 선언했다. 형부에서는 말리던 양로만의 목소리가 작아서 강소선이 듣지 못했으니 행동을 즉시 중단하지 않은 것은 고의로 거스른 것이 아니라고 했다. 또 양로만이 미끄러져 사망한 것은 뜻밖의 일로서 원한을 품고 자살한 것이 아니니 유배로 감형한 뒤 황제가 정해주기를 겸허히 기다렸다가 그 뜻을 받들어 따를 것이라고 했다.179

이와 같이 부모의 신체는 불가침하며, 주관적인 원인보다 객관적인 사실을 법적으로 훨씬 중시했음을 알 수 있다. 따라서 부모가 자손에게 구타당하고 살해되는 일은 객관적 사실이고 천륜에 반하는 사건으로, 반드시 법률에 따라 그 죄를 다스리고자 한 것이다. 자손이 고의로 대들고 흉악하게 행동했다면 당연히 그 죄에 상응하는 벌을 받아야 하지만 무심코 실수로 살상한 경우도 고의로 살해한 것과 같은 죄로 여겼다. 심지어 부모가 일시적인 분노로 자살하거나 스스로 가다가 미끄러져 죽었더라도 그 죽음이 자식으로 인한 것이라면 그 잘잘못이 누구에게 있는지, 고의였는지, 예상할 수 있었는지를 묻지 않은 채 자식은 부모를 살상했다는 죄명을 쓰고 복제服制에 따라 엄중히 처벌되었다. 비록 사법부의 관리가 보기에 자손에게 정상을 참작할 만한 점이 있고, 유지청과 전종보의 사례처럼 자손의 잘못이 없으며, 오히려 부모가 우매하여 이치를 따질 수 없는 상황일지라도 상복의 기강과 관련된 것이므로 법률에 따라 가르침과 명령을 어겨 부모를 죽음에 이르게 한 죄명을 내릴 수밖에 없다고 여겼다. 자식은 순종할 뿐 거역해선 안 되며 천하에 옳지 않은 부모는 없다고 여겼던 것이다.

직계 친족 외의 친족 간 상해죄에 대한 처벌 또한 일반인의 경우와 달랐다. 고대에 가족은 원래 구족九族을 친족의 범위로 하는데, 오복五服에 해당되는 친족이 모두 이에 포함되며, 때로는 복을 입지 않는 친족까지 확대되기도 했다. 우애 돈독하게 서로 도우며 지내는 것은 혈족 집단의 단결을 유지하는 데 필요한 조건으로, 적극 요구되는 윤리적 요소였다. "구족을 친히 대한다以親九族"는 말이 바로 그러한 뜻이다. 법적으로 이러한 윤리를 지탱시키기 위해 윤리강상의 원칙에 근거하여 친족 간의 거스르는 행위에 대해 남다른 규칙을 제정했다. 그리하여 수나라 이후로 '화목하지 않은 죄不睦罪'가 유지되어 왔으며, 이는 10대 악 가운데 하나였다.[180]

친족 집단은 비친족 집단과 달라서 일반적으로 논할 수 없다. 하지만 친족 집단일지라도 모든 관계가 평등한 것은 아니었다. 사람마다 친소 관계의 차이가 있고, 윤리적으로 친족 구성원 사이의 사회관계가 일치되기를 요구하지도 않는다. 이러한 차이가 중시되었다. 물론 친족끼리는 마땅히 친하지만 가까울수록 더욱 친애해야 하고, 순차적으로 소원한 친족으로 나아가야 한다. 여기에는 일정한 한도와 단계가 있으니, 위로 갈수록 줄어들고 아래로 갈수록 줄어들며 방계로 갈수록 줄어드는 이치, 다시 말해 복제의 그림 전체가 완성되는 기초다.

가족의 윤리강상을 유지하는 측면에서 법률은 윤리와 한 덩어리를 이룬다. 윤리는 입법의 근거가 되고, 친족 간에 서로 침범하는 것에 관한 규정은 복제에서의 친소 및 존비의 질서에 근거한다.

직계 존속 외에 기년복朞年服을 입는 존속이 가장 친하고, 그다음이 대공大功, 그다음이 소공小功, 가장 끝자리에 위치한 시마緦麻가 가장 소원한 친족이다. 그러므로 형법상 낮고 어린 자의 책임은 이와 같이 상이한 친소 관계에 따라 차이가 있다. 기년복을 입는 존속을 때려죽인 죄는 직계 존속을 때려죽인 죄 다음으로 낮고, 대공·소공·시마의 순서대로 낮다. 반대로 윗사람 가운데 친한 자일수록 낮고 어린 자를 감독하고 훈계할 권한이 크다.(이는 부권의 확장이라 하겠다.) 그런 이유로 낮고 어린 자를 살상한 데 대한 책임 또한 가볍다. 조부모와 부모는 친권 행사의 우선권을 지닌 존재이므로 자손을 때려죽인 데 대한 형사상 책임도 가장 가볍다. 백부모와 숙부모 그리고 형은 조부모와 부모 다음 관계이므로 아랫사람을 때려죽인 책임이 한 등급 높아진다. 대공과 소공 및 시마의 웃어른은 소원한 관계 순으로 형사상 책임도 증대된다.

그리하여 법적으로는 다음과 같이 정해졌다. 당나라와 송나라 때 형과 누이를 욕한 자는 장 100대에 처했고, 백부모·숙부모·고모를 욕한 자는 한 등급 가중되어 징역 1년에 처했다.[181] 명·청 법률에서는 시마를 입는 형과 누이를 욕하면 태笞 50대에 처했고, 소공을 입는 형과 누이에 대해서는 장 60대, 대공에 대해서는 장 70대, 기년복을 입는 친족에 대해서는 장 100대에 처했다. 시마·소공·대공·기년복을 입는 존속에 대해서는 동등하게 친한 동년배 존속보다 한 등급을 가중해 죄를 물었다.[182]

위나라 법률에서는 형제와 누이를 때리면 5년형까지 내려 교화를 분명히 했다.[183] 당·송·명·청의 법률에서는 시마를 입는 형과 누이를 때리면 상해 유무를 따지지 않고 모두 장 100대에 처했고, 소공은 징역 1년, 대공은 징역 1년 반에 처했으며, 중상을 입힌 경우 각기 일반적인 경우의 처벌보다 한 등급 가중했고, 죽음에 이르게 한 자는 참형했다.[184] 기년복을 입는 친형이나 친누이를 때린 경우에는 처분이 더욱 무거워서 상해가 없더라도 징역 2년, 상해가 있으면 징역 3년, 부러뜨린 상해를 입히면 3000리 밖 유배, 칼로 팔다리를 부러뜨리거나 한쪽 눈을 멀게 한 자는 교수형, 죽인 자는 참형에 처했다.[185]

시마, 소공, 대공을 입는 존속을 때리면 욕을 했을 때의 원칙과 마찬가지로 친형이나 누이보다 각기 한 등급을 가중해 죄를 물었다.[186] 따라서 기년복을 입는 존속을 살해한 경우 명·청의 법률에서는 능지처참했다.[187]

오복 이외에, 같은 성을 가진 친족의 경우에는 비록 종파와 지파가 소원

하고 복제가 끝났다 하더라도 한 뿌리에 속해 있기 때문에 그 형벌도 일반
사람과는 구별된다. 명의 법률에서는 이 측면을 고려하여 조문 하나를 세
웠다. 복을 입지 않지만 친족의 가계를 살필 수 있고 존비의 명분이 존재하
는 경우, 서로 때려 사망에 이르게 한 죄는 일반적 기준으로 판정하되 윗사
람이 아랫사람을 범한 경우에는 일반적인 경우보다 한 등급 감해주고, 아랫
사람이 윗사람을 범한 경우에는 일반적인 경우보다 한 등급 가중하도록 했
다.[188] 청의 법률에서도 이를 따랐다.[189]

　오복 내에서 계획적 살해에 관한 죄는 당연히 일반적인 경우보다 가중
되었다. 시마 이상의 윗사람을 살해할 마음으로 실행에 옮겼으나 상해를
입히지 못한 자는 2000리 밖으로 유배 보냈고, 상해를 입힌 자는 교수형
에 처했으며, 살해한 자는 참형에 처했다.[190] 가장 무거운 죄는 기년복을 입
는 존속을 모살한 경우로, 조부모와 부모를 모살한 죄와 동일하게 간주해
10대 악의 악역惡逆에 포함했다.[191] 당·송의 법률에서는 참형에 처했고,[192]
명·청의 법률에서는 이미 행한 자는 참형에 처하고 이미 죽은 자는 능지처
참했다.[193]

　과실로 살상한 대상이 일반인인 경우에는 보석이 가능했다.[194] 반면 친족
간에 아랫사람이 과실로 윗사람을 살상한 경우, 죽은 자가 대공 이상이라면
보석이 불가능했다. 과실로 기년복을 입는 존속을 죽인 경우 각각 본 살해
죄에서 두 등급 낮추어줄 수 있을 뿐,[195] 많은 과실로 백부모나 숙부모를 죽
인 사건은 모두 관례에 따라 3년형에 처했다.

장서張書가 백부 장문승張文昇에게 돈을 빌리려고 했는데, 때마침 고강高剛이
라는 자가 장문승에게 돈을 갚았다. 백부가 고강을 배웅하러 나간 틈에 장
서는 2500문文이라는 큰돈을 허락없이 취하여 집으로 돌아왔다. 문승이 이

사실을 알고 조카의 집으로 찾아가 돈을 달라고 요구했다. 장서가 간청했으나 문승은 허락하지 않고 장서에게 달려들어 때리자, 장서는 매를 피했다. 문승이 흙덩이에 걸려 바닥에 넘어졌는데, 담이 걸리고 기가 막혀 죽고 말았다. 형부에서는 장서가 들이받아 핍박한 상황이 없었고 걸려 넘어짐도 예상할 수 없었다고 여겨 과실로 백부와 숙부를 살해한 법률에 따라 징역 3년을 선고했다.[196]

공현사孔現泗가 자기 소유의 빈 건물에서 목재를 뜯어내 팔려고 했다. 숙부 공조성孔兆成이 질책하며 못 하게 하자 현사는 들이받지 않고 말로 변호했는데, 조성이 조카를 향해 달려들어 때렸다. 이에 현사는 두려워서 집으로 달아나 숨었다. 조성이 그 뒤를 쫓다가 혼자 미끄러져 이마를 찧어 다쳤고, 5일 후 경련하더니 죽었다. 공현사는 법률에 따라 3년형에 처해졌다.[197]

윗사람이 아랫사람에게 핍박을 받아 분개하여 자진한 경우 아랫사람에 대한 처분은 매우 무거웠다. 명·청의 법률에는[198] 이에 관한 특정 조문을 두었다. 통상적으로는 타인을 핍박해 죽음에 이르게 하면 장 100대에 처한 반면 기년복을 입는 존속을 핍박해 죽게 한 경우는 그 죄가 교수형 집행유예에 이르렀고, 대공 이하로는 차례로 1등급씩 줄어 대공은 장 100대에 3000리 밖 유배, 소공은 장 100대에 징역 3년, 시마는 장 90대에 징역 2년 반이었다.[199]

왕영만王榮萬은 여러 산에서 나무를 베어다 팔았고 조상 제사용 고기胙肉도 강탈했다. 모두 동생 왕준만王俊萬이 돈을 배상하는 것으로 일단락되었다. 후에 왕영만은 사촌동생 왕귀만王貴萬이 공공 대청을 허물어 수리한 후 거주하자 빌려 쓰는 돈을 내라고 했다. 귀만이 응하지 않자 영만은 귀만의 돈을 뺏어갔다. 귀만이 족장에게 고소하자 영만에게 돈을 갚으라는 명령이 내려졌다. 영만은 돈을 이미 다 썼다면서 준만에게 상환 담보를 서줄 것을 청했다. 준만은 이에 응하지 않고 관부에 압송해 심문하겠다면서 말로 공갈을 했다. 영만은 초조한 마음에 스스로 목숨을 끊었다. 법관은 왕영만의 죽음이 동생의 핍박에 의해 이루어졌다고 여겨 법률에 따라 교수형을 선고했다.[200]

염진공閻進功은 소공복을 입어야 할 관계인 숙부 염수유閻守有가 완두를 빌리고 갚지 않자 독촉을 했다. 수유는 모피 옷을 벗어 빌린 것에 대해 저당이 되도록 했다. 그러나 날이 추운데 입을 옷이 없는 수유는 후회가 되었고 진공에게 빌린 것을 갚을 수도 없으니 난처하여 스스로 목을 맸다.[201]

일부 윗사람이 스스로 목숨을 끊는 사건 중에는 아랫사람이 핍박하지 않았지만 전혀 예상치 못하게 발생한 경우도 있으나, 명분과 관련이 있기 때문에 윗사람을 핍박하여 죽음에 이르게 한 법률에서 한 등급만 낮출 수 있었다. 많은 사건은 재물을 훔치는 데서 비롯되었다.

손치흥孫致興은 가난해서 기년복을 입을 백부 손희재孫希才의 목판을 훔쳐 팔았다. 희재가 분노하여 낭떠러지에서 떨어져 죽었다. 치흥의 형량은 한 등급 낮춘 유배로 선고되었다.[202]

마인건馬印虔이 큰어머니 전씨의 옷을 훔쳐 전당잡혔다. 추위를 막을 옷이 없게 된 전씨는 분노하다가 스스로 목을 맸다. 인건은 한 등급 형량을 낮춰 유배를 선고받았다.[203]

친족 간의 절도죄는 본래 경미한 것이지만 이와 같은 경우 징역형이나 유배의 벌을 받았다. 또 어떤 사건들은 입씨름이나 자질구레한 일에서 비롯되었는데, 그로 인해 윗사람이 죽지 않는다면 사건이 확대되지는 않았다.

성육림成毓林이 같은 어머니에게서 태어난 형 성육수成毓秀의 농기구를 빌려 쓰던 중 망가뜨렸다. 육수는 이를 용서하지 않고 아우에게 모욕을 주고 욕을 했다. 육림은 좋은 말로 달랬다. 육수가 돌을 주워 달려들어 치려 하자 육림은 무서워서 달아났다. 육수는 뒤쫓아갔으나 붙잡지 못하고 이마에 상처가 났고, 누군가 그만두라고 했다. 육수는 분노를 참지 못하고 스스로 목숨을 끊었고, 육림은 유배형으로 감형되었다.[204]

이태화李泰華는 같은 어머니에게서 태어난 형 이태영李泰榮이 자신의 며느리를 모욕하고 욕하는 것을 말리기 위해 다가갔는데, 태영은 자신의 여러 일로 화를 내며 달려들어 때리려 했다. 태화가 손으로 막다가 공교롭게 태영의 뺨에 상처를 입혔다. 태영은 고발하려 했고 태화는 두려워서 사람을 불러 진정시켰다. 그러나 태영은 분노를 참지 못하고 스스로 목숨을 끊었다. 태화는 유배형을 선고받았다.[205]

더욱이 잘못이 윗사람에게 있는 사건도 있다. 윗사람은 무뢰한에 가까운 행동을 한 반면 아랫사람은 핍박을 가하지 않았을 뿐 아니라 아무 과실도 없는 경우다. 또는 윗사람이 자신의 공갈이 먹혀들지 않자 부끄러움과 분노를 느껴 자진한 경우도 있다.

김세중金世重이 동생 김세성金世成에게서 억지로 돈을 빌리려다가 뜻대로 안 되자 치고받고 싸웠는데, 세성의 상해가 위중하자 세중은 두려운 나머지 자진했다. 세성은 핍박에 관한 법률에 의해 한 등급 감형되어 유배형으로 선고되었다.[206]

대공복을 입는 숙부 주만호朱滿瑚가 주영朱榮에게 돈을 빌려달라 하자 주영은 돈이 없다고 했다. 만호가 격앙되어 큰소리로 욕을 하다가 달려들어 서로 뒤엉켜 싸우게 되었다. 누군가 말리자 만호는 스스로 변발을 자르고는 조카가 한 짓이라고 모함하며 관아에 고발하겠다고 했다. 싸움을 말리던 자가 돈을 빌려주라고 권하자 주영은 그러겠다고 했으나, 나중에 후회가 되어 빌려주지 않았다. 만호는 조카의 집에 가서 욕을 하며 돈을 요구했다. 주영은 문을 잠그고 숨었다. 화가 난 만호는 스스로 목을 맸다. 법관은 주영이 핍박한 일은 없었으나 결국 숙부를 도와주기로 하고는 나중에 뒤집은 데 원인이 있다고 여겨, 유형의 죄에서 한 등급 감형한 장 100대와 징역 3년에 처했다.[207]

등공회鄧孔會와 등공원鄧孔元은 같은 어머니에게서 태어난 형제였지만 오랫동안 떨어져 살았다. 공회는 매우 가난해서 동생의 도움을 받았다. 그러던 어느 날 공원은 자신의 면화 밭에서 몰래 면화를 따고 있는 공회를 발견했다. 그는 형을 끌고 와서는 밀어 쓰러뜨렸고, 형은 뒤통수를 찧고 상해를 입었다. 이튿날 공회는 이 사실을 향약에 알려 공원이 의료비를 내놓게 하려 했으나, 향약에서는 대중 앞에서 그를 모욕하고 관아에 고발하겠다고 했다. 공회는 부끄러움을 견디지 못하고 스스로 목을 맸다. 법관은 등공회가 면화를 훔치다가 들켜버린 수치심 때문에 자진한 것이니, 이 범죄에 핍박한 상황은 없다고 했다. 하지만 공회가 목숨을 가벼이 여겨 자진한 궁극적 원인은 이 범인이 밀어 넘어뜨린 데 있으니, 법률에 따라 상해죄만을 부여하면 중한 상황에 대해 법이 가벼움을 면할 수 없다고 보았다. 마땅히 때려 상해를 입힌 본 법률의 유배 최고형에서 한 등급을 더해 장 100대에 2000리 밖 유형으로 선고해야 할 것이라고 했다.[208]

조전趙轉이 돈을 빌려 제수를 마련하고 성묘를 하려 했다. 그런데 같은 어머니에게서 난 형 조육삼趙六三은 산 사람도 먹을 것이 없는데 어찌 죽은 귀신을 돌볼 수 있겠느냐면서 욕을 했다. 조전이 형에게 조상을 경시하고 돈을 중시한다고 말하자, 조육삼은 주먹으로 조전의 왼쪽 관자놀이를 때리고, 변발을 붙잡아 짓누르고는 땔나무를 들어 왼쪽 어깨를 쳐 상해를 입혔다. 다급해진 조전은 땔나무를 빼앗아 때리는 시늉을 하다가 조육삼의 왼쪽 머리를 내리쳐 상해를 입혔다. 조육삼은 자신에게 명분이 별로 없다는 것을 깨닫고 "고발해봤자 손해겠구나"라고 했다. 조전은 화가 난 형에게 머리를 숙이고 예를 취했으나 조육삼은 후회와 분노를 삭이지 못하고 스스로 목을 매 죽었다. 법관이 보기에 돈을 빌려 성묘하려 한 조전의 이유는 정당하고, 형에게 맞아 상해를 입은 것은 다급한 상황이었고, 때리고 나서 곧바로 머리를 숙여 예법을 따랐으니 핍박한 정황이 없었다. 또 죽은 자는 이치에도 맞지 않고, 손해가 따를 것 같아 후회와 분노의 감정으로 자살했을 뿐 범인이 구타를 해서 그렇게 된 것이 아니다. 두려움을 느낄 만한 위협도 없었으니 기년복을 입을 존속을 핍박해 자진하는 것에 관한 법조문을 적용할 수는 없고, 일반인 간의 상해죄를 부과할 수밖에 없다. 그러나 이 범인이 때린 상대는 기년복을 입을 존속이고 또 이미 자진했으니, 구타해 상해를 입혔으되 자진하지 않은 것보다는 조금 중하다. 이에 공회와 공원의 사건에 따라 판결하여 2000리 밖 유배형을 선고했다.[209]

또 일부 윗사람이 스스로 목숨을 끊은 사건 중에는 상식으로 이해될 수 없는 경우도 있다.

요백수姚百受와 요아명姚阿名은 한 어머니에게서 난 형제다. 백수가 어머니 진씨의 비위를 거스르자 어머니는 아명에게 형을 묶어 관아에 압송하라고 소리쳐 명했다. 아명이 감히 손을 대지 못하자 진씨는 분노하며 아명도 함께 거역하는 것이냐며 욕을 하고는 목을 매려 했다. 아명은 어쩔 수 없어 끈으로 형의 두 손을 교차해 묶었다. 그러자 진씨는 우선 지보地保로 압송하면 자신은 뒤따라 성으로 들어가 관리에게 아뢰겠다고 했다. 그러자 백수는 길에서 자신이 도망갈 수 있도록 풀어달라고 간청했다. 아명은 어머니가 용서하지 않을 것 같아, 어머니의 화가 가라앉으면 지보에게 상황을 전환해달라고 간청하자고 했다. 백수는 두려운 나머지 강물에 투신해 죽었다. 관리는 요백수의 죽음은 동생의 핍박으로 인한 것이 아니지만 사건이 복제와 관련된 것이므로 형의 죽음을 판정하지 않을 수는 없다고 여겼다. 결국 기년복을 입을 존속을 핍박해 죽음에 이르게 한 경우 교수형 집행유예에 처하는 단계에서 한 등급 감형하여 유배형을 선고했다.[210]

마부馬富가 낫을 잃어버린 후 같은 어머니에게서 난 형 마춘馬春의 아들 원호元浩가 가져갔다고 의심하여 여러 번 칼을 찾으러 갔다. 마춘은 자기 아들을 모함해서는 안 된다고 시끄럽게 소리치면서 동생을 탓했다. 마부는 굴하지 않고 대들었다. 그러자 마춘은 마부를 절벽으로 끌고 가 함께 절벽에서 뛰어내려 목숨을 저버리려 했다. 마부는 다급히 살려달라고 소리치며 안쪽으로 잡아당기면서 저지했다. 하지만 마춘이 몸을 밖으로 끌어내어 함께 절벽 아래로 떨어졌다. 마춘은 낙상으로 사망했으며 마부는 유배형으로 선고

되었다.[211]

이상의 여러 사례를 통해 옛 법률에서 '핍박'이라는 말의 함의와 경계가 모호하고 유동적이었음을 알 수 있다. 아랫사람의 행위가 핍박이 될 수 있는지, 그 핍박이 어느 정도여야 용인될 수 없는지, 과연 죽음에 이르게 할 만한 것인지,[212] 윗사람이 자살하려는 행위는 이치에 닿는지 등에 대해 묻지 않는다. 오직 윗사람의 죽음이 아랫사람과 관계된 것이면 핍박으로 죽음에 이르렀다는 죄명이 성립되었다. 요아명의 경우 형을 묶어 압송한 것은 어머니의 명령에 따른 것일 뿐 자신의 뜻이 아니었다. 그러나 어머니의 명을 따르지 않으면 반항이요 불효가 되고, 어머니가 이로 인해 자진한다면 부모를 죽음으로 내몬 죄는 형을 죽음으로 내몬 죄보다 훨씬 더 크다. 실제로 요백수가 죽음에 내몰린 정황은 동생이 아니라 어머니에 의한 것이다. 하지만 이러한 인식은 윤리적으로 통용되지 않았다. 윗사람이 아랫사람을 위협으로 핍박해 죽음에 이르게 하는 죄명은 성립되지 않았기 때문이다. 즉 아랫사람은 본래 윗사람의 권위 아래에서 자신을 굽히고 참아야 하기 때문에 핍박이라 할 수 없는 것이다.[213] 이렇게 법률에서 중시하는 것은 윤리기강의 문제였지 시비의 문제가 아니었다. 이를 대진戴震은 다음과 같이 설명했다.

높은 자는 이치理로 낮은 자를 책망하고 연장자는 이치로 나이 어린 자를 책망하며 귀한 자는 이치로 천한 자를 책망하니, 잘못된 것이더라도 마땅한 것이라 부른다. 낮은 자, 나이 어린 자, 비천한 자는 이치로 다투어 옳다 하더라도 거역한 것이라 부른다. 이에 천하의 사람들은 천하가 함께 느끼고同情, 천하가 함께 하고자 하는 것同欲을 윗사람에게 요구할 수 없고, 윗사람은 이치로써 아랫사람을 책망하니 아래에 있는 죄인의 수는 이루 헤아릴 수 없다. 어떤 사람이 법에 의해 죽임을 당하면 그나마 그를 불쌍히 여기는 자가 있겠지만, 어떤 사람이 이치에 의해 죽임을 당하면 어느 누가 그를 불쌍히 여기겠는가![214]

은미한 것을 가려내 궁구하여 그 안에 있는 이치를 말했다고 하리라. 또 아래에 인용한 여신오呂新吾의 글, 즉 윗사람을 처벌해야 하지만 아랫사람과의 소송이기 때문에 처벌하지 않는다는 언급에서 윗사람과 아랫사람의 소송에 대한 관리들의 태도를 더욱 잘 알 수 있다.

윗사람이 아랫사람과 소송을 하는 것을 본 적이 있는데, 관아 또한 시비곡직을 분별해 형벌을 적용했다. 잘은 모르겠으나 아랫사람이 윗사람을 기소함에 윗사람은 틀림없이 자수를 할 것이고, 아랫사람에게는 명교와 도의를 거스른 책임을 물을 것이다. 이러한 상황을 만나면 윗사람이 아무리 잘못했다 하더라도 용서해야 한다. 설사 그 말이 관아와 부딪치더라도 형벌을 적용해서는 안 된다. 사람들은 종국에는 아랫사람으로 인해 윗사람에게 형벌이 가해지는 것은 윤리 및 세상의 가르침과 크게 관련되어 있다고 생각한다.[215]

이상은 아랫사람이 윗사람을 때려죽인 죄를 다스리는 것에 관한 내용이었다. 반대로 윗사람이 아랫사람을 때리는 것에 대해서는 몸의 일부를 부러뜨리는 상해 이상이 아니라면 논죄하지 않았다.(일반의 경우에는 부러뜨린 상해 정도가 가벼우면 장형 가운데 최고형에 처했고 무거우면 징역이나 유배형에 처했다.) 부러뜨려 상해를 입힌 죄에 대해서는 친소 관계에 따라 순차적으로 그 벌이 낮았다. 시마의 경우 일반의 경우보다 한 등급 낮고, 소공의 경우에는 두 등급, 대공의 경우에는 세 등급 낮았다. 대공복 안에서 조부가 같은 동생들, 소공 가운데 당질, 시마 가운데 질손 등은 아랫사람 가운데 가장 친한 관계다. 따라서 때려서 상해를 입힌 형사 사건의 경우 앞의 항목에 비해 가볍고, 때려죽인 경우 장 100대에 3000리 밖 유형에 처했으며, 고의로 죽인 경우에 이르러 비로소 교수형에 처했다.[216]

기년복을 입는 윗사람은 방계 존속 중에서 가장 친한 관계이므로 그들이 기년복을 입는 아랫사람을 때려죽이는 죄를 지었다면 방계 존속 가운데 가장 처벌이 가볍다. 때려죽이는 경우 징역 3년, 고의로 죽이는 경우 2000리 밖 유배, 과실로 죽이는 경우에는 논죄하지 않았고, 중병인 자를 부러뜨려 상해를 입힌 경우 이하에 대해서도 논죄하지 않았다.[217]

윗사람이 아랫사람을 모살한 경우와 재산을 노린 경우를 제외하면 각기 고의 살인죄를 기준으로 두 등급 낮추되, 이미 상해를 입힌 자는 한 등급 낮추고, 이미 살해한 자는 고의 살인에 관한 법률에 따랐다.[218]

정당방위는 윗사람에 대해 적용되지 않기 때문에 직계 존속은 논외였다. 아랫사람은 기년복, 대공 및 소공, 시마에 해당되는 윗사람에게 맞더라도 기구를 가지고 저항할 수 없었다. 그러지 않으면 서로 때리는 상황이 되어 윗사람을 때려죽이는 것에 관한 법률로써 처벌되었다. 다만 맞는 상황이 다급하여 맨손으로 저항하다가 무심결에 상해를 입혀 죽음에 이르게 한 경우만이 가벼운 죄에 속하는데, 죽은 이가 시마에 해당되는 경우에는 감형되어 참형 집행유예로 선고되었다. 기년복이나 대공, 소공에 해당하는 윗사람인 경우에 법관은 의식적으로 거스른 상황이 아니라는 점을 협첨夾簽 형부의 첨부 문서에 밝혀 황제의 명령을 기다렸다.[219]

그러므로 기구를 써서 저항하는 것은 관례에 따르면 협첨이 허용되지 않았고,[220] 설사 맨손으로 저항했다고 하더라도 의식적으로 혹은 무심결에 침범하여 흉포한 행위를 했는지에 의해 결정되었으며, 되받아쳐 격투를 한 경우는 의식적으로 때린 것이 된다.[221]

이영채李迎彩는 이영찬李迎燦의 친형으로 따로 떨어져 살아왔다. 영채가 빚을 지고 급하게 되자 몰래 어머니 이동씨李董氏의 섬전贍田 식구를 부양하기 위한 명목의 전답을 저당 잡혀 빚을 갚았다가 어머니에게 발각되어 혼이 났다. 영찬도 형을 원망하자 영채는 여러 가지 일을 들어 동생에게 욕을 했다. 이에 영찬은 분별하며 변호했다. 그러자 영채가 달려들어 덮친 후 때렸고, 영찬은 주먹으로 막다가 형의 가슴에 상해를 입히고는 밖으로 도망갔다. 영채가 마을 밖까지 쫓아가 영찬의 변발을 틀어쥐고 주먹으로 가슴을 난타했다. 영찬은 버둥댔으나 벗어날 수 없어 주먹을 들어 막다가 형의 가슴을 가격해 상해를 입혔고 손가락으로 왼쪽 겨드랑이를 긁어 상처 입혔다. 영채는 손을 풀지 않은 채 다리를 들어 마구 찼다. 영찬도 다리로 저지하다가 형의 좌우 다리를 차서 상처를 입혔다. 이윽고 영채가 동생을 밀어 바닥에 쓰러뜨리고 주먹으로 난타하니, 영찬은 주먹으로 막다가 형의 좌측 옆구리에 상처를 냈다. 영채가 손으로 목 부위를 조르자 영찬은 숨이 막혀 다급히 벗어나려고 두 발을 들어 마구 찼고, 형의 팔과 복부에 상해를 입혔다. 형이 골짜기 아래로 구르면서 왼쪽 태양혈 자리가 돌에 긁혀 상처를 입었고, 등과 팔, 팔꿈치, 뒤 허벅지에 상처를 입어 5일 후에 사망했다. 순무는 영찬을 참수형에 처하도록 판결했으되, 의식적으로 거스른 것이 아님을 밝혔다. 형부에서는 영찬이 처음에 맞을 때 자리를 피할 수 있었으므로 주먹을 휘둘러 구타해서는 안 되는 일이라고 여겼다. 또한 나중에 목 부위가 졸렸으나 조금도 상해를 입지 않았고 감히 형을 마구 구타하고 차서 9군데 이상 상해를 입혔으니, 대든 상황이 명백하다. 이 사건은 서로 싸운 것으로, 구타를 당하다가 무심결에 상해를 입힌 것과는 다르므로 관례를 인용해 협첩을 하기에 적합하지 않다고 여겼다. 인륜을 저버린 흉포한 자가 요행히 도망치더라도 죽여 효시하는 것으로 전치轉致해 동생이 형을 구타하는 본 법률에 따라 참형 집행유예에 처해야 하며 협첩을 청해서는 안 된다고 했다. 아울러 이 사건을 통용할 만한 상규常規로 선언하게 했다. 즉 비록 중한 상해를 입었고 윗사람에게 계속 맞는 것을 방어하다가 죽음에 이르게 했더라도 서로 싸운 것에 관한 법률에 의거해 참수형으로 선고하도록 했다.[222]

도광道光 시기에는 범죄가 의식적이었는지 무심결이었는지에 대해 관리가 상세히 추궁하지 않거나 고의로 회피하여 엉터리로 선고하지 못하도록 했다. 형부를 거쳐 심리하는 자들의 선고를 상주해 탄핵을 의결하는 방안이었다.[223]

윗사람에 대한 아랫사람의 정당방위에 제한을 두어서는 안 된다는 법은 새로운 정신으로 제정된 '신형률新刑律'에 이르러서야 가능해졌다. 중국의 전통적 금기를 깨뜨린 것이다. 그러나 1914년에 공포된 '임시시행 형률 보충조례'에서는 아랫사람의 정당방위 권리를 삭제하여 일시적으로 낡은 전통으로 돌아가려 했다.[224] 이런 과정을 보면 전통 정신이 얼마나 뿌리 깊고 견고한지 알 수 있다.

이상으로 입법이 윤리에 근거해 친족 간에 서로 때려죽이는 행위에 대해 존비와 장유의 분별에 따라 처벌을 가중하거나 경감한 상황을 살펴보았다. 그런데 하나의 분규에 두 사람 이상이 관련된 경우에는 다중의 친족 관계가 포함되고, 사람마다 친소와 존비의 관계가 다르기 때문에 문제가 꽤 복잡해진다. 그리하여 이것을 어떻게 처리하느냐는 흥미로운 문제가 된다.

이에 대한 해결은 여전히 친소와 존비를 비교하는 데 기반을 두고 이루어진다. 예를 들어 아버지가 작은아버지에게 구타를 당하는 상황이 위급하다고 하자. 아버지를 구하기 위해 내가 작은아버지를 때려죽였다면 기년복을 입는 존속을 때려죽인 것에 관한 법률에 따라 참수형으로 죄를 물어야 한다. 그러나 복제의 측면에서는 친소에 구별이 있기 때문에, 즉 아버지와의 관계는 작은아버지보다 친하므로 윤리적으로 그리고 법적으로 아버지를 구하려는 참된 감정이라는 특별 규정을 통해 협첨으로 설명하는 것이 허용된다. 따라서 황제의 가부 명령을 기다려 한 등급 감형될 기회가 주어진다.

윗사람을 때려죽이라고 더 높은 윗사람이 나에게 명한다면 나는 따라야 하는가, 때려죽인 뒤의 책임은 어떻게 되는가 하는 것은 또 다른 흥미로운 문제다. 이치대로 하면 쌍방은 모두 윗사람이므로 거스를 수 없다. 다만 더 높고 더 낮은 차이가 있다. 그래서 일반적인 상황에서 아랫사람은 윗사람의 명령을 따라야 하되, 두 윗사람의 의지가 충돌할 때에는 마땅히 더 높은 자의 명령을 따라야 한다. 하지만 명분이 관련된 것이기 때문에 아랫사람은 윗사람을 때려죽여서는 안 된다. 그렇다고 해서 이를 방치한 채 논죄하지 않을 수도 없다. 청나라 법률은 이 이중적인 상황을 고려하여 심사숙고한 뒤 다음과 같은 법을 규정했다. 모든 윗사람의 명령에 따라 대공복 이하의 형과 누이 및 존속을 때려 죽음에 이르게 한 경우, 그것이 윗사람의 위협에 못 이겨 손을 뻗음으로써 우연히 죽음에 이르게 한 것이라면 위력으로 주모하여 교사하는 것에 관한 법률에 따라 한 등급 감형하여 유배형으로 선고한다.[225] 만약 때려죽인 자가 기년복을 입는 존속이라면 본 법률에 따라 참수형으로 죄를 묻되, 법관이 처음 판결할 때 협첨으로 설명하고 청하여 황제의 결정을 따른다.[226]

때로는 윗사람이 위협하여 따를 수밖에 없었고 맞아 죽은 낮은 윗사람이 죽어 마땅한 죄를 지은 경우도 있다. 이런 경우 때려죽이라고 명령한 윗사람은 법률에 따라 논죄하지 않았지만, 그의 명령에 따라 손을 쓴 아랫사람은 죄를 피할 수 없었다.

왕하씨王夏氏에게는 주왕씨朱王氏라는 딸과 왕태창王太倉이라는 아들이 있었는데, 주왕씨는 시집간 후에 두 차례 간부姦夫와 도망했다. 하씨와 우연히 마주쳐 꾸지람을 받자 왕씨는 소리 지르며 대들었다. 하씨는 분노가 치밀어 태창에게 때리라고 소리쳐 명했다. 태창이 감히 손을 대지 못하자 그녀는 "네가 때리지 않으면 나는 강에 빠져 죽어버리겠다"고 했다. 태창은 황급히 주먹으로 왕씨의 왼쪽, 오른쪽, 뒤쪽 옆구리를 각각 세 대씩 때렸다. 왕씨는 배를 안고 데굴데굴 구르면서 마구 욕을 해댔다. 하씨는 더욱 분노하여 더 때리라고 명했다. 태창이 다시 뒤쪽 옆구리를 네 차례 때렸는데, 밤이 되어 왕씨가 죽고 말았다. 왕씨는 본래 음란하고 후안무치하며 어머니에게 대든 죄인으로서 하씨는 합당하지 않음이 없으니 논죄할 필요가 없으나, 왕태창은 관례에 따라 유배형을 선고했다.[227]

죽은 자가 기년복을 입는 친족이든 공복 이하의 윗사람이든, 윗사람이 때리라고만 명했는데 아랫사람이 임의로 연속 가격하여 상해를 크게 입혀 죽음에 이르게 만들었다면, 위의 조례에 따라 가볍게 유배형을 선고하거나 협첩으로 설명하고 청할 수 없었다. 반드시 윗사람을 때려죽인 본 법률에 따라 죄를 물어 선고해야 했다. 이는 원한을 지닌 아랫사람이 윗사람이 시켰다는 평계를 대고 고의로 때려죽일 것을 염려했기 때문이다. 그러나 윗사람이 연속하여 때리도록 명령한 결과 죽음에 이른 경우도 있었다.

유옥산劉玉山은 유관劉官의 조카이자 유옥성劉玉成의 대공大功 사촌형으로 서로 따로 살았다. 그러던 어느 날 유관의 아내 곽씨郭氏가 옥산의 아들 유란劉蘭을 데리고 아들과 함께 연극 구경을 갔다. 그런데 옥산은 유란의 병이 막 나았는데 재발할까 싶어 극장으로 찾아와 원망을 했다. 곽씨가 그와 다투다가 가마에서 내려 머리채를 틀어줬었다. 옥산은 무례하게 때리려 했으나 유관이 아내를 보호하며 역시 머리채를 틀어쥐었다. 옥산은 그들을 때리려고 했으나 사람들이 말려 각자 집으로 돌아갔다. 유관은 마음이 불쾌했는데, 마침 옥성의 동생 유춘주劉春柱의 아들과 유길劉吉이 와서 위로했다. 유관은 함께 가서 옥산을 때려주어 울분을 풀자고 했다. 옥성 등이 갖은 방법으로 말렸으나 유관은 듣지 않고 죽기를 작정하며 나섰다. 옥성 등은 어쩔 수 없이 각각 나무막대기를 들고 옥산의 집에 이르렀다. 옥산은 온돌에서 자고 있었다. 유관이 나아가 머리를 누르고 소리를 지르며 때렸고, 유청劉靑은 어깨를 눌렀다. 유길과 유춘주는 각기 나무막대기로 두세 대씩 때렸다. 곧이어 유관은 옥성에게 나무막대기로 허벅지와 종아리를 때리라고 지시했다. 옥산은 발로 마구 차면서 맹렬히 저항하다가 다리뼈가 부러졌고 한밤중에 사망했다. 옥성에게는 수차례 구타로 깊은 상해를 입히고 죽음에 이르게 한 예에 따라 감후監候형을 선고했다.[228]

이상이 본종本宗의 오복을 입는 친족 간에 서로 때려죽이는 경우에 관한 규정이다. 앞서 부계 사회에서 본종을 중시하되 혼인으로 맺어진 인척은 경시한다는 점을 논했는데, 윤리적인 논리에서나 법률적인 대우에서 그러했다. 복제에서 인척 중에 복을 입는 자로는 외조부, 외삼촌, 이모, 외종사촌 형제, 이종사촌 형제만이 포함되었다. 그래서 법적으로도 이들 친족만이 싸우거나 살상할 경우 복제에 따라 가중되거나 경감되었을 뿐 나머지 인척은 일반인의 경우로써 죄를 물었다. 아울러 복제의 측면에서 동등한 혈통 관계인 인척은 동등한 관계의 본종보다 소원하므로, 법적으로 동등한 혈통 관계인 인척끼리 싸워 죄를 묻는 경우에도 동등한 혈통 관계인 본종의 그것과는 달랐다.

외조부모는 가깝고도 높은 분들이지만 복제의 측면에서는 소공에 불과했다. 복제는 가볍고 의리 관계는 무거운 탓에 형법상으로 본종 방계의 기년복 존속(백부모·숙부모·고모)과 동렬에 있었다. 즉 외손이 외조부모를 욕하거나 때려죽이거나 모살한 경우 조카가 백부모와 숙부모 및 고모를 범한 사례에 따라 죄를 다스렸고, 외조부모가 외손을 때려죽인 경우에는 백부모, 숙부모 및 고모가 조카 및 질손을 때려죽이고 형이나 누이가 동생을 때려죽인 경우로써 죄를 물었다.[229] 그 밖에 외손이 조부모를 고발한 경우도 기년복을 입는 존속을 고발하는 사례의 죄로 다뤘다.[230] 외조부모는 원래 소공에 해당하나 형법상의 대우가 기년복 존속과 같기 때문에 기년복 존속에 관한 조문 아래에는 반드시 외조부모라는 글자가 나열되었다. 나열되지 않은 경우에는 그 대우가 기년복 존속과 같지 않음을 뜻했다. 예컨대 기년복 존속을 위협해 죽음에 이르게 한 자는 교수형에 처했는데, 외조부모라는 글자가 없으면 이 경우에 해당되지 않았다.[231]

이모는 고모와 나란히 논할 수 없었고 외삼촌은 백부·숙부와 나란히 논할 수 없었으니, 복제가 소공에 불과하기 때문이다. 외종사촌과 이종사촌은 족형제와 나란히 논할 수 있을 뿐이니, 똑같이 시마였다. 따라서 형법상에서도 소공과 시마에 따라 처리할 수밖에 없었다.[232]

· 간음죄

성적인 금기는 부계 가족 집단에서 상당히 엄격하여 혈통 관계에 있는 친족뿐만 아니라 혈족의 배우자까지 포함된다. 역대 법률은 이런 근친상간의 행위에 대해 극히 무겁게 처벌했다. 한漢의 법률에서는 그것을 금수의 행위라 칭했다. 정국定國은 아버지 강왕康王의 첩과 간통해 아들 하나를 낳았고, 동생의 아내를 빼앗아 첩으로 삼았으며, 아울러 자녀 세 명과도 간통했다. 공경公卿이 정국은 금수의 행위를 했으며 인륜을 어지럽히고 천도를 거슬렀으므로 마땅히 죽여야 한다고 판정하자, 그 벌이 두려워 자살했다고 한다.[233]

당 이후의 법률 가운데 근친상간과 일반적인 간통죄를 비교해보면, 전자의 죄에 대해서는 법적으로 가중 처벌한 상황을 알 수 있다. 후자의 죄는 당·송의 법률에서 징역형에 불과했다.[234] 원·명·청의 법률은 화간의 경우 장형죄로 다스린 반면 강간은 사형에 처했다.[235] 하지만 같은 종가의 복을 입지 않는 친척 및 해당 친척의 부인과 간음한 경우, 명·청의 법률에서는 모두 가중 처벌함으로써 일반인을 유혹해 간음한 것과 같은 죄로 여겼다. 예를 들어 5대 조상이 같은 자매 혹은 윗사람·아랫사람과 간음하거나, 족형제의 아내·재종질부再從姪婦·당질손부堂姪孫婦·증질손부曾姪孫婦, 기타 복을 입지 않는 친척의 배우자와 간음하면 남녀 각 장 100대에 처했다.[236]

시마 이상의 친척 또는 해당 친척의 아내와 간음한 경우, 예컨대 증조고모, 당조堂祖고모, 족族고모, 족族자매, 재종질녀, 당질손녀, 질증姪曾손녀, 증백숙조모曾伯叔祖母, 당백숙조모堂伯叔祖母, 족백숙모族伯叔母, 당형제처堂兄弟妻, 당질부堂姪婦, 질손부姪孫婦와 간음하면 당·송 법률에서는 남녀 각각 징역 3년, 강간한 자는 2000리 밖으로 유배되고, 상해를 입힌 자는 교수형에 처했다.[237] 명·청의 법률에서 간음한 자는 장 100대에 징역 3년이고, 강간한 자는 참형 집행유예에 처했다.[238]

만약 소공 이상의 친척과 간음했다면 10대 악의 내란죄에 해당되어[239]

처벌이 더욱 무거웠다. 예를 들어 대공·소공의 백숙조모伯叔祖母, 당백숙모堂伯叔母, 조고祖姑, 당고堂姑, 형제의 아내, 대공의 당자매堂姊妹, 질부 등과 간통하면 당·송 법률에서는 남녀 각 2000리 밖으로 유배되었고, 강간한 자는 교수형에 처했다. 원의 법률에는 형제의 아내와 질부에 대한 규정이 있는데, 동생의 아내와 간음하면 장 170대를 내린 뒤 남자는 멀리 유배를 보내고 여자는 남편의 결정에 따랐다. 함께 사는 질부와 간통한 자 역시 장 170대에 처했고 관직을 지닌 자는 제명됐다. 절개를 지키는 과부 형수를 강간한 자는 장 97대에 처했다. 명·청 법률에서는 위에 열거한 대공과 소공의 친족 중 간음한 자에 대해서 남녀 모두 교수형에 처하고 강간한 자는 참형에 처했다.[240]

기년복을 입는 친족인 백모, 숙모, 고모, 누나, 여동생, 조카딸, 아들·손자의 아내는 친한 정도가 더욱 깊기 때문에 인륜을 저버리는 행위는 사회와 법률이 허용하지 않았으니, 죽음만이 있을 뿐 사면은 없었다. 한漢의 법률에 따르면 숙부의 아내와 음행을 하는 것을 '보報'라고 칭했다.[241] 진晉의 법률에서는 큰어머니 또는 작은어머니와 간음하면 기시棄市 군중이 모이는 장터에서 집행하는 사형에 처했다.[242] 당·송의 법률에서는 교수형에 처했다.[243] 원나라 법률에서는 조카딸과 간음하거나 며느리와 간음하면 모두 사형에 처했다. 노인이 며느리를 꼬여 간음을 범한 자 역시 사형에 처하고, 미수에 그친 자는 장 170대에 처한 뒤 남녀를 각 본가로 돌려보냈다.[244] 명·청의 법률에서는 기년복 친족 및 자손의 처와 화간한 경우 모두 참형에 처했다.[245]

첩은 친족의 배우자가 아니며 복제의 관계도 없지만, 본디 친족과 동거하는 관계인 만큼 명분에 관계되므로 성적 금기를 범한 죄에 대해서는 역시 일반인의 간통보다 엄중했다. 역대 법률에서는 친족의 첩과 간통한 자는 친족의 배우자와 간통한 경우보다 한 등급 감형해줄 뿐이었으며, 강간한 자는

교수형에 처했다.[246]

아버지 또는 할아버지의 첩은 더욱 사이가 가깝고 의리가 무겁기 때문에 그들과 통간하면 내란죄가 성립되었다.[247] 당·송·명·청의 법률에서는 기년복 존속을 간음한 것과 같은 죄로 보아 사형에 처했다.[248] 아버지나 할아버지가 총애하던 여종은 친밀한 관계를 가진 이들이므로 아버지와 할아버지를 존경하는 뜻에서 그녀를 더럽히는 것을 금했다. 따라서 이를 어긴 경우는 일반인끼리 간음한 것보다 더 무거운 죄를 부과했다. 한나라 형산왕衡山王의 둘째아들 효孝는 왕의 어비御婢와 간통하여 기시棄市에 처해졌다.[249] 당·송의 법률에서는 아버지나 할아버지가 총애하던 여종과 간음한 경우 아버지나 할아버지의 첩과 간음한 경우보다 2등급 감형해주었다.[250]

외척과 통간하는 것에 대한 법적인 제재 역시 일반인 사이의 간음죄에 비해 무거웠다. 외척 중에 복을 입지 않는 사이라면 일반적인 경우와 같게 처리했으나[251] 이를 제외한 나머지 시마에 해당되는 친척인 고종사촌과 이종사촌 자매에 대해서는 본가 시마 이상의 친척과 똑같이 대우했다.[252] 이모에 대한 복제는 소공에 해당되므로 간음죄 역시 외척 가운데에서 가장 무거웠다. 당·송·명·청의 법률에서는 모두 큰할머니, 작은할머니, 시할머니, 종백모, 종숙모, 종고모, 종자매, 형제의 아내, 조카며느리를 간음하는 것과 같은 범위에 두었으며 처벌도 그에 따랐다.[253] 장모에 대한 법조문은 없고 복제 또한 시마에 불과했으나, 사이가 가깝고 의리가 무거웠으므로 성적 금기는 매우 굳건하여 관례상 간통죄는 이모에 대한 것에 비견되었다.[254]

친족 간의 살상에 관한 죄는 존비와 장유에 따라 처벌이 달랐음이 확인되었다. 그러나 간음죄의 경우에는 존비와 장유를 구분하지 않고 간음을 저지른 쌍방에 대해 똑같은 처벌을 내렸다. 이는 친족 간 성적 금기는 모든 성원이 지켜야 할 의무라고 보았기 때문으로, 강간을 제외하고 그 금기를 어긴 자는 남녀 모두가 음란한 것이어서 똑같이 죄를 받았다.

· 절도죄

친족 간의 절도죄는 일반인의 경우와 달리 친한 정도와 형벌이 반비례했다. 관계가 가까울수록 죄와 형벌은 가볍고, 관계가 멀수록 죄와 형벌이 무거웠다. 당·송 법률에서 시마와 소공의 재물을 도둑질하면 일반인보다 한 등급 감형해주었고, 대공은 2등급, 기년 친족은 3등급을 감형해주었다.[255] 원의 법률도 똑같이 일반 절도죄에 준하여 논죄했다.[256] 명·청의 법률에서는 복을 입지 않는 친척까지 포함시켜 한 등급을 감형해주었다. 이에 따라 순차적으로 시마는 2등급, 소공은 3등급, 대공은 4등급, 기년 친족은 5등급 감형해주었다.[257]

또한 본래 절도죄를 범하면 몸에 글자를 새겼으나 친족 간의 도적질은 글자 새김이 면제되었으니,[258] 이 또한 우대사항 중 하나였다.

친족 간의 간음은 일반인보다 가중하여 죄를 다스리고 친족 간의 구타는 아랫사람의 경우 무거운 처벌을 받았는데, 어째서 친족 간의 절도에 대해서만은 존비와 장유에 따라 모두 일반의 경우보다 죄를 감해주었을까. 그렇게 입법을 정한 목적이 있기 때문이다. 그 목적은 가족의 화목과 사랑을 유지시키는 데 있었으니, 그 방법은 달라도 귀착점은 같아 서로 충돌하지 않았다. 친족은 본래 사랑과 화목을 중시하므로 친족 간의 싸움을 금하고 있다. 반면 경제적 관점에서는 같은 종가에 속한 친족인 경우 친소 원근에 관계없이 환난에 처하면 도의적으로 서로 도울 의무가 있으므로 마땅히 도와야 한다. 법으로 정해놓은 절대적 의무는 아니지만 빈궁하여 재물을 훔친 가난한 일족에 대해서는 관용을 베풀어야 한다고 여겼다. 즉 서로 도울 의무가 없는 일반인의 것을 훔치는 경우와는 달리, 친족 관계가 가까울수록 형편이 안 좋은 이를 그냥 두고봐선 안 되며 돕는 것이 마땅하다고 본 것이다. 고대에 대공 이상은 재물을 공유했으므로, 대공 이상의 절도죄는 더욱 가벼웠다.

그러나 배고픔과 추위를 이기지 못한 절도 외에 다른 이유로 절도가 발생한 경우라면 감면의 기회를 얻지 못할 수 있었다.

속수현涑水縣의 공생貢生 지방에서 우수한 성적으로 추천을 받아 수도의 국자감에서 공부하는 학생 도우춘陶宇春이 전당포를 열고, 복을 입지 않는 일족인 질손侄孫 도인광陶仁廣더러 장신구를 관리해달라고 했다. 인광이 물건을 훔쳐 달아났다가 얼마 후 붙잡히자 현에서는 복을 입지 않는 친척이 재물을 도둑질한 경우 한 등급 감형해주는 예에 따라 처리하려 했다. 그러나 위에서 조서가 내려오기를 "도인광은 도우춘의 복을 입지 않는 일족의 질손으로서 친족 관계가 아주 멀고 전당포에서 일하게 해주었으니 본디 보살핌이 없던 자와 비교할 바가 아니다. 그런데 물건을 훔쳐서 달아나 형 등이 연루되게 했으며, 마을 전당포에 있는 자산은 1000금 정도에 불과했는데 훔쳐간 물건이 약 300냥에 달하고 송사를 겪으면서 중개인의 재산이 탕진되었으니 일반적인 법률에 따라 감형할 수 없다"고 했다.

친족 간 살상과 친족 간 절도라는 두 가지 사건을 놓고 친족 관계에 유의한다면 그에 담긴 이치를 이해할 수 있다. 친족 간 절도에 대한 감형은 원래 일족의 화목을 위한 것으로, 그로 인해 살상이 빚어진 경우는 본뜻에 위배된다. 따라서 친족의 재물을 훔치고 피해자를 살상하는 짓은 당연히 용서할 수 없는 죄에 해당되므로 복제에 따라 논죄해야 마땅하며, 일반적인 강도 살상으로 논죄할 수 없었다. 또 강도를 당한 친족이 같은 종가의 친분을 생각하지 않고 일반 강도로 간주하여 맞받아 살상하는 행위도 부당하다고 보았다. 이 경우는 도둑에 대항하여 살상하는 것에 관한 조문을 인용할 수 없고 일반인 피해자가 강도를 살상하는 경우에 따라 논죄하되, 동시에 각기 윗사람과 아랫사람을 살상하는 본 법률에 의거해 논죄해야 했다.[259]

『예기』에서는 모든 송사는 반드시 부자父子 사이의 친함을 살펴야 한다고 했고,[260] 태손청太孫請은 "형법을 명확히 하는 것은 교화를 보조하기 위함이니, 오륜과 연관된 경우에는 법은 낮추고 인정은 신장시켜야 한다"[261]고 했다. 법률과 가족주의의 밀접한 관계를 개략적으로 알 수 있다. 뿐만 아니라 앞서 소개한 친족 간 살상, 절도, 간음죄에 관한 규정에서도 이러한 경향을 쉽게 확인할 수 있다. 죄에 대한 논죄는 완전히 친소·존비·장유에 준거했으니, 복제는 형벌의 판정에서 없어선 안 될 만큼 극히 중요한 것이었다.[262] 명·청의 법률이 상복도喪服圖를 법전에 집어넣은 이유도 이 때문이었다.[263] 그래서 전석箋釋에서는 이렇게 말했다. "법률에서 서두에 상복도를 싣는 것은 복제의 경중을 명확히 하여 죄를 판정하는 자가 형벌을 더하고 덜어내는 표준으로 삼게 하고자 함이다."[264] 선인들은 자신의 관리 경험에 근거해 잡다한 사건을 심리하는 데 알아둬야 할 각각의 사항을 상세히 기록했다. 그 가운데 한 조항에는 "모든 종족의 친족 간 우애와 관련된 것은 어떤 호칭 관계이고 어떤 복제인지를 분명하게 물어야 한다"[265]고 되어 있다.

그런 이유로, 복제가 불분명하여 죄를 확정할 수 없는 경우도 있었다.

왕중의王重義가 죽었는데 후사가 없고 첩 조씨가 낳은 딸 하나만 있었기에, 조카인 왕필검王必儉이 두 집안의 적자를 겸하게 되었다兼祧. 그러다가 필검이 조씨를 넘어뜨려 상해를 입혀 사망했다. 사건이 발생한 후, 관아에서는 왕필검이 대종의 적자이자 소종의 적자를 겸하므로 예부에서 이를 논의하게 했다. 통용되는 바에 따르면 그는 왕중의에 대해 기년복을 입을 뿐 조씨에 대해서는 복제가 없다. 비록 그녀가 낳은 딸 하나가 있으나 자녀를 낳은 친부의 첩과는 다르므로 죄를 판결할 길이 없어 크게 주저했다. 직례총독直隸總督이 살핀 결과에 따르면, 왕필검은 아내의 아들이 아버지의 첩을 때려죽이는 일반적인 경우에 관한 판정에 의거하여 죽인 자는 교수형 집행유예의 법률로 처리해야 한다고 했다. 형부에서는 복제도에 두 집안의 적자인 아들은 소종 집안의 아버지의 첩에 대해 복을 입음이 없고, 형률에도 두 집안의 적자를 겸하는 아들이 아버지의 첩을 때려죽인 것에 대해 명문화된 규정이 없다고 했다. 아들이 자녀를 낳은 서모庶母를 때려죽인 것이라면 마땅히 참형으로 판결해야 한다. 기년복을 입는 존속의 첩을 때려죽인 것이라면 일반적인 논죄로 판단할 때 교수형으로 해야 한다. 이렇게 차이가 아주 커서 판결할 수 없었다. 복제의 문제는 예부에 속하는 것이기 때문에 예부에서는 대종의 아들이자 소종의 적자를 겸하는 자가 적자를 겸하는 집안의 아버지의 첩에 대해 복제가 있는지, 그리하여 낳은 자녀가 있는지 없는지에 따라 서모를 때려죽인 법률로 죄를 다스려야 하는지, 아니면 기년복을 입는 존속의 첩을 때려죽인 것에 따라 처리해야 하는지 살펴 밝힐 수밖에 없었다. 예부에서는 "왕필검이 적자를 겸하는 자로서, 정해진 관례에 따르면 두 집의 나뉜 사당을 책임질 후손이므로 아버지가 죽었으니 그 중책을 맡아 모두 조부모에 대해서는 참최 3년을 입는다. 후손에게 중책이 있으므로 적자를 겸하는 자가 온전한 아들임을 알 수 있다"고 했다. 왕중의는 기년복을 입는 존속에 비할 바가 아니고, 조씨는 기년복을 입는 존속의 첩에 비할 바가 아니라는 것이다. 만약 자녀를 낳은 서모를 때려죽인 것에 따라 판결하면, 왕필검은 대종이기도 하므로 장자 계통의 독자로서 차자 집안을 계승했으니 대종이 중하다는 관례에 따라 단지 왕중의에 대해서만 기년복을 입고 조씨에 대해서는 지팡이를 짚는 기년복을 입는 예에 따라 복을 입지 않는다. 만약 직례총독이 논한 것처럼 아내의 아들이 아버지의 첩을 때려죽인 것으로 판결한다면 조씨는 아버지의 첩이라고 판결할 수 없다. 옛 사건들을 상세히 살폈으되, 대종이 소종의 적자를 겸하는 경우 소종 집안 아버지의 첩에 대해 어떤 복을 입어야 하는지에 대한 명문화된 규정이 없기 때문에 이 사건의 죄명을 형부에서 헤아려 처리하게 했다. 형부에서는 "복제와 관련된 사건으로 반드시 먼저 복제를 정해야 죄명을 부여할 수 있다. 도광 9년에 두 집안의 장자를 겸하는 자의 복제에 관한 안건에 대해 예부에서 상주해 정한 것을 찾아냈다. 이 안건을 예부에서 어떻게 처리했는지에 따라 처리해야 할 것이다"라고 했다. 이어서 예부에서는 다음과 같이 상주했다. "도광 9년에 두 집안의 적자를 겸하는 자의 복제를 논해 정할 때 겸하는 집안의 서모에 대한 복제를 논의하지 못했는데, 정해진 관례에 손자는 조부모에 대해 기년복을 입고, 서조모庶祖母에 대해서는 소공을 입는다는 것을 찾아냈다. 도광 9년에 두 집의 사당을 책임질 후손은 바른 복을 따라야 함을 논의하여 승인했으니, 이는 관례에 따라 각각 조부모에 대해서는 기년복을 입어야 하고 각각 서조모에 대해서는 소공을 입어야 하는 것이다. 또 겸하는 집안의 적자는 정해진 제도에 따라 겸하는 집안의 부모에 대해 기년복을 입고, 겸하는 집안의 서모에 대해 소공을 입어야 할 것이다. 대종의 적자로서 소종의 적자를 겸하거나 소종의 적자로서 대종의 적자를 겸하는 자는 모두 대종을 중히 여겨, 대종의 서모에 대해서는 기년복을 입고 소종의 서모에 대해서는 소공을 입는다." 뜻을 받들어 이 논의에 의거했다. 형부에서는 복제가 서조모와 같으니, 자연히 서조모를 때려죽인 사례에 따라 판결했다. 왕필검은 교수형 집행유예를 받았고 가을 이후에 처결했다. 형부에는 도찰원 대리시大理寺가 회동하여 말을 합쳐 상주문을 갖추어 명을 청했으니, 뜻을 받들어 논의에 따랐다.[266]

이 사건은 우선 예부에서 복제를 논의하여 정한 후에야 판결할 수 있었으니, 복제와 사법의 관계를 알 수 있는 대목이다.

건륭 39년에 강서 안찰사 구양영기歐陽永裿가 한 조목석 다음과 같이 상주를 했다. 법률에 따르면 적자 및 여러 아들은 서모에 대해 자최의 지팡이 짚는 기년복을 입고 서조모에 대해서는 복을 입는 기간이 없다. 따라서 적자 및 여러 아들이 서모를 때려 상해를 입혀 죽음에 이르게 한 것에 대해서는 죄를 다스리는 특별한 조문이 있지만, 적손 및 여러 손자는 자녀를 낳은 조부의 첩을 서조모로 칭하면서도 범죄를 지은 경우에 법률에는 그 죄를 어떻게 다스려야 하는지에 대한 명문화된 규정이 없다. 이에 예제와 형법에 모두 미비함이 있는 것 같다. 칙부勅部에서 심의하기를 주청한다. 예부가 형부와 회동하여 살펴 논의했으니 복제를 인정에 따라 제정하고 은혜를 의에 따라 미루어보면, 할아버지의 자식을 낳은 첩은 할아버지의 서모이고, 할아버지의 첩이 낳은 아들은 곧 나의 기년 친족인 백부와 숙부로서, 그들에 대해서는 자최의 지팡이를 짚지 않는 기년복을 입는다. 그렇다면 적손 및 여러 손자는 서조모에 대해서도 은혜가 미치는 범위 안에 있어야 한다. 헤아려 논함에, 적손 및 여러 손자는 서조모에 대해 큰할머니와 작은할머니에 대한 예에 따라 소공 5개월을 입어야 한다. 적자와 여러 아들은 서모에 대해 자최의 지팡이 짚는 기년복을 입지만, 때려죽이거나 고의로 살해를 도모하면 모두 그 죄가 참형 집행유예에 그치는 것은 서모에 대한 기년복이 친족과는 다르기 때문이다. 지금 서조모에 대한 복제를 논의하여 소공 5개월로 정한 이상, 형벌의 관례는 자연히 일반인과 똑같이 부여될 수 없다. 다만 서모의 지팡이를 짚는 기년복과는 다르므로 마땅히 약간의 차이가 있어야 할 것이다. 의논한 결과, 이후 적손과 여러 손자 중에 자식이 있는 서조모를 때려 상해를 입힌 자는 서모를 때리는 것에 관한 관례에서 한 등급을 감해 판단하기로 했다. 죽음에 이르게 한 자는 교수형 집행유예로 판결하고 고의로 살해를 도모한 자는 참형 집행유예로 판결하되, 그 가운데 죄를 범한 상황에 차이가 있을 수 있는 것은 가을 심리 때에 모아 헤아려 처리하도록 한다. 상주한 것이 통과되면 각기 복제도에 모아 집어넣도록 한다.[267]

2) 은닉

이 부분은 매우 흥미로우며 주목할 만하다. 국가나 법률의 입장에서 국민의 위법 행위에 대해서는 다른 사람들의 고발이 격려되어야 할 것이다. 하지만 윤리적 입장에서 논하자면 그렇지 않다. 유학에서는 아버지가 양을 훔쳤다고 하여 자식이 고발하는 방식을 주창하지 않으며, 오히려 아버지가 아들을 위해 숨겨주고 아들이 아버지를 위해 숨겨주는 것을 선양했다.[268] 맹자는 문인들에게 말하기를, 고수瞽瞍 순임금의 아버지가 살인을 저질렀다고 하면 고요皐陶 순임금 당시 형법을 제정하고 감옥을 만든 사법 담당 관리는 법관의 위치에서 법에 따라 처리해야 하므로 천자의 아버지라고 하여 사사로움이 개입되어서는 안 되겠지만, 순舜은 틀림없이 천하를 헌신짝처럼 버리고 몰래 아버지를 데리고 도망할 것이라고 했다.[269] 중국의 법 제정은 유학의 영향을 많이 받았고 정치적으로도 효로써 천하의 다스림을 표방하여 법을 억눌러서라도 효를 행하라고 했으니, 역대 법률은 모두 친족 간 은닉의 원칙을 인정했다. 한漢의 법률에서 직계 혈족 사이는 서로 은닉할 수 있다고 되어 있다.[270] 선제宣帝는 본시本始 4년에 이 일에 대해 다음과 같은 조서를 내렸다. "부모 자식 사이의 친애함과 부부 사이의 도는 천성天性이다. 이는 재난과 근심이 있더라도 죽음을 무릅쓰고 지키려 하는 것이다. 진실한 사랑이 마음속에 모여 있으니 최고의 인후仁厚함이다. 어찌 그것을 거스를 수 있겠는가! 이제부터 자식이 부모를 숨겨주고 아내가 남편을 숨겨주며, 손주가 조부모를 숨겨주는 것에 대해서는 연좌제를 적용하지 말라. 또 부모가 자식을 숨겨주고 남편이 아내를 숨겨주며 조부모가 손주를 숨겨주는 것은 죽을죄가 아니니, 모두 상급 기관에 청하여 사법부의 최고 관리인 연위延尉를 통해 전달토록 하라."271

당 이후의 법률에서 은닉의 범위는 더욱 확대되어, 직계 친족 및 배우자가 포함되었을 뿐만 아니라 동거하는 친족이면 복을 입든 안 입든 이 법률을 인용할 수 있었고, 동거하지 않는 동성의 대공 이상 친족 및 대공 이하의 손자며느리, 남편의 형제, 형제의 처, 외조부모, 외손자 또한 포함되었다. 명·청 법률은 그 범위가 더 확대되어 장인, 장모, 사위 등 아내의 친족까지 포함했다. 죄를 지은 친족을 숨겨주는 것뿐만 아니라 죄인에게 정보를 누설하거나 통보하여 도망쳐 숨도록 돕는 것도 무죄였다. 동거하지 않는 소공 이하 친족은 은닉의 범위에 들지 않았지만 은닉하거나 정보를 누설하는 경우 일반인보다 3등급 감하여 논죄했다. 명·청의 법률에서는 복을 입지 않는 친족에 대한 조항 또한 추가하여 한 등급 감해주었다.272

법적으로 친족을 숨겨주는 것을 허용하고 친족 간에 고발하는 것을 금했을 뿐더러, 친족이 법정에서 증인이 되는 것도 요구하지 않았다. 동진東晉의 원제元帝 때에 위전衛展은 글을 올려 "부모의 형벌을 살필 때 부모에게 채찍질을 가하여 자식이 어디에 있는지를 묻는"273 방법은 크게 잘못되었다고 했다. 또 송宋의 문제文帝 때에 시중侍中 채곽蔡廓은 이렇게 건의했다. "국문할 때 자손에게 입을 열어 부모나 조부모의 죄를 말하게 해서는 안 됩니다. 예교敎를 훼손하고 감정을 상하게 하는 것이 이보다 큰 것은 없습니다. 이제부터는 집안사람이 죄인과 만나면 재심 청구에서 고발하도록 함을 요구하지 않음으로써 죄의 인정은 집안사람의 증언을 필요로 하지 않는다는 점을 백성에게 분명히 해야 합니다." 조정의 논의에서는 그의 주장에 찬동했다. 그래서 법적으로 자손의 증언을 다시는 요구하지 않게 되었다.[274] 양梁 무제武帝 때에 임제녀任提女라는 여성이 사람을 유괴한 죄로 사형을 당하게 되었다. 그녀의 아들 경자景慈를 국문했더니 어머니가 죄를 지었음을 증언했다. 그러자 법관 우승규虞僧虬는 이렇게 진술했다. "자식이 부모를 섬김에 숨겨줌은 있어도 거스름은 있을 수 없다. (…) 그런데 부모를 극형에 빠뜨려 화목함을 훼손하고 풍속을 어지럽혔다. 모든 자식의 재심 청구는 심리하지 않고 죄를 한 등급 낮추었는데 어찌 5년형을 피해 어머니의 목숨을 소홀히 여길 수 있겠는가? 경자에 대해서는 의당 형벌을 가해야 할 것이다." 그러고는 조서를 내려 교주交州 지금의 베트남 하노이에 유배를 보냈다.[275]

당 이후의 법률에서는 법적으로 서로 숨겨줄 수 있는 친족에게는 증언을 할 수 없도록 했고, 이를 위반한 관리는 유죄로 규정하여 당·송 때에는 장 80대였고, 명·청 때에는 장 50대로 명문화했다.[276] 아울러 명나라 때에는 원고가 피고의 자손, 동생, 아내, 노비를 증인으로 지정할 수 없고, 이를 어기는 자는 죄로 다스린다고 규정했다.[277]

친족이 숨겨주는 것을 허용했다는 것은, 뒤집어 말하자면 자손이 친족을 위해 죄를 숨겨주지 않고 자발적으로 고발하는 행동은 도리가 아니며 은닉을 용인하는 입법 정신에도 위배되는 것이었다. 따라서 역대의 법률은 자손이 조부모나 부모를 고발하는 행위를 엄격히 제재했다. 한漢 때에 형산衡山의 태자 유상劉爽은 아버지를 고발한 불효죄로 기시棄市되었다.[278] 후한後漢 때에 제왕齊王 황晃과 그의 동생 이후강利侯剛은 어머니 태희종太姬宗과 서로 무고하여, 법관은 황과 이후강을 서인으로 낮추고 단양丹陽으로 이사하게 할 것을 상주했으나, 황제는 차마 그렇게 하지 못하고 조서를 내려 삭탈관직했다.[279] 자손이 부모를 고발하면 사형에 처하는 규정은 북위北魏 때에 이미 있었다.[280] 그 죄는 당 이후의 법률에서도 불효 가운데 하나로 열거되어 사면되지 않았다.[281] 당·송 때의 처벌은 교수형이었다.[282] 원나라 때에는 비록 유목 민족이 중원 땅에 와 주인노릇을 했으나, 그들도 중국의 입법 정신을 취하여 법률에 "아들이 아버지를 고발하고 노비가 주인을 고발하며, 아내·첩·동생·조카들이 서로 숨겨주지 않는 등 명분과 옳음을 어겨 풍속을 더럽히는 것은 모두 금지되었다."[283] 그리하여 몽골인일지라도 죄를 면할 수 없었다. 영종英宗 때에 알로사斡魯思는 자신의 부모를 고발했고, 부마駙馬 허납자許納子는 미리 겁을 먹고 아버지가 모반을 한다고 고발했다. 그랬더니 황제가 말했다. "사람의 자식으로서 부모를 섬김에 숨겨주고 거스름이 없어야 하거늘, 지금 부모에게 잘못이 있는데 부모에게 간언하지 않고 관아에 고발하니 이 어찌 사람의 자식으로서 할 짓인가?" 그러고는 참형을 명했다.[284] 한편 명과 청의 법률은 자손이 명분과 옳음을 거스르는 것에 대한 처분이 비교적 약했다. 무고한 경우에 사형(교수형)에 처함을 제외하면 사실에 부합하는 고발을 한 자에 대해서는 장 100대에 징역 3년에 처했다.[285] 『당률唐律』이 허위 고발이든 실제에 부합하는 고발이든 고발한 사실만으로 교수형에 처한 것과 비교하면 많이 가벼워졌다 하겠다.

직계 존속 및 친족 외에 숨겨줌이 용인되는 범위에 있는 다른 윗사람, 즉 대공 이상의 친족 역시 고발해서는 안 되었다. 기년복을 입는 친족 윗사람, 외조부모를 고발한 것이 실제에 부합한다 하더라도 원고 역시 죄로 처벌되었으니, 당·송의 법률에서는 징역 2년, 명·청의 법률에서는 장 100대였다. 대공·소공·시마는 복제에 따라 차례로 감해졌다. 당·송 법률에서 대공은 징역 1년 반이었고, 소공과 시마는 징역 1년이었다. 명·청의 법률에서는 대공은 장 90대, 소공은 장 80대, 시마는 장 70대였다. 무고한 경우에는 가중 처벌되었다. 당·송의 법률에서는 기년복을 입는 친족 윗사람을 무고함이 중한 자는 무고죄로 3등급 더했고, 대공·소공·시마를 무고함이 중한 자는 각각 무고죄로 한 등급을 더했다. 명·청의 법률에서는 기년복을 입는 친족, 대공·소공·시마에 대해 각각 무고죄로 3등급을 더했다.[286]

윗사람에 대한 고발이 사실에 부합하는 경우 시마나 소공의 친족은 본디 숨겨줌이 용인되는 범위에 들지 않으므로 당·송의 법률에서는 법률 그대로 논죄하고, 명·청의 법률에서 본 죄에서 3등급 감했다. 이를 제외하면 대공 이상의 윗사람과 외조부모(명·청 시대에는 또한 장인 항목도 추가했음)는 자수한 것과 마찬가지로 면죄되었다.[287]

어째서 법률에서는 숨겨줌을 용인하고 명분과 의리에 거스르는 것을 엄격히 금했으며, 아울러 윗사람은 면죄되는 규정을 두었을까? 선대 사람들의 설명에 따르면 숨겨줌을 용인하지 않으면 골육 간의 은혜를 손상시키고, 윗사람을 위하는 것을 허용하지 않으면 자신의 친족을 구할 방법이 없기 때문이다. 자손의 고발을 허용하면 명분과 의리에 거스르는 것일 뿐만 아니라 자손이 친족을 해치려 할 수 있기 때문에 그것들을 병존케 하는 것이니, 실로 천리天理와 인정人情의 지극함이요 구석구석을 고려한 것이라 하겠다.[288]

윗사람이 아랫사람을 고발하는 것도 친족이 서로 숨겨줌을 용인한다는 원칙에서 보면 불합리한 것이다. 따라서 조부모나 부모는 자손, 외손, 자손의 처첩을 무고해도 무죄이지만 이 경우를 제외하고 다른 윗사람이 아랫사람을 고발하는 경우는 무죄일 수 없었다. 당·송의 법률에서는 아랫사람을 고발한 사실이 실제에 부합한다 하더라도 유죄였고, 명·청의 법률에서는 무고한 경우에만 유죄였다. 그런데 존비의 관계가 각기 다르기 때문에 윗사람이 아랫사람을 고발한 데 대한 처벌은 실제에 부합하는 고발이든 무고이든 아랫사람이 윗사람을 고발한 경우보다 가벼웠으며, 아랫사람과의 관계가 가까울수록 죄는 경감되었다. 당·송의 법률에서는 시마나 소공이 아랫사람을 고발하여 실제에 부합할 경우에는 장 80대, 대공 이상은 차례로 한 등급씩 줄었다. 무고함이 중한 자가 기년복을 입는 친족일 경우 무고죄에서 2등급을 감해주었고, 대공의 경우 한 등급을 감해주었으며, 소공 이하는 일반적인 경우로 논죄했다. 명·청의 법률에서는 시마·소공의 윗사람인 경우 무고죄에서 한 등급 감해주었고, 대공은 2등급, 기년복을 입는 친족은 3등급 감해주었다.[289]

한 가지 재미있는 점은 모반, 대역 모의, 반란 모의 등의 대죄에 대해서는 친족이 서로 숨겨주는 것과 명분과 의리를 거스르는 것에 관한 법률이 적용되지 않았다는 것이다.[290] 이를 통해 가족과 국가, 충과 효가 서로 병행하여 어긋나지 않거나 서로를 이루어줄 때는 양자 모두 유지되지만, 양자가 서로 충돌하여 둘 다 온전할 수 없을 때에는 국가와 군주를 중히 여김으로써 충이 효보다 중함을 알 수 있다. 그러니까 일반적인 죄의 경우 자손이 숨겨준 행위는 용인하고 고발하는 행위는 허용하지 않았으나, 사직에 위험이 미치고 군주와 나라를 배반한 중죄의 경우에는 예외였다.

숨겨줌을 허용하고 명분과 의리를 거스르는 데 관한 법률을 논하면서 본가, 외척, 처가 외에 주인과 노복의 관계를 빠뜨려선 안 된다. 당·송의 법률에서 사병과 노비는 숨겨주는 것이 허용되는 범위이므로 주인을 위해 숨기는 것은 논죄하지 않았고,[291] 명·청의 법률 역시 노비 및 고용인에게도 이를 허용했다.[292] 법적으로는 노비를 자손과 똑같이 대우한 것이니, 당·송의 법률에서 사병이나 노비가 주인을 고발하면 자손이 부모나 조부모를 고발한 경우와 마찬가지로 교수형에 처했다.[293] 명·청의 법률에서도 노비가 주인을 고발하면 자손과 마찬가지의 죄를 받았고, 고용인은 죄가 한 등급 감해졌다.[294] 고발된 주인은 부모나 조부모와 마찬가지로 자수한 것으로 처리하여 면죄되었다.[295] 반면 주인이 노비 및 고용인을 무고한 것은 논죄하지

않을 수 있었다.[296]

주인의 친족 또한 고발해서는 안 되는 대상에 해당한다. 주인과 친족의 관계가 가까울수록 노비의 고발에 대한 처벌은 무거웠다. 당·송의 법률에서 사병이나 노비가 주인의 기년복 친족이나 외조부모를 고발하면 유배되었고, 대공 이하의 친족을 고발하면 징역 1년에 처했다.(무고함이 중한 자라면 시마의 경우 일반인보다 한 등급 가중 처벌되었고, 소공과 대공은 차례로 한 등급 가중 처벌되었다.)[297] 명·청의 법률에서는 노비가 주인의 시마 이상의 친족을 고발하면 아랫사람이 시마 이상의 친족을 고발한 것과 같은 죄로 보았고 고용인은 한 등급 감해주었다.[298]

3) 형벌의 대체

백성이 중죄를 지으면 본래 벌을 면할 수 없으나, 종종 범인의 자손이나 형제가 형벌을 대체할 것을 청하면 사면이나 경감을 받곤 했다. 이는 법적으로는 근거가 없는 것으로서 이 조항이 열거되지 않았으나, 역대로 윤리와 효제의 도를 중시하는 정치적 가르침으로 인해 제왕은 그 정신을 선양하기 위해 경우에 따라 판관으로 하여금 황제의 결재를 거쳐 특사나 감형을 표명하게 했다.

전한 때의 제영緹縈이 아버지를 구한 이야기[299]는 여러 이야기 중 가장 오래된 것이자 널리 알려진 사례다. 유송劉宋 때의 백성 손살孫薩이라는 자가 법을 위반해 죽임을 당하게 되자, 그의 형 손극孫棘이 손살을 대신하기를 청했다. 그러나 손살은 이를 거절하며 따르지 않으려 했다. 손극의 처가 손극에 동의하며 말했다. "당신은 집안을 맡았는데 어찌 도련님에게 죄를 떠넘길 수 있겠습니까? 게다가 시어머니가 임종에 가깝고 도련님은 당신에게 속한 몸으로 아직 장가도 가지 못하여 집안의 도가 확립되지 않았습니다. 그대는 이미 두 아들이 있으니 죽는다 해도 무슨 한이 있겠습니까?"라고 했다. 그러자 세조世祖가 조서를 내려 이렇게 말했다. "손극과 손살은 지위가 낮은 이들이지만 절개 있는 행실은 평가할 만하여 특별히 죄를 용서한다. 주州에 임명하고 비단 20필을 하사한다."[300]

북위 때 장손려長孫慮의 어머니가 술을 마시자, 아버지 진眞이 큰소리로 나무라다가 지팡이를 잘못 휘둘러 죽음에 이르게 했다. 이에 진은 사형으로 판결되었다. 그러자 장손려가 상서尙書에게 글을 올려 "부모님이 성내며 다투셨지만 본래 다른 증오는 없었으며, 다만 실수로 하루아침에 뜻하지 않은 화를 만나게 되었습니다. 지금 어머니가 돌아가셨는데 아직 염을 하지 못했고, 아버지의 목숨은 경각에 달려 있습니다. 게다가 제게는 다섯 형제가 있는데 모두 어립니다. 이 몸은 장남으로 올해 15세이며, 여동생이 하나 있어 4세 때부터 서로 돌봐왔는데 안전을 보장받을 수 없게 되었습니다. 아버지가 형장으로 나아가시면 차례로 산골짜기에서 구를 것이니, 바라옵건대 제가 늙으신 아버지의 목숨을 대신함으로써 홀로 남겨질 어리고 약한 아이들이 생존할 수 있도록 해주십시오." 그러자 상서가 상주하여 말했다. "장손려는 아버지에 대해서는 효자이고 동생들에게는 어진 형으로, 정황을 살피니 특별히 긍휼히 여겨 감형할 만합니다." 이에 효문제는 조서를 내려 진의 죽을죄를 용서해주고 멀리 유배 보내는 것으로 감형했다.[301]

당나라 함통咸通 연간에 창주滄州 염원鹽院의 관리 조린趙鏻이 죄를 지어 죽게 되었는데 형장으로 나아가자, 그의 딸이 "7세 때 어머니가 돌아가시고 이제 의지할 사람이 없게 되었습니다"라고 했다. 염원에서 상부에 알리자 안타깝다는 조서를 내려 그 아비를 사형에서 감해주었다.[302]

명나라 때에는 그러한 종류의 일이 많았는데, 축윤명祝允明은 그것에 대해 이렇게 말했다. "개국 초기에 죽을죄를 지은 자의 경우 그 가속이 형벌을 대신하기를 청하니 위에서 그를 용서했는데, 『오륜서伍倫書』에 그러한 것들이 기록되어 있다. 그 후에도 청원이 계속되어 허락한 일이 많았다. (…) 예컨대 우리의 소대용蘇戴用이 자신의 아버지를 대신하고 왕경王敬이 자신의 형을 대신하려 한 것에서부터 약한 며느리가 시아버지를 대신한 데에 이르기까지 일일이 기록할 수 없을 정도다."303

산양山陽의 어느 백성이 죄를 지어 장형에 처하자 그 아들이 대신하기를 청했다. 그러자 명 태조太祖가 이렇게 말했다. "지금 이 사람이 몸으로 부모를 대신하려 한 것은 지극한 감정至情에서 나온 것이다. 짐은 효자를 위해 법을 굽혀屈法 천하에 격려하고자 하니, 그를 풀어주라."304 또 경태景泰 때 양곡현陽谷縣 주부主簿였던 마언빈馬彦斌이 참형죄를 범하자 아들 진震이 상주하여 대신 죽기를 원했다. 법관이 청하여 특별히 언빈을 용서하고 진은 변방의 군졸로 유배 보냈다.305

기록으로 남겨지지 못한 사례들을 감안할 때 이러한 일은 이루 헤아리기 힘들 정도로 많았을 것이다. 형벌을 대신 받는 것이 심지어 국가의 제도로 규정된 때도 있어서 백성이 관례에 따라 설명하여 청했는데, 이에 형벌을 대신하는 청원이 합법적 권리가 되었다. 한나라 명제明帝 때에는 백성에게 변방으로 노역을 보내는 조서를 내렸는데 부모와 형제가 서로 대신하겠다고 하여 모두 수용했다.306 영초永初(107~113) 연간에 상서尚書 진충陳忠이 말씀을 올렸는데, 모자와 형제 사이에 대신 죽겠다고 청한 경우 대신하려는 자의 뜻에 따라 풀어주어야 한다고 했다.307 또 명나라 헌종憲宗 때에는 나이가 80세 이상이며 중병이 있는데 범법 행위로 영원히 변방에 유배되어야 하는 자에 대해서는 자손이 대신 파견하도록 규정했다. 또 변방 노역 이하의 형벌을 받은 자는 면제해주었다.308 이러한 상황에서 형벌을 대신하는 것은 자손의 권리이자 규정된 의무가 되었다.

4) 형 집행유예 및 면제

진晉의 함화咸和 2년에 구용勾容은 공회孔恢의 죄가 기시棄市에 이르렀다고 하면서 조서를 내려 이렇게 말했다. "공회가 스스로 형법의 그물에 빠져 그 죄는 사형에 해당되나, 그의 아버지가 연로하고 아들이 하나이니 불쌍하게 여길 만하다"309고 했다. 이는 범인의 부모가 연로한데 모실 사람이 없음을 고려하여 특별히 사형을 면하게 한 가장 오래된 사례다. 이 경우는 그때까지만 해도 군주의 일시적인 의견에 불과한 것으로, 규정이 되지는 못했다. 법률에 가장 먼저 나타난 것은 북위 시대로, 조부모나 부모의 연세가 70세 이상이고 다른 성인 자손이 없으며 방계의 기년복을 입는 친척도 없는 경우에는 글을 갖추어 상부에 신청할 수 있도록 했다.310

당나라 이후로는 왕조마다 이 옛 제도를 본떠 법전으로 명확히 했다. 당·송·원·명·청의 법률에서는 죽을죄를 지었으되 사면될 수 없는 중죄가 아니고,311 직계 존속이 연로하거나312 중병인데 봉양할 다른 성인 남자가 없으면313 상부에 신청할 수 있다고 했다.314 그 허락 여부는 온전히 황제에게 달려 있었다. 예컨대 금나라 대정大定 13년에 상서성에서는 등주鄧州의 백성 범삼范三이 사람을 죽여 마땅히 죽어야 했으나, 연로한 부모를 모실 이가 없었다. 그런데 세종世宗은 이렇게 말했다. "타인과 다툼이 없는 것을 효라고 하니, 그런 후에야 봉양할 수 있다. 그런데 이자는 한순간의 분노로 자신의 몸을 잃었으니, 부모님을 섬기려는 마음이 있는 것이겠느냐? 법대로 논죄하는 것이 옳을 것이다."315 이는 허락하지 않은 한 사례라 하겠다.

과부에 관한 사면 규정에도 약간 차이가 있었다. 청의 법률은 부모의 연로한 기준을 70세로 삼았지만, 과부의 독자가 실수로 살인하여 죄를 범하면 수절 20년을 사면의 기준으로 삼았으며, 싸우다가 사람을 살인하면 수절 20년에 현재 나이 50여 세인 경우를 기준으로 삼았다. 이 경우 연로함의 기준은 70세가 아니며 모친에게 중병이 있는지도 묻지 않았다.[316] 이는 과부가 수절하면서 아들을 기르는 일이 쉽지 않은 점을 특별히 고려한 것이라 하겠다.

형제 중에 죽을죄를 지은 자가 한 명 이상이라면 한 명을 남겨 부모님을 봉양하도록 하되,[317] 일반적으로는 죄가 가벼운 쪽을 남겼다. 두 형제 중 한 명은 참형을 선고받고 한 명은 교수형을 선고받았다면 교수형의 죄를 지은 자를 남겨 봉양토록 했다.[318]

유배의 죄를 받은 경우, 자손은 형기를 다 채우기 전에는 부모를 봉양할 수 없었으나 형 집행을 유예하는 규정이 있었다. 위나라의 『법례율法例律』에 유배의 죄를 지었으나 조부모나 부모가 연로하여 모실 사람이 없는 경우에 남아 봉양하도록 편달하고, 부모가 돌아가신 뒤에 유배의 죄에 따라 처리했다. 이는 용서하고 사면하는 경우에 포함되지 않았다.[319] 당·송의 법률에서도 조부모나 부모가 연로하고 병들어 봉양할 사람이 없는 경우 유배의 죄를 지었더라도 남아서 부모를 봉양할 수 있었지만 사면에 포함되지는 않았다. 예컨대 후에 집에 진입된 장정이 있거나 부모가 죽은 지 1년이 되었으면 남아 봉양할 이유가 없으므로 다시 유배되어야 했다.[320]

명·청의 법률 규정은 좀더 명쾌하여, 유배형의 죄를 지었으나 남아 봉양할 조건에 부합되는 자라면 누구나 장 100대를 맞고 여죄를 속죄받아 부모를 모실 수 있었다.[321] 또한 봉양하다가 부모가 사망했더라도 다시 유배되지 않았으니, 위·당·송의 법률에 비해 관대했다.

효도 및 봉양하는 문제에는 주목할 만한 점이 있다. 죽을죄를 짓거나 유배형을 받았지만 남아서 부모를 봉양하게 한 원뜻은 연로하고 병들어 돌볼 이가 없는 부모를 잘 모시라는 데 있었다. 즉 본디 효도에 기초한 규정일 뿐 범인에게 관용을 베풀기 위한 것이 아니었다. 따라서 평소 부모를 화나게 하고 불효를 저지른 자라면 이는 봉양하는 사람이 없는 것과 같으며 효를 권면하는 정신에도 배치되는 것으로, 봉양의 취지에 크게 벗어난 것이다. 그런 경우에는 신청을 허락하지 않았다. 이렇듯 중형을 받기 전부터 패역하고 불효한 경우는 물론이거니와[322] 본디 단정치 못한 행위를 익혀 부모에게 배척된 자, 다른 성에서 죄를 짓고서 타향을 유랑하며 부모를 멀리 떠나 있던 자, (관의 요역으로 출장을 가고 상인으로 밖에서 무역을 하며 재산을 부쳐 부모를 봉양하는 확실한 증거가 있고, 두 성의 경계가 인접하여 거리가 수십 리 이내인 자는 제외였다) 즉 부모를 잊고 불효를 저지르던 자들은 남아서 봉양할 자격이 없었다.[323]

가정의 윤리는 직계 존속이나 친족 외에 방계의 윗사람도 포함되며, 법적으로 이러한 관계는 무시될 수 없는 것이었다. 그래서 방계의 윗사람을 침범하여 복제와 관계된 사건을 저지른 경우에도 그 죄인은 남아서 봉양할 수 없었다. 청의 조례에서는 아랫사람이 본가의 시마 윗사람, 외척의 대공, 소공 및 시마 윗사람을 때려죽였으되 부모가 연로하여 장정이 남아서 봉양해야 하는 경우, 가을 판결로 유예하고 남아서 봉양하도록 허락했다. 그러나 그 외에 기년복이나 대공, 소공의 윗사람을 때려죽이면 사건이 확정되었을 때 바로 법률에 따라 선고하고, 남아서 봉양하는 것에 대한 신청을 허락하지 않았다.[324] 다만 불쌍히 여길 만한 사정이 있는 경우에는 즉각 판결하지 않는 대신 감금하여 기다리도록 한 뒤 가을 판결로 미루어 죄상을 인정하되, 두 차례 집행을 면해 판결 유예로 바뀐 후에야 가을 판결에서 독무가 관아의 문서를 떼어다가 살펴 처리했다.[325] 이와 같이 즉각 판결에서 감금 대기로 바꾸고, 형을 집행하지 않고 판결을 유예하는 쪽으로 전환한 경우는 일시적인 우발적 범죄만 해당되었다. 의도적으로 범한 죄는 일찌감치 법률에 따라 처결했다.[326]

한 가지 더 흥미롭고 주목할 만한 점은, 살인 사건에서 살해된 사람이 독자獨子인 경우다. 살인을 저지른 자로 하여금 남아서 봉양하게 한 것은 원래 모실 사람이 없게 된 부모를 정성껏 돌보게 하려는 취지이긴 하나, 모든 사람에게는 각기 자기 부모가 있고 모든 부모는 봉양을 받아야 하는 법이다. 만약 살해된 자가 독자로서 그의 부모를 봉양할 사람이 없는 경우에는 범인의 부모 역시 아침저녁의 봉양을 누릴 수 없었다. 그러므로 청의 법률에서는 살인자가 남아 봉양하는 조건에 부합한다 하더라도 살해당한 자가 독자인지를 살폈다. 설령 살해된 자가 독자가 아니라 하더라도 그 동생이 아직 성인이 아니라면 연로한 부모를 모실 이가 없는 경우와 같으므로 범인은 남아서 봉양할 수 없었다. 살해당한 자가 이미 고향을 떠나 유랑하면서 부모를 돌보지 않았거나, 봉양거리를 제공하지 않고 가르침에 따르지 않아 부모로부터 내쳐진 자가 아닌 경우에만 범인은 남아서 봉양하기를 신청할 수 있었다.[327]

4. 친족을 대신하는 복수

복수328라는 관념과 관습은 고대 사회 및 원시 사회에서 보편적이었다.329 상해를 입은 사람은 자신의 원수를 찾아가 같은 방식으로 상해를 입힐 수 있었다. 사회적으로 복수할 권리가 인정되었으며, 당사자가 복수하지 못했다손 치더라도 원수의 생명은 여전히 위험하다. 그를 위해 가족 및 족인族人이 대신 복수해야 하는 의무가 생겨나기 때문이다. 족인은 형제자매 간에 모욕당하는 일이 없도록 서로 도와야 한다고 여겼을 뿐 아니라, 개인이 상해를 입으면 족인 전체가 상해를 입는 것으로 받아들였기 때문에 한 개인의 원수는 족인 전체의 원수와 같았다. 따라서 그 책임은 연합으로 확장되고, 연합된 힘으로 보복의 방법을 찾아야 마땅했다. 특히 누군가 타인에 의해 살해되거나 중상을 입고 죽었다면 복수의 책임은 온전히 죽은 자의 족인에게 남겨져 회피하거나 거부할 수 없었다. 복수는 일종의 신성한 의무였다고 할 수 있다.330

복수의 관습이 있는 사회에서 그 복수의 대상은 원수만으로 제한되지 않았다. 즉 원수의 족인에 해당하는 다른 자에게 보복하는 것도 원수에 대한 복수와 같은 것으로 여겼다. 가족이 사회적 단위가 되고 개인이 가족에 완전히 예속된 시대에는 갑이 을을 죽인 것이 아니라 어떤 집 또는 족인이 우리 집 또는 족인을 상해한 행위로 받아들였을 것이다. 따라서 이에 저항하여 복수하는 행위는 족 전체의 연대 책임으로, 모든 족인은 자신과 족인을 지키기 위해 싸웠다. 이때 갑의 족인이 을의 족인을 상해하여 족인들의 분노를 불러일으키고 화를 초래하는 상황의 옳고 그름에 대해서는 묻지 않았다. 이로 인해 집과 집, 족과 족 사이에 무기가 동원되는 대규모의 싸움이 자주 연출되었다.

하지만 어떤 사회에서는 이와 같이 복수의 대상이 불분명하거나 광범위하지 않았다. 즉 '이에는 이, 눈에는 눈'이라는 방식을 취하여, 네가 나의 형제를 죽이면 나도 너의 형제를 죽이고, 네가 아버지를 잃는 외로움과 고통을 안겨주었다면 나도 너에게 똑같이 외로움과 고통을 돌려주겠다는 식이었다. 그렇게 하는 목적은 원수에게 똑같은 고통과 손실을 입힘으로써 상대가 나에게 다시 상해를 입히지 않게 하는 데 있다.[331] 그것은 맹자가 "남의 아버지를 죽이면 남도 나의 아버지를 죽이고, 남의 형을 죽이면 남도 나의 형을 죽인다"[332]라고 말한 상황과 같다.

한편 복수의 대상이 지극히 엄격한 사회도 있었다. 복수하려는 자가 원수 당사자를 대상으로 삼았다면 그는 원수와 마주칠 때까지 인내하며 복수할 기회를 기다린다. 아메리카 인디언 중에서 코만치Commanche족이 그랬고,[333] 중국의 복수 관념 또한 그랬다. 그리하여 중국에서는 원수를 피하는 방법이 있었다. 그를 피하기만 하면 피를 흘리는 참극의 상황을 맞지 않을 수 있고, 자신의 가족도 재앙을 면할 수 있기 때문이다. 또 많은 사회에서는 직접적인 보복을 원칙으로 하되, 원수를 찾지 못했다면 어쩔 수 없이 원수와 가장 가까운 친족으로 그를 대신했다.[334]

이렇게 범죄자나 악을 행한 자를 무고한 자와 구별하는 관념은 진보된 것으로, 스타인메츠Steinmetz는 연구를 통해 목표 없는 복수가 목표와 변별이 있는 복수보다 더욱 원시적임을 밝혀낸 바 있다. 인류는 지능이 발달하면서 악행을 막는 가장 좋은 방법은 악을 행한 자를 응징하는 것임을 발견했고, 이에 따라 복수는 1기에서 2기로 진입하게 되었다는 게 그의 견해다.[335] 하틀랜드Hartland 또한 먼 옛날에는 죄를 저지른 종족의 모든 부락 구성원이 복수의 대상이 되었지만 문명이 진화하면서부터는 복수의 대상이 점차 제한되었다고 했다. 즉 여성과 어린아이는 제외되었고, 종족과 부락이 쇠락한 후에는 범죄자 본인과 그와 가장 가까운 친족만이 그 책임을 졌고, 아울러 가장 가까운 친족만이 복수의 책임도 졌다.[336]

그러나 구별이 있는 복수라 할지라도 원수의 친족이 책임을 완전히 면할 수는 없었다. 그 반대로 깊은 원한 때문에 복수가 연좌되기도 했다. 즉 원수를 죽인 뒤에도 만족하지 못하여 종종 원수의 친족까지 모조리 죽임으로써 한을 풀고 떠나곤 했다. 예를 들어 오스트레일리아의 쿠르나이Kurnai 족이 그러했다. 이들은 원수의 죽음만으로 분이 풀리지 않아 원수의 집단 전체를 살육하려 했다.[337] 브라질 인디언도 원수뿐 아니라 원수의 가족들까지 복수의 대상에 포함시켰다.[338] 그린Green족은 원수의 집안뿐만 아니라 그 가축조차 목숨을 부지할 수 없었다.[339] 중국에도 그러한 종류의 예가 적지 않다. 심충沈充이 오유吳儒의 손에 살해되었는데, 죽기 직전 심충은 오유에게 "네가 큰 의로 나를 보전해주면 우리 종족은 후하게 보답하겠지만 반드시 나를 죽이겠다면 너희 종족을 멸할 것이다." 그 후 심충의 아들 경勁이 오씨를 멸족시켰다.[340] 또 심임자沈林子의 아버지가 심예沈預에 의해 살해되자, 임자와 형은 심예 집안의 남녀노소를 모두 도살했다.[341]

공정함에 관한 정치적 역량이 결핍된 사회에서는 개인이 독자적으로 배상받으려는 행위가 허용되었고, 이는 이상한 일이 아니었다. 비노그라도프 Vinogradoff는 고대 사회와 고대 법률에서 '자조自助'가 광범위하게 응용되었음을 논했다.[342] 롭슨Robson은 원시 사회에서 재판의 기능은 법률을 선고하는 것이었을 뿐 판결을 집행할 만한 역량이 없었으며, 그런 상황에서 배상받을 수 있는 유일한 정상적인 방법은 자조였다고 했다.[343] 국가의 권력이 발전한 뒤에야 비로소 자조는 제한되었고, 국가는 사법을 독점하기 시작했다. 로마, 영국, 프랑스의 법률이 모두 일찍이 그와 같았다.[344] 중국 또한 이 측면에서 예외가 아니었다. 상고 시대의 문헌을 보면 복수를 허용하는 기록이 있고, 법률 제도가 어느 정도 정비되었을 때 스스로 원한을 해소하는 방식이 금지되었음을 발견할 수 있다. 그럼에도 끊임없이 복수 사건이 발생한 것을 보면 상고 시대의 유풍이 남아 있었음을 알 수 있고, 한동안 그러한 기풍이 지속되었음을 미루어 알 수 있다.

다른 사회에서는 복수의 책임이 친족을 넘어서지 않지만 중국에서는 그것으로 끝나지 않았다. 이는 중국적인 관습을 보여주는 하나의 특성으로 주목된다. 중국의 사회적 관계는 '오륜五倫'을 바탕으로 하기 때문에 복수의 책임 범위 또한 오륜을 기준으로 삼았다. 즉 친구 또한 복수의 범위에 포함되었다. 한나라 때의 동자장童子張은 아버지와 숙부의 원수를 갚지 못하고 병들어 죽게 되자 원한의 눈물을 흘렸다. 그러자 그의 친구인 질운郅惲이 그 마음을 헤아려 원수의 머리를 베어와 보여주었고, 동자장은 그 모습을 확인한 뒤에 숨을 거두었다.[345] 친구의 원수는 좌시할 수 없는 대상이었다.

아울러 중국인의 사회관계는 친소에 따라 차등이 있었기 때문에 복수의 책임에도 경중이 있었다. 오륜 가운데 군주와 아버지가 가장 가깝고 가장 존귀한 만큼 그 책임 또한 가장 무거웠다. 아버지의 원수로 말할 것 같으면 같은 하늘 아래 살 수 없는 대상으로서, 자식은 볏짚방석에 누워 흙덩이를 베개 삼으면서 복수를 다짐했다. 원수에 대한 복수 외에 다른 모든 일은 한 구석에 밀어두었고 벼슬할 뜻도 접었다.[346] 형제나 종형제의 원수 또는 친구의 원수에 이르기까지 관계의 원근에 따라 복수의 경중과 완급 또한 다르고 차등적이었다.[347]

『주례周禮』에는 복수에 관한 갖가지 경우가 규정되어 있다. 즉 법으로 정해진 복수 절차가 있고 그에 관한 사무를 전담하는 관리도 있으며, 옥사를 처리하는 조사처朝士處에 먼저 가서 원수의 이름을 등록하면 원수를 죽여도 무죄를 받을 수 있었다.[348] 또 다툼을 중재하는 조인調人이라는 관직도 있어 원수가 서로 화해하도록 조정하는 일을 전담했다. 나아가 복수를 한 차례로 제한함으로써 거듭되는 복수 행위를 허용하지 않았다.³⁴⁹

전국 시대에 이르자 복수하는 풍조가 극심했다. 유협 사회에서는 남을 위해 복수하는 자객도 있었다. 맹자는 이렇게 말했다. "나는 이제야 다른 사람의 부모를 죽이는 것이 심각한 일임을 알겠다. 남의 아버지를 죽이면 남도 나의 아버지를 죽이고, 남의 형을 죽이면 남도 나의 형을 죽인다. 그러면 내가 죽인 것은 아니지만, 그것은 한끝 차이일 뿐이다."³⁵⁰ 원수를 갚는 일들을 직접 본 맹자는 몸서리치게 놀라 개탄하면서 이렇게 말했다. 이를 통해 보면 선진先秦 시대에 복수가 자유로웠음은 신뢰할 수 있는 사실이다.

법률 기관이 발달하면서 국가가 생살여탈권을 쥐게 되었고 개인은 더 이상 멋대로 살인할 수 없게 되었다. 이제 살인은 범죄 행위로서 국가의 제재를 받게 된 것이다. 그런 상황에서 복수는 자연히 국법에 어긋난 행위로 취급되었고 점차 금지되었다. 아마도 기원전 1세기에 법적으로 그러한 노력이 시작되었던 것 같다. 환담桓譚은 건무建武 초년에 올린 상소에서 다음과 같이 말했다.³⁵¹ "지금 사람들이 서로 살상하면 비록 사형 집행을 받는다 해도 사사로운 원한이 생겨나 자손들이 서로 보복할 테니, 후대의 분노가 전대보다 깊어지고 가문의 사업은 망하게 된다. (…) 지금 옛 법령을 자세히 밝히려 한다."³⁵² 이를 보면 적어도 전한 말년에 복수를 금지하는 법령이 있었고, 환담은 앞선 법령을 다시 자세히 밝혀 악습이 자라나는 것을 막고자 했음을 알 수 있다. 최근 정수덕程樹德은 왕포王褒의 『동약僮約』을 인용하여 한의 법률이 복수를 허용했음을 논증하려 했는데,³⁵³ 사실 "한나라 때에 원수를 갚는 것을 금하지 않았다"는 말은 후대 사람이 주석을 단 것이며 『동약』의 원문이 아니므로 근거로 삼기에 부족하다. 1세기에 법적으로 복수를 금하려는 시도는 더욱 늘어나 결실이 있었다. 구여옥緱女玉이 아버지를 위해 복수하자 현령은 사형으로 논죄하고자 했으나 나중에 신도반申屠蟠이 간언하여 사형을 면했다.[354] 조아趙娥의 이야기에는 더욱 분명하게 나타나 있다. 그녀는 아버지의 원수를 살해한 후 현縣으로 가서 자수했다. 그런데 녹복祿福의 장관이었던 윤가尹嘉는 그녀를 불쌍히 여겨 풀어주고 자신도 관직을 버리고 도주하려 했다. 그러자 그녀는 거부하며 이렇게 말했다. "원한이 쌓여 죽는 것은 소첩의 분명한 본분이고 죄에 대하여 옥사를 처리하는 것은 그대의 영원한 도리입니다. 어찌 감히 목숨을 구걸해 공법公法을 흔들겠습니까?"[355] 그때 관청 안에는 구경하는 사람이 많아 군수와 군위는 대놓고 그녀를 석방할 수 없었다. 그래서 그녀에게 스스로 몸을 숨겨 피하라는 뜻을 표했다. 그러나 그녀는 여전히 거부하며 큰소리로 말했다. "법을 흔들며 도망하는 것은 소첩의 본심이 아닙니다. 지금 원한을 갚았으니 죽는 것은 소첩의 본분입니다. 바라옵건대 법에 따라 처리하여 나라의 체통을 온전히 하시옵소서. 설사 만 번을 다시 죽는다고 해도 아친娥親(아娥를 아친娥親이라고도 했다)은 여한이 없습니다. 감히 목숨을 탐해 조정의 부담이 될 수는 없습니다." 군위가 집행에 나서지 않자 그녀는 또 말했다. "필부인 제가 비록 미천하지만 법제에 대해서는 압니다. 사람을 죽인 죄는 법이 놓아줄 바가 아닙니다. 지금 그 죄를 범했으니 저는 도망할 수 없습니다. 바라옵건대 형벌에 따라 죽이고 저잣거리에 몸을 내걸어 왕의 법을 엄숙히 밝히십시오."[356] 이는 당시의 법률이 복수 행위를 절대로 허용하지 않았음을 분명히 증명한다. 그렇기 때문에 군수와 군위로서는 관직을 버리고 범인과 함께 도망하는 것 외에 그녀를 구할 다른 방법이 없었던 것이다. 조아의 발언은 당시 살인에 대한 법률 제재가 어떤 것이었는지, 그리고 복수도 예외일 수 없었다는 점을 더욱 잘 드러낸다. 구여옥의 사건은 안제安帝, 순제順帝 때의 일이고[357] 조아의 사건은 영제靈帝 광화光和 2년의 일이니,[358] 적어도 2세기(후한 말기)에는 국가에서 복수를 허용하지 않았음이 확실하다. 경모법輕侮法 혈족을 대신한 복수에 대해 감형으로 처결하는 법이 나온 것은 복수를 금지하는 법령이 반포된 이후였지만, 오래 지나지 않은 화제和帝 때에 장민張敏이 "죽이고 살리는 결정은 위에서 하달되어야지" "서로 죽이는 길이 열려서는 안 된다"고 건의하여 결국은 폐지되었다.[359]

　그러나 복수의 관습은 사람들 사이에 깊숙이 자리 잡은 것이었기 때문에 일시에 근절되기는 어려웠다. 여러 차례 명하고 훈계했지만 이 관습은 여전히 이어졌다. 일찍이 환담이 그랬을 뿐 아니라 이후에도 역대 왕조에서 이 일로 조서를 반포해 누차에 걸쳐 엄금했다. 조조曹操,[360] 위魏 문제文帝, 원위元魏 세조世祖, 양梁 무제武帝[361] 등이 모두 복수를 금지했다. 위魏의 법률은 복수에 대한 처벌이 무거워 일족을 처결하는 지경에 이르렀고,[362] 원위元魏의 제도는 더욱 준엄하여 복수한 자의 일족을 처결했을 뿐 아니라 그 일을 도운 이웃 또한 같은 죄로 다스렸다.[363] 북주北周 시대의 법률 역시 복수한 자는 사형에 처했다.[364]

　당·송 이후의 법률에서는 일관되게 복수를 금했다. 당의 법률에는 복수에 대한 규정은 없으나 복수를 공모하여 죽인 사건을 판결한 내용이 있다. 송의 법률 또한 마찬가지였다.[365] 하지만 이와 함께 규정 하나를 덧붙였으니, 자손 가운데 복수한 자에 대해서는 관리가 공문을 갖추어 상주해 칙령에 의해 재가된 것을 취하도록 했다.[366] 이는 법적으로는 복수할 권리를 인정하지 않으면서도 특수한 상황을 고려하고 예와 법을 더불어 살피는 탄력성을 적용한 것이다. 그러다가 원의 법률에 이르러서야 비로소 복수에 관한 규정이 생겨났다. 아버지가 타인에게 살해되었을 때 자식이 원수를 때려죽이더라도 그 책임을 묻지 않기로 한 것이다. 또한 아버지를 죽인 집에서는 장례비용 50냥을 내야 했다.[367] 명·청의 법률은 원의 법률에 근거하되 약간의 변화를 주었다. 즉 조부모나 부모가 누군가에게 살해되었을 때 통분에 찬 자손이 즉각 흉악범을 죽였다면 죄를 면할 수 있었다. 그러나 그 이후에 다시 또 죽이는 일이 벌어진다면 이 법률은 적용될 수 없으며 반드시 장 60대에 처했다.368

이상으로 원나라 때를 제외한 후한後漢 이래의 법률은 모두 백성의 사사로운 복수를 금했음을 알 수 있었다. 법적으로 공통된 추세는 생살여탈권이 군주 권력에 의해 장악되어 있었다는 것으로, 억울한 사정이 있는 경우 반드시 정부에게 설욕해줄 것을 요청해야만 했다. 위·명·청의 법률은 다소 관대했으나 완전히 멋대로 하도록 놔둔 것은 아니었으며, 백성이 서로 살해하는 행위를 허용하지도 않았다. 원칙적으로 죽어 마땅한 죄를 지은 흉악범이라도 관에 고하여 죄를 다스려야지 멋대로 죽여서는 안 되었다. 다만 위의 법률에서는 죄상이 폭로되어 죽어 마땅한 자에 한해서만 피해자의 자제가 죽이는 행위를 허용했다.369 청의 법률에서는 흉악범이 관아에 이르지 않고 달아나다가 피해자의 자손과 마주쳤다고 하더라도 그를 관아로 데려가 법으로 징벌해줄 것을 청할 수 있을 뿐 임의로 원수를 죽일 수 없었다. 이 경우 죽어 마땅한 죄인을 멋대로 죽인 법률에 따라 장 100대에 처했다.370 또 이미 국법에 따라 제재를 받은 흉악범의 경우에는 백성에 의해 재차 보복되는 것이 허용되지 않았다. 이는 어떤 사회든 사법이 효력을 얻고 위신을 유지하기 위해 필수적으로 갖추어야 하는 조건이다. 그래서 위의 법률에서는 사면한 죄인에 대해 복수하는 것을 금했다.371 청의 법률에서는 흉악범이 감형되어 유배되었다가 고향으로 돌아왔는데 피해자 자손이 그를 살해하면 장 100대에 3000리 밖으로 유배를 보냈다. 본 범죄자가 목숨으로 대가를 치르려다가 선례에 따라 감형되어 군대 유배로 죗값을 치른 후 사면되어 돌아왔다면 이미 국법이 원한을 풀어준 것이므로 원수라 할 수 없는 것이다. 따라서 피해자의 자손이 불만을 품고 살해했다면 고의 살해죄가 되므로 사형 집행유예로 판결, 영원히 감금했다.[372]

이 규정은 사사로운 복수 행위를 통쾌히 여기는 심리를 국법으로 바로잡으려 했다는 점을 잘 보여준다. 주권의 측면에서 논하자면 사람을 죽일 권한을 국법으로 제한한 것이다. 흉악범은 국법의 제재만을 받을 수 있을 뿐이며, 그 제재의 공평성 여부와는 관계없이 백성은 법률의 효력을 부정할 수 없었다. 즉 법의 판결에 불만을 품고 스스로 보상을 받으려 해서는 안 되었다. 심만량沈萬良이라는 이가 이미 법률에 따라 유배형을 받은 아버지의 원수를 살해한 사건에 대해 청 고종高宗이 반포한 조서에 그 이치가 분명히 설명되어 있다. "(…) 살리고 죽이는 것은 모두 마땅히 판결문에 근거해야 한다. 어찌 불만을 품은 무리가 사사로이 보복할 수가 있는가? 하물며 국법으로 이미 분명히 드러냈다면 사사로운 원한은 이미 풀린 것이어서 원수를 살해하는 일은 결코 일으켜서는 안 되니, 명백히 훈시했다. 아버지가 비명횡사했는데 흉악범이 법망을 빠져나가 억울함을 풀 길이 없어서 그 자손이 복수한 것이라면 정상을 참작할 만한 것이 있겠다. (…) 흉악범이 이미 죄를 인정하여 사건이 종결되었다면 국법에 의해 이미 원한이 풀린 것인데 (…) 자손이 다시 흉포함을 드러내 살해한다면 고의 살인죄에 따라 심문하고 죄를 판결해야 한다. (…) 그러지 않는다면 무엇으로 중지시킨단 말인가? 어찌 살인으로 살인을 중지시킬 수 있겠는가?"[373]

법적으로 복수를 적극 제재하는 것 외에, 원수와 마주치지 않도록 거주지를 옮기게 하는 소극적인 방법도 있었다. 이는 복수극이 벌어지지 않도록 방지하는 것으로, 복수를 막으려는 법적인 규정이 면밀했다고 하겠다. 거주지를 옮기는 방식은 오랜 근원을 갖고 있다. 멀리로는 사회적 복수를 고무하던 상고 시대에도 이러한 관습이 있었다. 아버지와 형제의 원수는 모두 멀리 피신해야 했으며, 거부하면 강제로 집행했다. 이는 백성 사이의 다툼을 조정하는 조인調人의 직무였다.[374] 후대의 법률은 이러한 관습을 모방하여 죄인이 사면된 경우 거주지를 옮기게 하는 방법을 취했다. 흉악범이 목숨으로 대가를 치렀다면 국법이 이미 원한을 풀어준 셈이지만 사면의 기회가 허용된 경우 피해자 가족이 불만을 품고 적대敵對하지 못하도록 이 법을 제정한 것이다.

유송劉宋 때 시어머니가 며느리를 살해했다가 사면된 일이 있었다. 법률에 따르면 살인을 저지른 시어머니와 그 남편은 2000리 밖으로 이사를 해야 했다. 이에 조정 신하들은 조부모와 손주가 서로 적대를 할 것인지를 놓고 토론했다. 부융傅隆이 말했다. "손주로서는 마음이 아프고 상처가 깊겠지만 조부모에 복수할 뜻은 없을 것입니다. 손주가 조모를 죽이려 한다면 조모는 자기 아들을 어떻게 하겠습니까? 아버지와 아들, 할머니와 손주가 서로 도륙하는 것은 선왕이 법을 밝히고 고요께서 법을 세우신 본뜻이 아닙니다. (…) 조모가 이미 유배로 이사를 했으니 손주의 아버지는 자식으로서 어찌 따르지 않을 수 있겠습니까? 아버지가 따르는데 손주가 지키지 않는 것이 어찌 명교에서 허용하는 바겠습니까? 이와 같이 조모와 손주는 결국은 분리될 수 없습니다. 조모는 평생토록 내적으로 부끄러워하고 손주는 마땅히 종신토록 침통해하겠지만 손주와 조모 사이의 의는 영원히 끊어지지 않는 것이 본래 사리입니다."[375]

당·송 때에 사람을 죽이면 마땅히 죽어야 했으나 사면된 경우, 살인자 집안에 기년복 이상의 친족이 있으면 1000리 밖으로 이사하도록 법률로 정했다. 그 이유는 사망한 자의 권속들이 가만있지 않을 것을 고려한 것으로, 기년복을 입는 친족이 아니라면 고향을 떠나 원수를 피할 필요는 없었다.[376] 한편 명·청 법률에는 살인을 저지른 자에게 고향을 떠나게 하는 조문은 없었으나, 청대의 조문에 흉악범이 석방된 경우 피해자의 자손이 사사로이 틈을 노려 적대해서는 안 된다는 규정은 있었다. 고향을 떠나게 하는 것과 적대하지 말라는 규정의 목적은 궁극적으로 같다. 하나는 틈을 노려 적대할 기회를 없게 한 것이고, 다른 하나는 이미 국법의 제재를 받은 자에 대한 적대 행위를 법률의 힘으로 막은 것이니, 소극적인 방식에서 적극적인 방식으로 이행하면서 법의 힘이 증진됨을 알 수 있다.

비록 엄격히 제재를 가하기는 했으나 사사로이 복수하는 기풍이 여전히 성행했음에 유의해야 한다. 역사에 그러한 일은 부단히 나타나는데, 많은 경우 사람들은 형벌을 받을지언정 죽음이 두려워 복수를 포기하는 불효를 짓지 않으려 했다. 한나라 때에 복수하는 일을 "세속에서는 호방하고 굳세다고 칭송했으니 비록 겁 많고 유약할지라도 억지로 그렇게 했다."[377] 심지어 부모나 조부모가 국법에 의해 베어졌다 하더라도 자손들은 옳고 그름이나 세력을 생각하지 않고 보복할 궁리를 했다. 그래서 『춘추공양전春秋公羊傳』에서는 처음으로 "아버지의 죄가 베어질 죄가 아닌데도 베어지면 아들은 복수하면 된다"[378]는 구호를 내세웠다. 한나라 때 해곡海曲 현 여모呂母의 아들은 일개 현의 하급 관리로 사소한 죄를 지었다. 그를 논죄할 때 재宰가 사형을 결정했다. 이에 여모가 재에게 원한을 품고 재산을 다 털어 젊은이들과 친교를 맺었다. 젊은이들은 그의 복수를 도모하여 수십 명에서 수백 명을 모집했다. 여모는 스스로 장군이라 칭하고, 해곡 현을 쳐부수고 재를 붙잡아 죽여 자식의 묘에서 제사지냈다.[379] 후한 말기 건안建安 연간에 태수 서읍徐揖이 군郡의 대호족 황씨黃氏를 베었을 때 황앙黃昂은 교외에서 10여 명을 모집해 서읍을 공격했다. 성은 함락되고 서읍은 죽었다.[380]

당시 일반인들은 심리적으로 원수를 직접 찔러 죽이는 것을 통쾌하게 여겼다. 국법이 미치지 못하는 경우에 반드시 보복하겠다고 맹세했을 뿐 아니라 원수가 자수했다고 하더라도 달가워하지 않았다. 비장하고 격앙에 찬 많은 이야기는 직접 원수를 죽여 머리나 심장, 간으로 영령에 제사를 지내며 통곡한다는 줄거리로 엮여 있다. 환온桓溫은 직접 아버지의 원수를 찔러 죽여 당시에 명성이 자자했다.[381] 한기韓曁,[382] 심임자沈林子,[383] 장경인張景仁[384]은 아버지를 대신해 복수하고 원수의 머리를 아버지의 무덤에 바쳐 제사지냈다. 한기는 이로 인해 이름이 알려져 효렴孝廉에 추대되었으나 여러 차례 거부해 나아가지 않았다. 조충趙充[385]과 왕군조王君操는 직접 원수를 찔러 죽여 그 심장과 간을 먹었다. 엄세번嚴世蕃은 왕사현王思賢을 살해한 후 형벌을 받게 되었는데, 세정世貞 형제는 그 몸 일부를 되찾아와 익혀 아버지의 영령에 바치고 크게 통곡하고 함께 나누어 먹었다.[386] 평소 바람에도 쓰러질 것처럼 허약하고 닭을 잡는 것도 못 보던 문약한 서생이나, 집 밖으로 나선 적이 없던 나약한 여자라 하더라도 그런 상황에서는 비분강개하고 용기백배하여 복수를 타인의 손에 맡기려 하지 않았다. 『열자列子』에 따르면 흑묘黑卯가 구병장丘邴章을 죽이자 구병장의 아들 구래단丘來丹이 복수를 시도했다. 그러나 흑묘는 많은 사람의 공격을 막아내어 몸에 칼과 화살을 맞았으나 아무 손상이 없었고 오히려 칼과 화살이 부러졌다. 몸이 극도로 허약했던 구래단은 원통했으나 거병할 수도 없었고 타인의 손을 빌리는 것도 치욕스러워했다. 그러다가 공주孔周에게 조상 대대로 전하는 보검이 있다는 소식을 듣고 그 검을 구하러 갔다.[387] 조아趙娥의 아버지 조안趙安은 이수李壽의 손에 살해되었다. 조아의 세 형제와 함께 복수하려 했으나 이수는 아주 면밀하게 방비했다. 그런데 얼마 지나지 않아 형제 셋이 모두 역병으로 사망했다. 이수는 크게 기뻐하여 일족을 모아놓고 축하하면서 조씨에게는 약한 여자 하나만 남았으니 근심할 것이 없다고 했다. 조아는 비분강개하며 날카로운 칼 한 자루를 사서 복수할 때를 노렸다.

이수는 조아가 복수를 준비한다는 말을 듣고는 말을 타고 칼을 차고 더욱 방비했다. 이수는 본디 사람됨이 사나워서 사람들이 그를 두려워했다. 조아의 이웃 부녀자들은 그녀에게 이렇게 말했다. "저렇게 흉악한 남자와 어떻게 맞서겠니? 복수할 생각일랑은 단념하는 게 낫다." 그러자 조아는 이렇게 말했다. "부모의 원수하고는 같은 하늘 아래에서 살 수 없는 법입니다. 이수가 죽지 않았으니 제가 세상에서 구차하게 목숨을 보존한들 뭘 바라겠습니까? 지금 세 동생이 모두 죽어 가문의 대마저 끊어졌지만 제가 아직 살아 있으니 어찌 타인의 손을 빌리겠습니까?" 그러고는 매일 밤 칼을 갈았다. 주먹을 불끈 쥐고 이를 갈며 슬피 울고 길게 탄식했다. 그녀의 집안사람들과 이웃들이 모두 그녀를 비웃자 그녀는 이렇게 말했다. "그대들이 나를 비웃는 것은 내가 약한 여자의 몸으로 이수를 죽일 수 없다고 생각해서일 것입니다. 하지만 나는 이수 목의 피를 이 칼에 묻혀 그대들에게 보여줄 것입니다." 이에 집안일을 팽개치고 (당시 그녀는 이미 시집을 갔으며 어린 아들이 하나 있었다) 매일 작은 수레를 타고 다니며 기회를 넘봤다. 그러던 어느 날 도정 都亭에서 드디어 이수와 마주쳤다. 그녀는 수레에서 내려 이수의 말을 붙잡고 크게 소리쳤다. 이수가 깜짝 놀라 말을 돌리려 하자, 조아는 칼로 말을 힘껏 베어 상해를 입혔다. 말이 놀라는 바람에 이수는 길가의 도랑에 굴러 떨어졌다. 그녀는 칼을 휘둘렀으나 칼이 나무에 걸렸고, 힘을 너무 주는 바람에 칼이 부러지고 말았다. 이수는 이미 부상을 당한 상태였고, 그녀는 그가 몸에 지니고 있던 칼을 빼앗으려 했다. 이수는 칼을 지키면서 눈을 부릅떠 소리치고는 일어났다. 그러자 그녀는 그에게 달려들어 손으로 그의 목을 졸랐다. 이수는 버둥대다가 몸을 지탱하지 못하고 바닥에 쓰러졌다. 이에 그녀는 칼을 빼어 이수의 목을 베었고, 관리를 찾아가 자수했다.388 북위 때의 평원平原의 여성 손남옥孫男玉의 일 또한 비슷한 정신과 심리를 나타낸다. 그녀의 남편이 누군가에게 살해되자 원수를 뒤쫓아 붙잡았다. 손남 옥이 스스로 그를 죽이려 하자 동생이 말렸다. 그러나 듣지 않고 남옥은 이 렇게 말했다. "여인이 출가하면 지아비를 하늘로 여기니, 마땅히 몸소 설욕 해야지 어찌하여 남의 손을 빌리겠는가?" 하고는 결국 장杖으로 때려 죽였 다.[389]

이러한 사례들은 복수의 신념이 얼마나 뿌리 깊었는지를 보여준다. 이와 더불어 사회 역시 복수하는 사람을 동정하고 찬양했음을 알 수 있다. 지식 인의 견해를 포함한 여론 일반이 그랬을 뿐 아니라 사법적 책임을 지고 있 는 관리의 생각도 그러했다. 윤리적 관념과 법적 책임이 자주 모순된 상태 에 있었던 것이다. 그리고 결국은 효로써 다스림을 표방하는 황제로부터 용 서를 얻곤 했다. 한나라 때의 진공사陳公思는 태수의 속관인 오관연五官掾이 었고 왕자우王子祐는 병조의 속관인 병조행兵曹行이었다. 둘은 정자 아래에 서 회식을 했다. 그런데 왕자우는 예전에 진공사의 숙부였던 빈斌을 고문하 다가 죽인 바 있었다. 빈에게는 자식이 없었기 때문에 진공사는 오랫동안 숙부를 대신해 복수하려고 기회를 엿보던 참이었다. 결국 그는 왕자우를 때려죽인 뒤 관부에 가서 죽임을 청했다. 그러나 태수의 태부太傅였던 호광 원胡廣原은 그를 놓아주었다.[390] 방광防廣은 아버지를 대신해 복수를 하고 나서 옥에 갇혔다. 얼마 후 그의 어머니가 병환으로 돌아가시자 방광은 울 면서 먹지 않았다. 현령이었던 종리이鍾離異가 그를 불쌍히 여겨 어머니의 상례를 치를 수 있도록 그를 놓아주었다. 속관들이 앞을 다투어 말리자 종 리이는 "아랫사람까지 죄에 얽히지 않도록 하는 것이 내가 감당할 일이다" 라고 했다. 과연 방광은 일을 마치자 돌아와 옥에 들어갔다. 종리이가 이를 비밀리에 장계로 아뢰어 사형을 면할 수 있었다.[391]

조아의 이야기에서는 장관 윤가가 먼저 조아를 풀어주고 관아를 벗어나도록 한 뒤 관직을 버리려 했으나 조아가 이를 거부하여 강제로 귀가시켰다.[392] 이는 사법부 관리들이 효자나 열녀에 경도되어 있었음을 잘 보여준다. 한편 질운邦惲이라는 사람은 친구 대신 복수를 하고는 현청에 이르러 자수하며 말했다. "친구를 대신해 복수함은 소인의 사사로움이고, 법을 받들어 아부하지 않음은 그대의 의로움입니다. 그대에게 폐를 끼치고 사는 것은 신의 절개가 아닙니다." 그러고는 옥으로 향했다. 영윤이었던 선跣이 질운을 쫓아갔으나 붙잡지 못했다. 결국 스스로 옥 안에 들어간 질운이 나오려 하지 않자 선은 칼을 빼어 요구했다. "자네가 나를 따라 나오지 않으면 죽음으로써 마음을 밝히겠다." 질운은 어쩔 수 없이 나오고 말았다.[393] 이렇게 죽음으로써 요구하는 것은 관직을 버리고 도주하는 것보다 더욱 적극적이라 하겠다. 또 교원천橋元遷이 제나라의 국상國相으로 있을 때 어떤 군의 효자가 아버지를 대신해 복수를 하고 옥에 갇히게 되었는데, 교원천은 그의 효성스러움을 긍휼히 여겨 죄를 감해주려 했다. 그런데 현령이었던 노지路芝가 효자를 잔혹하게 학대하여 죽이고 말았다. 교원천은 효자를 저버렸다고 하고는 노지를 체포해 태형으로 죽여 효자의 원혼을 달래주었다.[394] 역사에서 이와 같이 극단적이고 불합리한 일은 드물었다. 그러나 복수가 널리 동정과 용서를 받지 않은 왕조는 없었다. 진晉나라 때의 왕담王談[395]과 송나라 때의 전연경錢延慶[396]은 아버지의 원수를 죽였지만 태수가 상주문을 올려 면죄가 허락되었다. 또 남제南齊 때 주겸지朱謙之의 아버지 소지昭之는 족인 주유방朱幼方의 등불에 타 죽었다. 당시에 주겸지는 어렸으므로 누나가 그것을 몰래 말해주었다. 훗날 그는 주유방을 죽이고 옥으로 가서 스스로 목을 매 자결을 시도했다. 그러자 주州 자사刺史의 보좌관인 별가別駕 공치규孔稚珪, 문서를 관장하는 기실記室 유연劉璉, 민정을 담당한 보좌관 사도좌서연司徒左西掾 장융張融 등이 자사刺史 예장왕豫章王에게 말했다. "예에 복수에 관한 표준을 열어 효의孝義의 정情을 펼치고 법으로 서로 죽이는 조목을 단정하여 임시방편적인 제도를 표명했습니다. 주겸지가 칼을 휘둘러 원한을 푼 것은 사적인 예를 보인 것이고, 목을 매 죽으려 한 것은 공법을 밝힌 것입니다. 지금 그를 죽이면 이 시대의 죄인이 될 것이고 용서해 살리면 공묘孔廟의 효자가 될 것입니다. 죄인 한 사람을 죽이는 것은 법령으로 인도하기에 부족하지만 효자 한 사람을 살리는 것은 실로 덕행을 넓히는 것입니다." 예장왕이 이를 세조世祖에게 말했고, 세조는 그 뜻을 훌륭히 여겨 주겸지의 죽을죄를 용서해주었으되, 다시 서로 보복할까 하여 주겸지를 조호曹虎를 따라 서쪽으로 보내도록 했다. 그러나 출발할 무렵 주유방의 아들인 주운朱惲이 진양문津陽門에서 엿보다가 주겸지를 죽였다. 그러자 주겸지의 형인 주선지朱選之 또한 주운을 찔러 죽였다. 관리가 이것을 아뢰자 무제武帝는 "이 모두 의로운 일이니 심문하지 말라"고 하여 모두 사면되었다.397 또 원위元魏 때에 손남옥孫男玉은 관리에 의해 사형에 처해졌으나 현조顯祖는 조서에서 "남옥은 절개를 무겁게 여기고 몸을 가볍게 여겨 의로움으로 법을 어겼으나, 인정에 따라 죄를 판정하면 의리상 용서할 만한 것이 있으므로 특별히 용서하라"고 했다.398 또 소년 손익덕孫益德은 어머니를 대신해 복수하고 빈소에서 울면서 현관縣官을 기다렸다. 그러자 고조高祖의 문명태후文明太后는 그의 나이가 어리지만 효도할 줄 아는데다 죄를 짓고 도망치지 않았다면서 특별히 사면해주었다.399 두숙비杜叔毗의 형 군석君錫이 소순蕭循의 중기실中記室 군사참모가 되자, 조책曹策 등이 질투해 모반을 꾀한다고 무고한 뒤 제멋대로 군석을 살해했다. 소순이 조책 등을 토벌해 붙잡고는 새벽에 목을 베었으나 조책은 사면해주었다. 소순은 주周에서 내려오고 조책은 장안에 이르렀다. 그러자 두숙비는 조석으로 눈물을 흘리며 조정을 향해 군석의 억울함을 호소했다. 조정에서는 사건이 결론나기 전에는 죄를 물을 수 없다고 했다. 숙비는 더욱 분개하여 복수하려 했으나 국법을 어겨 어머니까지 연루될까 걱정이었다. 어머니가 그의 걱정을 이해하고 그에게 이렇게 말했다. "네 형이 뜻밖에 참담한 화를 겪으니 뼛속까지 아프다. 조책이 아침에 죽는다면 나는 저녁에 죽어도 기쁠 것이다. 너는 어찌 주저하느냐?" 숙비가 어머니의 말을 듣고 더욱 격동되어 수도에서 조책을 죽였다. 그의 머리를 자르고 배를 갈랐으며 사지를 해체한 뒤, 숙비는 항복하여 죽여주기를 청했다. 주周 태조는 그 뜻을 훌륭하게 여겨 특별히 사면해줄 것을 명했다.[400] 수隋나라 때 왕자춘王子春이 종형從兄 장흔張忻과 형수에 의해 살해되었다. 자춘에게는 딸이 셋 있었는데, 그중 순舜이 가장 나이가 많았으나 당시에 겨우 7세였고 찬粲은 5세, 번璠은 2세였다. 모두 친척집에 기대어 살아갔다. 순은 속으로 복수할 마음을 품고 있었다. 자매들이 성장하자 친척이 순을 시집보내려고 했으나 따르지 않고 몰래 두 동생들에게 말했다. "우리에겐 남자 형제가 없어 아버지의 원수를 갚지 못했으니, 우리가 비록 여자이지만 어찌 살아갈 수 있겠는가? 나는 너희와 함께 보복하고 싶은데 너희의 뜻은 어떠한가?" 두 동생이 울면서 언니의 뜻을 따랐다. 그날 밤 자매는 각기 칼을 들고 담을 넘어서 장흔 부부를 죽이고 아버지의 묘에 아뢰었다. 그러고는 현으로 나아가 죄를 청하며 주모한 사실을 자수하니 주현에서는 결정하지 못했다. 이를 수 문제가 듣고 찬탄하며 그 죄를 특별히 용서해주었다.[401] 당나라 때 가賈씨의 아버지가 족인에 의해 살해되었는데, 그녀의 동생 강인强仁이 나이가 어려 가씨는 동생을 키우며 시집가지 않았다. 강인이 성장하여 원수를 죽이고 심장과 간을 취해 아버지의 무덤에서 제사를 지냈다. 이후 가씨는 강인을 자수하게 했고 관리는 극형으로 판결했다. 이에 그녀는 궐에 나아가 진술하며 동생 대신 죽기를 청했다. 그러자 고조高祖가 그녀를 불쌍히 여겨 가씨와 강인을 특별 사면해 사형을 면해주었고 그 집을 낙양으로 옮기도록 했다.[402] 효녀 위무기魏無忌는 아버지를 대신해 복수하고는 군郡에 나아가 죽여줄 것을 청했으나 당 태종은 그 효성과 절개를 가상히 여겨 특별히 죄를 사면했다.[403] 양열梁悅은 아버지를 대신해 복수하고 현으로 가서 죄를 청했다. 당 헌종이 말하기를 "복수로 살인하는 것에 대해서는 물론 일정한 법전이 있으나, 억울함을 풀고 죄를 청하며 죽음을 대수롭지 않게 여기고 스스로 관아로 오니 이는 천성에서 나온 것이라. 순절殉節에 뜻을 두어 본디 목숨을 구걸하고자 함이 없다. 예외적으로 특별히 사형에서 감해주는 법을 따르겠다" 하고는 장 100대로 판결하고 순주循州로 유배 보냈다.[404] 후당後唐 때 고휘高暉는 고향사람 왕감王感에게 살해되었다. 고휘의 아들 굉초宏超가 왕감을 죽인 뒤 원수의 머리를 가지고 최고 법원인 대리시大理寺에 이르러 자수하자 고의 살해에 따른 사형으로 논죄했다. 그러자 상서형부원외랑尚書刑部員外郎 이은몽李恩夢이 이렇게 말했다. "오늘날 이와 같은 효자가 있는데 극형에 처한다면 실로 커다란 은혜에 부합됨을 고려하지 않는 것이다." 이에 칙령을 받들어 사형에서 한 등급 감해주었다.[405] 송나라 사람 유옥劉玉의 아버지가 왕덕王德에게 맞아 죽었는데, 왕덕이 사면되자 유옥은 사사로이 왕덕을 죽여 아버지의 복수를 했다. 인종仁宗은 이를 의롭다고 하여 장형을 내리고 먼 곳으로 유배시켜 그 지역 호적에 편입시키고 그 지역 관리에 의해 관리되는 편관編管에 처했다. 원풍元豊 때에는 왕빈王贇이라는 자의 아버지가 타인에게 맞아 죽었다. 그때 왕빈은 나이가 어렸다. 장성하자 원수를 찔러 죽이고 머리와 사지를 잘라 아버지 무덤 앞에 제를 지냈다. 제사를 마친 후 그는 자수했고, 법률상 참형을 피할 수 없었다. 그런데 신종神宗은 그 정황이 긍휼히 여길 만하다고 하여 조칙을 내려 감형해주고 인주隣州로 유배를 보냈다.[406] 금金나라 때의 장금張錦은 아버지의 복수를 하고 자수했다. 법에 따르면 마땅히 사형이었지만 세종은 열사라 여겨 사형을 감해주는 것으로 논죄했다.[407] 명나라 때 소산蕭山의 어사御使 하순빈何舜賓이 국경 수비대로 좌천되었다가 돌아왔다. 그때 어사 추로鄒魯가 소산 현령으로 왔다. 하순빈과 추로는 본래 사이가 좋지 않았기 때문에 추로는 하순빈을 국경 수비대로 내쫓으려고 압박하다가 그를 모살했다. 그때 하순빈의 아들 하경何競은 아버지 벗의 집으로 피했다. 오래 지나지 않아 추로가 산서山西로 자리를 옮기게 되었는데, 이때 하경은 수십 명의 사람을 이끌고 길목을 지키고 있다가 그의 두 눈을 멀게 하고 사지를 부러뜨렸다. 추로가 이를 관아에 고하자 하경은 부친의 원한에 대해 진술한 뒤 격앙되어 죽여줄 것을 청했다. 법률에 따르면 본인이 속한 부현府縣의 장관을 모살한 짓은 참형의 죄에 해당되었다. 그러나 이 사건은 본디 부친을 죽인 원수에 대한 복수이고, 추로는 이미 자리를 옮겨 직접적으로 군림하는 장관이 아니었다. 이에 사형에서 유배형으로 감형시켜 이사 가도록 했다.[408] 이와 같이 사면을 받아 사형을 면한 종류의 복수 사건은 이루 다 소개할 수 없으며, 어느 시대에도 없었던 적이 없다. 오늘날의 예를 들자면 시검교施劍翹, 양유건楊維騫 형제가 특사를 받은 사건은 우리가 직접 보고 들은 바다.

극단적으로 효자를 긍휼히 여기고 숭배함으로써 죄를 가중하지 않았을 뿐 아니라 나아가 우대하고 표창하는 일까지 있었다. 신도반은 구여옥의 일에 대해 다음과 같이 간언했다. "구여옥의 절의節義는 부끄러움을 모르는 후손을 감동시킬 만하고 욕됨을 참는 자손을 고무시킬 만합니다. 정치가 깨끗하지 못했던 시대에도 여묘廬墓에 패를 세워주었거늘 밝은 귀를 지니셨는데 어찌 슬퍼하고 긍휼히 여기지 않겠습니까?"[409] 그의 말은 확실히 허언이 아니었다. 조아가 복수하고 자수하자 장관 윤가는 감동했으며 성 사람들 모두가 그녀를 구경하러 갔는데, 마을 사람들은 "그것 때문에 슬퍼하고 기뻐하며 감동하고 탄식했다."410 당시 복수한 효자는 사회 여론에 의해 널리 찬탄을 받고 흠모의 대상이 되었으며, 사면을 받은 후에는 막대한 영예와 찬사를 얻었다. 주군州郡에서는 이 일을 돌에 새겨 공덕을 드러내고411 벽에 상像을 그렸다.412 존귀하고 저명한 이들 중에 교류하고 싶어 하지 않은 이들이 없었으니, 태상太常 장화張奐은 찬탄하여 비단 한 묶음으로 예우했고413 황문시랑黃門侍郎 양관梁寬은 옛일을 회고하며 그들을 위해 전傳을 지었다.414 황보밀皇甫謐은 이렇게 말했다. "국내에서 그 이야기를 듣고 낯빛을 바꾸어 선함을 찬탄하고 그 의로움을 높이지 않은 이가 없다."415 한때 더없이 존숭되었다고 말할 수 있으리라. 양梁나라의 장경인張景仁이 자수한 일을 태수가 주州에 아뢰자 주둔지에 있던 간문제簡文帝는 칙령을 내려 칭찬했으며, 한 가구의 조세를 면제해주고 효행으로 표창했다.416 당 태종은 위무기의 효성과 절개를 가상히 여겨 수레를 내려서 옹주雍州로 이사하게 하고 논밭과 집을 하사했을 뿐만 아니라 주현州縣에서 예를 다해 시집을 보내주도록 했다.417 당시 사람들에게는 모두 위대한 시대의 위대한 일들이었다.

하지만 법률에 의거해 죄를 정하고 사면해주지 않는 경우도 있었다. 당나라 때의 장심소張審素는 수주嶲州의 도독이었는데, 누군가 그의 비리를 고변하여 감찰어사 양왕楊汪을 보내어 살피도록 했다. 그런데 양왕이 길에서 장심소의 무리에게 납치되었다. 그들은 이미 고변한 자를 죽였고 양왕에게 잘 상주하라고 위협했다. 그러나 구원병이 당도하여 장심소의 무리를 죽였다. 양왕은 장심소가 모반을 했으니 참형의 죄로 정하고 가산을 몰수해달라고 상주했다. 장심소의 두 아들 장황張瑝과 장수張琇는 나이가 어려 재 너머 유배의 죄로 확정되었다. 훗날 형제는 도망쳐 와서 복수할 기회를 엿보다가 양왕을 도성에서 죽인 뒤 부친의 억울함을 담은 상주문을 도끼에 붙였다. 도성의 모든 남녀는 나이 어린 두 아들이 효성스럽고 절개가 있으니 불쌍히 여겨 관용을 베풀어야 한다고 했다. 중서령中書令 장구령張九齡 또한 그들을 살려주고자 했다. 그러나 배요경裴耀卿과 이임보李林甫는 멋대로 복수한 행위는 국법을 어긴 것이라며 반대했다. 현종玄宗 또한 동의하여 장구령에게 이렇게 말했다. "복수는 예법에 허용되는 것이어야 하고 살인 역시 격률格律이 갖추어져 있다. 효자는 의로운 감정으로 목숨을 아끼지 않지만 국가에서 법을 세웠거늘 어찌 이를 용납할 수 있겠는가? 죽이면 복수의 뜻을 이루지만 사면하면 격률의 조문을 훼손하는 것이다. 그러나 거리에서 의론이 시끄러우니 알려주어야겠다." 이에 칙령을 내려 말했다. "근래에 선비들과 백성에게 의로운 말이 있는데, 부친을 대신해 복수한 것을 불쌍히 여기면서 본 죄의 판결이 억울하게 잘못되었다고 한다. 그러나 나라에서 법을 세운 뜻은 오랫동안 복수가 끊이지 않는 상황에서 사람들을 구제하고 살인이 멈추기를 기대하는 것이다. 그런데 각기 자식으로서의 뜻을 펼친다면 어느 누가 효를 따르는 자가 아니겠는가? 전전展轉하며 계속하면 서로 죽임을 어찌 멈출 수 있겠는가? 고요皐陶가 관리가 됨에 법은 반드시 시행되었다. 증삼이 살인을 해도 용서할 수 없다. 사형을 집행해 저자에 내걸지 못하니 의당 하남부河南府에 맡겨 사형에 처함을 알리라." 그러나 선비들과 백성은 장씨 형제를 불쌍히 여겨 애도문을 지어 거리에 붙였다. 또한 저자의 사람들은 돈을 모아 형제가 죽은 곳에 공동 우물을 만들었고, 그들을 장례 지냄에 양왕 집안사람들이 파헤칠까 하여 가짜 무덤을 여러 곳 만들었다.[418] 치당致堂 호인胡寅은 배요경, 이임보 및 현종의 조치가 부당하다고 비판했다.

복수는 사람의 지극한 감정으로, 그로 인해 신하나 자식의 대의를 세운다.

원수를 지고도 되갚지 않으면 인간의 도리는 절멸하고 천리天理는 사라지게 된다. 그래서 아버지의 원수와는 같은 하늘을 이고 살지 않으며, 군주의 원수는 아버지의 그것과 같이 여긴다고 했다. 장심소는 모반한 적이 없는데 거짓 고변되었고, 양왕은 명을 받고 조사하러 갔으나 거꾸로 보고하여 장심소가 참형으로 결정되었으니, 이는 양왕의 죄다. 장황과 장수가 부친의 억울한 사망에 분노하여 목숨을 아끼지 않고 보복한 뒤에 그 잘못을 형옥을 담당하는 사구司寇에게 고하지 않았으나, 그 뜻은 불쌍히 여길 만하다. 장구령이 용서하려 한 것도 이 때문이 아니겠는가? 그런데도 배요경과 이임보는 황제의 말씀에 항복했으니, 어찌 그렇게 어긋났던가? 법을 제정한 뜻은 물론 살인을 그치게 하고자 함이지만 자식의 도리가 펼쳐질 수 없는데 이 어찌 가능하겠는가? 게다가 증삼이 살인을 해도 용서할 수 없다고 했는데, 이는 살인을 저지른 자는 죽음으로 다스린다는 점만 알고 복수의 옳음은 알지 못한 것이다. 양왕이 이치에 맞지 않게 장심소를 죽이고 장황과 장수가 양왕을 죽였으니, 그 일들은 똑같은 것이다. 다만 사구를 통하지 않고 멋대로 죽이기는 했으나 그 뜻을 불쌍히 여긴다면 죽음을 면하고 유배 보내면 될 뿐이다. 그러나 곧장 죽인다면 이는 양씨 한 명으로 인해 장씨 세 명의 목숨을 잃은 것이니 어찌 편파적이라 하지 않겠는가?[419]

또한 당나라 때 여장안余長安이라는 자의 아버지와 숙부가 이금伊金에 의해 살해되었다. 당시 겨우 8세였던 여장안은 스스로 복수를 맹세했고 17세에 원수를 죽였다. 형법을 관장하는 대리大理가 사형으로 판결했다. 그러자 자사刺史 원석元錫이 상주하여 사형을 당할 자는 효자임을 알리고, 아버지가 억울하게 죽임을 당하면 자식은 복수해야 한다는 『공양전』의 의리를 인용하면서 백관이 모여 논의하기를 청했다. 당시에는 배박裴珀이 나라를 맡고 있었고 이용李廱이 사구였으나 결국 성사되지 못했다. 연로한 유자 설백고薛伯皐가 원석에게 보내는 서신에서 말하기를 "대사구는 속된 관리이고 권한을 쥔 자는 소생이니 여씨의 자식은 죽을 것이다"[20]라고 했다.

법률의 입장에서 논하자면, 살인은 저지되어야 하지만 원래 법적으로 복수에 대한 규정이 없으므로 복수에 대한 감면은 법 밖에서 인仁을 베푸는 예외적인 것이었다. 그럼에도 일반인, 특히 지식인들은 이러한 예외를 올바름으로 여겨 자주 찬탄했다. 도리어 예외로 삼지 않은 판결을 비난하기도 하고 교화에 방해되는 것이라 본보기로 삼을 가치가 없다고도 했다. 이를 통해 알 수 있는 것은 예禮와 율律의 충돌, 법률과 인정의 충돌이다. 그리고 사람들의 마음속에 깊이 박힌 복수주의를 깨뜨릴 수 없었다는 사실도 드러난다. 설백고와 치당 호인의 말은 이러한 견해를 드러내는 무수한 경우 중 한두 가지일 따름이다.

순열荀悅은 의義와 법法의 두 측면에서 복수를 그대로 두어야 할지 금해야 할지를 논했다.

혹자가 "복수는 옛 의로움인데 복수에 대해 되갚아도 되느냐"고 물었다. "불가하다"고 했다. "그렇다면 어찌해야 하느냐?"고 물었다. "그대로 둘 경우도 있고 금할 경우도 있으며, 살려줄 때도 있고 죽일 때도 있다. 의義로 만들고 법法으로 판단하니 이를 의와 법이 함께 확립된다고 말한다"고 했다. "무엇을 말하는 것인가?" "옛날 복수에 대한 판정에 따르면 부친의 원수는 천 리 밖 다른 주州로 피하게 했고, 형제의 원수는 백 리 밖 다른 군郡으로 피하게 했으며, 백숙부나 사촌형제의 원수는 백 리 밖 현縣으로 피하게 했다. 피하지 않은 경우 보복을 가한 자는 무죄였지만, 피했는데도 보복을 가한 자는 죽였다. 왕이 금하는 것을 범한 것은 죄이고 복수를 하는 것은 의이니, 의로 죄에 대해 보답함이라. 왕의 제도를 따름은 순종함이고 제도를 범함은 거스름이니, 거스르면 죽이고 순종하면 살린다. 모든 공공의 명령으로 금한 행동을 하지 않으면 멀리 피하지 않아도 된다."[421]

한유韓愈 또한 비슷한 입장에서 복수를 논의했는데, 예와 법을 헤아려 둘을 훼손시키지 않기를 기대했다.

이달 5일의 칙령을 삼가 받듭니다. "복수는 예禮에 관한 경전에 따르면 같은 하늘 아래 살지 않는 것이 의義이지만 법령에서 찾아보면 살인자는 죽인다고 되어 있다. 예와 법, 두 가지는 모두 왕의 가르침의 단서이니, 이러한 차이점과 공통점에 대해서는 반드시 논변해야 한다. 의당 상서성 장관인 도성都省으로 하여금 상주한 것을 함께 논의하도록 해야 할 것이다." 자식이 아버지의 원수에 대해 복수한 내용은 『춘추』 『예기』 『주관周官』에도 있고 여러 자서子書와 사서史書에도 이루 헤아릴 수 없이 많지만, 그렇다고 논죄한 것은 없었습니다. 법률에 상세하게 적혀 있다면 가장 적합하겠지만 그러한 조목이 없는 것은 글귀가 빠진 것이 아닙니다. 아마도 복수를 허용하지 않으면 효자의 마음을 상하게 하고 선왕의 가르침에 어긋나며, 반대로 복수를 허용하면 사람들이 법에 따라 멋대로 죽일 테니, 그 싹을 없앨 수 없다고 생각해서였을 것입니다. 무릇 법률은 성인에 근본을 둔 것이지만 그것을 집행하는 자는 관리이니, 경經에서 밝히고 있는 것은 관리를 제어하는 것입니다. 경에서 재삼 당부하고 법률 조문에 깊이 담겨 있는 뜻은, 법률 담당 관리로 하여금 법에서 결단하게 하고 경을 연구하는 선비들은 경을 인용해 논의하게 하는 데 있습니다. 『주관』에 이르기를 "살인을 하되 의롭게 한 모든 자들에 대해서는 원수지지 말도록 하라. 원수지면 죽는다"라고 했습니다. 여기서 '의로움義'은

'적절함宜'입니다. 이는 사람을 죽였지만 적절함을 얻은 것이라면 자식이 복수할 수 있음을 밝힌 것입니다. 이것이 백성이 서로 원수지는 까닭입니다. 또 『공양전』에 이르기를 "아버지가 억울하게 베임을 당하면父不受誅 아들은 복수해도 된다"고 했습니다. '불수주不受誅'란 죄가 베임에 합당하지 않다는 뜻입니다. 또 『주관』에 이르기를 "복수하려는 것을 문서로 관원에게 알린다면 죽여도 무죄다"라고 했습니다. 이는 복수를 관원에게 먼저 말한다면 무죄라는 뜻입니다. 지금 폐하께서 법령 제도에 뜻을 드리우시어 정해진 제도를 확립할 것을 생각하시고, 관리가 수호할 것을 아끼시며, 효자의 마음을 불쌍히 여기시고, 독단적으로 행하지 않음을 나타내시어 여러 신하에게 자문하셨습니다. 제 생각에 복수의 이름은 똑같지만 그 일은 각기 다르니, 오늘날 『주관』에서 말하는 것과 같이 백성이 서로 원수지는 경우는 행할 수 있고, 『공양전』에서 말하는 것과 같이 관리에 의해 베이는 경우는 오늘날에 행할 수 없습니다. 또 『주관』에서 말하는 자식이 복수함에 먼저 관원에게 고하면 무죄라고는 하지만, 유약한 고아로서 미약하나마 적을 공격할 뜻을 품었다 하더라도 그 기회를 엿볼 뿐 관원에게 스스로 말하기 어렵고 당장 결단할 수도 없을 것입니다. 그러니 죽이고 사면하는 것은 일률적으로 볼 수 없고, 마땅히 다음과 같이 제정해야 할 것입니다. "아버지의 원수를 갚은 모든 사람에 대해 그 사건이 발생한 사유를 갖추어 아래로 상서성에서 논의를 모아 상주하면 그 적절함을 헤아려 처리한다"고 말입니다. 그렇게 하면 경전과 법률이 그 취지를 잃지 않을 것입니다.[422]

이치를 변별하는 과정의 모든 곤란함은 단일한 입장을 취하지 않으려는 데서 생겨나는데, 중국의 학자들은 법가를 제외하면 모두 예경禮經에 치우쳐 있어 복수의 도의道義를 부정하지 않으려 했다.

형사 사건에 대해 사사로이 합의하는 죄와 복수의 관계는 깊이 음미해볼 만하다. 복수를 논하는 이 절을 마치기에 앞서 사사로운 합의에 관한 규정을 통해 복수에 관한 법률의 관점과 조치를 살펴보고자 한다. 국법이 있는 한 자손은 임의로 사사로이 복수할 수 없지만, 아버지의 원수와는 같은 하늘을 이고 살 수 없다는 예경의 관념이 투철했다. 따라서 부모가 살해되었는데 자손이 관에 고하여 원한을 풀어줄 것을 요구하지 않고 사사로이 합의를 보려 하는 것은 사람 된 도리가 아니라고 여겼다. 법을 어기고 복수하더라도 효자의 마음을 잃지 않는 것은 윤리적으로 볼 때 결코 잘못이 아니다. 반면 사사로이 합의를 보는 것은 원수를 잊고 불효하는 것이다. 그러니까 전자는 정상을 참작할 만하고 사회적 찬사를 얻으며 법률 외적으로 용서와 감형을 받는다. 반면 후자는 효도에 크게 어긋나고 사회로부터 냉대를 받으며 법률로도 용납되지 않으니, 실로 사회와 법률 양쪽의 제재를 받는다. 한편 순수하게 법률의 입장에서 논하면 사사로이 합의하는 죄는 3년 만기형인 데 반해, 명·청의 법률에서 부모를 죽인 원수를 임의로 죽인 자는 장형에 처할 뿐이며 현장에서 곧장 죽이면 무죄일 수 있었다. 이를 통해 무엇을 더 중하게 여겼는지 알 수 있을 것이다.

친함의 등급이 가까울수록 사사로이 합의를 보는 죄는 더욱 무거웠다. 이에 대해서는 친족의 원수를 갚는 것에 대한 책임의 크고 작음도 함께 참고해야 한다. 친함의 등급이 가까울수록 복수의 책임이 더욱 크며, 사사로이 합의를 보는 죄는 더욱 무겁다. 법적으로 복수하는 행위를 장려하지는 않았지만 예경에서 말하는 복수주의의 영향에서 벗어날 수는 없었고, 이로 인해 입법의 정신 또한 곳곳에서 이 부분이 고려되고 있다. 당·송의 법률에서는 조부모나 부모가 살해되었는데 사사로이 합의하는 자는 2000리 밖으로 유배되었고, 기년복을 입는 친족 이하의 웃어른에 대해서는 복제가 점차 멀어질수록 복수의 책임은 가벼워지고 복수에 따른 죄 또한 경감되었다. 그래서 기년복을 입는 웃어른이 살해되었는데 아랫사람이 사사로이 합의하면 징역 2년 반형, 대공복을 입는 자는 2년형, 소공복을 입는 자는 1년 반형, 시마를 입는 자는 1년형에 처했다.[423] 명·청의 법률에도 유사한 규정이 있었다. 자손이 조부모나 부모의 원수와 사사로이 합의하는 경우 장 100대에 징역 3년형에 처했고, 기년복 친족의 원수에 대한 경우는 장 80대에 징역 1년형, 대공복 이하인 경우에는 차례로 한 등급씩 경감했다. 아랫사람이 피살되었는데 웃어른이 사사로이 합의하면 각기 복제에 따라 아랫사람이 죄를 지은 경우에서 한 등급씩 경감했다. 시마복을 입는 아랫사람의 원수와 사사로이 합의를 보면 장 90대, 소공복은 장 100대, 대공복은 장 60대 및 징역 1년형, 기년복은 장 70대 및 징역 1년 반형, 조부모나 부모가 자손 혹은 자손의 아내의 원수와 사사로이 합의한 경우에는 장 80대에 처했다.[424]

재물을 받고 사사로이 합의한다는 것은 이익을 탐해 원수를 잊고 골육의 정을 저버린 것으로, 더욱 용서할 수 없었다. 따라서 처분은 더욱 무거웠다. 당·송·명·청의 법률에서 재물을 받고 사사로이 합의하는 것은 장물臟物의 다소를 헤아려 도적질에 관한 것 중 중한 것으로 논죄했다.[425]

복수의 죄와 사사로이 합의한 죄의 관계로부터 법률의 복수 사건에 대한 태도를 확인할 수 있었다. 즉 자손들은 법적인 절차에 따라 관에 고하여 원한을 풀어줄 것을 요청해야 했으며, 사사로이 합의하거나 멋대로 죽이는 것은 법적으로 허용되지 않았다는 것이다.

5. 행정법과 가족주의

중국의 정치 교화는 변함없는 인륜에 뿌리를 두고 있다. 그래서 정치와 가족의 관계는 비할 바 없이 밀접하다. 위정자가 정치의 힘으로 변함없는 윤리를 주창하여 효행과 절조를 장려했다는 점은 익히 알려진 바이니, 이제 행정법의 측면에서만 관리의 임면과 가족이 어떤 관계를 맺고 있는지 살펴보도록 하자.

먼저 관리의 측면에서 말하자면 윗사람의 이름을 피하는 것이 관직에 나아갈 때 고려해야 할 하나의 조건이다. 고대에는 관부官府의 이름이나 관직의 명칭에 부모나 조부모의 존함과 같은 글자가 있으면 그 자리에 나아갈 수 없었다. 예를 들어 아버지의 존함이 상常이면 자식은 태상太常 따위의 관리가 될 수 없었다. 이렇듯 부모나 조부모의 존함과 관직이 서로 충돌하는 경우가 종종 발견된다. 당나라 가증운賈曾雲은 중서사인中書舍人으로 제수되었는데, 아버지의 존함이 충언忠言이었던지라 두 차례 그 직을 고사했다. 그러다가 논의하는 자가 중서中書는 관청의 명칭이지 관직의 명칭이 아니며, 명칭의 음만 같고 글자는 다르므로 예에 어긋남이 없다고 함에 이르러서야 비로소 관직에 나아갔다.[426] 또 송나라의 여희순呂希純은 아버지의 존함이 공저公著였으므로 저작랑著作郞의 직을 받들지 못했으니,[427] 이와 같은 예는 이루 말할 수 없이 많다. 그 밖에 부임하는 지명 또한 아버지나 조부의 존함과 충돌해서는 안 되었다. 당나라 때 풍숙馮宿은 아버지 존함이 자화子華였기 때문에 화주華州 자사 직을 고사했다. 송나라 때 범숭范崇은 악주鄂州의 장관으로 임명되었으나 아버지의 존함이 악嶽이었던 관계로 관직을 고사했다. 또 마즐馬騭은 아버지의 존함이 안인安仁이었는데, 형주衡州의 장관으로 임명되었다가 현 내에 안인安仁이라는 고을이 있어 사직을 요구했다.428 이렇게 옛사람들은 존함을 건드리는 일에 대해 극도로 조심스러웠다. 그렇게 하지 않으면 주변으로부터 탄핵될 수 있었기 때문이다. 예컨대 스스로 사직하지 않고 무모하게 자리를 지키다가 발각되면 면직될 뿐만 아니라 1년형에 처해졌다.429

고대에 관직에 복무할 때에는 관례상 부모는 임지에 따라가지 않았으므로 일반적인 상황에서는 봉양의 문제가 생겨나지 않았다. 하지만 조부모나 부모가 연로하거나 질병이 깊고 집안에 모실 사람이 없으면 관직에 부임하지 않고 마땅히 집에 머물러 부모를 모셔야 했다. 이에 따라 역대로 부모를 버리고 관직을 받아 떠나는 것에 대한 금령이 있었다. 당·송의 법률에서는 지위가 면직될 뿐 아니라 1년 징역형에 처했다.430 또 임관할 때는 부모가 병에 걸리지 않았더라도 나중에 그렇게 되었다면 마찬가지로 사직하고 집으로 돌아가 봉양해야 했다. 그렇게 하지 않으면 금령을 어김에 따른 죄를 물었다.431 한편 명·청 때의 처분은 비교적 가벼워 장 80대에 처했을 뿐이며 면직시킨 기록도 없다.432

예법에서 부모를 버리고 임지로 가는 것을 허용하지 않았기 때문에 제수를 받은 관원이 부모를 모시는 일로 인해 임지로 가지 않는다 해도 죄가 되지 않았다. 원나라 때 복주濮州 범현范縣의 장관 왕돈무王敦武는 부모를 모시기 위해 임지로 가지 않았다. 그러자 이부吏部에서는 이로 인해 규정 하나를 제정했다. 이미 제수된 관원 중에서 부모가 연로하여 관직을 버리고 봉양하기를 자원한 자는 궐위闕位로 논하여 부모에 대한 복상이 끝난 뒤 다시 수여하도록 한다는 것이 그것이다.433 명·청의 법률에도 이와 유사한 규정이 있었는데, 연로한 부모가 계시고 집안에 차남이 없으면 고향에 머물며 봉양하는 것을 허락했다. 뿐만 아니라 집안에 아버지는 같으나 어머니가 다른 형제만 있는 경우에도 남아서 연로한 어머니를 봉양하도록 허락했

다.434

부모를 임지로 맞이해 봉양하는 것에 대해서도 법률에는 규정이 있었다. 원元 대덕大德 9년의 조서에 따르면 부모의 나이가 칠순을 넘었고 집에 모실 차남이 없는데 먼 곳으로 부임을 가야 하는 자는 가까운 곳으로 옮겨 제수하도록 했다.435 한편 명나라 때에는 관리가 부모를 이동시켜 녹봉을 받아 봉양하는 것을 허락하지 않았으나 부모가 연로하면 특별히 편의를 봐주었다. 홍무洪武 26년에 관원의 부모가 70세 이상이면 부모를 이동시켜 녹봉을 받아 봉양하는 것을 허락했다. 예컨대 부모가 연로하여 병환이 있는데 임지가 멀고 집안에 모실 차남이 없다면 스스로 수도로 와서 호적을 옮기는 일을 아뢰어 결정토록 허락했다.436

조부모나 부모가 죽을죄를 지어 구금되어 있는데 자손이 비통한 기색이 없이 음악을 즐기거나 혼인을 하는 것은 부모를 버리는 불효로 여겼다. 이 경우 당·송의 법률에서는 그를 면직시키고 1년 반의 징역형에 처했고, 명·청의 법률에서는 부모를 버리고 임지로 가는 것과 같은 죄로 다스렸다.437

부모의 부음을 받은 관원은 규정에 따라 삼년상을 치러야 하고丁憂, 복을 벗은 뒤에야 비로소 임직할 수 있다. 따라서 애도 기간에 벼슬을 구하는 행위는 예법에 저촉되는 것이었다. 다만 조정의 명으로 관직에 남아 소복을 입고 일을 하는奪情 자는 예외였다. 북위 때에 애도 기간에 벼슬을 구하는 자는 5년형에 처했다. 당시 장군 보좌관 을용호乙龍虎는 부친상을 만 27개월 치르고 궁에서 숙위했는데, 윤달을 계산에 집어넣었다가 관리에게 추궁을 당했다. 관리는 애도 기간에 벼슬길을 구한 것이니 5년형에 처해야 한다고 했다. 이에 대해 그러한 경우에 비할 수 없다고 주장한 자가 있었는데, 해당 죄에 부합하지 않아 편형鞭刑 50대를 부과했다. 당·송의 법률에서는 면직시키고 1년 징역형에 처했다. 원의 법률에서는 관리의 부모가 돌아가셨는데 장례를 거행하지 않고 삼년상을 치르지 않는 자는 장 67대에 직위를 2등급 강등하여 잡직이 수여되었고, 부모님이 돌아가신 지 오래되었는데 이제 막 돌아가셨다고 하는 자에게는 태 57대에 현재의 지위를 해직하고 잡직을 맡겼다. 또 상례 기간이 끝나지 않았는데 관직에 부임하는 자는 태 47대에 1등급 강등했고, 삼년상을 마치는 날 수여되었다.[438] 명·청의 법률에서는 관리의 부모가 사망하면 마땅히 삼년상을 치러야 하는데 조부모, 백숙부모, 고모, 형과 누나의 상이라 사칭하고 삼년상을 치르지 않는 자는 장 100대와 파직을 명하고 일을 부여하지 않았다. 삼년상이 아직 끝나지 않았는데 관직에 나아가는 자 역시 파직하고 장 80대에 처했다.[439]

상을 치르는 기간에 자식을 낳고 첩을 취하며 형제가 호적과 재산을 달리하는 것은 본디 불효에 속하는 것으로, 일반인에게는 벌을 내렸으며 관리에게는 해당 관직을 면직시켰다.[440]

관리가 공무상 죄를 지었어도 삼년상을 당하면 심문이 면제되었는데,[441] 이는 매우 독특한 법률 조문이다. 이러한 사례는 모두 가족주의가 행정 분야에 깊이 영향을 주었음을 드러낸다.

혼인

1. 혼인의 의미

『예기』「혼의昏義」에서는 "혼인이란 두 집안이 합쳐져 위로는 종묘를 섬기고 아래로는 후세를 잇는 것이다"라고 했다. 혼인에 관한 가장 오래되고 가장 전형적인 이 두 구절의 정의를 통해 혼인의 목적이 종족의 지속 및 조상에 대한 제사에 있었음을 분명히 알 수 있다. 개인도 사회도 아닌, 전적으로 가족 중심의 사고다. 가족의 지속과 조상에 대한 제사는 상당히 밀접하여 분리할 수 없을 때도 있다. 하지만 중요성으로 논하면 후자의 목적이 전자보다 중요한 것 같다. 즉 조상들이 영원히 제사 음식을 흠향할 수 있도록 가족을 영원히 지속시킨다고 표현할 수도 있다. 그렇기 때문에 조상 숭배는 첫 번째 목적 혹은 최종적 목적이다. 따라서 혼인은 종교성을 지닌 것으로서 조상에 대한 자손의 신성한 의무라는 사실을 어렵지 않게 알 수 있다. 더욱이 독신이나 후사가 없는 것이 어째서 조상에 대해 부끄러운 불효 행위인지도 이해할 수 있다. "불효에는 세 가지가 있는데, 후사가 없는 것이 가장 크다"[1]라는 맹자의 말은 이러한 정신을 충분히 반영한다. 전하는 바에 따르면, 순舜이 고하지 않고 장가를 든 것은 아황娥皇과 여영女英을 놓치기 싫어서도 아니고, 정치적 연대를 상실해 천자가 되지 못할까 두려워서도 아니었다. 후사가 없을까 두려워서였다.[2] 후사가 없으면 조상들은 제사를 받지 못하는 귀신이 될 것이다. 옛사람들은 귀신은 반드시 제사 음식을 필요로 한다고 믿었던 것이다.

2. 혼인의 금기

1) 친족 간 혼인

동성 간에 혼인하지 않음은 아주 오래된 전통적 금기로, 주나라 때부터 이어져 왔다. "같은 성으로 매여 구별이 없고, 일족이 모여 음식을 먹을 때에도 다르지 않으며 백 세대가 되어도 혼인을 하지 않는 것은 주나라의 도가 그랬다."[3] 여성女이 낳음生이 성姓이니, 성姓은 낳음生이다.[4] 성姓은 기원의 측면에서 본디 혈족의 표지였다. 최초에 같은 성을 지닌 자들은 모두 혈통적 관계였다. 그래서 한 집단 안에서는 성관계가 금지되었고 인척의 단위가 형성되었다. 두 성을 지닌 집안끼리 결합한다는 말은 이러한 의미다. "처를 구할 때에는 같은 성을 취하지 않고 첩을 살 때 그 성을 모르면 점을 친다"[5]고 했다. 이렇듯 남녀 관계에서 가장 중요한 것은 성姓을 분별하는 것이었다.[6] 성관계가 성립될 수 있는지를 결정하는 요소였다.

동성 간 혼인하지 않음에는 윤리와 관계된 것 외에[7] 생물학적인 이유도 있었다. 옛사람들은 동성 간의 결합이 자손에게 해를 끼친다고 믿었다. 그렇게 결합하면 후대에 번성하지 못하며[8] 질병이 생겨날 위험이 있다고 여긴 것이다.[9]

후대에도 동성 간 혼인에 대한 금기는 계속되었다. 비록 동성은 같은 종가와는 구별되는 것으로, 확실히 혈통적 관계가 있는 것은 아니지만 이를 어기면 처벌되었다. 당·송 때에는 징역 2년형이었다. 성이 같고 종가 또한 같다면 확실히 혈통적 관계가 있는 것이므로 가중 처벌되었다. 시마 이상 의 친족 간 결합은 간음으로 논죄했다.[10]

명·청 때 동성 간 혼인을 한 남녀에게는 장 60대를 내리고 이혼토록 했 다.[11] 같은 종가인 경우에는 복을 입는 친족인지 아닌지를 구별했다. 같은 종가이되 복을 입지 않는 친족을 취한 경우에는 장 100대에 처했고, 시마 이상의 친족을 취한 경우라면 각기 간음으로 논죄했으며 처벌은 3년 징역 에서 교수형, 참형에 이르기까지 일정하지 않았다.[12]

그러나 법률과 사회의 거리에 주목해야 한다. 멀리로 "성姓에 매여 백 세 대가 되어도 혼인을 하지 않는 것은 주나라의 도가 그러했던" 시대에는 오 맹자吳孟子의 사례와 같은 일도 있었다. 진晉나라 임금의 후궁 중에도 4명 의 희姬씨가 있었다.[13] 성씨가 본래적 의미를 상실하면서 혈통의 지표라는 인식도 퇴색했고, 동성 간 혼인의 금기 또한 원뜻을 잃고 점차 역사의 낡 은 유물이 되어갔다. 법적으로는 여전히 그 규정이 유지되었지만 실제로는 사회와 유리되어 공허한 문구로 남게 된 것이다. 『형안휘람刑案彙覽』을 보면 아내와 남편의 성이 같은 예를 많이 찾아볼 수 있는데, 중요한 것은 법적으 로 이에 대해 불간섭주의를 채택했다는 점이다. 법률은 법률이고 백성은 백 성이라는 이러한 풍조 속에서 단순히 동성 간에 혼인해선 안 된다는 사유 로 소송에 연루된 경우는 한 건도 없었다. 다른 사건으로 인해 발각되었다 하더라도 심문관은 이 부분을 추궁하지 않았고 이혼을 강제하지도 않았다.

도광 연간에 주사周四가 상을 당한 기간에 주周씨에게 장가든 사건에 대 해 형부의 건의서는 다음과 같이 말하고 있다.

법률은 대법大法을 세우되 인정을 고려합니다. 상중喪中에 있으면서 시집가고 장가드는 것은 법률로 명확히 금하고 있으나, 궁벽한 시골에 사는 일반 백성 중에는 예법에 어두워 법을 어기고 혼인하는 자가 종종 있습니다. 반드시 법률에 따라 이혼할 것을 명한다면 부녀자는 명예와 절개를 잃게 될 것입니다. 그러므로 관례를 법제에 재어봤을 때 지나치게 무겁거나 명분에 걸리는 것이 없으니, 각 관아에서 심사숙고한 것을 청취하여 인정을 에둘러 따르면서도 예법의 뜻을 잃지 않도록 합니다. 이러한 종류의 사건들은 본디 법조문에 구애받지 않고 장가들도록 판결할 수 있습니다. 부부가 원래 화목하지 않았다면 법률을 어겨 혼인한 것에 대해서는 이혼하라는 조목이 있으니 자연히 억지로 장가들도록 명할 까닭은 없습니다. 문서 관리인 사서司書가 주사가 상중에 주씨와 혼인해 아내로 삼은 이 사건에 대해 임시방편으로 심사숙고한 결과 법률과 관례가 합치되지 않음이 없으니, 응당 이에 따라 처리해주시길 바랍니다.[14]

위 건의서에서 주목할 만한 것은 시집가고 장가드는 것이 법률에 위배되어도 혼인을 명령할 수 있다는 점이지만, 더욱 주목할 만한 것은 상중에 시집가고 장가드는 부분만 중요하게 생각할 뿐 동성 간 혼인에 대해서는 전혀 추궁하지 않고 있다는 사실이다.

건륭 연간에 당화경唐化經은 성은 같으나 집안은 다른 당씨를 아내로 삼았는데, 나중에 어떤 이유로 자신의 아내를 베어 죽음에 이르게 했다. 상무湘撫에서는 동성 간 혼인을 하면 이혼시켜야 한다는 법률에 따라 부부의 관계를 인정하지 않고 일반인 간의 싸움으로 심문했다. 그러나 형부에서는 이를 반박하여 남편이 아내를 때려 치사한 법률에 따라 심문했다. 아울러 다음과 같이 논했다.

동성 간 혼인에 관한 법률에 부녀자의 이혼이 실려 있는 것은 본디 동성 간에 혼인하지 않는 예에 해당합니다. 그러나 어리석은 백성이 규정으로 금함을 알지 못하고 궁벽한 시골에서 성은 같으나 집안이 다른 여성에게 장가드는 일이 종종 있습니다. 물론 무지로 인해 어기기 쉽다고 하여 기존 규정을 없앨 수는 없습니다. 더욱이 법률을 어기고 혼인한 가벼운 죄를 부부의 명분과 바꿔치기하여 논죄하지 않을 수는 없습니다. 법률을 어겨가며 혼인한 죄는 죽일 만한 사건이 아니어서 법률에 따라 이혼을 명해야 합니다. 하지만 능지처참, 참형, 교수형의 극형에 해당되는 친족 간 살상의 죄를 범한 자는 마땅히 친족 간의 명분에 따라 법률에 근거해 판단해야 합니다. 그런데 동성 간에 혼인한 경우 범한 죄상의 경중을 묻지 않고 일률적으로 일반 사람의 경우로 사건을 판단합니다. 법률을 어겨 혼인한 지 이미 여러 해 지나 자녀도 있고 부부와 시부모, 자손의 명분이 정해진 지 오래되었는데 그 며느리가 지아비나 지아비의 조부모, 부모를 계획적으로 살해했을 경우, 일률적으로 이혼을 시키는 법률 문구에 구애되어 일반인끼리 사람을 죽인 죄로 판결한다면 명분을 중시하고 기강을 바로잡을 수 없을 듯합니다.[15]

위의 말은 당시의 사회 풍속이 이미 동성 간의 혼인에 부정적이지 않았고 민간에 보편적이었음을 알려줄 뿐 아니라, 법률과 사회가 균형을 잃은 상황에 대응하고 있음을 알 수 있다. 법률이 주목하는 것은 동성 간 혼인의 법적 효력 문제라기보다는 차라리 살상죄가 발생한 후의 명분의 문제라고 하겠다. 시아버지가 며느리와 간음한 사건이 있었는데, 며느리가 같은 성이었다. 마땅히 이혼을 시켜야 하는 대상이므로 심문관은 일반적인 간음으로 논죄하고자 형법을 관장하는 법사法司에서 평의해줄 것을 상주했다. 이에 다음과 같은 조례가 정해졌다. "남녀 친족의 윗사람과 아랫사람이 정을 중시해 서로 범했을 때, 그 대상이 법률로써 이혼시켜야 할 사람이라 해도 이미 정해진 친족의 명분에 따라 법률에 따라 판단할 일이다. 망령되이 다른 의미가 생겨나 유죄라 인정함에 착오가 있어서는 안 된다. 법을 어긴 죄상에 조금이라도 의심할 만한 것이 있어 법제에 재어보았을 때 죄가 지나치게 무겁거나 명분에 그다지 걸리는 것이 없다면 각 관아에서 심사숙고한 것을 청취하여 상주한다."[16] 그러다가 나중에 다시 특별 조례를 후속으로 정했다. "혼인이 법률에 위배되어 이혼을 해야 하는 자가 그 지아비 및 지아비의 친족과 성관계를 맺었다면 먼저 간음하고 나중에 혼인한 것이든, 몰래 멋대로 결합한 것이든, 돈을 주고 기녀를 기적에서 빼내준 것이든, 혼인증서가 있다고 하더라도 모두 일반인의 경우에 따라 판단한다. 그 외에는 동성 간 혹은 윗사람과 아랫사람이 혼인한 경우, 양인과 천인이 혼인한 경우, 상중에 혼인한 경우, 아내가 있는데 또 다시 장가를 든 경우, 아내를 팔아 시집보낸 경우일 것이다. 장가든 자가 실상을 모르고 정식으로 혼인한 자라면 법률에서는 이혼시켜야 한다고 하더라도 성관계를 가졌다면 복제에 따라 판정해야 한다."[17]

위 조례에서 법률에서의 주안점을 더욱 분명히 알 수 있다. 법률은 동성 간 혼인의 효력을 인정하지 않지만 다른 한편으로는 그러한 혼인에 기반을 둔 친족관계를 부인하지도 않아 명분을 중시한다. 그 모순은 바로 동성 간 혼인 불허의 법률과 사회의 불균형을 반영하고 있는 것이다. 『청률례회집편람清律例匯輯便覽』의 주석에는 "동성에서 중요한 것은 같은 종가인가 하는 점이다. 같은 종가가 아니라면 사정에 따라 죄를 정할 뿐 반드시 문구에 얽매일 필요는 없다"고 되어 있다. 이 말은 동성 간 혼인에 관한 법률의 일반적인 태도를 대표한다고 하겠다.

2) 혼인 관계로 맺어진 친족

외친外親 가운데 일부 친족은 혼인이 허용되지 않았다. 외친 가운데 복을 입는 친족인 동시에 존비와 항렬이 다른 자, 예컨대 외삼촌과 생질녀, 이모와 이질은 혼인이 금지되어 이를 어긴 자는 간음으로 논죄했고 강제로 떼어놓았다.[18] 설령 복을 입지 않더라도 윗사람과 아랫사람으로서 성관계를 맺은 자, 예컨대 부모의 고종사촌 및 외종사촌(내외종사촌), 이모, 종이모(조이모祖姨母와 종조이모從祖姨母), 어머니의 고모와 종고모(외조고모, 외종조고모), 자신의 종이모, 재종이모 그리고 자신보다 아랫사람인 종외생질녀, 사위의 여동생, 며느리와 손주며느리의 자매와는 모두 통혼할 수 없었다.[19] 이를 어기는 자는 각기 장 100대에 서로 떼어놓았다.[20]

고종, 외종, 이종사촌 형제자매 간은 당나라 때만 해도 혼인을 금지하지 않았다.[21] 송의 법률은 당의 옛 법을 이어받았지만 실제의 판례와 법조문이 일치하지 않아 사법 기관에서는 종종 떼어놓도록 판결한 경우가 있었다.[22] 그러다가 명·청의 법률에 이르러 특별 조문을 세워 고모, 외숙, 이모의 자녀 간 혼인을 금했고 이를 어기는 자는 장 80대에 떼어놓도록 했다.[23] 하지만 실제로 부모의 형제자매 자녀들 사이의 혼인은 보편적인 관습이어서 법률의 실효성이 자못 의심스러웠다는 점에 유의해야 한다. 송나라 때로 말하자면 민간에서는 헤어지게 될 것을 걱정하여 혼인을 못하지는 않았다. 반대로 당시 사람들은 그러한 풍속에 많이 기울어져 있었다. 소순蘇洵의 딸은 외삼촌인 정준程濬의 아들에게 시집을 갔고, 육유陸遊의 아내는 외삼촌의 여자가 되었다. 소순의 딸이 쓴 시에 보면 고향 사람들은 혼인함에 모친의 가족을 중하게 여긴다는 구절이 있다. 이에 대해 원채袁采는 "오늘날에는 혼사를 의논해 정할 때 대부분 친함에 친함을 더하여 서로 잊지 못함을 표시하니, 이것이 풍속의 가장 훌륭한 점이다"[24]라고 했으니, 당시의 풍조를 짐작할 수 있다. 『세범世範』을 보면 조카가 고모 집으로 시집가거나, 생질녀가 외삼촌의 집으로 시집가거나, 이모의 딸이 다른 이모의 집으로 시집가는 세 가지 유형이 모두 존재했음을 알 수 있다. 또한 소순의 딸의 사례는 당시에 여성이 외삼촌의 집으로 시집가는 게 금기가 아니었음이 증명된다. 오늘날에는 많은 지역에서 이를 금기로 하고 있다.

명나라와 청나라 때에는 특별히 법조문을 세워 사촌 형제자매와 혼인하는 것을 금했는데, 표면적으로 관찰하면 송나라 때처럼 떼어놓기도 하고 그대로 두기도 하는 것과는 달리 그 제한이 반드시 엄격했던 것 같지만 실제로는 전혀 그렇지 않았다. 특별히 법조문을 세운 것도, 그 금령을 폐지한 것도 이 두 나라 때였기 때문이다. 스스로 금령을 세우고 스스로 폐지했으니 이는 자못 재미있다. 명나라와 청나라 때 법률이 사회 현실에 자신을 낮추어 영합한 것을 보면 사촌 형제자매 간에 혼인하는 풍속이 보편적이어서 금지될 수 없었음을 알 수 있다. 주선朱善은 일찍이 상소하여 이 점을 논했다.

민간에서 고모, 외삼촌 그리고 이모의 자녀들은 법에 의하면 혼인할 수 없습니다. 그러나 원한을 품은 자들은 비방하고 소송하며, 이미 정혼했다가 파혼하기도 하고 혼인했다가 다시 이혼하기도 하며, 심지어 자녀가 많음에 관리가 억지로 빼앗기도 합니다. 살펴보건대 옛 법률에 윗사람과 아랫사람이 혼인하는 것에 대해서는 금함이 있었으니, 이는 대체로 어머니의 자매와 자기 자신은 고종, 이종사촌 간으로서 아랫사람은 위로 존속과 짝할 수 없습니다. 하지만 고종, 이종사촌끼리는 높고 낮을 것이 없습니다. 주나라 성왕成王 시대에 왕조가 서로 혼인한 나라는 제齊, 송宋, 진陳, 기杞에 불과했습니다. 그래서 성이 다른 대국은 백구伯舅라 했고, 소국은 숙구叔舅라 했습니다. 열국

중에서 제齊, 송宋, 노魯, 진秦, 진晉 또한 각기 생구甥舅의 나라가 되었습니다. 후대에 진晉의 왕王씨와 사謝씨, 당唐의 최崔, 노盧, 반潘, 양楊씨가 화목하고, 주朱씨와 진陳씨가 좋아했던 것도 모두 대대로 혼인을 해서였습니다. 온교溫嶠는 외삼촌의 아들로서 고모의 딸을 아내로 맞이했고, 여로공呂勞公의 부인 장張씨는 그 어머니가 신국申國 부인의 언니였습니다. 옛사람들에게는 이와 같은 일이 아주 많았으니, 저희 신하들은 그 금지를 풀어주시기를 바라옵니다.

황제가 그 말을 받아들여[25] 마침내 금지를 풀어주었다. 하지만 조례를 만들지는 않았고,[26] 청나라에 이르러서야 비로소 조례를 명확하게 제정했다. "고종·외종·이종 형제자매들이 혼인하는 것은 백성의 편의를 따르라"[27]는 것이 그것이다. 조례로 법률을 폐지했으니, 법률상의 금기는 일찌감치 사문화되었다. 주선의 상소를 통해 홍무 17년에 금령을 풀기 전까지는 민간에서 고종·외종·이종 형제자매지간에 혼인하는 자가 아주 많았음을 알 수 있다. 원한을 품은 자가 고발하지 않는다면 별일이 없었고 법적으로도 간섭하지 않는 태도를 취했다. 하지만 일단 고발되면 관리는 부득이하게 법률에 따라 떼어놓도록 판결할 수밖에 없었다.

3) 친족의 처첩 취하기

혈통 관계 이외의 금기로 또 한 가지가 있었다. 중국은 사회적 윤리를 극히 중시하여 친족의 처첩 또는 남편의 친족을 상대로 한 성관계를 절대로 허용하지 않았다. 남편이 살아 있을 때 아내가 간음을 저지른 행위는 물론 가중 처벌되었고, 남편이 이미 사망했다면 다른 성씨에게 시집갈 수 있을 뿐 남편 집안의 친족과는 혼인할 수 없었다. 위반한 경우에는 그 친소 관계에 따라 처벌했고, 이미 혼인을 했더라도 강제로 이혼시켰다.

예를 들어 같은 종가이되 복을 입지 않는 친척 또는 오복 이외의 먼 친척의 아내를 얻는 자들은 각기 장 100대에 처했다.[28] 시마복을 입는 친척의 아내, 예컨대 고조古祖가 같은 큰할머니와 작은할머니, 고조가 같은 큰어머니와 작은어머니, 고조가 같은 형제, 증조부가 같은 조카며느리, 조부가 같은 조카손자며느리, 증손질부를 아내로 맞이하면 각기 징역 1년에 처했다. 소공복, 대공복, 기년복을 입는 자의 아내라면 그 명분이 더욱 중하므로 간음으로 논죄했다. 기년복을 입는 자인 조카며느리, 소공복을 입는 자인 큰할머니와 작은할머니, 조부가 같은 작은어머니와 큰어머니는 각기 교수형에 처했다. 그 나머지, 예컨대 조부가 같은 형제의 아내, 증조부가 같은 형제의 아내, 조부가 같은 조카며느리, 조카손자며느리의 경우 각기 징역 3년에 처했다. 한편 근친 배우자와 혼인하는 경우에는 더욱 인륜을 멸하는 것이었기 때문에, 명·청의 법률에서는 따로 규정하여 큰어머니나 작은어머니를 거둔 자는 각기 즉결 참형에 처했고, 형제의 아내를 거둔 자는 교수형으로 처결함으로써 다른 기년복 배우자에 대한 처분과는 달리했다.[29]

한편 친족의 첩을 취한 경우에는 처를 취한 경우보다 2등급 감형해주었다. 다만 아버지나 할아버지의 첩인 경우에는 명분과 관계되므로 이 조례를 따르지 않고 참형 처결로 정했다.[30]

친족의 배우자, 즉 친족의 처첩 중에서 남편에 의해 축출되었다가 개가改嫁의 형식으로 들인 경우는 부부의 정이 이미 끊어진 상태이기는 하나 한 지아비만을 따르다 죽는 부녀자와는 다르다고 간주되어 가볍게 처벌되었다. 친족이 사망한 후에 그 처첩을 들인 자는 그 친족 관계를 따지지 않고 단지 장 80대에 처했다.[31]

친족의 처첩을 아내로 맞아들이는 것에 대한 금기는 본래 같은 종가의 친족에만 한정되어 있었다. 그러나 외친 가운데 외삼촌 혹은 외숙모와 생질은 비록 성은 다르지만 가깝기는 백숙부모와 조카의 관계와 같으므로 본 법률의 범위 안에 편입시켜 본 종가의 시마복을 입는 친족을 아내로 맞아들이는 것과 같은 죄로 다스렸다.[32] 이와는 달리 외삼촌의 아내, 고종 및 이종사촌 형제의 아내를 맞아들이는 것은 이 범위 안에 들지 않았다.

사실상 형이 동생의 아내를 거두고(같은 배에서 난 형제와 대소공복을 입는 형제, 시마복을 입는 형제를 포함함) 동생이 형수를 거두는 관습은 상당히 보편적이었다. 상고 시대 상象이나 숙술叔術의 경우[33]가 그러하다. 몽골 사람들에게는 동생이 형수를 거두는 풍속이 있었고,[34] 한인漢人과 남방 사람들에게는 금지되어 있었지만[35] 그러한 사례는 도처에 존재했다.[36] 명·청 두 왕조가 남긴 공문서를 보면 형제의 아내와 혼인하는 것이 법적으로는 허용되지 않았지만 민간, 특히 비교적 곤궁한 집안에서는 경제적 이유로 그러한 관습이 있었음을 알 수 있다. 원매袁枚의 판결서에는 황발발黃發發의 재판 진술을 인용하고 있는데, "가난하여 혼인하기 힘든 시골 사람들 사이에서는 그러한 관습이 늘 있었다"는 내용이 일반적인 상황을 잘 드러내고 있다. 그와 같은 혼인은 종종 부모가 주례를 맡고[37] 관부를 대신하는 징집 담당관 지보地保에게 통지했으며, 혼례도 은밀히 치르지 않고 공개적으로 했다. 여곤呂坤의 말은 그러한 상황을 충분히 알려준다.

형이 동생의 처를 거두고 동생이 형수를 거두는 것에 대해 법으로는 둘 다 마땅히 교수형에 처해야 하건만, 향촌의 우매한 사람들은 미색을 가까이 하여 공공연히 시집가고 장가들며 심지어 부모가 주례를 서고 친지가 서로 축하하니 크게 통탄할 일이다. 금후로 과거에 범법 행위인 줄 모르고 혼인한 자는 고시告示가 되는 그날 즉시 이혼하여 고쳐 바르게 할 것이요, 만약 감

추어 속이고 유지하는 자는 관아에 고변하도록 하고 반드시 죽을죄로 심문해 용서치 않을 것이다.[38]

정단鄭端 역시 비슷하지만 다소 소극적인 견해를 밝혔다.

윗사람이 교화하지 않으면 아랫사람은 식견이 없게 된다. 예컨대 형이 동생의 아내를 취하고 동생이 형수를 거두는 것은 (…) 법에 따르면 죽여야 하나 어리석은 백성은 모두 이를 알지 못한다. 이에 형이나 동생이 사망하면 그 처를 거둠을 친근함이라 말하며, 부모가 주례를 보고 친척이 축하하는 일이 있다. 세상의 도道가 밝지 못함이니 죄가 어찌 오직 백성에게만 있다고 하리오? 이와 같은 사건에 마주하면 관리는 마땅히 어떤 사람이 주례를 보고 어떤 증거가 있는지 살펴 취해야겠지만, 그럼에도 우선은 법률로 어리석은 백성을 두루 일깨워 고쳐 바르게 하고, 이혼하는 자는 추궁하지 말고, 들추어 고발하는 말을 들을 때는 경솔히 커다란 옥사를 만들지 말라.[39]

그의 말을 통해 형이나 동생의 처와 혼인하는 것에 대해 법률이 소극적인 태도를 취했음을 알 수 있다. 일반적으로 고소하지 않은 일에 대해서는 참견하지 않았던 것이다. 사령과史靈科 사건은 그러한 상황을 가장 상징적으로 보여준다.

완평宛平 현 백성 사령과는 나이 60세가 되던 가경 3년에 동생이 사망하자 동생의 아내 이李씨를 거두어 처로 맞이했다. 당시 이씨의 동생과 상의했고 징집 담당관 지보에게 알렸으나 아무도 말리지 않았다. 그러다가 나중에 이씨가 사령과의 아들 사종지史從志와 며느리에 의해 목 졸려 죽자 사망 사건이 관아에 이르게 되었다. 관에서는 법률에 따라 형이 동생의 처를 거둔 것에 대해서는 교수형으로 처결하고 이혼시켜야 하므로 혼인 관계는 성립되지 않는다고 했다. 또 아들과 며느리에 대해서는 계모를 계획적으로 살해한 것으로 논죄해서는 안 되고, 조카와 조카며느리가 숙모를 살해한 것으로 죄를 처결해야 한다고 했다. 계획적으로 살해한 부분은 논의한 바와 같이 하도록 허락되어 임금의 명을 받들었다. 그러나 형이 동생의 처를 거둔 일은 법률에 따르면 마땅히 교수형으로 처결해야 하지만, 이 범인이 아내를 맞아들일 때 이씨의 동생과 상의해 밝혔고 징집 담당관에게 알렸다. 살펴보건대 그 일이 사실임에도 향원鄕愿은 규정에 금지되어 있음을 알지 못했고, 아울러 먼저 간음한 후에 아내로 맞아들인 정황이 없었다. 그러므로 형이 동생의 처와 간음한 것으로 교수형을 내린다면 구별되는 바가 없게 되니, 심사숙고해 교수형 판결 유예로 바꾸어 이듬해 가을 조정 대신들이 진상을 재심하도록 했다. 그 후 이와 비슷하게 형이 동생의 처를 거둔 일들을 살펴 밝혀보고, 향촌의 어리석고 무지하여 인륜을 모독한 죄에 해당되는 자는 모두 이 사건에 따라 처리했다.[40]

이 사건에서 유의할 만한 것은 두 가지다. 첫째, 사령과가 동생의 처를 아내로 맞아들인 것은 가경 3년이고 사망 사건이 발생한 것은 가경 17년으로, 14년이라는 간격이 있다는 점이다. 이를 관부에서 추궁하게 된 계기는 전적으로 사망 사건, 즉 복제의 문제와 연관되었기 때문이다. 14년 동안 고변해 들추어낸 사람이 없었으므로 형사 사건과 연루되지 않았더라면 줄곧 아무 일도 없었을 것이다. 아내로 맞아들일 때 이 아무개 씨와 징집 담당관 지보가 모두 말리지 않은 이유도 거기에 있었다. 이 아무개 씨는 시골사람으로 사령과에게 문제를 제기하지 않았다. 또 지보는 자신의 직무와 관계가 있었으나 역시 묻지 않았으니, 이를 통해 그러한 풍조가 보편적이었음을 더욱 잘 알 수 있다. 법률적으로는 금기였으나 사회적으로는 인정되었던 것이다. 둘째, 황제는 이 일로 인해 옛 규정을 변통變通했다는 것은 그러한 풍속을 개정하지 않을 수 없었다는 상황을 말해준다. 사회적으로 그와 같은 일이 끊임없이 발생하고 종종 법적인 곤란함에 부딪치자 변통하지 않을 수 없었던 것이다. 마침내 가경 19년에 옛 법률을 개정해 아래와 같은 조례를 확정했다.

법률에 위배되는 혼인을 했지만 그 죄가 사형에 이르지 않는 자는 옛 법률에 따라 판결한다. 형이 사망하여 형수를 거두고 동생이 사망하여 동생의 아내를 거두었으되, 남녀가 사사로이 결합하거나 먼저 간음하고 난 다음에 혼인한 자는 마땅히 법률에 따라 각기 교수형으로 판결한다. 그러나 그런 경우를 제외하고, 어리석어서 금지하는 규정을 알지 못했고 친족과 징집 담당관 지보에게 혼례가 이루어졌음을 알린 시골 사람이라면 남녀 각각 교수형 판결 유예로 판결하고 가을 재판에서 죄를 사실로 인정해 교형에 처하는 것에 편입시킨다. 사정을 알면서도 말리지 않은 친족과 지보에 대해서는 명문화된 규정은 없으나, 해서는 안 되는 일에 관한 법조문 가운데 중한 사안으로 보아 장 80대에 처한다. 부모가 혼례를 주관한 경우, 남녀는 교형 판결유예로 판결하고 가을 재판에서 그 사정을 심의하여 죄를 따로 판결하도록 한다.[41]

사실 다른 형사 사건에 연루되지 않는 이상 친족과 지보는 80대의 무거운 장형을 걱정할 필요가 없었고, 본인 또한 교형 판결 유예를 받을 일도 없었다. 교형 즉결 처분이든 판결 유예든 이 법률을 어긴 많은 부부가 법적 간섭 없이 부부 생활을 지속해 나갔다. 『형안휘람』 중에서 친족의 처첩을 아내로 맞이한 사건들은 인명 피해 등 형사 사건으로 인해 일부 적발된 경우로, 발각되지 않은 경우가 얼마나 되는지는 아무도 모른다.

3. 혼인의 체결

앞서 서술했듯이 혼인은 대를 잇는 것이 주된 목적이었기 때문에 시종 조상과 자손의 관계를 벗어나지 않았다. 이로써 혼인에서 가족 관계가 중시되었고 개인의 관계는 극히 경시되었음을 손쉽게 짐작할 수 있다. 혼인의 체결에서 혼인 관계의 해제에 이르기까지 그러한 징후를 드러내지 않은 것이 없다.

혼인의 목적은 남녀 당사자와는 무관한 것으로, 남녀가 결합하는 데 부부 본인의 의지를 고려한다는 것은 상상할 수 없는 일이었다. 혼인은 두 집안이 결합하는 것이므로, 두 집안의 가장이 자녀의 결합에 동의하여 일정한 의례를 치르기만 하면 된다. 직계 존속, 특히 남성 쪽 직계 친속에게는 혼사를 주도하는 절대적 권한이 있었다. 그는 자녀들에게 어떤 특정한 사람과 혼인하도록 명령할 수 있었고, 사회와 법률은 이 부분에 대한 그의 권위를 인정하고 강력히 지지했으며 자녀의 반항을 허용하지 않았다. 이에 부모의 의지는 법적으로 혼인이 성립되기 위한 요건이었으니, 자녀가 성년이 되었다 하더라도 또는 외지에서 벼슬하거나 장사를 하더라도 부모가 동의하지 않는 한 스스로 혼인을 주도할 권한은 없었다. 당사자가 외지에서 혼인을 약속했으나 부모 또는 혼인 주도권을 지닌 다른 윗사람이 집에서 정혼을 결정한다면, 설령 그 결정이 나중에 이루어졌다고 하더라도 미혼한 상태라면 당사자의 약속은 무효에 해당되었다. 외지에서 혼인을 약속했고 앞서 벌어진 일이라는 이유로 거부할 수 없었다. 이를 어기면 100대 혹은 80대의 장형에 처해졌다. 이미 혼인했는데 부모가 정혼한 경우에만 유효할 수 있었다.[42]

혼인을 주도하는 권한의 서열을 논하자면 직계 존속이 당연히 혼인을 주도하는 제1의 서열이었고, 그다음은 기년복을 입는 웃어른이었다. 한편 법률 위반 혼인에 관한 법률을 통해 윗사람의 혼인 주도 권한과 책임을 비교해볼 수 있다. 법률을 위반한 혼인의 경우, 직계 존속에 의해 주도되었다면 그 죄는 혼인 주도자에게만 있고 혼인한 자는 죄가 없었다.[43] 혼인을 주도하는 절대적 권한이 조부모나 부모에게 있고 자손들은 감히 이를 거스를 수 없었기 때문이다. 그러므로 법적 책임 또한 혼인을 주도한 사람이 전적으로 져야 했다. 기년복을 입는 웃어른으로 백부모와 숙부모, 고모, 형, 누나는 혼인을 주도하는 서열로는 두 번째인데, 아랫사람이 외지에서 장사를 하거나 관직 생활을 하는 경우 그를 위해 혼처를 정할 수 있었다. 권한은 부모와 같았으나 친한 이를 존숭함으로 논하자면 부모와는 차이가 있었고, 사실상 본인의 자녀에 대해서처럼 혼인을 주도하는 권한을 강제로 행사하지는 않고 다소간 당사자의 동의를 구하기도 했으니, 법적 책임도 비교적 가벼웠다. 당·송 대에 법률을 위반한 혼인의 책임은 혼인을 주도한 사람과 당사자들이 나누어 졌으되, 혼인을 주도한 사람이 주가 되고 혼인한 사람들은 종이 되었다.[44] 그러다가 명·청 법률에 이르러서야 단독적으로 혼인을 주도한 사람에게만 죄를 물었다. 그 책임은 조부모나 부모와 같았으며 아울러 외조부모 또한 기년복을 입는 혼인 주도자들 안에 포함시켰다.[45]

기년복 이하의 존속은 혼인을 주도하는 서열에서 세 번째였다. 『대명령大明令』과 청대의 조례에서 다음과 같이 분명히 말하고 있다. "시집가고 장가드는 일은 모두 조부모와 부모가 혼인을 주도하는데, 조부모와 부모가 모두 안 계시는 자는 다른 나머지 친척들이 혼인을 주도한다." 심지기沈之奇는 『청률집주淸律輯注』에서 이렇게 말했다. "다른 나머지 친척으로는 백부모와 숙부모, 고모, 형과 누나, 외조부모가 마땅히 책임을 다해야 하지만, 그들도 없는 경우라면 그 나머지 웃어른을 따라야 할 것이다."[46] 그렇지만 이 부류의 친족 관계는 가장 소원했으니, 그들은 명목상 혼인을 주도할 뿐 실제로는 독단적으로 결정할 권력이 없었고 당사자의 동의를 구해야 했다. 그래서 법적으로 법률을 위반한 혼인에 대한 책임은 다음과 같이 정해졌다. "사건이 혼인을 주도한 자에게서 말미암은 것이면, 혼인을 주도한 자가 주가 되고 혼인한 남녀는 종이 된다. 반대로 일이 혼인한 남녀로 말미암은 것이면, 혼인한 남녀가 주가 되고 혼인을 주도한 자는 종이 된다."[47] 남녀 당사자가 혼인을 주도하는 사람에게 핍박을 당해 혼사가 뜻대로 되지 않았거나, 나이가 20세 이하로서 사리를 판단할 능력이 없는 남성 및 혼인에 관해 스스로 말할 수 없는 미혼 여성인 경우를 제외하면, 혼인을 주도한 사람에게 단독적으로 벌을 내리지 않았다.

사회의 측면에서 보더라도 부모가 혼인에서 절대적인 주도권을 갖고 있음을 알 수 있다. 혼사의 안배와 진행은 모두 그들의 의지에 따라 이루어진다고 할 수 있다. 혼인 의례의 측면에서 볼 때 어떠한 절차도 그들의 명의로 거행되지 않는 것이 없었다. 옛사람들은 부모의 명령을 중매인의 입을 통해 전했다. 즉 혼담이 오갈 때 중매인은 사위의 아버지(가장)를 대표할 뿐 결코 신랑을 대표해 여자의 집에 구혼하는 것이 아니었다. 남자 쪽에서 예물로 구혼하기 위해 납채納采를 보낼 때 사자使者는 아무개(사위의 아버지)가 아무개(중매인 자신을 지칭)를 보내 납채를 보내게 했다고 하고, 여자 쪽에 생년월일과 시를 묻는 문명問名을 할 때는 아무개(사위)의 아버지가 점을 치기 위해 여성의 이름과 생년월일을 묻는다. 길함을 통지하는 납길納吉을 할 때에는 아무개(사위의 아버지)가 자신에게 길함을 알리도록 했다고 말하고, 여성 쪽에 예물을 보내는 납징納徵을 할 때에는 아무개 관리(여자 집안의 가장을 가리킴)가 부부의 귀중함으로 아무개 관리(사위의 아버지)에게 은혜를 베푸시니 전례典禮를 따라 '그다지 풍성하지 않은 재물이 있으니 감히 청하옵건대 예물을 받아달라'고 한다. 신부를 맞이할 기일을 청할請期 때에는 아무개(사위의 아버지)가 중매인에게 길일을 청하게 했다고 말한다. 이를 보건대 어느 것 하나 혼인을 주도하는 사람의 명의를 사용하지 않음이 없다. 따라서 여자 집안에서도 가장(여성의 아버지)이 나선다.[48] 마지막으로 신랑이 신부를 맞아들이는 친영親迎은 신랑이 직접 나설 수밖에 없으나, 그는 아버지의 명을 받들어 가는 것임을 잊어서는 안 된다. 『예기』「혼의昏義」에는 아버지가 아들에게 술을 따라주고 신부를 맞이할 것을 명한다고 되어 있다. 순자荀子는 술을 따라주고 신부를 맞이하는 의례인 초자醮子에서 하는 말을 다음과 같이 기록했다. "너의 내조할 이를 가서 맞이하여 대를 이어 제사지내는 일을 계승하고 어머니를 공경하고 계승하도록 잘 이끌면 변치 않는 이치에 부합될 것이다." 아들은 재배하고 대답했다. "어찌 감히 아버지의 명을 받들지 않겠습니까."[49]

다음으로 자손의 혼인에서 중요한 대상은 조상으로, 소홀히 다루어서는 안 된다. 혼인은 위로는 종묘를 받들고 아래로는 후세를 잇기 위한 것으로 조상 숭배가 핵심이다. 이에 혼인은 가족 종교와 관련이 있으니, 모든 의례는 종묘나 가묘에서 거행되어 종교성과 신성성을 지닌다. 다른 한편으로는 조상의 동의를 구하는 과정이기도 하다. 보통 중매인의 소통으로 여자 쪽 집으로부터 허락을 얻으면 구혼을 위한 납채를 보내는데, 그 전에 가장은 사당에서 향을 사르면서 아무개의 자식 아무개가 장차 장가를 든다고 하거나 아무개의 여식이 아무개에게 시집을 갈 것이라고 하면서 축원한다.[50]

또 여자 쪽 집에 이름과 생년월일을 묻는 문명을 한 후에는 반드시 사당에서 미래를 점쳐 길함을 얻은 후에 여자 쪽 집에 고하고 예물을 보내는 납징納徵의 예를 행한다.[51] 혼인은 가족 종교 중에서 큰 행사이기 때문에 반드시 조상에게 고해야 한다. 이론적으로 조상은 최고의 직계 존속이며 최고의 부권을 지닌 최종적 의지다. 그러므로 신랑신부의 부모는 자신의 조상에게 명해줄 것을 청하여 감히 독단적으로 하지 않음을 나타낸다. 당연히 집안의 신에게 길흉을 점쳐 묻는 행위도 이에 포함되는 것이다. 점을 쳐서 불길하다면 혼사는 진행할 수 없다.

종가 사당을 알현하는 의례는 혼인의 종교성을 더욱 잘 나타낸다. 여섯 단계의 혼인 의례六禮를 마치면 부부 관계가 성립되지만 시부모와 조상들과 대면하기 전까지는 아직 며느리의 지위가 획득된 것이 아니며, 종가에서의 지위 또한 확립되지 못한 것이다. 위로는 종가 사당을 섬기고 아래로는 후세를 이을 자격이 아직 갖춰지지 못했으니 혼례가 완성된 상태가 아니다. 또 가족의 입장에서 논하자면 며느리가 되는 의례가 아내가 되는 의례보다 훨씬 더 중요하다. 따라서 시부모를 뵙고 사당에 알현하는 의례는 극히 심오하고 중대한 의미를 지닌 절차다.

『예기』에는 혼인한 다음 날 신부가 새벽에 목욕재계하고 화려하게 꾸민 후 예물을 들고 시부모를 알현하여 술을 드리고 음식을 바치는 의례가 묘사되어 있다. 「혼의」에 이르기를 "부녀자의 예를 다하고 부녀자의 순종하는 덕을 밝히며 또한 시어머니를 대신해 집안일을 주관할 자격을 지녔음을 밝힌다"라고 했다.

혼례는 시부모 알현으로 끝나는 것이 아니다. 3개월 후에 사당을 찾아뵈어 종가의 조상들을 알현하는 종교적 의례를 거쳐야 한다. 지아비의 종가에 들어가 종가에서의 지위를 획득한 후에야 비로소 제사지내고 받을 자격이 주어진다. 옛사람들이 사당을 찾아뵙는 일을 대단히 중요하게 여긴 이유가 바로 여기에 있다. 여자가 사당을 찾아뵙지 못하고 죽었다면 어떻게 해야 하느냐는 증자의 물음에 공자는 이렇게 말했다. "그 여자의 영구를 조상 사당에 옮겨가 알현할 필요가 없고, 신주를 대왕고모 신주 뒤에 붙여놓을 필요가 없으며, 남편은 상례용 막대를 들 필요가 없고, 상례용 신발을 신을 필요가 없으며, 상례를 치르는 곳에 영구를 안치할 필요가 없다. 처가의 묘지에서 장례를 치름으로써 며느리가 된 적이 없음을 나타낸다."[52]

후대에는 혼례 후 사당을 찾아뵙기까지 기다려야 하는 3개월 사이에 부녀자가 죽는 곤혹스러운 일이 종종 발생하여 당일에 사당을 찾아뵙는 것으로 개정했다.[53] 하지만 그 의미는 똑같다.

4. 아내의 지위

부부는 형식적으로는 평등했다. 『설문設文』에서는 "아내와 자신은 똑같은 존재다"라고 했다. 『석명釋名』에서는 "부부는 필적匹敵한다는 의미다"라고 했다. 옛 시대에 부부는 서로를 손님처럼 공경해야 한다는 주장도 있었고, 아내를 공경하라는 이론과 표현도 있었다. 공자는 일찍이 노魯 애공哀公에게 아내를 공경하는 도를 설교했으며, 혼례에서 아내를 맞이하는 친영 의례는 그러한 정신의 구체적 표현이다. 그러나 자세히 분석해보면 결코 그렇지 않았다. 공자는 분명히 말했다. 아내를 공경해야 하는 근거는 "아내가 친한 이의 주인이니 어찌 감히 공경하지 않겠는가?"[54]에 있었다. 이때 공경의 대상은 아내가 아니라 그녀가 대표하는 '친한 이'였다. 그녀는 위로는 종가의 사당을 섬기고 아래로는 후세를 잇는 신성한 책임을 지므로 종가의 사당을 위해 중히 여기지 않을 수 없었던 것이다. 이는 친한 이의 후손이기 때문에 아들을 공경하는 것이지 결코 아들 자체를 공경하는 것이 아닌 것과 같다. 따라서 아내를 공경하라는 도의에 근거하여 부부가 평등했다고 추론할 수 없다.

다음으로 부부가 불평등한 현실을 야기한 더욱 중요한 논리가 있다. 고대의 남성 중심 사회에서는 모든 남녀 관계를 지배하는 한 가지 기본적인 논리가 있었으니, 그것은 바로 여성이 남성보다 낮다고 여기는 주관적 의식이었다. "남녀가 구별되니 남성은 높고 여성은 낮다. 따라서 남성은 귀하다."[55] 이는 옛 전통 사상을 보여주는 부분일 뿐이다. 옛사람들은 남존여비의 견해에 근거하여 여성이 언제나 남성의 의지와 권력 아래에 있다고 여겼다. 삼종三從의 이념을 토대로, 여성은 태어나서 죽을 때까지 종從의 위치에 있었으며 독자적인 의지를 가질 수 없었다. 여성이 시집을 갈 때 부모는 "반드시 공경하고 조심하여 지아비를 거스르지 말라"고 분부했다.[56] 시집을 감으로써 아버지 권력 아래에 있던 여성은 지아비 권력으로 이양된다. 지아비가 과거의 아버지를 대신하게 된 것이다. 그래서 옛사람들은 "지아비는 아내의 벼리가 된다夫爲妻綱"고 하여[57] 군신, 부자와 나란히 여겼다.

가정에서의 분업 역시 이러한 원칙에 의거함으로써 남존여비와 여자는 남자를 따른다는 의식이 더욱 구체적이고 확정적이 되었다. 자고로 가정에서의 분업에 관한 원칙은 남자는 바깥일을 주관하고 여자는 집안일을 주관하는 것으로, 원칙적으로 "남자는 집안의 일에 대해 말하지 않고 여자는 집밖의 일에 대해 말하지 않았다."[58] 불평등함이 없는 것 같으나 이른바 집안의 일이란, 일의 내용으로 말할 것 같으면 어린아이를 기르고 요리하고 빨래하고 옷을 깁고 하녀들을 부리고 청소하는 따위의 일이며, 그 가운데에는 남편의 시중을 드는 일들이 포함된다. 이른바 중궤中饋를 주관한

다는 것은 곧 음식을 만든다는 뜻이다. 그래서『공자가어』「본명해本命解」에서는 "가르침과 명령은 규방의 문을 통해 나가지 않고 부녀자의 일은 술과 음식을 제공하는 데 있을 따름이다"라고 했다. 오늘날까지도 남편 된 자들이 종종 아내가 만든 요리가 입에 맞지 않는다고 불평하거나 화를 내기도 하고, 일부 지역에서는 아예 '불 때는 자燒火的'라고 아내를 지칭하는 데는 그 이유가 없지 않은 것이다. 여성의 측면에서도 예로부터 세수를 시중드는 자, 쓰레받기와 빗자루를 든 자 등 아내 스스로 자신을 낮추는 말이 있었다. 예컨대 진晉 문공文公이 세수할 때 물이 회영懷嬴의 몸에 튀자 그녀에게 비웃음을 당했다.[59] 이를 보건대 회영이 "임금께서는 하녀더러 세수를 시중들게 하십시오"라고 한 말은 인사치레의 빈말은 아니었고, 시중드는 하녀가 없는 집에서만 그렇게 한 것이 아니었음을 알 수 있다. 부婦라는 글자는 여자 여女자와 비 추帚자가 결합된 것으로 고문에는 '帚女'라고 되어 있다. 글자 자체에 쓰레받기와 빗자루를 든 여자라는 의미가 있으니 허구적인 말은 아니었다. 아내는 술과 음식을 제공하고 세수 시중을 들고 쓰레받기와 빗자루를 들어야 할 의무가 있었던 것이다. 그래서『설문』에서는 "부婦는 복무함服이다"라고 했다.『이아爾雅』「석친釋親」에서는 "부녀자에 대해 복무한다고 함은 남편에게 복무하고 섬김을 말한다"고 했다.

집안일에서 주부의 통솔 범위는, 사람으로 말할 것 같으면 중문中門을 넘지 않는 부녀자와 아이로 제한되었다. 즉 여동생, 첩, 유년의 자손들, 집에 머무는 자매, 질녀, 며느리, 조카며느리, 하녀 등이었다. 그러나 여인은 본디 남자를 따른다는 원칙 아래 본인 또한 종從의 위치에 있었다. 그녀는 결코 가장이 아니었다. 자녀에 대해 우선적으로 친권을 행사하는 사람은 아버지였다. 따라서 가장과 주부, 아버지와 어머니의 의지가 충돌할 경우 의심할 나위 없이 가장의 권한, 아버지의 권한이 가장 컸다.

"집에 두 주인은 없다"[60]는 대원칙 아래 여자는 가장 자격에서 배제되었다. 집안에서 남자 쪽 후손만이 가장 자격을 지녔기 때문에 남편이 죽었다 하더라도 아들 혹은 손자가 가장을 이어받았다. 어머니나 할머니는 아들이나 손자보다 높지만 그들에게 차례가 오지는 않았다. 남편이 죽으면 아들을 따른다는 삼종의 의미는 바로 이러한 것이다. 옛사람들은 암탉은 새벽을 알리지 않기 때문에 여자가 가장이 되는 것은 "암탉이 울어 집안이 망하는 것"[61]과 같다고 여겼다.

그러니까 아내의 행위 능력이란 주부의 위치든 어머니의 위치든 모두 남편의 제지를 받는 제한적인 것이었다. 어머니의 권한 중에서 가장 분명한 것은 자녀에 대한 교육, 양육의 권한과 혼인 주도권이었다. 그리고 주부의 권한 중에서 가장 분명한 것은 가사의 관리권과 재산권이었다. 근대에 이르기까지 대리원大理院의 판례를 보면 주부의 권한에 대한 법률의 제한이 어떠했는지를 알 수 있다. 대리원 5년 문서 364호에는 이렇게 기록되어 있다. "아내는 오직 일상의 가정사에서 자신의 남편을 대리하는 일반적 권한을 지닌다. 반면 남편이 일상 가정사와는 무관한 것과 관련하여 아내에게 특별히 권한을 부여하지 않았다면 그렇게 할 수 없고, 남편의 추인을 거치지 않는다면 효력이 발행하지 않는다." 이로부터 가정사의 관리는 남편이 아내에게 권한을 수여한 것이라는 사실을 알 수 있다. 더 합당하게 말한다면, 수여된 것은 대리권이므로 대리권의 행사가 주어진 범위를 넘어서면 무효다. 이러한 관념은 전통적 관념을 상징한다는 점에 유의해야 한다.

사회적 관습과 법률의 재산권에 대한 제한은 더욱 엄격했다. 재정적 측면에서 아내가 가정사를 처리할 책임을 맡았다 해도 단지 때에 맞추어 가정에서 쓸 일정 금액을 남편에게서 얻는 것이며, 이후 일정한 범위 안에서 그 재산을 지배할 따름이었다. 바꿔 말하자면 아내에게는 재산을 행사할 권한만 있을 뿐 자유롭게 처분할 권한과 소유권은 없었다. 아내는 지정된 범위에서 부여된 권한을 대리할 뿐이므로 남편이 부여한 권한에 대해 책임을 져야 하고, 추인을 거치지 않고 처분했다면 무효였다. 이 점은 법률에 잘 나타나 있다. 중국 고대의 법률은 종가의 사당을 계승하는 일과 관련하여 아내가 남편의 재산을 계승하는 권리를 완전히 부정했다. 유산을 이어받는 자는 아내가 아니라 아내의 아들 혹은 적자이기 때문이다. 아들이 성년이 되기 전까지 그녀가 행사할 수 있는 것은 관리 권한뿐이었다. 아울러 고대의 법률에서는 아내가 사유 재산을 주장하는 것 또한 완전히 부정했다. 청의 법률에서는 아내가 개가하는 경우 남편의 재산을 가져갈 수 없을 뿐 아니라 원래 시집올 때 가져와 보존하고 있던 물품까지 남편의 집안이 맡아서 결정했다.[62] 대리원 2년 문서 35호 판례에서는 아내의 사유 재산에 대한 권리 행사도 부권夫權의 제한을 받는다고 했다. 이러한 모든 내용은 아내에게 재산 소유권이 없었음을 잘 드러낸다.

집안일에 대한 관리의 권한 및 재산권은 둘째 치고, 부부의 인격적 관계를 보더라도 아내가 남편을 따라야 하며 남편의 권한 아래에 놓여 있는 상황을 더욱 잘 발견할 수 있다.

명과 청의 법률에 따르면 부인의 범죄 가운데 간음죄나 죽을죄를 지었을 때만 옥에 구금될 뿐이었다. 그 외의 잡다한 범죄에 대해서는 경중을 막론하고 구금하지 않되, 그 남편을 질책하여 관리하게 했다.[63] 이로써 남편의 감호監護 권한을 법률이 인정했음을 알 수 있다.

1장에서 친족 내 아랫사람과 윗사람에 대한 법적 차등 대우에 대해 논했는데, 동일한 사안으로 부부 사이를 판단하는 경우 남편의 지위는 윗사람과 같고 아내의 지위는 아랫사람과 같다는 사실을 발견할 수 있다.

우선 친족의 은닉 및 명분과 의리를 거스르는 부분에 대해 한漢 선제宣帝

본시本始 4년 조서에서는 이렇게 말했다. "지금부터 자식이 주모하여 부모를 숨겨주고 아내가 남편을 숨겨주며 손자가 조부모를 숨겨주더라도 모두 죄를 묻지 말라. 한편 부모가 자식을 숨겨주고 남편이 아내를 숨겨주며 조부모가 손자를 숨겨주면 반드시 죽여야 할 죄이니, 모두 형옥을 관장하는 정위廷尉에게 올려 청하여 심문하라."64 이를 보건대 아내와 자손을 같은 부류로 보고, 남편·부모·조부모를 같은 부류로 보아 따로 처리했음을 확인할 수 있다.

거꾸로 고소죄를 살펴보면 그러한 관계는 더욱 분명하다. 자고이래로 윤리와 법률의 관념에 따르면 아랫사람이 윗사람을 고소하는 것은 명분과 의리에 어긋나는 행위로 마땅히 사회적·법률적 제재를 가해야 한다고 여겼다. 아내가 남편을 고소하는 것 역시 명분과 의리에 어긋나는 것으로, 아랫사람이 윗사람을 고소하는 것과 같은 죄로 다스려야 한다고 여겼다. 당·송의 법률에서는 기년복을 입는 웃어른을 고소하는 것과 같은 죄로 보아 징역 2년에 처했다.65 명·청의 법률은 더욱 엄해 아내가 남편을 고소하면 자손이 조부모와 부모를 고소하는 것과 같은 죄로 보아 장 100대에 징역 3년에 처했고, 무고한 경우는 교형에 처했다.66 남편이 간통을 저질러 아내가 고소하는 경우도 예외가 될 수 없었으니, 명분과 의리를 거스른干名犯義 죄가 성립되었다.67 명나라 법률의 총결 주석에서는 이렇게 말한다. "명名이란 명분의 존엄함이요, 의義란 은정恩情과 의리의 중함으로, 자녀는 부모에 대해 손주는 조부모에 대해 잘못이 있다 하더라도 의당 숨겨주어 마땅한데, 도리어 그 죄를 고발하는 것은 인륜을 멸하는 것이다. 그러므로 명분과 의리를 거스르는 죄의 첫머리에 놓는다."68 윤리와 법률은 아내가 자손과 똑같은 의무를 다할 것을 요구하고 있으니, 이 주석으로 그러한 점을 분명히 알 수 있다.

그 반대인 경우는 어떠한가? 남편이 아내를 고발하는 것은 명교와 도의를 거스르는 죄가 성립되지 않음을 알 수 있다. 당·송의 법률에서는 남편이 아내를 고발하는 것을 윗사람이 기년복을 입는 아랫사람을 고발하는 규정에 따라 처리했다. 『당률소의』의 문답은 다음과 같이 분명히 하고 있다. "아내는 비록 아랫사람이 아니지만 도의에 따르면 기년복을 입는 아랫사람과 같고, 남편이 아내를 무고한 경우에는 무고죄에서 2등급 처벌을 경감해준다."[69] 명·청의 법률에는 남편이 아내를 고발하는 것을 기년복을 입는 친족의 아랫사람을 고발하는 것과 같다고 명확히 규정하고 있지는 않지만, 법조문에는 아내를 무고한 경우 무고죄에서 3등급 경감해준다고 되어 있다. 이로써 기년복을 입는 친족의 아랫사람을 무고하는 것과 똑같이 처리했음을 알 수 있다. 아울러 무고죄를 그와 같이 처리하는 이상, 남편이 아내를 고발한 내용이 사실에 부합한다면 마땅히 윗사람이 아랫사람을 고발한 것이 사실에 부합하는 경우와 마찬가지로 남편은 무죄가 된다.[70]

한편 부부가 서로 때려죽이는 것에 관한 법률을 통해서도 남편이 높고 아내는 낮은, 지위가 불평등한 정황을 알 수 있다. 법적으로는 완전히 윗사람과 아랫사람이 부딪친 경우의 원칙에 따라 가중 처벌하거나 경감해주었다. 아내가 남편을 때린 경우 일반인에 비해 가중 처벌한 것은 유송劉宋 시대부터 그러했다. 당시의 법률에 따르면 타인에게 상해를 입힌 자는 4년간의 강제노역에 처했는데, 아내가 남편에게 상해를 입히면 5년간의 강제노역에 처했다.[71] 당률과 송률에 따르면 아내가 남편을 때리면 1년형에 처하되, 상해 정도가 중한 경우에는 일반인의 경우보다 3등급 가중 처벌했다. 남편이 직접 고발함으로써 죄를 물었다.[72] 명·청의 법률에 따르면 상해가 있든 없든 때리기만 해도 장 100대에 처했다. 남편이 직접 고발함으로써 죄를 물었다. 또 골절상 이상의 상해를 입힌 아내는 일반인의 경우보다 3등급 가중 처벌했고, 질병이 깊어지게 한 경우에는 교형에 처했다.[73] 남편을 때려 죽음에 이르게 한 자의 경우, 당·송·명·청의 법률 모두 참형에 처했다. 또 고의로 살해한 경우 명·청의 법률에서는 능지처참했다. 모의 살해의 경우 조부모와 부모, 기년복을 입는 친족의 윗사람, 외조부모, 남편의 조부모와 부모를 모의 살해하는 것과 같은 죄로 판결하되, 이미 실행한 자는 상해가 있든 없든 참형에 처하고 죽은 자는 능지처참했다.[74]

남편이 아내를 때리는 것에 대해서는 감형주의를 채택했다. 당·송의 법률에 따르면 남편이 아내를 때려서 상해를 입힌 경우는 일반인의 경우보다 2등급 감형해주었다.[75] 명·청의 법률에 따르면 골절 상해 이하에 대해서는 논죄하지 않았고, 그 이상에 대해서는 일반인에 대한 것보다 2등급 감형해주었다. 아내가 직접 고발해야만 논할 수 있었다.[76] 아내가 남편을 때린 경우 상해 유무를 불문하고 때리기만 해도 구타죄가 성립되는 반면, 남편이 아내를 때린 경우 상해를 입지 않았으면 구타죄가 성립되지 않았다. 명·청 시기에는 아내에게 골절상이 없으면 논죄되지 않았을뿐더러 아내가 직접 고발해야 구타로 상해한 죄가 성립되었으니, 당률이나 송률에 비해 관용적이었다. 남편은 멋대로 아내를 구타해도 괜찮았고 골절상이 아니면 법적 책임도 없었으며, 아내가 유순해 관에 고발하기를 원치 않는다면 골절상이라도 죄를 묻지 않았다. 사회적으로 아내를 때리는 사건이 많았고 꽤 보편적이었던 이유는 법이 방임했기 때문이라기보다는 오히려 그러한 보편성으로 인해 법률이 기초되었다고 보는 것이 맞을 것이다. 이에 대해서는 윤리와 여론의 영향이 매우 컸다. 지아비가 아내의 벼리가 된다는 관념 아래 남편이 아내를 징벌하고자 때리는 행위는 별일이 아니었고, 집안을 다스리고 기강을 세우기 위해서는 불가피하다는 인식이 있었던 것이다. 즉 부모가 자손들을 때려 꾸짖는 것과 마찬가지로 합리적인 행위였다. 반대로 아내가 지아비를 때리는 것은 자손이 아버지와 할아버지를 때리는 것과 같이 사람들을 깜짝 놀라게 할 만한, 용인할 수 없는 범죄 행위였다. 윤리와 여론은 그런 여성에 대해 사납고 무례하다고 비판했으며, 법률은 그에 상응하는 벌을 부과했던 것이다.

한 가지 유의해야 할 점이 있다. 명·청의 법률에 따르면 아내가 남편을 때린 경우 상해의 유무와 정도에 무관하게 구타 행위만 있어도 남편은 이혼할 수 있었고, 골절상 이상이라면 강제 이혼도 가능했다는 사실이다. 반면 남편이 아내를 때린 경우에는 반드시 골절상 이상에 대해서만 이혼이 가능했고, 그것도 아내의 의사만으로는 안 되고 반드시 쌍방의 동의, 즉 상해를 입은 자와 가한 자가 서로 동의해야 했다. 이렇게 법의 대우는 불평등했다. 하지만 남편이 아내의 벼리가 된다는 윤리 아래에서 그러한 불평등에는 분명한 사유가 존재했다. 청률의 총결 주석에서는 이렇게 말한다. "대개 남편은 아내의 벼리가 되고 아내는 마땅히 남편을 따라야 하니, 아내가 남편을 때리면 아내는 마땅히 처벌을 받아야 하고 이혼과 결합은 남편의 생각에 따르면 된다. 반면 남편이 아내를 때려 골절상을 입혔으면 남편은 강제 이혼을 당할 죄를 지은 것이지만 아내가 스스로 남편과 절연할 수는 없고, 반드시 부부가 서로 원하는지를 심문한 후에 이혼할지를 결정한다. 남편이 원하는데 아내가 원하지 않거나 아내는 원하는데 남편이 원하지 않으면 모두 이혼이 허용되지 않는다."[77] 이 주석이 그 이치를 설명하고 있다.

남편이 아내를 때려 죽음에 이르게 한 경우, 인명은 중하므로 목숨으로 대가를 치르지 않을 수 없었다. 그래서 일반적인 사례로 논죄했으며 감형할 수 없었다. 당·송의 법률에 따르면 싸우다가 아내를 때려죽인 자는 교형에 처했고, 칼로 죽이거나 고의로 죽인 자는 참형에 처했다.[78] 명·청의 법률에 따르면 아내를 때려 죽음에 이르게 한 자는 교형에 처하여,[79] 아내가 남편을 때려죽인 경우 참형에 처하는 것보다 한 등급 가벼웠다.

남편이 실수로 아내를 살해한 경우에 대해서는 죄를 묻지 않았으나, 아내는 남편에 대해 그럴 권리가 없었다.[80] 법적으로 자손이 조부모나 부모를 때려죽인 경우에는 언제나 시시콜콜 명분을 따져 처리했는데, 아내가 남편을 때려죽인 경우에도 마찬가지였다. 의식적으로 저지른 경우는 물론 말할 것도 없고, 실수 혹은 오인하여 상해를 입혔다 하더라도 법관은 봐줄 만한 사정이 있음을 알면서도 결국은 명분과 관련되어 있기 때문에 아내가 남편을 때려죽인 본 법률에 따라 즉결 참형으로 죄를 묻지 않을 수 없었다.[81] 다만 의식적으로 저지른 것이 아니라는 점을 분명히 진술하여 임금의 뜻에 따른 결정과 선택을 기다릴 수밖에 없었다. 그런 상황에서는 관대함을 따른다 하더라도 즉결 참형에서 참형 집행을 유예하는 정도로 바뀔 뿐이었다.

이이반李二泮과 아내 왕王씨는 본디 사이가 좋았다. 어느 날 밤 이이반은 외출 중이었고 왕씨는 오른쪽 무릎에 난 종기로 인해 통증이 있었고 몸도 피곤하여 옷을 입은 채 가로로 누워 있었다. 2경에 이이반이 방으로 들어왔는데 어둠 속에서 온돌 쪽으로 다가가 손으로 왕씨의 하체를 만졌다. 왕씨가 놀라 깨었는데, 다른 사람으로 의심하여 이이반의 아랫배를 발로 차고는 누구냐고 소리쳐 물었다. 이이반은 대답하면서 아내의 발을 잡아당기며 성교하기를 요구했다. 그런데 공교롭게도 종기가 난 다리를 잡아당기는 바람에 왕씨는 아픔을 참지 못하고 두 발을 세게 뻗다가 이이반의 아랫배를 잘못 차서 쓰러져 죽고 말았다. 왕씨는 참형으로 초심을 확정하되 의식적으로 저지른 짓이 아님을 명백히 밝혀 참형 집행을 유예하는 것으로 바꾸었다.[82]

일부 사건들은 이유 없이 때리는 남편에게 저항하다가 잘못 상해를 입힌 경우였다.

종량산鐘亮山이 술에 취해 귀가하여 아내에게 차를 달라고 했다. 양楊씨는 곧장 주방으로 가서 차를 끓였다. 그런데 종량산은 성질이 급하여 욕을 했고 양씨는 해명했다. 그러자 종량산은 망치로 양씨의 머리를 때려 상해를 입혔다. 양씨는 급한 대로 다듬잇방망이를 주워들어 막다가 남편의 왼쪽 어깨뼈에 상해를 입혔다. 종량산은 방망이를 쳐낸 후 양씨의 옷자락을 잡고 연달아 때리다가 힘껏 잡아당겼다. 양씨가 앞으로 엎어지자 종량산은 뒤로 물러나다가 땅에 넘어졌는데, 왼쪽 엉덩이와 왼쪽 다리를 다쳤다. 양씨는 그 틈을 타 자리를 벗어나 도망갔다. 종량산이 그녀를 쫓아가 머리로 들이받았으나 양씨는 피했다. 종량산은 거세게 달려들다가 문틀에 세워둔 나무에 머리를 부딪쳐 쓰러졌고, 이튿날 사망했다.[83]

석조과石潮科가 아내 이李씨에게 아이를 꾸짖고 때려서는 안 된다며 욕을 하다가 담뱃대로 때려 이씨의 손가락에 상처를 입혔다. 이씨가 해명을 했으나 석조과는 또 다시 나무로 만든 멜대를 주워 때렸다. 이씨는 손으로 잡아 빼앗고서 달아나 숨었다. 석조과가 쫓아가 멜대를 빼앗으려 하자 이씨는 맞을 것이 두려워 멜대를 위로 들었고 석조과는 두 손으로 멜대의 중간 마디를 꽉 붙잡은 채 실랑이하다가 이씨가 힘에 부쳐 손을 놓았다. 그러자 석조과가 당기던 힘이 세어서 멜대가 숨구멍을 쳤고, 그는 쓰러져 사망하고 말았다.[84]

이李씨는 글자를 모르는 탓에 땅문서를 폐지로 알고 약가루를 말리는 데 썼다. 그녀의 남편 장상청蔣常青이 이를 발견하고는 때리고 꾸짖었다. 이씨가 변명했으나 장상청은 화를 내며 이씨의 변발을 꽉 붙잡은 채 장작토막을 주워들어 이씨의 뒤통수를 마구 때렸다. 이씨는 상해가 위급해지자 자신의 머리로 세게 들이받았는데 가슴에 타격을 받은 장상청은 13일 후에 사망했다.[85]

섭棄씨가 남편 형철인邢哲仁을 위해 술을 데웠다. 형철인은 술이 차갑다고 하며 다시 데우라고 했다. 섭씨가 불이 이미 꺼졌다고 대답하자, 형철인은 술그릇을 섭씨에게 던져 관자놀이에 상해를 입혔다. 섭씨는 도망갔으나, 형철인은 나무막대기를 쥐고 쫓아가며 때렸다. 섭씨는 상황이 위급해지자 나무막대기를 주워 막으려 하다가 형철인에게 상해를 입혔고, 형철인은 바닥에 쓰러져 목숨을 잃었다.[86]

범홍득范興得이 유劉씨에게 밥을 지으라고 명했는데 낡은 바지를 수선 중이던 유씨는 하던 일을 마치고 밥을 짓겠다고 답했다. 범홍득은 욕을 하며 대나무 막대기로 유씨의 머리를 때려 상처를 입혔다. 유씨는 아파하며 가위와 낡은 바지를 들고 울면서 방으로 들어갔다. 범홍득이 쫓아 들어가 때렸다. 유씨는 상황이 위급해지자 손에 들려 있던 가위를 들어 저항했다. 범홍득은 사나운 기세로 달려들었고, 유씨가 미처 손을 거두지 못해 가위가 그의 복부를 찔러 상해를 입고 목숨을 잃었다.[87]

염장원冉章元이 일족인 염경冉庚에게서 산지를 빌려 농사를 지었는데, 염경이 염장원의 아내 부符씨를 희롱했다. 부씨는 큰소리로 욕하고는 남편에게 알렸다. 염장원은 고발하여 추궁하고 싶었지만 염경이 고발하지 말라고 간청하면서 돈으로 배상하자 염장원은 돈을 받고는 끝내버렸다. 그러다 얼마 후에 염경이 빌려준 땅을 회수하려 하자 염장원은 부씨에게 희롱했던 예전의 일을 구실삼아 부씨로 하여금 염경의 집에 찾아가 소란을 일으키게 함으로써 계속 산지를 빌려 농사를 지으려고 했다. 그러나 부씨는 희롱했던 일은 배상을 받은 것으로 이미 끝났다고 여겼고, 그 일은 체면과 관계된 일이어서 가지 않으려 했다. 염장원이 꾸짖어 욕하면서 호미를 주워들고 구타하자 부씨는 호미를 빼앗았다. 염장원이 또 다시 장작토막을 주워들고 부씨의 팔에 상해를 입혔다. 부씨는 맞는 상황에서 다급히 호미 뒷부분으로 염장원을 가격했는데 볼에 상해를 당한 뒤 죽고 말았다.[88]

이유가 있든 없든 아내는 자기방어를 할 수 없었다. 상황이 위급한 것도 예외가 될 수 없었다.

엄嚴씨가 집에서 밥을 짓고 있는데 어린아이가 넘어져 울었다. 양기楊起가 아이를 돌보지 않는다며 아내를 꾸짖었다. 엄씨가 해명을 했으나 양기는 장작을 주워들고 그녀의 팔과 등을 때려 상해를 입혔다. 엄씨가 방에 들어가 울고 있는데 양기는 방 안으로 쫓아 들어와 엄씨를 침대로 밀어 붙이고 목을 졸랐다. 엄씨는 목이 졸려 상황이 위급해진데다 아이를 보호하기 위해 발버둥을 치다가 양기의 배를 차서 상해를 입혔다. 양기는 바닥에 쓰러지면서 얼굴을 부딪쳐 상해를 입었다. 그러다 얼마 후 목숨을 잃었다. 엄씨는 심문하여 참형으로 초심이 확정되었으나, 이 여인은 거슬러 순종하지 않음이 없었다는 임금의 뜻을 받들어 정황이 불쌍히 여길 만하다 하여 참형의 집행을 유예하도록 했다.[89]

남편이 실수로 아내를 죽이면 규정에 따라 죄를 묻지 않았으니, 미쳐서 아내를 죽이는 것 또한 죄를 묻지 않았다. 이러한 경우 청나라의 관례에 따르면 실수로 아내를 죽이는 것에 대해 논죄하지 말라는 법률에 의거해 영원히 감금했다.[90] 그러나 아내가 미쳐서 남편을 죽이는 경우에는 남편을 죽이는 본 법률에 따라 심문하여 참형으로 초심을 해야 했다. 다만 내각에서 한 쌍의 의견서를 바치고 상주한 경우, 즉 구경이 논의하도록 칙령이 전해진 경우에만 임금의 뜻을 받들어 감금되어 기다리는 감후를 논할 수 있었다.[91] 일반적으로 정신병에 걸린 자가 살인하면 초심에서 죽을죄로 정해졌으나, 그대로 집행되지 않고 영원히 감금하도록 처리했다가 정신병이 나으면 임금의 은혜를 입어 조사되고 석방되었다. 그러나 아내가 남편을 죽인 경우에는 복제와 관계되므로 아랫사람이 윗사람을 죽음에 이르게 한 죄로 다스렸다. 따라서 병이 나은 후에도 관례에 따라 석방을 허용하지 않고 영원히 감금했다.[92]

부모가 자손으로 인해 분기탱천하여 스스로 목숨을 저버렸을 때 그 자손은 책임을 면할 수 없다는 사실을 기억할 것이다. 명대의 규정은 조부모나 부모를 때린 법률에 의거하여 참형에 처하되, 상주하여 결정을 청했다. 청대의 규정은 무례하거나 거스름이 있었는지, 아니면 단지 가르침과 명령을 어겼을 뿐인지에 따라 각기 참형과 교형 감후로 처결했다. 이러한 측면에서 부부의 책임에 유의하면 법률이 유사한 관점과 처리 방법을 취하고 있음을 알게 된다. 명의 법률은 처첩이 남편을 위협하고 압박해 죽음에 이르게 하면 처첩이 남편을 때려 깊은 병에 이르게 한 죄에 의거하여 교형으로 초심을 정하고, 상주하여 선택하고 결정할 것을 청했다.[93] 청의 법률은 처첩이 남편을 사납게 핍박하여 자진하게 한 경우 초심에서 즉결 교형으로 정한다. 하지만 언쟁이 있고 사건의 발단이 미미하고 핍박한 정황이 없는데 그 남편이 생명을 가벼이 여긴 것이라면, 자손이 가르침과 명령을 어겨 부모를 자진하게 하는 것에 관한 규정에 의거하여 교형 감후에 처했다.[94] 아래 인용한 사건은 앞의 경우로 처리된 경우다.

고顧씨는 예옥倪玉의 후실로서 전실 자식인 예사자倪四子에게 극히 각박하
게 대했다. 예옥이 사자의 솜옷이 해진 것을 보고 자신의 솜옷을 입히려 하
자 고씨는 허락하지 않았다. 또 예옥이 양楊씨 집으로 시집간 여동생에게 사
자를 보내 기르게 하고 생활비를 주려 하자 고씨는 또 다시 허락하지 않았
다. 그래서 다투며 서로 때렸다. 예옥은 분노를 참지 못하고 스스로 목을 맸
다. 관리는 처첩이 남편을 핍박해 죽음에 이르게 한 법률에 의거해 교형에
처해줄 것을 상주했다. 황제가 조령을 내려 말했다. "아내의 남편에 대한 관
계는 신하의 군주에 대한 관계, 자식의 부모에 대한 관계와 같아 함께 삼강
으로 나열되는 만큼 무거운 관계다. 법률에는 아들이 가르침과 명령을 어겨
부모가 자진했다면 그 아들을 즉결 교형에 처한다고 되어 있다. 어찌 부녀자
의 남편에 대한 것만 가벼운 처결을 따를 수 있겠는가? 이 사건은 자신의 남
편을 핍박해 자진에 이르게 한 것으로, 그 사나운 부녀자를 어찌 인간 세상
에서 그럭저럭 살아가게 할 수 있겠는가?"95

한편 어떤 경우는 남편이 자신의 아내를 쫓아가 때리다가 스스로 실족
해 미끄러져 죽었다. 이러한 경우 법적으로 명확한 문구는 없었으나 부모가
자손을 쫓아가 때리다가 실족해 미끄러져 죽은 예에 근거하여 처리했다.

황장희黃長喜가 아내 이씨에게 요리에 신경을 쓰지 않는다고 욕하자 이씨는
불복하여 욕으로 응수했다. 장희는 분노하여 막대기를 주워들고 쫓아가서
때리다가 걸려 넘어졌는데, 바닥에 있던 장대의 뾰족한 부분에 오른쪽 사타
구니를 찔려 부상으로 사망했다. 형부에서는 이렇게 말했다. "법률의 판례에

는 남편이 아내를 쫓아가 때리다가 스스로 실족해 다침으로써 사망한 경우 그 아내를 어떤 죄로 다스려야 할지 조항은 없다. 다만 부모가 아들을 쫓아가 때리다가 스스로 실족해 죽는 사건에 대해서는 과거에 자녀가 가르침과 명령을 어겨 부모를 자진하게 한 판례에 비추어 교형 감후로 초심에서 정했으니, 아내의 남편에 대한 상황도 다를 것이 없으므로 그것에 비추어 심문하여 판결해야 할 것이다."[96]

법적으로 윗사람의 아랫사람에 대한 경우에는 위협하고 핍박해 죽음에 이르게 했다는 죄명이 성립되지 않았으므로[97] 남편의 아내에 대한 것도 그러했다. 그래서 명·청의 법률에서는 남편이 처첩을 때리고 욕함으로 인해 처첩이 자진한 경우에 대해서는 논죄하지 말라고 명문으로 규정했으며,[98] 때려 다친 정도가 아주 위중하다 하더라도 처벌은 장 80대에 불과했다.[99]

죄가 있는 자손을 부모가 구타해 죽이는 것은 법적 책임을 지지 않았으므로, 남편 또한 아내에 대해 같은 권리를 갖고 있었다.

부인이 간음하는 것은 용인될 수 없는 죄로서 칠거지악 가운데 하나였다. 원나라 이후의 법률에서는 남편이 간음한 자들을 체포할 수 있도록 허용했다.[100] 따라서 남편이 간음 현장에서 내연남과 아내를 잡은 즉시 둘 다 죽이는 것에 대해 논죄하지 않았다.[101] 현장에서 내연남은 죽이지 않고 아내만 죽이거나 사후에 아내를 죽이는 경우에만 죄가 되었다.[102]

부인이 시부모를 때리고 욕하는 것도 칠거지악 중 하나로, 법적으로는 본래 죽어 마땅한 죄였으며, (욕을 한 자는 교형에 처하고 때린 자는 참형에 처했다) 남편이 아내를 관아에 고발하지 않고 임의로 죽인 경우 장형과 징역형에 불과할 정도로 처결이 매우 가벼웠다. 며느리가 불효한다고 부모가 고발했는데 남편이 아내를 임의로 죽인 경우에는 처벌이 더욱 가벼워서 겨우

장 100대에 불과했다.[103]

한편 남편이 죄가 있다는 이유로 아내가 남편을 때려죽인 경우에는 감면의 기회가 주어지지 않았다. 남편은 아내의 벼리이므로 남편이 아내를 따르거나 아내의 단속에 복종하는 것은 이치에 맞지 않기 때문이다. 이는 윗사람에게 죄가 있어도 아랫사람은 그를 나무라고 때릴 권리가 없을 뿐 아니라 질책하는 것 또한 본분을 넘어서는 행위인 것과 마찬가지인 셈이다.

아내의 간음은 커다란 죄악이어서 남편이 아내에게 매춘을 요구해도 아내는 받아들여선 안 되고, 그로 인해 다툼과 구타가 일어나더라도 아내는 남편을 때려죽였다는 죄명에서 벗어날 수 없었다.

나소마羅小麼는 가난으로 고생스러워 아내 왕아국王阿菊을 핍박해 매춘을 하게 했다. 아국은 받아들이지 않으려 했으나 자주 때리고 욕을 하여 어쩔 수 없이 받아들였다. 나소마는 간부姦夫 안아이安阿二를 찾았다. 이윽고 돈을 요구하며 싸우다 안아이를 쫓아내고 다른 간부를 찾았다. 아국이 받아들이지 않자 나소마는 모욕하고 욕을 했고, 아국은 대들었다. 나소마는 막대기를 주워들고 달려들어 때렸다. 아국은 손에 닿는 대로 뚝배기의 끓는 물을 뿌려서 놀라게 하려 했는데, 나소마의 가슴에 뿌려졌다. 나소마는 부상을 당해 사망했다. 사법관리는 나소마가 아내를 핍박해 매춘을 하게 한 것은 극도로 후안무치한 일이지만, 왕씨 또한 까닭 없이 행패를 부렸다고 여겼다. 자신의 지아비를 죽게 한 것은 명분에 관계된 것이니, 왕씨를 남편을 때려죽인 것에 관한 법률에 의거해 즉결 참형으로 판결했다.[104]

위와 유사한 또 다른 사건에서는 사정이 봐줄 만하여 등급을 경감해줄 것을 상주할 수 있었다.

국자감 학생監生 하경성何景星은 평소 재물로써 거만하고 난폭하게 굴었다. 그는 임아매林阿梅의 아내 왕王씨의 아름다운 자태와 용모에 반해 간음을 할 뜻을 품고 임아매와 상의하여 은전을 주겠노라 했다. 아매는 기세가 두려워 그러겠다고 응했으나 감히 아내에게 사실대로 말하지 못했다. 그는 왕씨에게 하경성을 모시고 좌담하라고 부탁하고 자신은 정원으로 나가 차를 끓였다. 하경성은 이 기회를 틈타 왕씨에게 희롱하는 말을 했다. 왕씨는 격분하여 장작토막을 던졌는데 하경성이 재빨리 몸을 피했고, 공교롭게도 걸어오던 임아매의 관자놀이를 정통으로 맞추어 죽음에 이르렀다. 관리는 아내가 남편을 때려죽인 법률에 의거해 즉결 참형으로 판결했다. 형부에서는 임아매가 부끄러움을 모르고 이익을 탐했으니 부부 간의 의리가 이미 끊어졌다고 했다. 또 왕씨는 아부하지 않고 절개를 지키다가 실수로 남편에게 상해를 입힌 것으로, 그 상황이 불쌍히 여길 만하다고 판단했다. 이에 싸우다가 실수로 다른 사람을 상해한 것에 관한 법률에 따라 교형 감후로 판결하여 가을 재판으로 한 차례 결정을 미룬 다음, 감형의 가능 여부를 황제께서 결정해주실 것을 상주했다. 의논한 바에 따라 황제의 뜻을 받들었다.[105]

다음과 같은 점은 흥미롭다. 며느리의 시부모에 대한 관계는 자녀의 부모에 대한 관계와 같아, 시부모를 때리고 욕하여 불효를 저지른 아내를 남편이 죽일 수 있었다. 자녀와 부모는 천륜의 관계이므로 때리고 욕하는 불효에 대한 처벌은 바뀌지 않았다. 반면 아내는 남편에게 부드럽게 권면할 수 있을 뿐 때릴 수 없었다. 아내가 남편을 때려 상해를 입혔다면 아내가 남편을 때려죽인 죄에 대한 법적 책임을 면키 어려웠다.

범일청范日淸이라는 자가 말린 두부 세 개를 사서 귀가한 후, 곧바로 이웃 마을로 가서 술을 마셨다. 그때 그의 아버지 범채영范彩榮이 반찬이 부족하다면서 며느리 요姚씨에게 말린 두부로 밥을 짓도록 했다. 저녁이 되어 집에 돌아온 범일청이 안주거리로 두부를 찾았다. 요씨가 이미 시아버지께 끓여드렸다고 대답했다. 범일청은 요씨가 거짓을 말한다고 욕하면서 달려들다가 술기운에 넘어졌는데, 탁자 모서리에 왼쪽 눈썹 부위를 쩷었다. 그는 일어나서 주먹으로 요씨의 왼쪽 다리를 때리고 멜대로 왼쪽 어깨를 쳐서 다치게 했다. 요씨가 달아나 몸을 피하자 범일청이 멜대를 들고 쫓아왔고, 요씨는 상황이 급박하여 근처에 있던 차 빻는 나무방망이로 막다가 범일청의 이마를 쳤다. 땅에 쓰러진 그는 왼쪽 엉덩이를 쩷은 부상으로 사망했다. 형부에서는 아내가 남편을 때려죽인 것에 관한 법률에 의거하여 초심에서 참형으로 판결했다. 그러나 비록 법률에 따라 판정하기는 했으나 범일청은 불효를 저질렀고, 요씨는 잘못이 없었으나 남편에게 누차에 걸쳐 맞다가 급하게 방어하는 과정에서 사건이 일어난 것이다. 이는 까닭 없이 범행을 저지른 것과는 다르다는 어지御旨를 받들었다. 범일청의 죽음은 스스로 재앙을 만든 것이니, 요씨에게는 관용을 베풀어 참형 감후로 고쳐 판결했다.[106]

남편이 아내를 때려죽인 죄에 대한 처벌이 극히 가벼운 정황은 상술한 바와 같다. 그런데 유의할 만한 것은 사형 판결을 받은 죄인에게 부모 봉양留養承祀이라는 명분으로 형을 면할 기회가 주어지기도 했다는 점이다.

일반적으로 살인을 저지르면 판례를 원용해 부모를 봉양하도록 할 수 있다. 다만 반드시 가을 재판으로 한 차례 처결을 잠시 늦추어緩決 처벌의 등급을 경감할 수 있는 희살戱殺장난 끝에 과실로 죽임, 오살誤殺죽일 생각 없이 잘못하여 죽임, 천살擅殺멋대로 죽임, 투살鬪殺싸움 끝에 죽임의 정황이 가벼워 불쌍히 여길 만한 경우, 그리고 친족을 구하려는 감정이 절절하여 단지 한두 군데만 상해를 입혔을 뿐인 사건에 대해 규정에 따라 허가한다. 반면 계획적이거나 고의적 살해인데 가을 재판 결과 사실에 속하고 불쌍히 여겨 감형할 만한 요소가 없는 살인 사건인 경우에는 부모 봉양을 신청하지 못하도록 했다.[107] 그러나 남편이 아내를 죽음에 이르게 한 경우에는 때려죽였든 고의로 죽였든 상관없이 그 내막을 살펴 불쌍히 여길 만한 것 안에 포함했고,[108] 부모님이 연로했거나 차남이 미성년이어서 부모를 봉양해야 하는 조건에 부합한다면 사건에 따라 설명하여 신청하도록 허락되었다.[109]

부모가 이미 작고한 경우 집에 차남이 없다면 판례를 인용해 제사를 받들 수 있었다.[110] 아내를 죽였으나 부모를 봉양하고 제사를 받들도록 허락한 사건들은 2개월간 목에 칼을 차고 장 40대를 맞는 것으로 처리했다.[111]

부모 봉양은 남자에게만 주어진 권리였고, 제사를 받들 수 있게 하는 경우는 오직 아내를 죽인 사건으로만 제한되었다.[112] 이 점은 상당히 주목할 만하다. 이를 통해 부모를 모시고 제사를 받드는 일이 얼마나 소중한 것인지를 알 수 있고, 제사를 받드는 일에 관한 조항을 통해 "아내의 목숨은 가볍고 조상과 대를 잇는 것은 중하다"는 이치를 잘 헤아릴 수 있기 때문이다.[113]

5. 남편 집안

여자가 시집간다 함은 아버지의 종가를 벗어나 남편의 종가로 가는 행위로서, 그녀는 친정을 떠나 다른 가족 집단 속으로 들어가 자신의 집으로 여기고 그들 단위의 경제 활동 및 종교 활동에 참여한다. 그리고 남편 집안의 각 친족들과 일정한 친족 관계를 맺는다.[114] 연좌 책임이라는 측면에서도 남편 집안에 대해서만 책임을 진다.[115] 친정에 대해서는 더 이상 생산의 책임을 지지 않고(그녀의 노동력은 남편 집안에 속해 있다) 소비에 참여할 권한 또한 지니지 않는다. 혼수는 친정에서 주는 마지막 선물인 것이다. 가족 종교의 측면에서도 그녀는 더 이상 친정의 제례에 참여하지 않는다. 비록 그녀와 친정의 친족들은 형식적으로는 원래의 관계와 호칭을 그대로 유지하지만 실제적인 친소 관계에는 커다란 변화가 생겨난다. 그녀는 부모 및 다른 친족들에 대해 복제 등급이 낮아지고, 그녀의 가족들도 그녀에 대해 복제 등급이 낮아진다.[116] 그러한 변화로 인해 그녀와 가족은 가까운 관계에서 소원한 관계가 되고, 아울러 친족의 범위 또한 축소된다.

남편 집안의 친족 중에서 며느리와 시부모의 관계는 가장 밀접하고 주된 관계다. 시부모에 대해 공손하고 조심스레 섬기고 봉양하는 것이 부녀자의 직분으로, 시부모를 섬기지 않고 불경하고 불효하는 것은 부녀자의 도를 훼손하는 것이며 쫓겨나는 7가지 조건 중 하나였다. 시부모를 욕보이는 불손한 행위는 국법과 인정에 의해 허용되지 않았고 제재는 매우 엄했다. 당·송의 법률에서 욕을 한 자는 징역 3년에 처했다.(반드시 시부모가 고발해야 처벌했다.) 때린 자는 교형에 처했고, 상해를 입힌 자는 참형에 처했고, 실수로 죽인 자는 징역 3년, 상해를 입힌 자는 징역 2년 반,[117] 모살한 자는 참형에 처했다.[118]

명·청의 법률에 이르러서야 자손의 부인과 자손을 똑같이 대우했다. 즉 며느리가 시부모를 침범하는 죄에 대해 자손이 조부모나 부모를 침범하는 죄와 똑같이 처리했다. 남편의 조부모나 부모를 고발한 자는 장 100대와 징역 3년에 처했고, 무고한 자는 교형에 처했다.[119] 욕을 한 자는 교형에 처했고,[120] 때린 자는 참형에 처했으며, 죽인 자는 능지처참했다. 실수로 죽인 자는 장 100대에 3000리 밖으로 유배 보냈고, 상해를 입힌 자는 장 100대와 징역 3년에 처했으며 돈을 주고 석방하는 일은 허용되지 않았다.[121] 모살을 이미 행한 자는 상해를 입혔는지를 불문하고 모두 참형에 처했고, 이미 죽인 자는 능지처참했다.[122]

며느리가 시아버지를 때려죽게 한 죄는 오로지 간음을 거부한 경우에만 가볍게 처벌될 수 있었다. 옛 판례에 며느리가 간음을 거부하다가 시아버지를 때려 상해를 입힌 사건에 대해서는 특별한 규정이 없었고, 아내가 남편의 부모를 때리는 것에 관한 일반적인 판례에 따라 참형으로 판결했다. 그러다가 가경 연간에 형걸邢杰이 며느리를 강간하다가 입술 부위를 물려 피부가 떨어져나가는 사건이 있었다. 황제는 형걸이 강간을 저질러 이미 시아버지와 며느리 사이의 의리가 끊어졌고, 오吳씨 역시 까닭 없이 저지른 행위가 아니므로 특별히 죄로 다스리는 것을 면해주었다. 이를 계기로 새로운 판례가 정해지게 되었다. 며느리가 간음을 거부하다가 시아버지에게 상해를 입히면 상주해 면죄를 받아 석방을 청할 수 있게 된 것이다.[123] 예컨대 도광 연간의 판례에서도 상주해 참형 감후로 바꾸어줄 것을 청할 수 있었다.[124]

임꼭형林㘉亨이 며느리 사謝씨의 목을 껴안고 강간을 하려고 아랫도리를 풀어 음경을 내놓으며 말로써 간음을 유도했다. 사씨는 버둥대며 거부했으나 벗어날 수 없었다. 때마침 곁에 놓인 수염 깎는 칼로 임꼭형의 생식기를 잘라버리니 상해를 입어 사망했다. 섬서陝西 순무가 사씨를 법률에 따라 능지처참으로 심문해 판결하되, 임꼭형이 윤리를 어지럽혀 며느리를 강간하려 했으니 사씨의 다급했던 상황은 까닭 없이 흉악한 일을 한 자와는 다르다는 사실을 밝히고 상주하여 결정해줄 것을 청했다. 황제의 뜻을 받들어 참형 감후로 바꾸었고, 형부를 거쳐 판례를 적는 서책에 기술해 넣었다.[125]

한편 가르침이나 명령을 거스른 연유로 시부모가 격분하여 자진했다면 며느리는 책임을 면할 수 없었다. 청의 법률은 완전히 자손이 불효하거나 가르침이나 명령을 거슬러 부모를 자진하게 한 판례에 따라 처리했다. 즉 사건이 시부모에게 대든 데서 연유한 것이면 참형으로 판결하고, 가르침과 명령을 어겼으나 대들지 않았다면 교형 감후로 판결했다.[126] 아래에 인용하는 두 사건은 그러한 사례에 해당된다.

서徐씨의 아들 주무성周武成은 일찍 죽었고, 과부 며느리 마馬씨는 평소에 태도가 아주 조심스러워 대든 적이 없었다. 그러나 마씨는 생활비가 없어서 서씨가 늙어서 입으려고 마련해둔 옷을 몰래 저당 잡혀 사용했다. 어느 날 서씨가 새벽에 친정집에 가야 하니 마씨에게 내일 아침 일찍 일어나 밥을 하라고 당부했다. 다음 날 마씨는 늦잠을 자는 바람에 서씨로부터 욕을 먹었다. 또 서씨가 상자를 열어 옷을 꺼내려다가 옷이 저당 잡힌 사실을 알게 되자 크게 분노하며 소리치고 욕을 했다. 마씨는 감히 말대꾸를 할 수 없었다. 이웃 부녀자의 설득에 서씨는 침실로 들어가 쉬었다. 그러나 서씨의 분기는 풀리지 않았고, 결국 우물에 몸을 던져 사망했다. 법관은 마씨가 평소에 대든 일이 없으니 자손이 가르침과 명령을 어겨 부모를 자진하게 한 판례에 따라 교형 감후로 판결했다.[127]

이른바 가르침과 명령을 어긴다는 말은 모호할 때가 많았다. 며느리가 아무 잘못도 없고 거스른 바가 없다 해도 그와 같이 처리하지 않을 수 없었다. 도대체 누가 맞고 틀린 것인지, 가르침과 명령을 거스른 것인지, 법관은 객관적인 요소에 대해 그다지 주목하지 않았다. 요컨대 시부모가 그로 인해 자진했다면 며느리에게 응분의 처벌을 하지 않을 수 없었던 것이다. 불쌍히 여겨 용서할 만한 사정인 경우에만 비로소 따를 바를 헤아려 끝에 가서 감형했다.

하何씨 성을 가진 어느 집에서 늙은 할머니 전田씨는 자신의 손자 하개상何開祥을 총애하여 평소에 매우 애지중지했다. 그러던 어느 날 하개상이 밖에서 장난치며 놀다가 집에 돌아왔는데, 옷이 흙으로 더럽혀져 있어 어머니인 작은 전田씨에게 죽대로 매를 맞았다. 아이가 울고 있을 때 공교롭게 친척집에 갔던 할머니가 돌아왔는데, 진상을 듣고 나서 며느리에게 손자를 때려선 안 된다면서 소리치고 욕하며 때리려 했다. 작은 전씨는 감히 말대답을 하지 못하고 방으로 들어가 숨었다. 할머니는 일족인 이웃으로부터 그만하라는 권고를 받고 방으로 들어갔으나 노기가 식지 않았다. 그래서 남편인 하윤복何允福에게 잔소리를 해대며 손자가 맞아서 애통하고 화가 난다며 차라리 일찍 죽어 이 분기에서 벗어나는 게 낫겠다고 했다. 하윤복은 한참을 권면하고 위로했다. 그런데 전씨는 남편이 깊이 잠든 사이에 목을 매 죽고 말았다. 형부에서는 작은 전씨가 자기 자식을 나무라며 때린 것은 이치에 따라 훈계하고 꾸짖은 것이었으며, 당시에는 시어머니가 집에 있지 않았다고 했다. 또 전씨가 집에 돌아와 며느리에게 소리치고 욕했을 때도 그녀는 말대답하지 않고 방에 들어가 숨었으니, 실로 가르침과 명령을 거스른 점이 없다고 봤다. 더욱이 전씨가 욱하여 스스로 목을 맬 줄은 아무도 예상할 수 없는 일이었다. 그러니 전씨를 자손이 가르침과 명령을 어겨 부모를 자진하게 한 판례에 의거해 교형으로 판결하되, 자세한 정황을 분명히 밝히고 상주하여 유배형으로 고쳐 감형해줄 것을 청했다.[128]

한편 시아버지가 며느리를 핍박해 개가하도록 했으나 무산되자 분노와 원망으로 자진한 사건도 있다. 이 사건은 시아버지의 행동이 도의에 어긋나기 때문에 며느리에게 교형 감후에서 최고의 유배형으로 고쳐 판결했다. 더불어 정절을 지켜 복종하지 않은 것은 잘못이 아닐뿐더러 예법으로 특별히 장려되었음에도 처벌이 단지 한 등급 경감되었다는 것은 법적으로 인륜의 기강을 중시한 정도가 옳고 그름보다 훨씬 더 컸음을 알 수 있다.

섭葉씨의 남편이 출타하여 오래도록 돌아오지 않자 시아버지였던 악래영岳來英은 그녀를 개가시켜 팔아넘기려 했다. 섭씨가 복종하지 않자 그녀가 마땅히 분배받아야 할 땅을 빚으로 저당 잡히고 둘째아들에게 도와주지 말라고 하여 스스로 존립하지 못하게 했다. 섭씨가 현縣으로 가 소송하려 하자 악래영은 분노와 원망의 마음을 품고 목숨을 가벼이 여겨 자진했다. 법관은 악래영이 며느리를 대한 태도는 불인不仁한 것으로서 실로 아버지의 도에 어긋난 점이 있다고 여겼다. 또 그녀가 정절을 지켜 복종하지 않은 것 또한 부모를 거스른 경우들과는 다르니, 자손이 가르침과 명령을 거스른 죄에 의거하여 그녀를 심문하고 판결한다면 정을 가벼이 여기고 법을 중히 여긴 것과 같다고 보았다. 마땅히 교형 감후의 판례에서 헤아려 한 등급 감형해 장 100대에 3000리 밖으로 유배해야 할 것이라고 했다.[129]

그 밖에 일부 시부모가 식사와 관련한 자질구레한 문제로 격분하여 자진한 사건도 있었다. 이런 경우에도 며느리는 시부모를 죽음으로 내몬 책임을 피할 수 없었고, 자식이 가난하여 넉넉히 봉양하지 못함으로써 부모를 자진하게 한 판례에 비추어 유배형으로 판결했다.

고高씨가 콩을 삶아 시어머니 소蕭씨에게 드렸는데 충분히 익지 않아 딱딱한 콩이 섞여 있었다. 소씨가 씹다가 이가 흔들리자 큰소리로 욕했다. 이에 고씨가 국수를 만들어 가져왔으나 소씨는 이가 아파 먹기 힘들다면서 다시 큰소리로 욕을 했고, 고씨는 말대꾸를 하지 못했다. 소씨는 막대기를 주워 들고 때리려 했으나 고씨가 막자 격분하여 우물에 몸을 던져 사망했다. 법관은 고씨가 대들어 거스른 정황이 없음을 심문해 밝혔다. 다만 소씨가 콩을 씹다가 이를 다쳐 아팠고 며느리가 매를 피한 것 때문에 격분해 자진했으니, 궁극적으로는 고씨가 딱딱한 콩을 충분히 삶지 않은 탓이라고 여겼다. 일부러 거스른 것은 아니지만 법은 엄하고 인륜은 질서정연하므로 자식이 가난해 넉넉히 봉양하지 못함으로써 부모가 스스로 목을 맨 판례에 비견하여 고씨를 유형 가운데 최고형에 처해야 한다고 했다.[130]

이씨와 허씨는 번갈아서 시부모에게 밥을 지어드렸는데 농사 일이 바빠 식사 때를 놓쳤다. 시부모가 집에 도착할 무렵 허씨는 비로소 깨닫고 바삐 돌아와 요리를 했지만 준비를 제대로 하지 못해 가지 요리만 반찬으로 드렸다. 시어머니는 반찬이 좋지 않다고 나무라며 욕했고, 허씨는 잘못함을 알고 남편을 찾아가 고기 요리를 사오도록 했다. 그러자 시아버지가 시어머니에게 게걸스럽다고 욕을 했고, 그 말에 시어머니가 격분하여 자진했다. 허씨는 앞선 판례에 비견하여 유형으로 판결했다.[131]

시어머니가 어떤 음식을 드시면 안 되기 때문에 드리지 않았다가 시어머니가 분개하여 자진한 일도 있었는데, 역시 가벼운 처벌을 받지 못했다.

시柴씨 집으로 시집간 조趙씨는 시어머니가 메밀을 먹겠다고 하자 메밀의 성질이 차가운데 시어머니가 본래 복통을 앓고 있으므로 성질이 찬 것을 드리지 않으려 했다. 그러자 시어머니는 분개하여 자진했다. 법관은 조씨가 비록 공양함이 신중하고 일부러 거스른 것이 아니지만 자식이 가난하여 봉양하지 못해 어머니가 스스로 목을 매게 한 판례에 비추어 만기 유형에 처했다.[132]

며느리가 간음하고 도둑질하거나 살인하는 등 죽을죄를 지어 시부모를 자진하게 한 경우는 책임이 더욱 무거워 자손이 저지른 것과 똑같이 처리했으니, 가벼우면 징역형이나 유형이었고 무거우면 교형으로 처결했다.[133]

한편 시부모가 며느리를 살해한 경우에는 감형주의를 채택하여 여러 이유로 법적인 책임을 지지 않았다. 며느리에게 가르침과 명령에 거스르는 행위가 있으면 마땅히 시부모로부터 꾸지람을 들어야 했고, 불구가 되거나 중병에 걸리지 않는 이상 일률적으로 상해죄가 성립되지 않았다.

당·송의 법률에서 자손의 부인을 때려 불구로 만든 자는 장 100대에 처했고, 중병에 들게 한 자는 1등급 가중하여 징역 1년형에 처했다.[134] 명·청의 법률은 더 너그러워서 이치에 맞지 않는 일로 불구가 되게 한 자는 장 80대에 처했고, 중병에 들게 한 자는 1등급 가중하여 장 90대에 처했다.[135] 이치에 맞는 사유라면 이 범위에 들지 않았다.

며느리를 죽음에 이르게 했을 때, 당·송·명·청의 법률은 실수로 인한 경우는 논죄하지 않았으나 그 외에는[136] 모두 징역 3년형에 처했다.[137] 그런데 명·청의 법률에서는 다음과 같은 두 가지 조건을 덧붙였다. 그것은 며느리가 가르침과 명령을 거스른 죄를 지어 벌을 받다가 뜻하지 않게 치사했거나 시부모를 때리고 욕하여 시부모에 의해 맞아죽은 경우 역시 논죄하지 않았다.[138]

이른바 법에 의거해 벌을 주는 것과 이치에 맞지 않게 때려죽이는 것의 분별은 단지 구타의 수단에 있었다. 청나라 때의 이치에 맞지 않게 며느리를 때려죽인 사건은 그러한 상황을 가장 잘 설명해준다.

황덕현黃德顯은 며느리 진陳씨가 쌀을 훔쳐 내다팔자 그녀를 질책했다. 진씨
가 울면서 소리 지르고 사납게 굴자 덕현은 분개하여 괭이자루로 그녀의 가
슴과 관자놀이를 쳐서 사망에 이르게 했다. 법관은 발생 원인이 미미하고 시
부모를 때리고 욕한 중대한 정황도 없다고 여겼다. 가슴과 관자놀이에 치명
상을 입힌 행위는 벌을 주는 정도를 벗어났고, 철제 괭이 또한 적합한 도구가
아니라고 했다. 이는 이치에 맞지 않게 때려죽인 경우로, 법에 의거해 벌을
내리다가 우연히 치사한 것과는 다르다고 하여 법률에 의거해 징역형으로 판
결했다.139

며느리가 가르침과 명령을 거스르거나 때리고 욕하며 불효한 죄가 없는
데도 죽인다면 고의 살해죄가 성립되어 처벌이 더욱 중했다. 당·송·명·청
의 법률에서는 모두 2000리 밖 유형에 처했다.140

통상적으로 부녀자가 유형에 처해지면 관례에 따라 돈을 내고 석방되었
으나, 며느리를 살해한 정도가 지나치게 잔인하면 판례를 인용하지 못하고
실제로 유배해야 했다.

왕王씨 집에 시집간 여黎씨는 며느리 자資씨가 찬 음식을 몰래 먹자 끈으로
두 손을 묶고 하룻밤 내내 꿇어앉혔다. 자씨는 이 벌로 인해 두 무릎에 상해
를 입고 일어나지 못했다. 여씨가 주먹으로 화를 내며 때렸고, 자씨가 울면
서 고함을 지르자 뜨겁게 달군 철 집게로 눈썹을 지져 상해를 입혔다. 자씨
는 상처가 위중하여 목숨을 잃었다. 여씨는 불법적이었고 잔혹했으므로 유
배형에 처해졌으되, 돈을 내고 석방되는 것이 허락되지 않고 판결대로 유배

보내졌다.[141]

　며느리가 말로 대들었을 뿐 욕설과 폭력을 행사하지 않았는데 시어머니가 죽일 생각으로 잔혹하게 상해를 입혔다면 더 중한 처벌을 내렸으니, 각 성의 변방에 주둔하는 관병의 노비로 보내졌다.[142]

　한편 간음을 저지른 시어머니가 며느리를 죽이는 사건은 법적으로 더욱 흉악하고 부끄러움을 잃은 경우로, 고부간의 도의가 이미 끊어졌다고 보아 복제에 따라 처리하지 않고 가중 처벌했다. 청의 판례에 따르면 시어머니가 간음을 저지른 뒤 며느리의 입을 닫게 하려고 죽인 경우, 시어머니가 남편의 친모이거나 정실인 경우 교형 감후로 초심 판결했고, 계모인 경우에는 참형 감후로 초심 판결했으되, 모두 판결을 유예하여 영원히 감금했다.[143] 시어머니가 타인과 간통을 했는데 며느리가 눈에 거슬려 똑같이 사음邪淫을 저지르도록 명령하고 이에 따르지 않는 며느리를 모의해 죽인 경우에는, 일반 사람이 모살한 법률에 따라 각각 주범과 종범에 대해 참형 감후와 교형 감후에 처했다.[144] 핍박과 명령으로 사음하도록 끌어들였으나 며느리가 견디지 못하고 자진한 경우 (주범과 종범은) 각 성의 변방에 주둔하는 군대의 노비로 보내졌다.[145]

　또 며느리를 핍박하여 매음을 강제하다가 자진하게 한 사건도 있었는데, 이 역시 판례에 의거해 심문해 교형 감후로 판결했다.[146]

　시아버지가 며느리를 강간하려다가 실패하자 살해한 경우는 인륜과 기강을 해친 것으로, 시아버지와 며느리 사이의 도의가 이미 끊어진 것이므로 복제에 따라 처리하지 않았다. 이런 경우는 시아버지와 며느리 사이에서 일반적인 경우에 따라 논죄할 수 있는 유일한 조건이었다.

이의청李懿靑은 며느리 조曹씨가 홀로 있는 것을 보고 음욕이 발동해 침실로 들어가 희롱했다. 이에 조씨는 따르지 않고 소리 지르며 욕했다. 이의청이 마당으로 달려 나오자 조씨는 쫓아가 때리고 머리로 들이받았다. 이의청은 부삽자루로 조씨를 쳐서 다치게 했다. 조씨는 옷을 붙잡고 기를 썼다. 이의청은 발로 조씨를 차서 상해를 입힘으로써 목숨을 잃게 했다. 진晋의 순무는 이의청을 심문해 변경 지역 4000리 밖의 충군으로 보내도록 판결했다. 그러나 형부에서는 죄상과 부합되지 않는다고 하여 앞선 판결을 뒤집어 일반적인 상황에 따라 논죄했으니, 싸우다가 사람을 때려죽인 것에 관한 법률에 의거해 교형 감후로 판결했다.[147]

시아버지가 며느리를 강간하려다가 반항하는 며느리를 죽인 사건도 있었는데, 일반적인 사례에 따라 논죄하여 참형으로 판결했다.

오제영伍濟瀛은 홀아비로, 젊고 예쁜 며느리 팽彭씨를 보면서 간음하려고 맘먹은 것이 하루 이틀이 아니었다. 어느 날 오씨가 술에 취해 귀가했을 때 아들은 외출해 있었고 팽씨는 아우의 아내 방에서 한담을 나누고 있었다. 이에 팽씨의 방에 잠입해 휘장 안에 숨어 있었다. 팽씨가 방으로 돌아와 침대에 눕자 오제영이 손으로 팽씨의 젖가슴을 더듬었다. 팽씨는 그를 붙잡은 다음 시할머니 방으로 끌고 가 알리려고 했다. 그러자 오씨는 침대에서 내려와 팽씨의 손을 눌렀다. 팽씨가 벗어나려고 애쓰며 바닥에 앉아 소리쳐 시할머니를 불렀다. 오씨는 손으로 그녀의 입을 막았으나 팽씨는 계속 소리 질렀다. 오씨는 어머니가 들을까 두려워 팽씨를 바닥에 쓰러뜨리고 손으로 목을 졸랐는데 힘을 강하게 주는 바람에 기도가 막혀 죽고 말았다. 오제영은 강간미수로 부녀자를 살해한 판례에 의거해 즉결 참형으로 판결되었다.[148]

또 강간을 계기로 며느리를 산 채로 땅에 묻은 사건도 있었다.

주꾁진周幗珍은 며느리 왕씨와 합의 하에 간음을 하고자 했으나 따르지 않자 여러 차례 괴롭히다가 왕씨가 노동자와 간음을 했다고 무고했다. 또 왕씨의 친숙부 왕조흥王兆興에게 뇌물을 주고 차남 주진아周鎭兒에게 명령해 함께 왕씨를 산 채로 땅에 묻게 했다. 주꾁진은 일반적인 사례에 따라 사람을 모살하는 것에 관한 법률에 의거해 참형 감후로 판결했다.[149]

이상은 시부모와 며느리의 관계다. 이제 아내와 남편 집안의 다른 친족 간의 관계를 살펴보자. 아내가 남편의 집안에 와서 남편의 집안사람들과 친족 관계를 맺은 이상 일정한 상복을 입으므로 쌍방 간에 소송이 일어날 경우 법적으로도 각기 복제에 따라 처결했다.

아내가 남편의 기년복 이하에서 시마 이상의 윗사람을 때리고 욕할 경우, 당·송의 규정에 따르면 남편이 그러한 행위를 한 것보다 한 등급 감형해주었고(그 이유는 부인의 복제가 남편보다 한 등급 낮기 때문이었다) 죽인 경우에는 참형에 처했다.[150] 그러다가 명·청의 법률에서는 남편이 때린 것과 같은 죄로 다스렸고, 죽인 경우에는 역시 참형에 처했다.[151]

아내가 아랫사람을 때려 상해를 입힌 경우, 당·송·명·청의 법률 규정에 따르면 모두 남편이 때린 것과 같은 죄였고, 죽음에 이르게 한 자에 대해서는 교형에 처했다.[152] 남편의 조카는 아랫사람 가운데 가장 친한 관계이므로 이 경우는 따로 논죄했다. 때려죽인 자는 3000리 밖 유형에 처했고, 고의로 죽인 자는 교형에 처했다.[153]

윗사람인 부녀자가 아랫사람인 부녀자를 때려 상해를 입힌 경우에는 일반인의 경우보다 한 등급 감형해 논죄했고, 죽음에 이르게 한 경우에는 교형에 처했다.[154] 동년배 가운데 아우의 아내가 형의 아내를 때리거나 아내가 남편의 자매를 때린 경우, 당·송의 법률에 따르면 시동생과 형수는 교류하지 않는다는 원칙에 근거해 일반인에 대한 것보다 한 등급 가중 처벌했다.[155] 그러다가 명·청의 법률에 이르러서는 형수는 윗사람으로 간주하고 시동생과 아가씨는 아랫사람으로 간주하여 남동생과 여동생이 형수를 때리면 일반인에 대한 것보다 한 등급 가중 처벌했고, 누나가 동생의 아내를 때리거나 아내가 남편의 동생이나 여동생 혹은 남편 동생의 아내를 때린 경우에는 각각 일반인에 대한 것보다 한 등급 감형해주었다.[156]

6. 혼인의 해소

1) 칠거지악

혼인의 목적은 조상과 후손을 잇는 가족의 구성이므로 그 목적을 달성하지 못하는 혼인은 자동적으로 해소되어야 했다. 그래서 '일곱 가지의 쫓겨나는七出'[157] 조건 중에 절도 항목만 개인적으로 덕을 상실하는 것과 관계될 뿐, 나머지 조건들은 가족과 관련되지 않는 것이 없었다.

아들이 없음은 분명히 혼인의 가장 주되고 신성한 목적에 위배되는 것이었다. 아래로 후세를 잇고 위로 조상의 사당을 섬길 수 없으니, 세 가지 불효 가운데 가장 큰 불효였다. 이와 같이 결과가 없는 혼인은 반드시 해소되어야 했다. 중국뿐만 아니라 자손의 번창을 중시하는 모든 사회에서는 이 항목을 이혼의 조건으로 삼았다.[158]

그러나 이 풍속과 법률이 인용될 때 종종 지나치게 적용하여 아들이 없음을 절대적인 이혼의 조건으로 오인하곤 한다. 하지만 사실상 극소수의 예를 빼고는[159] 역사적으로 아들이 없다고 해서 쫓겨나는 일은 별로 없었다. 이와 관련해 아들이 없는 경우, 다른 조건이 붙어 있음에 유의해야 한다.

첫째, 아들을 낳지 못해 쫓겨나는 데에는 연령의 제한이 있었다. 규정에 따르면 아내의 나이가 50세 이상인데 아들이 없는 경우에만 이혼이 가능했다.[160] 바꿔 말하면 아내가 폐경기에 이르지 않았다면 아들을 못 낳은 이유로 이혼을 요구할 수 없었던 것이다. 아내에게는 이것이 보장되었으니, 50세가 넘은 아내와 이혼하고 싶어 하는 사람은 거의 없었다.

둘째, 첩을 두는 제도 아래에서 이혼과 대를 잇는 것은 그리 심각한 문제가 아니었다. 아내에게 아들이 없으면 첩을 맞아들이는 방식으로 그 결함을 메워도 무방했다. 하지만 이런 이유로 남편이 첩을 들이려는 데 질투하여 허용하지 않는 것은 심각한 문제였다. 이런 질투야말로 이혼의 조건이었다. 아울러 법적으로도 아내가 50세 이상이 되었는데 아들이 없을 경우 서자를 세워 장자로 삼도록 하는 규정에 따라[161] 첩의 자식은 처의 자식이 되었으니, 본인이 낳지 않았다 해도 법적으로는 아들로 인정받았다.

한漢 원후元后의 어머니는 질투하여 쫓겨난 후 개가하여 순빈荀賓의 아내가 되었다.[162] 풍연馮衍의 아내 임任씨는 사납게 질투하여 첩을 두지 못하게 했으며 아들딸에게 늘 집안일을 시켜 결국 풍연에 의해 쫓겨났다.[163] 질투는 첩을 두는 제도에 방해가 되었으므로 옛사람들은 그것을 악덕이라 여겼다. 위魏의 효우孝友는 당시 왕공王公 이하의 사람들이 모두 첩을 두지 않는 것에 대해 상주하여 이렇게 말했다. "자신의 아내에게 아들이 없는데도 첩을 맞아들이지 않는 것은 스스로 대를 끊는 것이고, 조상들께 제수를 흠향할 수 없게 하는 것이니, 청컨대 불효의 죄를 부과하여 자신의 아내를 버리도록 해주십시오."[164] 한편 대원세戴元世의 여식과 같이 질투하지 않으면[165] 남편은 첩을 맞아들여도 괜찮았다. 후사를 잇기 위한 것이든 개인적인 감정이나 성욕에 의한 것이든 말이다. 그럴 경우 남편은 아내를 핍박해 이혼을 요구할 이유가 없었다. 남편이 첩을 많이 두고도 자식이 없다면, 자식이 없음을 이유로 이혼을 요구할 수 없었다.

셋째, 아들이 없으면 아내가 쫓겨나되, 쫓겨나지 않는 세 가지 조건이 있었다. 아내가 돌아갈 집이 없거나, 시부모 삼년상을 치렀거나, 과거에 가난했다가 지금은 부유해진 조건 가운데 하나라도 있다면 쫓겨나지 않았다.

음란함은 족히 혈통을 문란하게 하는 행위로, 조상은 동족이 아닌 자의 것은 흠향하지 않으므로 당연히 남편 집안에서 용납되지 않았으며, 이는 이혼이 성립되는 중대한 범죄였다. 당·송·원·명·청의 법률에 따르면 문제가 발생했을 때 세 가지 쫓겨나지 않는 조건에 부합되면 아내는 쫓겨나지 않았으나, 오직 간음죄만큼은 이 규정을 원용할 수 없었다.[166]

위로 종가의 사당을 섬기는 것은 본래 혼인의 신성하고 종교적인 목적으로서 심지어 최종적인 목적이라고까지 할 수 있다. 악질惡疾이 이혼의 조건이 되는 까닭은 바로 여기에 있다. 옛사람들은 악질에 걸리면 제사에 쓸 곡식을 바칠 수 없다고 분명히 말했다. 그것은 완전히 가족의 제사에 관계된 것으로서 심지어 당·송의 법률에서는 간음과 더불어 악질을 세 가지 쫓겨나지 않는 조건이 적용되지 않는 경우로 삼았다.[167] 이는 가족 종교를 중시하는 사회에서 괴이한 일이 아니었다.

넓은 의미로 보아, 종가의 사당을 모시는 일은 살아 있는 조상까지도 포함하므로 시부모를 모시는 일은 며느리의 천직이 된다.[168] 따라서 시부모를 모시지 않는 것은 이혼의 조건 가운데 하나가 된다. 옛사람들은 이렇게 말했다. "며느리가 효도하지 않고 공경하지 않으면 화내거나 원망하지 말고 일단은 가르치라. 가르쳐도 소용이 없으면 벌하라. 벌해도 소용이 없으면 아들은 아내를 내쫓고 그 일을 함구하여 집안의 허물이 밖으로 새어나가지 않도록 하라."[169] 증삼曾參은 산나물을 덜 익혔다고,[170] 포영鮑永은 시어머니 앞에서 개를 혼냈다고[171] 아내를 내쫓았는데, 이는 시부모를 잘 모시지 않았기 때문이다. 그 밖에도 강시姜詩의 아내가 물을 길러 갔다가 제때에 돌아오지 않은 것,[172] 유환劉瓛의 아내가 벽에 신발을 건 것[173]도 모두 그러한 사례에 해당된다.

이른바 섬기지 않는다거나 순종하지 않는다는 것은 객관적 행위라기보다는 시부모의 주관적 태도에 속하는 것이라고 하겠다. 따라서 때로는 시부모에게 순종하지 않는 것은 곧 시부모의 환심을 사지 못함을 뜻했다. 『예기』에서는 "아들은 아내를 좋아하더라도 부모가 마음에 들어 하지 않으면 쫓아낸다. 반대로 자신의 아내를 싫어하더라도 부모가 '이 며느리는 나를 잘 모신다'고 하면 아들은 부부의 예를 행하여 죽을 때까지 변치 않아야 한다."[174] 시부모의 환심을 살 수 있는지의 여부는 혼인 지속의 선결 조건이었다. 『공작동남비孔雀東南飛』의 난지蘭芝나 육유陸遊의 아내 당唐씨는 남편에게 사랑받았지만 부모가 마음에 들어 하지 않아 부부가 생이별한 경우다. 『여계女誡』에서는 "남편이 비록 사랑한다고 말해도 시부모가 아니라고 하면 이는 의리상 자연히 관계가 깨지는 것이라 한다"[175]고 했으니, 이는 본디 어쩔 수 없는 비극이었다. 혼인이 아들의 뜻을 고려하지 않고 부모의 명령으로 체결된 경우라면 혼인의 해소 또한 아들의 뜻을 고려할 필요가 없었다. 이는 합리적이고 필연적인 것이었다.

시부모의 상을 치름은 세 가지 쫓겨나지 않는 조건 가운데 하나로,[176] 일곱 가지의 쫓겨날 상황의 제약을 받지 않았다. 이를 통해서도 자식의 혼인에서 부모가 차지하는 위치를 알 수 있다.

말 많은 것이 이혼의 조건 가운데 하나가 된 까닭 또한 가족주의와 관계되어 있다. 그 목적은 가족 간의 질서를 유지하고 가족 구성원들 사이의 충돌을 막는 데 있었다. 말이 많으면 친족들을 이간질할 뿐이다. 여성은 천성적으로 말하기를 좋아하고 친족의 배우자들은 각기 다른 가정에서 왔기 때문에 본래 서로에 대해 정이 두텁지 않아 쉽게 말다툼이 일어나곤 한다. 그래서 옛사람들은 말을 삼가도록 하여 많은 무리의 여인들을 안정시켰던 것이다. 정렴鄭濂의 집안은 대대로 함께 살았는데, 그렇게 된 까닭은 부녀자들의 말을 듣지 않았기 때문이라고 스스로 말했다.[177] 또 진평陳平의 형수는 "도련님이 이와 같이 있으니 없는 게 낫다"고 했다가 형에 의해 내쫓겼다.[178] 이충李充 역시 아내가 말이 많다고 내쫓았다.[179]

칠거지악의 내용을 통해 부부 본인의 애정 및 의지와 관련된 조건은 하나도 없었다는 점을 분명히 알 수 있다. 『예기』에서는 "부인이 순종한다는 것은 시부모에게 순종하고 내실의 부녀자들과 화목한 후에 남편에게 유순한 것을 말한다"[180]고 했다. 이 순서에서 남편이 차지하는 상대적인 위치를 쉽게 알 수 있다.

2) 강제 이혼

칠거지악 외에 이혼의 또 다른 조건은 도의가 끊어지는 것이었다. 도의가 끊어짐이란 남편이 아내의 가족을 혹은 아내가 남편의 가족을 때리고 죽이는 죄,[181] 간음하는 죄,[182] 그리고 아내 남편을 모해謀害하는 죄[183]를 포함한다. 부부는 본래 도의로 결합되는데 은정과 도의가 끊어지면 결코 함께 살기 어려우며, 그 계기가 되는 행위는 모두 이혼의 객관적 조건으로 지목되었다.

다른 점이 있다면 칠거지악은 남편이 이혼을 요구할 수 있는 조건으로서 이혼 여부를 결정하는 권한이 남편에게 있는 데 반해, 도의가 끊어지는 죄를 범하면 반드시 강제적으로 이혼해야 하며 그 권한은 법률에 있었다. 전자는 일방적인 데 반해 후자는 쌍방적이었다. 그래서 아내가 칠거지악을 짓지 않았고 도의가 끊어질 만한 정황이 없다면, 혹은 칠거지악을 범했으나 세 가지 쫓겨나지 않는 조건에 있다면 아내를 내쫓을 수 없었다. 이를 어기면 남편은 형사상 처벌을 받아야 했다.[184] 게다가 법적으로 이혼의 효력도 인정되지 않으므로 아내는 다시 돌아와 합쳐야 했다.[185] 이는 법률이 정한 이혼의 범주에 해당하지 않으면 아내를 내쫓음이 허용되지 않았음을 말한다. 그럼에도 불구하고 멋대로 아내를 내쫓는 것은 예법에 어긋날 뿐더러 유죄가 된다. 하지만 도의가 끊어지는 죄를 범했다면 어느 쪽도 이혼하지 않겠다고 해서는 안 된다. 그러니까 이혼해야 하는데 이혼하지 않는 자 또한 처벌을 받았다. 당·송의 법률에서는 징역 1년에 처했고, 명·청의 법률에서는 장 80대에 처했다.[186]

3) 합의 이혼

칠거지악, 세 가지 쫓겨나지 않는 조건 및 도의가 끊어짐이 법이 정한 이혼의 조건임은 상술한 바와 같으니, 이로써 혼인의 해소는 가족을 전제로 하며 부부 당사자의 뜻과는 별로 관계가 없음을 알 수 있게 되었다. 그런데 이혼에 관한 남편의 권한에 대해 오해하는 경우가 있다. 즉 남편만의 의지로 아내를 멋대로 버릴 수 있다고 생각하는 것인데, 이는 사실과 다르다. 아내가 남편의 지배를 받기 때문에 남편 마음대로 이혼과 결합을 결정한다기보다는 부부가 가족주의 혹은 부모의 뜻에 지배를 받는다고 봐야 한다. 멋대로 아내를 내쫓는 것과 가족의 규율을 어겨 아내를 쫓아내는 것은 완전히 다른 것으로, 한데 뒤섞어서 논해서는 안 된다.

그렇지만 부부의 뜻이 완전히 무시되었다고 단정해서도 안 된다. 물론 한쪽이 멋대로 이혼을 결정하는 것은 효력이 발생되지 않으며, 더욱이 아내쪽의 의지는 부녀자의 도에 어긋나는 것이었다.[187] 하지만 쌍방이 동의하는 이혼은 법적으로 인정되었다. 그러니까 칠거지악이나 도의가 끊어지는 조건에 부합하지 않아도 부부가 불화하여 양쪽이 이혼을 원한다면 허용될 수 있었다.[188]

7. 첩

중국에서 첩을 두는 제도는 역사가 오래되었다. 유사 이래 존재했다. 그러나 그러면서도 시종 일부일처제였다. 사회와 법률은 남성 한 명이 일군의 여성과 한 가정에서 공동생활을 영위할 권리를 인정했지만, 그 가운데 한 명만 배우자(처)로 삼고 그 밖의 여성들은 첩으로 삼도록 했다. 따라서 사실은 일처다첩제一妻多妾制라고 할 수 있다. 사대부와 평민은 처 한 명과 첩 한 명 혹은 그 이상을 둘 수 있었고,[189] 천자와 제후도 황후 혹은 부인은 한 명만 둘 수 있었고 나머지는 비빈妃嬪 따위였다.[190] 그래서 옛사람들은 "제후에게는 두 명의 정실이 없다"[191]고 했다. 또 "첩이 왕후와 나란히 있고 서자가 적자와 필적하며, 정치적 명령이 두 가지이고 국체國體가 둘이면, 그것은 어지러움의 근본이다"[192]라고도 했다.

일부일처의 관념 아래에서 아내가 있는데 다시 장가를 드는 것은 이중혼인의 죄에 해당되었다. 역대 법률은 이에 대해 비슷한 규정을 두어 이중혼인의 효력을 인정하지 않았고, 아울러 형사상 처벌도 덧붙였다. 당·송 때의 처벌은 징역 1년이었고(여자 쪽 집안은 한 등급 감형해주었다) 새로 맞아들인 아내는 강제로 떼어놓았다. 하지만 아내가 있는데도 거짓으로 아내가 없다고 기망한 경우는 형량을 반 년 늘렸고, 여자 쪽 집안에게는 죄를 묻지 않았으나 여전히 강제로 떨어뜨려놓았다.[193] 명·청 시대에는 처벌이 비교적 가벼워 단지 장 80대에 처하고 강제로 떼어놓았다.[194] 요컨대 법적으로는 원래의 배우자만을 인정할 뿐이되, 아내가 죽거나 이혼했거나 혼인 관계가 종료 및 취소된 경우가 아니라면 또 혼인할 수 없었다.

진晉나라 때의 장화張華라는 자가 묻기를, 갑이 을을 아내로 맞아들인 뒤에 다시 병을 아내로 맞아들여 집안에 두 정실이 있다면 아들은 어떻게 복을 입어야 하느냐고 물었다. 그러자 태위太尉로 있던 순기荀顗는 다음과 같이 논했다. "『춘추』에서는 첩이 왕후와 나란히 있거나 서자가 적자와 필 적하는 것을 비난하여, 예를 거슬러서는 안 된다고 했습니다. 먼저 이른 자 가 정실이 되고 후에 이른 자는 첩이 됩니다. 병의 자식은 정실 어머니에 대 한 예로 을에 대한 복을 입어야 하고, 을의 자식은 첩실 어머니에 대한 예 로 병에 대한 복을 입어야 합니다."[195] 이는 가정 하에 나온 말이지만 옛사 람들의 태도를 알 수 있다.

명나라 때의 예홍보倪鴻寶는 처음에는 진陳씨를 아내로 맞이했으나 나중 에 사이가 벌어져 다시 왕王씨를 아내로 맞아들였다. 예홍보가 봉호를 청한 것은 본래 진씨였으나, 왕씨는 사사로이 자신의 이름으로 봉호를 바꾸어 얻 었다. 누군가 온체인溫體仁에게 그 일을 누설했고, 온체인은 예홍보가 망령 되이 다시 장가를 들고 봉호를 내리는 일을 했다며 탄핵했다. 예홍보는 어 쩔 수 없이 진씨는 이미 내쫓긴 처라고 거짓으로 고했다. 조정에서는 어지 를 내려 맡은 직위를 내려놓고 자성하게 했다. 그러다가 나중에 예홍보가 국난으로 수도에서 희생되었고, 조정에서 사후 장례 절차를 논의할 때 진씨 가 직접 금릉金陵으로 왔다. 이에 진씨에게 봉호를 수여했다.[196] 이를 보면 두 명의 아내가 병존할 수 없었음을 쉽게 알 수 있다. 그런 이유로 예홍보는 아내를 내쫓았다는 식으로 변호할 수밖에 없었고, 조정에서 내리는 봉호

역시 한 명에게만 허락되는 것이었다.

사회에서 두 명의 아내를 인정하지 않았으므로 당연히 부모들은 딸을 첩으로 보내기를 달가워하지 않았다. 한편 한 남자가 두 집안의 대를 잇는 겸조兼祧의 경우에는 복잡한 문제가 있었다. 근대 사회에도 이 관습이 남아 있어, 대개는 두 집안의 대를 잇는 사람은 두 명의 아내를 맞을 자격이 있다고 보았다. 즉 통상적으로 아내가 있는데 다시 장가를 드는 경우와는 다르다고 여겼다. 그래서 그런 남자의 배우자로 딸을 보내는 것은 문제가 없었다. 민간에서 이와 같은 관습은 보편적이었기 때문에 법적으로도 이중 혼인에 관한 법률에 따라 강제로 떼어놓는 법조문을 적용하거나 강제로 혼인을 취소시키지 않았다. 두 집안의 대를 잇기 위해 두 번 장가를 치르는 사실을 묵인한 것이다. 형부의 진술문에서는 이렇게 말한다.

아내가 있는데 다시 장가를 드는 것을 살펴봄에 남편 및 남편의 친족이 저지르는 일로서, 복제에 따라 정하여 판결하는 판례를 따른다. 이는 남편이 두 집안의 대를 잇지 않았는데 거듭 아내를 취하는 것에 관한 법률에 따라 마땅히 강제로 떼어놓아야 할 경우를 말하는 것이다. 두 집안의 대를 잇기 위해 각기 아내를 맞아들여 자손을 낳는 것은, 우매한 백성이 적서의 예를 알지 못하여 아내를 두고 다시 장가를 드는 것과는 다르다. 다만 의당 선후를 구별하여 명분을 바로잡을 뿐 법률에 따라 강제로 떼어놓는 법조문을 적용할 수는 없다.197

또 이렇게도 말한다.

인정을 살펴봄에 자신의 여식을 사랑하지 않는 이는 없으니, 아내가 있는 남자에게 딸을 배우자로 허락할 자는 거의 없다. 그러나 두 집안의 대를 잇는 사람에 대해 어리석은 백성은 두 집안에서 혼인을 맺는 것이니 모두 정실이라 생각하고 여식을 배우자로 허락한다. 예를 논하여 우선 명분을 바로잡으면 적서를 뒤섞어놓을 수는 없다. 그러나 왕도의 법도는 인정을 근본으로 하므로 본래 강제로 떼어놓을 것을 단호히 명령할 필요는 없다. 관계를 맺었으면 마땅히 첩으로 논하여 인정과 법도가 다 균형을 얻을 수 있도록 해야 한다.[198]

이를 통해 예법에서 유지하고자 하는 것은 오직 명분의 문제일 뿐임을 알 수 있다. 한 명의 남편에게는 오직 부녀자 한 명만이 상응할 뿐, 단연코 두 부녀자를 병칭하여 아내로 삼는 이치란 없다는 것이다.[199] 이에 선후를 분별하여 먼저 혼인한 자를 처로, 나중에 혼인한 자는 첩으로 인정할 따름인 것이다. 복제나 형사상의 문제가 생겨날 경우에는 모두 이에 따라 정하여 판결했다.

가경 연간에 여독생余篤生은 두 집을 승계하여 각기 아내를 맞이했다. 큰집에서는 처음에 장張씨를 맞아들여 아들 만전萬全을 낳았다. 둘째 집에서는 처음에 뇌雷씨를 맞아들였으나 자식이 없었으므로 첩 두杜씨를 두어 아들 만덕萬德을 낳았다. 얼마 후 뇌씨가 병으로 작고하자 만덕은 정실 어머니로서 상을 치렀으나 만전은 무엇이라 불러야 마땅하며 복제는 어떠해야 하는지 하남河南의 학정學政이 예부에 공문을 전달해 알려주기를 청했다. 예부의 공문에서는 다음과 같이 말했다. "여독생은 큰집에서 이미 정실 장씨를 맞아들이고 이어서 뇌씨를 맞아들였으니, 마땅히 첩을 둔 것이지 아내를 맞아들인 것은 아니라고 할 것이다. 한편 뇌씨의 존재로 인해 적자와 서자 사이에 명칭이 이미 혼란스러워졌다. 뇌씨가 사망했으니 복을 입음에 어찌 참최의 서열을 어지럽힐 수 있겠는가? 만덕이 둘째 집으로서 이미 상을 치렀다고 글을 올려 보고했으니, 자모慈母에 관한 판례에 비추어 참최 3년상을 치러야 하고 만전은 복을 입을 필요가 없다. 여독생이 두 명의 아내를 연속해서 맞아들이고 적자와 서자를 뒤섞어버린 일은 잘못에 해당되나, 이미 사망했으므로 의론할 필요는 없을 것이다.[200]

팽문한彭文漢은 아버지 팽자립彭自立을 통해 정鄭씨를 아내로 맞이했다. 그러다가 정씨가 작고한 후에 이어서 왕王씨를 아내로 맞이했다. 그 후에 팽문한의 형수 고高씨는 남편의 사망으로 인해 후사가 없었으므로, 또 다시 팽문한은 정씨를 맞이해 아내로 삼아 아들을 낳아 대를 이으려 했다. 그런데 나중에 정씨가 팽자립에 의해 살해되었다. 형부에서는 나중에 맞이한 부녀자를 첩으로 보았고, 따라서 남편 및 남편의 친족이 범죄를 저지른 경우에도 첩으로 판결해야 마땅하므로 자식의 첩을 때려죽이는 것에 관한 법률에 의거하여 판결했다.[201]

이상의 사례를 통해 예법은 어떤 상황에서도 두 아내가 존재하는 것을 인정하지 않았으며 겸조 또한 예외가 없었음을 알 수 있다. 그렇지 않다면 이중 혼인의 죄가 성립될 뿐이다. 법률은 차라리 사실을 왜곡할지언정 강제로 떼어놓지 않았고, 그 가운데 한 명만을 아내로 인정했다.

처첩의 주된 구별은 남편과 아내 혹은 첩의 결합 방식 그리고 처첩의 신분 및 권리의 차이에 있었다.

옛사람들은 예물을 갖추어 맞아들이면 처이고, 예물 없이 의탁한 경우는 첩[202]이라 보았다. 첩은 사들이는 것으로,[203] 혼인의 예를 행할 수도 없고 혼인의 갖가지 의례를 갖출 수도 없었다.[204] 그러한 결합은 결코 혼인이라고도 칭할 수 없었고, 남편의 배우자로 간주할 수도 없었다. 첩妾이란 '접합接'으로서[205] 글자에 배우자가 아니라는 의미가 담겨 있다. 그래서 첩은 지아비를 주군으로 여겼고[206] 가장으로 여겼다.[207] 속칭 '영감나리'라 하여 남편으로 여길 수 없었다. 주군, 가장이라는 말은 실제로는 주인이라는 뜻이다.

첩은 가장의 집에서 실제 가족의 일원이 아니었다. 그녀와 가장의 친족은 친족 관계가 아니기 때문이다. 처와 같이 남편의 신분에 따라 친족의 신분을 획득할 수 없으므로, 그녀와 그들 사이에는 친족의 호칭이 없으며 친족의 복제도 없었다.[208] 그들은 그녀를 작은 마님 혹은 작은어머니라 불렀다. 그녀 또한 하인처럼 그들을 영감나리, 안방마님, 영감님, 마님, 도련님, 아가씨라 불렀으며, 심지어 영감님과 마님이 낳은 자녀에게도 이와 같이 불렀다. 그녀 자신이 낳은 자녀에게만 이름을 부름으로써 모자의 관계가 인정되었고, 아울러 마님이 낳은 자녀들은 그녀에게 자식이 있으므로 '어머니'라는 글자를 더해 서자의 어머니 혹은 작은어머니라 칭했다. 첩이 노복과 같은 호칭을 사용해야 했다는 것은 극히 흥미로운 일이다. 이는 첩이 집에서 친족이 아니었음을 나타낼 뿐 아니라, 그녀의 지위가 집안의 노복에 가까웠다는 사실을 짐작케 한다. 그 밖에 유의해야 할 점은 첩의 부모·형제·자매는 가장의 집과 왕래할 수 없었을 뿐만 아니라 서로 간에 친척 관계가 성립할 수 없었다는 것이다. 이러한 모든 것들은 첩이 두 집안의 결합에 따른 관계가 아님을 말해주기에 부족함이 없다.

더욱 중요한 것은 첩은 위로 종가의 사당을 섬길 수 없었으며(이는 혼인의 기능이었음), 가족의 제사에 참여할 수 없었을 뿐 아니라 제사의 대상이 될 수도 없었다.(아들이 있으면 예외였으나, 그것도 따로 제사지냈으며 사당에 들어갈 수 없었다.) 어찌해도 첩은 가장의 집안에 편입될 수 없었던 것이다.

첩은 천하고 주군은 존귀했으니, 가장과 첩 사이의 불평등함은 부부 사이보다 더욱 심했다. 가장이 첩을 때리면 아내를 때리는 것보다 2등급 죄가 경감되었다. 아내에 대한 죄는 일반인보다 2등급 감형된 것이고, 첩에 대한 죄는 일반인보다 4등급 감형된 것이다.[209] 첩을 죽이면 당·송의 법률에서는 단지 유형에 처했을 뿐이다.[210] 명·청의 법률에서는 처벌이 더욱 가벼워 장 100대에 징역 3년에 그쳤다.[211] 실수로 죽이는 것은 실수로 아내를 죽이는 것과 마찬가지로 논하지 않았다.[212]

첩이 가장을 때리고 욕하면 아내가 때리고 욕한 것보다 훨씬 무거운 처벌을 받았다. 욕한 경우는 장 80대에 처했고,[213] 때린 경우는 아내보다 1등급 가중 처벌되었다. 상해를 입혔든 안 입혔든 무관하게 모두 징역 1년 혹은 1년 반에 처했다.[214] 골절상 이상의 죄에 대해서는 일반인과 싸워 상해를 입히는 것보다 4등급 가중 처벌되었으니 죽을죄에 속했다.[215]

첩은 정실을 여주인으로 여겼으니,[216] 처의 권력 아래에 놓여 조심스럽게 받들어 섬겨야 했다.[217] 그러므로 처는 첩을 부릴 수 있었고 때려죽여도 감형되었다. 반면 첩은 처에 대해 침해하고 모욕하는 행위를 해서는 안 되었다.

처가 첩을 때리고 상해하며 죽이는 죄는 남편이 아내를 때리고 상해하며 죽이는 죄와 같아서, 상해를 입힌 자는 일반인보다 2등급 감형했으며, 그것도 첩이 직접 고발해야 죄를 물었다. 죽인 자는 일반인의 경우와 같이 논했으나, 실수로 죽이면 논하지 않았다.[218]

반면 첩이 처를 범하는 죄는 첩이 지아비를 때리고 욕하는 죄와 같았다.[219] 당·송 시대에 시첩侍妾은 첩보다 한 등급 높았으므로[220] 시첩이 처를 범하는 것은 첩이 시첩을 범한 경우보다 1등급 감해 죄를 물었고, 반대로 첩이 시첩을 범하면 일반인보다 1등급 가중 처벌했다.[221] 그러나 후대에는 시첩이라는 명칭이 없어지고 정실 외에는 모두 첩이라 하여, 명·청 시대에는 그러한 분별이 없었다.

3장
계급

모두 알고 있듯이 봉건 사회의 두드러진 특징은 귀천貴賤의 대립으로, 이는 봉건적 관계가 반드시 갖추어야 하는 기반이었다. 공자, 맹자, 순자 그리고 기타 『좌전左傳』 『국어國語』 등에 보이는 군자와 소인에 관한 이론은 모두 이 시대에 탄생되었다.[1] 그러나 유의해야 할 점은 봉건 조직이 해체된 뒤에도 귀천의 대립은 소멸되지 않았다는 것이다. 사대부(즉 군자君子)와 서인(즉 소인小人)의 구분은 주나라 때부터 청나라 말기까지 3000년간 줄곧 사회적으로 공인되었고 두 계급은 중요한 대립 관계였다. 다만 봉건 시대의 사대부와는 달리 이후의 사대부는 또 다른 면모로 출현했을 따름이다. 유가의 군자와 소인, 귀천과 상하에 관한 이론은 여전히 사회의 중심 사상이었고, 풍습과 법률은 줄곧 그들 사이의 우월하고 열등한 관계적 대립, 사회적 지위와 생활 방식의 차이를 인정하며 사대부에게 법률적·정치적·경제적인 각종 특권을 부여했다. 사대부를 특권 계급이라 한다면 서인庶人은 특권 계급이 아닌 자들의 대명사라 해도 틀리지는 않을 것이다. 두 부류에 대한 사회의 주관적 평가와 계급의식 그리고 객관적인 권리와 생활 방식 등 각 방면을 보았을 때 실질적으로 계급의 구성 조건을 갖추고 있었다.

특권 계급과 특권 계급이 아닌 자들의 생활 방식의 차이는 매우 흥미로운 점이다. 많은 사회의 경우, 비록 계급의 구분이 명확하다 해도 생활 수준이 낮은 것은 경제적 착취를 받은 결과이지 풍속이나 법률 제도로써 규정된 것은 아니다. 그러한 사회에서 모든 물질적인 향유는 개인의 소비 능력과 욕망에 의해 결정된다. 사회적 지위가 다르다 해도 같은 생활 방식을 누릴 수 있다. 마찬가지로 사회적 지위가 비교적 높은 사람이라도 경제적 능력이 충분하지 않거나 절약하는 습관이 있다면 사회적 지위가 낮은 사람보다 물질적으로 풍족하지 못할 수 있다. 이는 결코 드문 일도 아니고, 사람들도 그러한 현상에 대해 사회질서를 위태롭게 하는 시정 사안으로 여기지 않았을 것이다. 물질적 향유와 사회적 지위가 필연적인 연결 관계는 아니기 때문이다. 사회적 지위가 있는 사람이 빈궁하다고 해서 그 신분이 낮아지는 것은 결코 아니며, 누구도 생활 방식을 사회적 지위를 구분하는 지수로 여기지 않았을 것이다.

1911년 이전의 중국 사회는 지금까지 서술한 상황과는 완전히 상반된 상태였다. 욕망의 만족은 사회적 지위와 정비례했고 생활 방식은 서로 같지 않았다. 장희백臧僖伯은 "수레와 복식의 무늬를 밝게 하고, 귀천을 구별하며, 등급을 변별하며, 장유에 순서가 있게 하는 것은 위의威儀를 익히는 것입니다"[2]라고 했다. 장애백臧哀伯은 "예복袞, 예모冕, 예복에 놓는 수黻, 옥홀珽 그리고 띠帶, 하의裳, 각반幅, 신발舃 그리고 비녀衡, 귀막이 끈紞, 관 끈紘, 관 싸개綖는 의관의 제도를 밝히기 위한 것입니다. 또 옥 받침藻, 무늬를 수놓은 수건率, 칼집鞞, 칼집 장식 그리고 큰 띠鞶, 띠 장식厲, 깃발이나 의복의 장식용 띠游, 말 가슴에 거는 가죽 끈纓은 각 등급에 따라 다른 수량을 나타내기 위한 것입니다"[3]라고 했다. 『관자管子』에서는 이렇게 말했다. "작위의 다름을 헤아려 예복을 다르게 제정하고 녹봉의 양에 따라 재물을 규정한다. 작위와 신분에 따라 음식에는 정해진 양이 있고 의복에는 규정이 있다. 궁실에는 법도가 있으며, 육축六畜과 노비에도 정해진 구분이 있고, 배와 수레에 진열하는 기물의 사용에도 제한이 있다. 살아서는 의복과 지위, 곡록과 농지 그리고 가옥에 대해 신분에 따른 구분이 있으며, 죽어서는 관곽과 이불과 봉분에도 구분이 있다."4 『신서新書』에서는 이렇게 말했다. "신기한 복식奇服과 아름다운 무늬文章로 상하의 등급을 나누고 귀천의 차이를 둔다. 이에 지위의 높고 낮음에 따라 호칭이 다르며, 권력이 다르고, 세력이 다르고, 깃발이 다르고, 상서로움의 징표가 다르고, 존귀하고 영예로움이 다르고, 녹봉이 다르고, 관모와 신발이 다르고, 옷과 띠가 다르고, 패옥이 다르고, 수레와 말이 다르고, 아내와 첩이 다르고, 연못의 깊이가 다르고, 집이 다르고, 침대와 의자가 다르고, 그릇이 다르고, 먹고 마시는 것이 다르고, 제사가 다르고, 죽어서 지내는 상례가 다르다." 의복, 신발, 기물 등 하나도 다르지 않은 것이 없었으니 "그 의복을 보면 귀천을 알고 그 무늬를 보면 권세를 안다"5고 할 수 있었다. 사람들의 사회적 지위는 외관만 봐도 알 수 있었다. 이와 같이 사회적 지위는 사회에서 욕망을 충족하는 결정적 조건이었으며, 소비의 능력과 욕망 의지와는 무관했다. "비록 신분이 고귀해도 작위가 없으면 감히 그 옷을 입을 수 없었고, 비록 집이 부유하다고 해도 녹이 없으면 감히 그 재물을 사용할 수 없었다"6는 말이 그것이다. 한漢 성제成帝는 조서에서 "고대 성왕은 예제禮制를 밝혀 존비의 서열을 정했으며 수레와 말을 달리하여 유덕有德함을 드러냈다. 비록 재물이 있다 해도 그 존귀함이 없으면 규정을 넘어설 수 없다"7고 했다.

이와 같을 때 비로소 귀천에 구별이 있고 아랫사람이 윗사람을 침범하지 않을 때 기대하는 사회질서를 유지할 수 있고 윤리와 기강이 바뀌지 않으며, 군자는 장중하게 백성 위에 군림할 수 있었다. 그래서 장애백은 다음과 같이 말한다. "무릇 덕이란 검소하고 절도가 있어야 하고, 등강登降(상하와 존비를 말한다)에는 일정한 수량이 있어야 합니다. 문양과 사물로 그것을 기록하고, 소리와 밝음으로 그것을 드러내어 문무백관에게 명백히 나타내야 백관이 경계하고 두려워하며 감히 기율을 어기지 못합니다."[8] 옛사람들은 사회의 풍기나 정치의 득실을 논할 때 항상 이것을 표준으로 삼았다. 진晉의 군대가 정나라를 구하기 위해 초나라를 치러 갔을 때 수무자隋武子는 초나라의 덕치와 형벌, 정치적 명령과 사무 전례가 원칙에 합치되어 대적할 수 없으니, 군대를 돌리는 것도 정치적 공적 가운데 하나라고 했다. 그러면서 "군자와 소인에게는 각기 규정된 복식이 있고, 귀한 자에 대해서는 예절로 존경을 나타냄이 있고, 천한 자에 대해서는 등급으로 위엄을 나타냄이 있으니, 예는 순조롭지 않음이 없다"[9]고 했다. 역대 제왕들은 신하의 수레와 복식이 예제를 넘어서면 조서를 내려 금지를 명했고, 관리 또한 그러한 경우에 제지해줄 것을 주청하곤 했으니,[10] 옛사람들이 예제를 중시했음을 십분 짐작할 수 있다.

생활 방식의 차이는 이같이 중요하며 사회질서와 밀접한 관계를 지닌다. 그래서 옛사람들은 이러한 차이가 엄격히 유지되어야 하며 절대 질서가 지켜져야 한다고 생각했다. 질서가 파괴되면 귀천의 구분이 없어지고, 상하의 질서가 무너지며, 사회질서에 해를 끼치기 때문이다. 이러한 추론은 실질적으로 이론상의 근거가 있다.(7장 1절 '유가의 예에 관한 논의儒家論禮'를 참조할 것) 결국 생활방식의 차이는 예禮로 규정되었고(예는 귀천과 존비를 구별하는 행위 규범이다. 이에 관한 서술은 7장에 상세하다) 교육·윤리·도덕·풍속·사회적 제재 수단으로 쓰였을 뿐 아니라, 관련 규정들을 법전에 끼워 넣어 법률이 되게 했다. 이를 위반한 자에게는 형사상 제재를 가했으니, 이러한 규범의 강제성은 더욱 커졌다.

1. 생활 방식

이제 각 계급의 일상에서의 생활 방식이 어떻게 다른지 분석해보겠다. 제왕과 후비 그리고 친족들의 이동, 거주, 복식 및 그것에 사용되는 의례는 당연히 일반인과는 달랐다. 예禮에 대한 전문 서적이 있고 관아에는 전담 책임자가 있지만, 그 부분에 대해서는 논하지 않겠다. 이 절에서는 백관, 사인, 서인, 천민만을 범위로 하여 서술할 것이다.

1) 음식

봉건 시대에 음식은 제한되어 있었다. 천자는 태뢰太牢에 바쳤던 제물을 먹고 제후는 소고기를 먹었으며, 경은 양고기를, 대부는 돼지고기를, 사인은 생선구이를, 서인은 채소를 먹었다.[11] 『관자』의 "음식에는 정해진 양이 있다"는 말이나, 『신서』의 "음식에 다름이 있다"는 구절은 이를 말하는 것이다. 살펴보건대 당시에 자주 고기를 먹는 사람이란 경대부를 지칭했다.[12] 『시경』에 "씀바귀를 뜯고 가죽나무를 베어서 우리 농부들을 먹인다"[13]는 구절이 있는 것을 보면, 서인은 노인을 제외하고는 육식을 하지 않았을 것이다. 이는 믿을 만하다.

2) 의복

의복에 대한 제한은 고대부터 청나라에 이르기까지 모두 귀천을 구별하는 중요한 표식으로 활용되었다. 관리의 조복과 관복은 관인이 입는 것으로, 그 형식과 문양 그리고 색이 일상복과 달랐다. 관리들은 계급에 따라 복색이 달랐으나 그 규정은 많지 않았다.[14] 관리들의 복색에 대해서는 논하지 않겠으나 그 사회적 의의를 소홀히 할 수는 없다. 혼례나 제사 때뿐만 아니라 염할 때에도 관리는 예복公服[15]을 입어야만 했으며, 집안의 일상적인 의식에서도 예복을 착용해야만 했다.[16] 벼슬을 그만둔 관리 또한 공복을 입는 것이 허용되었으니,[17] 예복은 조정과 관아에서만 입었던 것은 아니었다.

일상복에 대해 살펴볼 때 주의할 것은 평소 관리의 사복과 사인·서인·천민의 의복 사이에 어떠한 구분이 있었는가 하는 것이다.

색의 구별은 매우 중요하다. 관복과 사복을 포함하는 이러한 제한은 각 시기마다 숭상하는 색도 다르고 그 규정도 달랐으나, 색을 통해 의복을 착용한 사람의 신분을 구별하는 것은 같았다. 따라서 몇 가지 색은 서인들에게 금기시되어 착용을 허용치 않았고, 나머지 색상의 의복만 입을 수 있었다. 한나라 때에 청색과 녹색은 민간의 일상복이었다.[18] 수·당·송나라 때 자주색, 붉은색, 녹색, 청색 네 가지 색 의복은 관리만 입을 수 있었고,[19] 유외관流外官 유품流品에 들어가지 못한 잡직 관원과 서민은 이 색들을 섞어 쓸 수밖에 없었다. 수나라 때의 서민들은 일반적으로 백색을 입었으며,[20] 당나라 때 유외관과 서민들은 황색과 백색만을 사용할 수 있었다.[21] 그리고 자주색, 붉은색, 녹색, 청색 등은 의복 색상으로 함부로 쓰일 수 없었을 뿐만 아니라 내의 색상으로도 용납되지 않았다. 함풍咸豊 5년에 지방의 관원과 백성이 두루마기, 적삼, 외투는 예제에 따르면서도 안에는 붉은색, 자주색, 녹색, 청색 등의 짧은 적삼과 저고리를 착용하여 마을 들판에서 공공연히 옷을 드러냈는데, 귀천을 분별할 수 없고 윤리 법도를 무너뜨린다는 이유로 칙령을 내려 엄금했다.[22] 그러다가 후당 때에는 도장都將 금군을 통솔하는 관리 아관衙官 자사의 속관 아래에 명목으로 붙어 있는 자는 자주색과 검은색 옷만 입을 수 있었고, 서인과 상인은 흰옷만 입을 수 있었다.[23] 송나라 때에 서인은 예전부터 백색 옷을 입었으며 이후 유외관과 추천으로 등용된 공거인貢擧人 그리고 서인에게 검은색 의복이 허락되었다.[24] 따라서 검은색과 백색은 사대부와 서인에게 통용되는 색상이었으며, 자주색은 금지되었다.[25] 설사 검은색 바탕에 흰색 무늬 의복이나 청색·황색·자주색 바탕에 염색된 꽃무늬撮暈花 모양 역시 사대부와 서인에게 허락되지 않았고, 부녀자 역시 백색과 갈색의 모단毛段과 담갈색 비단으로 만든 의복은 허용되지 않았다.[26] 명나라 때 사대부와 서인은 다양한 색의 반령의盤領衣를 입었으나 황색은 허용되지 않았다.[27] 민간의 부녀들이 입는 포삼袍衫에는 자색, 녹색, 복숭아색 그리고 모든 옅은 색을 사용할 수 없었고 진홍색, 검붉은 색, 황색도 금지되었다. 그녀들의 예복 역시 오직 보라색만을 착용할 수 있었다.[28]

상인은 특별히 천시받던 시대가 있어서 서인과 같은 위치에 놓이지 못하면서 복색에도 제한이 있었다. 노복·기녀·관노는 원래 천민으로 사람 취급을 받지 못했고, 양인과 구별하기 위해 당연히 복색의 차이를 두었다. 한나라 때 청색 두건蒼頭[29]과 흰옷[30]은 노예의 복색이었다. 수나라 때 백정과 상인은 검정색 옷을 입었다.[31] 당나라 때 사병, 객녀客女 사병부대 안의 여인으로서 지위는 여자 노비보다 약간 높음, 노비는 황백색 옷을 일반적으로 입었으며, 객녀와 여자 노비는 청록색의 옷을 입기도 했다.[32] 원나라 때에 많은 창기娼妓가 관원·사인·서인과 같은 색을 입어 귀천이 구분되지 않자 검은 자주색 상의에 모자를 착용하도록 정했다. 또 창기의 가장과 친족들 중 남자는 푸른 두건을 쓰고 부녀자는 체자말滯子抹,[33] 명나라 때 교방사敎坊司 궁정에서 음악을 전담하는 기구의 배우는 항상 녹색 두건을 착용했으며, 악인樂人 악사와 악공의 의복은 밝은 녹색, 연분홍, 옥색, 여린 홍색, 다갈색으로 제한되었으며 홍록색 요대를 맸다. 악기樂妓는 검은색 덧옷을 입었고,[34] 관아의 일꾼과 노복은 검은색 옷을 입고 흰색 요대를 맸는데 후에 검은색 옷은 연한 청색으로 바뀌었다.[35] 청나라 때 노예, 배우, 관아의 일꾼은 석청색石青色 검

은색에 가까운 짙은 남색 의복을 착용할 수 없었다.[36]

옷감의 재질에도 크게 신경을 썼다. 화려한 무늬를 수놓은 정교한 견직물은 고급 의복으로, 줄곧 대중적인 착용이 허용되지 않았다. 한나라 때에는 상인을 천시하여 고급 비단인 금錦, 수놓은 비단인 수繡, 무늬 있는 비단인 기綺, 주름 비단인 곡縠, 가는 베로 짠 치絺, 명주실로 약간 거칠게 짠 사紗, 융단에 속하는 계罽를 금지 목록에 포함시켰고,[37] 갈포로 만든 옷이 천한 자의 복장이었다.[38] 당나라 때에는 품계를 지닌 관리만이 명주실로 무늬 없이 짠 주紬, 무늬 있는 두꺼운 비단인 능綾, 무늬 있는 얇은 비단인 나羅를 사용할 수 있었다. 지방 관원, 서인, 사병, 사병부대 소속 객녀, 노비는 명주실로 무늬 없이 짠 주, 명주실로 짠 얇은 견絹, 명주실로 바탕을 조금 거칠게 짠 시絁, 가늘고 설핀 베布만을 입을 수 있었다.[39] 송나라 때 서인은 베로 만든 장포布袍를 입었다.[40] 원나라 때 서인은 흐릿한 무늬의 모시풀 섬유로 짠 저紵, 명주실로 짠 사絲, 주, 능라, 가는 털로 짠 모취毛毳만을 허용했다.[41] 악인이나 예인 등의 의복 역시 서인과 같았고, 관아의 일꾼 및 노복은 주와 견만 허용되었다.[42] 명의 제도에서 서인 남녀의 의복은 주·견 그리고 민무늬의 명주실로 약간 거칠게 짠 소사素紗 의복만 허용되었고, 분수에 넘치게 금·기·저·사·능·나를 쓰는 것은 불허했다.[43] 금으로 수놓아 광택 있는 의복에 대해서는 엄금했는데, 이를 위반한 자는 죄로 다스리고 의복은 관에서 몰수했다.[44] 사농공상의 사민四民 중에서 농민 계층만이 주·사·견·포로 만든 옷을 입을 수 있었고, 상인의 집안에서는 견과 포 외에는 착용할 수 없었다. 농민의 집안에 상인 한 명만 있어도 주와 사는 착용할 수 없었고,[45] 관아의 일꾼이나 비천한 사람들 역시 저·사絲·사紗·나·능·금을 쓸 수 없었다.[46] 청나라에서 5품 관원 이하는 용무늬를 수놓은 비단인 망단蟒緞, 곱고 아름답게 짠 채색 비단인 장단妝緞을 쓸 수 없었고, 8품 이하는 큰 무늬가 있는 비단을 쓸 수 없었다.[47] 서민 남녀는 저·사·능·나·주·견·소사 의복이 허용되었으며, 금으로 수놓은 것은 사용할 수 없고 부녀자에게는 모조 금실 장식을 만들지 못하게 했으니,[48] 금으로 자수를 놓은 의복은 여전히 금지되었다.[49] 노복, 관아의 일꾼인 장수長隨, 조례皁隸에게는 주와 견주繭紬, 짐승 털이나 거친 마인 모갈毛褐, 굵은 모시인 갈저褐紵, 무명옷만 허용되었다.[50] 승려와 도사는 명·청 양대에 저·사·능·나의 착용이 허용되지 않았고 주·견·베만이 허용되었다.[51]

모피에도 마찬가지로 일정한 제한이 있었다. 관자管子는 "노동자와 상인은 새끼 양과 담비 모피를 입을 수 없다"고 했다.[52] 『춘추번로春秋繁露』에도 이들은 "여우와 담비의 모피를 감히 입지 않는다"[53]고 했다. 명나라 정덕正德 연간에는 상인, 현의 관원, 관아의 일꾼, 창기와 같이 비천한 계층에게 담비 모피로 만든 의복을 금지했다.[54] 모피에 대해 가장 신경을 쓴 시기는 청나라 때로, 품계를 지닌 관원들도 마음대로 입지 못했다. 왕공王公 이하로는 검은 여우 가죽을 사용할 수 없었고, 5품관 이하는 담비 모피와 스라소니를 쓸 수 없었으며, 8품관 이하는 흰색 표범과 여우 가죽인 천마天馬 등의 모피를 사용할 수 없었다. 또 문관 4품 이하와 무관 3품 이하 중에서 직무를 맡고 있는 대신 및 황제의 호위 무관 중 1등 시위侍衛를 제외하면 녹색 담비를 쓸 수 없었다. 노복, 관아의 일꾼인 장수長隨, 배우, 관아 일꾼인 조례皁隸는 담비 모피인 낙피貉皮와 양가죽만 허용되고 털이 가는 종류의 모피는 금지되었다. 심지어 겨울 모자 또한 날염한 땃쥐, 여우와 오소리, 수달의 모피만 허용되었을 뿐 담비 가죽은 불허되었다.[55]

의복 외에 모자, 신발, 노리개 등 무엇 하나 등급 없는 것이 없어서 마음대로 착용하는 것이 금지되었다. 당나라 때 서인은 모자로 얼굴을 많이 가릴 수 없게 했다.[56] 원나라 때 서인의 삿갓 모자에는 금옥을 치장하지 못하게 했다.[57] 명나라 때 유외관과 서인은 모자 꼭대기에 장식하는 매듭이나 구슬頂을 달 수 없었으며, 모자의 구슬은 수정 향나무만이 허용되었고, 두 건에 다는 고리인 건환巾環으로 금·옥·마노·산호·호박을 금지했다.[58] 청나라 때 모자 꼭대기에 다는 매듭 혹은 구슬인 모정帽頂은 관리, 공생, 국자 감 학생, 생원生員에게만 전용되었으며,[59] 비올 때 쓰는 모자雨帽 또한 함부로 쓸 수 없었다.[60] 서인의 모자에는 털로 된 매듭이 허용되지 않았다.[61]

당나라 때 유외관과 서인의 아내 및 딸은 오색실로 만든 장화와 신발을 착용할 수 없었다.[62] 원나라 때 서인은 장화에 꽃무늬를 재봉해 넣을 수 없었다.[63] 명의 홍무洪武 연간 초기에 서민은 장화에 꽃무늬를 재봉해 넣거나 금실로 치장할 수 없도록 규정했다. 또 25년에는 문무의 관리와 호적이 같은 아버지, 형, 큰아버지와 작은아버지, 동생, 조카, 사위 그리고 유사儒士, 생원, 이전吏典부·현의 하급 관원, 지인知印 인장 사용을 주재하는 자, 승차承差 총독·순무·염정 등 밑에 딸린 하급 관원, 흠정감천문생欽定監天文生 황제의 명에 의해 천문과 역법을 살피는 관원, 내의원 의원, 유가승瑜珈僧 사람들을 위해 독경과 참회를 해주는 승려, 정일도사正一道士, 장군, 산기사인散騎舍人 황제의 친위병, 칼을 찬 사람帶刀之人, 기병의 다섯 장군正五馬軍 및 기병의 작은 깃발을 드는 자馬軍小旗, 법전인 대고大誥를 가르치고 읽는 선생과 학생만이 장화를 착용할 수 있도록 규정했다. 그 밖에 서민, 상인, 기술자, 보병 및 군 소속 잉여 병사, 보병을 관할하고 작은 기를 총괄하는 관원의 집안사람, 불을 지피는 사람, 관아의 일꾼, 시종, 외부에서 의술·점복·음양의 일에 종사하는 사람은 장화를 불허하고 가죽신皮札鞾만을 허용했다. 북경, 산서, 산동, 섬서, 하남, 직례直隷 오늘날의 하북河北, 서주徐州 일대에서 추운 지대에 사는 백성은 소가죽을 직접 꿰맨 장화만 신을 수 있었다.[64]

노리개 분야를 보면, 금·옥·은·무소뿔은 각 왕조마다 일반 백성의 사용을 금지했다. 당나라 때 옥·금·은·놋쇠는 품계를 지닌 관리의 장식으로, 서인은 구리와 쇠만 사용할 수 있었다.[65] 송나라 때 품계를 지닌 관원은 옥·금·은·무소뿔로 치장했고, 하급 관리, 노동자, 상인, 서인은 구리·쇠·뿔·돌·옥(검은색) 노리개만이 허용되었다.[66]

부녀자의 지위와 복식은 지아비나 아들에 의해 결정되었다. 지아비나 아들이 관리가 되면 명부命婦봉작을 받는 부인을 통틀어 이르는 말가 되어[67] 따로 예복이 있었다. 그 지아비나 아들에게 조복朝服과 공복公服이 있는 것과 마찬가지로 명부는 일상 의복 또한 사인과 서인 부녀자와 구별되었다. 그녀들은 주, 견만 입을 수 있었던 데 비해 명부는 능·나·금·수를 입을 수 있었고, 그녀들은 노란색, 흰색, 파란색, 청록색 등만 입을 수 있었던 데 비해 명부는 붉은색과 자주색을 입을 수 있었다. 정관貞觀 4년에 품계를 지닌 관리의 복색을 제정하면서 부인은 지아비의 복색을 따른다는 조서를 내렸다.[68] 개원 19년의 칙령에 부녀자의 복식은 각각 지아비와 아들의 작위에 의거하되, 5등급 이상인 자의 부녀자 친척들과 5품 이상의 어머니와 아내는 전부 자주색을 입고, 9품 이상의 어머니와 아내는 전부 붉은색을 입으며, 5품 이상의 어머니와 아내는 치마 허리춤에 띠와 소매 끝에 금수錦繡를 사용할 수 있었다.[69]『당서唐書』「거복지車服志」에도 부인의 평상복은 지아비를 따른다고 했다. 한편 원에서는 귀천에 따른 복색의 등급을 제정했으니, 명부의 1~3품은 금무늬로 가득한 의복을 입을 수 있었고, 4품과 5품은 금답자金䉶子를, 6품 이하는 금박 및 금사답자金紗䉶子를 입을 수 있었다. 일반 부녀자들은 이러한 의복을 착용할 수 없었다.

명부의 예복으로 말할 것 같으면, 그 사회적 의미 또한 소홀히 다룰 수 없다. 당나라 때 명부는 꽃비녀, 적의翟衣 붉은 비단 바탕에 꿩을 수놓고 용이나 봉을 그린 옷, 종묘 배알 때 입는 묘현廟見의 예복을 모두 입을 수 있었다.[70]

명나라 때 명부는 집에서 시부모·지아비를 뵐 때나 제사를 지낼 때에 예복을 입곤 했다.[71] 친잠례 직접 누에고치를 치는 의례 참석용으로만 국한되지 않았고, 이로써 명부는 가족 안에서 위엄을 빛내고 다른 친족 부녀자들보다 높은 지위를 드러낼 수 있었다.

　장신구의 사용 또한 의복과 마찬가지로 지아비나 아들의 관리 품계에 의해 결정되었다. 금·구슬·비취·옥은 줄곧 명부의 전용 물품으로, 일반 부녀자들이 사치할 수 있는 것이 아니었다. 법률은 일반 부녀자들이 사용할 수 있는 것을 제한했기 때문에 부유하지만 벼슬아치가 아닌 집안의 부녀자들은 찬란히 빛나는 진주와 보석을 바라보며 탄식할 뿐이었다. 송나라 때에는 명부가 아닌 여성들이 금박, 금가루, 진주로 의복을 치장하는 것을 금했다. 명부만이 금 장신구, 금으로 된 애기방울, 발찌, 비녀, 팔찌, 귀고리, 줄, 고리 따위를 사용할 수 있었고, 그녀들만이 진주 장신구 및 모자 꼭대기의 구슬, 영락瓔珞 옛날에 구슬을 꿰어 목에 두르던 장식품, 귀고리, 머리장식, 말자抹子 따위를 치장할 수 있었다.[72] 원나라 때 3품 이상의 명부는 장신구로 금·구슬·진귀한 옥을 쓸 수 있었고, 4품과 5품은 금·옥·진주를, 6품 이하는 금을 사용하되 귀고리는 구슬과 옥만 쓸 수 있었다.[73] 서인 및 그 아내와 딸은 취화翠花 비취를 박아 넣어 꽃 모양으로 만든 장신구와 금비녀 하나씩을 쓸 수 있었을 뿐이고, 귀고리만 금·구슬·벽전碧鈿을 쓸 수 있고 그 나머지는 은장식을 써야 했다.[74] 명나라 때에도 명부만이 금·구슬·비취·옥으로 치장할 수 있었고, 1품과 2품은 금·구슬·비취·옥을 썼고, 3품과 4품은 옥이 제외되었고, 5품은 구슬과 옥이 제외되었으며, 6품 이하는 은에 도금을 하거나 간혹 구슬을 썼다.[75] 민간의 부녀자는 은에 도금한 장신구만 허용되었으며, 귀고리는 금과 구슬을 쓸 수 있었고, 팔찌는 은만 허용되었다.[76] 한편 금과 보석으로 된 장신구나 팔찌, 옷과 신발에 진주를 박아 넣은 것, 아울러 보자補子 대례복의 앞뒤에 새나 짐승의 수를 놓아 꿰매어 놓은 직물, 얼굴 가리개, 영락 등의 사용을 금했는데, 이를 위반한 자는 죄를 묻고 장신구를 몰수했다.[77] 청나라의 제도에 따르면 민간의 부녀자는 금으로 된 장신구 하나와 금귀고리 한 쌍만을 착용할 수 있었으며 그 나머지는 일률적으로 은과 비취를 쓰도록 했으며, 꽃무늬 금실 장식도 만들 수 없었다.[78] 규정을 어기고 금과 보석으로 된 장신구나 팔찌를 착용하거나, 옷과 신발에 진주를 박거나, 보자·얼굴가리개·영락 등의 물품을 사용하면 가장에게 법률로써 죄를 묻고 장신구는 관아로 들이도록 했다.[79]

3) 집

주거 분야에서도 집의 크고 작음, 칸수, 양식, 장식에 대한 규정이 정해져 있어 마음대로 할 수 없었다. 황궁과 최고 귀족의 저택은 단번에 알아볼 수 있었고, 공후와 품계 있는 관리의 저택 외관도 일반인의 집과는 달랐다. 예로부터 궁전宮殿, 부저府邸, 공관公馆, 제第, 택宅, 가家라고 습관적으로 사용해온 명칭에는 각각 상이한 의미가 있었다. 송나라 때에는 집정관과 친왕이 거주하는 곳을 부府라고 불렀으며, 나머지 관원의 집은 택宅, 서민의 집은 가家라고 했다.[80] 오늘날에도 북경에서는 아무개 택宅이라 하는 데 반해 남방에서는 아무개 공관公馆이라 하듯이, 택·제·공관 따위의 글자에는 사대부의 숨결이 짙게 깃들어 있다.

대청 칸수에도 예로부터 일정한 규격이 있었다. 당唐의 『영선령營繕令』에서는 이렇게 말한다. 3품 이상의 집은 5칸間 9가架 칸은 기둥과 기둥 사이를 가리키며, 5칸이라고 하면 정면에 기둥이 여섯 개 있는 주칸이 5칸인 것을 말한다. 가架는 서까래를 받치는 부재인 도리를 가리키며, 9가라고 하면 도리의 수가 9개인 것을 말한다를 넘어서는 안 되며, 대청 양쪽 행랑 문옥門屋은 3칸 5가를 넘을 수 없다. 5품의 집은 5칸 7가를 넘어서는 안 되며, 문옥은 3칸 2가를 넘어서는 안 된다. 6~7품 이하의 집은 3칸 5가를 넘어서는 안 되며, 문옥은 1칸 2가를 넘어서는 안 된다.[81] 명나라 때는 공후公侯가 거주하는 전청前廳은 7칸 혹은 5칸, 양쪽 행랑은 9가, 중당中堂은 7칸 9가, 별당은 7칸 7가, 문옥은 3칸 5가로 규정했다. 1품과 2품 관원의 대청은 5칸 9가, 문간방은 3칸 5가였다. 3~5품 관원의 대청은 5칸 7가, 정문은 3칸 3가였다. 6~9품 관원의 대청은 3칸 7가, 정문은 1칸 3가였다.[82] 청나라 때는 1품과 2품의 대청은 7칸 9가이고, 정문은 3칸 5가였다. 3~5품과 6~9품의 대청과 정문의 칸수는 명의 규정과 같았다.[83] 한편 서인의 칸수는 제일 작아서 자고이래로 마루와 방은 3칸을 넘지 못했고[84] 문은 오직 1칸이거나 없기도 했다.[85] 그래서 서인들은 대단히 부유하여 수십 채의 집을 지을 수 있다고 해도 집마다 마루와 방은 3칸을 넘지 못했다. 이를 위해 홍무 30년에는 칙령을 내려 집이 열 채나 스무 채에 이를 만큼 부유해도 3칸을 넘는 것은 허용하지 않았으니, 5칸이나 9칸은 용납되지 않았다. 그 후로 정통正統 12년에 약간의 변통으로 가架의 수를 늘릴 수는 있었으나 칸수는 여전히 옛 제도를 따랐다.[86] 그래서 북경에 현존하는 옛집들은 왕부王府를 제외하고는 모두 5~3칸이다.

집의 형식과 장식에도 제한이 작지 않았다. 겹처마와 천장에 세우는 돔 모양의 장식인 조정藻井은 비록 품계 있는 관리라도 허용되지 않았다.[87] 서까래 끝이나 처마 모서리에 설치하는 짐승 모양의 기와 조형물 와수瓦獸는 품계 있는 관리의 집에만 허용되었다. 당나라 때에는 아침에 황제를 알현하는 상참관常參官이 아니면 물고기 장식인 현어懸魚와 봉황 한 쌍 장식인 대봉對鳳 와수도 허용되지 않았다.[88] 명나라 때에는 공후公侯만이 용마루에 꽃문양 와수를 설치할 수 있었고 5품 이상의 관리는 모두 와수만 허용되었다.[89] 원률元律에 따르면, 서민이 자기 집에 거위가 용마루를 물고 있는 것을 안치했거나 와수 조각이 있으면 태 37대에 처하고 도공은 태 27대에 처했다.[90] 청의 제도에서는 1품과 2품의 용마루에는 꽃문양과 용마루에 안치하는 짐승 조형물인 문수吻獸가 허용되었으며, 3품·4품·5품은 문수만 허용되었다.[91]

도리와 들보, 두공斗拱, 서까래에 채색을 치장하는 것도 품계 있는 관리만 가능했다. 명의 제도에서 공후는 채색 치장과 더불어 문과 창문, 기둥에 금색이나 검은색으로 꾸밀 수 있었다. 1~5품까지의 관리는 도리와 들보·두공·서까래를 청록색으로 치장하고, 6~9품까지는 도리와 들보를 황토색으로만 치장할 수 있었다.[92] 청의 제도에서 품계 있는 관리의 채색 장식은 명의 제도와 같았다.[93] 서민은 당연히 집의 마룻대와 추녀 끝을 채색할 수 없었다. 당나라에서 청나라에 이르기까지 모두 그러했다.[94]

문의 장식 역시 화려함을 귀하게 여겼다. 당나라 때 5품 이상은 상단이 검은색 기둥인 오두대문烏頭大門을 설치할 수 있었다.[95] 명나라 때 공후는 금색을 칠하고 짐승 얼굴의 주석 고리를 단 대문을 사용했다. 1·2품은 녹색 기름을 칠하고 짐승 얼굴의 주석 고리를 사용했으며, 3~5품까지는 검은 기름을 칠하고 짐승 얼굴의 주석 고리를, 6~9품은 검은색 문에 철제 고리를 사용했다.[96] 청나라 때는 약간 달라서, 1·2품은 짐승 얼굴의 구리 고리를 사용했고, 3~5품까지는 여전히 짐승 얼굴의 주석 고리를 사용했다.[97] 서인들의 문 장식은 제일 소박하여, 당나라 때 주실과 문간방 모두 장식을 할 수 없었다.[98]

고대에는 문 입구의 장식으로 창을 꽂아두는 제도가 있었다. 당나라 때의 『의제령儀制令』에 따르면 관아를 설치할 수 있고 삼사三司와 같은 의장을 쓸 수 있는 정1품의 개부의동삼사開府儀同三司, 사왕嗣王, 군왕郡王 그리고 공훈을 세운 관리인 훈관상주국勳官上柱國, 주국柱國 등 맡은 일이 있는 3품 이상은 문에 창을 세워두는 것이 허용되었다. 1품의 경우 창 16개, 적으면 10개를 꽂아두었다.[99] 송나라 때에는 각 도道·부府의 관청에 허용되었고, 사택의 경우에는 작위가 높고 은사를 받은 자에게 허용되었다.[100] 진晉나라 천복天福 3년에 중앙과 지방의 신료, 중서성 및 문하성과 정무를 협의해 처리하는 평장사平章事, 시중侍中, 중서령中書令 그리고 여러 도道의 절도사에게 조서를 내려 사택의 문에 창을 세우는 것을 허락했는데,[101] 이는 모두 특별한 은총과 영예였다.

고대의 주택 제도는 이와 같이 복잡하고 달랐다. 그래서 밖에서 보기만 해도 그 주인의 신분을 알 수 있었으며, 문의 장식·기와·대청의 크고 작음을 대충 주시해도 역시 훤히 알 수 있었다. 주택의 등급 제도가 지닌 본래의 의미가 바로 여기에 있었다.

한편 실내의 진열에도 갖가지 제한이 있었다.

송나라 때에는 장막, 격벽縅壁, 승진承塵 먼지를 막는 천, 주의柱衣 기둥을 치장하는 천, 액도額道, 항첩項帕, 복정覆旌, 상군牀裙 침상이 더러워지는 것을 막기 위해 사방에 두는 천에는 순 비단에 두루 자수를 놓을 수 없었다.[102] 원·명·청의 제도에 따르면, 1~3품 관리의 장막은 금으로 만든 꽃에 자수를 놓은 얇은 비단을 사용했으며, 4~5품은 수놓은 얇은 비단을, 6품 이하는 민무늬의 얇은 비단을 사용했다. 서인은 사견紗絹 얇은 비단과 명주실로 거칠게 짠 천을 사용했다.[103] 사대부와 서민이 분수에 맞지 않게 진홍색이나 금박을 입혀 장막과 침구를 만드는 것은 공개적으로 엄하게 금지했다.[104] 침구에 대해서는 홍무 연간에 특별한 규정이 있었다. 1~5품까지의 관리는 저紵·사絲·금錦·수繡를 사용하고, 6~9품까지는 능綾·나羅·주紬·견絹을 사용하며, 서민은 주紬·견絹·포布를 사용하도록 했다.[105] 청나라 때는 방석 또한 규정이 있었다. 1품은 겨울에 늑대 가죽을 사용하고 여름에는 붉은 갈포를 사용하도록 했다. 2품은 겨울에 오소리의 가죽을 사용하고, 여름에는 붉은 갈포에 가장자리는 검은색 갈포를 사용하도록 했다. 3품은 겨울에 담비 가죽을 사용하고 여름에는 검은색 갈포에 가장자리는 붉은색 갈포를 사용하도록 했다. 4품은 겨울에는 산양 가죽을 사용하고 여름에는 검은색 가죽을 사용하도록 했다. 5품은 겨울에는 청색 양가죽을 사용하고 여름에는 남색 포에 흰색 모전毛氈을 안감으로 대도록 했다. 6품은 겨울에는 흑양黑羊 가죽을 사용하고 여름에는 어두운 갈색 포를 사용하도록 했다. 7품은 겨울에는 사슴 가죽을 사용하고 여름에는 회색 베를 사용하도록 했다. 8품은 겨울에는 노루 가죽을 사용하고 여름에는 거친 베를 사용하도록 했다. 9품은 겨울에는 수달 가죽을 사용하고 여름에는 거친 베를 사용하도록 했다.[106]

주홍색 그릇은 황제가 사용하는 물건이었다. 그래서 관리, 사인, 서인은 자고이래로 주홍색 칠을 한 목기木器의 사용이 금지되었다. 송나라 때에는 수도에서 주홍색 그릇을 만드는 것이 금지되어, 모든 그릇은 안팎 모두 주홍색 칠이나 금칠을 할 수 없었고, 아래쪽에도 주홍색을 덧댈 수 없었다. 사인, 서인, 승려, 도사는 주홍색 칠로 침대를 꾸밀 수 없었다.[107] 명나라 때에는 여러 차례에 걸쳐 채색에 대한 금령을 분명히 내렸다. 관리와 백성 등은 주홍색과 금으로 의자·탁자·목기를 치장하는 것이 허용되지 않았으며, 관원의 침대·병풍·격자·선반 등은 모두 잡색으로 치장하는 것만이 허용되었다.[108] 명·청의 법률에서는 관리, 군인, 백성 가운데 그릇을 주홍색과 황색으로 사용한 자에 대해 용과 봉황의 무늬를 참월한 율문에 비추어 단죄하고, 그릇은 추적하여 몰수해 관에 들인다고 했다.[109]

금옥金玉 역시 궁정에서 전용하던 것이었다. 그래서 역대로 금옥으로 된

그릇에 대해서는 제약이 매우 엄격했다. 비록 품계 있는 관리의 집이라 해도 마음대로 사용할 수 없었다. 당나라 때 1품 이하는 순금과 순옥 식기를 사용할 수 없었다.[110] 송나라 때에는 모든 금은사, 금가루를 붙인 것, 금박, 아교풀에 갠 금박가루, 자수를 한 금실의 장첩裝帖, 각종 생활용품, 흙과 나무로 된 감상용 물품은 일괄적으로 금지되었고, 민간에서 금실 접시와 자수 금실을 제조하는 것도 금지되었다.[111] 오직 3품 이상의 관리와 왕족의 집에서만 금릉기金棱器 금으로 만든 물건의 사용이 허가되었으며, 은을 사용하는 자는 금색을 칠할 수 없었고, 술잔과 식기는 궁궐이 아니면 순금그릇을 사용할 수 없었으되 하사된 것은 명을 기다려 사용했다.[112] 원나라때 1~3품까지는 금옥으로 만든 다기와 주기酒器가 허용되었고, 4~5품까지는 주기를 놓는 받침대만 금을 쓸 수 있었다. 6품 이하는 받침대로 금도금이 된 것을 사용했으며, 나머지는 은을 사용했다. 서민의 주기는 은으로 만든 호壺, 병瓶, 받침대臺, 잔盞, 사발盂, 술 데우는 냄비鐥는 허용되었으나, 나머지는 모두 금지되었다.[113] 명나라 때 공후 및 1·2품 관리는 금으로 된 술주전자와 잔을 사용할 수 있었으나, 나머지는 은을 사용했다. 3~5품까지는 은으로 된 주기를 사용하되 술잔은 금으로 만든 것을 사용했다. 6~9품까지는 은으로 된 주전자와 잔을 사용했고 나머지는 모두 유약을 바른 목기를 사용했으며, 주홍색을 쓰거나 금을 바르거나 이겨서 사용하는 것이 허용되지 않았다. 서민의 주석 술 주전자와 은 술잔을 사용했으며 나머지는 유약을 바른 것을 사용했다.[114] 명·청의 법률에서 군인, 백성, 승려, 도사 등이 분수에 맞지 않게 기물에 금도금과 금박을 사용하거나 주기를 금·은으로 사용하는 사건이 발생하면 율에 따라 죄로 다스렸고 (한 가지만을 사용하는 것은 금하지 않았다) 기물은 관에서 몰수하도록 규정했다.[115]

4) 수레와 말

이동에 관련된 모든 것도 계급마다 차이가 있었는데, 이는 이동 수단과 그 장식의 차이가 상이한 신분을 나타내기 때문이었다. 일반적으로 사대부는 마차와 말을 타는 계급이라 말할 수 있으며, 서인과 천민은 걸어 다니거나 오직 일정한 형식으로 지정된 교통수단만을 이용할 수 있었다. 공자가 가장 아끼는 제자 안회가 죽자 그의 아버지가 관을 사기 위해 공자에게 마차를 빌려달라고 청했는데, 공자가 거절하며 이렇게 말했다. "나는 대부의 뒤를 따르는 사람인지라 걸어 다녀서는 안 된다."[116] 맹자가 외출할 때 수레의 수량은 10승乘이었다. 사대부는 보행이 불허되었다.

일부 계층은 수레와 말을 이용할 수 없도록 금지했는데, 상업을 천시하는 시대의 상인과 천민이 그 대상이었다. 한 고조는 조서를 내려 상인이 수레와 말을 타는 것을 불허했다.[117] 당나라 역시 상인이 말을 타는 것을 금지했으며, 서인·승려·도사도 금지 대상에 포함하는 칙서가 건봉乾封 2년에 내려져 엄격히 다루었다. 그러나 이 금령은 점차 느슨해져서 상인도 말을 탈 수 있었을 뿐 아니라 조각 안장과 은 등자로 화려한 치장까지 가능했고 말을 탄 동복童僕을 거느리기도 했다. 태화太和 연간에 또 다시 칙령을 내려 이를 금지했다.[118] 천민은 줄곧 말과 수레를 타는 것이 불허되었으며, 원나라 때에는 기방의 출입 역시 말이나 수레를 타는 것이 불허되었다.[119]

수레와 가마에 대한 금지는 가장 엄격한 편이었다. 당·송 시대에 평민은 수레를 탈 수 없었을 뿐 아니라 왕족이나 대신 역시 황제의 특별한 은사가 아니면 수레를 탈 수 없었다. 당시 백관은 출입할 때 모두 말을 탔다. 당나라 때 왕공대신의 수레는 태복太僕이 간수했으며 오직 책봉 명령, 황릉 행차, 장례를 행하는 경우에만 수레를 내주어 탈 수 있도록 제약을 두었으며, 평일은 수레 대신 말을 탔다. 설령 재상의 지위라 해도 예외 없었다. 장핑정張宏靖이라는 자가 재상으로 유주幽州에 부임했는데, 사람을 부려 가마로 출입하자 놀라고 분노한 선비들이 난리를 일으킬 뻔했다. 왕안석王安石이 금릉金陵에 있을 때 누군가 가마를 진상하자 이에 노하여 "어찌 사람으로 가축을 대신하는가?"라고 말했다. 건강建康 말년에 고종高宗이 명을 받들어 사신으로 자磁 지방에 이르자, 그 지역 태수 종여림宗汝霖이 탈것으로 검은색 칠에 자주색 깔개가 있는 가마를 진상했으나, 고종은 그것을 물렸다. 송대에 지방에서는 비교적 자유로운 편으로, 가마를 타는 사람이 있었다. 그러나 수도와 그 부근 지역에서는 지존至尊을 피해야 했으므로 부녀자를 제외한 모든 백관은 가마를 탈 수 없었다. 오직 나이와 덕망이 있는 대신과 종실의 늙어서 병들어 말을 탈 수 없는 자에게만 특별히 수레를 타는 것이 허용되었다. 당 개성開成 5년에는 제도를 정하여, 재상, 삼공, 사보師保 제왕을 보필하고 왕실의 자제를 가르치는 관리, 상서령尚書令, 복사僕射, 여러 부서의 장관과 질병으로 벼슬을 그만둔 관원은 가마를 타도록 허락되었으며, 3품 이상의 관리와 병이 있는 자사刺史는 짧은 거리를 수레로 이동할 수 있었지만 역참에서 투숙할 수는 없었다. 송 신종은 특별히 종실의 연로한 자 또는 질병으로 말을 탈 수 없는 자를 우대하여 가마로 출입할 수 있게 했다. 사마광은 재상의 지위에 있을 때 말을 탈 수 없어 그가 궐내 동문까지 가마로 이동할 수 있도록 조서가 내려졌다. 모두 특별한 은혜이고 특이한 예禮였다. 남쪽으로 수도를 옮긴 후 수레와 가마에 대한 금지가 해제되어 백관도 가마를 탈 수 있게 되었다. 이는 도로가 험하고 미끄러운 회양淮陽에서 대신들이 말을 타고 분주히 다니는 것을 차마 볼 수 없다는 황제의 명으로 이루어진 것이다. 이에 신하들은 말을 타지 않게 되었다.[120]

그러나 수레에 대한 금지가 남송 이후 완전히 해제된 것은 아니어서, 문무 관리 모두가 탈 수 있었던 것은 아니었다. 명의 제도에 따르면 북경에서는 3품 이상의 관리에게만 가마가 허용되었으며, 4품 이하는 여전히 말을 타야 했고 가마나 승교의 사용을 위반하는 것은 용납되지 않았다. 북경 밖에서 각 관아의 고관 이하는 일률적으로 말을 탔다.

무관으로서 공훈이 있는 황제 친족의 경우, 그들이 말 타기와 활쏘기를 소홀히 하지 못하도록 명나라 초에 제도로써 가마의 사용을 불허했다.[121] 청의 제도에서도 여전히 무관에게는 가마를 금지했으나 제독提督과 총병總兵은 대체로 말 대신 가마를 탔다.[122] 문관은 지위 고하를 막론하고 가마를 탔으며, 부관이나 잡직 신분이라도 말을 타는 일은 드물었다. 심지어 지위가 낮은 사람도 국학에 들어갈 때는 전례에 따라 엄숙히 가마로 출입했다.[123]

서인은 오랫동안 수레와 가마 혹은 말의 이용이 불허되었다. 당·송 시대에는 비록 품관이라 해도 수레를 탈 수 없었으니, 민간은 더욱 그러했다.[124] 부녀자는 예외였다. 당나라 때 서리胥吏 문서를 처리하던 낮은 관리와 상인의 처는 해거奚車 해인이 제작한 마차와 가마를 탈 수 없었으며, 노인과 병자는 갈대 덮개의 수레와 두자兜子 의자만 있고 가마 상자는 없는 가마를 탔다.[125] 송나라 때 상인과 서인은 오직 우거와 두자만을 탈 수 있었으며 오직 부녀자만이 수레를 탈 수 있었다.[126] 원·명 이후에는 부녀자, 관리와 백성, 노인과 병자 모두에게 가마 이용이 허락되었다.[127]

수레는 많은 사람이 이용할 수 있었지만, 그렇다고 해서 같은 모양의 수레를 쓸 수는 없었다. 수레의 구조나 색 그리고 부수적인 장식의 조그마한 차이가 그 사람의 신분을 나타내기 때문이었다.

한漢 경제景帝는 장리長吏의 수레와 의복은 그 관직에 부합해야지, 백성과 다름이 없으면 관리의 품격을 잃는 것이라고 여겼다. 따라서 2000석의 녹봉을 받는 관리의 수레는 양쪽의 바람막이를 붉게 하고, 600~1000석을 받는 관리의 수레는 좌측의 바람막이를 붉은색으로 하도록 명을 내렸다. 또한 300석 이상은 검은 천의 덮개를, 1000석 이상은 검은 비단 덮개를, 200석 이하는 하얀 천의 덮개를 쓰도록 제정했으며, 수레와 말 수행원이 그 관직에 부합하지 않으면 모두 검거하도록 했다.[128] 북제北齊 때에 1품 고정된 업무가 있는 집사관執事官과 그렇지 않은 산관散官, 의동삼사儀同三司 삼공은 아니지만 그 대우를 받는 관원은 붉은색으로 칠한 낙망거絡網車를 탔으며, 우거의 장식은 금도금과 순은을 쓸 수 있었다. 3품은 휘장을 친 통헌거通幰車를 타고, 우거는 금으로 장식했다. 7품 이상은 휘장을 절반만 친 편헌거偏幰車를 타고, 우거는 구리로 장식했다. 수나라 때에 3품 이상은 통헌거를, 5품 이상은 긍헌거亘幰車를 타게 했으며, 6품 이하는 휘장을 치는 것이 허용되지 않았다.[129] 삼공三公의 부인, 공주, 왕비의 우거는 자주색 휘장과 붉은색 그물을 쳤고, 5품 이상의 천자로부터 봉호를 받은 명부는 청색 휘장을 쳤다.[130] 당나라 때 친왕과 무관 1품은 상아로 장식한 수레象輅에 청색 전면 휘장을 치고 주홍색 칠을 했으니, 안쪽에 주홍색 전면 휘장을 치고 주홍색 실로 그물을 쳤다. 2품과 3품은 가죽으로 된 수레革輅에 안쪽은 주홍색으로 칠하고 청색 전면 휘장을 쳤다. 나무로 된 수레木輅를 타는 4품과 말 한 필이 끄는 가벼운 수레軺車를 타는 5품은 모두 안쪽을 짙은 푸른색으로 칠하고 청색으로 한쪽 휘장을 쳤다. 깃발旒의 경우 1품은 9개, 2품은 8개, 3품은 7개, 4품은 6개였으며, 말고삐 장식의 수는 같았다.[131] 외명부의 경우 3품은 금동金銅으로 우거 처마를 장식했으며, 4품과 5품은 백동白銅으로 우거 처마를 장식했고, 6품 이하는 해거奚車와 처마에 그림을 그려 장식했다.[132] 송의 제도에 따르면 3품 이상은 붉은 휘장의 가죽 수레를, 현령은 자주색 휘장의 가벼운 수레를 탔다.[133] 내명부와 황제의 친척은 은색 장식의 백등白藤으로 된 수레를, 외명부는 백등으로 만든 수레와 금동 우거, 칠을 한 우거를 탔다.[134] 당나라 때 서인은 갈대 덮개 수레와 두자를 이용했는데 명칭만으로도 그 초라함을 상상할 수 있다. 원·명 양대의 제도에 따르면, 1~3품까지는 수레에 간금間金 장식, 은으로 된 교룡 머리, 수놓은 띠, 푸른 휘장의 사용이 허용되었으며, 4·5품은 흰색의 사자머리, 수놓은 띠, 푸른 휘장을 사용했으며, 6~9품까지는 흰색의 구름머리, 하얀 띠, 푸른 휘장을 사용했다. 서인의 수레는 검은색 평지붕, 검은색 휘장이었으며 구름머리는 사용할 수 없었다.[135] 청의 제도에 따르면 3품 이상 관리의 수레 꼭대기 부분은 은색 장막을 사용하고 덮개는 검은색을 사용했으며, 4품이하는 수레의 꼭대기 부분에 주석을 사용했다. 봉호를 받은 부인의 수레는 1품의 경우 검은색 덮개를 하고 네 모서리 장식은 녹색이었으며, 녹색과 검은색 휘장에, 수레 꼭대기 부분에는 은을 사용했다. 2품은 검은색 덮개에 모서리 장식을 사용하지 않았으며, 녹색과 검은색의 휘장을 사용했다. 3품은 검은색 덮개를 하고 모서리 장식을 사용하지 않았고, 검은색의 휘장을 했다. 4품은 검은색 덮개를 하고 모서리 장식을 사용하지 않았고, 검은색과 청색 휘장을 했으며, 수레 꼭대기 부분은 주석을 사용했다. 5품 이하는 청색 덮개를 하고 모서리 장식을 사용하지 않고, 검은색과 청색의 휘장을 사용했다. (이상의 각 휘장은 2품 이상의 경우에는 비단을, 나머지는 균일하게 베를 사용했다.) 3품 이상의 수레는 꼭대기 부분에 은을 사용했고, 4품 이하는 주석을 사용했다.[136]

가마꾼의 수를 보자. 당나라 때는 천자로부터 봉호를 받은 부인의 가마꾼은 8명, 3품은 6명, 4품과 5품은 4명, 서인이 이용하는 두롱은 2명이었다.[137] 송의 제도에서도 서인이 타는 두롱은 가마꾼이 2명을 넘을 수 없었다.[138] 명의 제도에서 문무 관료의 경우 관례에 따라 4명이 드는 가마만이 허용되었으며 사사로이 8명을 쓰는 경우 정확한 사실을 천자에게 알렸다.[139] 청의 제도에서 3품 이상의 경당京堂 도찰원, 통정사 등 청대 고급 관리에 대한 호칭은 수도에서는 4인 가마를, 수도를 나갈 때에는 8인 가마를 썼다. 4품 이하의 문관은 가마꾼이 2명이었으며, 수도를 나갈 때에는 4명이었다. 각 성의 문관, 총독과 순무는 8명이 드는 가마를 탔으며, 사도司道 순무의 속관 이하, 교직敎職 부청府廳급 이하의 학관 이상은 4명이 드는 가마를, 흠차관欽差官 황제가 직접 파견한 관리으로 3품 이상의 경우 8명의 가마꾼을 썼으며, 봉호를 받은 부인 역시 같은 수의 가마꾼을 썼다.[140]

말과 당나귀는 걷는 일을 대신해주는 가축이지만 말은 당나귀에 비해 훨씬 똑똑하다. 그래서 관리는 모두 말을 탔고, 서인과 말을 탈 수 없는 신분은 당나귀를 탔다. 명나라 초에 관리가 임지로 갈 때 말이 없어서 남의 말을 빌리거나 당나귀를 타는 사람이 많았다. 그러자 태조가 병부에 명을 내리기를, 예로써 귀천을 분별하고 등급의 위엄을 밝혀야 함에도 포정사布政司, 안찰사按察司, 부·주·현의 장관이 당나귀를 타는 것은 법도에 심히 어긋나는 일이니 포정사와 부·주·현에 각각 약간의 말을 지급하라고 관리에게 명했다.[141]

말 장식의 차이는 매우 컸다. 송대에는 오직 수도의 관리京官와 3품 이상의 지방 관원만이 장식용 술로 말을 치장할 수 있었다. 명대에는 술 장식이 귀하지 않아서 관리와 백성 모두 장식용 술을 달 수 있도록 허락되었다. 그러나 붉은색 술 장식은 금지되었고, 오직 검은색만 허용되었다.[142] 청의 제도에서는 오직 4품 이상만이 번영繁纓 고대 천자 제후등의 말과 수레를 묶던 줄 장식을 묶을 수 있었다.[143]

안장과 고삐에 대해서도 역대로 상세하게 규정했다. 당의 제도에 따르면 벼슬하지 못한 자는 은과 놋쇠 장식을 사용할 수 없고, 검은색으로 칠한 안장에 쇠로 만든 등자만 사용할 수 있고, 체구가 작은 말이나 망아지만 탈 수 있었다.[144] 양梁나라 개평開平 2년의 칙령에서는 이렇게 말했다. "공적에 따라 수레와 예복을 내리는 것은 옛 제도였다. 귀천의 구별을 없게 만드는 것은 큰 죄다. 중앙과 지방의 장수와 재상들은 안장과 재갈을 은으로 치장하는 것을 허용한다. 자사刺史, 중앙과 지방의 제사사諸司使는 구리 장식만을 사용하도록 하는 것을 길이 정해진 규칙으로 하라."[145] 송의 제도에 따르면 수놓은 언치 안장 밑에 까는 깔개, 금은보석으로 치장한 안장 장식물은 종실과 은사恩賜를 받은 자만이 사용할 수 있었다.[146] 은으로 치장한 안장 장식은 5품 관리 이상에만 한정되었고, 6품 이하의 관원과 노동자·상인·서인은 검은 칠을 한 안장과 모전 거죽氈皮에 명주로 된 언치 외에는 사용할 수 없었다.[147] 원의 제도에 따르면 1품은 금과 옥으로 안장과 고삐를 치장할 수 있었고, 2·3품은 금으로 치장할 수 있었으며, 4·5품은 은으로 치장할 수 있었고, 6품 이하는 놋쇠·구리·철로 된 장식을 쓸 수 있었다.[148] 명의 제도에 따르면 공公, 후侯, 1품, 2품은 은·도금·철 기물에 은으로 칠한 안장 장식을 사용했고, 3~5품까지는 은·도금·철의 기물에 기름 먹인 안장 장식을 사용했으며, 7~9품까지는 구리擺錫·철 기물에 기름 먹인 안장 장식을 사용했고, 군민軍民은 철 기물에 짙은 녹색의 기름 먹인 안장 장식을 사용했다.[149]

수레와 말 장식 외에 의장과 호위대 또한 귀천을 구별하는 또 다른 중요한 표식이었다. 황제에게는 노부鹵簿 임금이 거둥할 때 의장 또는 의장을 갖춘 행렬가 있었고, 왕후에서 백관에 이르기까지 의장과 호위대에 각각 등급이 있었다. 여기에는 삼가고 경계하는 의미뿐만 아니라 통치자의 존엄을 증대한다는 목적도 있었다. 빛나는 위엄은 바라보는 사람들에게 두려움을 일으켜 얌전히 거리를 지나도록 하고, 평민과 한데 섞이지 않고, 사람들로 인해 길이 막히지 않도록 했다. 품계 관원이 출현하면 수레와 말이 선명하여 보자마자 관리의 품계를 알 수 있으며, 수레 앞에 의장이 행렬을 이루어 길을 비키라고 소리를 치므로 행인은 멀리서 보고 들어 일찌감치 조용히 피할 준비를 할 수 있었다. 부정공富鄭公(부필富弼)이라는 사람은 벼슬을 그만둔 뒤, 천으로 된 직철直綴 상하의를 꿰매어 연결한 옷을 입고 당나귀를 타고 근교로 나갔다가 길에서 수남순검水南巡檢을 만났다. 소리치며 앞서던 병졸은 웬 남자가 당나귀를 타고 길을 막고 있는 것을 보자 말에서 내리라고 외쳤다. 부필이 채찍을 들고 당나귀를 재촉하자, 병졸이 더욱 사납게 외치면서 직위가 무엇이냐고 물었다. 부필이 이름을 대자 순검은 부정공임을 알아차리고 황공함을 이기지 못하여 말에서 내려 길가에 엎드린 채 통성명을 했다.[150] 또 두기공杜祁公(두연杜衍)이라는 자는 소사少師의 직을 그만두었는데, 이번 과거에서 뛰어난 성적으로 급제한 자와 길에서 마주쳤다. 총수의 아병牙兵 친위병, 보검寶劍, 기, 도끼, 인도하는 자, 좇는 자를 빌려 큰소리로 외치고 밀어닥치는 기세가 매우 성대했다. 두연은 피할 길이 없어 늙은 하인 둘에게 명해 말을 잡아당겨 옆쪽으로 비껴 서게 했고 옷소매를 들어 얼굴을 가렸다. 새로운 귀인은 이에 대해 약간 화를 내고 넘어갔다.[151] 서민이 관원을 만나거나 작은 관리가 큰 관리를 만나면 자리를 피해야 했기 때문이다.

길을 걸을 때 천한 자가 귀한 자를 피하는 것은 공인된 원칙이었다. 당나라의 『의제령儀制令』에서는 "길을 걸을 때 천한 자는 귀한 자를 피하라"고 했으며, 이를 위반한 자는 태형 50대에 처했다.[152] 송 건덕乾德 2년에는 조서를 내려 내외의 여러 신하가 마주친 경우의 의례에 관해 상세히 정했는데, 높고 낮은 관리가 길에서 마주쳤을 때 관원의 등급 격차가 현격한 경우에는 낮은 자가 말을 멈추고 비껴서서 높은 자가 행차하도록 했다.[153] 홍무연간에는 여러 사람이 마주쳤을 때 비켜주는 것에 관한 세칙을 상세히 정했다. 저자에서 물건을 사고파는 군민이나 나귀와 말을 타고 오가는 자들은 공, 후, 부마, 1품 이하에서 4품까지의 관원이 오는 것을 보면 곧바로 말에서 내려 길을 비켜야 했다. 관원들 사이에서는 길을 나누어 행차하거나 말고삐를 잡아당겨 비켜서거나 오른쪽으로 비끼어 행차하거나 말고삐를 잡아당겨 피하는 것 등이 있었는데, 어떤 방법을 취할 것인지는 양쪽의 존비 격차에 따라 결정되었다.[154] 청나라 때에도 말에서 내려서는 것, 말고삐를 잡아당겨 비켜서는 것, 말고삐를 잡아당겨 (수레를 세우고) 지나가기를 기다리는 것, 길을 양보하고 옆길로 가는 것, 길을 나누어 가는 것 등의 의례가 있었다.[155] 조례에서는 저자에서 관원이 인도하며 지날 때 군민 등은 즉시 말에서 내려 피해야 하며 충돌해서는 안 된다고 했다. 이를 위반하는 자는 태형 50대에 처했다.[156]

관원의 의장 수행원에 관해서는 각 왕조마다 상세한 규정이 있었으니 원칙적으로는 관리의 품계가 높을수록 성대하고 사용되는 의장도 화려했다. 당나라 때 1품의 경우 말을 타고 앞에서 이끌고 뒤에서 따르는 수행자가 7기騎, 2·3품은 5기, 4품은 3기, 5품은 2기, 6품은 1기였다.[157] 당·송 시대에 1품 관원의 의장대는 북과 피리, 일산日傘, 부채, 깃발, 덮개 외에 창, 칼, 방패, 활, 자루가 긴 창槊 등의 병장기가 300가지하고도 수십 가지나 되었으며, 수행하는 자들만 해도 길을 정리하는 청도淸道, 수레바퀴살 비슷한 나무막대기를 든 차폭車輻, 수레를 끄는 가사駕士 등 40명 이상이었다. 게다가 속관은 그 안에 포함되지 않은 수치이니 일행의 위세가 얼마나 굉장한지 알 수 있다.[158] 명나라 때 관원의 의장대 수행원은 공公의 경우 10명, 후侯는 8명, 백伯은 6명, 1~3품은 6명, 4~6품은 4명, 7~9품은 2명이었다. 7품 이상의 관원을 인도하는 것으로는 주석으로 된 긴 창錫槊, 강철 갈퀴鋼叉, 등나무 곤봉藤棍 세 가지를 사용하거나 혹은 은으로 된 긴 창銀槊, 등나무 곤봉 두 가지를 사용하도록 했고, 나이 어린 자는 등나무 곤봉만을 사용하여 인도하도록 했다. 8~9품은 죽비竹篦만을 사용하여 길을 인도하도록 했다. 직업이 잡스러우면 의장대 사용을 불허했다.[159] 청대에 품계 있는 관원 중에서 의장과 호위대가 가장 성대한 자는 총독으로, 일산·부채·기·총·병권兵拳·안령도雁翎刀 기러기 깃털 모양 비슷한 칼·수검獸劍·횡곤鐖棍·구리 곤봉銅棍·피삭皮槊 가죽으로 만든 창·회피패回避牌 물러가라는 뜻의 패·숙정패肅靜牌 조용히 하라는 뜻의 패 등 17쌍 이상이었다. 부·주·현의 관장들 또한 일산 하나, 부채 하나, 구리 곤봉 둘, 피삭 둘, 숙정패 둘이었다. 변변치 않은 잡직인 경우에도 죽판竹板 두 개를 사용했다.[160]

봉작을 받은 부인인 명부도 의장과 호위대가 허용되었다. 당나라 때 1~4품까지 내명부와 외명부는 따로 의장대가 있었는데 일산, 창, 길을 정리하는 청도淸道, 하녀 외에 별도로 치미선雉尾扇 꿩의 깃으로 만든 부채 모양의 의장, 편선偏扇, 단선團扇 둥글게 된 부채 모양의 의장, 방선方扇 네모진 부채 모양의 의장, 행장行障 이동할 수 있는 병풍, 좌장坐障 등이었다.[161] 송나라 제도에 따르면 명부의 의장대는 품계 관리와 같았다.[162] 청나라의 제도 또한 마찬가지였다.[163]

서인은 의장과 호위대를 이용할 자격이 없었다. 설령 한두 명의 하인이 따른다고 해도 길을 비키라고 소리칠 수 없었고, 한 명의 말 탄 인도자도 앞세울 수 없었다. 『송사宋史』에서는 이 점을 분명히 말하고 있으니, 수레 앞에서 소리치며 인도하거나 앞에 의장을 배열해서는 안 되고 은골타銀骨朵 마름쇠 같은 모양에 긴 자루를 박은 의장나 물통을 가지고 수행원들을 이끌거나 물을 마시게 해서도 안 되었다.[164] 청나라 때에는 관리와 서민이 말을 타고 인도하는 인마引馬를 멋대로 이용한 경우, 관리는 이부吏部에 보내져 처벌 방법을 입안하고 서민은 이부에 보내져 죄로 다스렸다.[165]

의장 중에는 산傘이 있었는데, 이것을 사용함에도 제한을 두어 계급의 혼선을 막고자 했다. 명·청 양 대에 품계 관리가 쓰는 산개傘蓋는 각종 견직물로 만들었고,[166] 우산 또한 유견油絹 기름 먹인 비단과 유지油紙 기름 먹인 종이로 구별을 두었다.[167] 그래서 서민들은 견직물로 만든 양산涼傘을 사용할 수 없었고, 우산 또한 유견은 금지되었고 유지만 사용할 수 있었다.[168]

이상이 관리와 사인과 서인의 의복, 장식, 기물의 사용과 관련된 규정으로서 여기에는 하나의 공통된 원칙이 있다. 윗사람은 아랫사람의 것을 아우를 수 있지만, 아랫사람은 윗사람의 것을 아우를 수 없다는 점이다.[169]

이와 같이 사회적·정치적으로 상이한 위치에 있는 사람들이 나타내는 온갖 생활 방식의 차이는 한없이 놀랍고 기이한 느낌을 안겨준다. 어떤 부분에도 치밀하게 고려되고 체계적으로 설계되지 않은 것이 없었다. 귀천을 분별하고 신분에 맞는 위의를 변별함은 세밀한 부분까지 미치지 않는 것이 없었던 듯하다.

이 자질구레한 규정들은 예서禮書에 기록되어 있을 뿐 아니라[170] 법전에도 편입되어 있다.[171] 오늘날 그러한 규정들을 잘 살펴야 하는 까닭은 그것에 사회적 제재라는 지지대가 있을 뿐 아니라 법률적 제재가 따르기 때문이다. 그것은 결코 산만하게 흩어진 관습과 습관이 아니라 제도화되고 성문화된 규범, 즉 예와 법이었다.

당나라 이후의 법률은 규정과 의례에 위반하여 의복이나 기물을 분에 넘치게 사용하는 자에 대해 엄히 처벌했다. 당·송의 법률에서는 사택·수레·복식·기물을 만듦에 명령을 위반함이 있는 자는 장 100대에 처했고,[172] 의복이 의례에 위배됨이 있는 자 역시 태형 40대에 처했다.[173] 태화 7년에도 칙령을 내려 의복, 수레와 말 등의 물품에 대해 고의로 규정을 위반하면 9품 이상의 경우 관직을 삭탈했고, 벼슬 없는 선비는 5년 동안 선발될 수 없었다.[174] 원·명·청의 법률에서는 주택·수레·복식·기물에 대해 모두 별도의 조항을 두어, 위반한 자는 관직의 유무에 따라 죄로 다스렸다. 관직이 없는 자의 가장은 태형에 처했다.[175] 반면 원나라의 경우 관직이 있는 자는 현직에서 해임되고 1년 후에 한 등급 강등되어 서용되었다.[176] 명·청 양 대에는 파직되어 서용되지 못하는 것 외에도 장 100대를 더했다.[177] 영락 연간에는 복색의 의례를 어긴 자는 전근을 보내어 농사를 짓게 하는 죄명으로 다스렸다.[178] 죄에 대해 관직이 있고 없음을 분별한 까닭은 관직을 지닌 자의 경우 예법을 아는 관리로서 범법 행위를 했기 때문으로, 그 죄를 중하게 보아 사인이나 서인보다 배로 중한 처벌을 내렸으며 심한 경우 관직을 삭탈하기도 했다. 중국 고대의 법률은 관직이 있는 자의 범죄에 대해서는 사인이나 서인보다 처벌이 가벼웠으나, 복식이나 사택이 의례에 위배되는 경우만큼은 사인이나 서인보다 처벌이 무거웠다. 이를 보면 고대에 복식이나 사택으로 의례를 위배한 죄를 매우 엄중히 여겼음을 알 수 있다.

요청을 받아 만드는 장인에게도 책임이 있었으니, 자수하면 면죄됐지만 그 외에는 태 50대를 맞아야 했다.[179] 이는 장인이 누구의 것을 만들어야 하는지 묻지 않고 경솔하게 요청을 수락하는 것을 근절하려는 의도였다.

복식을 사용하는 자와 요청을 받아 만드는 자에 대한 처벌 외에도 중요한 규정 하나가 더 있었다. 당·송의 법률에 따르면 사택, 수레, 복식, 기물로써 명령을 위반한 것 중에서 팔 만한 것은 팔도록 하고 팔 수 없는 것은 고쳐 바로잡도록 했다.[180] 태화 6년에는 상주하여 범법 행위에 쓰인 물건을 몰수함을 허락하도록 했다.[181] 원률에서는 범법 행위를 고발하거나 붙잡은 사람에게 몰수 물품을 내줌으로써 상으로 충당하도록 했다.[182] 명·청의 율례 중에는 의례를 어긴 내용이나 사물을 고쳐 바로잡도록 하는 책임 규정이 있었다.[183]

직업의 구분은 본디 계급과 혼동되어서는 안 되는 것으로서 사·농·공·

상은 계급으로 볼 수 없고, 관리는 더욱 계급으로 볼 수 없다. 그러나 앞에서 말한 바 관리와 사·농·공·상의 생활 양식은 완전히 달랐고, 공·상과 사·농 또한 달랐다. 그 밖에 노복, 광대, 관아의 천역賤役을 하던 조예皁隷 등의 천인이 또 하나의 계층을 이루었다. 이러한 갖가지 차이가 흔들리지 않는 제도가 되었을 때 정치와 사회와 법률상 상이한 지위와 신분, 상이한 권리가 인정되었다. 이렇듯 어떤 사람의 생활 방식이 그의 사회적 지위를 족히 알려주는 것이고, 또 사회와 법률이 정한 권리로써 각 계급의 사회적 등차를 객관적으로 알 수 있다면 계급은 크게 세 부류로 나뉠 수 있다. 말하자면 (퇴직한 관리를 포함한) 사대부, 농민·노동자·상인, 그리고 노복·광대 등의 천민으로 구별된다. 이때 특권 계급을 사대부의 대명사로 여기는 것은 중국 역사의 상황과 부합한다고 할 수 있다.

한 걸음 더 나아가 해직한 치사관致仕官의 복식 사용은 여전히 현직 관원과 같았으니,[184] 이 분야를 연구하는 데 중요한 지점이다. 관리는 본디 대대로 이어지는 것이 아니므로 해직되면 그 신분은 상실된다. 이전의 모든 특권과 사회적·법률적 지위는 완전히 평민과 차이가 없어지고, 생활 방식 역시 서인과 같다. 따라서 그의 복식을 계급으로 보는 것은 아무런 의미가 없다고 할 것이다. 생활 방식의 차이 또한 재임 기간으로 한정되었으니, 그에 따른 차이와 구분은 일시적인 것에 불과했다. 하지만 반대로 벼슬을 하여 일단 관리의 신분을 얻으면 극소수의 예외(예컨대 파직되어 서용되지 않는 경우)를 제외하고는 특수한 사회적 지위(그래서 정치적으로는 치사관이라는 명칭이 있었고 사회적으로는 신사紳士라 불리었는데, 이는 특수한 지위를 나타낸다. 비록 퇴직했지만 사인이나 서인과는 다르고 관리들과 같은 서열에 있었다)와 사회적 특권(예컨대 법적인 특권)을 영원히 유지했다. 즉 일상생활과 교통, 주택, 복식의 차이가 법률적으로 규정되어 있어 사인·서인의 생활 방식과는 영원히 달랐다. 이렇게 관리와 사인·서인의 구별은 극히 엄격했으며 영구적이기도 하여, 이 두 부류의 사회 구성원들은 영원히 일정한 거리를 유지한 채 계급의 형태를 띠었다. 그 사회적 의미와 영향은 상당히 커서 소홀히 다룰 수 없다. 이와 관련하여 보건대 그들을 특권 계급으로 보아 행정적 직권은 해소될지언정 관리의 신분이 상실되지 않고 변형된다는 것, 즉 관리의 신분과 관리의 직권이 둘로 나뉜 데는 이유가 없지 않았다.

이 방면의 연구에서 중요한 또 한 가지 사실이 있다. 이는 관리의 가족과 관련된 것이다. 각 왕조마다 관리의 가족에 대한 특수한 사회적 지위와 권리는 법률로 인정되었다. 품계가 있는 관리의 직계 존속 및 배우자는 본래 작위의 서열에 따르기 때문에 그들은 특수한 신분을 획득했고, 그 작위의 등급에 따라 특권을 누릴 수 있었다. 설사 품계 있는 관리의 자손·자매·조카로서 작위의 서열에 있지 않은 자라 하더라도 아버지와 할아버지, 백부와 숙부, 형제와 같은 생활 방식을 누릴 수 있었다. 주택의 측면에서도 자고이래로 품계 있는 관리의 자손들은 관리가 작고한 후에도 옛 집에서 계속 거주하도록 법률로써 허용했다. 비록 그들 자신이 관직에 있지 않거나 아버지나 할아버지보다 지위가 낮아서 주택이 자신의 등급에 부합하지 않는다 하더라도 상관이 없었다. 당나라의 제도에 따르면 "그 할아버지와 아버지의 사택의 음덕이 자손에 이르러 다했다고 하더라도 여전히 그곳에 거주하도록 했다."[185] 송의 제도에 따르면 "아버지와 할아버지에게 사택이 있는 경우 자손이 거기에 머무르도록 허용했다."[186] 명나라의 제도에 따르면 "그 아버지와 할아버지가 관직에 있다가 사망했을 때 법을 어겨 제명되고 서용되지 못하는 경우가 아니라면 자손은 아버지와 할아버지의 집에 기거하는 것이 허용되었다."[187] 청나라의 제도에서는 아버지와 할아버지가 관직에 있다가 사망한 경우, 그 자손은 일찍이 범죄로 처벌을 받은 자라고 하더라도 여전히 그 집에 거주할 수 있도록 허용했다.[188] 그들의 아버지나 할아버지가 제명되어 서용될 수 없는 경우가 아니라면 집 외에 수레, 말, 의복 등의 물건 또한 자손이나 다른 가족의 사용을 금지하지 않았다. 역대의 법률에도 이와 같은 규정이 있었다.[189] 명나라 때에는 품계 있는 관리의 직계·방계의 친족 및 배우자의 관복冠服에 대해 논의하여 정한 적도 있다.[190] 따라서 품계가 있는 관리의 자손과 가족들은 비록 관직에 없다 해도 관리의 의복과 장식, 기물, 수레, 말 등의 물품을 사용할 수 있었다.(자손 중에 관직에 있는 자는 자신의 복식을 사용할 권리가 있으므로 각기 자신의 품계를 따를 수 있었다. 즉 『명회전明會典』에서는 "자손 중에 관직에 있는 자는 품계에 의거한다"고 한 것이 그것이다.) 그들은 갖가지 색깔의 비단옷을 입고 금과 옥으로 된 장신구를 차고 수놓은 띠에 푸른 휘장을 두른 가마를 타고 기름 먹인 비단으로 된 차양을 사용했다. 『홍루몽』에 나오는 아가씨와 도련님들이 사인이나 서인과 달리 호화로운 의복을 입고 장식을 사용할 수 있었던 까닭은 그들의 아버지와 할아버지가 관리였기 때문으로, 그들이 거주하는 집은 영국공榮國公과 영국공寧國公이 물려준 것이었다. 이러한 사실은 매우 중요하고 사회적인 의미도 크다. 이로 인해 관리의 가족들 또한 특수한 집단을 형성했으며 일반인들과 다른 생활 방식을 누렸기 때문이다. 그들의 특별한 생활 방식은 부유함 때문이 아니라 아버지와 할아버지가 그들에게 물려준 특권 덕분이었다. 옛말에 "그 작위가 아니면 그 의복을 감히 입지 않고, 그 녹이 아니면 그 재물을 감히 사용하지 않는다"고 했다. 하지만 여기에는 "아버지와 할아버지에게 작위가 있고 재산이 있으면 그 의복을 입어도 되고 그 재산을 사용해도 된다"는 말을 덧붙여야 할 것이다. 이와 같이 벼슬을 하는 집안과 일반적인 집안 사이에는 법률이 인정하는 특권과 비특권의 차이가 존재했다. 사회에 특권을 지닌 사람이 많으면 특권을 지닌 가족도 많이 있었으니, 사회의 분립은 실제로 이 두 종류의 다른 단위를 포함하고 있었다. 이 점을 보건대 중국 고대 사회의 계급 구조는 계급을 인식하는 데 도움을 줄 수 있다.

그러나 그러한 생활 방식에서의 다양한 차이가 절대적으로 엄격하여 참월하는 일이 없었다고 여겨서는 안 된다. 물론 법률의 규정은 결코 사문화된 것이 아니어서, 금령을 어긴 많은 이가 처벌을 받았다.

가정嘉靖 연간에 귀족의 대저택에 다락집을 3층으로 많이 지었는데, 새로 지은 겹겹의 성채가 관민의 집과 거리를 침범하자 상주해 허가를 받아 실상을 조사한 뒤 모두 헐도록 했다.[191]

병에 걸렸다고 고하고 고향으로 돌아온 포정사布政司 직속 이문理問 구중용瞿中溶은 돈을 빚져 소송에 휘말렸는데, 5품의 모자 장식을 참월해 사용하고 현관縣官에게 욕을 했다. 현에서 상급 기관으로 문서를 보낸 뒤 의복과 사택이 의례에 위배되는 것에 관한 율령에 비추어 장 100대에 처하고 파직시켰다.[192]

생원 막인시莫因時는 용 문양의 조상 위패를 참월해 사용했다가 현관을 보좌하는 관리에게 탄로나자 야밤을 틈 타 조상의 위패를 소각해버렸다. 율령에 따르면 용과 봉황의 문양을 참월해 사용하면 장 100대에 도형 3년이고, 장인匠人은 장 100대였다. 또한 조상의 신주를 소각했으므로 부모의 죽은 시체를 소각해버리는 율령에 비추어 참형 감후로 초심 판결해야 했다. 형부에서는 막인시가 깊은 인상을 남기려 용 문양을 참월해 썼다가 처벌이 두렵고 상황이 급박해 조상의 위패를 소각한 것에 대해, 고의로 소각한 것이 아니므로

한 등급 감형해 처리해줄 것을 주청했다.193

조사해 금지하는 것 또한 아주 엄했다. 한漢 성제成帝는 칙령을 내려 전담 관원으로 하여금 군민이 수레나 복식 규정을 넘어서는 것을 금지시키도록 했으며, 감찰관인 사예교위司隸校尉에게 조서를 내려 살피도록 했다.194 청나라 때에는 수도를 방어하는 보군통령步軍統領과 수도를 순찰하는 오성어사五城御使로 하여금 북경 안에서 살피도록 했고 살핌이 소홀한 자는 처벌했다.195 또 각 성에서도 지방관에게 조사와 금지 임무를 내리고 살핌이 소홀한 자는 따로 처벌했다.196 그러나 복식을 위배하는 행위는 근절되지 못했고, 오히려 그러한 위법 행위가 점차 사회 풍조가 되고 풍속이 되는 현상이 나타났다. 물론 여러 차례 금령을 명확히 밝혔다는 것은 정부가 중요하게 생각했다는 증거이지만, 다른 한편으로는 규제를 넘어섬이 사회적 습관이 되지 않은 적이 없었다는 사실의 반증이기도 하다.

한나라 때에는 상인이 화려한 비단옷을 입는 것을 금했으나, 가의賈誼가 올린 상소에 따르면 부유한 대상인은 꽃무늬를 수놓은 비단 옷을 벽에 걸어놓기에 이르렀고 노비도 꽃을 수놓은 옷과 비단 신발을 신는다고 했다.197 한 성제成帝는 조서를 내려 아래와 같이 말했다.

성왕은 예제禮制를 밝혀 높고 낮은 것의 차례를 짓고 가마와 복식을 달리하여 유덕有德한 자를 표창했다. 비록 재산이 있다고 하더라도 존경할 만한 것이 없으면 예제를 넘어설 수 없었다. 그래서 백성이 행동을 일으킴에 의로움을 높이고 이익을 천시했다. 오늘날에는 세속의 사치와 참월이 극에 달하여 만족함이 없다. 공경公卿, 열후列侯, 친족, 가까운 신하는 모범을 보여야 할 자이지만, 자신을 닦아 예를 지키고 한마음으로 나라를 걱정하는 자를 보지 못했다. 사치스럽고 안일하여 넓은 저택을 짓는 데 힘쓰고, 정원과 못을 만들고, 노비를 많이 두고, 고급 비단을 입고 종과 북을 세워놓고, 여자 악사를 갖추고, 수레와 복식, 시집가고 장가 듦, 장례와 매장이 규정을 넘어서니, 백성이 그것을 부러워하고 본받아 점차 풍속이 된다면, 어찌 백성으로 하여금 절약과 검소함으로써 입을 거리와 먹을거리가 풍족하기를 바랄 수 있겠는가?198

당나라 때 노동자와 상인은 말을 탈 수 없었음에도 상인들은 말을 탔을 뿐 아니라, 안장에 조각을 하고 은으로 등자를 만들고 휘황찬란하게 장식했으며 어린 시종을 말 타고 따르게 했다. 이 때문에 태화 6년에 특별히 조서를 반포하여 엄히 금했다.199

송 정화政和 7년에 신료가 다음과 같이 진언했다.

황상께서 보시기에 앞 다투어 사치하는 일이 혁파되지 않음이 있습니다. 높고 가까운 신하뿐만 아니라 모두가 집과 의복의 웅장함과 화려함으로써 서로 뽐내고, 진주·보석·금·옥의 정교함으로 승부를 다투는 일이 날이 갈수록 더욱 심해지고 있습니다. 신이 일찍이 이 일에 대해 살펴보았는데, 법으로 금하는 일이 이미 갖추어졌으나 그 처벌은 가볍고 전담 관리의 소홀함이 습성이 되어 이러한 상황에 이르게 된 것입니다. 예컨대 서민의 집안에서는 가마를 탈 수 없습니다만, 오늘날 수도의 성 안에서는 봉작 없는 관리에서부터 부유한 백성, 기생과 광대, 천민에 이르기까지 겨울철 가마를 관습적으로 타고 다닙니다. 최근 제가 궁 안으로 들어올 때 그러한 가마를 타고 황성의 문까지 이른 자, 제사를 받드는 데 가마를 타고 종묘까지 이른 자를 보았는데, 거리낌이 없고 조심하거나 피하는 바가 없었습니다. 제가 보기에 예와 본분

에서 망령되이 넘어선 것이니, 금령이 느슨해져서는 안 될 것입니다.[200]

정관丁璀 또한 의복에 관한 규제를 느슨하게 해서는 안 된다고 말했다.

지금 여염집의 낮은 이들과 기생·광대와 같이 천한 자들 가운데 남자는 무소뿔과 옥석을 차고 여자는 금과 진주로 치장하며 분에 맞지 않게 사치하는 일이 더 심해져서 고대의 제도에 합치되지 않습니다. 신의 생각에는 아마도 예관禮官들의 논의가 대전大典을 바르게 하는 데 머물러, 이러한 일에는 미칠 겨를이 없는 것 같습니다. 바라옵건대 전담 관리에게 분명히 명하시어 법도를 엄히 세우고, 옛것을 참작하여 오늘날에 적용하고, 의義로써 예를 일으키시어 여염집의 낮은 이들이 높은 자들과 함께 영예롭지 않게 하시고, 기생과 광대 같은 천한 이들이 귀한 자와 함께 빛나지 않도록 해주십시오.[201]

이러한 예들은 참월하는 경향이 그리 쉽게 근절되지 못했다는 점을 충분히 설명하고 있다.

한편 소순蘇洵의 말은 생활은 생활이고 법률은 법률인 정황을 더욱 잘 보여주고 있다.

선왕께서는 천한 이들이 귀한 이들을 침범하고 아랫사람이 윗사람을 참월하는 것을 근심하셨다. 그래서 모자·복식·그릇은 모두 작위에 따라 차등을 두었고, 길고 짧음과 크고 작음에 제한을 두지 않은 것이 없었다. 그런데 오늘날 노동자와 상인의 집에서 고급 비단을 끌고 진주와 옥을 착용하니, 머리에서 발까지 한 사람의 몸에서 법을 어긴 바가 열에 아홉이다. 이 또한 천하 사람들이 다 아는 일이지만 괴이하게 여기지 않는 자가 열에 셋이다.[202]

여곤呂坤이라는 이는 산서山西 지역에 순무로 있을 때, 풍속에 금지된 규약을 통고하며 아래와 같이 말했다.

금으로 치장하고 꽃을 수놓는 것은 원래 높은 귀족이나 벼슬하는 관원 집안의 품계 복식으로서, 그것으로 귀천을 구별한다. 그런데 오늘날 상인, 노동자, 농민의 집에서도 입으니 이는 본분을 넘어선 것이다. 이들은 진주를 박은 관이나 금은으로 된 비녀를 뒤섞어 쓰고, 꽃무늬를 두른 긴소매, 자수하고 날염한 비단, 소맷부리와 깃 끝 등에 자수를 놓은 옷을 입는다. 또 기녀와 광대는 머리 한가득 금과 진주로 치장을 하고 침대의 휘장이나 모든 의복에도 금색 실을 박아 넣었다. (…) 또 아곤衙棍의 저자를 돌아다니면 비단 손수건, 제멋대로 만든 치마와 바지, 잡색의 헐렁한 의대가 의복과 나란하여 심히 한탄할 만하다. 앞으로 서민의 집안 가운데 부유한 자는 덧댄 것이 없는 비단만을 허용하고, 천한 이들에게는 집에서 기계로 짠 천과 견직물을 허용한다. 손수건 이외에 의복·책갈피·휘장에 감히 금색 실을 박아 넣는 장인, 본분을 넘어서는 겉옷을 입은 남녀를 향약에서 신고하면 곡식 50석을 벌금으로 물린 뒤 변방으로 내보내고, 장인과 재봉한 자는 모두 중한 책임을 물어 칼을 씌우라. 정교하고 아름다운 비단옷을 입고 금과 진주를 찬 기녀와 악공은 중한 책임을 물어 칼을 씌우고, 의복과 장신구는 고아와 노인에게 상으로 주라. 두 줄을 새긴 금량관金梁冠은 곧 품계의 등급을 나타내고, 세 개의 구름 문양을 새긴 신발도 본래 조정에서 신는 장화로서 벼슬하지 못한 자가 신는 것이 아니다. 그런데 근자에 벼슬아치가 아닌데도 금량관을 멋대로 쓰고, 관리는 대를 이어 신발에 문양을 새겨 신으니 심히 참월한 것에 해당된다. 이후로 함부로 내보이고 망령되이 쓰면 (…) 남자는 승호군隆戶軍의 중한 책임을 맡기는 것 외에 장인과 재봉한 사람 등에게 칼을 씌우고 점포를 혁파하도록 하라. 외지에서 온 자에 대해서는 차례로 본적지로 교대 압송하라. 어린 자녀가 마음대로 금색 실, 진주, 비취를 사용하여 모자나 비녀를 만들면 그 가장에게 칼을 씌우는 중한 책임을 지우고 벌금으로 승호군에게 곡식을 내게 하라.

집은 비바람을 피하기 위한 것이지만 조각하고 채색하고 구조를 짜는 것에 대해서는 엄연히 품계의 등급이 있는데 민간에서 어찌 멋대로 지을 수 있겠는가? 은으로 도금한 안장과 고삐, 비단 앞치마, 날염해 짠 방석, 금은으로 된 그릇은 모두 사인이나 백성의 집에서 널리 사용할 것이 아니므로 위반한 자가 고발되면 승호군으로 나가게 하라.[203]

위의 여곤이 한 말과 『명률례』『명회전』 중에서 서인, 상공인, 기생과 광대, 관청의 심부름꾼의 의복과 장식, 집에 관한 갖가지 제한과 규정을 서로 비교해보면 법률의 실제적인 작용을 알 수 있을 것이다. 이로써 모든 사람 가운데 기생과 광대, 관청의 심부름꾼이 가장 천했고 그 생활 방식에 대한 제한도 가장 엄격했음을 기억해야 할 것이다. 또한 의복과 장식에 대한 제한 가운데 금색 실을 박는 것에 대한 금지가 가장 엄격했음도 잊지 말아야 할 것이다.

2. 혼인

1) 계급 내부의 혼인

계급 차별이 있는 사회에서 계급 간의 통혼通婚은 사회적 지지를 받지 못했다. 계급의 경계는 극히 고정적이고 엄격하여 계급 상승과 하강이 불가능하거나 거의 불가능한 경우 계급 간의 통혼은 더 허용되기 어려웠으며, 그로 인해 계급 내부의 혼인 제도가 형성되었다.

봉건 시대에 신분은 전적으로 생물학적으로 결정되었고, 계급 구분도 가장 엄격했다. 그러한 사회에서는 철저한 계급 내부의 혼인 제도를 발견할 수 있다. 경전에 천자가 황후를 맞이하고 여식을 제후에게 시집보내며, 제후끼리 서로 혼인하고 경대부끼리 혼인하는 사례, 그리고 구천句踐이 대부 문종文種을 오나라에 보내 회맹을 요구할 때 "구천의 여식을 왕에게 시집보내고, 대부의 여식을 오의 대부에게 시집보내며 사士의 여식을 오의 사士에게 시집보내게 해주십시오"[204]라고 한 말을 통해 우리는 귀족 계층끼리 통혼했던 정황을 대략적으로 알 수 있다. 비록 똑같은 귀족이라도 천자·제후·경대부·사는 그 신분 차이가 있기에 내부적으로 혼인하는 경향이 있었으며, 단지 한 계급 차이가 있는 사이의 통혼은 허용되었던 것 같다.[205] 그러니 특권 계급인 귀족과 특권 계급이 아닌 서민들 사이의 통혼은 거의 불가능했다.

위·진·남북조 시대에 사족士族과 서족庶族의 구분은 극도로 엄격했다. 사회적 지위의 높고 낮음이 현격하여 서로 접촉하지 않는 계층이었다. 사족은 자신의 존엄성을 유지하기 위해 평소 서족과의 왕래를 꺼렸으므로 통혼은 더욱 기피했고, 사회 교류의 범위와 혼처를 정하는 범위는 같은 계급에 한정되어 있었다. 다른 측면에서 말하면 사족은 순수하게 문벌 또는 지역의 명망 있는 집안을 기반으로 구별되고, 그 신분은 개인의 정치적 경제적 성취와는 무관하게 가문에 의해 이어졌다. 따라서 가문과 혈통의 숭고함을 유지하고 낮은 집안의 혈통이 섞여드는 것을 피하려면 계급 내부의 혼인은 필수적인 것이었다. 그러지 않으면 가문을 계속 유지할 수 없었다. 『위서魏書』에는 이런 기록이 보인다. 공손예公孫叡는 봉封씨에게서 태어났고 최씨의 사위였는데, 고종 형 공손수公孫邃는 어머니가 안문雁門 이씨로서 지체와 명망이 현격하게 차이가 났다. 그래서 조계진祖季眞이라는 자는 자주 이렇게 말했다. "사대부는 마땅히 훌륭한 인척이 있어야 한다. 공손예와 공손수는 종형제인데, 이들에게 길함과 흉함은 사족과 서족이라는 차이에 있다."206 남자의 집안으로 말하자면, 부계는 불변하지만 여자 쪽 집안이 낮다면 남편의 지위에 영향을 줄 뿐 아니라 장차 다음 세대에도 영향을 주기 때문에 모계의 가문이 매우 중요했음을 알 수 있다. 반대로 여자의 집안으로 말하자면, 역시 남편의 가문이 극히 중요했다. 그래서 이숙윤李叔胤의 아내였던 최거윤崔巨倫의 고모는 자신의 질녀가 한쪽 눈을 잃어 혼처를 구하기 어려워지자 안팎의 친족들이 집안을 낮추어 시집보낼 논의를 한다는 말을 듣고는 비탄해하며 이렇게 말했다. "내 오빠가 덕이 훌륭하셨으나 불행히 일찍 세상을 떠났다 하여 어찌 그 여식에게 비천한 서족을 섬기게 할 수 있겠는가?"207

이렇게 당시 사족은 배우자를 선택할 때 서로의 가문을 극도로 중시했으며, 사회의 인사들도 그것으로 특정 성씨의 가문을 저울질했다. 심지어 정치적인 선출에 관해서도 혼인은 정치적 이력과 마찬가지로 중요한 고려 사항이었다.208 공손예의 경우 외조부 집안이나 장인의 가문은 사람들로부터 칭송을 받았다. 또 예컨대 최릉崔㥄 가문에서는 혼인할 때 언제나 의관이 화려했으며, 백건白建의 아들이 맞아들이고 딸이 시집간 집안은 모두 당대의 명문가였다고 하니, 당시 이를 최고의 영예로 여겼음은 이상할 것이 없다.209

사족 가운데 자중자애하지 않고 서족과 통혼하는 자는 사족들로부터 사람 취급을 받지 못했으며 여론이 허용하지 않았다. 혼처를 구한 본인은 물론이고 그 가족까지 본래 지니고 있던 명성과 지위를 잃게 되고, 심지어 본인은 사족 밖으로 배척되기도 했다. 예컨대 평항平恒에게 세 아들이 있었는데 아버지의 업을 잇지 않고 술을 즐기며 빈둥빈둥했다. 평항이 가세가 기우는 것에 분개하여 아들들의 혼인과 벼슬에 대해 신경을 쓰지 않았고, 그 결과 아들들은 멋대로 관직을 구하고 장가를 들었는데 벼슬과 혼처가 보잘것없이 평범하여 그의 가문의 기풍에 미치지 못했다. 평항의 처남 등종경鄧宗慶과 생질 손현명孫玄明 등이 늘 그에게 불평했다.[210]

양전기楊佺期는 강남에서 벼슬을 이어온 가문으로 자부심을 지니고 있었다. 누군가 그의 가문을 왕순王珣에 비교하자, 양씨 가문은 분노하며 싫어했다. 당시 사족들은 그들이 늦게 장강을 건너 혼인과 벼슬하는 데 시기를 놓쳐 가문에 맞지 않는다고 왕씨 가문을 배척하고 억눌렀다.[211] 심지어 사족들이 공격할 때도 있었다. 그들이 동류의 사람들을 더럽혀 욕되게 하고, 그 더럽힘이 사족 전체에까지 미쳤으므로 규탄해야 한다고 여겼다. 왕원王源이 여식을 만滿씨에게 시집보내자, 심약沈約이 이를 규탄해 이렇게 말했다. "왕원은 비록 인품이 속되고 좁지만 가계는 실로 화려하다. (…) 그런데 혼인으로 연결지어 오직 사익만을 구하니 동류의 사람들을 더럽히고 욕되게 함이 이보다 심함이 없다. 왕씨와 만씨가 혼인으로 연결됨은 실로 사람들을 깜짝 놀라게 한 일이다. (…) 이 일에서 조상을 멸시하고 친족을 욕되게 함이 심하다. 이러한 풍조를 잘라내지 않으면 그 근원이 열려 세속의 관념이 잇따를 것이다. 의당 명문화된 법령으로 내치고 동류에서 내쫓아 이미 더럽혀진 친족들이 영원히 과거를 부끄럽게 여기게 하고 막 결합된 무리들이 마음을 고치도록 해야 할 것이다. 신 등은 논의에 참여하여 사태를 인식하고 왕원을 관직에서 면직시켜 종신토록 정치 활동을 못 하게 함으로써, 일을 보게 하는 것을 금지하도록 청한다."[212] 지체 높은 가문과 낮은 가문이 혼인으로 연결되어 실로 사람들을 깜짝 놀라게 했을 뿐만 아니라 분개하고 공격하게 하며 동류를 욕되게 했다고 여겼으니, 혼인에 대해 가문을 중시하던 육조六朝 시대가 아니었다면 상상하기 어려운 일이다. 한편 만장滿璋은 자신이 고평高平의 옛 귀족으로서 만총滿寵과 만분滿奮의 후예라고 주장했다. 왕원도 혼인으로 연결되기 전에 만씨 선대의 관리 대장을 찾아 읽은 바, 만위滿瑋가 왕국 시랑을 역임했고 자란子鸞이 왕자王慈를 섬기는 오군吳郡의 정합주부正閤主簿였음을 보고 비로소 혼인으로 연결한 것이지, 전혀 살펴보지 않고 추진한 것은 아니었다. 심약沈約 또한 만장의 대가족이 사족인지 서족인지는 분명치 않음을 인정했다.213 만약 그들이 의심의 여지 없이 서족이었다면 왕원도 혼인 관계를 맺는 것에 대해 일고의 가치가 없다고 여겼을 것이고 사족들에게 공격을 당했을 것이다.

육조 시대에는 향촌 관리들의 평의인 향의鄕議를 가장 중시했다. 이 논의에서 규탄되어 청의淸議 육조 시기 일종의 여론 형식. 공정한 평론 또는 청정한 평론에 부쳐진 자는 종신토록 버려졌으니 그것은 정치 활동이 금지되는 금고禁錮와 같았다. 향촌 관리들의 논의는 본래 구품중정九品中正 등급에 관한 승진·강등·면직의 근본이 되는 바 여론輿論이라 불렸는데, 실제로 사회적이고 정치적인 제재를 아우른 것이었다. 안 좋게 평가된 자는 사족에 의해 배격되었을 뿐만 아니라 벼슬길 밖으로 밀려나 사회적 정치적 지위가 동시에 상실되었다.

한편 정부가 법률을 제정해 서족과 사족 사이의 통혼을 불허할 때도 있었다. 즉 계급 내부의 혼인은 예의풍속뿐 아니라 법률로도 보장되었기 때문에 이를 위반한 자는 사회적 제재에 그치지 않고 법률적 제재도 받았다. 북조 시대에 그러한 정황이 보인다. 북위의 화평和平 연간에 내린 조서에서는 이렇게 말한다. "혼인은 인도人道의 시작으로 (…) 존비와 고하를 마땅히 사람들이 구별하게 해야 한다. 그런데 최근에 귀족 가문 중 법도를 따르지 않는 이가 많아서 누군가는 이익과 재물을 탐하고 누군가는 사적으로 좋아하여 되는 대로 결합하는데, 귀함과 천함을 불분명하게 하고, 큰 것과 작은 것을 하나로 묶어버리며, 청명한 교화를 더럽히고 인륜을 훼손하니, 어떻게 전장典章을 선양하여 후대에 전하겠는가? 이제 황족, 사부師傅, 왕공, 백후伯侯, 관리와 평민 가정은 장인, 예인, 비천한 성씨와 혼인할 수 없음으로 규정하니, 이를 위반한 자는 죄로 다스릴 것이다."[214] 이 조서의 내용은 심약의 탄핵 문장이 나타낸 바와 마찬가지로 계급 내부의 혼인에 대한 당시 사대부들의 관념을 대표한다고 할 수 있다. 사회와 법률이라는 이중적인 제재 속에서 역사에 "위나라 태화太和 연간에 명문대가 일곱 성씨를 정하여 자손들이 서로 혼인을 하는"[215] 일이 생겨난 것도 이러한 배경을 지닌다. 그리고 사족이 내부 혼인 집단을 이룬 결과 남조의 왕王씨와 사謝씨 두 집안이 남북으로 필적했다.

수·당대 이후로 문벌은 점차 소멸되었지만, 계급 내부의 혼인이라는 적습의 유풍은 한동안 없어지지 않았다. 비록 옛 귀족은 쇠하고 다시 관리가 되는 이들이 없었으나[216] 여전히 선대 가문에 자긍심을 느끼고 자기들끼리 혼인했으며, 굳게 문을 걸어 잠근 채 다른 가문을 받아들이지 않았다.[217] 벼슬에 오른 새로운 귀족들 또한 옛 문벌에게 돈을 주고 혼인하는 것을 영광으로 알았다.[218] 이의부李義府는 아들을 위해 명망 있는 귀족 일곱 성씨에게서 구혼했다가 실패하자 상주하여 후위後魏 농서隴西의 이보李寶·이원李原·왕경王瓊, 영양滎陽의 정온鄭溫, 범양范陽의 노자천盧子遷·노택盧澤·노보盧輔, 청하淸河의 최종백崔宗伯·최원손崔元孫·전연前燕 박릉博陵의 최의崔懿, 진晉 조군趙郡의 이해李楷 등 총 일곱 성씨 10개 집안에 대해 서로 혼인하지 못하도록 했다. 하지만 이들 '금혼 집안禁婚家'은 더욱 자신을 귀중하게 여겨 몰래 서로 장가들고 시집보냈고, 천자도 이를 금할 수 없었다.[219] 당시에 왕비나 부마는 모두 당대의 공훈이 있고 귀한 명문가에서 취했으며 산동의 옛 귀족을 숭상하지 않았다.[220] 그러나 일부 무리들은 여전히 옛 귀족을 배우자로 얻는 것을 영광으로 여겼다. 방현령房玄齡, 위징魏徵, 이적李勣, 이경현李敬玄 등은 모두 산동의 옛 귀족들과 혼인을 했다.[221] 당 문종文宗에 이르렀을 때에도 당 초기로부터 이미 200여 년이 흘렀음에도 불구하고 여전히 관리의 품계를 따지지 않고 문벌을 숭상하여[222] 문종으로 하여금 "우리 왕조 200년의 천자가 최씨나 노씨보다 못 하단 말인가?"라고 크게 불평하게 만들었다. 사족 및 서족 계급의 내부 혼인 제도는 그 뿌리가 깊어 정치 세력에 의해 쉽게 소멸되지 않았음을 가히 짐작할 수 있다. 오대五代에 이르러서야 혼인 과정에서 문벌을 묻지 않게 되었고,[223] 사족이 형성한 내부 혼인 집단이 비로소 소멸되게 되었다.

사회적·정치적 변화 속에서 몰락한 옛 귀족들은 초기에는 그나마 긍지를 지니고 공훈의 등급을 비웃었으나, 세월이 흐르면서 정치적 경제적 힘을 잃게 되자 자랑거리가 없어 의기소침해졌고 신흥 사족들과 맞서기 어려워졌다. 새로운 공신과 권세가들은 과거 시험을 통해서 흥기한 것이지 권세에 빌붙어 얻은 것이 아니었기 때문에 비난하고 비방할 수 없게 되었다. 게다가 몇 대가 지나도록 자손들이 쇠락하지 않고 스스로 높아짐으로써 명문가가 되었다.[224] 그러한 상황에서 아무 능력도 발휘하지 않고 선대의 문벌에 의지하여 스스로를 고귀하게 여기던 옛 귀족들은 사람들로부터 잊혀지고, 이에 더해 육조 이래의 옛 족보가 당 정부에 의해 불태워짐에 따라 새로운 씨족은 당대의 벼슬을 가지고 등급의 고하를 나누게 되었다.[225] 족보가 어지러워지자 더 이상 과거의 가세家世를 자랑할 수 없게 된 것이다.

과거 시험은 문장으로 선비를 취하는 것으로, 본디 선대의 문벌을 묻지 않았으므로 가문 관념의 소멸에 공헌이 있다고 하겠다. 육조 시대에 사족과 서족의 구분은 가세 혹은 생물학적으로 결정되었다. 그래서 높은 가문과 낮은 가문은 한 번 정해지면 바뀌지 않았고, 족보와 계급 내부의 혼인은 가문을 유지하는 데 필수적인 것이었다. 그러나 당나라 때부터 사족과 서족은 과거 시험으로 혹은 사회적으로 결정되었으니, 사회적 정치적 지위는 개인의 노력과 기회에 의해 결정되었을 뿐 선대의 곤궁함 또는 입신양명과는 무관했다.[226] 사족은 서족으로 내려갈 수 있었고 서족도 사족으로 오를 수 있기 때문에 더 이상 계급은 넘을 수 없는 장벽이 아니었다. 따라서 사족과 서족의 구분은 절대적인 것도, 누세에 걸쳐 불변하는 것도 아니었다. 아울러 족보학과 계급 내부 혼인 제도 또한 존재 가치를 잃게 되었다. 그래서 『통지通志』에서는 이렇게 말했다. "수, 당 이전에 관아에는 관리 장부가 있고 집에는 족보가 있었다. (…) 그러다가 오대五代 이래로는 사대부를 취하는 데 가세를 묻지 않고 혼인할 때 문벌을 묻지 않았다. 그래서 그 책들이 흩어져 유실되고 그 학문이 전해지지 않게 되었다."[227] 이는 정확한 말이라고 하겠다.

사족과 서족 사이에 혼인을 하지 않는 풍토는 사회가 두 계층으로 나뉘었던 시대에만 그러했고, 가문이라는 바람이 잦아들자 그러한 금기도 타파되었다. 그 역사는 단지 9세기 전후에 이르기까지 300여 년일 뿐이었다. 다른 한편으로 양민과 천민의 구분 및 그들 사이에 통혼하지 않는 금기는 언제나 변하지 않았다. 사족과 서족은 사회적 정치적으로 지위의 차이가 있었지만, 법적으로 서족은 결코 독립적인 인격을 상실하지 않았고 사족과 불평등한 위치에 있지 않았다. 그에 반해 양민과 천민은 사회적 지위와 법적 지위가 불평등했으며, 사족과 서족 간의 차별보다 훨씬 심했으니, 한번 천적賤跡에 오르면 독립적인 인격을 상실하고 비인간적인 대우를 받았다. 그의 배우자도 같은 운명에 처할 뿐만 아니라 자손은 대대로 그의 신분을 계승했다. 법적으로 양민과 천민은 실로 불평등한 위치에 있었고, 각기 특수한 법률이 적용되었다. 이로써 양민과 천민 사이의 계층 관계가 실제로 사족과 서족 사이보다 훨씬 더 엄격했고, 양민과 천민 사이에 통혼하지 않는 금기 또한 더 엄격했음을 어렵지 않게 상상할 수 있다. 육조 시대의 제재는 대부분 사회적이고 정치적이었다. 오직 북위만이 법적 제재를 두었다. 넓게 보면 역대로 양민과 천민의 통혼에 대한 금지 및 제재는 사회적일 뿐만 아니라 법적이기도 했다. 노예가 존재한 이래로 역사에서 그렇지 않은 적은 없었다. 『당률소의』의 "사람에게는 각기 짝이 있되 계층이 같아야 하니 양민과 천민이 다를진대 어찌 결합할 수 있겠는가?"[228]라는 말은 그러한 의식을 대표하는 것이라 하겠다.

당·송 시대에 관아에 속한 천민과 개인에 속한 천민은 종류가 많았고, 지위도 달랐으며, 통혼에 대한 제한도 똑같지 않았다. 관아의 천민 가운데 관부에 소속된 범죄자와 그 가족들인 관호官戶 그리고 관부에서 잡일을 하는 잡호雜戶는 모두 내부적으로 혼인을 하는 집단으로, 『호령戶令』에는 "대등한 계층끼리 혼인하라"[229]고 명문화하고 있다. 잡호가 율령을 위반하여 양민과 혼인하면 장 100대이고, 관호가 양민 여성을 아내로 맞아들여도 같은 벌을 받았다.[230] 한편 태상시太常寺 태악서太樂署 소속 음악인인 태상음성인太常音聲人은 죄를 지어 관서로 귀양을 와 공연하던 영관伶官으로서, 본래는 명문가나 공경의 자손이라 할지라도 일단 천민으로 떨어지면 후대에도 바뀌지 않았다. "사인 계층과는 혼인할 수 없었고 명부는 호적에 들어간 평민과는 달랐다."[231] 그러다가 나중에 비로소 조서를 내려 백성의 예와 똑같아졌으며 천민의 내부 혼례 집단의 대열에 있지 않게 되었다. 그래서 태상음성인은 명령에 의거해 백성과 혼인을 했다.[232] 개인에 속한 천민 중에서 가장 천한 노비는 양민의 배우자가 될 수 없었으니, 이를 위반하는 자는 도형 1년 반에서 2년에 처했다.[233] 사병과 객녀客女의 지위는 양민보다는 낮았지만 노비보다는 높아서, 실제로는 양민과 천민 사이에 있었다. 그러므로 그들의 법적인 지위도 노비보다는 높았고[234] 혼인도 비교적 자유로웠다. 동류 가운데에서 배우자를 얻거나 격을 낮추어 노비와 혼인할 수도 있었으며, 격을 높여서 양민과 혼인할 수도 있었다.[235]

당·송 이후에는 사병과 객녀라는 명칭이 없었다. 그러므로 법률에서 양민과 천민 사이의 혼인 관계에서 천민은 노비를 의미했다. 평민과 신분이 동등한 고용된 일꾼은 그 안에 포함되어 있지 않았다. 명·청의 법률에서 노비가 양민을 아내로 맞이하면 장 80대였고, 양민이라 속이고 양민과 혼인한 자는 1등급 가중 처벌했다.[236]

천민으로서 양민을 취하면 당연히 천민은 유죄에 해당되었고, 양민이 스스로 좋아서 천민을 따른 경우 역시 잘못을 저지른 것이므로 법적 처벌이 있었다. 당·송·명·청의 법률에서는 여식을 노비에게 시집보낸 집안은 노비가 양민을 아내로 맞아들인 죄에서 1등급 경감하되[237] 이혼해야 했다. 『당률소의』에서는 "본래 양민이었던 자는 천민에게 시집가려고 해서는 안 된다"[238]고 했다. 이 부분은 자유인으로서의 의지를 법률이 인정하지 않은 것으로, 계급 내부 혼인 제도의 유지라는 점에서 상당히 주목할 필요가 있다.

노비는 가장의 소유물에 해당되었으므로 가장에게는 처벌, 감독, 문책에 관한 전권이 있었다. 그래서 역대의 법률은 모두 그러한 책임을 가장에게 부여했다. 노비가 양인 여성을 아내로 맞아들이거나 거짓으로 양인 행세하여 결혼했다면 가장이 책임져야 했다. 그 죄는 양민을 아내로 맞아들이거나 거짓으로 양인 행세를 한 노비와 같았다. 설사 노비가 양민을 아내로 맞아들이는 것을 가장이 미리 알고도 금하지 않은 것도 죄로 보아 노비의 죄보다 2등급 경감해주었다.[239] 노비가 아내로 맞아들인 양민 집안의 여성을 가장이 노비 장부에 입적시켰다면 그것은 양민을 억지로 눌러 천민이 되게 한 것이므로 그 죄는 더욱 컸고, 형벌 또한 무거웠다. 당·송의 법률에서는 3000리 떨어진 곳으로 유배형을 보냈고, 명·청의 법률에서는 장 100대였다.[240]

광대와 악사 또한 천적에 포함되어 평민 축에 끼지 못했다. 따라서 양민의 여성을 처첩으로 삼는 것을 법률로써 금했다. 명·청의 법률에서는 이를 위반한 자는 장 100대였고, 사정을 알고 있던 가장도 죄가 같았다.[241] 양민으로서 악사를 맞이해 처첩으로 삼으면 관리 및 부친의 관직과 유업을 물려받은 자손 외에 서인들은 정죄하지 않았고, 관원은 체통을 욕되게 했다 하여 장 60대에 처했다.[242]

이와 같은 사실들로부터 알 수 있는 것은, 양민과 천민의 혼인에 대한 법적 제재는 모두 남자가 양가良家의 여자를 맞아들이는 것을 문제삼을 뿐 양가의 자제가 천민 여자를 맞아들이는 것은 문제가 되지 않았다는 사실이다. 노비가 거짓으로 양민이 되어 양민과 부부가 된 경우는 남녀 모두 처벌되지만, 이를 제외한 나머지는 모두 노비가 양민의 여자를 맞아들여 아내로 삼는 죄를 다루고 있다. 마찬가지로 광대와 악사의 경우도 특수하게 처벌되는 관리를 제외하면 일방에 대한 규정만 있을 뿐이다. 이렇게 입법을 한 본뜻은 유의할 만하다. 여자는 지아비를 따르는 것이니, 양민으로서 천민을 따르는 것은 『원률元律』에서 말하는 것과 같다. 즉 "양가의 여인들이 노비와 혼인하기를 원하는 것은 곧 노비가 되어"[243] 천적에 오름을 뜻한다. 그러니까 법률은 양민에 대해서는 그 신분을 보장하고 천민이 양민을 처로 삼는 것을 엄금했던 것이다.

주의해야 할 또 다른 사실은 법률이 양민과 천민의 혼인에 관한 별도의 조항을 세워 위반한 자에 대해 형사적 제재를 가했다는 것이고, 혼인의 법적인 효력을 인정하지 않아 무효 처분을 했다는 것이다.[244] 형사적 제재만 있고 무효의 처분이 없다면 계급 내부 혼인 제도는 유지하기 어려웠을 것이다.

2) 혼인 의례의 계급성

배우자를 선택하는 데 계급적 제한이 있었듯이 결합의 의례에서도 강한 계급성을 띠었다.

통상 육예六禮라는 혼례 의식은 실제로는 사인士人 이상의 경우를 말한다. 예를 빠짐없이 갖추기 힘든 서인은 간편한 방식을 힘써 구하지 않을 수 없었기 때문에 그들에게는 그러한 의례를 요구하지 않았다. 『송사宋史』에서는 말한다. "품계를 지닌 관리의 혼례는 납채納采 신랑이 신부의 집에 혼인을 구함, 문명問名 신부의 운명을 점칠 때 그 어머니의 성씨를 물음, 납길納吉 신랑 집에서 혼인날을 정해 신부 집에 보냄, 납징納徵 사주단자 교환이 끝난 뒤 정혼의 증거로 신랑 집에서 신부 집에 예물을 보냄, 청기請期 신랑 집에서 택한 혼인날의 가부를 묻는 편지를 신부 집에 보냄, 친영親迎 신랑이 신부의 집에 가서 직접 신부를 맞이함, 동뇌同牢 부부가 음식을 같이 먹음, 묘현廟見 신부를 이끌고 조상 사당에서 제사를 지냄, 현구고見舅姑 신부가 예물을 가지고 시부모를 뵙는 것, 고례부姑醴婦 신부가 음식으로 시부모를 대접하는 것, 관궤盥饋 세수를 시중들고 음식을 들여옴, 향부饗婦 신부를 대접함, 송자送者 신부를 수행한 친족을 대접함로서 여러 군왕 이하는 모두 같다. 다만 4품 이하는 관궤와 향부의 예를 행하지 않고, 사인과 서인의 혼례는 문명을 납채에 병합하고, 청기를 납징에 병합한다."[245] 한편 주자의 『가례家禮』는 간편함을 고려하여 문명·납길이 없고, 납채·납폐納幣 신랑 집이 신부 집에 예물을 보냄·청기·친영의 네 가지 의례에 그쳤으며, 아울러 납폐와 청기를 하나의 예로 병합했으니, 실제로는 세 가지 의례에 그쳤다. 홍무洪武 원년에는 민간에서 혼인을 할 때 『주문공가례朱文公家禮』에 의거해 네 가지 의례로 줄였다.(품계가 있는 관리는 여전히 육예를 갖추었다.)[246] 아울러 납채, 납폐, 청기 의례 가운데 중매쟁이는 있으나 손님의 축사가 없는 점 또한 품계 있는 관리와 다른 점이다.[247] 예가 아래로 서인에 이르지 않는다는 말은 본래 규정과 의례가 번잡하여 재력으로든 인력으로든 예를 빠짐없이 갖추기 어려운 탓에 간략함을 따른 경향을 의미한다. 그러나 서인들이 반드시 간략한 예를 따라야 했다면, 즉 재력과 인력이 허용되더라도 예를 빠짐없이 갖추는 것이 허락되지 않았다면 이는 서인에 대한 일종의 제한이었다.

품계가 있는 관리들과 사인, 서인들이 의례에 사용하는 물품의 제한을 통해서도 계급적인 의미를 알 수 있다. 자고이래로 납폐의 질량에 관해서는 일정한 규정이 있어서 많고 적음, 풍성하고 검약함이 모두 품계에 비례했다.[248] 심지어 결혼식 피로연에 제한이 가해질 때도 있었다.[249]

품계가 있는 관리는 자기 품계의 공복을 신랑 예복으로 입을 수 있었다.[250] 품계가 있는 관리의 자손인 경우 비록 관직은 없어도 등급을 뛰어넘어 존귀함을 드러내는 것이 허용되었다. 당의 제도에 따르면 3품 이상의 공작公爵 작위가 있는 자는 적자嫡子가 혼인을 할 때 치면絺冕(4품의 면복冕服)을 빌려 입었고, 5품 이상의 자손, 9품 이상의 아들, 5품과 동등한 작위가 있는 자는 모두 변복弁服(6품 이하, 9품 이상의 예복)을 빌려 입었다.[251] 송대에는 삼서생三書生 태학에 설치된 외서생外書生, 내서생內書生, 상서생上書生을 통칭해 가리킴과 품계가 있는 관리의 자손은 9품 예복을 빌려 입었다.[252] 명대에도 관리의 자손은 9품 예복을 빌려 입었다.[253] 청대에는 3품 이상 관리의 자손은 5품의 예복을 가져다 입고 8품 이상은 7품의 예복을, 6~7품은 8품의 예복을, 8~9품 이하 및 사인士人은 공복을 가져다 입었다.[254]

관직이 없는 자가 혼례에 화려한 옷을 입을 수 있었던 것은 혼사를 중대사로 여겨 특별히 성대함을 더하기 위해서였다. 이에 서인이 공복을 빌리는 것을 허용한 시대도 있었다. 당대에 서인은 진홍색 공복을 빌려 입었고,[255] 명대에 서인은 상복常服을 입거나 9품의 예복을 빌렸다.[256] 그러나 공복을 불허하던 시대도 있었는데, 송대에 서인들은 혼례복으로 검은색 적삼에 절상건折上巾, 모퉁이가 접힌 두건을 썼고,[257] 청대에는 단지 옷차림을 화려하게 할 따름이었다.[258]

정이천程伊川은 이렇게 말했다. "예를 중시하는 자는 마땅히 그 복식을 중시해야 한다. 그래서 율律에서는 빌리는 것을 허용하여, 벼슬이 없어도 혼인할 때에는 명복命服 등급에 따라 입는 예복을 입는다. 하지만 그것은 단지 사인에 제한되고, 농민·장인·상인 등은 그럴 수 없다. 동류가 아니기 때문이다."[259] 이는 빌리는 것을 허락하는 것과 허락하지 않는 이치를 밝힌 것이라 하겠다.

신부의 예복에도 같은 원칙이 적용되었다. 관리가 부인을 맞아들일 때에는 명부의 예복을 사용했으며, 그 예복은 남편의 품계를 기준으로 했다.[260] 반면 서인이 아내를 맞아들일 때는 명부의 예복을 입을 수 없었다. 청대에 서민 부녀자들은 혼인을 할 때 관과 어깨걸이, 보복補服 문무관의 대례복을 입을 수 없었다.[261]

친영을 할 때 사용하는 수레도 자유롭게 쓸 수 없었다.[262]

한편 혼례에 사용되는 의장儀仗만큼 가문을 잘 드러내는 것은 없다. 예로부터 관리의 혼인에는 자신의 품계에 해당하는 노부鹵簿 의장이 허용되었다.[263] 청나라 때에는 품계가 있는 관리 집안은 자손 당사자가 관직에 있지 않아도 아버지의 품계에 따른 의장을 사용할 수 있었다.[264] 그러나 서인은 본분을 넘어 사용하는 것이 금지되었다.[265] 등鐙 말에 오르내릴 때 딛는 발판 모양의 의물儀物과 악사樂士 규모에도 정해진 수치가 있었다.[266] 당 태화太

和 6년에 저택·수레·복식 관련 조건을 규정해 반포했는데, 그 칙서에는 다음과 같은 내용이 있었다. "상례, 혼인, 길사나 흉사의 예물에 관한 것이 조건 안에 있지 않다면 담당 관리에게 위임하여 규정에 준해 처리하고 헤아리도록 하라."[267]

이상이 품계를 지닌 관리, 사인, 서인의 혼인 의례에 관한 규정으로서 예서禮書에 하나하나 평가되어 정해져 있다. 규정을 어기고 본분을 넘겨 사용하는 자는 율령을 어긴 죄로 다스렸으니, 태형 50대였다. 가경 25년에는 조서를 내려 북경 주둔 무관인 보군통령步軍統領과 각 성의 군정장관인 총독과 순무들이 각기 소속된 곳을 정돈하되, 민간의 혼례나 상례 등의 일에 관한 회전會典의 규정 조항을 발간하여 두루 다니며 고지시킴으로써 따르도록 하고 겉치레를 숭상하지 않도록 했다. 각 관아에서는 정해진 규제를 거스르는 일이 있는지 수시로 살피도록 하고, 율례의 규제를 따르지 않는 자는 엄히 추궁해 처벌하도록 했다.[268] 또한 제대로 살피지 않는 관리에 대한 처벌 규정도 두어서[269] 엄격히 다스렸다. 그러나 실제 사회에서는 이러한 금령을 따르지 않는 경우가 종종 있었다. 사람들이 화려한 것을 좋아해 호화롭고 사치스러운 혼인 예물이나 피로연을 벌이곤 했다. 의장의 경우에도 금령이 극히 엄격했지만 혼례에서는 자기 본분에 넘치게 사용하는 일이 많았고, 관리들도 이 부분에 대해 열심히 규찰하지 않았다. 그런 일이 오래 지속되다 보니 일종의 풍조가 되고 말았다. 왕응규王應圭는 『유남수필柳南隨筆』에서 이렇게 말했다.

"강소江蘇의 풍속에 부인을 맞아들이는 자는 가세가 어떤 등급이든 늘 장선掌扇 먼지를 막고 햇빛을 가리는 의장기, 황개黃蓋 노란 비단으로 양산처럼 꾸민 의장기, 은과銀瓜 호위병이 드는 끝이 오이 모양의 병장기 등의 의장을 사용하는 것이 관습이 되어 열에 아홉은 이렇게 했고, 장선에는 한림원翰林院이라는 세 글자를 붙였다."[270] 그가 말한 것은 청 초기의 상황이다.

3. 장례

'죽음'을 뜻하는 표현으로 붕崩, 훙薨, 졸卒, 사死, 연관捐館 관저를 버림 등의 상이한 명칭이 있다.[271]

장사를 지낼 때 사용하는 기물과 의례는 상례가 시작될 때부터 매장에 이르기까지 계급의 차이를 나타내지 않는 것이 없었다. 순자는 이렇게 말했다. "살아 계실 때 모심이 충성스럽지 않고 후하지 않으며 공경하지 않고 예의가 없으면, 그것을 사납다고 말한다. 돌아가신 후에 장사를 치름이 충성스럽지 않고 후하지 않으며 공경하지 않고 예의가 없으면, 그것을 경박하다고 말한다. 군자는 사나운 것을 천시하고 경박함을 수치로 여긴다. 그래서 천자는 관곽이 일곱 겹이고, 제후는 다섯 겹이며, 대부는 세 겹이고, 사는 두 겹이다. 그다음으로는 의복과 침구의 많고 적음이나 두터움과 얇음에 수치가 있고, 관의 장식에도 등급이 있어, 그에 따라 공손하게 꾸민다."[272]

죽은 자가 생전에 관리였다면 그는 공복이나 조복朝服으로 입관할 수 있었으나, 서인은 평상복을 입을 수밖에 없었다.[273] 염습할 때는 옷을 많이 입히는 것을 귀하게 여겼는데 서인은 규율상 한 벌에 그쳤다.[274] 솜이불의 색깔에도 규정이 있었다.[275]

죽은 자의 입에 물리는 주옥이나 화폐도 멋대로 사용해서는 안 되었다.[276]

관의 목재는 명대의 품계가 있는 관원의 경우 유삼油杉 삼나무의 한 종류을 쓰고 붉은색으로 칠했다. 곽은 토삼土杉 재질이 좋지 않은 삼나무을 썼다.

서인의 경우 관은 유삼, 측백나무, 토삼으로 만들었고, 흑칠과 금칠만 할 수 있었을 뿐 주홍색은 사용할 수 없었다.[277]

명정銘旌 천에 망자의 품계, 관직, 본관, 성씨 등을 기록한 기은 향리에 자랑하기 위한 것으로서 벼슬 집안에서 상례를 치를 때에는 기 위에 아무개 관리, 아무개 공, 아무개 씨의 영구라고 크게 썼다.[278] 당시 지위가 높고 귀한 자의 경우에는 기념하여 몇 자 적을 수 있었는데, 이 풍속은 오늘날까지 이어지고 있다. 명정의 길고 짧음 또한 망자의 신분을 족히 나타내는 것으로 5척, 7척, 8척, 9척의 4가지가 있었고, 그 길이는 관리의 품계와 정비례를 이루었다.[279]

당·송 때에는 중重 나무 신주가 만들어지기 전에 임시로 제사를 받는 나무이라는 것도 있었는데, 그것 또한 긴 것을 귀한 것으로 여겼다.[280]

명기明器 망자와 함께 묻는 기물의 치수, 수량, 그리고 사용되는 재료는 모두 관리의 품계에 의거해 서열을 매겼으니, 서인의 명기는 적고 작았다.[281]

출빈出殯 시체를 집 밖의 빈소 혹은 장지로 옮기는 일할 때 품계가 있는 관리는 생전에 쓰던 의장을 사용할 수 있었다.[282]

상례의 의장 중에는 오직 품계가 있는 관리만 사용하는 것도 있었다. (귀신을 몰아내는 데 사용되는) 방상方相과 기두魌頭는 오로지 8품 이상 관원의 상례에만 쓸 수 있었다. 4품 이상은 방상(눈이 넷)을 사용하는 것이 허용되었고, 7품 이상은 기두(눈이 둘)만을 사용할 수 있었다.[283] 서인은 영구차를 끄는 동아줄引, 수레의 네 기둥에 묶는 줄披, 방울鐸, 발인할 때 상여의 앞뒤에 세우고 가는 제구翣,[284] 상엿소리挽歌를 참월하여 사용하는 것을 불허했고, 관리들 가운데에도 품계 등급에 따라 수량 차이가 있었다.[285]

상여는 관리와 사인, 서인 모두 사용했지만, 갖가지 장식에는 차이가 많았다. 화려함과 소박함은 전적으로 망자의 신분에 의해 결정되었는데, 『예기』에는 군주에서 사대부에 이르기까지 상이한 영구 장식이 기록되어 있다.[286] 수·당·송 각 왕조에서 사용한 상여의 장식, 예를 들어 수레 휘장, 휘장의 막대기, 늘어뜨리는 띠, 오색실로 만든 술流蘇, 수레의 그림 장식 등은 모두 품계와 등급에 따라 달랐다. 품계와 등급이 높을수록 휘장 막대기는 더욱 길었고 늘어뜨리는 띠나 오색실로 된 술도 더욱 많았다.[287] 반면 서인들의 상여는 극히 소박하여, 당나라 회창會昌 원년의 새로운 제도에 따르면 장인, 상인, 백성 등 여러 사람들과 말단 관원으로서 관직을 이미 떠난 자들은 들기름 칠을 한 장막과 술 등의 장식을 쓸 수 없었고, 채색 비단의 그물망 모양 장식도 쓸 수 없었다.[288] 후당 및 송대 서인들은 모두 자라 등껍질 모양의 수레를 상여로 사용했으며 장막이나 가장자리의 장식, 그림 장식도 없었다.[289] 명나라에서 품계 있는 관리의 상여는 비단으로 가장자리를 장식하고 장막으로 치장하고, 사면에는 술을 늘어뜨렸다. 반면 서인은 이불로 관을 덮었을 따름이었다.[290] 청대에는 영구, 덮개, 휘장, 수레의 장대에 각기 정해진 법도가 있었으니,[291] 서인은 이불로 관을 덮고 영구에는 휘장 덮개를 쓰지 않았으며, 장대의 양쪽 끝은 검은색이고 가운데는 홍백토로 치장했다.[292]

영구를 드는 인원의 많고 적음 또한 품계와 등급에 따라 달랐다. 후당 때의 품계 있는 관리의 경우 많으면 20명에 이르렀으나, 서인은 8명으로 제한되었다.[293] 청나라 때 품계 있는 관리의 경우 많으면 64명에 이르렀으나, 서인은 16명뿐이었다.[294]

이상의 서술로써 관리들이 죽은 뒤의 모습을 상상할 수 있다. 고취 악기를 비롯한 의장과 늘어놓은 기물의 화려함, 관과 상여의 화려함, 영구를 드는 사람, 상엿소리와 상여 줄을 잡는 사람, 출상의 왁자지껄한 장면을 떠올리면 오늘날 큰 출상이 있을 때 사람들이 몰려와 구경하거나 관리의 품계가 높을수록 출상이 왁자지껄하고 화려한 것과 같다. 당나라 때 이의부李義府가 조부의 장례를 치를 때 왕공 이하가 모두 나와 장지로 향했으며, 모여서 장지로 가는 수레와 말, 출상 전날 제전에 쓰이는 장막이 70리 사이에 끊이지 않고 연결되어 있었다고 한다.295

장례 기간도 계급과 관련이 있었다. 『예기』의 기록에 따르면 장례의 기간도 계급에 따라 달랐다고 한다.296 『공양전』에도 정상적인 장례, 갈장渴葬 장례를 치를 기간이 되지 않았는데 앞당겨 매장하는 것, 만장慢葬 예로써 장례를 치르지 않는 것에 관한 설이 있으나, 그 설은 믿기에 부족하다.297 일반적으로 말하자면, 부귀한 집에서는 겉치레에 신경을 쓰기 때문에 영구를 잠시 집 안에 두고 예배하고 참회했으며, 풍수를 믿었던 관계로 가난한 집안보다 비교적 많은 시간이 필요했다. 그에 반해 일반인의 집안에서는 장사를 간소하게 치렀으므로 준비할 시간이 많이 필요하지 않았으며, 집이 협소하여 영구를 집 안에 놓아두면 출입하기에 불편했다. 그리고 하루 더 놓아두면 하루치의 돈이 더 들었고, 직업의 관점에서 보더라도 하루 일하지 않으면 그만큼 돈을 덜 버는 셈이었다.(이는 관원들이 부모상을 당하면 여러 날 문을 닫아 걸고 조용히 장례를 치를 수 있었던 것과는 달랐다.) 여러 방면에서 장례를 늘리는 것은 허용되지 않았다. 그러나 이는 경제적이고 사회적인 형편 때문이었지, 예법에 그와 같은 규정이 있었던 것은 아니다. 역대로 예경에서와 같은 규정은 없었다. 당나라에서 헌종을 장례지낼 때 장례 기간이 정해져 있지 않자, 태상박사 왕언위王彦威는 이렇게 상주했다. "신이 살펴보니 예경에 천자는 7개월이 지난 후 매장했고, 본 왕조의 옛 일에 따르면 고조는 6개월이 지난 후 매장했고, 태종은 4개월이 지난 후 매장했으며, 고종은 9개월이 지난 후 매장했고, 중종은 6개월이 지난 후 매장했으며, 예종은 5개월이 지난 후 매장했고, 순종은 7개월이 지난 후 매장했으며, 원종과 숙종 두 성군의 황릉은 황제의 생일로서 길흉이 서로 연결되어 있으므로, 전담 관리가 겨를이 없을까 하여 12개월로 병합하여 장례를 치렀으니, 이는 목적이 있어서 그렇게 한 것이지 일상적인 제도는 아니었습니다. 지금 국상이 정월에 있으니 윤달까지 합치면 6월에 이르러 예경의 7개월의 수와 합치됩니다. (…) 양사단楊士端이 멀리 12월 28일로 점쳤다는 황명이 이르렀으되 (…) 국상에서 우제와 부제虞祔 우제는 부모의 장례를 지내고 돌아와 지내는 제사이고, 부제는 조상의 사당에서 지내는 합제임 그리고 모든 상례는 처음과 끝이 14개월로, 본 왕조에 옛 일이 없으니 어찌 예경하고만 합치되지 않는다고 하겠습니까? 신이 삼가 예의 문장을 참작하고 살핀 결과 6개월로 함이 좋습니다."298 이것을 보면 천자의 장례를 치르는 기간은 본래 예경에 근거하지 않았으며 정해진 제도도 없었음을 알 수 있다. 당의 예서 가운데에 그러한 항목의 규정이 있었다면 무엇 때문에 왕언위가 멀리 옛 경전을 인용했겠는가? 한편『명회전明會典』에서는 관리와 서인의 장례 기간이 모두 3개월이었다. 오직『청통례淸通禮』에서 품계 있는 관리와 서인의 장례 기간을 달리 정했는데, 전자는 3개월이었고 후자는 1개월이었다.299 또 법률에서는 상을 당한 집안은 반드시 예에 따라 정해진 기한 내에 안장을 하도록 정했으며, 풍수에 미혹되거나 다른 이유로 영구를 집 안에 두고 1년이 지나도록 매장하지 않는 자는 장 80대에 처했다.300

『개원례開元禮』에서는 장례를 치르는 날짜와 장지를 택할 때 5품 이상은 거북점을 치고, 6품 이하는 시초점蓍草占을 치도록 규정함으로써,301 점을 치는 데에도 귀천이 구별되었다.

무덤도 예로부터 정해진 제도가 있었으니, 관원의 품계가 높을수록 점유하는 땅이 넓고 분묘도 높았는데, 이는 바뀌지 않는 원칙이었다. 한률에 따르면 열후列侯의 분묘는 높이가 4자였고 관내후關內侯 열후 다음가는 작위로 주로 전공이 있는 장군들에게 수여함에서 서인에 이르기까지 각기 차이가 있었다.[302] 무원후武原侯 한 고조의 공신 위불해衛不害는 장례를 치를 때 법률을 어겨 봉국封國을 빼앗겼으며, 종양후樅陽侯는 규정에 넘치는 분묘 때문에 머리카락이 잘리고 봉토가 삭감되었다.[303] 당·송·원·명·청대에서는 묘지 주위의 넓이와 분묘의 높이에 대해 모두 명문화된 규정이 있었다. 품계가 있는 관리의 묘지는 많게는 주위가 90보에 달했고, 분묘의 높이는 1길 8자에 달했다. 가장 적은 것으로 20보에 높이가 8자인 것도 있었다. 서인의 경우에는 적게는 9보에 높이는 4자였다.[304]

비문碑文[305]을 비롯해 묘비의 몸체, 꼭대기, 기단의 치수, 꼭대기와 기단부의 형상과 무늬 등 어느 것 하나 무덤 주인의 신분을 나타내지 않는 것이 없었다.[306]

원칙적으로 서인은 묘비를 사용하는 것이 불허되었다.[307] 한편 일부 고관대작이 상을 당하면 칙령을 내려 정사 보는 일을 잠시 폐하고 제사를 지내게 하면서 부의금을 내리고 시호諡號를 내리고 관리를 파견해 장사를 치르게 했다. 그 외에도 묘지에 세우는 것으로 신도비神道碑 망자의 생전 생애와 사적을 적은 비, 석인石人 돌로 만든 사람의 형상, 석수石獸 돌로 만든 짐승의 형상 등이 있었다.[308]

이상이 역대로 장사를 지내는 의례 제도에 관한 규정이다. 명부命婦의 경우에도 자연히 품계와 등급이 있었고, 관리의 자손들 또한 각기 음사蔭仕의 품계에 의거해야 했다.

윗사람은 아랫사람의 것을 아우를 수 있으나 아랫사람은 윗사람의 것을 넘어설 수 없다는 원칙은 상례에도 적용되었다.(앞의 내용 참조) 후당 때의 『상장령喪葬令』에서는 이렇게 말한다. "여러 상례에서 예를 다 갖추지 못하는 자 중에서 귀한 자는 천한 자의 경우를 활용할 수 있지만 천한 자는 귀한 자의 경우를 활용할 수 없다."309 귀하지만 부유하지 않은 집안에서는 종종 재력이 보잘것없어 예를 갖추어 장사를 치르지 못했는데, 일부 어사를 비롯한 궁핍한 관리들은 사후에 재산을 남기지 않아 입관도 못하는 경우가 종종 있었다. 반면 부유하지만 귀하지 않은 집안에서는 큰일에 겉치레를 하고 싶어도 할 수가 없었다. 진가경秦可卿 소설 『홍루몽』에 등장하는 여성의 상례를 치를 때는 가賈씨 집안의 재력이 가장 왕성할 때였으나, 안타깝게도 그녀의 남편은 국자감 학생에 불과해 상여가 나갈 때 드는 깃발도 화려하지 않았고 의장조차 많지 않았다. 상례를 훌륭하게 보이게 하기 위해 가진 賈珍 진가경의 시아버지은 온갖 방법을 동원해 관리의 직함을 만들어주고 나서야 비로소 상례가 만족스럽게 되었다. 반면 가씨 집안 노마님은 명부였으므로 원래는 훌륭하게 장사지낼 수 있었으나, 당시 가업이 파탄이 난 시기여서 제대로 치르기 어려웠다. 전자의 경우를 통해서는 재물은 있으나 지위가 없는 궁박함에 대해 알 수 있고, 후자의 경우를 통해서는 지위는 있으나 재물이 없는 궁박함에 대해 알 수 있다. 이를 자세히 살펴보면 의례에 대해 재력, 신분, 경제적 능력, 정치적 지위가 어떻게 관련되는지 잘 알 수 있다.

우리는 이러한 규칙과 사회 사이의 격차에 대해 유의해야 한다.

장사를 지내는 일의 등급은 명령하는 문서로 제한함이 아주 엄했으니, 위반하는 자는 늘 처벌을 받았다. 당·송 때 무덤이나 석수 따위로 명령을 위반한 자는 장 100대에 처했고, 사면된다고 하더라도 석수나 묘비 따위를 모두 고치도록 했다.(분묘는 고치지 않았다.)310 또한 장경長慶 2년에는 백성이 장사를 지낼 때 금은 비단에 수놓은 것으로 장식하거나, 음악을 연주하거나, 장례 물품이 신분을 넘어선 것에 대해 칙령을 내려 모두 허물고 없애도록 했다.311 후당 때에는 전담한 자에게 규찰하게 하여 각종 물품의 수량과 크기가 조문과 법규를 위반하여 금은으로 치장한 자는 장 60대에 처하도록 했다.[312] 명·청대에는 기물을 참월해 사용한 자 중에 관직에 있는 자는 장 100대에 처하고 파직하여 서용하지 않도록 했고, 관직에 있지 않은 자는 장 50대에 처하고 법규에 거스른 물품은 책임지고 고치도록 했다.

엄히 다스리기 위해 일을 맡아 처리하는 상인들이나 장인들에게 책임을 지우는 방식도 빈번했다. 당나라 때에는 관부에서 장례에 관한 모든 조례를 도시와 여러 성문에 고시하여 관계된 상인들에게 지킬 바를 알리면서, 이를 위반한다면 물품을 판 상인에게 우선적으로 그 죄를 묻겠다고 했다.[313] 또 장사지내는 데 쓰이는 의장 물품이 규정에 어긋날 경우 그것을 만든 장인에게도 죄를 물었다. 후당 때에는 장사지내는 데 쓰이는 기물을 빌려주거나 제작하는 상인은 그 일을 맡기 전에 반드시 상갓집 관원의 직급을 명확히 조사해서 사람 수와 갖가지 물품이 합치되도록 하고 순사巡使에게 보고하여 판결 문서를 청한 뒤에야 비로소 공급할 수 있었다.[314] 망자가 일상적으로 조정에 올라 상제를 알현하는 승조관이나 현임관見任官인 경우를 제외하고 그 나머지 관리들은 모두 황제가 벼슬을 내릴 때 준 교지나 직첩職牒을 소속 순사에게 바쳐서 문서에 수결한 다음에 상인은 그것에 근거해 물품을 공급할 수 있었다. 이는 상갓집에서 관원의 직급을 사칭하는 것을 막기 위한 조치였다.[315] 이러한 절차를 어기면 상인은 도형 2년에 처하고 장사를 치르는 집에 대해서는 죄를 묻지 않았다.[316] 명률과 청률에서는 장인이 규정을 위반한 기물을 만든 경우 태형 50대에 처했으나, 자수하면 죄를 면해주도록 규정했다.[317]

관리가 제대로 규찰하지 못해서 처벌하는 경우도 있었다.[318]

그러나 역사적 사실은 법적인 금지가 큰 효력을 발휘하지 못했음을 알려준다. 민중들의 일상생활이 이미 그러했으며, 장례 분야에서는 더욱 보편적이었다. 효도는 본디 조정에서 주창했던 것으로, 자식으로서 부모를 후하게 장사지내는 것은 효도의 표현이었다. 그래서 상갓집에서는 알면서도 법을 어기는 경우가 빈번했는데, 정부는 철저히 막기도 어렵고 이루 다 벌할 수 없는 고충이 있었다. 한편 효도를 강조하려면 지나치게 추궁하는 것도 좋지 않았으므로 금령이 사문화되기도 했다. 당 원화元和 3년에 수도를 다스리는 관직인 경조윤京兆尹 정원鄭元은 법조문을 수정해 왕공 및 사서인의 장사를 지내는 등급에 관해 상주했으나 "후하게 장사를 지내는 것이 풍속이 된 지 오래되었으므로 비록 황제의 조서가 반포되기는 했으나 그 일은 행해지지 못하는"[319] 결과가 초래되었다.

원화 6년 관원과 서인의 장사지내는 것에 관한 제도를 마련했다. 그런데 회창會昌 원년에 어사대에서 새로운 제도를 취해 정했다. 품계가 있는 관리의 수장품은 등급마다 10가지 늘렸고, 가마와 인원도 각기 늘렸으며, 서인의 수장품도 15가지에서 25가지로 늘렸고, 3명이 드는 가마에서 10명이 드는 가마로 바뀌었다. 사신四神 청룡, 백호, 주작, 현무과 십이지신 설치는 원래 허용되지 않았으나 그때에 이르러서는 금하지 않았다. 이와 같은 새로운 규정은 관대하게 처리하기 위한 것으로, 어사대에서는 상주하여 이렇게 말했다. "아뢰옵건대 장사지내는 예에는 본디 차등이 있으나 근래에 사인과 서인의 집안에서는 갈수록 준수하는 이가 드물어지고 있고 낭비도 더욱 심해지고 있습니다. 신이 부끄럽게도 어사의 직책에 있어 마땅히 이를 금지시키고자 매번 검거하고 살피고 있으나, 그럴수록 원망과 비방이 생겨났으며 살펴 바로잡는 일을 멈추면 의론과 질책하는 일이 따랐습니다. 앞서의 장정章程과 제정된 칙령을 받들어 절약에 힘쓰도록 했으되 엄격하게 함이 지나치자 인정이 금령을 쉽게 넘어섰습니다. 죄를 범하지 않도록 하는 뜻에서 다소 너그럽게 했습니다. 신이 옛 의례를 취해 헤아려 새로운 규율로 다스리자 모든 높고 낮음이 합당함을 얻고 풍성함과 간략함이 적합해졌으며,

무지한 사람들은 다시 부족하다는 생각을 품지 않게 되었습니다."320 실제
사정은 확실히 그러했다. 원망과 비방이 생겨나고 의론과 질책이 따랐다는
구절은 이러지도 저러지도 못하는 관아의 상황을 표현한 것으로, 사실을
진술한 것이라 할 수 있겠다. 송 태평흥국太平興國 7년에 이방李昉 등에게 명
하여 사인과 서인의 장사지내는 제도를 다시 정하게 하자, 이방이 주청하여
말했다. "자손이 부모와 조부모를 장사지내고 아랫사람이 윗사람인 존친을
장사지내는 것을 자세히 살펴본바, 완전히 소박함을 숭상하는 것은 효도에
손상을 주었습니다. 청컨대 그들에게 자수 비단을 금하지 않도록 해주시고,
(과거에는 백성이 장사지내고 제사지낼 때 금은이나 수놓은 비단으로 치장할 수 없
도록 했다) 음악을 사용하거나 길을 막아 제단을 설치하거나 관직에 있지
않았던 자를 장사지냄에 방상을 사용하는 것은 엄히 금하도록 해주십시
오."321 이 또한 위와 동일한 태도의 표현이라고 하겠다.

　당·송의 법률에 따르면 사택, 수레, 복식, 기물이 규정에 위배되면 모두
고쳐 바로잡도록 했으되 분묘만은 고치지 않아도 되었는데,322 이는 이미
이루어진 일에 대한 묵인이었다. 즉 상갓집의 의장과 기물이 규제에 위반되
면 오직 장인만을 조사해 처벌하고 상주를 잡아들이지는 않았다. 장례를
치르기 전이라면 장인에게만 죄를 물을 뿐 상갓집의 물품을 압류하지는
않았다.323 후당 때에도 단지 상인만을 처벌하고 상주에겐 죄를 묻지 않았
다. 어사대에서는 주청하여 이렇게 말했다. "오늘날 장사지내는 의장에 대한
지나침을 바로잡을 때 관에서는 검사해 살필 뿐이고, 인정에 있어서는 각
기 부모에게 효도를 다하려는 집안사람들의 마음을 헤아려 망자를 보내드
리는 예가 편안하도록 허용합니다. 어사대의 전담 관리도 효자를 판결로써
엄벌하기는 어려우므로 단지 관례에 따라 벌금을 적어 보냄으로써 어사대
의 비용에 보태도록 합니다."324 법률이 상가를 너그럽게 대해 효자에게 책

임을 묻지 않았으므로 그 사회적 결과는 상상하기 어렵지 않을 것이다.

율령에 따르면 서인은 장사를 지낼 때 의장을 사용할 수 없고 묘비도 세울 수 없었으나, 실상은 전혀 그렇지 않았다. 원나라 때 상가에서는 종종 노복 등으로 하여금 다갈색 산개傘蓋 우산 모양의 가리개에 술이 달린 의장를 들게 했고, 출상할 때는 은을 두른 접이의자와 의장 등의 물건을 영구에 함께 실었다.[325] 명·청 시대의 것으로 전해지는 옛 무덤을 보면 서인 신분이라도 묘비 없는 무덤이 없다. 이러한 사실들은 규제를 넘어서는 장례가 관습이 되었음을 나타낸다. 대체로 64명이 영구를 들고, 모든 의장을 사용하고, 무덤 앞에 석인·석수·석주를 세우고, 신도비를 세우고, 교룡의 머리에 거북 기단을 사용하는 등의 경우 외에, 그리 심각하지 않은 나머지 사물들은 심각한 분규를 일으키지 않았다.

4. 제사

효도의 차원에서 논하자면 모든 사람들은 마땅히 부모의 죽음을 정성껏 모시고 조상들을 경건히 추모해야 한다. 살아 계실 때는 잘 봉양하고 사후에는 음식을 흠향하시도록 하는 일은 장려할 일이지 금지하고 규제해서는 안 된다. 그러나 다른 차원에서 논하자면, 어떤 생활 방식이든 계급적 제한이 있는 사회에서는 제사도 예외가 될 수 없었다. 이에 "덕이 두터운 자는 먼 조상에게도 제사를 지내지만 덕이 없는 자는 가까운 부모에게만 제사를 지낸다"[326]고 했다. 즉 덕이 두터운 자는 제사지내는 대상이 멀리까지 미칠 뿐 아니라 의장도 특별히 융성했다.

상고 시대부터 제사지내는 조상에도 제한이 있었으니, 천자는 7대를 모신 사당, 제후는 5대를 모신 사당, 대부는 3대를 모신 사당 사士는 2대를 모신 사당(혹은 1대를 모신 사당)이 있었으며, 서인은 단지 자신의 아버지에게만 제사지냈다.[327] 후대에도 그러한 관습이 유지되어 제사지내는 세대의 수에 일정한 규정이 있었다. 왕공대신은 옛 제후에 비견되어 제사가 5대를 넘어설 수 없고, 나머지는 3대, 2대에 그쳤다. 북제北齊의 제도에 따르면 왕을 비롯해 다섯 등급의 개국 집사관執事官과 산관散官 중신이지만 실제 직무가 없는 관리로 종2품 이상인 자는 모두 5대까지 제사를 지냈고, 다섯 등급의 산관으로 정3품 이하 종5품 이상인 자는 3대까지 제사를 지냈으며, 집사관으로 정6품 이하 종7품 이상인 자는 2대까지 제사를 지냈다.[328] 개원開元 12년에는 칙령을 내려 1품은 4대의 사당에 제사지내는 것을 허가했고, 3품은 3대의 사당에 제사지내는 것을 허가했으며, 5품은 2대의 사당에 제사지내는 것을 허가했고, 적자인 사士는 1대의 사당에 제사지내는 것을 허가했다. 『개원례』에서는 개정하여 2품 이상은 4대에 제사지내고, 3품 이상은 3대에 제사지내고, 3품 이상 가운데 작위를 필요로 하지 않는 자 또한 4대에 제사지내고, 4대 외에 처음으로 봉해진 조상이 있으면 5대를 함께 제사지내고, 4품과 5품이 작위를 겸하고 있으면 또한 3대에 제사지내도록 했다.[329] 송대의 제도에 따르면 관리 중 정1품 평장사平章事 이상은 4대의 사당을 세우고, 추밀사樞密使, 지추밀원사知樞密院事, 참지정사參知政事, 추밀부사樞密副使, 동지추밀원사同知樞密院事, 첨서원사簽書院事는 현임이나 전임이나 같았다. 선휘사宣徽使, 상서절도사尚書節度使, 동궁소보東宮少保 이상은 모두 3대의 사당을 세웠다.[330] 대관大觀 2년에는 황제가 친필로 다음과 같이 명했다. "시종관侍從官에서 사인, 서인에 이르기까지 전부 3대에 제사지내어 차등과 많고 적음의 분별이 없으니, 어찌 예의 뜻이라 하겠는가? (…) 지금 사람들이 보은하는 일을 못하게 할까 두려워하면서 유행하는 풍속에 따라 3대 제사를 지내는 것은 선왕이 예를 제정하여 차등을 둔 뜻에 부합하지 않는 것이다." 그러고는 문신 집정관, 무신 절도사 이상은 5대에 제사지내고, 문무의 승조관은 3대에 제사지내고, 나머지는 2대에 제사지내도록 했다.[331] 이를 보면 세대世代에 관한 제사의 제도에 변화가 있었음을 알 수 있다. 최초에 서인들은 1대만 제사지낼 수 있었으나 점차 멀리 2대, 3대, 4대에까지 밀고 나아가, 제사 분야에서 귀천의 차이는 이미 송대에 사라진 셈이다. 명대에 품계 있는 관리들은 고조부모·증조부모·조부모·부모의 4대를 받들었고, 서인 또한 그 조부모와 부모를 받들었다.[332] 청대에 이르면 품계 있는 관리와 사인, 서인이 모두 똑같이 고조부모·증조부모·조부모·부모 4대의 제사를 받들었다.[333] 이후 귀한 자든 천한 자든 제사에서 세대의 많고 적음에 차별이 없게 되었다.

사당 건축은 크기에 제한이 있었다. 당나라의 제도에 따르면 3품 이상은 7가梁 도리의 수로 각 칸의 길이를 세는 단위 크기에 양쪽에 곁방이 있으며, 3대 사당의 경우 5칸으로서 가운데가 3실室이고 좌우로 곁방이 한 칸씩이었다.[334] 명대의 제도에 따르면 5대 사당의 경우에는 5칸 9가로서 곁방이 양쪽에 있고, 4대 사당의 경우에는 3칸 5가였다.[335] 청의 제도에서 3품 이상 관리의 사당은 5칸이고 5계단이며 동서 곁채가 각기 3칸이었다. 4~7품에 이르는 관리의 사당은 3칸이고 3계단이며 동서 곁채가 각각 1칸이었다. 8품과 9품의 사당 또한 3칸이지만 가운데는 넓고 좌우는 좁으며 계단은 하나뿐이고 당에는 곁채가 없었다. 사당과 담의 문은 각각 하나뿐이었다.(7품 이상은 모두 문이 셋이었다.)[336]

서인들은 과거의 관례에 따르면 사당을 세울 수 없었으며 『국어』『춘추곡량전』『예기』에도 그와 같이 적혀 있다.[337] 북제의 제도에 따르면 8품 이하부터 서인에 이르기까지 모두 방에서 제사를 지냈다.[338] 『개원례』에서는

6품 이하부터 서인에 이르기까지 모두 안방에서 조부모와 부모에게 제사를 지낸다고 했다.[339] 송의 제도에서는 사당을 세우는 것이 허락된 자 외에 관리와 뭇 사인과 서인은 모두 방에서 제사지내도록 했다.[340] 명의 제도에 따르면 서인은 사당이 없고 2대의 신주를 거실 중간에 세웠으며 신주를 넣어두는 궤櫃가 없었다.[341] 청대에는 9품 이상만 사당을 세울 수 있었고, 뭇 사인과 서인은 모두 거실 북쪽에 감실龕室 신주를 모셔두는 장을 만들어 제사를 받들었으며, 뭇 사인은 널빤지로 감실을 구별해 네 개의 실室을 만들었으나 서인들은 그러지 못했다.[342]

제기祭器와 제사 물품은 많이 갖춤을 귀히 여겼다. 당의 제도에 따르면 5품 이상의 경우 각 실室마다 준樽 술그릇, 궤簋 서직을 담는 귀가 달린 나무그릇, 보簠 서직 등을 담는 표면은 네모지고 안은 둥근 그릇, 등鐙 진흙만으로 구워 만든 질그릇 형鉶 국그릇, 조俎 산적을 담는 적대가 각각 2개, 변두籩豆 대나무와 나무로 만든 제기의 경우 1~2품은 각각 10개, 3품은 8개, 4~5품은 6개였다. 6품 이하의 경우에는 준·궤·보·등·형·조가 각 1개, 변두는 각 2개였다.[343] 송의 제도에 따르면 정1품은 실마다 변두가 12개, 보와 궤가 4개였고, 종1품은 변두가 10개, 보와 궤가 2개였으며, 정2품은 변두가 8개, 보와 궤가 2개였다.[344] 청의 제도에 따르면 3품 이상은 상마다 변두가 6개이고 조·형·돈敦 각종 곡물을 담는 제기이 각 2개였고, 7품 이상은 변두가 4개에 조·형·돈은 각 1개였으며, 8품 이하는 변두가 2개에 조·형·돈은 각 1개였다.[345]

제사 물품은 예로부터 엄격히 제한되었다. 춘추 시대가 바로 그와 같았다. 관야보觀射父는 천자에게 제사를 지낼 때는 회會 소·양·돼지를 망라한 태뢰太牢 셋를 사용하고, 제후는 태뢰太牢 소·양·돼지 한 마리를 사용하며, 경卿은 특우特牛 소 한 마리, 대부는 소뢰小牢 소와 돼지 각 한 마리, 사士는 특생特牲 돼지 한 마리, 서인은 생선구이를 사용한다고 했다.[346] 자목子木은 『제전祭典』

을 인용해 임금에게는 소를 흠향케 하고, 대부에게는 양을 바치고, 사士에게는 새끼돼지와 개를 바치고, 서인에게는 생선구이를 바친다고 했다.[347] 두가지 설에서 소를 흠향함과 태뢰가 상이할 뿐 나머지는 모두 같다. 당시 사람들은 생전에 먹는 음식에 신분의 제한이 있었으니 (상술한 내용 참조) 사후 제사에 올리는 음식이 다른 것도 이상할 것이 없었다. 관야보의 말에 따르면 제사에서는 평소의 음식에서 한 등급 더해진다는 점을 알 수 있다. 천자는 평소에 태뢰를 먹다가 제사에서는 회會를 사용하고, 제후는 특우를 먹다가 제사에서는 태뢰를 사용하며, 경은 소뢰를 먹다가 제사에서는 특우를 사용하며, 대부는 특생을 먹다가 제사에서는 소뢰를 사용하고, 사는 생선구이를 먹다가 제사에서는 특생을 사용하며, 서인들은 채소를 먹다가 제사에서는 물고기를 사용했다. 북제의 경우 3품 이상은 태뢰를 사용하고, 종5품 이상은 소뢰를 사용했으며, 6품 이하 종7품 이상은 특생을 사용했다.[348] 당나라 때 5품 이상은 소뢰를 사용했고, 6품 이하에서 서인에 이르기까지는 특생을 사용했으며, 설사 조부와 부친의 관직에 높고 낮음이 있다고 하더라도 모두 자손의 희생물을 사용했다.[349] 5품 이상은 궤를 찰기장과 메기장으로 채웠고, 보를 쌀과 기장으로 채웠으며, 변籩 굽이 있고 뚜껑이 있는 제기은 돌소금·말린 고기·대추·밤 따위로 채웠고, 두豆 굽이 있는 제기는 육장·다진 음식·절인 채소 따위로 채웠다. 6품 이하는 궤를 찰기장으로 채웠고, 보는 메기장으로 채웠으며, 변은 말린 고기로 채웠고, 두는 절인 채소와 육장으로 채웠다.[350] 명나라에서는 2품 이상은 양 한 마리에 돼지 한마리, 5품 이상은 양 한 마리, 5품 이하는 돼지 한 마리를 사용했고, 아울러 반드시 희생물의 사지를 갈라서 써야 하고 통째로 쓸 수 없었다.[351] 청나라에서는 3품 이상은 양 한 마리에 돼지 한 마리를, 4~7품은 특생을 사용했고, 8품 이하는 새끼돼지의 어깨 부위를 사용했다. 뭇 사인은 전병 두 접시, 육류, 과일, 채소 네 그릇, 국 두 그릇, 밥 두 그릇을 사용했고, 서인은 상 위에 네 그릇을 넘지 못하고 국과 밥을 갖추었다.[352]

관리는 사적인 제사를 지낼 때도 공복을 입을 수 있었다.[353] 당나라의 제도에 따르면 2품 이상의 관리가 사가에서 제사를 지낼 때에는 원면元冕 5품의 공복을 착용할 수 있었고, 5품 이상은 작변爵弁 6품 이하 9품 이상의 나라 제사에 참여하는 이들이 착용하던 복식을 착용할 수 있었으며, 6품 이하는 진현관進賢冠 문무의 조정에서 왕을 배알하는 관리, 지방에서 교화를 담당하던 관리, 향리에서 벼슬을 그만둔 관리가 착용하던 복식을 착용했다.[354] 부녀자의 경우에는 비녀와 예복을 착용했다.(후대에는 공복을 의관으로 쓰기도 했고, 그것이 없으면 상복常服을 착용하기도 했다.)[355] 사마광은 『서의書儀』에서 이렇게 말했다. "관례·혼례·제례의 주인공은 모두 복식을 성대하게 하고, 관직에 있는 자는 공복·가죽신·홀을 갖추고, 관직에 없는 자는 복두幞頭·가죽신·난삼襴衫 혹은 적삼 두루마기에 띠를 갖추는 등 각기 평소에 입는 가장 성대한 옷을 취한다."[356] 남쪽으로 천도한 이후 관혼제에서 사대부 집안은 모삼帽衫을 착용했다.(모삼은 오사모, 조나삼, 각대 끈신발을 갖춰 입는 차림으로, 동도東都 시대에 사대부들이 교제할 때 늘 입었다.)[357] 명나라의 제도에 따르면 황제가 천지, 조상, 사직에 친히 제사를 지낼 때 문무 관리들은 여러 신위에게 따로따로 헌배를 하고 수행했는데, 모두 제복祭服을 착용했다.(청색의 얇은 비단 윗옷에 적색 비단 하의, 적색 비단 폐슬, 방심곡령方心曲領을 착용했으며, 관과 띠, 패옥과 그 끈은 조복과 같았다.) 집안의 제사에서도 그러한 제복을 사용하되, 3품 이상은 방심곡령이 빠지고, 4품 이하는 옷깃과 패옥의 끈이 빠질 따름이다. 명부 또한 예복을 착용할 수 있었다.[358] 청나라의 예에 따르면 집안 제사의 주인은 조복을 착용하고 일을 집행하는 자들은 제복을 입고 사당으로 들어갔다.[359] 역대 왕조 가운데 오직 원대에만 공복을 착용해 제사지내는 것을 불허했다. 『원률』에서는 이렇게 말했다. "여러 집안의 사당에서 춘추로 제사를 지낼 때 번번이 공복을 착용하고 예를 행하는 것을 금지한 다."360

4장

계급 속편

1. 귀족의 법률

앞 장에서 우리는 각 계급별 사회생활의 차이에 대해 논해보았다. 이 장에서는 법적으로 상이한 지위와 권리를 논의 주제로 삼고자 한다.

우선 귀천에 따른 불평등에 대해 논해보겠다.

귀족은 철저한 통치적 요구에 부합하기 위해 통치 수단을 장악했을 뿐만 아니라 법률을 독점하고 공개하지 않았다. 그들은 비밀의 가치를 잘 알고 있기 때문에 피통치자들이 법률 내용을 알지 못하도록 비공개로 관리한 것이다. 그 비밀이 계속 유지되는 한 그들의 의지는 더욱 큰 권위를 갖고 그들의 명령은 곧 법이 될 수 있었다. 따라서 법률에 대한 의심은 용납되지 않았고 질문하는 것도 용납될 수 없었다. 민중을 완전히 조종할 수 있을 때 더욱 철저하고 적극적으로 통치할 수가 있었다. 헨리 메인Henry Maine은 동서양에서는 일찍이 법률이 비밀스러운 시대가 있었다고 했다. 그 시대에는 법률 지식 및 소송을 판단하는 원리가 소수의 특권 계급(귀족 등)에 의해 독점되었으므로 그들은 감시인 또는 관리인이었다.[1] 중국에도 그런 시대가 있었다. 숙향叔向은 "선왕은 일을 논의해 죄를 판단했지 형법을 만들지는 않았다"고 했는데, 이는 공개된 법률 없이 일에 따라 논의해 판단했다는 뜻이다.[2] 형후刑侯와 옹자雍子가 땅을 두고 싸웠는데, 재판관 대리 직무를 맡은 숙어叔魚가 옹자의 딸을 받아들이고는 그의 편을 들었다. 이에 분노한 형후는 숙어와 옹자를 죽였다. 당시에 정경正卿이었던 한선자韓宣子는 어찌할 바를 몰랐다. 그러자 숙향은 살아 있는 자를 죽이고 죽은 자를 육시하라고 청했으니,[3] 이것이 일을 논의해 판단한 사례다. 그러다가 춘추 시대에 이르러 정鄭,[4] 진晉,[5] 위魏[6] 등의 나라에서 차례로 형서刑書를 반포함으로써 법률은 공개되었고 더 이상 귀족이 은밀히 수장하는 비밀이 아니게 되었다. 이 전환은 중국 법률사에서 아주 중요한 일로서, 그러한 변화는 통치자와 피통치자 모두에게 적지 않은 영향을 미쳤다. 귀족의 입장에서 보자면 이는 실로 불리한 위치에 서게 되는 것으로, 법전을 공개하자는 요구가 제기될 때마다 그들은 엄청난 소란과 불안 그리고 심각한 항의를 일으켰다. 자산子産이 정나라의 재상으로 있으면서 형서를 주조하자 숙향은 특별히 그에게 편지를 써 이렇게 말했다. "선왕이 일을 논의해 죄를 판단할 뿐 형법을 만들지 않은 것은 백성에게 쟁탈하는 마음이 생겨날까 두려워해서였습니다. (…) 백성이 법률이 있음을 알게 되면 윗사람에게 거리낄 것이 없게 되고 다투는 마음이 생겨, 형서를 근거로 삼아 항거하면 다스릴 수 없게 됩니다."[7] 그 후로 진나라에서 범선자范宣子가 지은 형서를 솥으로 주조하자 공자孔子는 그것을 꼬집어 이렇게 말했다. "진나라는 망하겠구나! 법도를 잃었다. (…) 백성이 모두 솥에 있는 법조문을 보니 어찌 귀족들을 존경하겠으며 귀족들은 어떻게 업을 지키겠는가?"[8] 공자와 숙향은 온전히 귀족의 생각을 대표하는 것으로, 한두 사람의 사견이 아니다. 그들이 이 문제를 중요하게 여긴 까닭은 그로 인해 귀족의 권력이 위협을 받기 때문이었다. 그들의 의도는 그들의 말에서 여지없이 폭로된다. 귀족들이 다툰 것은 이것이었고, 법가法家가 다툰 것 역시 이것이었다. 법가의 공로는 귀족들이 붙잡고 독점해

온 것을 무너뜨리고 법률을 모든 사람 앞에 공개한 데 있다.

법가의 눈에 법률은 반드시 명문화되어 공표될 필요가 있는 것이었다. 한비자韓非子는 법률에 대해 다음과 같이 정의했다. "법은 서적으로 엮어서 관부에 놓여 백성에게 공표되는 것이다."9 또 이렇게 말했다. "법이라는 것은 관부가 명문화하여 공표함으로써 백성이 상벌을 마음에 새기게 하는 것으로, 신중히 법을 지키는 사람에게는 상을 주고 법령을 어기는 자에게는 벌을 내려야 한다."10 법을 공표하는 가치는 형벌을 통해 무엇이 합법적이고 무엇이 불법적인지, 지향하고 피할 바가 무엇인지 알림으로써 통치자들이 그것을 속이거나 은폐하거나 멋대로 헤아리지 못하도록 하는 데 있다. 그래서 상군商君은 이렇게 말했다. "법령은 분명하고 알기 쉽다. 법관과 법리法吏를 선생으로 세워 법령을 가르치면, 백성은 모두 피할 바와 나아갈 바를 알아 화를 피하고 복을 가까이 하여 저절로 다스려진다."11 "백성이 법령을 잘 알기 때문에 관리는 감히 불법적으로 백성을 대하지 않고, 백성도 감히 법을 어겨 법관을 건드리지 않는다." 그는 천하의 관리와 백성이 모두 법령을 아는 상태에 이르게 하기 위해 법을 세운 관리들은 한결같고 공평무사하게 법령에 대한 의문에 대답할 의무가 있다고 주장했다.12 이렇게 번거로움을 개의치 않는 문의의 방식, 그리고 형서를 철로 된 솥에 주조하는 방식은 인쇄술이 발명되기 이전에 취할 수 있었던 더할 나위 없이 좋은 방안으로 보인다.

량치차오梁啓超는 부락 시대의 형률은 오직 서인庶人 계급을 다스리기 위해 만들어진 것이라고 했다. 서인은 대체로 이족異族이었으니, 형벌은 위로 사대부에게는 미치지 않고 사방의 오랑캐를 형벌로 위협하는 것과 그 의미가 상통한다는 것이다. 이 말은 크게 시사하는 바가 있으니, 일찍이 봉건 시대의 상황은 확실히 그러했다. 법률은 귀족이 백성을 다스리는 도구이고 그 자신은 완전히 법률 밖에 있으므로 그것에 구속되거나 제재를 받지 않았다. "예는 아래로 서인에게 미치지 않고 형벌은 위로 대부에게 이르지 않는다."[13] "사士 이상은 반드시 예악으로 절제하고 많은 백성은 반드시 법도로 제어해야 한다"[14]는 말들은 바로 이러한 법률 제도 아래에서 생겨난 전형적인 사상이다.

예는 아래로 서인에게 미치지 않고 형벌은 위로 대부에게 이르지 않는다는 말은 여러 오해를 불러일으켰기 때문에 다시 설명할 필요가 있겠다. 대개 서인들에겐 예가 없다는 의미로 인식하지만, 예라는 것이 인간의 욕망을 다스리는 행위 규범이고 그러한 행위 규범에 귀천과 존비의 차등이 있음을 인정한다면 누구에게나 예가 존재함을 쉽게 알 수 있을 것이다. 다만 사용하는 예가 다를 따름이다. 따라서 서인이 사용하는 예가 비교적 허술하다고 할 수 있을 뿐, 그들에게 예가 없다고 말해서는 안 된다. 예를 들어 혼인은 중요한 예인데 서인에게 혼인의 예가 없다고 한다면 사실에 부합하지 않는 말이 아니겠는가? 천자, 제후, 경대부 각각에게 맞는 혼례가 있는 것과 같이 서인에게는 서인의 혼례가 있는 것이다. 『예기』에는 이런 기록이 있다. "예라는 것은 의혹을 제거하고 은미한 것을 변별하여 백성이 도를 넘어서는 일을 막고자 하는 것이다. 그러므로 귀천에 차등이 있고 의복에 구별이 있으며 조정에 위치가 있으면 백성은 사양함을 알게 된다."[15] 여기서 말하는 백성은 곧 서인이다. 『순자荀子』도 명확히 말했다. "예는 현인들, 아래로는 서인들을 위해 생겨난 것이다."[16] 『예기』에서도 이렇게 말한다. "예라는 것은 자신을 낮추고 타인을 높이는 것이니, 비록 짐을 지고 장사를 하는 자에게도 틀림없이 높일 것이 있다. 하물며 부귀한 자는 어떠랴? 부귀하면서 예를 좋아할 줄 알면 거만하지 않고 지나치지 않으며, 빈천하면서 예를 좋아할 줄 알면 뜻이 꺾이지 않을 것이다."[17] 부귀한 자나 빈천한 자 모두 예를 버릴 수 없었음을 알 수 있다.

한편 『백호통白虎通』에서는 "예가 서인에게 미치지 않는다는 것은 응대의 예를 말한다"[18]고 했다. 서인이 예를 갖출 수 없다는 관점에서 해석한 것으로, 서인에게는 예가 없다는 의미는 아닌 것 같고, 더욱이 형벌이 대부에게까지 이르지는 않는다는 말과는 연결되지 않는다. 기껏해야 보완의 말일 따름이다. 예와 형벌을 두 가지 상이한 사회적 구속으로 여긴다면 "예는 지식이 있는 자를 위해 제정한 것이고, 형벌은 무지한 자를 위해 설계한 것이다"[19]라고 말할 수 있다. 예를 잃어야 형벌을 가하는 것이므로, 신분 높은 상류층은 특별한 교육을 통해 부끄러움을 아는 것을 의무로 여기고 매사에 예의 규범을 준수하므로 형벌의 제재가 필요치 않다. 반면 서인들은 그런 방법으로는 같은 목적에 도달할 수 없다. 그래서 순자는 "사士 이상은 반드시 예악으로 절제하고 수많은 백성은 반드시 법도로 제어해야 한다"[20]고 했다. 순열荀悅도 이렇게 말했다. "군자에게는 영욕榮辱의 예교로써 그의 감정을 순화하고 소인에게는 차꼬와 수갑, 채찍과 곤봉을 가해 형벌로 다스린다."[21] 이는 본디 이론적인 가정이었으나 이 이론이 실제 운용되면서 고정적이고 실천적인 법적 규칙이 되었고, 일거에 대부大夫의 특권이 되었다. 즉 그들은 위법 행위를 하더라도 형사상 제재를 받지 않게 된 것이다. 형벌이 대부까지 이르지 않는다는 말의 원뜻은 대부는 예법을 준수하여 욕된 행동을 하지 않으므로 형벌이 필요 없다는 것이었으나, 후에는 대부는 존귀하므로 형벌로 그들을 욕보이면 안 된다는 뜻이 되어버렸다.[22] 주관적인 이론이 변하여 객관적 사실이 되었으니 자못 주목할 만한 대목이다.

대부가 예에 위배되는 행위를 하면 어떻게 대응했는지는 더 연구해볼 만한 점이다. 일반적인 사회적 반응은 여론의 제재로, 예에 위배되는 행위는 자주 여론의 경멸, 비난, 비웃음을 일으켰다. 『좌전』은 그런 논조로 가득 차 있으니, 군자가 "그것은 예이다" "그것은 예가 아니다"라고 한 것은 당시 사대부 집단 가운데 어떤 사대부의 어떤 행위에 대해 찬성하거나 찬성하지 않는 반응의 일환이었다.(그러한 비판은 서인들에게는 해당되지 않았다. 그들은 예를 잘 몰랐고, 잘못에 대한 법적 제재가 있으므로 예로써 책망할 필요가 없었으며, 군자 역시 소인들의 일에 대해 입씨름할 가치가 없다고 여겼다.) 그러나 그러한 소극적인 사회적 제재의 힘을 경시해서는 안 된다. 인류학의 연구 성과에 따르면, 접촉이 긴밀한 사회에서 조롱의 말이나 노래라는 것은 그것을 당하는 사람에게는 확실히 심각하고 두려운 징벌로서, 극도의 난처함과 고통을 주며 피할 곳이 없다. 가장 심각한 경우에는 사회생활을 포기하게 만들었다. 이는 사회에 의해 축출되는 것과 다를 바 없으니, 당사자는 비웃음과 고독을 견디지 못하고 자살을 하기도 한다.[23] 이런 인류학의 눈으로 보건대 고대 중국에서 상형象刑 일반 사람들과는 다른 복식으로 모욕감을 주는 형벌이 존재했을 가능성이 없지 않다. 자의赭衣 적갈색 옷[24]는 상형의 흔적일 수도 있다. 『주례』에서는 옥성獄城에 가두고 죄상을 써서 공개하는 수치로써 형벌을 대신하게 하고[25], 출옥하더라도 3년 동안 다른 사람들과 나이에 따른 존비의 차서를 따질 수 없었다.[26] 후대에도 상형의 흔적을 본떠 효과를 얻는 일이 있었다. 『봉씨문견기封氏聞見記』에는 다음과 같은 일을 기록하고 있다. 이봉李封은 연릉延陵의 수령으로 있을 때 하급 관리들에게 죄가 있으면 장을 치지 않고 푸른 두건을 씌워 치욕을 느끼게 했는데, 죄의 경중에 따라 날짜 수로 등급을 매겼고 날짜가 채워지면 풀어주었다. 오吳 사람들은 이 두건을 착용하고 지역을 출입하는 것을 커다란 치욕으로 여겨 감히 위배하지 않게 되었다.[27] 명나라 때 신명정申明亭이 세워진 것도 마찬가지의 의미를 지닌다.[28] 이로부터 조직이 비교적 작고 접촉이 긴밀한 사회에서 여론의 제재는 많은 가능성을 지니고 있음을 짐작할 수 있다. 사대부 집단은 사회적 선택의 과정을 거치면서 전체 인구 가운데 아주 작은 부분을 차지하게 되었으며, 공동의 관심사(학문, 도덕, 정치 사업) 및 다른 사회적 활동(활쏘기, 향음주鄕飮酒와 같은 모임)을 통해 상당히 긴밀한 관계를 이루었다. 성명, 가문, 정치 활동, 그 밖의 행위를 서로 알았고 서로 깊게 주목하고 있었다. 선행이든 악행이든 모든 행동은 타인의 이목과 그에 따른 비평을 피하기 어려웠다. 그러한 반응은 아주 민감한 것이었다. 악의적인 질책과 조롱을 당한 사람들은 더 이상 같은 부류와 어울릴 수 없었다. 천시되었고 자기 한 몸 둘 곳이 없었다. 심지어 대부나 군자 집단 밖으로 밀려나기도 했다. 더욱 중요한 것은 모든 정치권력을 사대부 계급이 장악한 상황에서 특정 한두 사람의 비난과 악감정으로 인해 전체 혹은 대다수 사람들의 정치 생명이 잠시 혹은 영원히 끝날 수도 있었다는 점이다. 가의가 말한 "작위를 폐할 수도 있고 물러나게 할 수도 있다"[29]는 것이 그것이다. 후한, 그리고 위·진 시대에 일어난 관리에 대한 비평, 즉 청의淸議의 영향을 생각해보면 그러함의 실체를 잘 알 수 있다. 당시의 사족들 중 나쁜 평가로 인해 수십 년 혹은 일생을 망친 이들이 헤아릴 수 없이 많았다.[30]

사족에 대해 여론의 제재 외에 더 적극적인 제재는 없었다고 볼 수도 없는 것이, 그러한 견해로 인해 통상적으로 형벌이 대부에게까지 이르지 않았다는 말이 매번 잘못 해석되고 깊이 이해되지 못했다. 물론 대부에게는 태형이나 방문榜文을 붙이는 형벌이 미치지 않았고, 하옥되지도 않았다. 가의는 이렇게 말했다. "그를 묶고 사구에게 끌고 가 형벌을 관장하는 관리의 관할 하에 두거나 사구의 하급 관리로부터 욕먹고 맞는 것을 백성에게 보여서는 안 되는 것입니다."[31] 『백호통덕론』에서도 이렇게 말한다. "형벌이 대부에게까지 이르지 않는다는 것은 예에 의거해 대부에 대한 형벌이 없다는 것으로, 혹자는 채찍과 대나무로 때리는 형벌이 없음을 말한다고 했다."

32 그러나 형벌이 대부에게까지 이르지 않는다고 할 때의 '형刑'이라는 글자는 채찍이나 몽둥이를 가리키는 것이 아님에 유의해야 한다. 한 문제文帝가 육형肉刑을 폐지하고 나서야 비로소 태형이 형벌로 취급되었으므로 한나라 이전에는 태형이 없었고 단지 오형五刑만 있었다. 따라서 '형'이라는 글자는 곧 오형이며, 형벌이 대부에게까지 이르지 않는다는 것 역시 오형을 가리키는 말이다. 오형은 사형死刑 외에 글자를 새기는 묵형墨刑, 코를 베는 의형劓刑, 발뒤꿈치를 자르는 비형剕刑, 거세하는 궁형宮刑으로, 이 네 가지 형벌은 신체를 훼손하거나 감각 능력을 해치는 육형이다. 그것은 노역형인 완형完刑과는 구별된다.33 이렇게 가릴 수 없는 훼손을 얼굴이나 몸에 가하면 당한 자는 일생 동안 타인과 함께 살아가지 못하고 더할 수 없이 큰 치욕을 느끼게 되므로, 군자로선 감당할 수 없는 것이었다. 게다가 묵형을 당한 자는 관문을 지키고, 코가 베인 자는 궐을 지키며, 궁형을 당한 자는 내부를 지키고, 발뒤꿈치가 베인 자는 가축 우리를 지키는 일을 해야 했다.34 갖가지 천한 노역은 더욱 군자에게 요구되지 않는 가치였다. 형벌과 노역 모두 군자가 받아들일 수 없는 것인 만큼 수형자 본인에게 엄청난 모욕일 뿐 아니라 귀족 전체에게도 모욕이다. 위엄을 잃었으니 어찌 백성 위에 군림할 수 있겠는가. 결국 대부를 존중하고 예우하는 차원에서 때리거나 묶어 질질 끄는 처우는 할 수 없었고, 죄가 있더라도 에둘러 말할 뿐 죄상을 곧이곧대로 말하지 않았다.35 그러니 육형을 가하는 일은 더 말해 무엇하겠는가? 가의는 상소에서 분명하게 다음과 같이 말했다. "군자는 염치와 예절로 다스리기 때문에 죽음을 내릴 수는 있어도 형벌이나 모욕은 있을 수 없습니다. 이에 글자를 새기거나 코를 베는 형벌은 대부에게 가하지 않습니다."36 이 말은 형벌이 대부에게까지 이르지 않음이란 곧 대부에게 오형을 내리지 않음을 뜻한다. 가의의 시대는 고대의 풍속과 차이가 크지 않았으니 그의 말은 멋대

로 한 말이 아니고 아무 근거가 없는 것도 아니다. 반면 백호관白虎觀에 모여 논의하던 여러 유자儒者들의 말은 옛 풍속과 멀기 때문에 추측한 것이거나 진상에서 멀다 할 수 있다.

법가가 유가에 의해 배격되었던 (혹은 귀족에 의해 배격되었던) 까닭은 그들이 법률 평등주의를 주장했기 때문이다. 즉 상군商君이 종실과 친족의 원망을 받아 결국은 거열의 참화를 면치 못한 까닭은 그가 법가의 평등 사상을 실행했기 때문이다. 그는 태자의 스승인 공자건公子虔을 처벌하고 공손가公孫賈를 묵형으로 처벌했으며, 후에 다시 공자건에게 코를 베는 형벌을 내렸다.[37] 코를 잃게 된 공자건은 사람 만나기를 꺼려해 8년간 두문불출했다. 그러한 커다란 치욕은 귀족으로서 참을 수 없는 것이다. 『사기史記』에서는 상군이 10년간 법을 시행하자 진秦의 백성이 크게 기뻐했다고 기록하고 있다. 또 10년간 진나라를 도왔으나 종실과 귀족 중에 원망하는 자가 많았다고도 전하고 있다. 조량趙良은 상군이 귀족에게 죄를 짓고 원한과 화를 쌓은 것으로도 전해진다고 했다. 확실히 춘추 시대에 귀족이 형벌을 받는 일은 없었다. 그런데 상군이 홀로 그 관례를 깨뜨렸으니 귀족 전체가 심히 미워하고 가슴 아파한 것도 이상한 일이 아니다. 당시의 관습에 따라 공자건과 공손가를 나라 밖으로 쫓아냈거나 심지어 사약을 내리거나 죽였더라면 사태가 그리 심각해지지 않았을 것이고, 원한도 그와 같이 깊지 않았을 것이다.

귀족들 사이에서는 종종 왕위를 찬탈하거나 군주를 시해하거나 아버지를 시해하거나 귀족 간에 쟁탈하고 잔인하게 살해하는 등 국가 질서를 위태롭게 하고 귀족 전체의 안전을 저해하는 행위가 있었다. 하지만 이렇듯 귀족 전체로부터 용인될 수 없거나 여론의 견책 수준을 넘어선 자는 귀족들에 의해 쫓겨나거나 죽임을 당했다. 량치차오는 "사방의 변경 지역으로 내

던져 갖가지 나쁜 인간들을 통제한 것" "사방의 오랑캐 지역으로 물리쳐 중국과 함께하지 않은 것", 그리고 노나라 사람이 장손흘臧孫紇과 회맹한 것 등의 예증을 들어 귀족에게는 축출이라는 방법이 있어서 사회질서를 저해하는 자를 물리쳤다고 했다.[38] 그의 말이 맞다. 『상서尚書』에서는 이렇게 말한다. "유배의 방법으로 오형의 죄를 지은 죄인을 너그럽게 대했다. (…) 다섯 종류의 유배에는 각기 그 장소가 있으니, 각기 거리가 다른 세 곳에 머물게 한다."[39] 글자를 새기는 묵형, 코를 베는 의형, 거세하는 궁형, 발뒤꿈치를 베는 월형刖刑, 사형 등의 형벌을 차마 가하지 못하기 때문에 먼 곳으로 쫓아낸 것이니, 이는 후대에 오형의 하나이자 태형·장형·도형보다 무거운 것으로서의 유형과는 다른 것이며 의미 또한 다르다. 즉 상고 시대의 유배는 형벌을 가할 수 없는 대부를 응징하기 위해 쓰이던 것인 데 반해, 중고中古 시대와 근세의 유배는 중형이어서 팔의八議 안에 해당되거나 품계가 있는 사람은 유배되지 않았으니, 그 차이는 유의할 만하다. 공공共工, 환두驩兜, 황화곤潢和鯀은 당시에 형벌을 가할 수 없는 군자였으나 그 악행은 용인할 수 없었으므로 사방의 변경 지역으로 내던짐으로써 악한 자들을 통제했다. 춘추 시대에 유배의 관습은 아주 보편적이었다. 공손초公孫楚가 공손흑公孫黑에게 상해를 입히자 자산은 그를 유배 보냈다.[40] 그 밖에 많은 이들은 쫓겨나거나 죽임을 당하지는 않았지만 발붙일 데가 없어 결국은 다른 나라로 달아나곤 했다.

또 다른 방법 하나는 목숨을 끊게 하는 것으로, 이 대목에서 다시금 형벌이 위로 대부에게까지 이르지는 않는다는 말이 사형을 포함하는 것임을 상기할 필요가 있다. 머리가 잘려 저자에 버려지는 것은 서인에게만 적용되었다. 『주례』에서는 말한다. "살인을 한 자는 저자에서 처형하고 3일간 시체를 진열해둔다. 도적에 대한 형 집행도 저자에서 한다. 죄가 있어 법에 저촉

된 모든 자는 저자에서 형을 집행한다."[41] 『예기』에서는 "저자에서 범죄자에 대한 형을 집행하여 백성에게 본보기를 삼는다"[42]고 했다. 응소應劭는 이전 시대의 다양한 사형은 저자에서 시체를 해체했으나 이제는 저자에 버리는 것으로 고쳤다고 말했다.[43] 『석명釋名』에서는 "저자에서 죽이는 것을 저자에 버린다고 하니, 이는 많은 사람들이 그를 싫어하여 버림을 뜻한다"고 했다. 이러한 사형은 굉장히 치욕적이어서 통상 그것을 '육戮'이라고 부르는데, '육'이라는 글자에는 본래 '욕되다辱'라는 뜻이 있어, 이 글자를 새기고 자주 '욕辱'자나 '형刑'자와 연결해 육욕戮辱이라고도 하고 형육刑戮이라고도 한다.(『광운廣韻』에 나온다.) 『주례』에는 "사람을 육시한다戮人"는 말이 있는데, 정현鄭玄의 주석에서는 "육戮은 욕辱과 같다. 목을 베어 죽이고 또 모욕하는 것이다"라고 했다. 또 『진어晉語』의 "그 죽은 자를 육시했다戮其死者"는 구절에 대한 주석에서는 "시체를 진열해두는 것을 육戮이라 한다"고 했다. 저자는 소인들이 출입하는 곳으로, 군자는 여기에 발을 들이지 않는다. 그러니 죽임을 당한 뒤 저자에 진열되는 치욕은 더 말해 무엇 하겠는가? 그러한 육욕은 군자가 감당할 수 없는 것이었다. 그래서 가의는 이렇게 말했다. "지금 왕후와 삼공三公의 귀인들은 모두 천자께서 낯빛을 고쳐 예우하는 이들입니다. 옛날에 천자께서 백부伯父나 백구伯舅라 부르던 이들에게 뭇 서인들과 마찬가지로 글자를 새기고 코를 베며 머리카락을 자르거나 발뒤꿈치를 베고 저자에 내버리도록 명령한다면 대청에 오르는 계단을 없애는 것과 같지 않겠습니까? 형벌과 모욕을 당할 수 있다면 그 누가 천자 가까이에 있겠습니까? 염치가 지켜지지 않는다면 대신은 막중한 권력을 쥘 수 없거늘, 대신으로서 어찌 부끄러움을 모르는 죄수와 같겠습니까?"[44]

자진自盡은 귀족의 체면과 존엄을 가장 잘 보전할 수 있는 방법으로, 뭇 서인들에게 보이지 않는 방식이다. 또한 관리에게 죽임을 당하는 것과는 완전히 다른 것으로, 가의는 이렇게 말했다. 군자에게는 "사약을 내릴 수는 있어도 사형으로 모욕을 주는 일은 안 됩니다. (…) 혹여 과오가 있다고 하더라도 머리를 자르는 형벌을 그 몸에 가해선 안 됩니다. (…) 무거운 견책과 문책을 당해야 하는 상황에 처한 자들은 흰색 갓에 검은색 갓끈을 매고 물을 담은 그릇에 칼을 얹고 벌을 청하는 방에 들어가 죄를 고했으며, 주군은 묶거나 잡아끌고 가게 하지 않았습니다. 혹여 죄를 지은 자가 어명을 받는다면 자결할 뿐, 주군이 사람을 시켜 목을 치거나 형벌을 가하게 하지 않았습니다."[45] 주周, 진秦 시대에 많은 귀족과 대신들은 모두 그와 같이 침착하게 자신을 제재했으니, 약간이라도 뜻을 내비치면 스스로 죽음으로 나아감에 머뭇거림이 없었다. 진 혜공惠公이 이극里克을 죽이려고 사람을 보내 이렇게 말했다. "그대가 없었다면 나는 이 자리에 이르지 못했을 것이다. 그렇지만 그대는 임금 둘과 대부 하나를 시해했으니, 그대의 임금인 내가 어려움이 있지 않겠는가?" 이극이 대답했다. "두 임금을 폐함이 없었다면 임금께서 어떻게 흥기하셨겠습니까? 제게 죄를 묻고자 하시는데 어찌 할 말이 있겠습니까? 임금의 뜻을 알겠습니다."[46] 말을 마치고 검으로 자결해 죽었다. 오원伍員,[47] 백기白起,[48] 부소扶蘇[49]도 모두 검으로 자결한 자들이다. 만약 위축되어 자살을 피한다면 다른 사람에 의해 죽는 굴욕을 당할 터였다. 공손흑이 난을 일으키려 하자 자산은 관리더러 죄상을 헤아려보게 한 후 "빨리 죽지 않으면 큰 형벌이 내려질 것이다"라고 했다. 또 말하기를 "빨리 죽지 않으면 사구가 이를 것이다"라고 했다. 공손흑이 목을 매어 죽자, 시체를 주씨周氏 지역의 중요한 길목에 놓고 죄상을 적은 나무패를 시체 위에 놓아두었다.[50] 또 조고趙高는 거짓 조서를 꾸며 세자인 부소와 장군인 몽염蒙恬을 자결하게 했다. 부소는 자살했고, 몽염은 그것이 사기임을 의심하여 죽지 않으려 하자 보내온 자가 그를 옥에 가두었다. 몽염은 죽음을 면

할 수 없음을 알고는 약을 먹고 자살했다.[51]

목숨을 끊는 또 하나의 방법으로 죽이는 것도 있다. 『춘추』의 경전에는 많은 귀족들이 피살된 기록이 있는데, 이 경우 저자에서 형이 집행되지 않았다. 『강고康誥』에서는 "옳은 형벌과 옳은 살해義刑義殺"라고 했으니 형刑과 살殺에 차이가 있었던 듯하다. 『주례』에서 말하는 것처럼 "작위가 있는 자 또는 왕과 동족인 자는 순사씨甸師氏에게 끌려와 사형 집행을 기다린 것"[52]은 아니지만, 일반적인 죄수가 저자에 끌려가 사형 집행을 당한 것과는 달랐다는 점은 믿을 만하다. 북주北周 시대에 일반적으로 죽을죄를 지은 죄수는 그 성명과 죄상을 나무 수갑에 적고 저자에서 죽였으나 황족과 작위가 있는 자는 옥에서 집행했다는 사실[53]이 이를 입증한다.

조고는 진秦 2세에게 법을 엄격히 하고 형벌을 각박하게 하여 대신을 멸하고 골육지간을 멀리하라고 했다. 역사서에 따르면 2세는 그 말이 옳다고 여겨 법률을 재정비했다. 이에 조고의 명령으로 여러 공자公子들을 국문하여 다스렸는데, 대신 몽의蒙毅 등을 죽였고 공자 12명이 함양咸陽의 저잣거리에서 참수되었으며 공주 10명 또한 저자에서 능지처참되었다.[54] 귀족으로서 저자에서 사체가 해체되었으니 공포 정치가 시행된 것은 '법률을 고친' 후의 일이었다.

그러다가 후대에는 대신에게 사약을 내리는 관습이 생겼다. 한 문제는 가의의 말을 받아들여 대신에게 죄가 있으면 자살하게 하고 형벌을 내리지 않았는데, 한 무제 때에는 다시 옥에 가두게 했다.[55] 북위 때에는 머리가 잘려야 할 대신은 대개 자택으로 돌아가 자진할 수 있었다.[56] 당나라 때의 『옥관령獄官令』에서는 5품 이상의 관원이 죽을죄를 지으면 모두 집에서 사약을 받도록 명문화하여 규정했다.[57] 안사安史의 난 때 억지로 따른 이들은 연이어 궐 아래에서 처벌을 기다렸는데, 대신 진희열陳希烈 등은 옥중에서 자진하도록 했다.[58] 송나라 때의 가법家法 가운데 하나는 바로 사대부를 죽이지 않는 것이었다.

2. 법률상의 특권

봉건 통치가 해체되고 크게 하나로 통일된 중앙집권적 통치는 본래 존재했던 많은 봉건적 단위들과 각자 유지해온 정치 제도를 소멸시켰다. 이에 법률 제도에도 새로운 수요가 생겨났고, 이에 따라 기존의 형태와 기관은 유지할 수 없게 되었다. 각 통치 단위마다의 법률은 허용되지 않았고, 하나로 통일된 동일한 법전이 그것을 대체하게 되었다.[59] 그 법전은 더 이상 귀족의 것이 아니라 국가 혹은 황제의 것이었다. 황제는 법률 밖에 서 있는 유일한 존재로서, 법률은 그가 신민을 통치하는 도구가 되었고 군주의 권력은 전국의 모든 신민을 호령했다. 다스리는 사람과 타인에게 다스려지는 사람, 귀족과 평민은 모두 법전을 따랐다. 모든 사람이 동일한 사법 권력 아래에 있었으며 그로부터 예외가 되는 사람은 아무도 없었다. 그리하여 특정 인물이 법률의 구속을 받지 않고 형벌이 위로 대부에게까지 이르지 않는 전통적인 관습은 깨지게 되었다.

그러나 진·한대 이후로 법률이 한층 더 평등해졌으며 귀족이 더 이상 법 밖에 있지 못하게 되었다고 말할 수 있을 뿐, 법률이 불평등에서 절대적인 평등으로 나아갔다고 말할 수는 없다. 더욱이 귀족과 평민의 법적 지위가 동등해졌다고 독단적으로 말할 수도 없다. 법가는 물론 절대 평등을 주장했다. 상군과 같은 법가 또한 힘을 다해 그것을 추구해봤다. 그러나 한나라 이후로 유가가 점차 대두하면서 정치적으로 끊임없이 유가의 지배와 영향을 받게 되었다. 이에 법가의 주장은 내내 관철될 수 없었고, 절대 평등주의도 제대로 실행될 수 없었다. 고대의 법률은 일부 사람들의 법적 특권을 인정하여 특수한 규정을 두었고, 이들의 법적 지위는 분명히 하급 관리 및 백성과는 달랐다. 그 대상은 팔의八議 안에 드는 자들, 다른 관리들, 그리고 이 두 종류 신분의 친족을 포함하는데, 법적으로 특수한 지위 때문에 그들을 법률상 특권 계급이라 칭해도 무방할 것이다. 법적으로 주어진 여러 특권에 대해 살펴봄으로써 그 자세한 정황을 이해할 수 있을 것이다.

1) 귀족과 관리

우선 특권 계급이 사법 기관과 일반적인 법적 절차의 구속을 받지 않는 상황을 지적해야 할 것이다. 여러 시대의 법률은 황제가 허가한 경우가 아니면 사법 기관에서 멋대로 그들을 체포하고 심문해서는 안 된다고 규정하고 있다. 한나라에는 귀족과 600석 이상의 관리에게 죄가 있으면 먼저 황제에게 보고하고 청해야 체포와 심문이 가능한 선청先請 제도가 있었다.[60] 송 신종宋神宗은 품계 있는 관리가 죄를 지으면 조사하는 관리는 탄핵을 상주하여 임금의 뜻에 따를 뿐, 임의로 체포하거나 그 직위를 파면해서는 안 된다고 했다. 명·청 양 대에는 팔의에 속하는 자가 죄를 지으면 관리는 체포하기 전에 먼저 범한 사실을 밀봉하여 상주하고 어지御旨를 취해야 했다. 즉 황제가 허락해야 비로소 붙잡아 심문할 수 있었으며, 추궁하지 말라고 명하면 원래의 계획을 취소해야 했다.[61] 팔의에 해당되지 않는 관리도 그러한 우대를 받을 수 있었다. 명률에 따르면 서울에 있는 관리 및 외지에 있는 5품 이상의 관리가 죄를 지으면 모두 천자에게 아뢰어 칙명을 주청해야 하며 임의로 심문해서는 안 되었다.[62] 직속상관의 경우에는 부·주·현의 관리에게 처분권이 있었으나 그의 권한은 단지 태형 집행, 녹봉의 지급 정지,

은자를 내고 처벌을 면하는 수속收贖, 기록 등으로 제한되어 있었다. 중죄일 경우에는 앞서 말했듯이 천자에게 아뢰어 허락을 얻은 후에야 심문할 수 있었다.[63] 청률에서는 지위 고하를 막론하고 황제에게 아뢰어 칙명을 주청해야 하며, 임의로 심문해서는 안 되었다.[64]

그들은 구금되지도 고신拷訊을 받지도 않았다. 한나라 효혜제孝惠帝 때의 법제에 따르면 작위가 5대부이거나 600석 이상인 관리, 혹은 황제를 모셨고 황제도 그 이름을 아는 자가 죄를 지었다면 칼을 쓰고 족쇄를 차는 등의 형구를 사용할 수 없었다.[65] 양梁의 법제에 따르면 군국郡國의 태수와 상국相國, 도위, 관중후關中侯 이상 그리고 2000석 이상의 관리 중 죄인 수레로 압송되지 않는 자는 형구를 사용할 수 없었다.[66] 한편『수서隋書』「형법지刑法志」에서 진陳의 법제에 따르면 "수인에게 족쇄를 채우고 노역하는 죄수에게 수갑을 채우는 데에는 관리의 품계를 따지지 않았다." 남조南朝 여러 나라의 규정에서는 죄를 지은 대신을 구금하거나 묶지 않았으나, 진나라만 이 관례를 따르지 않았기 때문에 그것을 기록으로 남겼음을 알 수 있다. 북주의 법제에 따르면 죽을죄를 지은 자는 칼을 채우고 양손을 모아 수갑을 채웠다. 도형에 처할 자는 칼을 채웠고, 채찍을 당할 자는 차꼬를 채웠고, 장형에 처할 자는 돌아가 판결을 기다리게 했다. 하지만 황족 및 작위가 있는 자들은 도형 이하의 경우 모두 돌려보냈고, 오직 죽을죄를 지은 자와 유형에 처할 자에게만 형구를 채웠다.[67]

귀족을 고문하지 않는 관습은 당나라 이후로 명문화되었다. 당·송대에는 반드시 의론해야 할應議 자 중에서 청請할 자와 감減할 자[68]는 고문해서는 안 되고 3인 이상의 증언으로써 죄가 인정되었다. 이 제도를 어기고 고의로 고문을 한 관리는 판결의 사실 여부를 떠나서 고의로 잘못 판결하거나 실수로 잘못 판결한 죄에 따라 논죄했다. 즉 판결 사실에 잘못이 없다

하더라도 때려죽인 것으로 논죄했다.[69] 그러니 방비와 통제가 극히 엄했다고 하겠다. 그러다가 송대 이후로는 다소 느슨해져서 고문을 할 수도 있었다. 정화政和 연간에 조서를 내려 품계가 있는 관원이 죄를 지은 경우 세 차례 심문해도 인정하지 않으면 주청하여 체포하고, 상황이 심각하고 해로운데도 인정하지 않을 때는 고문을 허용했다. 또 조서 중에는 이렇게도 말했다. "근래에 책임을 지닌 관리들이 이 법을 버린 채 상황의 경중을 살피지 않고 고문함이 일반인에 대한 것과 같다. 이에 사람들로 하여금 관작과 녹을 받는 사람들을 경시하는 마음이 생겨나게 될 것이다. 이 법령을 거듭 밝혀 나의 불쌍히 여기는 뜻을 천명하고자 한다."[70] 한편 『원률』에서 관리는 조사해 심문하되 고문해선 안 되었다. 다만 여러 사람이 증언하여 죄가 명백한데 인정하지 않는 자는 고문으로 심문할 수 있었다.[71] 명률과 청률의 규정은 대체로 당률과 같았다. 팔의 안에 속하는 사람에게는 형구를 이용해 고신할 수 없고 다만 여러 증언에 근거해 죄가 인정되었으니, 규칙을 어긴 자는 고의 또는 실수로 잘못 판결한 죄로 논했다.[72] 청나라의 경우 3품 이상의 고관이 파직되어 심문 당할 경우 갑작스레 형구를 사용해서는 안되고, 부득이 형구로 고신할 일이 있다면 반드시 황제에게 아뢰어 어지에 따라 행해야 했다.[73]

더욱 중요한 점은 심문한 후에 법관은 일반적인 사법 절차에 따라 판결할 수 없었다는 것이다. 한나라의 법제에 따르면 선청先請해야 하는 귀족과 관리에게 죄가 있으면 반드시 황제의 허가를 받아야 판결할 수 있었다.[74] 팔의가 형률의 일부가 된 후로는 주청하여 감형하는 의청議請의 범위가 갈수록 확대되었다. 당·송대에 팔의에 드는 자로서 죽을죄를 지었으나 10악은 아닌 경우 죄상과 논의해야 할 상황을 조목조목 기록하여 우선 주청하고, 도당에서 모여 논의한 결정을 재가해줄 것을 주청한다. 결정은 황제의 몫이므로 논의하는 자는 단지 정황을 살펴 죄를 논의할 수 있을 뿐 곧바로 판결할 수는 없다.[75] 진晉과 주周의 형률에도 주청하는 것에 관한 규정이 있었다.[76] 명·청의 형률에도 유사한 규정이 있어, 팔의 안에 드는 자가 10악 이외의 죄를 범한 경우 죽을죄인지 도형인지 유형인지 관계없이 모두 이와 같은 논의와 주청의 절차를 거쳐야만 했다.[77] 팔의에 들지 않는 관리가 죄를 지은 경우는 논의해 주청하는 절차를 거칠 필요가 없었지만, 역시 법관인 승심관承審官이 마음대로 판결할 수 없었다. 당률과 송률에 따르면 관작이 5품 이상인 자는 그 죄가 10악, 반역, 연좌, 살인, 감옥 안에서의 간음과 도적질, 인신의 약탈, 뇌물 수수의 범행이 아니라면 그 죄상과 청해야 하는 바를 적어 주청해야 했다.[78] 명률에 따르면 6품 이하의 관원에 대해서는 순행을 나온 어사와 안찰사가 각기 분담한 바에 따라 심문했지만 법률에 의거해 초안을 작성하여 황제에게 아뢸 수 있을 뿐이다. 설사 부·주·현의 관리라 하더라도 상관이 심문한 후 반드시 초안을 작성해 임금에게 아뢰어야 했고, 위임받은 관리가 사실을 심의한 후에야 판결이 허가되었다.[79] 청률에서의 제한은 명률보다 더 엄격하여 고하를 막론하고 모든 관원에 대해서는 초안을 임금에게 상주하는 절차에 따라 회답을 받아야 판결할 수 있었다.[80]

이와 같은 사실을 통해 특권 계급이 사법 기관과 일반적인 법적 절차의 구속을 받지 않은 정황을 알 수 있다. 법관은 법에 의거해 그들을 체포하고 심문할 수 없을뿐더러 그의 죄명을 판결할 수 없었고, 오직 최고 주권자인 황제의 명령에 따랐다. 황제만이 법관에게 이들을 심문하라고 명령할 수 있었고, 그 죄명을 판결하여 집행토록 할 수 있었다. 따라서 판결은 늘 유동적이었다. 죄를 따져 물을 것인지 아닌지, 징벌할 것인지 면죄부를 줄 것인지, 어느 정도 감면해줄 것인지 등이 한 개인의 뜻에 의해 결정되었으므로 법관은 자기 생각을 주장할 수 없었다.

이에 비해 간결한 다른 방식이 있었다. 논의해 주청할 필요 없이 예例에 따라 감형하거나 형벌을 면해주는 것이다. 수나라의 법제에 따르면 팔의 안에 드는 자와 관직의 품계가 7품 이상인 자가 죄를 저지른 경우 율례에 따라 한 등급 감형했고, 8·9품의 관원들 역시 재물로써 죄를 면해주는 것이 허용되었다.[81] 당률과 송률에서는 팔의 안에 드는 자가 죽을죄를 지어 반드시 논의와 주청을 거쳐야 하는 경우가 아니라면 유배형 이하로, 그 죄가 10악이 아니라면 율례에 따라 담당 관리에 의해 한 등급 감형으로 판결하여 종결지을 수 있었다. 팔의에 들지 않고 직위가 비교적 낮은 자 또한 감형되고 면죄될 수 있었다. 7품 이상의 관원이 유형의 죄를 지었는데 10악, 반역, 연좌, 살인, 감옥 안에서의 간음과 도적질, 인신의 약탈, 뇌물 수수의 범법 행위가 아니라면 한 등급 감형되었고, 8·9품의 관원이 유형의 죄를 지었다면 돈으로 면죄되었다.[82]

한층 더 주목할 만한 것은 판결 후의 실제 처리다. 일반적으로 공적인 죄든 사적인 죄든 판결 이후에 봉급 발급 정지, 금전을 통한 보상, 강급降級, 면관免官 등의 방식으로 우대되거나 사면될 기회가 주어졌다. 이러한 법을 세운 뜻은 형벌이 위로 대부에게까지 이르지 않는다는 관념과 다소 관련이 있다.

한나라 때에 20등급의 작위 중 2등급인 상조上造, 제후의 아들인 공손公孫, 현손의 아들인 이손耳孫 중에 죄를 지어 형벌을 받아야 하는 자와 성을 쌓거나 곡식을 빻아야 하는 자는 모두 귀신鬼薪 관부에서 잡일을 하거나 수공업 생산을 하는 일과 백찬白粲 정미를 골라 제사를 준비하게 하는 일으로 감해주어[83] 형벌을 받지 않게 했다. 진률晉律에 따르면 팔의 이상이며 관직에 있는 자는 은자를 내고 속죄되었으며, 머리카락을 자르거나 칼을 씌우거나 채찍으로 때리는 것이 금지되었고,[84] 면관된 자는 3년 노역형으로 비정比定했다. 이후 역대의 형률에는 관직으로 형벌을 막는 방법이 생겼다. 북위에서 왕공 및 다섯 등급의 작위를 지닌 이들은 작위와 봉읍으로 면죄될 수 있었는데, 관작의 품계가 5품 이상인 자는 관작의 품계를 형벌로 삼았으며 면관된 지 3년이 지나서야 관리로 복귀할 수 있고 원래의 관직 품계에서 한 등급 강등되었다.[85] 진陳의 법제에 따르면, 5년 혹은 4년 노역형을 받으면 관직으로 2년을 충당하고 나머지 3년 혹은 2년은 노역을 하게 했다. 또 3년 노역형을 받으면 관직으로 2년을 충당하고, 나머지 1년은 사적인 죄라면 은자를 내고 속죄되었고 공적인 실수라면 벌금으로 대신했다. 2년 노역형의 경우 관직에 있는 자는 모두 은자를 내고 속죄되었다.(관직에 있지 않은 자는 1년 노역형의 경우에만 은자를 내고 속죄되는 것이 허용되었다.)[86] 수·당·송의 법제에 따르면 품계를 지닌 관원은 은자를 내고 속죄되는 것 외에,[87] 도형과 유형의 죄 또한 관직으로 충당할 수 있어서 관작의 고하에 따라 형량을 감소시켰다. 작위가 높을수록 충당할 수 있는 형량이 많고 감면의 기회도 많았다. 따라서 관작 품계의 고하에 따라 형량을 낮추는 방법이 이전 시대에 비해 복잡해졌으며, 고관에 대한 우대도 더 후해졌다. 형률에 따르면 사적인 죄를 범한 5품 이상의 관리는 관작으로써 도형 2년을 충당할 수 있고, 9품 이상인 경우 관작으로써 도형 1년을 충당할 수 있었다. 공적인 죄를 지은 4품 이상의 관리는 관작으로써 도형 3년을 충당할 수 있고, 9품 이상인 경우 관작으로써 도형 2년을 충당할 수 있으며, 3등급의 유형은 도형 4년과 같았다.[88]

당·송대에 관작으로 형량을 충당하는 법은 관리에 대한 우대로, 이 방식이 활용되지 않는 경우가 없었다. 관작으로 충당할 수 있는 형벌은 기껏해야 도형 3년이었으나, 실제로는 도형이나 유형을 받지 않을 만한 여러 방법이 동원되었다. 아울러 죄를 지었어도 관직이 유지되어 정치적 생명이 보존되기도 했다. 우선 첫 번째 사항을 살펴보자. 관직이 둘인 자는 관례에 따라 우선 구체적인 정무를 담당하는 직사관職事官, 관직 명칭은 있으나 고정된 직무는 없는 산관散官, 그리고 위관衛官 중에서 가장 높은 것으로 형을 충당하고 그다음으로는 공적을 인정받아 획득한 훈관勳官으로 충당했다.[89] 이렇게 하나씩 환산해보면 조금도 손해될 것이 없다. 설사 현재 맡고 있는 관직 두 가지로 형을 충당하고도 여죄가 있거나, 관작으로 형을 충당한 후에 다시 범법 행위를 저질렀더라도 역임한 관직으로 충당할 수 있었다.[90] 예를 들어 현재 6품과 7품의 직사관을 맡고 있고 아울러 6품 이하의 훈관을 겸하고 있는 어떤 관리가 유형의 죄를 범한 경우, 율례에 따라 한 등급 감형되어 도형 3년에 해당되지만 관작으로 충당하는 법에 의거해 우선 직사관 가운데 가장 높은 관작(6품 관작)으로 도형 1년을 충당하고, 다시 훈관으로 도형 1년을 충당한다. 나머지 1년의 도형에 대해서는 과거에 맡았던 8품 관작으로 충당할 수 있으므로, 그의 죄는 모두 소멸될 수 있었다. 또 설사 받아야 할 죄를 다 막지 못한다고 하더라도 다음과 같이 법률 규정이 있으므로 걱정할 필요가 없다. "여러 관작으로 도형을 충당하는 자의 죄가 가벼운 경우라면 자신의 관직을 남겨두고 은자를 내어 속죄한다. 반대로 관직이 낮아 그 죄를 다 막아내지 못한다면 여죄는 은자를 내어 속죄한다."[91] 또 이미 관작을 다 충당하고 난 뒤 다시 서용되기 전에 유형 이하의 죄를 범했다고 하더라도 여전히 은자를 내고 속죄시키는 방식으로 논죄되었다.[92] 이로써 관리는 법적으로 특별한 지위와 권리를 지니고 있으며, 관직에서 물러나도 상실되지 않으며 법적으로 평민 대우를 받지 않는다는 사실을 알 수 있다. 관작으로 형벌을 다 충당했더라도 은자를 내고 속죄될 수 있는 권리를 지녔기 때문이다. 여기서 제명이나 면관 같은 규정은 본디 영원히 관리의 정치적 생명을 박탈하는 것이 아니라는 점에 주목해야 한다. 그것은 일시적인 조치에 불과해 관작으로 죄를 충당한 자는 1년 후에 앞선 품계보다 한 등급 낮은 관리로 서용되었다.[93] 즉 관리가 죄를 지어 제명되고 면관되었다 하더라도 몇 년 후에는 관직에 서용될 수 있었고,[94] 예전처럼 관리의 갖가지 법적 특권을 누릴 수 있었다.

이 측면에서 명·청의 법률은 관리에 대한 우대가 당·송대보다 덜했다. 관리의 형벌이 면제되는 범위는 단지 태형이나 장형과 같은 가벼운 죄로 국한되었으며, 도형·유형 이상의 죄는 그 형벌을 실제로 받아야 했다. 관리가 공적인 죄로 태형에 처하면 율례에 따라 은자를 주고 속죄되거나 봉급이 발급 정지되었으며, 장형 이상의 중죄는 판결대로 집행하지 않고 그 경중을 분별하여 관직의 진퇴를 정했다.[95] 태형과 장형에 해당하는 사적인 죄는 율례에 따라 판결대로 집행되지 않았다. 명의 법제에서는 죄의 경중에 따라 직위를 강등했는데, 태형 40대 이하는 죄의 내용을 명부에 덧붙여 적은 뒤 직위로 복귀시켰고, 50대는 현재의 직위에서 해임하고 다른 곳에 서용했으며, 장형 60대는 직위를 한 등급, 70대는 두 등급, 80대는 세 등급, 90대는 네 등급 강등시키고 모두 현재의 임직에서 해임했다.(9품 이내의 관리는 잡직에 서용하고, 잡직은 변방 지역에 서용했다.) 장 100대부터는 죄인을 파직하고 서용하지 않았다.[96] 청의 법제에서는 관리가 태형의 죄를 저지른 경우 봉급 지급을 정지하는 처벌을 내렸는데, 태형 10대는 2개월 봉급 정지, 20대는 3개월 정지, 30대·40대·50대는 각각 3개월씩 늘렸다. 장형의 죄를 범한 자는 명의 법제와 같이 직급을 강등하고 면직했다.[97] 진사進士, 거인擧人, 공貢, 감鑑, 생원이 태형이나 장형의 죄를 범하면 율례에 따라 은자를 바치고 속죄될 뿐 판결대로 집행되지 않았다.[98]

이제 귀족 및 관리와 평민 사이의 소송 문제에 대해 논해보기로 하겠다.

먼저 상해죄에 관하여 황실의 친족은 쉽게 논죄할 수 없었다. 때려죽인 경우라도 일반적인 방식으로 다룰 수 없었다. 역대의 법률은 모두 가중 처벌주의를 채택하여, 피살되거나 상해를 입은 황실의 친족은 황제와의 친소 관계에 따라 죄를 다스렸다. 즉 복제가 가까울수록 가중 처벌의 정도가 높았다. 이 부분에서 당·송·명·청의 형률 규정은 대체로 같았다. 윗옷의 오른쪽 소매를 걷어 올리는 단문袒免의 의례를 행하는 황실의 친척을 때린 경우 상해를 입히지 않았어도 도형 1년에 처했고 상해를 입혔다면 도형 2년이었다.(일반인은 상해가 없으면 죄가 성립되지 않았고 경상輕傷 또한 도형에까지 이르지 않았다.) 중상인 경우에는 일반 싸움보다 2등급 가중 처벌되었는데, 시마·소공·대공·기친期親인 경우에는 처벌이 한 등급씩 가중되었다. 황실의 친족을 때려 깊은 병에 이르게 한 자는 명·청의 법률에 따르면 교형에 처했으며, 당·송의 법률에는 법조문이 없었다. 때려죽인 경우에는 당·송·명·청의 법률 모두 참형에 처하도록 했다.[99]

관리와 평민 사이에는 귀천의 구별이 있어서, 평민이 관리와 마주치면 존경의 뜻을 표하기 위해 좀더 예를 갖춰야 했다. 따라서 천한 이가 귀한 이를 능멸하거나 때리고 모욕하는 행위는 가벼이 용서될 수 없는 사안으로, 이 또한 일반적인 경우로 논죄하지 않고 별도의 조항으로 처리하여 가중 처벌주의를 취했다. 가중 처벌의 정도는 관리의 품계와 정비례했다. 당·송·명·청의 법률에 따르면 9품 밖의 관원과 서인이 3품 이상의 관리를 때린 경우, 상해가 없어도 도형 2년에 처했고 상해가 있으면 1년 추가되었고 골절상을 입히면 2000리 밖으로 유배되었다. 4~5품 이상의 관리를 때려 상해를 입힌 경우에는 3품 이상의 관리에 대한 죄보다 2등급 감형해주었다.(그러나 감형이 일반적으로 싸워서 상해를 입은 것보다 가벼운 경우에는 일반적인 싸움보다 2등급 가중해 논죄했다.) 6품 이하 9품 이상의 관원을 때려 상해

를 입힌 경우에는 일반적으로 싸워 상해를 입힌 경우보다 2등급 가중 처벌했다.[100]

　백성이 소속 지역의 행정장관을 때린 죄는 자식이 부모를 침범한 경우로 보아 용서받기 어려웠다. 송의 유수지劉秀之는 이렇게 말했다. "백성은 행정장관을 존경하여 부모로 여겨 마땅한데, 그의 몸을 해치면 설사 사면을 받는다고 해도 마땅히 상방尚方에 보내어 죽을 때까지 가두거나 사형을 선고해야 한다. 집안 식구들은 변방의 충군이 되게 해야 한다."[101] 사회적으로 이러한 일을 엄중히 다뤘음을 알 수 있다. 그래서 본인 지역을 관할하는 관리가 아닌 자를 때린 경우보다 법적인 처분이 무거웠다. 당·송대에는 황제가 파견한 사자인 제사制使, 본인 소속의 부주府主, 자사刺史, 현령을 때린 경우, 명·청대에는 본인 소속의 지부知府, 지주知州, 지현知縣을 때린 경우, 상해가 없으면 모두 도형 3년에 처하고 상해가 있으면 2000리 밖 유형에 처하고 골절상을 입힌 자는 교형에 처했다.[102] 본인 소속 지역의 장관을 모살한 경우는 10악 가운데의 불의不義에 해당되어[103] 처분이 더욱 엄했다. 당·송·명·청의 법률에 따르면 이미 실행에 옮긴 자는 2000리 밖 유형에 처했고, 상해를 입힌 자는 교형, 죽인 자는 참형이었다.[104] 원의 법률에서는 백성이 행정장관을 때려죽이면 주모자와 그 하수인들 모두 사형에 처했다.[105]

　본인 소속 행정장관의 가솔들을 때린 경우, 관원을 부모와 같이 존중해야 하는 관계상 역시 일반인에 대한 것보다 처벌이 더 무거웠다. 당·송의 법률에서는 이에 관한 특별 조항을 만들었다. 본인 소속 부주·자사·현령의 조부모, 부모, 처자식을 때리면 모두 도형 1년이고, 중상을 입히면 일반적으로 싸워 상해를 입힌 것보다 한 등급 가중 처벌했다.[106] 명·청의 법률에는 이에 관한 법조문이 없으나 관습적으로 일반인에 대한 처분보다 무거웠다. 죄의 상황을 참작하되 다른 지역의 관리를 때린 경우보다 한두 등급 감형해주었다. 가경 연간에 이미 작고한 삼등 호위무관 파림巴林의 처 한팽韓彭씨가 땅값을 독촉하다가 왕삼王三에게 달려들어 때렸고, 왕삼도 반격했으나 상처를 입히지는 않았다. 그러나 한팽씨는 5품 봉작을 받은 부인이었으므로 본관이 아닌 5품 이상의 관원을 때리면 장 60대에 도형 1년에 처하는 형률에 근거해 왕삼에게 한 등급 감형한 장 100대에 처했다.[107] 또 도광 연간에 팔기八旗 가운데의 정황기正黃旗 포의호군包衣護軍 섭청보葉淸保의 아내 유劉씨가 최이崔二를 대동하고 정람기正藍旗 만주호군滿洲護軍 참령參領 국흥國興의 아내 이李씨에게 채무를 독촉하다가 유씨와 최이가 이씨를 때려 상해를 입혔다. 이씨는 3품 봉작을 받은 부인이었으므로 본관이 아닌 3품 이상의 관원을 때린 것에 비추어 판결해야 했으나, 채무 독촉으로 인해 일어난 일이므로 율례에 따라 2등급 경감했다.[108]

마지막으로 소송에서 관리가 받는 우대에 대해 언급해야겠다. 사대부는 본래 법정에 발을 들이는 일을 치욕으로 여겼으며, 평민과의 소송에 얽혀 법정에서 심문을 받는 것은 관리 체면상 더욱 치욕적인 일이었다. 그래서 일부 법률은 특별히 편의와 우대를 제공해 그들의 체면을 살려주었다. 법적으로 사대부와 서인은 소송에서 평등한 지위가 인정되지 않았으므로 사대부가 원고든 피고든 평민과 대질하지 못하게 한 것이다. 따라서 평민은 면전에서 사대부를 성토할 수 없었고, 그 역시 법관 앞에서 직접 답변할 필요가 없었다. 이러한 입법에는 깊은 함의가 있다. 『주례』 가운데에 봉작을 받은 남녀는 소송에서 직접 심문받지 않는다는 규정이 있다.[109] 『원률』에도 유사한 규정이 하나 있다. "모든 관원들은 임기가 만료되어 이직하고 퇴직했더라도 재직 중의 일에 대한 추적 조사는 현임의 경우로 처리한다. 하지만 그의 혼인·전답·채무 등에 관한 일은 자손, 아우, 조카만이 진술하여 소송할 수 있으며, 이를 침범하고 능멸하는 자에 대해서는 추궁한다." 또 이런 규정도 있다. "모든 퇴직하고 이직한 관원이 부득이하게 백성과 소송을 하게 되면 친족과 가족이 대리하는 것을 허용하며, 주관 부서에서는 침범하고 제지해서는 안 된다."[110] 명·청의 법률에 따르면 관련 부서의 관리가 공문으로 전달하는 것을 엄금했으니, 이를 위반하는 자는 벌했다. "모든 관리에게 혼인, 채무, 전토田土 등의 일에 관한 쟁론이 있으면 집안사람으로 하여금 관아에 고발하여 함께 심리하도록 하되, 공문을 전달해서는 안 된다. 위반한 자는 태형 40대에 처한다."[111] 정단鄭端이라는 자는 『정학록政學錄』에서 이렇게 말했다. "사대부가 타인에 의해 고소당하면 집안사람만이 대신 처리할 수 있도록 허락한다. 증빙 서류에 사대부의 성명을 기재해선 안 되지만, 상급 장관에게 보내는 소송 제기 문서라면 성명을 기재하되 점을 찍지 않는다. 또한 사대부가 남루한 옷에 작은 모자를 쓰고 관아에 출입한다면 어찌 동향의 사대부들만 처량하다고 느끼겠는가? 우리 또한 마땅히 그 사람의 처지에서 생각하게 될 것이다. 무릇 사대부의 죄악이 극심하다면 심문하여 명백히 하되, 법률은 있지만 어쩔 수 없다는 마음이 들어 에둘러 처리하게 마련이다. 이것이 어진 사람과 군자의 마음이고 충성스럽고 너그러운 연장자의 도리다."[112] 이와 같이 법적 규정 외에 동류의식은 분명히 중대한 법적인 실효성을 지닌다. 처량하다는 느낌은 곧 계급의식으로, 심문관은 소송에 연루된 사대부의 의관이 같은 종류이고 이해관계가 같으면 기쁨과 슬픔, 영광과 욕됨에 공감하여 관용을 베풀게 된다. 쉽사리 관리를 때리지 말고 쉽사리 생원들을 때리지 말라는 여곤呂坤의 주장[113] 역시 같은 의식의 표현이다.

귀족과 관리가 지니는 특별한 법적 지위와 특권 중에서 가장 놀랍고 흥미로운 것은 관직으로 형벌을 막는 것이다. 관직은 오늘날의 개념으로 말하자면 행정 직위이지만 고대에는 개인의 신분 또는 권리로 간주되었다. 그래서 일단 그 신분을 얻기만 하면 생활 방식(이른바 예禮)의 측면에서나 법적으로 갖가지 특권을 누렸다. 그는 일반 법률의 구속을 받지 않을 수 있었고, 개인 노비나 재산으로 속죄가 가능하듯이 관직으로써 자신의 죄형을 맞바꿀 수 있었다. 이 대목에서 유의할 점은 죄를 지음으로 인해 등급이 강등되고 관직에서 완전히 축출되는 것과 관직으로써 죄형을 막는 것 사이의 커다란 차이다.

직무를 잃은 관리라도 여전히 특권을 누릴 수 있다는 사실에서 관직이 일종의 신분이자 권리였음을 더욱 잘 알 수 있다. 그들이 해직으로 잃는 것은 단지 행사 권한일 뿐, 신분적 권리는 개인에게 속한 것인 만큼 중대한 과오를 범해 관직을 완전히 잃지 않는 이상 신분은 상실되지 않았다. 혹은 일반적인 상황에서 잃는 것은 직職일 뿐 관官은 아니라고 말할 수도 있다. 그러므로 벼슬을 사임한 관리의 생활 방식은 현임 관리와 같았고, 여러 법적 특권 역시 현임 관리와 같았다. 당·송의 법률에서는 이렇게 말한다. "물러난 관리는 모든 이치로써 현임 관리와 같다.(이치상 해직은 물러난 것은 아니지만, 임명장이 보류된 자도 그와 같이 대우했다.) 사망 후 추증된 관리와 시품관視品官은 정식 관리와 같다."[114] 명·청의 법률에서도 이렇게 말했다. "임기가 만료되어 교체되었거나 따로 관직이 수여되었거나 벼슬을 사임한 관리는 현임 관리와 같다.(이는 죄를 지은 것이 아닌데 해임된 자로서 쓸데없이 많은 관원을 도태시키고 관아를 줄이고 없애기 위한 조치에 해당된다. 비록 해임하고 강등하는 조치였지만 5품 이상의 관리에게 주었던 임명장인 고명誥命을 회수하지 않음은 현임 관리와 같다.) 황제가 관리의 부모에게 수여하는 봉증관封贈官은 정식 관리와 같다. 죄를 범한 자는 임직하고 있는 관리가 죄를 저지르는 것에 관한 법률에 의거하여 양형을 판결했다."[115]

2) 귀족과 관리의 가솔

귀족과 관리가 법적으로 특수한 지위에 있기 때문에 이들을 특권 계급이라고 한다면, 그 가솔들 또한 같은 이유로 특권 계급에 포함된다. 귀족과 관리의 보살핌에 힘입어 가족들 또한 평민과는 다른 법적 지위를 얻었으니, 귀족과 관리의 특권이 가솔들에게 확대되었다고 말할 수 있다. 그들의 관작이 높을수록 특권의 범위는 더욱 넓고 법적으로 주어지는 우대도 많았다.

당·송 시대에 팔의에 해당되는 자의 기년복 이상의 친족 및 자손이 죽을죄를 지으면 황제에게 아뢰어 지시를 요청할 수 있었다. 이에 유형 이하의 죄는 한 등급 감형되었는데,[116] 5품 이상 관리의 조부모·부모·형제·자매·처·자손이 유형 이하의 죄를 지으면 역시 한 등급 감형했으며,[117] 7품 이상 관리의 조부모·부모·처·자손이 유형 이하의 죄를 지으면 은자로써 속죄될 수 있었다.[118] 명·청 시대에 관리의 가솔에 대한 법적 우대는 관리 자신에 대한 것과 마찬가지로 상황에 따라 탄력적으로 처리했으며, 결코 고정적으로 율례에 의거해 감형하고 속죄하는 규정은 없었다. 다만 심문하고 판결하는 절차가 평민과 달랐을 따름이다. 모든 팔의에 해당하는 자의 조부모·부모·처·자손이 죄를 지은 경우 역시 본인과 대우가 같았으니, 멋대로 심문할 수 없고 반드시 밀봉해 상주하여 황제의 뜻을 취해야 했다. 황제의 뜻을 받들어 심문한 후에도 법관은 임의로 재판할 수 없었다. 범한 죄와 논의한 문서를 적어 죄를 논할 것을 주청해야 했고, 논의한 후에는 황제에게 아뢰어 결정에 따랐다.[119] 그 대우는 팔의에 해당되는 당사자와 똑같았다.

황제의 친족과 외척, 공신의 외조부모·백숙부모·고모·형제·자매·사위·형제의 자식, 그리고 4·5품 관리의 부모와 처, 조상의 관작을 이어받은 자손이 범죄를 저지르면 담당 관리는 일반적인 사법 절차에 따라 체포하고 심문할 수 있었고 반드시 처벌을 주청할 필요는 없었다. 그러나 담당 관리

가 직접 판결할 수는 없으며 초안을 작성해 황제에게 아뢴 후 결정에 따랐다.[120]

관리가 친족의 그늘이 되어주는 것은 특권 계급에 대해 국법이 베푸는 은혜라 할 수 있다. 계급과 가족주의의 관계로 볼 때 은혜를 베푸는 것 자체는 가족주의의 표현으로, 골육간의 자애심과 효심에 기반을 둔 것이다. 그러나 은혜를 베푸는 범위와 정도는 다시금 계급 관념에 의해 제약을 받았다. 자제가 손윗사람의 비호에 힘입어 비호 받는 손윗사람에게 죄를 짓는다거나 방계 친족의 비호에 힘입어 방계 친족의 조부모나 부모에게 죄를 짓는다면, 이는 자애와 효라는 본뜻을 완전히 상실한 것이며 비호의 법을 세운 원뜻에 위배된다. 그래서 당·송의 법률에서는 그런 경우에는 비호하는 법을 적용하지 못하게 규정했다.[121] 이와 같이 규정이 주도면밀했다는 사실은 법을 세울 당시 가족주의와 윤리강상에 거듭 주목했음을 말해준다. 한편으로는 골육간의 자애와 효의 은혜를 생각해 가솔들이 비호를 받게 하면서도 다른 한편으로는 그늘을 이용해 원뜻에 반하는 행위를 못하도록 견제한 것이니, 이 양자는 모두 윤리강상을 옹호하는 것이었다.

3. 양민과 천민 간의 불평등

1) 양민과 천민

중국 역사에서 사회 계급 가운데 귀貴와 천賤이 한 쌍의 범주라면 양良과 천賤[122]은 다른 한 쌍의 범주다. 귀와 천이 관리와 평민의 (법적 지위를 포함한) 상이한 사회적 지위를 나타낸다면, 양과 천은 양민과 천민의 상이한 사회적 지위를 나타낸다. 사민四民은 양민[123] 혹은 제민齊民이라고도 불렸는데, 글자 자체로 그들이 똑같은齊— 혹은 평등한 신분을 뜻한다. 여기에는 천인과 상대된다는 의미도 담겨 있다. 천민으로는 관노비와 사노비, 광대와 관아의 심부름꾼,[124] 그리고 특정 시대 특정 지역의 어떤 특수한 사람들, 예컨대 청대 초기의 산서와 섬서의 악호, 강남의 개호丐戶, 절강의 타민惰民, 광동의 단호蜑戶 등이 포함된다.[125]

천적에 이름이 올라 법적으로 양민과는 사회적 지위가 다르다고 명백히 규정된 자 모두가 이 부류에 속했다. 그들의 생활 방식은 평민과 다르고, 과거 시험을 통해 벼슬로 나아갈 수 없었으며,[126] 양민과 혼인할 수도 없었다.[127] 그들과 평민 사이에서 발생한 상해죄는 일반적인 조문을 적용할 수 없었으므로, 법적으로 양민과 천민은 지위가 평등하지 않았다.

역대의 법률은 모두 동일한 원칙을 취했다. 즉 양민이 천민에게 범죄를 저지르면 그 처분은 일반인 간의 경우보다 가볍고, 천민이 양민에게 범죄를 저지르면 그 처분은 일반인 간의 경우보다 무거웠다.

· 살상죄

노비가 양인을 때려죽이면 극히 무거운 처벌을 받았는데, 한나라 때에 화살을 쏘아 타인에게 상해를 입힌 노비는 죽인 후 저자에 버려졌다.[128] 당·송의 법률에 따르면 죄를 지어 관부 소속 천민이 된 관호官戶와 사병 및 사병의 아내가 양민을 때리면 한 등급 가중 처벌했고, 노비는 신분이 관호나 사병보다 더 낮아서 일반인보다 2등급 가중 처벌했다.[129] 명·청대에는 노비에 높고 낮음이 없어 양민을 때린 노비는 일률적으로 일반인보다 한 등급 가중 처벌했다.[130] 노비가 양민을 때려 몸을 부러뜨리거나 눈을 멀게 하거나 깊은 병에 걸리게 한 경우, 당·송·명·청률에서는 모두 교형에 처했고 죽음에 이르게 한 자는 참형했다.[131]

양민이 남의 노비를 때려 상해를 입히면 일반인에 대한 죄보다 경감해 논죄했다. 당·송의 법률에서 사병에 대해서는 1등급 감형하고 노비에 대해서는 2등급 감형했으며,[132] 명·청의 법률에서는 모두 1등급 감형해주었다.[133] 당·송·명·청의 법률에 따르면 일반인끼리 싸우다가 때려죽인 자는 교형이었고 고의로 죽인 자는 참형이었던 데 반해,[134] 당·송대에 사병을 죽인 자는 교형에 처하고 노비를 죽인 자는 사형에 처하지 않고 3000리 밖으로 유배했다.[135] 명·청 때에는 노비를 죽이면 때려죽인 것인지 고의로 죽인 것인지를 불문하고 모두 교형에 처했다.[136] 한편 원나라 때에는 노비를 죽이는 죄에 대한 처분이 가장 가벼웠다. 일반인끼리 싸우다가 때려죽인 자는 율례에 따라 교형에 처했지만,[137] 노비를 때려죽인 자는 장 100대에 피해자 가족에게 줄 50냥을 징수했다.[138] 하나는 교형이고 다른 하나는 장형으로 형벌의 경중이 현저했으니, 역대 법률 가운데 노비를 죽인 죄가 가장 가벼웠다. 그러므로 『철경록輟耕錄』에서는 형률에 사사로이 소나 말을 죽이면 장 100대인데 노비를 때려죽이면 일반인보다 1등급 감형해 장 170대였으니, 이는 노비를 소나 말과 같이 간주한 것이라고 했다.

· 간음죄

간음죄의 입법 원칙은 살상죄와 마찬가지여서, 양민과 간음한 노비의 죄는 일반인끼리 간음한 경우보다 무거웠고, 천민과 간음한 양민의 죄는 일반인끼리 간음한 경우보다 가벼웠다. 앞서 양민과 천민 계급 사이에는 혼인이 금지되어 있음을 논한 바 있는데, 두 계급 간에는 혼인이 아닌 성관계도 엄격히 금지되고 징벌되었음에 주목해야 한다. 성적인 금기는 강력한 사회적 관습에 의해 관리되었을 뿐 아니라 법률로써도 제재되었다. 우리는 이러한 성관계에 대한 제한은 계급 내 혼인 제도를 통해 후손의 사회적 지위를 유지하려 했음을 알려주지만, 다른 관념도 알 수 있다. 즉 양민의 부녀자는 비천한 노예가 취할 수 있는 대상이 아니라는 의식이 존재했던 것이다. 고귀한 부녀자가 비천한 남자에 의해 몸이 더럽혀지는 것은 평생 씻을 수 없는 치욕이었다. 정조를 중시하던 고대 사회에서 부녀자가 다른 남자에게 강간을 당해 더럽혀지는 것은 굉장히 중대한 일로서, 그로 인한 수치심과 분노 때문에 부녀자가 자진하는 일이 잦았다. 처녀인 경우 당사자의 혼인과 일생의 행복을 해치는 일이므로 더욱 중대하게 치부되었는데, 하물며 접촉해서는 안 되는 비천한 남자에게 강간을 당해 더럽혀진 여성은 강간한 남자에게 시집갈 수도 없는 것이 사회적 금기였으니 더 말할 나위가 없다.

한편 또 다른 기이한 현상도 목도하게 된다. 천민 계급의 여성이 양민 계급의 남성에게 강간을 당하는 것은 사회적으로 대수롭지 않은 일이었고, 그 남자에게도 대단한 수치가 아니었다는 것이다. 아울러 법적인 처분 또한 극히 경미해서 경감해주는 경향이 있었다. 이러한 현상은 사회가 부녀자에게만 정조를 요구했으며, 여성의 지위는 남자에 의해 결정되었다는 사실을 말해준다. 반면 남성은 혼인 관계 외에 접촉한 여성에 의해 지위의 영향을 받지 않았다. 가령 혼인 관계로서 남성이 비천한 계급의 여성을 아내로 맞이한다면 그의 사회적 지위와 후손에 영향을 끼치지만, 그녀를 첩으로 들이거나 간통에 그친 것이라면 그다지 심각한 문제는 생겨나지 않는다.

고대는 도덕적 교화를 중시하던 사회이므로 간음죄는 매우 중한 죄로서, 간음을 한 남자와 여자는 똑같이 유죄로서 더하고 덜한 차이가 없었다. 하지만 양민이 천민과 간음한 경우에 대해서는 특히 처벌이 가벼웠다는 점에 대해서는 유의할 필요가 있다.

당·송의 법률에 따르면 사병, 잡호雜戶 북위에서 당나라 때까지 있었던 평민보다는 낮고 노비보다는 높은 계급, 관부 소속 천민인 관호官戶 가운데 양민과 간음을 저지른 자는 일반인끼리 간음한 자보다 한 등급 가중 처벌하여, 도형 2년 혹은 2년 반이었다. 강간은 한 등급 더 가중되었고, 강간으로 인해 골절상을 입히면 싸우다가 상해를 입힌 죄가 되어 한 등급이 더 가중되었다. 노비가 양민과 간음하면 도형 2년 반이었고, 강간한 자는 유배형으로 가중되었으며, 강간하다가 골절상을 입힌 자는 교형이었다.[139] 양민이 타인의 사병의 아내 또는 잡호·관호의 부녀자와 간음하면 장형 100대였고, 관노비나 사노비와 간음하면 다시 한 등급 감형되어 장 90대였다. 강간은 한 등급 가중되었고, 강간으로 인해 골절상을 입히면 싸우다 상해를 입힌 죄가 되어 한 등급이 가중되었다.[140] 명·청의 법률에 따르면 노비가 양민 부녀자와 간음하면 일반적인 간음죄에서 한 등급 가중 처벌했고, 강간한 경우에는 교형에서 참형에 이르렀다. 양민이 타인의 노비와 간음하면 일반적인 간음죄보다 한 등급 감형되었다.[141]

2) 주인과 노예 관계

이와 같이 양민과 천민 계급은 법적 지위에 차이가 있다. 그런데 양민과 천민이 주인과 노예 관계라면 불평등의 정도는 급격히 증대되었다. 집안의 노비는 대부분 매매를 통해 소유되지만 노비가 의탁하거나 국가에서 상으로 주는 경우도 있었다.[142] 이들은 일단 주인의 소유가 되면 자유와 인격을 완전히 상실한 채 일종의 상품이 된다. 즉 경제적 노동적 가치를 지닌 노비는 노역을 제공하거나 상품으로 양도되거나 매매되는 등 전적으로 주인 마음대로 처분될 수 있었다. 『당률소의』의 "노비는 재물과 같다"[143] "노비와 천민에 관한 법률은 축산에 비견된다"[144] "노비와 사병의 몸은 주인에게 매어 있다"[145] "노비는 주인에 의해 처분되어야 한다"[146]는 등의 말은 사람과 노예 및 주인과 노비의 관계에 대해 사회와 법률이 어떤 견해를 가지고 있는지를 상징적으로 보여준다.

그들은 자주적으로 혼인할 권리가 없었으므로 주인이 혼처를 정해주었고, 그들이 낳은 자손 또한 노비 장부에 적혀 영원히 주인집에서 노역을 해야 했다. 『당률소의』에서는 "생산하고 번식한다는 것은 노비가 자식을 생산하고, 말이 망아지를 낳는 따위를 말한다"[147]고 했다. 노비가 생산한 자식은 망아지와 마찬가지로 주인의 소유였다. 성년에 이른 남자 노비에게는 주인이 혼처를 정해주었고, 그렇게 해서 태어난 자손 또한 집안을 위해 노비를 낳았으며, 영원히 주인의 소유였다.[148] 여자 노비의 경우 관습상 그녀가 시집갈 때까지만 거두었으며, 적당한 연령이 되면 시집을 보내는 동시에 천적에서 삭제했다. 반면 시집을 보내지 않고 남자 노비 중 한 명을 불러들여 지아비로 짝지어주기도 했는데, 그런 경우 여자 노비는 영원히 노비에서 벗어날 수 없고 그 자손들 또한 대대로 가노家奴가 되었다.[149] 정리하자면 계약으로 팔려간 여자 노비는 주인집에 예속되며, 그 신분은 남성 노비와 다를 것이 없다. 다만 혼인을 통해 신분이 바뀔 가능성이 있지만 그 결정은 전적으로 주인의 뜻에 달려 있으며, 그녀 자신과 부모형제는 혼인에 관여할 권한이 없었다.[150] 이는 남자 노비나 여자 노비가 낳은 2대 여자 노비에게도 마찬가지로 적용되었다. 역대의 법률은 노비가 여식을 다른 사람에게 사사로이 시집보내는 것을 막기 위해 별도의 조항을 정해놓았다. 당·송의 법률에서는 노비가 사사로이 여식을 시집보내 양민의 처첩이 되게 하는 것을 도둑질에 준하여 논했다. 『소의』에서는 이렇게 설명한다. "노비는 자산과 같으니 주인에 의해 처분되어야 하는데, 그 여식을 사사로이 다른 사람에게 시집보내는 것은 노비를 훔친 것으로 헤아려 도둑질에 준해서 논죄한다."[151] 청의 법률에도 계약으로 사들인 가노가 여식을 다른 사람에게 사사로이 시집보내려 한 것에 대한 사례가 있다. 혼인이 성립되지 않은 노비는 본 주인

에게 되돌려주고 이미 혼인이 성립된 자는 몸값으로 은자 40냥을 내도록
했으며, 그럴 능력이 없는 자는 절반을 주인에게 내도록 했다. 그리고 여식
을 시집보낸 사람은 장 100대에 도형 3년에 처한 뒤 형기가 끝나면 주인에
게 보내 통제하도록 했다. 아내로 받아들인 자가 그 사정을 알고 있었다면
같은 죄로 다스리고, 몰랐다면 연좌하여 죄를 묻지 않았다.[152] 원의 법률에
서는 양민이 여자 노비를 훔쳐 자식을 낳으면, 자식과 여자 노비를 주인에
게 돌려주도록 했다.[153] 이렇듯 여자 노비가 사사로이 양민에게 시집을 갔더
라도 노비 장부에서 삭제될 수 없었고 그녀의 자손은 여전히 주인집의 소
유였다.

　요컨대 가노는 주인이 놓아주지 않는 이상 영원히 자유를 얻을 수 없었
다. 노비가 주인을 등지고 몰래 도망하면 그 처분은 극히 엄했다. 당·송의
법률에서는 사병이나 노비 중에 도망한 자는 하루에 장 60대, 3일이면 1등
급 가중 처벌했다.[154] 원의 법률에서는 노비가 도망하면 장 77대였고, 그를
숨겨둔 자들도 처벌을 받았다.[155] 청의 법률에서는 집안의 노비가 도망치다
가 잡히면 곤장 40대를 때리고 얼굴에 글자를 새긴 후 본 주인에게 돌려주
었으며, 숨겨준 자는 도망자를 은닉한 법률에 따라 죄로 다스렸다.[156] 여자
노비가 가장을 배신하고 스스로 도망한 경우는 장 80대였고, 그로 인해 개
가한 경우는 장 100대를 내리고 가장에게 되돌려주었다. 은닉처의 주인 그
리고 사정을 알면서도 장가든 자에게도 같은 형벌을 부과했다.[157] 부모에
의해 사사로이 도망한 여자 노비는 장 100대에 도형 3년이었고, 후에 주인
에게 돌려주었다.[158]

· 살상죄

평소 노비는 노역을 제공할 의무가 있으므로 주인의 뜻을 거스르거나

시키는 일을 거부할 수 없었다. 『동약僮約』에서 말하는 것처럼 "모든 시키는 일을 마땅히 해야 하며 잔말을 해서는 안 되었다."[159] 이들은 공손하게 복종해야 했으며, 그러지 않으면 주인은 꾸짖거나 욕하거나 처벌할 수 있었다. 『동약』에서는 "노비가 가르침을 듣지 않으면 볼기를 100대 쳐야 한다"고 했는데, 이는 주인의 어조다. 또 "노비의 도는 볼기 맞지 않고 욕먹지 않으면 족하다"라고 했는데 이는 노비의 어조다. 노비로서 볼기를 맞거나 욕먹는 일을 면할 수 있다는 것은 확실히 얻기 힘든 행운이다. 사마광은 온화하고 점잖으며 자중하는 인물이었는데도 지팡이를 들고 나무라는 것이 집안을 유지하고 노비를 부리는 방법이라 여겼으니,[160] 소영사蕭穎士와 같은 주인이 아니라면 수없이 매질을 해도 이상할 게 없을 것이다.[161] 노비에게 매질로 꾸짖는 것은 원래 주인의 당연한 권리로서, 그로 인해 노비가 죽게 되더라도 그 일이 무심코 발생한 상황이고 고의가 아니라면 책임지지 않아도 되었다.[162]

노비에 대해 법적으로 금지된 것은 가혹한 형벌과 멋대로 죽이는 것뿐이었다. 한나라 건무建武 연간에는 조서를 내려 감히 노비를 인두질하면 법률에 따라 논죄하겠다고 했다.[163] 송·원 시대에는 선비와 서민의 집에서 사사로이 노비에게 글자를 새기는 처벌 행위가 자주 발생하자 특별히 이를 금지시켰다.[164] 사람의 목숨은 귀하기 때문에, 즉 사람이 천하다고 하여 목숨마저 천한 것은 아니기 때문에 노비를 멋대로 죽여서는 안 되었다. 더욱이 그 생살여탈권이 국가에 귀속되어[165] 주인의 (생사여탈의) 권한이 회수된 이후로는 어떤 사람도 망령되이 사람을 죽일 수 없었다. 자손에 대해서도, 노비에 대해서도 마찬가지였다. 따라서 실수로 노비를 죽이는 경우를 제외하고[166] 노비를 멋대로 죽이는 것은 유무죄를 불문하고 형사상의 책임을 져야 했다. 동중서는 마땅히 노비를 멋대로 죽이는 위세를 제거해야 한다고 말했다.[167]

광무제는 조서를 내려 "천지의 본성은 사람을 귀하게 여기므로 노비를 죽이는 것에 대해 감형을 해서는 안 된다"[168]고 했다. 당시 멋대로 노비를 죽이는 자들이 많아지자 정부가 이에 대해 금지를 시도한 것은 분명하다. 군주의 명을 받들어 조광한趙廣漢이 승상의 집에 이르러 승상 부인을 불러 마당 아래에 꿇어앉히고 노비를 죽인 행위를 질책했다. 그러고 나서 10여 명의 노비를 거두어가려 하자 승상은 아내가 노비를 죽이지 않았다고 했다.[169] 이를 보면 한나라의 율령에서 이미 멋대로 노비를 죽이는 일을 금지했고, 이는 승상 집안일지라도 예외가 될 수 없었다. 그러나 관에 먼저 신고해서 죽임을 허가받는 알살법謁殺法도 있었다. 진晉의 법에서는 노비가 주인에게 사납게 굴면 주인은 그를 관에 신고한 뒤에 죽일 수 있었다.[170] 후대에도 계속 이 법이 존재하여, 요遼의 법에서는 노비가 죽을죄를 저지르면 담당 관리를 보내 듣게 하되 주인이 멋대로 죽일 수 없었다.[171] 당·송·원·명·청의 법률에서는 주인이 노비를 멋대로 죽이면 장 100대의 처벌을 내렸다.[172]

죄 없는 노비를 고의로 살해하는 것은 당연히 국법으로 용납하지 않았다. 당·송의 법률에서 죄 없는 노비를 죽이면 도형 1년에 처했고, 사병을 고의로 살해한 경우에는 도형 반년이 추가되었다.[173] 원대에서는 고의로 죄 없는 노비를 살해하면 장 87대였다.[174] 명·청대에는 장 60대에 도형 1년이었고, 함께 기거하던 가족들은 모두 놓아주어 양민이 되게 했다.[175]

반대로, 노비는 주인에 대해 조심하고 경건한 마음으로 섬겨야 하며 조금이라도 모욕하거나 태만한 마음을 품어서는 안 되고, 주인을 거스르는 행위가 있어서도 안 된다. 역대의 법률에서는 모두 노비를 자손과 같은 존재로 간주하여 집안의 어른을 부모나 조부모와 같이 대하도록 요구했다. 따라서 노비는 자손들과 마찬가지로 집안 어른을 고발해서는 안 되며, 모반

이상의 죄가 아니라면 주인을 위해 숨겨주어야 했다. 그렇게 실행하지 않으면 명교와 도의를 거스르는 것에 해당되었다. 당·송의 법률에 따르면 모반이나 반역이 아닌 이상 사병이나 노비가 주인을 고발하면 교형에 처했고, 고발당한 집안 어른은 고발법과 같아서 면죄되었다.[176] 요의 법에서는 주인이 모반죄, 대역죄, 유형의 죄, 죽을죄를 저지르지 않았다면 그 노비는 고발할 수 없었다.[177] 명·청의 법률에서는 노비가 집안 어른을 고발하면 내용이 사실이라 하더라도 장 100대와 도형 3년에 처했으며(주인은 면죄되지 않았다) 무고한 자는 교형이었다.[178] 반대로 노비에게 죄가 있으면 주인은 마땅히 관부에 보내어 추궁해 다스리도록 하고, 설사 무고한 경우라도 자손을 무고한 율례에 따라 논죄하지 않았다.[179]

노비가 가장을 때리고 욕하는 것 이상의 행위는 더욱 패역한 죄로, 자손이 부모나 조부모를 때리고 욕하는 것과 같은 극악한 대죄에 해당하는 무거운 처벌을 내렸고, 욕하는 것은 중죄에 해당되었다. 당·송의 법률에 따르면 사병이나 노비가 주인을 욕하거나 실수로 주인에게 상해를 입히면 모두 유형에 처했다.[180] 원의 법률에서는 노비가 주인에게 욕하고 불손하게 대하면 장 170대에 3년간 노역을 내렸고, 노역 기간이 만료되면 다시 주인에게로 돌려보냈다.[181] 노비가 때리거나 욕하는 행위를 하여 주인이 그 노비를 때려죽인 경우 주인은 면죄되었다.[182] 명·청의 법률에 따르면 주인인 가장에게 욕을 한 노비는 교형에 처하고, 때린 자는 상처가 있건 없건 모두 참형이었다.[183] 주인을 죽이면 극악한 대죄로서 극형에 처했다. 당·송의 법률에서는 사병이나 노비가 주인을 죽이면 설사 실수였다고 해도 교형에 처했다.[184] 원의 법률에서는 주인을 살상한 노비는 사형에 처했고, 고의로 죽인 노비는 능지처참했다.[185] 명·청의 법률에서는 노비가 가장을 때려서 죽였거나 고의로 죽였거나 모살했거나 모두 능지처참했다. 모살을 시행했으나 죽이지 못한 자는 참형이었고, 실수로 죽인 자는 교형이었으며, 상해를 입힌 자는 장 100대에 3000리 밖 유형에 처했다.[186] 여기서 주목할 점은 본래 능지처참이 가장 참혹한 중형이었다는 사실이다.[187] 원의 법률을 제외한 다른 시대에 능지처참은 오형五刑 안에 들지 않는, 형벌 밖의 극형이었다.[188] 다시 말해 모반 대역, 자손이나 처첩이 윗사람을 죽이는 것, 한 집에서 죽을죄가 아닌 세 사람을 죽이는 것, 사람의 사지를 찢거나 사람의 몸을 토막 내 장부를 취하는 것 등의 중죄를 다스리는 데만 이 벌이 내려졌는데, 노비나 고용된 일꾼이 가장을 죽인 경우에도 능지처참에 처한 것이다. 이로써 법률이 주인과 노예의 명분을 매우 중시했음을 알 수 있다. 그래서 원의 법률에서는 노비가 주인을 죽이는 죄명을 대악大惡에 집어넣었다.[189] 또 명나라 홍무洪武 연간 초기에는 진범과 잡범의 죽을죄에 대한 각종 죄명을 정했는데, 노비가 가장을 때리거나 욕하는 것을 진범의 죽을죄로 포함했다. 또 홍치弘治 10년에는 노비나 고용된 일꾼이 가장을 때려죽이거나 모살한 경우 진범의 죽을죄로서 사면이 고려되지 않는 죄명에 넣었다.[190] 청의 『사관장정赦款章程』 중에서 노비가 가장을 때리거나 모살하는 죄는 사면이 허용되지 않는 사례에 속했다.[191]

이상이 주인과 노예의 상호 침범에 관한 법적 책임으로, 하나의 원칙을 발견할 수 있다. 즉 노비가 주인을 침범하는 죄는 보통 천민이 양민을 침범하는 죄보다 처벌이 무겁고, 주인이 노비를 침범하는 죄는 양민이 천민을 침범하는 죄보다 처벌 수위가 낮았다는 사실이다. 양민과 천민의 관계 외에 주인과 노예의 관계가 더해지면 명분상 더욱 무거운 처벌도 이상할 게 없었다. 심지어 어느 시대에는 이미 양민으로 놓아준 노비와 옛 주인 사이에 침범이 있을 때에도 일반적인 경우로 논죄하지 않고 사건의 경중을 참작해 별도의 법률 조목을 세웠다.[192] 이를 보면 고대 법률이 명분을 얼마나 중시했는지 충분히 상상할 수 있다.

주인이 평민이 아니라 관리인 경우 형벌의 차이는 더욱 컸다. 관리 신분은 감히 평민이 대항할 수 있는 상대가 아니었다. 하물며 평민보다도 더 낮은 노비는 더 말해 무엇 하겠는가? 그 사이의 현격함은 더욱 컸고, 법률은 이에 대해 특별히 고려한 부분이 있었다. 우선 관리가 노비에게 상해죄를 지었다면 일반인이 노비를 상해한 죄보다 처벌이 가벼웠다. 청나라 때의 조례에 따르면 관리가 노비를 치사했을 때 칼로 죽이면 장 100대에 직위 파면되었고 면죄가 허용되지 않았다. 그 외에 때려죽이거나 고의로 죽인 경우에도 봉급 지급 정지나 등급 강등의 처벌에 불과했으니,[193] 일반적으로 가장이 노비를 때려죽이거나 고의로 죽인 경우 장 60대에 도형 1년의 처벌을 받는 것에 비해 훨씬 가벼웠다. 관리는 신체에 대한 형벌이나 자유를 제한하는 형벌을 받지 않았다. 설사 관리의 가족이 노비를 죽였다고 하더라도 등급 강등이나 관직 파면에 그쳤으니,[194] 일반인이 남의 노비를 죽이면 곧 교형 감후로 초심에서 판결하는 것과는 달랐다. 또 일반적인 예에 따르면, 재물을 내고 자유를 얻은 노비나 그 자녀를 옛 주인이 때려죽이는 것에 대한 판결은 자유를 얻지 못한 노비에 대한 것보다 무거워서 때려죽인 자는 도형 3년, 고의로 죽인 자는 교형 감후였다. 풀어준 노비와 그 자녀를 죽인 경우에는 각각 노비의 본 법률 및 고용된 일꾼에 관한 법률에 따라 판결했다.[195] 그러나 관리가 같은 죄를 지으면 한 등급 강등되어 전근되었을 뿐이고, 고의로 죽인 것 또한 3등급 강등되어 전근되었을 뿐이다.[196]

관원 집안의 부녀자가 노비를 치사해도 그 남편이나 가장의 품계에 따라 봉급 지급을 정지했다. 설사 남편과 가장이 이미 작고했거나 관직에서 물러나 봉급이 없다 하더라도 본래의 품계에 따라 은냥銀兩을 벌금으로 부과했다.[197]

전당 잡혀 들어온 노복, 관에 예속된 노복, 고용된 일꾼 등은 주인과 노복의 명분이 있어 평소에 먹고 마시는 일을 주인과 함께하지 못하고 말할 때에도 너나들이할 수는 없지만,[198] 신분은 노비와 같지 않고 법적인 지위와 대우도 노비와 같지 않았다. 전당 잡힘典當은 시간성이 있는 것이어서 시간이 지나도 면죄되지 않을 때는 노복으로 떨어진다. 따라서 그러한 처지에 있는 사람이 자유를 상실할지는 전당 잡힌 기간이 만료되기 전까지는 알 수 없었다. 만약 주인집에서 은혜롭게 길러준 세월이 오래되었고 짝지어준 처도 있다면 스스로 벗어나기 어려웠다. 그래서 청대의 법률에서는 이런 경우를 구분했다. 즉 전당 잡혀 들어온 노복, 예속된 관의 노복이 은혜롭게 길러진 지 3년 이상이 되었거나 3년이 되지 않았으나, 짝지어준 처가 있는데 주인과 살상이 빚어졌다면, 노비에 관한 본 율령에 의거해 논죄했다. 이제 막 전당 잡혀 사들였거나, 전당 잡혀 사들인 지 3년이 안 되었고 짝지어준 처도 없다면 고용된 일꾼으로 대우하고 노비로 논죄하지 않았다.[199]

고용된 일꾼이란 가마꾼, 마부, 부엌 일꾼, 물지게꾼, 잡일꾼, 고용되어 노역하는 사람 등을 말한다.[200] 그들은 정해진 액수의 봉급을 받고 노역을 하는 이들로, 그들의 권리와 의무는 전적으로 쌍방이 동의하는 계약 관계에 기반을 두고 있다. 그들은 타인에게 전당 잡혀 팔리지 않았고 자신의 자유와 인격을 보장받았으며, 계약이 만료됨과 동시에 봉사의 의무가 없어지며, 아울러 주인과 노복의 관계도 해제되었다. 그러므로 그들은 사회적으로 독립적이고 자주적인 사람으로 간주되어 타인에게 몸이 매이지 않았고 법적으로 천민이나 개인의 노비로 취급되지 않았다.[201] 그들과 양민 사이에 법적인 분규가 생기면 일반인의 경우로 논했지만, 가장과의 분규에서는 고용된 일꾼에 관한 특별 조항에 따랐다. 그것은 노비에 관한 본 율령에 따르는 것도 아니고 일반인의 경우로 논하는 것도 아니어서, 입법 원칙은 이러하다. 고용된 일꾼이 가장을 때려죽이는 죄는 일반인끼리의 경우보다 중하고, 노비가 주인을 때려죽이는 죄보다 가벼웠다. 반대로 가장이 고용된 일꾼을 때려죽이는 죄에 관한 처벌은 노비를 때려죽이는 것보다는 무겁고 일반인을 때려죽이는 것보다는 가벼웠다.

노비는 때리고 욕하는 행위만으로도 사형에 처해졌고, 주인을 죽인 경우는 때려죽였든 고의로 죽였든 능지처참이었다. 한편 고용된 일꾼이 가장을 욕하면 장 80대에 도형 2년이었다.[202] 구타에 대한 죄 또한 상처 또는 골절상의 유무에 따라 각각 도형 및 유형 최고형 그리고 교형에 처했다. 이는 노비의 경우 상해 유무와 관계없이 때리기만 해도 참형에 처한 벌과는 다른 것이었다. 노비가 주인을 죽인 경우 때려죽였든 고의로 죽였든 능지처참을 면할 수 없었는데, 주인을 죽인 죄가 이미 능지처참에 해당하므로 더 이상 가중할 것이 없었기 때문이다. 그와는 달리 고용된 일꾼의 경우에는 때려죽인 자는 참형에 처하고, 고의로 죽인 자에 이르러야 비로소 능지처참했다. 실수로 살상한 자는 각각 본 살상죄에서 2등급 경감해주었다.[203] 이를 보면 고용된 일꾼과 노비 사이의 간극을 충분히 알 수 있다.[204]

반대로 주인이 고용된 일꾼에게 노비 대하듯이 할 수 없는 상황에 대해서도 알 수 있다. 주인이 노비를 때렸으나 죽지 않았다면 죄를 논하지 않았으며, 노비가 지은 죄가 있어서 멋대로 죽인 경우에도 사사로이 때려죽인 죄만을 징벌했다. 처벌도 아주 가벼워서 장 100대에 불과했다. 설사 노비에게 죄가 없는데 고의로 죽인 경우에도 도형 1년에 불과했으니, 이는 죄의 대가로 목숨을 요구하지 않는 것이었다. 반면 주인이 고용된 일꾼을 때린 경우 골절상을 입혔으면 죄가 인정되어, 일반인에게 골절상을 입힌 죄보다 3등급 경감되었다. 주인이 일꾼을 죽음에 이르게 했다면 그 일꾼에게 잘못이 있었든 없었든 주인을 도형 최고형에 처했고, 고의로 죽였으면 반드시 목숨을 대가로 요구하는 교형 감후에 처해졌다.[205] 이를 통해서도 우리는 고용된 일꾼과 노비가 다른 처벌을 받았음을 알 수 있다. 노비와 고용된 일꾼을 죽인 경우 법률이 목숨을 대가로 요구했는가의 여부에 유의할 필요가 있다. 즉 노비의 생명은 천하게 여겨졌고, 고용된 일꾼의 생명은 일반인과 비슷했다. 다른 한편으로는 고용된 일꾼에 대한 주인의 권위와 법적인 우위성도 알 수 있다. 고용된 일꾼은 비록 노비와는 간극이 있었지만, 고용노동을 하는 동안은 결국 주인과 노복이라는 명분이 있어서 가장으로부터 간섭을 받아야 했으며, 잘못이 있으면 가장은 체벌할 수 있었다. 그래서 골절상에 미치지 않으면 논죄하지 않았고, 가르침과 명령을 거슬러 법에 의거해 곤장을 치다가 의도치 않게 치사한 경우 또는 실수로 죽인 경우 논죄하지 않았다.[206] 노비와 고용된 일꾼에 대한 대우는 여러 면에서 현저한 차이가 있었지만, 이 점에서만큼은 같았다.

서술한 바와 같이 고용된 일꾼의 지위는 확실히 노비와 일반인 사이였고, 법적으로는 독립적이고 자유로운 신분을 부정하지 않되 주인과 노복이라는 관계도 명확히 살펴 잊지 않았다. "명분과 관계되어 있다名分攸關"는 말은 중국 법률에서 흔히 볼 수 있는 중요한 관용어로서, 이는 단지 주인과 노예, 주인과 노복의 관계만 해당되는 것이 아니었다.

고용된 일꾼 외에 소작인, 돈을 받고 경작하고 일하는 사람, 점포의 어린 심부름꾼 등 타인에게 봉사하는 사람들의 지위 또한 주목할 만하다. 법적으로 이들은 평소에 고용주와 함께 앉거나 먹지 않으며, 서로 평등하게 상대를 부르지 않으며, 부리거나 복역하지 않는 관계로서, 본디 주인과 노복이라는 명분이 없다. 따라서 살상하는 일이 발생하면 각각 일반인에 관한 법률에 의거해 논하고 판단했다.[207] 원의 법률에서는 주인이 소작인을 때려 죽이면 장 170대에 처했고, 소작인을 저당 잡아 파는 것을 금지했고,[208] 소작인이 시집가고 장가들 때는 본인 부모의 명령을 따르라는 법령이 있었다.[209] 이러한 내용은 모두 소작인이 주인의 사적인 소유가 아니므로 주인에 의해 처분될 수 없다는 점을 입증한다.

노비, 고용 일꾼, 관부의 하인인 장수長隨, 소작인의 죄명은 신분에 따라 큰 차이가 있기 때문에 어떠한 관계인지가 중요했다. 그러므로 송사가 발생하면 주인과의 관계를 확인해야 했으며, 법적으로는 공증된 계약서를 객관적인 물증으로 여겼다. 평소 노비를 계약으로 사들일 때에는 반드시 계약 문서를 작성하고 지방관에게 보고하여 관부의 인장을 찍었고, 침범함이 있으면 계약에 따라 추궁하고 다스렸다.[210] 즉 계약서가 있는지 없는지, 세금을 내고 관부의 인장을 받은 홍계紅契인지, 세금을 내지 않고 관부의 인장을 받지 않은 백계白契인지에 따라 그 차이가 컸다.[211]

가족주의 사회에서 노비나 고용 일꾼과 가장의 친족 관계는 주목할 필요가 있는 문제다. 고대의 가족은 생활 공동체로서 늘 몇 세대의 식구를 포함한다. 따라서 가장은 한 명이지만 노비나 고용 일꾼에게 주인은 한 명이 아니다. 그들은 가장 한 명에게 예속되어 있다기보다는 공동체 전체에 예속되어 있어서 그 전체에 대해 복종하고 노역해야 하므로 단지 주인과 노복의 명분이 있다고 하는 편이 맞다. 따라서 노복이 가장에게만 복종하고 나머지 가족들에게는 오만하고 무례하게 대함은 상상할 수 없는 일이다. 가장과 그의 친족 사이, 그리고 가장과 노복 사이라는 이중의 명분 관계로 보건대, 주인과 노예라는 일정한 명분이 있는 경우 노복은 가장이 친하게 지내며 일정한 명분이 있는 친족에 대해서도 함께 살든 따로 살든 조심하고 경건한 태도를 지녀야 한다. 주인의 친족에 대해서는 다른 양민과 다르게 대해야 하는 게 인정과 도리에 맞는 일이기 때문이다. 법률은 이 점에 주목하여 다음과 같은 한 가지 원칙을 세웠다. 즉 노비가 주인의 친족을 침범하는 것은 다른 양민을 침범하는 것보다 처벌이 무겁고, 그 반대의 경우는 처벌이 가볍다는 규정이다. 가중하고 경감하는 정도는 가장과 친족의 친소 관계에 의해 결정되었으니, 관계가 가까울수록 노복의 책임은 더 무겁고 친족의 책임은 더 가벼웠으니, 양자 사이에는 반비례 관계를 이루었다.

당·송의 법률에 따르면 사병이나 노비가 주인의 시마복 친족을 때리면 도형 1년이었고, 중한 상해를 입힌 자는 양민을 범한 죄보다 한 등급 가중했다. 소공·대공의 경우 차례로 한 등급씩 가중했고, 사망에 이르게 한 자는 참형이었다. 대상이 주인의 기년복 친족이나 외조부인 경우는 더욱 무거운 처벌을 받았다. 욕한 자는 도형 2년이고, 때린 자는 교형이었으며, 때려서 상해를 입힌 자는 참형, 실수로 살해한 자는 2등급을 경감하고, 실수로 상해를 입힌 자는 다시 한 등급 경감해주었다.[212] 명·청의 법률은 대체로 당·송의 법률과 같았으나, 노비가 가장의 대공·소공·시마복 친족에게 욕을 하면 각각 장 80대, 70대, 60대였다.[213] 가장의 기년복 친족 및 외조부모를 고의로 죽인 죄는 가중되어 능지처참에 이르렀다.[214]

고용 일꾼이 가장의 기년복 친족 및 외조부모에게 욕하면 장 100대, 대공에게 욕하면 장 60대, 소공에게 욕하면 태 50대, 시마에게 욕하면 태 40대였다.[215] 가장의 기년복 친족 및 외조부모를 때리면 장 100대에 도형 3년, 때려서 상해를 입히면 장 100대에 3000리 밖으로 유형을 내렸으며, 골절상을 입히면 교형, 죽이면 참형, 고의로 살해하면 능지처참이었으며, 실수로 살상을 한 경우는 각각 본 살상죄에서 2등급씩 경감해주었다. 고용된 일꾼이 가장의 시마복 친족을 때리면 장 80대, 소공의 경우는 장 90대, 대공의 경우는 장 100대였으며, 상해가 중하여 피를 토하는 것 이상의 손상을 입혔다면 시마복·소공복의 경우에는 일반인에 대한 것보다 한 등급 가중했고, 대공복의 경우에는 2등급 가중했으며, 죽인 경우는 참형이었다.[216]

이렇게 고의로 살해한 죄 외에 처벌은 노비에 대한 것보다 가벼웠다.

당·송의 법률에서 가장의 시마복이나 소공복 친족이 사병이나 노비를 때려 상해를 입히면 골절상 이하는 논하지 않았고, 골절상 이상이면 각각 일반인의 사병이나 노비를 살상한 것보다 2등급 경감했고, 대공복의 경우 3등급 경감해주었으며, 실수로 죽인 경우는 논하지 않았다. 주인의 기년복 친족 및 조부모가 사병이나 노비에게 상해를 입힌 경우는 본 주인과 똑같이 대우했다.[217] 명·청의 법률은 당·송의 법률과 대략 같았다. 시마복이나 소공복을 입는 친족이 노비를 때려죽인 경우는 장 100대에 도형 3년이고, 고의로 죽인 경우는 교형이었다.[218] 고용 일꾼에 대한 상해죄는 노비에 대한 상해죄보다 무겁고 일반인에 대한 상해죄보다 가벼웠다. 이 대목에서 고용된 일꾼과 평민 사이에는 양민과 천민의 구분이 없어 문제가 발생하면 일반적인 경우로 논했으나, 가장의 친족이 고용 일꾼을 살상하면 일반인을 논죄하는 것보다 경감되며, 그것도 골절상이 아니면 논죄되지 않았음에 유의해야 한다. 이는 전적으로 주인과 노복이라는 명분 관계를 중시했기 때문이다. 따라서 기년복 친족이나 외손자가 고용 일꾼을 때려 상해를 입히면 그 처분은 본 주인이 때려죽인 것과 같았으며, 또 고용 일꾼이 가르침과 명령을 거슬러 법에 의거해 형벌을 가했다가 뜻하지 않게 죽음에 이른 경우, 그리고 실수로 죽인 경우도 모두 논죄하지 않았다.[219] 시마복이나 소공 친족이 고용 일꾼을 때린 경우 골절상이 아니거나 실수로 죽인 것이면 역시 논하지 않을 수 있었고, 골절상 이상에 이른 경우에는 각각 일반인에 대한 죄보다 한 등급 경감되었으며, 대공의 경우 2등급 경감되었고, 죽음에 이르게 하거나 고의로 살해한 경우는 교형이었다.[220]

· 간음죄

마지막으로 주인과 노예 사이의 성적인 문제, 즉 주인과 노비 사이의 간음죄에 대해 논하고자 한다. 앞서 천민에 대한 양민의 간음죄는 그 책임이 가볍다고 한 바, 노비 및 그 자녀들은 주인의 소유로서 주인이 마음대로 할 수 있기 때문이다. 남자 주인이 여자 노비(여자 노비 자신과 남녀 노비가 낳은 딸을 포함함)에게 성적인 요구를 하는 것은 이상한 일이 아니어서, 심지어 남자 주인의 권리라고도 할 수 있었다. 수천 년의 중국 사회에서 여자 노비와 주인의 성적인 관계는 사회와 법률에 의해 묵인되었다. 예를 들어 당·송의 법률에서는 여자 노비가 자식을 낳아 양민이 되거나 첩이 되는 것에 관한 규정이 있었다.[221] 이와 같은 규정은 고대 사회에서 여자 노비가 주인의 자식을 낳아서 첩이 되는 경우가 빈번했음을 반증한다. 더욱이 청대 말기 사회에서 이와 같은 일이 보편적이었음은 오늘날 사람들도 잘 알고 있다. 그런데 그 실질을 살펴보면, 여성 노비와 첩은 다르다. 하나는 음성적이고 하나는 양성적이라는 차이뿐이다. 여자 노비가 밝게 드러난(공식적) 절차를 거치거나 자식을 낳으면 첩의 지위를 얻게 된다. 원의 법률에서 노비의 여식이 양민에게 시집보냄을 허락한 주인이 그 여식을 속여 간음을 한 경우에는 장 170대였다.[222] 이를 보면 간음죄는 노비의 여식이 양민에게 시집가도록 허락된 뒤에야 성립되었을 뿐, 시집가는 것을 허락하지 않거나 여자 노비의 혼인 대상자가 양민이 아니면 주인에게는 죄가 없었다는 점을 알 수 있다.

가장의 노비에 대한 성적인 권리는 여자 노비뿐만 아니라 사병이나 고용 일꾼의 처까지 포함될 때도 있었다. 당·송의 법률에서는 타인의 사병의 처 또는 여식과 간음하는 것에 관한 조목만 있었으니, 자기 집에서 부리는 자와 간음하는 것에 대해서는 죄를 묻지 않았음을 알 수 있다. 『소의』에서도 그와 같이 말했다.[223] 명·청의 법률에서도 모호한 방식을 취하여, 노비와 고용된 일꾼이 가장의 처나 여식과 간음하는 것에 관한 규정만 있을 뿐 그와 반대되는 것에 관한 규정은 없다.[224] 즉 주인이 여자 노비나 노복의 부인과 간음한 경우에 관한 명문화된 규정이 없으므로 자연히 죄가 되지 않았다. 다만 타인의 사병의 처 및 여식을 빌려 입론한 예와 노복이 가장과 간음하는 것을 빌려 입론한 예가 있다. 방식은 다르지만 똑같이 자기 집안 노복의 처와 간음하는 것은 죄가 되지 않음을 암시하는 것으로, 그 표현은 다르지만 효과는 같다고 말할 수 있다. 원의 법률은 이 경우에 대해 에둘러 표현하지 않고 명쾌하게 "여러 주인 중에 노비의 처와 간음한 자는 죄를 묻지 않는다"[225]고 했다.

중국 고대 법률은 내내 예교禮敎를 중시했기 때문에 간음죄도 중요하게 다뤘다. 남편이 있는 여자와 간음하는 것을 남편이 없는 여자와 간음하는 것보다 무겁게 보아 처벌도 특별히 무거웠다. 그러나 주인이 여자 노비와 간음하는 행위는 그 대상이 사병이나 고용된 일꾼의 아내라 하더라도 죄가 되지 않았다. 이는 아주 흥미로운 점이다. 물론 주인과 노복의 명분이 교화보다 더 중시되었다고 말할 수는 없지만, 적어도 실제로는 주인이 노복의 처나 여식과 통간할 권한을 법률이 묵인했다고 볼 수 있다. 그러한 관습은 아주 오랜 동안 유지되었다가 청대에 이르러서야 조례가 덧붙여져, 남편이 있는 노복과 남편이 없는 여자 노비를 구별했다. 이에 법률은 가장이 통간할 수 있는 권한을 남편이 없는 여자 노비로 축소 제한했다. 그러나 가장이 집안 하인 중 남편이 있는 여성과 통간한 경우에 태형 40대에 처하고 관부에서 이부에 넘겨 논의해 결정하도록 했으니,[226] 처벌이 극히 가벼웠다.

노복의 아내와 간음하려다가 발생하는 상해 문제 또한 똑같이 주목할 만한 가치가 있다. 일반인들은 간음을 거부할 권리가 있고, 법률은 난폭하게 강간을 하거나 부녀자를 강간하다가 죽음에 이르게 한 자에 대해 극히 무거운 처벌을 내렸다. 그 까닭은 예교와 교화를 중시하여 부녀자를 보호하고 간음하는 자를 징벌하기 위해서였다. 그러나 노복의 아내가 간음을 거부하는 것, 그리고 주인이 노비의 아내를 간음하려다가 죽이는 것에 관한 법률의 입장에 유의할 필요가 있다.

건륭 연간에 어느 주인이 노복의 부인을 강간하려다가 음경이 긁히는 상해를 입었는데, 가장을 때린 율령에 비추어 등급을 경감해 유형으로 판결했다.[227] 또 어느 가장은 오랜 기간 노복의 부인 오씨를 강간하고자 시도하다가 껴안고 입을 맞추었는데, 오씨가 알랑대며 혀를 내밀어 유인한 다음 혀끝을 깨물었다. 이에 그녀는 가장과 기년복 친족을 때려 상해를 입힌 율령에 비추어 등급을 경감해 유형으로 판결했다. 그러다가 후에 어지를 받들어 오씨가 혀끝을 깨물어 터지게 한 것은 자기 의지에 따른 것이고, 간음을 거부한 것 역시 계획적으로 속인 것이 아니라고 인정되어, 초심에서 판결한 장형과 유형에 황은皇恩이 더해져 사면될 수 있었다.[228] 살펴보면 가장이 집안 하인의 부녀자와 간음을 시도했는데 그 부녀자에게 거부되다가 상해를 입은 경우에 대해서는 죄로 다스리는 별도의 조항이 없고, 모두 가장을 때려 상해를 입힌 과거의 율례를 인용하여 헤아려 처리했다.[229] 대부분 주인과 노복이라는 명분을 고려하되 본 율령에서 1등급 경감해주었다. 따라서 오씨 사건에서 어지를 받들어 성은으로 사면을 베풀지 않았다면 실제로 유형에 처해졌을 것이다. 반면 전자의 사건을 보면 노복의 부인은 일반인처럼 거부 권리를 행사할 수 없었음이 분명해 보인다. 이 경우 간음을 거부한 행위는 노복이 주인을 때려 상해를 입히는 것에 관한 법률에 토대한 것이다. 바꿔 말하면 주인과 노복의 명분이 존재하는 한 노복의 행위 능력은 제한될 수밖에 없고, 자신을 보호하기 위한 행동일지라도 예외가 될 수 없었다. 간음을 시도한 가장은 관례에 따라 태형 40대에 그치거나 이부에 넘겨져 논의되고 처결되었으나, 간음을 거부한 노복의 아내는 오히려 유형에 처해졌다. 이렇게 불평등한 대우는 결과적으로 노복의 아내에게 간음을 거부하지 말 것을 요구하는, 적어도 주인에게 상해를 입히지 않는 선에서 제한적으로만 거부할 것을 요구하는 것이다. 여자 노비가 간음을 거부할 수 있는 권리가 전혀 없었다고 말할 수는 없지만 제한적 권리였던 것은 명확하다. 이러한 상황에서 그녀가 취할 수 있는 방법은 복종하거나 자진하는 것이었다.

청의 법률에서 일반인이 강간으로 인해 부녀자를 죽이거나 타인을 핍박해 죽음에 이르게 한 자는 모두 사형에 처했으나, 주인에게는 이 두 법률 조항이 적용되지 않았다. 조례에서는 집안의 주인이 홍계로 사들인 노비 또는 백계로 전당 잡혀 사들였으되 은혜로 기른 지 오래된 노복의 처를 망령되이 겁탈했거나, 강간에 실패하여 노복을 심하게 때려 죽음에 이르게 했거나, 그 아내를 죽음에 이르게 한 경우에 대한 판결을 밝혀두었다. 이 경우 확실한 증거가 있고 주인도 인정하면 주인이 관원이든 평민이든 흑룡강으로 노역을 보냈다. 만약 죽은 노비가 백계로 사들였으며 은혜로 기른 지 오래되지 않았다면 고용 일꾼을 죽인 율령에 비추어 교형 감후로 초심 판결했다.[230] 이는 일반인이 강간으로 인해 부녀자를 죽이면 참형으로 처결하는 것과는 현격한 차이가 있었다.[231] 주인이 노비나 고용 일꾼의 아내 및 여식을 강간하려 하여 부녀자가 수치와 분노를 느껴 자진하더라도 일반인이 강간으로 인해 타인을 죽음에 이르게 하는 경우의 조문은 적용되지 않았다. 조례에서는 가장의 복을 입는 친족이 고용 일꾼의 처나 여식을 강간하려다가 미수에 그쳤을 때 부녀자가 수치와 분노를 느껴 자진한 경우에는 장 100대에 원근의 충군으로 보내게 했다.[232] 이는 일반인이 강간으로 인해 부녀자를 핍박해 죽음에 이르게 한 경우 참형 감후나 교형 감후로 처리한 것에 비해 무척 가벼운 처벌이다.[233] 가경 연간에 예친왕豫親王이 왕실의 노비 집단인 포의인包衣人 가운데 세록世祿의 여식을 강간했다. 그 일로 여식이 수치와 분노를 느껴 스스로 목을 매어 죽자, 그 아버지 세록이 문서를 갖추어 고소했다. 예친왕은 평민으로서 강간이 이미 이루어졌고 그 부인이 자진했으니 참형 감후에 처하는 율례에서 1등급 경감하여 유형으로 초심 판결하고, 세록은 노비가 가장을 고발한 경우 사실에 부합할 때의 율령에 의거해 도형 최고형에 칼을 씌워 대중에게 보이는 것으로 초심 판결하고 6품 전의관典儀官에서 파면됐다.[234] 주인이 강간으로 인해 여자 노비나 노복의 부인을 핍박해 죽게 만드는 것은 물론 유죄였지만, 피해자의 가장이나 그 남편이 문서를 갖추어 고소하면 명분에 구애되어 난처하게도 노비가 주인을 고발하는 죄명을 피할 수 없었다. 이를 통해 법률은 주인과 노복의 명분을 중시했으며, 비록 강간으로 인해 사상자가 생겼다고 하더라도 예외가 될 수 없었음을 알 수 있다.

이상에서 말한 성적인 특권은 남자 주인에게 국한된 것으로, 여주인이나 관장의 권속 부녀자들은 포함되지 않았다. 이는 남성 중심 사회의 현상으로서 이상한 일이 아니었다. 따라서 당·송의 법률에서 사병이나 노비와 통간을 저지른 주인집 부녀자는 주인과 간음한 노비에 관한 죄에서 1등급 경감해주었을 뿐으로, 노비는 교형에 처해졌고 주인집 부녀자 역시 유형 최고형을 받았다.[235] 이는 보통 노비가 양민을 강간할 경우 도형의 죄명으로만 처결하는 것보다 무거운 것이었다. 명·청의 법률에서 가장의 처, 여식 중에서 노비나 고용된 일꾼과 통간한 자는 노비 및 고용된 일꾼과 같은 죄였으며,[236] 처벌은 더욱 무거웠다.

노복이 양민의 부녀자와 간음한 경우에는 그 죄를 면할 수 없었다. 즉 노복으로서 가장의 아내나 여식과 간음한다는 것은 아랫사람으로서 윗사람과 통간한 것으로, 명분을 더럽히고 어지럽힌 죄가 되므로 용인할 수 없는 큰 죄악이었다. 그래서 홍무 초기에 진범과 잡범 중에서 죽을죄에 관한 각 항목의 죄명을 정할 때 노비로서 가장의 아내나 여식과 간음한 죄는 진범의 죽을죄 안에 포함되었다.[237] 법적으로 이런 행위가 극도로 혐오되었음을 충분히 짐작할 수 있다. 역대의 법률도 그러한 죄명에 대해 무겁게 처벌했으니, 동일한 정신을 표현한 것이다. 노비가 양민과 간음하면 도형에 불과했으나, 가장의 아내나 여식과 간음한 경우에는 사형에까지 이르렀다. 당·송의 법률에서 사병이나 노비가 주인과 간음하면 교형이고, 강간한 자는 참형이었다.[238] 원의 법률에서는 노비가 주인의 아내나 여식과 간음하면 모두 사형에 처했고, 시종이 봉호를 받은 부인과 간음하고, 봉호를 받은 부인이 간음한 남자를 따라 도망한 경우에도 모두 사형에 처했다.[239] 명·청의 법률에서는 노비나 고용 일꾼이 가장의 아내나 여식과 간음하면 참형했다.[240] 아울러 청의 법률에서는 강간이 미수에 그쳤더라도 참형을 선고하고 그해 가을에 집행하는 참입결에 처했고, 화간이 아닐지라도 무겁게 처벌했으니, 흑룡강에 보내져 변방을 지키는 피갑인披甲人의 노비가 되었다.[241]

노복이 주인의 복을 입는 친족과 간음한 경우 역시 명분이 관계되어 있기 때문에 양민과 간음한 것보다 죄가 무거웠다. 주인과 친족의 관계가 가까울수록 노복에 대한 처벌은 더욱 무거웠다. 당·송의 법률에 따르면 사병이나 노비가 주인의 기년복 친족이나 기년복 친족의 아내와 간음한 경우, 주인에 대한 죄와 같았다. 주인의 시마 이상 친족이나 시마 이상 친족의 아내와 간음한 자는 유형이었고, 강간한 자는 교형이었다.[242] 명·청의 법률에서 가장의 기년복 친족이나 기년복 친족의 아내와 간음한 자는 교형이었고, 시마 이상 친족의 아내와 간음한 자는 장 100대에 2000리 유형에 처했고, 강간한 자는 참형이었다.[243]

간음한 대상이 가장의 첩이나 친족의 첩이라면 각기 1등급 감형되었다.[244]

간음하다가 살해한 죄에 관한 문제는 또 다른 흥미로운 대비를 이룬다. 주인이 노복을 간음하여 상해죄가 성립된 경우, 일반인이 강간을 하다가 죽이거나 위협을 가해 죽음에 이르게 한 조문에 따르지 않고 가볍게 처리했음은 앞서 말한 바와 같다. 반대로 노복이 주인의 부녀자를 간음하여 상해죄가 성립된 경우는 일반인이 강간을 하다가 죽이거나 위협을 가해 죽음에 이르게 한 조문에 따르지 않고 더 무겁게 처리했다.

도광 연간에 고용 일꾼과 가장의 나이 찬 생질녀가 서로 희롱을 하다가 간음을 했는데, 그 후 간음한 정황이 폭로되자 처녀는 수치와 분노를 느껴 자진했다. 이에 고용 일꾼은 가장의 시마 이상의 친족을 간음한 경우 장 100대에 2000리 밖 유형에 처하는 율례에서 1등급 가중하여 장 100대에 2500리 밖 유형에 처했다.[245] 또 어떤 경우에는 범죄의 상황이 중대하여 노비나 고용 일꾼이 가장을 살상하는 것에 관한 율례에 따라 처리하지 않은 경우도 있었다. 가경 연간에 어떤 노비가 가장의 여식을 간음하려 했는데 여식이 깜짝 놀라 욕을 하며 따르지 않자 칼로 살해했다. 노복이 가장의 친족을 강간하다가 흉악하게 살해한 것을 다스리는 명문 규정이 없었기 때문에 전담 관리는 노비가 가장의 기년복 친족을 고의로 죽이는 율례에 의거해 능지처참으로 초심 판결했다.[246] 이는 분명히 명분의 관계로 보아 일반인의 강간 및 살해의 죄명에 따른 참형 판결로 처리할 수 없는 사안으로서, 가중하여 극형에 처한 것이다.

4. 종족 간의 불평등

단일 종족의 사회에서 혹은 둘 이상의 종족이 존재하나 종족 간 계급이 형성되지 않았을 때는 사회적 경제적 차이로 계급이 확립된다. 그러나 어느 한 종족이 다른 종족에 의해 정복되고 통치되면 종족의 계급은 쉽게 형성되고 계급의 차이로써 동물의 사회가 된다. 그러한 사회에서 통치자나 정복자는 언제나 우월하고 지배적인 지위를 자처하고 피정복자나 피통치자에 대해 멸시의 태도를 취하며, 사회적으로나 경제적으로 불평등한 대우로써 엄격히 제한한다. 그리고 이러한 내용은 통치자에 의해 제정되고 반포되는 법률에 명확히 규정된다.

거란인, 여진인, 몽골인, 만주인이 중국을 침입하여 중국을 통치하던 시대에 그런 불평등한 상황이 뚜렷했다. 특히 원과 청나라 시대는 통치 기간이 비교적 길었고 통치 지역도 전국에 넓게 걸쳐 있었다. 정복자의 종족이 높은 지위를 차지했음은 말할 나위 없고 피정복자 또한 항복 순서에 따라 그 등급이 정해졌다. 먼저 나아간 망국의 노예는 나중에 나아간 자들에 대해 엄연히 대선배의 지위에 있었다. 금나라 때는 백성을 종인種人(금인金人), 한인漢人(먼저 요나라 때 호적을 얻은 자들을 취했다), 남인南人(이어서 산동, 하남 지역의 백성을 취했다)의 세 계층으로 나뉘었다. 원대에는 몽골인, 색목인色目人(칭기즈칸 이래로 서역을 평정하여 얻은 자들), 한인(금을 멸할 때 얻은 인민), 남인南人(송을 멸할 때 얻은 인민)이었는데, 이 네 계급 사이에는 차서가 정연했다.[247] 정치적 법적 사회적 모든 대우는 그 순서에 의거해 높고 낮음을 정했다. 청대에서 만주인의 지위는 영원히 한인 위에 있었다.

원대에 정치적 특권은 몽골인이 가장 많았고, 색목인이 그다음이었으며, 한인과 남인은 가장 적었다. 관직 임용에서도 여러 제한이 있었다. 정권을 장악한 중서성, 추밀원, 어사대의 장관은 반드시 몽골인이 맡았고,[248] 한인은 군정이나[249] 기밀에 관련된 큰일에 관여할 수 없었다.[250] 중서성, 추밀원, 어사대 외에 시寺, 감監, 위衛, 부府 밖의 행성行省, 행대行臺, 선위사宣慰司, 염방사廉訪司, 그리고 노路, 부府, 주州, 현縣 등을 포함하는 내외 백관의 장관은『원사元史』「백관지百官志」의 서술에 근거할 때 역시 몽골인을 장관으로 하고 한인과 남인을 그다음으로 했다.[251] 실제 상황을 고찰해보면 그러한 제한이 절대적인 것은 아니어서, 한인이나 남인이 내외의 장관이 되고 심지어 중서성의 수장이 된 경우도 없지 않았다.[252] 그러나 한인과 남인은 예외가 있을 수 있으나, 원칙적으로는 확실히 몽골인을 장관으로 한다는 것이다. 몽골인과 색목인이 장관에 임용된 수와 비교하면 결국 한인이나 남인은 절대적으로 소수이며 특히 중서성의 장관이 가장 심했다. 전내궁箭內亘의 통계에 따르면 한인이나 남인 중서령은 한 명, 승상은 세 명, 추밀원은 두 명밖에 없었다고 한다. 이에 근거해 몽골인과 색목인이 정치적으로 우세했고 한인과 남인을 배척했음은 부정할 수 없다. 요컨대 정치권력은 모두 몽골인에게 장악되어 있었으므로 한인이나 남인은 이에 대항하기 어려웠던 것이다. 이 주제를 연구한 전내궁이 얻은 결론은, 몽골인이 일체의 공적 권력을 누렸고, 색목인은 그다음으로 우대되었고, 한인은 가장 열등한 위치에 놓여 있었다는 것이다.[253] 그러한 결론이 옳은 것 같다. 관리로서 자식에게 음서蔭敍 조상의 음덕에 따라 과거에 의지하지 않고 관리로 채용하는 일하는 법률로 논하자면, 역시 몽골인과 색목인은 한인보다 한 등급 높았다. 예를 들어 음서의 법률을 기술한 대목에서 정1품의 자식은 정5품으로 음서된다고 규정하고 있는데, 이는 한인을 가리키는 것이고 몽골인이나 색목인은 정4품으로 음서되었다. 몽골인은 각 품계마다 한인보다 한 등급 우대하여 음서되었다.[254]

일반 법률에서 몽골인과 색목인에게는 예외적인 대우가 많이 있었다. 바꿔 말하면 일반적인 법적 구속이 그들에게는 적용되지 않았는데, 일부 법조문에서는 그들이 법률 밖에 있음을 분명히 인정하기도 했다. 예컨대 복식, 거실, 수레에 대한 제한은 본래 계급으로 결정된다. 귀하고 천함에는 법도가 있고, 그 분별은 아주 크다. 그런데 원의 법률에서는 이렇게 말한다. "여러 도안이 된 예복 중에서 몽골인과 숙위宿衞하는 병사들은 용과 봉황 무늬의 옷을 입을 수 없으나 나머지 옷은 금하지 않는다."255 이는 용과 봉황 무늬 외에 다른 일체의 의복은 법률의 제한을 받지 않으니 마음대로 입어도 좋다는 말이다. 이 복색의 규정은 몽골인 이외의 관민을 겨냥해 만들어진 것이다. 『원전장元典章』에서는 그 점을 다음과 같이 분명히 했다. "몽골인은 제한을 받지 않고, 금위군을 맡은 각양각색의 사람들 역시 제한을 받지 않는다. 오직 용과 봉황 무늬 옷을 입는 것만이 허용되지 않는다."256 한편 색목인의 경우에는 행군하고 군막을 치는 것 외에 나머지는 서인과 같았다.257

원대의 법령에서 한인과 남인은 병기를 소장하는 것이 허용되지 않았다. 한인은 병사만 병기를 소지할 수 있었는데, 심지어 출정할 때만 병기가 발급되었고 돌아와서는 정부에 반납해야 했다.258 활은 수렵과 어업 및 도둑을 잡는 순마소巡馬所의 궁수弓手와 순염巡鹽 궁수만이 사용할 수 있었고, 나머지 사람들은 모두 금지되었다. 도성 안의 백성은 새총조차도 만들어 사용할 수 없었다. 쇠몽둥이인 골타骨朶, 쇠자 모양의 무기인 철척鐵尺, 칼을 품은 철주장鐵柱杖, 투구와 갑옷은 더욱 금령에 위배되는 것들이었다.259 한편 활과 말은 서로 연결된 것으로, 말 또한 전투력 가운데 하나였다. 따라서 한인은 말을 기르는 것이 불허되었고, 말이 있는 자는 모두 관부에 바쳐야 했다. 감히 사사로이 말을 숨겨두거나 시장에서 교역하는 자에게는 형벌

을 내렸다.[260]

금령을 어겨 숨기는 자에 대한 처벌은 극히 엄했다. 몰래 숨긴 총검과 쇠뇌가 10개에 달하거나, 숨긴 활과 화살이 10쌍에 달하거나, 숨긴 투구와 갑옷이 1쌍인 자는 모두 사형에 처했다. 비록 사용하지 않은 총검이든, 입지 않은 적군 방어용의 갑옷이든 사사로이 숨겨둔 자는 태형에 처했다.[261] 당시에 이 법령을 철저하게 집행하기 위해 정부에서는 자주 사람을 파견해 병기를 강제 몰수했다.[262] 몰수한 병기 중에서 하품인 것은 내버리고, 중품인 것은 근처에 거주하는 몽골인에게 하사했으며, 상품인 것은 관의 무기고에 비축했다. 행중서성, 행추밀원, 행어사대의 장관, 다루가치, 외올, 회회인 중에 관직에 있는 자가 그 일을 맡았으며, 한인과 새롭게 귀순한 사람(남인)은 설사 관직에 있다 하더라도 간여할 수 없었으니,[263] 한인을 엄히 방비한 정도가 어떠했는지 짐작할 수 있다.

원나라 때에는 한인들이 반역을 일으키지 못하도록 사냥을 하거나 무예를 익히는 것조차 불허했다.[264] 법률에는 다음과 같이 규정되어 있다. "근본을 버리고 말단을 좇아 씨름 전투를 익히거나 공격하고 찌르는 기술을 배우는 자는 스승과 제자를 함께 장 77대에 처한다."[265]

종족 간의 형법상 불평등 규정도 많이 보인다. 요遼 초기에 거란인과 한인에 대한 법률이 달랐는데, 남원南院과 북원北院의 두 원으로 나누어 죄를 다스렸다.[266] 이렇듯 정복자와 피정복자가 상이한 법률 및 사법권 아래에 놓이게 되자, 조서에서도 그러한 귀천에 따라 법을 달리 적용함의 불공평성을 인정하여 이렇게 말했다. "만약 귀천으로 법을 달리하면 틀림없이 원망이 생겨난다. 낮은 백성이 죄를 저지른 뒤 담당 관리를 움직여 조정에 이르게 하고, 오직 내부의 친족과 외척이 많은 경우 은혜에 기대어 뇌물로써 면죄받으려 하는데, 그와 같으면 법은 폐기될 것이다."[267] 특히 불평등한 점은 한인이 거란인을 때려죽이면 참형에 처하고 친족은 적몰籍沒하여 노비로 삼는 데 비해 거란인이 한인을 때려죽이면 단지 소와 말로 배상해오다가, 성종 때에야 하나의 등급으로 형벌을 부과했다.[268] 원나라 때 귀천에 따라 몽골인과 한인에 대한 법을 다르게 적용했음은 이미 잘 알려진 바로서, 요나라의 제도와 마찬가지로 정복자와 피정복자는 상이한 법률과 사법권 아래에 놓았다. 한인과 남인만이 전담 관리에게 배속되고 몽골인과 색목인의 범죄나 그들과 한인 사이의 송사는 황실과 귀족에 대한 업무를 담당하는 종정부宗正府가 처리하고 판결했다.[269] 몽골 관원이 법을 어겨 논죄가 정해지면 이 또한 몽골 관원이 판결했고, 장을 치는 것 역시 몽골인이 맡았다.[270]

몽골인과 한인 사이의 쟁송은 종족 간의 법률적 불평등을 가장 잘 보여준다. 법률에서는 명문화되어 다음과 같이 규정하고 있다. "몽골인과 한인이 때리면서 싸울 때, 한인은 되받아쳐선 안 되고 전담 관리에게 고소하는 것은 허용된다."[271] 문장의 뜻을 논하자면 첫째, 한인은 되받아치는 것이 허락되지 않는다. 둘째, 다만 전담 관리에게 고소하는 것은 허용된다. 셋째, 되받아쳤을 경우에는 전담 관리에게 고소할 수 없으니, 소송권이 박탈된다. 이 법을 세운 주된 의도는 한인이 되받아칠 수 없도록 하는 데 있는 것으로, 법을 어기고 되받아친 자를 징벌할 수 있었다. 지원至元 2년, 중서성의 찰문札文을 보면 실제 징벌은 소송권 박탈 정도의 소극적인 것이 아니라 엄히 단죄했음을 알 수 있다.[272]

몽골인이 취중에 한인과 싸우다가 때려죽인 경우 단지 출정出征의 수준으로 단죄하고 매장埋葬 비용을 전액 지불하면 마무리되었다. 살인자를 죽이는 법률은 오로지 한인이 몽골인을 죽이거나, 몽골인 또는 한인끼리의 살인 사건에만 적용되었다.

몽골인이 죄를 지은 경우, 심리하고 판결하는 과정에도 여러 가지 법적 특권이 있었다. 죽을죄를 짓거나 간음과 도적질을 한 경우 각각 감금하고 단독으로 구금하는 것을 제외하면, 나머지 죄명에 대해서는 이치에 따라 대조하고 확인할 뿐 전담 관리가 구금할 수 없었으며, 도망한 자에 대해서만 수감할 수 있었다.[273] 또 어떤 형벌은 몽골인에게 가해지지 않았다. 예컨대 글자를 새기는 것은 일반적으로 절도범에 대한 처벌이었으나 몽골인과 색목인은 관례에 따라 이 벌을 면할 수 있었다.[274] 이를 위해 특별히 세운 규정 조항도 있는데, 죄인을 조사하는 관리가 그 형벌을 고집하여 몽골인에게 글자를 새긴 경우에는 장 77대에 제명으로 처리하고 이미 새긴 글자를 제거하도록 했다.[275]

청대의 만주인과 한인에 대한 차별은 원대만큼 가혹하거나 불평등하지 않았다. 행정법상으로 만주인이 제일이고 한인은 둘째라는 제한은 없었으며, 중요하고 비밀스러운 일에 한인의 참여를 제한하는 일도 없었다. 형법 또한 원대처럼 현격히 차별 대우하지 않았다.

그렇다고 해서 만주인과 한인의 법적 지위가 완전히 평등한 것은 아니어서, 약간의 차별은 여전히 존재했다. 무엇보다 만주인과 한인은 상이한 사법 권력 아래에 놓여 있어, 이사청理事廳이 팔기八旗의 사람들을 전담했다. 비록 조례에서는 밖에 거주하는 팔기군과 한군漢軍은 평등하여 한인과 일체화하여 보갑保甲으로 편성해 살핌으로써 모든 민사·형사 사건을 소속 주현에서 처리하게 했다. 그러나 주현과 이사청의 동지同知와 통판通判이 한 성에 거주하는 경우에는 주현에서 회동하여 심리했고, 이사理事 등의 관리가 같은 성에 거주하지 않아야 비로소 주현의 관원이 심리하고 법에 의거해 처벌했다.[276] 그래서 팔기 사람들은 종종 교만하고 방종하여 사단을 일으켰고 지방관은 그들을 통제하기 어려웠다.[277]

팔기 사람들이 두려워하지 않고 교만하고 방종하게 사단을 일으키는 이유는 주현과 이사청이 나누어 다스린 탓이 아니다. 주요 핵심은 팔기 사람들이 형사상 우대를 받았다는 데 있다. 『대청율례大淸律例』는 만주인과 한인에게 똑같이 적용되었지만, 만주인만을 위해 설계된 별도의 조항이 있었다. 예컨대 '범죄면발견犯罪免發遣' 조항은 팔기 사람들을 우대하기 위해 설계된 것이다. 이 법률에 따르면 태형과 장형의 대수는 정해진 대로 맞았지만, 이를 제외한 도형·유형·충군형 등의 자유가 제한되는 형벌은 일률적인 시행 대신 등급에 따라 칼을 씌우는 것으로 대체되었다. 도형은 연한에 따라 칼을 씌웠으니, 1년인 자는 20일 칼을 씌우고, 그 이상은 등급에 따라 5일씩 더하여, 도형 최고형은 40일, 도형이나 유형을 받은 이가 재범을 저질렀을 때의 최고형인 총도사년總徒四年형은 35일, 죽을죄를 지은 잡범에게 내리는 준도오년准徒五年형은 50일 동안 칼을 씌웠다. 유형은 유배지의 거리에 따라 칼을 씌웠는데 2000리는 50일 칼을 씌우고, 그 이상은 등급에 따라 5일씩 더해, 유형 최고형은 60일이었다. 부근에서 충군이 된 자는 70일 칼을 씌우고, 가까운 변경 지역은 75일, 먼 국경 지역이나 연해 또는 변경 바깥은 80일, 변경 끝 오지는 90일이었다.[278] 오직 행동거지가 무뢰하여 기적旗籍을 더럽힌 팔기 사람만이 자신의 기적에서 삭제되고 한인과 똑같이 처리되어 귀양이나 칼을 씌우는 벌이 불허되었다.[279] 도광 연간에 팔기도통八旗都統은 팔기 사람들이 교만방종하여 문제를 일으킨 경우 지방관들이 통제하기 어려워지자 또 다시 주청을 하여 조례를 반포해 정했다. 즉 한가하게 휴가를 얻어 서울을 벗어나 거주하는 팔기 사람들이 밖에서 문제를 일으키면 백성(한인)의 경우에 의거하여 심문하고 판결하도록 했다.[280]

또 팔기 사람이 절도죄를 지었을 때 태형과 장형에 그친 초범인 경우에는 글자를 새기는 것이 면제되었다. 그러나 재범이면 백성의 경우에 의거하되 초범으로 논죄했다.[281] 반면 한인은 초범이어도 글자를 새기고 3범이면 교형 감후에 처했다. 이 두 경우를 비교하면 그 벌의 차이를 알 수 있다.

5장
무술巫術과 종교

고대 법률을 연구한 헨리 메인H. Maine은 옛 인류 사회에서 법률과 규범이 종교 규범을 떠나 독립적으로 존재했던 시기는 없었으나 중국에서만큼은 예외였다고 했다.[1] 표면적으로 관찰해보면 중국 법률사에서는 종교의 지위가 잘 드러나지 않는다. 역사적 자료에 근거하자면, 중국은 함무라비나 마누 혹은 모세의 법과 같이 신으로부터 받은 법률이 없다. 근본적으로 우리 선조들에게는 모든 법률이 신에 의해 제정되었다는 그리스인들과 같은 관념이 없었다. 또한 중국의 법률은 무술巫術적 종교의 역량에 의해 유지되지도 않았다. 저주가 부여된 어떤 법률도 알려지지 않았고,[2] 사법권을 지닌 사은 무술 혹은 신권을 지닌 사람이 아니었다.[3] 중국에서는 법률 제재와 종교 제재 혹은 의식儀式 제재가 분리되어 있기 때문이다. 그러나 더 깊이 연구해보면, 무술 종교와 법률 기능의 관계가 매우 밀접하다는 사실을 발견할 수 있다.

1. 신판神判

고대인들은 신이 정직하고 죄 없는 사람을 좋아하며, 신을 침범하거나 사악한 자를 매우 미워한다고 믿었다.⁴ 동시에 그들은 신만이 인간의 선악이나 사악함과 정직함을 통찰할 수 있다고 믿었기 때문에 고대의 법률은 언제나 신의 재판에 의존했다. 결국 먼 옛날 신판법神判法ordeal은 각 민족에게 통용되는 하나의 방법이었다. 인류의 지혜로써 어떤 혐의자의 범죄 여부를 가릴 수 없을 경우 어쩔 수 없이 신령한 힘에 기대야 했기 때문이다. 가장 간단한 방법은 그가 어떤 위험에서 벗어날 수 있는지, 즉 죽음을 벗어나 생존할 수 있는지를 시험하는 것이다. 그리스인들은 사람을 바다에 띄우거나 높은 절벽 위에서 뛰어내리도록 하는 관습이 있었다. 독약 처방은 아프리카 아산티Ashanti 사람들이 자주 쓰던 방식이다. 주주JuJu인은 혐의자에게 독사 또는 악어가 사는 연못을 헤엄쳐 건너게 했다. 그들은 신이 무고한 자의 죽음을 좌시하지 않고 보호할 것이라 믿었기 때문에 그렇지 않은 결과가 나타나면 그의 죄가 증명된 것이며 징벌을 집행한 셈이다. 생명을 건 이러한 시험에서 신은 재판자이자 집행자였던 것이다. 하지만 혐의자를 죽게만드는 위협은 대체로 사용하지 않았고 다만 육체적 고통을 주어 시험했다. 그 목적은 신의 판단을 구하기 위한 것으로, 집행은 인류 스스로의 몫이었다. 불은 가장 많이 쓰던 방식이었으며, 달구어진 쇠로 사람의 다리를 지지거나 손으로 쥐게 하는 방식도 보편적이었다. 때로는 끓는 기름을 손에 붓거나 끓는 물속에서 뜨거운 돌을 건지게 하기도 한다. 또 어떤 사회에서는 맨발로 쇠가시밭길을 걷게 했다. 이렇듯 혐의자로 하여금 육체의 고통을 겪게 하여 상해를 입는지의 여부에 따라 죄를 판별하곤 했다.

신판법 중에는 고통이 그다지 크지 않은 것도 있다. 예컨대 사람을 강에 던져 뜨거나 가라앉는⁵ 것으로 죄를 판단하는 것은 가장 보편된 관습이다. 구약 가운데 쓴 물로 아내의 정조를 시험하는 것은 중세 유럽의 기독교 국가가 공인한 단죄 방법이다. 특수한 식품을 이용하는 방식도 자주 쓰였다.

수마트라에서는 한 줌의 쌀 혹은 밀가루를 목구멍에 넣어서 질식하거나 기침을 하면 유죄로 판명된다. 술은 아프리카의 통가Thonga 사람들이 늘 활용하는 재료였다. 인도에서는 천칭으로 측정하는 방법을 사용했는데, 사람이 한쪽 끝에 있고 돌덩어리를 다른 쪽 끝에 놓아서 천칭이 평형을 유지하지 못하면 유죄가 되었다.

또 어떤 경우에는 물체를 동원하여 고통 없이는 시험을 통과할 수 없는 시험을 치르기도 했다. 예를 들어 성경의 시편에서는 빙빙 돌게 하는 방법으로 유죄와 무죄를 측정했다. 아프리카의 이웨Ewe 사람들은 무당 앞에 호미와 광주리 하나를 놓아두고 호미 머리를 잡으면 유죄였다. 어떤 때는 소금을 끓는 물에 넣고 둘로 갈라지는지를 살펴 나누어지지 않으면 무죄로 여겼다. 보르네오Borneo 사람들은 투계鬥雞로 원숭이를 이기는 방법을 사용했다.

이러한 여러 관습은 서로 다른 방법과 순서를 포함하고 있지만 신의 신령함에 의존한 재판이라는 점에서 그 목적은 완전히 동일하다.[6]

중국은 이런 관습에서 다른 민족들보다 빠르게 진전하여, 이미 유사 이래 신판법은 보이지 않았다. 노터브호이M. Nathubhoy는 중국인에게도 신판법이 있다고 했다. 간음한 남녀를 죽인 사건에서 두 사람의 머리를 물통 안에 넣어 빠르게 뒤섞었을 때 머리가 서로 마주보는지 아니면 반대 방향을 향하는지에 따라 간음 여부를 결정했다.[7] 이 이야기는 완전히 터무니없는 것으로, 어디에 근거한 것인지 알 수 없다. 근본적으로 중국의 고대 법률에는 간음한 여성과 남성을 죽이는 규정이 존재하지 않고, 명대나 청대의 법률에는 간음한 자를 사로잡는 조항이 있지만 조문에 매우 명확히 규정되어 있다. 즉 반드시 간음 현장에서 체포한 경우에만 그 즉시 간음한 남녀를 같이 죽일 수 있었다.[8] 실증 조건이 매우 구체적이며 법률상 다른 방법으로 증명해선 안 되도록 되어 있었다. 롭슨Robson은 신판법이 보편적인 관습이지만 세계에서 기껏해야 한 국가 정도만 이러한 방법을 사용하지 않았는데 그 유일한 예외는 중국으로, 중국인에게서는 신판의 흔적을 찾아볼 수 없다고 했다.[9] 이는 신중하게 역사적 사실에 근거한 논단이다.

신판법은 사람들이 자기의 지적 능력을 이용해서 범죄 증거를 찾을 수 없거나 혐의자로 하여금 실제 사실을 토로하게 만들 수 없을 때 어쩔 수 없이 신에 의존한 방법임을 우리는 알고 있다. 그러나 인간이 자신의 지력으로 범죄 행위를 판단할 수 있는 시기가 되면 신의 재판은 불필요하다.[10] 세계 각국은 고문으로써 신판을 대체하는 단계를 거쳐 왔다.[11]

중국은 유사 이래 고문으로 자백을 얻어냈으며 신판법에 의뢰하지 않았다. 그러나 고문을 이용하기 전에는 신판의 단계를 거친 것 같다. 가장 오래된 전술에서는 몇몇 남겨진 흔적들을 볼 수 있다. '해廌'라는 글자는 '薦'이라는 글자에서 유래되었고 '薦'은 '豸'라고 쓰기도 하는데, 이는 뿔이 있는 신령한 동물이다. 『설문說文』은 "예전에는 송사를 결정함에 잘못된 자를 접촉하게 했다"고 말한다. 『논형論衡』에 따르면 해치廌豸는 외뿔을 가진 양으로, 죄가 의심되는 자를 고요皐陶가 재판할 때 양에게 접촉하도록 하는 방법을 썼다. 즉 유죄자는 접촉하고 무죄자는 접촉하지 않아 태생이 외뿔인 성스러운 금수가 재판을 돕는 것으로 여겼다. 동물로 곡직을 가리는 것은 중국 고유의 관습은 아니며[12] 단지 신화적 과장일 뿐이다. 그러나 신령한 동물의 등장은 바로 고대 제일법관이 등장한 시대로서 그 오묘한 합치에 연유가 없는 것은 아니다. 비록 후대에는 이러한 신령한 동물의 흔적이 사라졌으나 한나라 이래 법관은 줄곧 해치 형상의 관冠을 착용했다.[13] 남겨진 흔적으로 보이는데, 적어도 상고 시대에는 이러한 전설을 믿었다. 아마도 처음에는 평범한 양羊이었을 것이며 신판의 의미를 잘 모르는 후대 사람들이 신화적 과정을 덧붙인 것 같다. 어쩌면 사람들이 쉽게 믿고 따르도록 하기 위해 신적 존재에 대한 심리를 이용한 것일 수도 있다. 나중에 해치가 자취를 감춘 것은 신령한 동물의 사라짐이라기보다 신판법의 소멸이라 보는 게 맞을 것이다.

『논형』의 다음 기록은 주의할 만하다.

이자장李子長이 정사를 할 때 수인囚人의 마음을 알고 싶어 했다. 오동나무로 사람을 만들어 수인의 형태로 깎은 뒤, 땅을 파서 구덩이를 만들고 검은 곽을 쌓고 나무로 만든 수인을 그 가운데 눕혔다. 수인의 죄가 맞으면 나무 수인이 움직이지 않았다. 수인이 자신의 죄(도둑질)를 억울해하면 나무 수인은 움직여 튀어 나왔다.[14]

이것은 비록 개인의 행위로서 법률상의 관습이 아니므로 일반의 정형을 대표하기에 부족하지만, 완전히 과거의 개인적 창작으로 치부하거나 일상 사회의 관습 또는 사회의식과 무관하다고 보긴 어렵다. 적어도 사회적 유습으로 볼 수 있다.

신판법은 중국의 역사 시기에 완전히 소멸되었으며, 단지 법률이 정착되는 과정에서 신판법을 발견하지 못한 것이라 말할 수 있을 뿐이다. 따라서 실제로는 신판법이 여전히 잠재적 기능을 지니고 있다. 재판하는 관리가 의심스러워서 결정을 내리지 못할 때면 신이 꿈에서 알려주기를 희망했는데, 이는 분명 신에게 도움을 청하는 또 다른 방식 가운데 하나다.

옛날 사람들의 관념에 귀신은 속일 수 없는 존재였다. 즉 사악한 행위에 대해 인간의 이목을 피할 수는 있어도 귀신의 밝음神明을 기만할 수는 없었다. 인류의 행위는 선악뿐 아니라 모든 것이 귀신에 의해 세세한 것까지 탄로 날 수밖에 없다. 그러므로 법망의 헐거움을 메우고 더욱 공평하게 유지하고자 귀신에 대한 커다란 기대와 믿음을 갖게 되었고, 이는 명대에 규정한 부주현관 제려府州縣官祭厲 귀신의 앙화를 면하기 위해 부·주·현의 지방관이 주최하는 악귀에게 올리는 제사의 (귀신에 제사지내지 않는) 제문祭文에서 분명히 볼 수 있다.

무릇 우리 부의 경내 사람들 중에 혹시 불효하여 육친을 공경하지 않는 자, 간음하거나 도적질, 사기치는 자, 공법을 두려워하지 않는 자, 소박하고 착한 사람을 거짓말로 속이고 협박하는 자, 노역을 피하여 가난한 백성에게 빌붙어 사는 자와 같이 완악하고 간사한 불량의 무리는 신께서 반드시 성황신에 보고하여 그 일을 폭로하고 관부官府를 만나게 하니, 가벼우면 태장笞杖으로 결단하고 양민良民이라 불리지 못하고, 무거우면 노역·유배·교수·참수에 처하고 향리에 살지 못하게 한다. 일이 폭로되지 않으면 반드시 보이지 않게 처벌받을 것이니, 그 가문을 역병에 걸리게 하거나 육축六畜, 전답, 양잠이 잘 되지 않을 것이다. 예를 들어 부모에 효순하고 친족과 화목하며 관부를 두려워하며 예법을 준수하고 나쁜 일을 하지 않는 양선하고 정직한 사람은 신께서 반드시 성황신에 보고하여 보이지 않게 보호하고 도우시니, 그 가문이 편안하고 조화롭게 되며 농사가 잘 되고, 부모처자는 마을을 지키고 보호할 것이다. 우리 전 부府의 관리 가운데 조정을 기만하고 양선을 해치며 재물을 탐해 폐단을 일으켜 정사에 해를 끼치고 백성을 해롭게 하는 자가 있다면 영께서 반드시 공평무사하게 일체를 드러내 알려줄 것이다.[15]

귀신에 대한 협조와 의뢰, 아울러 종교 제재와 법률 제재의 연관성은 매우 면밀하다. 제문 가운데 열거한 죄 혹은 선행은 모두 세속적 법률적인 것이며 종교적인 것이 아니고, 중점을 둔 제재 또한 법률적인 것이며 종교적인 것이 아니라고 할 수 있다. 즉 관부가 기대하는 것은 죄의 상황을 드러냄이며 제재 부분은 여전히 법률 기구를 통해 집행한다. 단지 죄상이 아직 폭로되지 않은 상황에서만 귀신에게 보이지 않는 책벌을 요구한 것이다. 이렇듯 법률 제재가 주체이며 종교 제재는 보조적 지위를 차지하고 있다고 할 수 있다.

관리가 해결하기 어려운 소송 건을 만나면 자주 신의 도움을 구하곤 했다. 유명한 장수 겸 관리인 왕휘조汪輝祖 1731~1807, 청대 강소산 출신으로 '소흥선생'으로 유명했으며 '일대명막—代名幕'으로 불렸다는 막관幕館에 갈 때면 다음 날 반드시 제계하고 성황묘에 배알하여 분향하고 기도 드렸는데, 형명刑名을 정하지 않으면 안 되거나, 억울함이 있을 수 있거나, 아니면 자신의 보좌관을 청렴히 하지 않으면 안 될 때 일일이 기도하여 아뢰었다. 스스로 기도하면 반드시 응답한다 했으니 많은 경우 살인 사건을 심리할 때 신의 도움을 얻었다. 유개양劉開揚에 대한 소송 건은 특별히 유명하다.

유개양劉開揚이라는 자는 남향南鄕의 토호로서 같은 마을 성대붕成大鵬의 산과 인접해 있었다. 성대붕의 동족이 사사로이 그 산을 유씨에게 팔자 대붕은 현에 소송을 제기했고, 그 자제로 하여금 우선 벌목케 하여 시간을 끌게 했다. 개양은 소송에 질 것을 걱정했다. 우연히 친족 동생인 유개록이 병들어 거의 죽게 되자 가속인 유장홍 등이 그를 짊어지고 산에 올라 성대붕 족속과 싸움을 벌여 그를 맞아죽게 함으로써 소송에서 이기려 했다. 그들이 산에 이르자 벌목을 하던 자들이 떠났고, 장홍 등은 개록을 땅에 버려두었다. 개양이 아들 윤회에게 개록의 이마를 치게 하여 바로 죽음에 이르자, 성씨 가족이 때려죽였다고 소송을 제기했다. 나는 당시 개양을 취조했는데 말이나 안색이 의심스러워 구금했다. 뒤이어 대봉이 때린 적이 없다고 하소연하니 때린 주범이 누구인지 알 수가 없었다. 대봉을 구금한 뒤 함께 성황묘에 이르렀다. 나는 우선 향을 집어 머리를 조아려 기도했고, 기도가 끝나자 대봉과 개양에게도 계단 밑에 엎드려 있으라고 했다. 대봉은 기색이 태연했지만 개양은 사지를 떨면서 두려운 안색을 보였다. 나는 범인이 성씨 가문에 있지 않을 것이라 의심했지만 쉽게 단정할 수 없었다. 검안하고 돌아온 시각이 자정이 넘자, 다시 신에게 기도하고 둘을 심문하려고 관아에 왔지만 아무런 소득도 없었다. 갑자기 대당大堂에서 큰 소리가 나서 알아보라 하니, 술에 취한 자가 난입하여 문지기가 저지하자 큰 소리를 낸 것이라 했다. 들어오게 하니 바로 윤희였다. 개양은 크게 놀라 기어와 말하길 "이 녀석은 평소 불효한지라 청컨대 저를 곤장을 쳐 죽여주십시오." 나는 개양을 나가게 하고 윤희를 심문했고, 마침내 아버지의 명령에 따라 개록을 쳐 죽음에 이르게 했다는 전말을 실토했다. 개양에게 물으니 사실이었다. 장흥 등은 모두 머리를 조아려 진술서에 서명했으나 아직 모든 것이 밝혀진 것은 아니었다. 다음 날 다시 윤희에게 왜 관아에 들어왔는지를 심문하니, 마침내 눈물을 흘리며 말하길 "어제 술을 마시고 아내와 광서로 도망가 숨고자 결정했을 때 어떤 사람이 문을 두드리며 '빨리 도망쳐라, 관청의 심부름꾼이 온다' 하기에 문을 열고 나갔는데 키가 크고 검은 형체의 사람이 저를 잡아끌어 관아 문 앞에 이르게 되었습니다. 그런데 누군가 뒤에서 미는 것 같아 소리를 지른 것입니다." 결국 윤희가 하수인으로서 매우 흉악한 짓을 저지른 것이었다. 장부에 이름은 없었으나 그 아비 개양은 유족遺族이 되었고, 장흥 등은 토로하여 구인되지 않고 이미 경내를 벗어나 떠나갔으니, 어찌 믿을 만한 심문이 되겠는가? 문을 두드리던 소리는 귀신이 도운 것이 분명하다. 살인한 자는 죽여야 하는 것이 국법인데, 내가 몽매하여 안건을 처리하지 못하고 의심이 일어났으니, 신의 성황당의 신이 공무에 도움을 주었다는 왕휘조의 말은 당연한 일로 여겨졌으며,[17] 이 안건은 원래 『학치억설學治臆說』에 상세히 기록되어 있다.

2. 복보福報

복보는 소송과 매우 큰 관련이 있다.

옛날 사람들은 재난은 저절로 발생하는 자연 현상이 아니라 인류가 저지른 행위에 대해 신령이 불쾌함을 표하는 것이라 여겼다. 올바르지 않은 정사政事는 재난의 원인이 되고, 치죄하는 과정에서 옥사獄死하는 경우는 가장 불길한 일이었다. 그 죽음 중에서 억울한 옥살이가 없을 수 없으니, 그 원한의 독기가 하늘에 닿아 신의 분노를 일으킨다고 생각한 것이다.

한나라 때 일찍 남편을 여의어 자식이 없는 효부孝婦가 있었는데, 시어머니를 모심이 매우 정성스러웠다. 시어머니는 그녀를 개가시키려 했으나 받아들이지 않자 며느리를 고생시키지 않으려 스스로 목을 맸다. 그녀(시어머니)의 딸은 며느리가 어머니를 죽였다고 고소했고, 효부는 억울하게 죽었다. 그 마을에 가뭄이 2년간 지속되었고, 후임 태수가 와서 소를 죽여 효부의 묘에 제사를 지내자 하늘이 열려 큰 비가 내렸다.[18] 후한 시대에도 이와 유사한 이야기가 있다. 이 또한 효부가 억울하게 죽자 큰 가뭄이 왔고, 소송한 여인을 벌하고 효부의 묘에서 제사지낸 뒤에야 비로소 비가 내렸다.[19] 영평永平 연간에 수도에 가뭄이 들자 등태후鄧太后는 친히 낙양사洛陽寺에 행차하여 억울한 옥살이를 듣고자 했다. 살인 누명을 쓴 어떤 수인囚人이 고문에 못 이겨 살인했다고 자백한 이야기를 듣고 태후가 옥살이를 거두어들이자 궁에 돌아오기도 전에 단비가 내렸다.[20] 진晉 민제愍帝 당시에 2년 연속 큰 가뭄이 들었는데, 순우백淳于伯이 억울한 죽음을 당했다.[21] 태평흥국太平興國 6년, 봄부터 여름까지 비가 내리지 않자 송 태종은 무고한 옥사가 많다고 생각했다.[22] 고대 사람들에게 기이한 자연 현상과 억울한 옥살이는 상응하는 것으로 인식되어, 제나라의 정위어사중승廷尉御史中丞 공치규孔稚珪는 다음과 같이 말했다.

법서는 단지 책 더미 안에서만 밝고, 원혼은 마치 옥중에 응결된 듯하다. 현재 부·주·현에는 1000여 개의 옥사獄舍가 있는데 하나의 옥사에 한 명의 억울한 자가 있으면 1년에 억울하게 죽는 자가 1000여 명이다. 원통한 독을 품은 죽음은 조화로운 기보다 위에 있으니 성명聖明이 급박한 바, 이에 이르는 것을 방어하지 않으면 안 되는 이유다.[23]

역시 그런 이유다.

그래서 역대 임금들은 하늘이 기이한 자연 현상을 내리는 것은 억울한 옥살이와 연관된 것이라 보고, 소송을 투명하고 분명하게 시행하도록 명령했다. 한나라 건무建武 4년 5월에 황제는 이렇게 명했다.

오랜 가뭄이 보리를 상하게 하여 가을에 씨 뿌리는 것을 아직 못했으니 짐이 매우 걱정되는구나. 잔악한 관리들을 아직 이기지 못하여 감옥마다 많은 원한이 맺히니, 백성의 근심과 원한들이 천지를 움직인 것인가? 중도관 삼보로 하여금 수인들을 군국君國 밖으로 내보내되, 죄가 참수형이 아니면 모두 기록을 무시하고 수인들을 서인으로 면해주도록 하라.[24]

화제和帝 영화永和 16년 7월, 황제는 이렇게 명했다.

금년 가을, 심은 곡식의 이삭이 이제 막 패려는 시기에 가뭄이 들어 비가 적셔주지 않으니, 의심컨대 관리들의 행위가 잔인하여 은택이 펼쳐지지 않고 헛되이 무죄한 자를 잡아들이고 착한 백성을 유폐하여 발생한 일이라. 법에 대해 의심을 품는 모든 수인들의 판결을 멈추어 가을 기후를 받들고, 바야흐로 복잡하고 까다로운 관리들을 감찰하여 그 벌을 분명히 하라.[25]

당나라 때에도 항상 비를 구하기 위해 원통한 소송을 심리했다. 송나라 태종은 비와 눈이 내리는 시기가 조금 늦어지자 친히 수인을 감찰하여 대부분 용서하거나 감형해주고 관리를 보내 결정에 따르도록 했다. 이것이 일종의 관행으로 자리 잡아 이어졌다.[26] 이종理宗 때에는 청명한 기후 또는 눈이 내리기를 빌거나 재앙에 대해 상서로움을 기원할 때마다 죄인들의 감형을 고려했다. 사형에 처한 자의 정황이 가벼우면 유배자로, 유배자는 노역으로, 노역자는 곤장으로, 곤장 이하는 풀어주었다.[27] 명나라 때는 가뭄이 들면 특별히 녹수錄囚 봉건 시대의 군주나 상급 장관이 수인의 투옥 상황에 대해 감찰하는 것. 잘못된 소송을 교정하거나 오래된 미결 소송을 감독하는 것으로, 여수慮囚라고도 함를 지시했는데, 예를 들어 서리가 내리면 녹수하여 여름 무렵에 꼼꼼히 심판을 했다. 범죄자에게는 형량이 줄거나 풀려날 수 있는 기회였다.[28] 청대에는 가뭄이 들거나 전쟁이 나면 조서를 내려 대부분의 형을 정리했는데, 특히 가뭄 시에는 형옥刑獄을 감면해주는 규정을 조문에 고정시켰다. 이로써 노역이나 유배 등의 범죄 이외에 연루범을 대질하거나 태장 소송에 용서할 만한 속사정이 있는 자에 대해서는 독무가 형편을 구분하여 형량을 줄여주거나 면해주고, 이를 천자에게 보고했다.[29]

죄인들은 재난이나 이변으로 인해 감면의 기회를 얻었을 뿐만 아니라 대사면을 받기도 했는데, 이런 일은 중국 역사에 자주 있었다. 한나라 때에는 일찍이 일식, 지진, 화재 등을 계기로 전국적인 사면이 여러 번 이루어졌다.[30] 수나라 개국 황제 15년에는 가뭄이 들자 태산에서 과실과 허물을 비는 제사를 지낸 뒤 전국 대사면을 실시했다.[31] 당나라 정관貞觀 3년, 가뭄과 메뚜기 떼로 인한 책임을 지고 대사면을 행했다.[32] 대력大历 5년, 혜성의 출현으로 사형의 죄를 줄이고 유배 이하는 용서했다.[33] 송나라 태평흥국 2년, 가뭄으로 대사면이 있었다.[34] 경우景祐 원년, 별의 변화로 대사면이 있었다.[35] 인종은 비로 인한 재해가 일어날 때면 보좌하는 신하들에게 "이 정사가 천심을 얻지 못했단 말인가?"라고 말하거나 "사면을 자주 하는 것은 원치 않으나 그렇게 하지 않으면 화기和氣를 부를 수 없도다"라고 하여 전국에 사면을 명령했다.[36] 신종 희녕熙寧 7년, 이미 사면이 두 차례 있었으나 가뭄으로 다시 사면을 하고자 했다. 그러자 왕안석은 한 해에 세 번의 사면은 정사의 절도에 맞지 않기 때문에 재앙을 면할 수 없다고 하여 사면을 취소했다.[37] 역대 제왕들이 재난과 이변으로 인해 사면을 반포하는 것은 역사상 계속된 일이어서 일일이 거론할 수 없을 정도다. 『중국대사고中國大赦考』에 의하면 역대 재난과 이변과 관련된 사면은 별의 변화 12회, 가뭄과 기아 8회, 지진 5회, 일식 4회였다.[38]

반대로, 재난과 이변이 있어도 이를 깨닫지 못하고 형벌과 자형을 그치지 않아 문제가 되기도 했는데, 측천무후가 사형을 행하려 할 때 진자앙陳子昂이 다급히 상소를 올렸다.

원통한 사람들이 탄식하니 이에 감하여 화기和氣가 손상되고, 화기가 훼손되고 어지러워지니 백성이 심한 역병을 앓고 가뭄이 그 뒤를 따르나, 다행인 것은 (…) 근래 극성스런 양기陽氣로 때를 놓치니, 구름이 일어도 비가 오지 않고 농부는 쟁기를 놓고 멍하니 바라보며 곡을 합니다. 폐하께서 성덕이 있음에도 백성에게 은택을 내리지 않는 것과 같지 않겠습니까? 봄 내내 가뭄으로 인해 씨 뿌리는 때를 놓친다면 금년 농사에 반드시 손해가 있을 것입니다. 폐하께서 하늘의 뜻을 받아들여 백성에 은택을 내리지 않으신다면 어찌 옳은 일이겠습니까?[39]

진자앙의 발언은 재난과 형법에 대한 전통적인 견해를 대표한다. 측천무후는 천벌을 깨닫지 못하고 간언을 따르지 않았으니, 이에 대해 일반 사람들은 옳지 않은 것으로 여겼다. 그래서 『당서唐書』 「형법지」는 얼마 안 되는 한 권 분량인데, 많은 지면을 할애하여 진자앙의 상소를 소개하고 있다.

함부로 사면하는 것을 반대한 사람도 하늘과 형벌의 관계를 부인하지는 않았다. 다만 범죄자가 사면된다면 무고한 피해자가 원한을 품을 것이고, 저승에 내려가 또 다시 화기를 손상시켜 하늘의 분노를 일으킨다고 보았다.[40]

지금까지는 하늘이 재앙과 이변을 내리는 것에 대한 두려움으로 형 집행을 고친 경우로, 신의 분노를 풀어주고 신을 기쁘게 함으로써 재앙과 이변을 없애려 한 것이다. 반면 길조 혹은 풍년은 하늘이 기뻐하여 복을 내린 경우로, 제왕들은 하늘의 은택에 보답하고자 또는 하늘을 더 기쁘게 하고자 죄수를 사면하여 화기를 더욱 증대시켰다. 한나라 때 각 제왕들은 영지靈芝, 감로甘露, 봉황鳳凰, 선학仙鶴 등의 길한 물건을 바치고 전국적으로 사면을 단행했다.[41] 양 무제 또한 비가 적절히 내린 것 때문에 전국적인 사면을 단행했다.[42]

때로는 복을 받기 위해 무분별한 사면을 단행하기도 했다. 조昭에서 신명에 보고하여 신을 기쁘게 하고 복을 구하는 제사를 드리는 동안에는 늘 죄인을 석방했다. 가장 성대한 교제郊祭 하늘과 땅에 지내는 제사 때 특히 더 사면이 많았다. 한나라의 모든 제왕은 교제에서 여러 번 봉선封禪 옛날, 제왕이 태산泰山에 가서 천지天池에 제사 지내는 전례하고 전국적으로 사면을 시행했다.[43] 양 무제 때는 제사를 가장 번잡하게 지냈으며 사면 또한 가장 많았다. 교제를 지낼 때마다 사면을 시행했을 뿐 아니라 수계受戒하거나 사신捨身할 때에도 무차회無遮會 원래 불교에서 승려에게 보시하는 대회로, '무차無遮'란 관용을 베풀어 모두 용서하는 것을 말함를 열어 모두 사면했다.[44] 무제는 일찍이 조서를 선포하면서 다음과 같이 말했다. "하느님을 경건히 공경하라, (하느님을 우러러보고) 땅의 신을 모실 때에는 제물犧牲을 불로 태워라. (…) 마음과 의례를 모두 그 복과 은혜에 같게 하라."[45] 당나라 때에는 천지에 교제 지낼 때 늘 사면했다.[46] 송나라 때에는 3년에 한 번 교제를 지낼 때 사면했다.[47] 명나라 때에도 교제를 지낼 때 사면을 했다.[48] 몽골인은 불교를 숭상하여 사찰을 수리하는 일이 있을 때마다 황제의 스승은 중형에 처한 수인을 풀어주라고 간언했고, 이 시기를 앞뒤로 하여 석방된 자가 대략 600여 명에 달했다.[49]

황실에 경사스러운 일이 있어도 사면이 시행되었다. 예를 들어 즉위하여 개원改元할 때,[50] 황후를 세울 때, 황제의 후손이 태어날 때, 황태자가 태어날 때, 황태자를 책봉할 때와 같은 경우다.

이와 같은 상황은 귀신과 형법의 관계를 충분히 알 수 있게 해준다. 바로 재난을 면하거나 복을 구하고자 하는 것으로, 『명사明史』「형법지」에서 말한바 "무릇 큰 경사 및 재난이나 가뭄이 있으면 모두 사면했다"든가 "혹은 재난과 이변으로 형벌을 고치거나 깊은 은혜로 덕을 베푼다"는 구절에서 이를 알 수 있다.

이외에도 법을 집행하는 관리는 개인의 복에 대한 보답으로써 사법에 영향을 끼쳤다. 이 역시 매우 깊은 관계가 있는 것으로, 무시할 수 없는 부분이다.

중국에 불교가 들어와 살생을 금하는 행동이나 인과응보에 대한 믿음이 민간에 깊이 자리하게 되자, 법을 집행하는 관리는 복과 재앙에 관련된 것들을 세밀히 구별하면서 살인은 재앙을 일으키는 행위로 여겼다.

> 주현의 관리는 쉽게 재앙을 일으킬 수 있고 쉽게 복을 불러올 수 있다. (…) 마음을 다해 직무를 수행하면 확연히 백성으로 하여금 복을 이루게 하니 암암리에 하늘로부터 복을 받을 것이다. 반대로 백성을 학대하는 것은 스스로 화를 부르는 것이다. 나는 23세에 진영에 들어갔고 57세에 알선인謁選人 일종의 채용자이 되었으니, 30여 년 관리로서 듣고 본 바가 많다. 무지몽매하여 책망과 처벌이 그 자신뿐만 아니라 자손에까지 연루된 자는 결국 반란을 일으키고 백성을 착취하는 데 능한 관리다. 한편 시류에 휘말리지 않고 분수에 만족하며, 복을 부르지도 않지만 재앙 또한 일으키지 않으려는 자는 간혹 규정에 따라 승진한다. 정사에 근면하고 백성을 사랑함이 남다른 관리는 그 자녀가 모두 태사가 되거나 어사가 되거나 사도가 되는 것을 직접 보게 된다. 천자의 보시報施는 그 반응이 빠르다. 이로써 녹을 받은 지 수년, 늠름하게 귀감을 선보인다.[51]

주살을 두려워하고 허물을 짓지 않으면 보답이 있다는 믿음 아래 목숨을 살려주는 것을 음덕으로 여겨 살육을 기피했으니, 이는 관대함을 따른 것이다. 고윤高允은 사람들에게 늘 이렇게 말했다. "내가 중서에 재직할 때 음덕이 있어 백성의 목숨을 다스리고 구제했으니, 만일 양덕의 보답에 잘못된 게 없다면 내 수명은 분명 100세를 누릴 것이다."⁵² 이는 곧 그러한 의식의 표현이다.

주자는 매우 분명히 말했다.

오늘날 법률가들은 죄복보응罪福報應의 설에 혹한다. 많은 이들이 죄의 출입으로 복을 구하려 하니 무릇 죄 없는 자는 옳음을 얻지 못하게 되고 죄 있는 자는 요행히 면제되어 악해지니, 어찌 보답의 복이 있겠는가? (…) 오늘날의 법관은 긍휼에 관한 이야기에 혹해 죄에 대해 관대함을 당연시하여 죽음을 면케 한다. 그런 까닭에 마땅히 죽어야 할 자들이 대부분 도망갈 길을 만들어놓고 주재奏裁 결정을 상급기관에 청하는 것을 기다린다. 많은 경우 감등되어 주살할 자 유배 가고, 유배 갈 자 노역형에 처해지고, 노역형에 처할 자 장형 받고, 장형 받을 자 태형을 받으니, 이는 곧 질서를 희롱하고 법을 가지고 놀면서 뇌물을 받는 자로서 어찌 긍휼을 베풀 것인가? 죄가 있다고 생각되는 자는 가벼워지고 공이 있다고 생각되는 자는 무거워지니 (…) 오늘날의 율령에도 이러한 조목이 있어 이르기를 '법이 결정하지 못한다면 주재를 기다릴 것이다'라고 한다. 마땅히 죽어야 할 죄임을 알면서도 살려줄 길을 만들어놓고 위에 보고한다.⁵³

그는 또 말한다.

요즘 사람들은 죄를 다스림에 대해 후하게 처리하려고만 할 뿐 시비선악을 알려 하거나 묻지 않는다. 후하게 처리하는 것에만 힘쓴다면 간악함을 장려하는 것이 아니겠는가?⁵⁴

그래서 관리들이 면제할 만한 것을 만나면 따지지 않고 면제해주었다.

유양留養 형을 집행해야 하지만 부모를 봉양해야 하는 까닭에 형 집행을 미루는 것의
조목은 국가법 이외의 자비이니 남용해서는 안 된다. 조례에는 유양을 날조
할 경우 각각 그에 상응하는 처분을 한다고 되어 있다. 교활한 자들은 죄가
두려워서 교묘하게 피하기를, 부친은 연로하고 성년에 이른 자식은 자신뿐이
라고 거짓을 고하여 유양을 희망한다. 듣는 자는 살피지 않거나 지나치게 관
용을 베풀려는 생각으로 면죄해주려 한다. 사무 보는 자는 기회를 틈타 돈
을 뜯어내고자 이웃을 보호한다는 명목으로 한통속이 되어 판결을 내린다.
경관經官이 이미 심판을 내렸으니 그러한 저의를 알지 못하거나 속셈을 파악
하지 못한 피해자의 가족들은 참견조차 못한다. 관리는 결정에 의거하여 고
쳐 바꾸니 갑작스레 살피기 어려움을 깨달아 마침내 관례에 따라 신청하게
된다. 혹자는 이러한 일을 음덕을 쌓는 것이라 말한다. 결국 살인자는 요행
히 법망을 피하고 피살자는 억울하게 죽었다는 사실을 밝힐 수 없다. 살아
있는 사람만을 위해 일을 도모하고 죽은 자를 위해서는 도모하지 않는 것인
가? 나는 이러한 일은 음덕이 없는 것일 뿐 아니라 깊이 책망할 일이라 생각
한다.[55]

심지어 강간 살인 등의 중죄도 지나친 관용 때문에 사형죄로 판결하지
않았다. 원빈袁濱은 다음과 같이 말한다.

강간자의 죄는 사형에 처해야 한다. 요즘의 관리들은 대저 유죄에 관대하고
명예와 절조를 날조하여 음덕이라 한다. 그러니 품행이 나쁜 자들은 여자를
죽이려 한 것이 아니며 강제로 한 짓임을 시인하면 관에 도착한 후에 거짓 화

해로 종결된다는 사실을 알고 있으니, 그들의 계획은 이미 성공한 것이다.[56]

방대식方大湜 또한 이 점을 이야기했다.

강간으로 인해 사람을 죽음에 이르게 했다면 반드시 죄상에 대한 심의를 결정해야 한다. 살려 달라, 죽이지 말아 달라 따위의 간사한 말을 결코 들어주어서는 안 되니, 죽은 자가 지하에서 원한을 품는다.[57]

3. 형벌의 금기

사형을 치르는 계절에 관한 언급은 한나라 법률과 「월령月令」에서 가장 먼저 보인다. 고대 사람들의 인식에 봄과 여름은 만물이 자라고 생성되는 계절이고 가을과 겨울은 엄숙히 갈마드는 계절로, 이는 영원히 바뀌지 않는 우주의 자연 질서다. 우주 만물은 이 규칙을 벗어날 수 없고 자연의 질서와 조화를 이루어야 한다. 인류의 행위 가운데 특히 정치 행위는 사시四時에 순응하고 천도天道와 상응해야 한다. 이는 음양오행의 도리로, 한나라 때의 유가들은 대부분 이 설을 주장했다.[58]

형刑이란 본래 우주 안의 생명을 박탈하는 살육 행위이기 때문에 사시의 자연 질서와 더욱 직접적이고 밀접한 관련이 있다. 따라서 사형은 반드시 가을이나 겨울에 집행되었으며, 만물이 자라는 계절에 집행하는 것은 자연 질서에 위배되는 것이었다. 한나라 때 12월 입춘에는 형을 판결報囚하지 않도록 법률로 정한 것도[59] 이런 배경에서였다. 한 장제章帝 때 11월 동지는 겨울이 이미 지극하고 양기가 막 싹트는 때여서 형을 집행해선 안 되었고,

형을 판결할 수도 없었다.[60] 이에 입춘에 관대서寬大書를 제정하여 반포했다.[61] 장제는 조서를 여러 번 발표하여 어떤 관리든 가을과 겨울에 형을 처리하고 봄에는 죄증을 조사하지 못하게 했다.[62] 원화元和 2년에 가뭄이 들었는데 이에 대해 장수교위長水校尉 가종賈宗 등은 형을 결단하는 것이 3동三冬 매년 10월부터 이듬해 1월까지에 그치지 않은 탓에 음기가 미약하고 양기가 발출되는 것이 왕성해졌다고 여겼다.[63] 고대인들은 형벌에 대한 금기에 있었고, 이를 이상하리만치 중시하여 미세한 오차에 대해서도 엄중한 변론을 벌이곤 했다.[64]

후대의 법률에서도 이러한 금기는 고쳐지지 않았다. 당·송대의 법률 및 『옥관령獄官令』은 입춘에서부터 추분까지 윗사람 및 상관에 대한 반역죄와 노비가 주인을 살해한 범죄를 제외한 다른 죄에 대해서는 사형을 주결하지 않았으며, 이를 위반한 자는 1년의 노역에 처했다.[65] 명대의 법률은 장형 80대를 부과했다.[66] 청대의 사례는 추심秋審·조심朝審 추심과 조심은 청조의 심판 제도. 이 두 가지 제도의 기본 형식은 동일하며, 단지 추심의 심판 대상은 각 성에서 사형에 처한 죄수를 다시 심판하는 것이고, 조심은 형부가 압송한 사형범을 다시 심판하는 것이다 모두 피고에 대한 판결을 입추 이후에 시행했다.[67]

사형에 대한 금기는 음양과 사시 이외에 종교적 절목에 대한 금기와도 관련이 있다. 당대와 송대에서는 정월, 5월, 9월을 도살 금지의 달斷屠月로 정하고 매월 십재일十齋日은 살생을 금하는 날로 정해,[68] 범죄가 언제 일어났든 바로 형을 집행하지 않았다. 이를 위배한 자는 60대의 장형에 처해졌다.[69] 재월齋月, 재일齋日, 단도斷屠는 모두 불교의 영향이다.[70] 명대의 십재일역시 형을 금하는 날[71]로 이를 위배하는 자는 태형 40대에 처해졌다.[72]

이외에도 제사 지내는 날이 되면 형을 멈추었다. 당·송대에는 대제사 및 재일에는 모두 사형 판결을 상소하지 않았다.[73] 원대에는 하늘과 땅에 제사지내는 교묘郊廟로 인해 재일이 느슨해졌지만 (재일에) 사형에 처한다는 문자를 쓰지 않았고 죄인에 대한 판결을 하지 않았다.[74] 청대에는 모든 제사에 재계齋戒를 지켰고 4월 초파일에는 형명을 처리하지 않았다.[75] 동지, 하지, 세모歲暮, 상신上辛 음력 매월 상순의 여덟 번째 날, 상무上戊 음력 매월 상순의 다섯 번째 날, 상정上丁 음력 매월 상순의 네 번째 날 및 춘분, 추분은 모두 제사와 연계된 날짜이므로 형 집행을 멈추었다.[76]

4. 무고巫蠱

법률과 무술巫術의 관계는 원시 법률 연구에서 무시할 수 없는 현상이다. 원시 사회는 무술을 이용하여 법률 질서를 유지했다. 사람들이 이러한 규칙을 준수하지 않을 수 없었던 이유는 법률이 신체에 가하는 징벌이 두려워서가 아니라 초자연 질서에 의한 징벌이 두려웠기 때문이다. 몇몇 사회에서 저주는 도둑으로부터 재산을 보호하는 가장 유효한 대응 방법으로,[77] 인력으로 간수하거나 법률로 예방하는 것보다 효력이 있었다. 사람들은 저주의 결과가 두려워 감시가 허술한 야외에서조차 과일을 감히 훔치지 못했다. 저주의 힘을 이용하는 고대의 많은 법률들이 그 효력을 유지하지 못하면 아무도 지키지 않는 구문具文이 되어버리듯, 추장이 무술을 사법적 수단으로 삼지 않는다면 사법상의 책임을 담보할 수 없었다. 이러한 사회에서 초자연적 제재의 역량은 일체의 인위적 제재나 역량보다 훨씬 우세한 것이었다.

이렇듯 무술은 병을 치료하고 재앙을 쫓는 데 응용됨으로써 사회를 이롭게 할뿐더러 도덕과 법률, 종교 규범에도 합치된 면을 찾아볼 수 있다. 그러나 모든 무술이 사회에 유익한 것은 아니며, 잘못된 부분에 사용되어 인간의 생명과 재산을 침해하기도 했다. 사람들에게 여러 불행한 결과를 부여한다는 면에서 무술은 사회질서에 유해한 것이었으며, 사회의 도덕과 법률 규범에 위배되는 것이었다.[78] 이에 따라 사람들에게 유해한 무술은 그 자체로 반사회적인 것이며 사람들에 의해 혐오되고 근절되었는데, 심지어 일체의 재난과 병, 죽음 등 불행의 근원으로 인식되곤 했다. 원시인들은 재난이나 병, 사망은 귀신이 인간에게 내리는 처벌이거나 무술을 사용한 결과이며,[79] 절대로 우연적인 것이 아니라고 여겼다. 그러므로 무술 행위는 사회의 안녕을 해칠 뿐 아니라 정직한 신이 가장 증오하는 것으로서, 정직한 신과 사악한 마귀의 세력이 양립할 수 없는 것이었다. 이로 인해 하느님은 진노하여 무술을 허용한 사회에 재난을 내렸고, 원시인들은 무술을 매우 두려운 행위이자 사회 전체에 유해한 대중범죄로 인식했다.[80] 따라서 이러한 범죄는 제거되어야 하며, 그렇게 하지 않으면 전체 사회가 해를 입는 것이다. 많은 사회에서 요술妖術은 가장 큰 죄명이었다. 직접 살인한 것과 비교될 만큼 용서할 수 없는 행위였다.[81] 히브리 법률에서 무당은 사형에 처해졌다.[82] 바빌론의 함무라비 법전은 다른 사람을 저주하는 행위를 하면 사형에 처했다.[83] 로마의 12표법에도 무술을 써서 남에게 해를 입힌 자는 사형에 처한다고 규정하고 있다.[84] 고대 멕시코인들은 무술을 써서 남에게 해를 입힌 자는 신에게 희생 제물로 바쳐졌다.[85] 서유럽 국가들은 18세기까지 무당을 사형에 처했으며, 영국은 1736년에 이르러서야 이러한 법률 조항을 폐지했다.[86] 근대 원시 사회에서는 무당을 무서워하고 경계하여 악귀로 여기지 않은 곳이 없다. 오스트리아에서는 사람이 병이 나면 누군가 무술을 써서 그를 저주한 것으로 의심했는데, 병든 자가 죽게 되면 혐의를 받았던 자를 바로 사형시켰다.[87] 아프리카의 로앙고Loango 사람들은 의심받는 자들 가운데 무당이 포함되면 그 무당을 베어 죽였다.[88] 아프리카 서남부 토인들은 인간의 사망은 모두 무술에서 비롯되었다고 믿었는데, 누군가 죽으면 10명 또는 더 많은 사람이 무술을 사용한 죄명으로 고소되었고, 신판법을 거쳐 죽임을 당했다. 매년 수백 명의 사람이 이러한 이유로 춤을 추는 가운데 죽임을 당했다.[89] 북미 서북 해안의 인디언들 또한 이와 같이 있을 수 없는 죄명으로 수많은 사람들이 희생 제물이 되었다. 미국 정부는 이러한 사건을 막기 위해 강제적으로 수많은 토인 부락을 파괴했다.[90]

심지어 어떤 사회에서는 무술이 사형에 처해지는 유일한 죄명이었다.[91] 사형에 처하는 방법도 매우 잔혹해서 무당을 때려죽이거나[92] 잔인한 방식으로 죽이거나,[93] 목매달아 죽이거나[94] 태워 죽이거나[95] 산 채로 매장하거나[96] 얼음 속에 가두거나 산봉우리에 버려두기도 했다.[97]

중국은 원래 무고巫蠱나 저주가 사람을 병들게 하고 죽게 한다고 믿었다. 그래서 원한을 품은 많은 사람들이 이러한 요술을 이용했는데, 그보다 더 많은 사람들이 질병이나 사망을 무고에 의한 해악이라 의심했다. 한 선제의 태자가 맞아들인 그의 첩 사마량제司馬良娣 태자의 첩 가운데 가장 품급이 높은 첩을 뜻함. 지위로는 태자비太子妃 다음이다가 병들어 죽을 때 태자에게 "첩의 죽음은 천명이 아닙니다. 다른 첩들이 저주하여 저를 죽인 것입니다"[98]라고 한 말은 이것을 의미한다. 한 무제가 병들었을 때 강충江充이 무고를 빌미로 말한 것을 믿어 고옥蠱獄 저주에 현혹된 옥사를 뜻함이 성행한 것 또한 이러한 미신에 의해 일어난 것이다. 당시에 이렇게 단죄되어 죽은 사람이 수만 명에 달했다.[99] 고대에는 나무를 우상으로 만들어 사람을 죽이는 저주가 빈번했다. 한나라의 강충,[100] 송나라의 엄도육嚴道育,[101] 진나라의 장사왕長沙王,[102] 수나라의 태자[103]가 유명한 예들이다. 또한 동물 등의 피를 묻혀 해를 입히게 하는 무술의 일종인 축고蓄蠱도 있다. 이 방법은 민간에서만 믿은 게 아니어서 관에서 반포한 법의法醫 관련 전문서(예를 들면 『세원록洗冤

錄』)에도 고독蠱毒을 검증한 방법이 자세히 기록되어 있다.

무고가 사람을 죽일 수도 있다는 인식으로 인해 사회는 이러한 사술 이단을 혐오했으며, 법률은 이러한 행위를 범죄로 여겨 매우 엄중히 처벌했다.

한나라 법률에서는 무고를 사용한 사람이나 지시한 자를 사형시켜 그 시신을 버렸다.[104] 공손오公孫敖와 조파노趙破奴는 모든 무고 행위에 대해 가족 모두를 사형에 처하는 족주族誅에 처했다. 위나라 때의 법은 특별히 엄격해서 고蠱를 행한 자는 남녀를 불문하고 목을 베고 그 가문을 불태웠는데, 무고한 자는 양을 메고 개를 끌어안고 연못에 침수시키기도 했다.[105] 또한 송나라 때 무당 엄도육은 채찍으로 맞아 죽은 뒤에 다시 불태워져 강에 뿌려졌다.[106] 여기에는 의식儀式의 제재[107]를 내포하고 있다. 불로써 태우는 것은 상서롭지 못한 것을 제거하여 깨끗하게 한다는 의미가 담겨 있다. 물은 또한 청결하게 하는 작용이 있으며, 양을 메고 개를 끌어안게 하는 것에도 무술적 의미가 담긴 것으로 결코 우연적인 사용이 아니다. 개는 사술邪術 타파에 자주 사용되던 동물이다. 중국에는 여러 가지 참형, 예를 들어 거열형이나 능지처참형 등의 시신을 찢는 형벌은 있지만 시신을 태우거나 침수시키는 형은 사용된 사례를 찾아볼 수 없는데, 오직 무술과 관련해서는 예외라는 사실에 주의해야 한다.[108] 시체를 태우는 것은 형사 제재의 의미를 뛰어 넘는다.

수제隋帝는 묘귀貓鬼 고대 무술을 행하는 자가 키우는 고양이로, 이러한 귀물을 이용해 사람을 저주하는 데 사용했다나 고독蠱毒 독충을 키우거나, 염미厭魅 염력厭力의 이단을 사용한 가문을 변방으로 내쫓았다.[109] 당·송 이후의 율령들은 모두 고독을 키우는 행위와 염미를 대죄 가운데 하나로 여겼다.[110] 따라서 고독을 키우거나 사람들에게 염미를 가르친 자는 모두 사형에 처해졌다.[111] 그의 처자 및 함께 사는 자는 그 상황을 알았든 몰랐든 모두 유배를 당했다.[112] 재산은 모두 관아에 접수되었다.[113] 이정里正 한 마을의 우두머리. 명대 이후 이장里長으로 개명됨이나 이장里長 역시 이 사실을 알면서도 문제 삼지 않았다면 역시 유죄였다.[114]

염미를 조장하거나 저주 부적을 쓴 자에 대한 처벌도 매우 엄격했다. 이런 방식으로 사람을 죽이려 한 자는 당·송대의 법률에서는 모살죄를 적용해 2등급을 강등시켰고, 명·청대의 법률에서는 모살론을 적용하여 그로써 죽음에 이르게 한 자는 살인죄에 의거했다. 또한 염미나 저주의 부적으로 남을 질병에 들게 한 자는 당·송대에서는 모살죄를 적용해 4등급을 강등시켰고, 명·청대에는 2등급을 강등시켰다.[115]

6장
유가 사상과 법가 사상

1. 예와 법

　유가와 법가는 모두 사회질서의 유지를 목적으로 한다.[1] 두 사상의 차이는 사회질서에 대한 관점 그리고 이상에 도달하는 방법에 있을 뿐이다.

　유가는 근본적으로 사회가 동등하거나 균일하다고 보지 않는다. 사람에게는 지혜롭고 우둔하며 현명하고 못난 차이가 존재하며, 사회에는 분업이 존재하고 귀천과 상하의 구별이 존재하기 마련이라고 여긴다. 육체노동을 하는 농민·노동자·상인은 기술로 생산에 종사하고, 정신노동을 하는 사대부는 세상을 다스리는 방법으로 민중을 통치하고 민중에 의해 먹여진다. 이와 같이 각자 맡은 책임과 일이 있으며,[2] 이를 통해 지배와 종속이라는 관계의 대립이 형성된다. 따라서 "천한 자가 귀한 자를 섬기고 못난 자가 현명한 자를 섬기는 것은 천하에 통용되는 원리"[3]라고 했다. 모든 종류의 향유, 즉 욕망의 충족은 사회적 지위와 정비례한다는 것도 변치 않는 진리였다. 어떤 사람은 화려한 옷과 맛있는 음식에 수레를 타고 대궐에 살게 마련이고, 어떤 사람은 거친 옷과 푸성귀에 누추한 방에서 자고 걸어 다니게 마련인 것이다. "어떤 이는 천하를 녹봉으로 받아도 많다고 여기지 않고, 성문을 지키는 관리, 손님을 맞이하는 여관 주인, 관문을 지키는 병사, 야경을 도는 사람이라도 부족하다고 여기지 않는다"⁴고 했다. 순자가 "옛적에 선왕은 명칭에 따라 나누고 등급에 따라 차이를 두어, 어떤 이에게는 지위를 높이고 어떤 이에게는 지위를 낮추며, 어떤 이에게는 후하게 주고 어떤 이에게는 박하게 주며, 어떤 이에게는 편안함과 즐거움을 주고 어떤 이에게는 고됨과 힘듦을 준다"⁵라고 한 말은 이러한 이치에 따른 것이다.

"사물이 똑같지 않음이 사물의 실제 상황"이라고 여겼다. 유가는 이러한 차등적 분배여야만 "불균등하지만 가지런해지고, 굽히지만 따르게 하며, 차이가 나지만 통일되게 하여" 비로소 사회질서를 이룬다고 여겼다. 귀천이 없고 생활 방식이 같으며 똑같기만 한 것은 가지런함이 아니므로 똑같지 않은 것을 억지로 똑같게 하는 것은 불합리한 것이다. 이렇게 되면 사회적 분업이 깨지고 사회질서에도 위배될 뿐이다.

사회에서의 귀천과 상하의 구분은 사람마다 지닌 능력과 성정에 기초한 것으로, 사회적인 특출함이나 사회적인 성공을 조건으로 이루어지는 사회의 선택이라 하겠다. 그런데 그것 외에 친족 관계에서도 또 다른 종류의 차이, 즉 서열·나이·친등親等·성별 등의 조건을 토대로 하여 형성되는 친소·존비·장유의 차이가 존재한다. 귀천과 상하는 모든 사람의 사회적인 지위와 행위를 결정하는 데 비해 존비·장유·친소는 가족 안에서의 지위와 행위를 결정한다. 좋은 혜택은 마땅히 아버지와 형에게 양보해야 하고 힘든 일은 자식이나 동생이 해야 한다. 낮은 자가 높은 자를 섬기고 어린 자가 나이 많은 자를 섬기는 등, 지배와 종속의 관계 속에서 양자의 생활 방식과 권리와 의무가 확연히 다르다. 효제孝悌의 도리나 처첩의 도리 등 이를 기반으로 하지 않은 것은 없다.

유가는 가족 안에 존재하는 친소·존비·장유의 차이와 마찬가지로 사회 안에 존재하는 귀천·상하의 차이를 중요하게 여겼다. 이 두 가지 차이가 똑같이 사회질서를 유지하는 데 없어서는 안 될 것이라고 보았기 때문에 "인仁이란 사람다움이니 친한 이를 친애하는 것이 가장 중요하고, 의義란 마땅함이니 현명한 사람을 높이는 것이 가장 중요하다"[6]라고 했다. 친한 이를 친애하고 현명한 이를 높이는 것 안에 인의仁義가 있다고 본 것이다. 귀천·존비·장유·친소에 분별이 있는 사회가 곧 유가의 이상 사회였다. 따라서 귀천·존비·장유·친소에 구분이 없는 것을 유가는 극도로 싫어했다. 공자는 『춘추』에서 난신적자亂臣賊子를 폄하했다. 순자는 "구분이 없는 것은 사람에게 큰 해악이고, 구분이 있는 것은 천하의 근본 이익이다"[7]라고 했다. 또 이렇게도 말했다. "사람에게는 세 가지 상서롭지 못함이 있다. 어리면서 어른을 섬기려 하지 않는 것, 천하면서 귀한 이를 섬기려 하지 않는 것, 못났으면서 현명한 이를 섬기려 하지 않는 것, 이것이 사람의 세 가지 상서롭지 못함이다."[8]

귀천·존비·장유에 따른 저마다의 행위 규범을 어떻게 부여하느냐 하는 것은 가장 긴요하고 실제적인 문제다. 예禮는 바로 이러한 사회적 차이를 유지하는 도구가 된다. 예는 많음과 적음, 풍성함과 누추함, 번잡함과 간단함, 그리고 의례의 차이를 그 내용으로 하고 있다. "품계와 지위의 차이에 따라 예 또한 법도를 달리한다"[9]고 했듯이, 예의 상이한 내용으로 행위자의 특수한 품계와 지위를 드러내고, 그로써 귀천·존비·장유의 구별을 더욱 강화할 수 있는 것이다. 그러니까 '악樂'은 '같음同'인 반면 예의 정확한 함의는 '차이異'인 것이다.

"악이라는 것은 같음同이고 예라는 것은 다름異이다."[10]
"악은 같음으로 통일하고 예는 다름을 변별한다."[11]
"악은 같음으로 합함이고 예는 다름을 구별함이다."[12]

"예는 같지 않음이다."[13]

이렇듯 예라는 것은 같지 않음을 가지고 귀천·존비·장유·친소의 구별을 드러내는 기능을 한다. 그러므로 순자는 이렇게 말했다. "사람의 사람다운 점은 (…) 변별함이 있기 때문이다. (…) 그러므로 사람의 도에는 변별하지 않음이 없고, 변별함에 구분보다 중대한 것은 없으며, 구분함에 예보다 중대한 것은 없다."[14] 엄밀히 말하자면, 예 자체는 목적이 아니라 다만 '구별有別'하는 데 이르는 수단일 따름이다.

"예라는 것은 친소를 정하고, 의심스러운 것을 결정하며 같고 다른 것을 구별하고 옳고 그름을 밝히는 것이다."[15]
"친한 이를 친애하는 등급과 현명한 자를 존숭하는 등급이 예가 생겨난 바다."[16]
"예란 기름養이다. 길러짐을 얻은 군자는 구별을 좋아한다. 무엇을 구별이라 하는가? 귀천에 등급이 있고, 장유에 차등이 있으며, 빈부와 경중이 모두 부합하는 것이다."[17]
"그러므로 선왕은 예의를 제정하여 나누었는데, 귀천의 등급과 장유의 차등, 현명함과 우둔함, 능력의 구분이 생겨나게 하여 사람들이 그 일에 따라 각각의 적합함을 얻게 했다."[18]
"그러므로 예의를 제정하여 빈부와 귀천의 차등이 생기게 했다."[19]
"예라는 것은 존비를 구별하고 귀천을 차이 짓는 것이다."[20]
(예라는 것은) "군신 및 부자간의 교류를 통해 귀함과 천함, 현명함과 못남을 구별하는 것이다."[21]
(예라는 것은) "존비, 귀천, 대소의 위치에 질서를 부여하고 내외, 원근, 신구

에 대해 등급을 짓는 것이다."[22]

"상하에 의리가 있고, 귀천에 구분이 있으며, 장유에 등급이 있고, 빈부에 법도가 있는 것, 이 여덟 가지가 예의 대원칙經이다."[23]

(예는) "백성과 귀족을 질서 지운다."[24]

(예는) "상하를 질서 지우고 사람의 도를 바르게 하는 것이다."[25]

그러므로 "진퇴에 법도가 있고 존비에 구분이 있는 것을 예라고 한다"[26]고 했다. 어떤 학자들은 아예 귀천·상하·존비·장유로 대립하는 우월과 종속의 관계로 예의 성격과 기능을 설명했다. 순자는 "예라는 것은 귀한 자에게는 공경하고, 늙은이에게는 효도하며, 어른에게는 공손하고, 어린아이에게는 자애로우며, 천한 자에게는 은혜를 베푸는 것이다"[27]라고 했다. 유길游吉은 말했다. "예라는 것은 작은 자가 큰 자를 섬기고 큰 자가 작은 자를 자식으로 대하는 것을 말한다."[28] 『신서新書』에서는 말했다. "예라는 것은 신하가 윗사람을 떠받드는 것이다."[29] 때문에 "예가 관철되면 상하의 명분이 확정되고"[30] "예의가 확립되면 귀천의 등급이 구별될 수 있다."[31] 만약 예가 없다면 존비·상하의 질서가 없으므로 차등적인 사회질서도 유지할 수가 없게 된다. 때문에 내사內史라는 부서의 과過라는 인물은 "예가 시행되지 못하면 위아래가 혼란해집니다"[32]라며 고한 바 있고, 『예기』에서도 "예가 아니면 천지의 신神을 모시는 일에 절도가 없으며, 예가 아니면 군신·상하·장유의 다른 위치를 분별할 수 없고, 예가 아니면 남녀·부자·형제간의 친함 및 혼인과 사회 교류의 멀고 가까운 관계를 분별할 수 없게 된다"[33]고 했다.

예는 다분히 차등적이어서 사람에 따라 다를 수밖에 없다. 때문에 고귀한 자에겐 고귀한 예가 있고, 천한 자에게는 천한 예가 있다. 존귀한 자에겐 존귀한 예가 있고, 비루한 자에겐 비루한 예가 있다. 연장자에겐 연장자의 예가 있고, 아랫사람에겐 아랫사람의 예가 있다. 예의禮儀 300조목은 대단히 번잡해서 내키는 대로 운용할 수 있는 것이 아니다. 각자 반드시 자신의 사회적 위치에 따라 그에 적합한 예를 선택해야 한다. 이러한 조건에 합당해야만 예가 되며, 합당하지 않으면 예가 아니다. 춘추 시대가 난신적자의 시대라 불린 까닭은 바로 존귀한 예를 비천하게 사용하고 참람하여 그 분별에 맞지 않았기 때문이다.

예법에 왕이 아니면 체제禘祭 왕이 시조始祖에게 지내는 제사를 지낼 수 없다.[34] 즉 왕이 아니면서 왕례王禮를 치르는 것은 예에 어긋나는 것이다. 『예기』에서 말했다. "축사祝辭 제사를 시작할 때 신에게 고하는 말와 하사嘏辭 제사를 주관하는 사람이 주인에게 전하는 축복의 말의 예문禮文을 종宗·축祝·무巫·사史의 집에 보관하는 것은 예에 어긋난다. 제사 지낼 때 제후가 잔盞이나 가斝 제사에 쓰이는 청동으로 만든 다리가 셋 달린 술잔로 시동尸童 제사 지낼 때 죽은 사람을 대신하여 앉히던 어린아이에게 술을 드리는 것은 예에 어긋난다. 면관冕冠이나 병기兵器 등을 사삿집에 감추어두는 것은 예에 어긋난다. 대부大夫로서 많은 관리들을 둔다거나, 제기祭器를 남에게 빌리지 않고 스스로 구비하거나, 음악이 모두 갖추어져 있는 것은 예에 어긋난다."[35] 여기서 예가 아닌 이유는 결코 축사와 하사가 잘못 보관되어서가 아니며, 면관과 병기 등이 엉뚱한 곳에 있어서도 아니다. 잔이나 가를 제대로 사용하지 않아서도 아니며, 제기나 음악을 잘못 갖추고 있어서도 아니다. 문제는 예를 행하는 사람의 신분이다. 즉 행위 당사자의 사회적 지위가 합당하지 않기 때문에 예가 아니라는 것이다. 축사와 하사의 예문은 마땅히 종묘宗廟에 보관되어야 하는데 무·사·종·축의 관리가 보관하기 때문에 나라가 어두워진다. 면관과 병기는 군왕에 의해 관리되어야 하는데, 대부가 사사로이 자신의 집에 간직하는 것은 군주를 위협하는 행위가 된다. 제후들이 시동에게 헌주하는 것은 왕례에 어긋나는 것으로, 군주를 참람하는 행위다. 또한 천자와 제후만이 관리를 둘 수 있으므로 대부가 관리를 두는 것은 이치에 맞지 않는다. 제기는 남으로부터 빌려 써야 마땅하므로, 대부가 제기를 전부 갖춘 것은 이치에 맞지 않아 어지러운 나라亂國가 된다. 축사와 하사, 잔이나 가斚, 시동, 면관, 병기, 제기, 음악은 모두 예에 속하는 것으로, 사용할 수 없는 사람이 사용하는 것은 곧 예에 어긋나는 것이다. 또한 벽옹辟雍, 팔일八佾, 샛문樹塞門, 반점反坫 자체는 좋고 나쁨을 떠나서 원래 예에 속한다. 다만 제후가 부르는 노래雍와 팔일무는 천자의 예인데, 대신卿인 세 대부 집三家에서 천자의 예를 행했기 때문에 공자는 용인할 수 없다고 했다.[36] 또한 공자는 샛문과 반점은 군왕의 예인데 제나라의 대부가 그것을 행하니 관중管仲도 예를 어긴 것이며, 이는 예를 모르는 것이라고 말했다.[37] "천자는 산 모양을 수놓은 의복과 면류관을, 제후는 검붉은 옷과 관을, 대부는 여벌옷과 면관을, 사士 계층은 가죽으로 만든 관을 쓰는 것이 예"이고, "천자는 정珽을, 제후는 서舒를, 대부는 홀笏을 차는 것이 예"이고, "천자는 조각한 활을, 제후는 주홍색 칠한 활을, 대부는 검정색 칠한 활을 지니는 것이 예"이다.[38] 군왕이 부르시면 수레가 올 때를 기다리지 않고 가야 한다.[39] 군주는 군주의 예가 있고 신하는 신하의 예가 있으니, 귀천·상하가 서로 뒤섞여서는 안 된다. (공자가) 상대부와 말할 때에는 바르고 알맞게 했고, 하대부와 말할 때에는 온화하고 즐거운 듯[40] 했듯이, 지위가 다르면 태도를 다르게 하는 것이 바로 공자가 이해하고 있는 예라 할 수 있다. 귀천의 측면에서 볼 때는 이와 같은데, 존비와 장유의 측면에서도 마찬가지다. 겨울에는 자식으로서 부모를 따뜻하게 해드리고 여름에는 서늘하게 해드리며,[41] 부름에는 더디 대답하지 않고,[42] 나갈 때는 반드시 말씀드리고, 돌아와서도 반드시 얼굴을 뵈어야 하며,[43] 사유 재산을 축적하지 않고,[44] 실내에 있을 때 방의 서남쪽에 자리를 잡지 않으며, 자리 한복판에 앉지 않고, 길 한복판으로 다니지 아니하며, 중문中門에 서지 않는 것이[45] 자식의 예다. 음식을 만들고 청소(살림)를 하는 것은 아내의 예이고, 연장자가 물으면 겸손한 말씨로 대답하는 것이 아랫사람의 예다.[46] 이처럼 서로 각각 다른 것이다. 예의에 맞고 안 맞고는[47] 결코 행위자의 사회적 지위를 떠나서 논할 수 없는 것이다. 사회적 지위를 논외로 하면 예의 의미를 말할 수 없으며, 예의에 부합하는지를 논할 수 없게 되는 것이다.

이처럼 귀천·존비·장유·친소에는 각각 그에 걸맞은 예가 있어, 유가가 꿈꾸는 군군君君·신신臣臣·부부父父·자자子子·형형兄兄·제제弟弟·부부夫夫·부부婦婦[48]라는 이상 사회에 자연히 도달할 수 있고 치평治平에 이르게 된다. 여기서 주목해야 할 점은 윤리 도덕倫常과 사회적 차등 및 예의 관계다. 첫째, 이른바 오륜 강령이란 귀천·존비·장유·친소의 강령이다. 귀천의 관계가 가장 복잡한데, 이는 군신이란 말로 개괄할 수 있다.[49] 존비 관계는 가족 안에서도 한 가지 유형만 있는 것이 아니다. 가장 중요한 관계는 부자父子와 부부夫婦이니, 아버지만큼 존귀한 존재는 없으며 부인은 지아비를 하늘로 여긴다. 장유의 관계는 형과 아우가 대표적이다. 때문에 군신·부자·부부·형제·붕우의 관계는 수만 가지 사회관계에서 그 요점을 포착하여 종합한 가장 중요한 다섯 개의 범주일 뿐이다. 따라서 사람과 사람의 관계는 이 범위를 넘어설 수 없고, 가족 및 정치적 사회적 관계가 모두 그 안에 포함된다. 오륜 가운데 붕우의 윤리는 평등한 관계에서 작동하지만, 그 외에 나머지 네 유형은 우월과 종속의 관계에서 작동한다. 그 가운데 군신·부자·부부가 가장 중요하기 때문에 한대 유가漢儒는 삼강三綱이라는 구호를 제기한 것이다.[50] 요컨대 귀천·존비·장유·친소는 개괄적이고 총체적인 표현이며, 삼강오륜三綱五倫은 구체적인 분류와 범주다.

두 번째, 윤리도덕倫常은 반드시 예로 완성해야 한다. 군주가 군주인 이유, 신하가 신하인 이유, 부자·형제·부부가 그 부자·형제·부부가 되는 까닭은 바로 군주가 군주의 예를 지키고, 신하가 신하의 예를 지키며, 부자·부부·형제 모두 각자의 예를 지키기 때문이다. 이로써 군군君君·신신臣臣·부부夫婦·자자子子·형형兄兄·제제弟悌·부부夫夫·부부婦婦에 도달할 수 있는 것이다. "부자 사이에 친함이 있고, 군신 사이에 의가 있고, 부부 사이에 유별함이 있고, 어른과 어린이 사이에는 차례가 있고, 벗 사이에는 믿음이 있는"[51] 경지란 소위 "군주가 되어서는 인仁에 머물고, 신하가 되어서는 경敬에 머물며, 자식이 되어서는 효孝에 머물고, 어버이가 되어서는 자慈에 머문다"[52]는 것이다. 또는 "어버이의 자애, 자식의 효, 형의 어짊, 아우의 공경, 남편의 의로움, 아내의 순종, 어른의 은혜, 어린이의 유순, 임금의 인애, 신하의 충성"[53]을 말한다. 인仁, 충忠, 자慈, 효孝의 속성은 단지 군신부자君臣父子의 미덕美德(이른바 의義)인데, 이러한 속성에 도달하려면 당연히 예가 아니면 불가능하다. 전자는 추상적인 형용사이고, 후자는 구체적인 규범이다. 자식은 자식으로서의 다양한 예를 준수해야 하고, 이와 같은 구체적인 행위가 쌓여야 효가 완성된다. 신하가 신하된 예를 철저히 지키면 비로소 충이 된다. 성인은 한편으로는 오륜의 미덕을 제시하고 또 다른 한편으로는 각종 미덕의 행위 규범을 기안한다. 양자의 관계에 주의하지 않으면 안 된다. 따라서 안자晏子가 말했다. "군주가 명령을 내리면 신하는 공손히 받들고, 아버지가 자애로우면 자식은 효도하고, 형이 인애하면 아우는 공경하고, 남편이 화목하면 아내는 부드럽고, 시어머니가 자애로우면 며느리는 잘 따르게 되니 이것이 바로 예입니다. 군주는 명령을 내리되 도리에 어긋나지 않고, 신하는 명을 공손히 받들되 두 마음을 품지 않고, 아버지는 자애롭되 자식을 가르치고, 자식은 효도하되 때때로 간하고, 형은 인애하되 친근히 대하

372

고, 아우는 공경하되 잘 따르며, 남편은 화목하되 의리를 지키고, 아내는 부드럽되 마음을 바르게 하고, 시어머니는 자애롭되 타이를 줄 알고, 며느리는 순종하되 완곡하게 뜻을 밝힙니다. 이것이 예의 좋은 모습입니다."[54] 『예기』에서도 말했다. "예의로써 기강을 삼았으니, 이에 군신 관계를 바로 세우고, 부자 관계를 돈독히 하며, 형제 관계를 화목하게 하고, 부부 사이를 화합하게 한다."[55] 또한 이르기를 "예로써 종묘宗廟를 받들면 공경하게 되는 것이고, 예로써 조정朝廷에 들어가면 귀천의 지위가 있게 되며, 예로써 집에 거처하면 부자 사이의 친함과 형제 사이의 화목이 있게 되고, 예를 마을에서 지키면 장유長幼의 차례가 있게 되는 것이다. (…) 빙문聘問의 예는 제후들로 하여금 서로 존경하게 하고자 한 것이고, 상제喪祭의 예는 신자臣子에게 은혜가 있다는 것을 밝히고자 한 것이며, 향음주의 예는 장유의 차서를 밝히고자 한 것이고, 혼인의 예는 남녀 사이의 분별을 밝히고자 한 것이다."[56] 이로써 예禮와 충忠·효孝·인仁·자慈의 관계가 낱낱이 드러난다.

예로써 사람은 욕망을 절제할 수 있고,[57] 다툼과 무질서를 막을 수 있으며, 귀천·존비·장유·친소에 구별이 생기므로 윤리도덕의 이상을 완성하기에 충분하다. 즉 예란 유가의 이상적인 사회질서를 건립하여 치평에 이르게 하는 데 족하다. 분쟁의 실마리를 철저히 금지하는 것은 원래 사회질서 유지라는 목적에 따른 것으로, 일체의 행위 규범이 공통적으로 갖고 있는 목적이기도 하다. 따라서 오륜五倫은 유가 사상의 핵심이자 정치의 최고 목표점이다. 제 경공景公이 공자에게 정치란 무엇인지 물었다. 공자는 "군군, 신신, 부부, 자자"라고 대답했다. 경공이 말했다. "좋은 말씀입니다. 진실로 임금이 임금답지 않고 신하가 신하답지 않고 아버지가 아버지답지 않고 아들이 아들답지 않다면, 비록 곡식이 있다 한들 내가 어찌 먹을 수 있겠습니까?"[58] 『예기』에서 노 애공哀公이 정치를 어떻게 해야 하느냐고 물었을 때,

공자가 대답하기를 "부부가 유별하고, 부자가 친하고, 군신이 엄해야 합니다. 이 세 가지가 바르다면 모든 사물이 이에 따를 것입니다."[59] 그들의 대화 안에서 윤리도덕과 정치의 관계는 분명하게 드러난다. 맹자가 말한 "모든 사람들이 자신의 부모를 친애하고 각자의 어른을 어른으로 존경하면 천하가 태평할 것이다."[60] 역시 마찬가지의 이치다. 『예기』에서 말했다. "성인이 사람의 칠정七情(희喜, 노怒, 애哀, 구懼, 애愛, 오惡, 욕欲)을 다스리고, 십의十義(부자父慈, 자효子孝, 형량兄良, 제제弟悌, 부의夫義, 부청婦聽, 장혜長惠, 유순幼順, 군인君仁, 신충臣忠)를 배양하고, 사람들로 하여금 신뢰를 두텁게 하고, 서로 예양禮讓을 존중하여 쟁탈이 일어나지 않게 하려는데, 예를 버리고서 무엇으로 다스릴 수 있겠는가?"[61] 예와 치평의 관계가 보다 명확히 드러남을 알 수 있다.

공자는 말했다. "임금을 편안하게 하고 백성을 다스리는 데 예보다 좋은 것이 없다."[62] 『예기』에서는 "예라는 것은 군주에게 중요한 치국의 수단이다. (…) 국정을 잘 다스리고, 군주의 지위를 안정시킨다"[63]고 했고, 숙향叔向은 "예는 왕의 근본 규범大經이다"[64]라고 말했다. 안영晏嬰은 제후에게 "예가 나라를 잘 다스릴 수 있게 함은 매우 오래된 일"[65]이라 고했고, 사복師服은 "예는 정치를 체현體現한다"[66]라고 했다. 여숙제女叔齊는 "예로써 나라를 지키고 정령政令을 행하면 그 백성을 잃지 않는다"[67]고 했고, 순자는 "예는 치평의 끝이고, 나라를 강하게 하는 근본이며, 위엄이 행해지는 수단이고, 공명功名을 이루는 총체다. 왕과 제후가 이를 따르면 천하를 얻는 발판이 되며, 따르지 않으면 사직을 잃는 배경이 된다"[68]라고 했다. 예는 "나라를 다스리고, 사직을 안정시킬 수 있다."[69] 따라서 『예기』는 정치에서 예가 우선이며 근본[70]이라고 말한 것이다. 내사內史 과過는 예를 나라의 근간[71]이라 했고, 순자는 "나라의 운명은 예에 달려 있다"[72]고 했다. 예가 정치를 이루는 기초라는 것은 유가의 일관된 주장으로, 예와 치국은 거의 서로 뗄 수 없는 관계인 것이다. 숙향은 말했다. "예는 정사政事의 수레이고, 정사는 몸의 의탁하는 곳이다. 예를 게을리 하면 실정失政하고, 실정하면 입신立身할 수 없다."73 순자는 말했다. "예라 하는 것은 정사를 이끌어가는 밧줄이다. 예로써 정치를 하지 않으면 그 정치는 잘 행해지지 못한다."74 두 사람은 정치에서 예가 지니는 중요성을 수레와 밧줄에 비유했다. 또한 고대 사람들은 예와 정치의 관계를 저울의 경중輕重, 먹줄의 곡직曲直, 규구規矩의 방원方圓75에 비유하기도 했는데, 나라를 다스리는 데 예가 없는 것은 목수가 공구를 잃어버려 손발이 갈피를 잡을 수 없는 상황으로 본 것이다. 뿐만 아니라 장님이 밤중에 촛불도 없는 깜깜한 방 안에서 혼자 물건을 찾는 것과 같으니,76 어찌 사회 정치 질서가 유지될 수 있으며, 나라에 혼란함이 없을 수 있겠는가? 때문에 "사람에게 예가 없으면 잘 살아가거나 일을 이루기 힘들고, 나라에 예가 없으면 평온하지 않다."77 예로 말미암지 않으면 사직社稷을 잃게 되며78 나라를 망가뜨리고 집안을 파괴하며 몸을 잃게 된다. 예를 버렸기 때문이다.79 "예를 성대히 하고 의를 귀하게 여기면 그 나라는 다스려지고, 예를 간략히 하고 의를 천하게 여기면 그 나라는 어지러워진다."80 "예가 흥성하면 민중이 다스려지는 것이고, 예가 쇠퇴하면 민중이 어지러워지는 것이다."81 이처럼 나라의 치란治亂은 전부 예의 흥망과 관련된다.

예는 앞에서 언급한 대로 실천적인 측면의 사회적 기능을 지니고 있다. 따라서 유가가 소망하는 사회질서를 유지할 수 있고 유가가 꿈꾸는 이상 사회에 도달할 수 있게 한다. 때문에 유가는 극히 예를 중시하며 치세의 도구로 삼고자 한다. 하지만 예치禮治란 결코 추상적인 이론이나 도덕적인 원리 원칙에 기대어 세상을 다스리는 의미가 아니라는 점에 대해 주의하고 깊이 생각해야 한다.

법가 역시 귀천·존비·장유·친소의 구분이나 존재를 부정하거나 반대하지 않는다.[82] 다만 법가의 관심은 이러한 치국과 무관하며, 심지어 치국에 방해가 되는 것들에도 관심이 없다. 오직 법률과 정치 질서의 유지에 관심을 두고 있는 법가는 나라가 잘 다스려질 수 있는 단초는 상벌賞罰에 있다고 여긴다. 하나는 착한 일을 권장勸善하는 것이며, 다른 하나는 간악한 일을 막는止奸 것이다.[83] 따라서 공적이 있으면 반드시 상을 내려야 하고 잘못이 있으면 반드시 벌을 내려야 한다. 그러려면 어떠한 행위가 상을 받아야 하고 어떠한 행위가 벌을 받아야 하는지에 관한 객관적이고 절대적인 기준이 필요하며, 사람에 따라 다르게 상벌을 내려선 안 된다. 반드시 동일한 법률이 있어 일상—賞·일형—刑[84]해야 모든 사람들로 하여금 법을 지키게 할 수 있고 공평함을 유지할 수 있다. 만약 귀천·존비·장유·친소의 요소를 고려해서 법을 세우면 일상·일형의 목적에 도달할 수 없다. 때문에 법가는 이러한 사회적 차이를 부정하지는 않되, 법의 중요성을 훨씬 더 강조한다. 즉 법률이 다른 요소로부터 영향을 받는 것에 대해 법가는 결단코 반대한다. 한비자가 "사람을 평가할 때는 현명한지 불초한지만 살필 뿐 사랑과 미움을 버려야 한다"[85]고 말한 것이 바로 이러한 뜻이다. 관자管子는 친분, 귀척貴戚, 재화財貨, 미색美色, 간신奸臣, 도락道樂을 위한 물건을 여섯 가지 파괴 요인六攻이라 여겼고,[86] "친소, 원근, 귀천, 미추를 나누지 않고" 일체를 법으로 판단해야만 잘 다스리는 것이라 했다.[87]

따라서 법가는 모든 사람이 법률 앞에서 마땅히 평등해야 하며, 차별하는 마음이 있어서는 안 되고, 특별한 대우가 있어서도 안 된다고 여겼다. 신자慎子는 "사랑하는 사람을 위해 법을 어겨서는 안 된다"[88]고 말했다. 관자는 군신, 상하, 귀천이 모두 법으로부터 말미암았을 때 잘 다스려졌다고 했다.[89] 왕은 "친척이나 권세 있는 자들을 위해 법을 바꾸지 않으며, (…) 법률을 친척과 권세 있는 자들보다 더 존엄하게 보아야 한다"[90]고 설명했다. 상군은 말했다. "소위 형벌을 통일한다—刑는 것은 형벌을 시행하는 데 사람의 등급을 따지지 않는 것으로, 재상과 장군부터 대부와 서민에 이르기까지 군왕의 명령을 따르지 않거나 나라의 금지령을 범하거나 군주의 법제를 어지럽게 하는 자는 사형에 처하고 사면해선 안 된다."[91] 한비자는 말했다. "법은 귀한 자에게 아부하지 않고, 먹줄은 구부러진 나무에 따라 구부리지 않는다. 법률의 제재에 대해선 지혜로운 사람도 논쟁할 수 없으며, 용맹스런 사람이라도 감히 다툴 수 없다. 대신大臣이라 해서 잘못을 저지르고도 형벌을 피할 수는 없으며, 선한 행동을 포상하는 일에는 평범한 백성이라 해서 제외되지 않는다"[92] 모두 균등한 법의 표현으로, 상대부 이상에게 형벌을 적용하지 않는다는 유가의 주장은 당연히 용납될 수 없다.

상군자商君子는 말했다. "이전에 공을 세운 것이 있어도 나중에 무너뜨림이 있다면 형벌을 줄일 수 없다. 이전에 선한 행동이 있어도 나중에 잘못이 있다면 법을 피할 수 없다. 충신이나 효자라도 잘못이 있으면 반드시 그 규율로써 판결한다. 법을 관장하고 직무를 맡은 관리 중에 군주의 법을 시행하지 않는 자가 있으면 사형에 처하되 사면하지 않으며, 형벌이 삼족三族에 미치게 해야 한다."[93] 보다시피 조금도 봐주지 않는다. 사적인 감정을 따르지 않으며 객관적 행위로써 판단하는 정신은 유가의 이른바 의친議親·의고議故·의현議賢·의능議能·의귀議貴·의근議勤·의빈議賓이 주장하는 바 가까운 사람과 현인을 따르고, 국빈과 고위 관료를 존중하고, 재능을 높이 사고, 제도로써 일을 헤아린다[94]는 입장과 상반된다. 법가는 주관적으로 의논하는 것議에 반대하기 때문이다. 관자는 말했다. "군주는 개인의 사욕으로 법령을 바꾸고자 하지 않으며 법령은 군주보다도 존중된다."[95] 상군은 아래와 같이 말했다.

세상의 정권을 쥔 자들은 대개 법을 버리고 사적인 의논을 따르는데, 이것이 나라가 혼란해지는 원인이다. 선왕이 저울과 자를 제조하여 오늘에 이르기까지 그에 따르는 것은 그 표준이 명확해서다. 혹 저울을 내버리고 무게를 판단하거나 자를 폐기하고 길이를 측량하는 것이 뛰어나다 해도 상인들이 이런 방법을 쓰지 않는 것은 이것이 언제나 들어맞지 않기 때문이다. 법도를 외면하고 사적인 논의에 맡긴다면 일의 유추를 알 수 없다. 법에 의하지 않고서도 사람들의 지혜, 능력, 현명함과 현명치 못함을 평가할 수 있는 사람은 오직 요임금뿐이다. 그렇지만 모든 세상 사람들이 요임금은 아니다. 이러한 까닭에 선왕은 주관적인 의논이나 사적인 칭찬이 믿을 수 없는 것이라는 점을 헤아려 법을 세우고 명분을 확립했고, 법도에 부합하는 자에겐 상을 주고 공평함을 해치는 자에겐 벌을 내렸다. 상벌의 법이 기준을 잃지 않았기 때문에 백성이 다투지 않았다.[96]

친친親親을 강조한 유가는 친친을 사람의 근본[97]으로 삼아 다음과 같이 말했다. "군자가 친척에게 돈독하면 백성 사이에 어진 기풍이 일어나고, 옛 친구를 버리지 않으면 백성이 각박해지지 않을 것이다."[98] "모든 사람이 부모를 부모로 섬기고 웃어른을 웃어른으로 대접하면 천하가 태평할 것이다."[99] 하지만 법가는 친친의 개념에 결단코 반대했다. "친한 사람을 가까이 하면 친소를 구별하게 되고, 사적인 이익을 좋아하면 음흉해진다. 많은 사람들이 친소를 구별하거나 음흉한 짓을 일삼게 되면 백성은 나라를 어지럽히게 된다"[100]고 여겼다. 법가의 노력은 본래 사사로움을 없애고 공적인 것에 임하는 데 있다.[101] 친한 사람을 친히 섬기고 사적인 이익을 좋아하는 것은 법을 올바로 이해하는 정신에 위배된다. 신자는 말했다. "혈육에게도 형벌을 내릴 수 있고 친족이라도 멸할 수 있어야 하는 것이니, 법이란 없어서는 안 되는 것이다."¹⁰² 이토록 단호하게 잘라 말하는데 어찌 유가로 하여금 안색을 변하게 하고 말문을 막히게 하지 않겠는가?

상군자는 일찍이 바로 친친이 지니는 득실에 대해 분석을 더했다.

선한 사람을 등용하면 백성은 자기와 친한 사람을 가까이 하며, 간악한 사람을 등용하면 백성은 법제를 따른다. 다른 사람을 생각하여 그의 죄악을 덮어주는 사람이 선한 사람이며, 자기만을 생각하여 다른 사람의 죄악을 감시하는 사람이 간악한 사람이다. 선한 사람을 표창하면 죄악이 가려지며, 간악한 사람을 임용하면 죄악이 처벌을 받는다. 죄악이 감춰지면 백성이 법을 따르지 않으며, 죄악이 처벌을 받으면 법이 백성을 이끌게 된다. 백성이 법을 따르지 않으면 나라가 혼란해지며, 법이 백성을 제압하면 군사력이 강해진다.¹⁰³

그가 말하고자 한 것은 나라가 친족에 대해 친한 것을 선행으로 여기면 백성은 친족을 위해 잘못을 숨기고 은닉한다는 것이다. 하지만 나라가 간악함을 통치하는 데 힘쓰고 간악함의 고발을 장려한다면 사람들은 자신의 친족을 위해 감히 죄를 짓지 않는다. 법령이 백성을 이끌거나 백성이 법령을 따르지 않게 되는 것은 모두가 이로부터 말미암은 것이다. 한비자 역시 이러한 사적인 선행에 대해 용인되어선 안 될 죄악으로 여겼다. 국가의 이익에 위배된다면 다스리는 자는 그것을 제거해야 한다. 그는 말했다.

오랜 친구라 하여 사적으로 행하면 이를 가리켜 '버리지 않는다不棄'고 말한다. (···) 법을 굽혀 친족을 곡진하게 대하면 이를 가리켜 '의로운 행동行義'이 있다고 말한다. (···) (오랜 친구를) 버리지 않는 자는 관리로서 악을 저지르는 자다. (…) 의로운 행동이 있는 자란 법 제도를 무너뜨리는 자다. (…) 이 여덟 가지는 필부들에겐 사적인 영예지만 군주에겐 큰 해악이다. 이 여덟 가지에 반하는 것은 필부들에겐 사적인 훼손이지만 군주에겐 공적인 이득이다. 군주가 사직社稷의 이해利害를 살피지 않고 필부들의 사적인 영예를 높인다면 나라에 위난危難이 없기를 바란들 소용없을 것이다.[104]

노나라의 어떤 사람이 군주의 명에 따라 전쟁터에 세 번 나가 싸우다가 세 번 도망쳤다. 공자가 그 까닭을 묻자, 늙은 아버지가 있어 자신이 죽으면 봉양할 수 없다고 대답했다. 공자는 효라고 여겨 그를 상부에 천거했다. 초나라 사람으로 성품이 올곧은 궁躬이란 자가 있었는데, 자신의 아버지가 양을 훔치자 관리에게 그 사실을 알렸다. 영윤令尹이 아들을 '죽이라' 했는데, 군주에게는 정직하지만 아버지에 대해서는 옳지 않다고 판단해서였다.[105] 공자 역시 양을 훔친 아버지를 고발하는 것에 대해 의견을 표하기를 "우리 마을에 곧은 사람은 이와 다릅니다. 아버지는 아들을 위해 숨겨주고, 아들은 아버지를 위해 숨겨주는 가운데에 곧음이 있습니다."[106] 이 두 사건은 유가와 법가의 서로 다른 주장과 견해를 충분히 설명해준다. 군주에게 정직한 신하는 아버지에게 포학한 아들이고, 아버지에게 효성스런 아들은 군주를 배신하는 신하인 셈이다.[107] 공公과 사私는 서로 등지는 것으로서, 서로를 받아들일 수도 없고 나란히 설 수도 없다. 한비자는 말했다. "영윤의 처벌로 인해 초나라에서는 간사한 일이 군주에게 들리지 않게 되었고, 공자의 천거로 인해 노나라 백성은 쉽게 항복해 달아나게 되었다. 윗사람과 아랫사람의 이익은 이와 같이 다르다. 군주가 덕행이 있는 필부를 등용해 사직의 복을 구하려 한다면 결코 이루지 못할 것이다."[108] 국가와 법률의 입장으로 볼 때 공로가 있으면 포상하고 잘못이 있으면 죽여야 하므로, 아버지를 위해 전쟁터에서 도망친 행동은 용서할 수 없으며, 아들이 아버지의 죄를 고발하는 것도 심하게 책망할 수 없다. 국가의 법을 중시한다면 이러한 국가의 이익에 위배되는 사적인 효심은 장려할 수 없는 것이다. 따라서 유가가 주장하는 부자상은父子相隱 아버지와 아들이 서로의 죄를 숨겨준다는 뜻, 아버지의 원수와는 같은 하늘 아래서 살 수 없다는 의리, 부자의 친함을 규명하여 소송을 심의해야 한다는 견해와는 상반된 입장에 있다.

요컨대 유가는 귀천·존비·장유·친소의 '다름'을 중시하기 때문에 다분히 차등적이지 않을 수 없다. 내용은 복잡 다양하고 사람에 따라 행위 규범이 다른 예를 사회질서의 유지 도구로 삼으며, 하나의 원칙으로 귀결되는 법에 반대한다. 법가는 동일하고 단순한 법률[109]을 욕망한다. 모든 백성에게 일정한 규정으로 대하며 '같음'에 더 무게를 둔다. 때문에 법치를 주장하고 귀천·존비·장유·친소에 기반하여 차별적으로 실시되는 예에 반대한다. 두 학파의 출발점이 다르기 때문에 자연히 결론도 상이하다. 예치와 법치는 단지 유가와 법가가 이상으로 여기는 사회질서에 도달하기 위해 사용된 다른 도구일 뿐이다.

2. 덕과 형벌

유가에게 예라는 것은 사회질서를 유지하는 도구로써의 행위 규범임을 앞서 밝혔다. 그렇다면 한 걸음 더 나아가서, 어떻게 예를 추진하여 모든 사람이 예를 지키도록 하는지, 이러한 행위 규범을 준수하지 않는 자로부터 사회질서를 어떻게 보호하는지, 어떠한 제재가 요구되는지에 관한 문제들을 토론해야 할 것이다. 유가는 인간의 본성이 선하든 악하든[110] 도덕과 교화의 힘으로써 감화의 효과를 얻을 수 있다고 여긴다. 이러한 교화로 인심人心을 변화시키는 방식은 마음을 움직이게 하는 것[111]이다. 즉 인간의 마음을 선량하게 하고 수치심을 알게 하며 사악한 마음이 없게 하는 것이야말로 가장 철저하고 근본적이며 적극적인 방법이다. 결단코 법률적인 제재가 해낼 수 있는 바가 아니다. 그래서 육고陸賈는 말했다. "무릇 법령이란 악한 자를 징벌하기 위한 것이지, 선행을 권고하고자 하는 게 아니다."[112] 한대漢代 현량문학賢良文學의 선비들이 말했다. "법은 사람에게 형벌을 내릴 수 있으나 사람을 청렴하게 할 수는 없으며, 법은 사람을 죽일 수는 있어도 사람을 인하게 만들 수는 없다."[113] 일체의 선행은 모두 교화가 빚어내는 것이다. "부끄러워하는 마음이 생길 뿐 아니라 또한 바르게 될 수 있는 것"은 결코 정령政令과 형벌에 의해 가능한 것이 아니니,[114] 증삼曾參·민자건閔子騫의 효심과 백이伯夷·숙제叔齊의 청렴함이 어찌 죽음을 두려워함이겠는가, 교화가 빚어낸 것이다.[115] "백성이 서로 친애하면 해치려는 뜻이 생겨나지 않을 것이며, 의를 생각하고 행동한다면 간사한 마음이 생겨나지 않을 것이다. 그러함은 법률이 시킬 수 있는 바가 아니며 위엄 있는 형벌이 강제하는 바도 아니어서, 오히려 교화가 빚어낼 수 있는 일이다."[116] 법률은 결코 사람을 강제로 선하게 만들 수 없다. 그저 사람이 악행을 저지르는 것을 소극적으로 금지할 뿐이다. 위협하는 힘으로 악행을 저지르지 못하게 하는 것은 기껏해야 "백성이 피하기만 하고 부끄러움을 모르는"[117] 정도에 그칠 수밖에 없다. 법망이 허술하거나 법이 판별하지 못하는 등 위협적인 힘이 미치지 않으면 여전히 악행이 일어나게 마련인 것이다.

따라서 "예는 사전에 막을 수 있고, 법은 사건이 일어난 후에 금할 수 있다."[118] 하나는 미리 방비하고 다른 하나는 나중에 바로잡으므로, 둘의 가치를 대등하게 놓고 말할 수 없다. 예교가 존귀한 까닭은 "아직 싹트지 않은 악을 차단하고 아주 미묘한 경건함을 일으켜 사람으로 하여금 자신도 모르는 사이에 선량함으로 나아가게 하고 죄악을 멀리하게 함"[119]에 있다. 이렇게만 할 수 있다면 사람들은 근본적으로 악행의 계기를 얻을 수 없다. 일체의 악한 행위가 생겨날 방도가 없으면 법률적인 제재가 존재할 필요가 없다. 마치 병이 없으면 그 치료법이나 의약이 필요 없는 것과 같다. 이 때문에 공자는 송사가 일어나지 않는 것을 가장 마지막 목적으로 삼았는데,[120] 선인善人이 100년 동안 나라를 다스린다면 곧 잔악함을 억누르고 살육을 없앨 수 있다고 믿었다.[121] 순자는 이에 대해 같은 견해를 지녔는데, 교화가 행해진다면 법률과 형벌은 필요가 없다고 여겼다.

군주가 예의를 좋아하고 어진 자를 높이며 유능한 자를 쓰고 이익을 탐하는 마음이 없다면, 아랫사람도 역시 겸손을 극진히 하고 성실을 지켜 신하와 자식 된 도리에 힘쓸 것이다. 이와 같다면 비록 소민小民의 처지에 있더라도 부절符節을 합치거나 계권契券 나누기에 기대지 않아도 신실해질 것이고, 제비뽑기에 기대지 않아도 공정해질 것이며, 저울에 추를 달아 무게를 재는 것에 기대지 않아도 형평이 이루어질 것이고, 두곡斗斛에 평미레를 누르지 않고 가지런해질 것이다. 그러므로 상을 주지 않아도 백성이 힘쓰고, 처벌하지 않아도 백성이 복종하며, 정사 맡은 자가 수고하지 않아도 일이 잘되고, 정령이 번다하지 않아도 풍속이 훌륭할 것이다. 백성은 군주의 법을 따르고 군주의 뜻을 본받으며 군주의 일에 힘씀으로써 안락을 얻는 것이다.[122]

동중서 또한 말했다. "옛날에 교훈教訓을 담당하는 관리는 덕으로 백성을 잘 교화하는 데 힘썼으니, 백성이 크게 교화된 후에는 전국에 한 명의 소송도 없게 될 것이다."[123]

교화는 비록 상당한 시간이 필요하지만,[124] 교화가 완성되면 사람의 마음이 바르게 된다. 다만 마음이 변치 않아야 영원히 악을 행하지 않을 수 있다. 그러므로 교화는 한 번 수고로움을 통해 영원히 평안할 수 있으며, (교화의 베풂이) 영원해야 사회가 오랫동안 잘 다스려지게 된다. 이것은 법률의 단시간적 효과와는 다른 것이다. 이런 점에서 보자면 법률의 가치는 덕을 통한 교화만 못하다. 가의賈誼는 탕왕과 무왕이 오랫동안 잘 다스린 이유와 진나라가 갑자기 멸망한 이유를 덕치와 법치의 측면에서 해석하여, 다음과 같이 이야기했다.

진나라 왕이 종묘를 존중하고 자손을 평안히 하고자 함은 탕왕이나 무왕과 다르지 않다. 그러나 탕왕과 무왕은 널리 그 덕행을 펼쳐 600~700년간 잃지 않았으나 진나라의 왕은 겨우 10여 년 천하를 다스렸으니, 크게 실패한 것이다. 이렇게 된 것은 다른 이유가 없다. 탕왕이나 무왕은 취하고 버릴 것을 정하는 데 주도면밀했지만 진나라 왕은 취하고 버리는 것을 정하는 데 주도면밀하지 못했다. (…) 탕왕과 무왕은 천하에 인의와 예악을 베풀어 덕택德澤이 금수에까지 두루 미치고 초목이 널리 부유해졌으며, 은덕이 만맥蠻貊과 사이四夷에 베풀어져 자손에게 수십 년간 누적되었으니, 이것은 온 천하가 함께 들은 바다. 진나라 왕은 천하에 법령과 형벌을 내림으로써 덕택이 사라져 원망의 기운이 세상에 가득했는데, 아래로부터의 증오와 미움이 마치 원수에 대한 것 같았고 재앙이 자신에게 미쳤을 뿐만 아니라 자손이 주살되어 죽었으니, 이는 천하가 모두 함께 본 바다. (…) 어떤 사람들은 예禮와 의誼가 법령만 못하며 교화가 형벌만 못하다 하지만 임금으로서 어찌 은, 주, 진나라의 일을 끌어다 보지 않겠는가.[125]

동중서는 이에 대해 같은 견해를 드러냈다. 그는 성왕이 "교화가 이미 밝아지고 습속이 이미 완성되어 자손이 그것을 따르는 것이 500~600년간 행해졌으니 아직 패한 것이 아니다"라고 했다. 그러나 진나라는 예의禮誼를 버리고 선왕이 도를 폐기하여 결국 14년 만에 나라가 망한 것이다. 또 말하길 "도란 그것을 통해 천하를 다스리는 데 적용해야 하는 법이고, 인의예악은 모두 도구이다. 그러므로 성왕이 이미 돌아가셨지만 자손이 오랫동안 평안한 것이 수백 년이니, 이는 모두 예악교화의 공이다."[126] 어떤 이는 이렇게 말했다. "요·순의 교화는 100대에 걸쳐 끊이지 않았으니 인의의 풍속이 지속되었다. 관중은 법을 임무로 삼아서 자신이 죽음으로써 법이 끝났다. 엄중하긴 했지만 은혜로움이 부족했다."[127] 이러한 견해에 근거하면 진秦의 왕과 같은 포악함과 잔인함은 오랫동안 천하를 지켜낼 수 없고, 관중과 같은 현자가 나라를 다스려도 오랫동안 태평하거나 사회질서와 생활이 안정될 수 없다. 이것은 법률 자체의 효능이 잠시 잠깐이라는 것을 설명한다.

덕으로 감화시키는 것德化의 효능은 크다고 보았기 때문에 유가는 덕치를 추앙했다. 공자는 덕으로 정치하는 것을 북극성에 비유했다.[128] 또 "법령으로 인도하고 형벌로써 질서를 세운다면 백성은 피하고자 할 뿐 부끄러워하는 마음이 없게 되고, 덕으로써 인도하고 예로써 질서를 세운다면 백성은 부끄러워하는 마음을 지닐 뿐 아니라 바르게 될 것이다"[129]라고 말했다. 덕과 예를 고귀하게 여기고 형과 벌을 비천하게 여기는 것은 유가의 일치된 믿음이다.[130]

설사 백성이 어쩌다 법을 어긴다 하더라도 유가에서는 법률로 제재할 것을 주장하지 않는다. 위기를 구제해주는 법률의 기능을 부인하기 때문이다. 법률이 사전에 선을 권면하고 악을 금할 수 없는 이상, 습속이 이미 각박해지고 악해진 후에 법률로써 고치려 하는 것은 뜨거운 물로 끓는 물을 식히려는 것과 같고, 장작을 안고 불을 끄려는 것에 불과한 것으로,[131] 아무 이득이 없다는 것이다. 게다가 민중에게 잘못이 있다고 해도 그것은 백성의 죄라기보다 교화를 실시하지 않은 탓이거나, 교화를 실시했다 하더라도 철저하지 못한 탓이므로, 그 허물은 위에 있지 아래에 있는 것이 아니라고 여겼다. 가르치지 않고 죽이는 것은 악惡이며 경계하지 않고 결과만 보는 것은 사나움暴으로서,[132] 자연히 불합리하고 불공평한 것이었다.[133] 그래서 공자는 정치에 종사할 때 그러한 여러 악을 제거해야 한다고 여겼다. 사형에 처하는 것은 결과적으로 다스리는 데 도움이 되지 않으므로 뒤로 물러나 제도를 개혁해야 비로소 치국과 평천하의 효과를 거둘 수 있다고 생각한 것이다.

옛날에 역산歷山의 농부들이 농토를 침범하고, 뇌택雷澤의 어부들이 땅을 다투고, 하빈河濱(황하 변)의 도공들이 빚은 도기는 조악했다. 그러나 순舜이 역산으로 가서 친히 경작한 지 1년이 되자 사람들은 농토를 양보했고, 순이 뇌택으로 가서 물고기를 잡은 지 1년이 되자 사람들은 거주지를 양보했으며, 순이 황하 변으로 가서 도기를 스스로 만든 지 1년이 되자 사람들이 빚은 도기의 질이 튼튼해졌다.[134]

순은 그들을 죽이지 않았고, 심지어 3년의 시간과 정력을 아까워하지 않고 몸소 찾아가서 위기를 해결했다. 이는 곧 교화가 철저하지 못했음을 자인하여 물러나 다시 교화한 예라 할 수 있다.

공자가 노나라의 사구로 있을 때 어느 아버지와 아들이 서로 소송을 했다. 공자가 이들을 구금했지만 3개월 동안 심문하지 않자 그 아버지가 소송을 취하하기를 청했고, 이에 공자는 아들을 석방시켰다. 계손씨가 이 말을 듣고는 불쾌해하며 말했다. "이 사람이 나를 속였다. 그는 나에게 '국가를 다스림에 반드시 효로써 한다'고 말해놓고선 한 사람을 죽여 불효에 대한 처벌을 하지 않고 또 풀어주었다"라고 했다. 염구가 이 말을 공자에게 전하자, 공자는 개탄하며 말했다. "아! 윗사람이 실정을 했는데 아랫사람이 죄지었다고 죽이는 것이 옳은가? 백성을 가르치지 않고 옥사를 집행하는 것은 무고한 자를 죽이는 것이다. 삼군이 크게 패했더라도 참수할 수 없고 송사 처리가 안 되더라도 형벌을 내릴 수 없는 것은 죄가 백성에게 있지 않기 때문이다. 명령이 느슨한데 징벌을 엄히 하는 것은 해침이다. 작물의 생장에는 일정한 때가 있는데 세금을 거두는 것은 잔혹함이다. 가르치지 않고 성공을 요구하는 것은 난폭함이다. 이 세 가지를 그치게 한 후라면 형벌을 가해도 괜찮을 것이다."[135] 이 이야기는 교화가 이루어지지 않았다면 멋대로 무고한 자를 죽여서는 안 된다는 사례를 설명한 것이다. 순의 이야기는 적극적인 정신을 대표하며, 공자의 이야기는 소극적인 정신을 대표한다. 사실 이 두 정신은 모두 교화에 중점을 둔 것으로서, 교화하지 않고 징벌하는 것을 꺼려함에는 본질적으로 차이가 없다. 이후로 이러한 도덕 교화의 정신을 모방하는 유자들이 적지 않았다. 그들은 설사 사법상의 죄가 있다 하더라도 결코 멋대로 죽이려 하지 않았고 덕으로 백성을 교화하려 했다.

역사상 덕으로 사람을 감화시킨 현명한 관리들이 많이 있었다.

구람仇覽은 어려서 서생이었다가 향리의 장관인 정장亭長이 되었다. 그 마을 사람 진원陳元의 어머니가 진원이 불효를 한다고 고발하자, 구람은 교화가 되지 않았다고 보고 친히 진원의 집으로 가서 그 어머니와 아들과 함께 술을 마시면서 인륜과 효행을 말해주고 『효경』 한 권을 진원에게 주며 소리 내어 읽도록 했다. 진원은 깊이 후회했고, 모자가 서로 바라보며 눈물을 흘렸다. 진원은 이에 행동을 고쳐 효자가 되었다.[136]

위경준韋景駿은 귀향貴鄉의 수령이 되었다. 어머니와 아들이 서로 소송한 일이 있었다. 경준은 그들에게 말하길 "나는 어려서 고아가 되었는데 사람들이 부모를 공양하는 것을 볼 때마다 스스로 그러한 자격이 없음을 한탄했다. 그대는 다행히도 부모를 봉양할 수 있는 처지에 있는데 어찌 그와 같이 하는가? 교화가 행해지지 않음은 현령의 죄다." 그는 눈물을 흘리고 울음을 삼키면서 『효경』을 주며 열심히 읽도록 했다. 이에 모자가 감동하고 깨달아 각각 회개를 청하니 마침내 자효慈孝로 불려졌다.[137]

황규況逵는 광택현의 윤尹이 되었다. 형제간에 땅 문제로 다툼이 있었다. 황규는 『벌목伐木』을 친히 읊고 해설해주었다. 이에 형제가 모두 감동하여 눈물을 흘리며 답을 찾으니, 땅 문제로 인한 싸움이 매우 부끄러운 것임을 알게 되었다.

어떤 순리들은 교화가 행해지지 않은 것을 부끄럽게 여겨 스스로를 자책했다.

오우吳祐는 교동膠東의 상相이 되었는데, 백성 가운데 송사를 다투는 자가 있으면 반드시 먼저 문을 닫아걸고 자책한 뒤에 송사에 대한 결정을 내리되, 도道에 비유하여 처리하거나 친히 마을로 내려와 서로 화해하도록 했다. 송사로 인한 다툼이 그치자 관리들이 마음에 품어 속이지 않았다. 그런데 색부嗇夫인 손성孫性이 사사로이 백성의 세금으로 아버지에게 옷을 사서 드렸다. 그 아버지가 노하여 말하길 "이와 같은 군君 (재상인 오우)이 계신데 어찌 함부로 속이느냐?"라 하며 죄를 고하라 다그쳤다. 이를 알게 된 오우는 손성으로 하여금 아버지께 사과하고 옷을 아버지에게 드리도록 했다.[138]

심지어 관복을 벗고 관리직을 떠나 죄를 청한 경우도 있다.

한연수韓延壽는 동군東郡의 태수太守가 되어 덕으로 다스리니 3년간 법령을 엄정히 시행하여 소송 판결이 감소한 바가 전국에서 가장 탁월했다. 후에 풍익馮翊의 태수로 이동하여 고을을 순찰하던 도중 고릉高陵에 도착하니 형제끼리 땅 문제로 다툼이 있었다. 연수는 매우 상심하여 말하길 "운이 좋아 관직에 올라 군을 모범이 되게 했지만 교화가 선명하지 못해 결국 백성으로 하여금 형제끼리 소송을 걸도록 하는 데 이르렀다. 이미 풍속을 손상시키고 또 현명한 장리, 색부, 삼로, 효제를 수치스럽게 하여 풍익에 허물을 두었으니 마땅히 먼저 퇴임하겠다"라고 말했다. 그날로 병을 구실로 업무에 종사치 않고 전사傳舍에 들어가 문을 닫아걸고 반성했다. 한 현에서는 어찌할 바를 몰라 영승令丞, 색부, 삼로가 모두 스스로 자책하여 죄를 기다렸다. 소송을 한 자의 가문은 서로에게 책임을 물은 것을 몹시 후회하여 형제가 머리를 깎고 옷을 벗어 사과하고 서로 땅을 양보한 뒤 죽을 때까지 절대로 싸우지 않겠다고 했다. 연수는 매우 기뻐하며 문을 열어 접견하고, 술과 음식을 대접하여 함께 먹으면서 격려하고는 마침내 업무에 복귀했다. 고을이 모두 화합하여 서로 격려하니, 감히 범죄를 저지르는 자가 없었다. 두루 24현에 소송으로 자기주장을 펴는 자가 없어졌고, 서로 도움이 매우 성실해졌으며, 관리와 백성이 차마 속이지 않았다. 연수는 하급 관리를 대함에 은사가 매우 두터워 깊은 신뢰를 얻었다. 혹여 속이는 자가 있으면 연수는 스스로 통렬히 반성했으니 어찌 기만이 있을 수 있겠는가? 이에 관리들은 아파하고 후회했으니, 현위는 스스로 찔러 죽거나 문하연은 자결하는 데 이르기까지 했다.[139]

노공魯恭이 중무中牟의 현령을 지냈을 때 덕으로 교화시킴을 이치로 삼고 형벌에 맡기지 않았다. 허백등許伯等은 땅 문제로 소송을 걸었는데 많은 태사와 현령이 해결할 수 없었다. 이에 노공이 시비를 공평하게 처리하자 모두 물러나 자책하며 경작하고 서로 양보했다. 한 정장亭長이 남에게 소를 빌리고 돌려주지 않았다. 소 주인은 현령 노공에게 고발을 했다. 노공은 정장을 불러 소 주인에게 돌려주기를 명령하고 재삼 명했지만 따르지 않았다. 노공이 탄식하며 "교화가 행해지지 않았구나"하고는 관복을 벗고 관직을 떠나려 하자, 수하들이 눈물을 흘리며 그를 만류했다. 정장 또한 참회하며 소를 돌려주면서 속죄했다. 노공은 그를 징벌하지 않았다. 역사는 노공을 "오로지 도덕 감화만을 이치로 삼아 형벌에 맡기지 않았다"고 칭찬했다.[140]

형제가 서로 재산을 놓고 소송을 했다. 태수太守 허형許荊이 한탄하며 말했다. "나는 나라의 중책을 맡고 있는데 교화가 이루어지지 않으니 허물은 태수에게 있다." 이에 관리로 하여금 조정에 상서를 올려 설명하게 하고 정위廷尉에게 형벌을 받겠노라 청했다. 그러자 형제는 뉘우치고 각자 속죄를 구했다. 마을 사람 가운데 많은 이들이 부모를 봉양하지 않았으나, 형제가 시비를 가린 사건 때문에 1000여 명이 모두 부모를 봉양하게 되었다.[141]

위에 열거한 이야기들은 모두 덕으로써 감화를 실행한 대표적인 사례로, 앞서 가르치지 않고서는 엄하게 징벌하지 않았고, 나아가 법률적인 제재를 집행하려 하지 않았다. 많은 이들이 덕으로 감화시킨 결과 메뚜기들도 지역을 피하고 맹호로 하여금 강을 건너게 했다고 믿었으니, 하물며 사람들은 어떠했겠는가? 감화될 수 없는 사람은 결코 없다는 이치다.

유가는 사람의 선함과 악함은 교화에 의해 결정된다고 굳게 믿었으며, 동시에 이러한 교화는 재임 중인 한두 사람이 은연중에 감화시키는 효과라고 확신했다. 그의 인격은 엄청난 감화력을 발휘하기 때문에 덕치德治에 더하여 인치人治가 되는 것이다. 소위 덕치란 옳지 못한 사람을 덕행으로 감화하는 단계를 가리키는 것이며, 인치란 덕으로 감화하는 것 자체에 더 무게를 둔 경우로서, 실은 둘이면서 하나이고 하나이면서 둘이다. 나라 곳곳마다 그의 인격을 흠모하게 되고, 전국 각지의 각 계층이 그의 행위를 모방하게 되어 하나의 기풍이 되고, 풍속 및 사람들의 선함과 악함에 영향을 끼친다. "군자의 덕은 바람과 같고 소인의 덕은 풀과 같으니, 풀 위로 바람이 지나가면 반드시 눕게 돼 있다"[142]는 공자의 말이 바로 이러한 이치다. 때문에 "군주 된 자는 좋고 싫음을 삼가야 할 뿐이다. 군주가 좋아하는 것을 신하는 행하고, 윗사람이 행하는 것을 백성은 따르기 때문이다."[143] "(선왕께서) 덕행과 의리를 말하여 밝히니 백성이 실천하기 시작했고, 무엇을 좋아하고 싫어하는지를 분명히 보여주시자 백성은 금해야 할 것을 알게 되었다."[144] "윗사람이 예禮를 좋아하면 백성은 감히 공경하지 않을 수 없고, 윗사람이 의義를 좋아하면 백성은 감히 따르지 않을 수 없으며, 윗사람이 신信을 좋아하면 백성은 감히 진실하지 않을 수 없다."[145] "위에서 의를 좋아하면 백성은 보이지 않는 곳에서도 단정히 하지만, 위에서 부富를 좋아하면 백성은 죽더라도 이익을 위한다."[146] "윗사람이 인을 좋아하는데 아랫사람이 의를 좋아하지 않는 경우는 아직 보지 못했다."[147] "위에서 좋아하는 것이 있으면 아래는 반드시 그보다 더욱 심하다."[148] 윗사람이 행하면 아랫사람이 모방한다는 사실史實은 유가가 말하기 좋아하는 것이다. 예를 들어 순임금이 역산에서 농사짓고 뇌택에서 물고기를 잡고 하빈에서 그릇을 구웠던 고사들이 가장 대표적인 것이다. 그 외에도 너무 많아 일일이 헤아릴 수가 없다.[149] 신하에 대한 군주의 비유는 마치 그림자에 대한 깃대와 같고, 물길에 대한 근원과도 같다. 깃대가 바로 서면 그림자도 바로 서고, 근원이 맑으면 흐름도 맑다. 또한 용광로에 쇠를 제련하는 것과도 같으니, 변화는 오직 주조하는 대로 만들어진다.150 신하의 행위는 군주의 행위의 반응일 뿐이다.

군주의 행위는 이와 같이 중요하다. 따라서 유가에게 정치 실천의 이치란 매우 단순한 것으로서, 먼저 그 몸을 바르게 하는 수신修身으로부터 시작할 뿐이다.151 계강자季康子가 정치에 관하여 묻자 공자가 말했다. "정치란 바르게 하는 것입니다. 선생이 바름으로써 본을 보인다면 누가 감히 바르지 않겠습니까?"152 노 애공이 같은 질문을 했을 때도 공자가 대답하기를 "정치란 바르게 하는 것입니다. 군주가 바르게 하면 백성은 정치에 따를 것입니다. 백성은 군주의 하는 바를 따르게 마련인데 군주가 하지 않는 것을 어찌 따르겠습니까?"153 "군주가 어질면 어질지 않음이 없고, 군주가 의로우면 의롭지 않음이 없으며, 군주가 바르면 바르지 않음이 없다. 군주가 일단 바르게 되면 나라는 안정될 것이다."154 "자기 자신이 바르지 않으면 자연히 다른 사람을 바르게 할 수 없다." "곧은 사람을 등용해 곧지 않은 사람 위에 두면 백성이 따를 것이고, 곧지 않은 사람을 등용해 곧은 사람 위에 두면 백성은 따르지 않을 것이다."155 "자신이 먼저 한 다음에야 다른 사람에게 요구할 수 있으며, 자신이 먼저 하지 않으면 다른 사람에게 요구할 수 없다."156 이러한 바는 고정불변의 이치다. "명령하는 바가 백성이 좋아하는 것에 반하면 백성은 따르지 않는다."157 따라서 공자는 말했다. "위정자 자신이 올바르면 명령을 내리지 않아도 저절로 시행되고, 자신이 올바르지 않으면 설사 명령하더라도 따르지 않는다."158 "진실로 자신의 몸을 바르게 한다면 정치에 종사하는 데 무슨 문제가 있겠는가? 자기 자신을 바르게 하지 못한다면 어떻게 남을 바로잡겠는가?" 계강자가 무도한 자를 죽임으로써 도가 있는 사회를 만들고 싶다 했을 때 공자는 말했다. "선생이 선량해지려고 노력하면 백성이 곧 선량해질 것인데 사람을 죽여 무엇에 쓰겠습니까?"159 또 계강자가 도둑이 많음을 걱정하자 공자가 말하길 "진실로 선생이 욕심을 내지 않는다면 사람들에게 상을 준다고 해도 훔치지 않을 것입니다.[160] 이는 계강자 자신이 바르지 않으면서 다른 사람을 바르게 하려는 것을 풍자한 뜻이다.

"요·순이 천하를 인仁으로 솔선하자 백성이 그를 따랐고, 걸·주가 천하를 포악함으로 거느리자 백성이 그를 따랐다."[161] "한 집안이 인仁하면 온 나라가 인을 일으키고, 한 집안이 사양辭讓하면 온 나라가 사양함을 일으키며, 한 사람이 탐하여 어그러지면 온 나라가 난을 일으킨다."[162] 변화의 기미는 이처럼 미묘하기 때문에 유가는 "오직 인자仁者만이 마땅히 높은 위치에 있어야 하며, 불인不仁하면서 높은 위치에 있으면 민중에게 그의 악함을 퍼트리게 된다"[163]라고 여겼다. "군주가 어질면 나라가 잘 다스려지고, 군주가 능력이 없으면 나라가 어지러워진다."[164] "좋은 관리를 만나면 모두 충성과 신의를 간직하고 인후仁厚를 실천하며, 나쁜 관리를 만나면 모두 간사한 마음을 품고 천박한 행동을 하게 된다."[165] 불인한 자를 다시 기용하지 않으면 나라가 위험해지지 않고, 현명한 군주와 좋은 관리를 얻으면 풍속이 순박하지 않거나 나라가 다스려지지 않을 것을 염려할 필요가 없다. 나라의 치란治亂은 사람을 얻고 잃는 것과 상관이 있다. 이 이론에 근거하면 "정치를 하는 것은 결국 사람에게 달려 있다"[166]는 극단적인 인치주의가 성립된다. 즉 다스리는 사람은 있지만 다스리는 법은 없으며, 사람이 있어야 정치가 있고, 사람이 망하면 정치도 망한다. 공자는 말했다. "그 사람이 있으면 그 정치는 행해지고, 그 사람이 없으면 그 정치는 종식된다."[167] 순자는 말했다. "나라를 어지럽히는 군주는 있어도 저절로 어지러워지는 나라는 없으며, 다스리는 사람은 있어도 저절로 다스려지는 법은 없다. (…) 법은 스스로 제정될 수 없고 판례도 홀로 행해질 수 없으며, 사람을 얻으면 존속되고 사람을 잃으면 없어진다. 법이란 것은 다스림의 단서이고 군자라 함은 법의 원천이다. 그러므로 군자가 있으면 법이 간단하더라도 두루 미치고, 군자가 없으면 법을 갖추어 전후로 시행하더라도 일의 변화에 대응할 수 없어서 어지러워진다."[168] 또 말하길 "훌륭한 법이 있더라도 어지러울 수 있으나, 군자가 있어서 어지러운 경우는 예부터 지금까지 들어보지 못했다. 전해오는 말에 '치세는 군자로부터 오고 난세는 소인으로부터 온다'고 하니 이를 가리켜 하는 말이다."[169]

법가는 유가와 완전히 상반된 입장에 있다. 사회가 도덕 교화의 힘에 의해 유지될 수 있음을 부인하며, 더욱이 한두 사람의 힘으로 사회적 기풍을 전환시키거나 나라의 치란이 결정된다고 보지 않는다. 법가는 다스리는 사람은 있지만 다스리는 법은 없다는 견해, 사람이 존속해야 정치가 존속한다는 견해, 사람이 망하면 정치도 종식된다는 견해에 근본적으로 반대한다. 법가가 필요로 하는 것은 필연必然의 다스림이다. 사회를 오랫동안 잘 다스리고 안정시키려면 한없이 막연하고 시시때때로 변하는 방법에 의존할 수 없다.

윤문자尹文子는 말했다. "만약 현명한 군주를 만나 나라가 잘 다스려지고 우둔한 군주를 만나 나라가 어지럽게 된다면, 치란은 현명함과 우둔함에 관련된 것이지 예악과 관련된 것이 아니므로 성왕의 법술은 현명한 군주와 함께 사라진다. 치세의 법술은 시대가 바뀌면 사용할 수 없으니, 난세가 많고 치세가 적다."[170] 한비자 역시 요·순은 천 년에 한 번 나온다고 말했다. "요·순이 나타나면 이내 다스려지지만 이는 천 년 어지러웠다가 한 번 다스려지는 것이 된다."[171] 요·순이 구제해주기를 기다리는 것은 마치 좋은 쌀과 맛있는 고기를 기다려 굶주림을 구제받으려는 것과 같으며, 월나라의 헤엄 잘 치는 사람을 기다려 물에 빠진 사람을 구하는 것과 같으니, 배고픈 자는 반드시 살지 못하고 물에 빠진 자는 결단코 살 수 없다.[172]

법가는 요·순·걸·주의 경우 나란히 천 년에 한 번 출현할 뿐이며 대개의 군주는 "위로는 요·순에 미치고 못하고, 아래로는 걸·주에 이르지 않는" 중인中人이라 여겼다. 이러한 중인 자체의 역량은 선하거나 악하기에 불충분하여, 법률의 도움이 있어야 나라를 잘 다스릴 수 있다. "법法을 안고 세勢의 자리에 있으면 다스려지고, 법을 등지고 세를 없애면 어지러워지니" 본디 요·순을 기다릴 필요가 없다. 만약 "세를 폐하고 법을 어기면서 요·순을 기다려 요·순이 나타난다면 이내 다스려지지만, 이는 천 년 어지러웠다가 한 번 다스려지는 것이다. 법을 지키고 세의 자리에 있으면서 걸·주를 기다려 걸·주가 나타난다면 이내 어지러워지지만, 이는 천 년 다스려졌다가 한 번 어지러워지는 셈이다." 천 년 다스려지고 한 번 어지럽거나 한 번 어지럽고 천 년 다스려지는 간격이 어느 정도인지는 알 수 없다.[173] 왕량王良이 좋은 말과 단단한 수레를 부리면 하루에 천 리를 갈 수 있으나, 50리마다 말과 수레를 하나씩 두고 중질中質의 마부로 하여금 부리도록 하면 먼 곳을 추격하여 빠르게 이르고자 할 때 하루에 천릿길도 갈 수 있다. 그런데 왕량을 기다리느라 한 걸음도 나아갈 수 없다면 과연 왕량을 기다릴 필요가 있을까? 치국의 도리는 바로 이와 같다. 천 년 이래 나라가 치란을 이어온 까닭은 어지러움과 위태로움이 길고 오래되어서가 아니라, 부단히 살아가며 법을 지키고 세의 자리에서 다스리는 중인이 있었기 때문이다. 이른바 "세상의 통치자는 중간 수준에서 끊이지 않는다"[174]는 뜻이다. 법률은 원래 이러한 중인들을 위해 사용하는 치세의 도구다. 그러므로 한비자는 말했다. "법도를 세우는 것은 증삼과 같은 현인에 대비하기 위해서가 아니라 평범한 군주로 하여금 도척과 같은 악인을 그치게 하기 위해서다."[175] 또 말하기를 "중급의 군주로 하여금 법술을 지키게 하고 서툰 장인에게 공구와 치수를 통달하게 한다면, 만에 하나의 실수도 없을 것이다."[176]

설사 긴 세월이 흘러 요·순을 만나 더디게 인의仁義로 사람을 교화시킨들 역시 법으로 삼기에는 부족하다. "순이 문란한 풍기를 교정했다는 이야기는 1년 걸려 한 가지 잘못을 고치고 3년 걸려 세 가지 잘못을 고친 셈이니, 순에게는 한계가 있으며, 그 수명도 한계가 있어서 천하에 잘못이 그칠 때가 없을 것이다. 한계가 있는 몸을 가지고 그칠 줄 모르는 것을 쫓는다면 그치게 할 수 있는 일은 적을 것이다."177 요·순이 천추만세에 한 번 나온다면 난세가 많고 치세가 적을 테니 기다릴 필요가 없다. 더욱이 힘겹게 요·순을 만났는데 또 다시 3~5년에 걸쳐 3~5개 지역의 백성을 교화시킬 뿐이라면 다른 곳의 백성은 어떻게 기다릴 수 있겠는가?

순의 덕으로, 게다가 일 년을 할애해 몸소 고생을 한 뒤에야 백성을 감화시킬 수 있다면, 요·순에 미치지 못하는 자는 어찌해야 하는가? 그러므로 한비자는 말했다. "몸소 고생을 한 뒤에라야 백성을 감화시킨다는 것은 요·순도 하기 어려운 일이다. 한편 권세 있는 자리에서 아랫사람을 바로잡는 것은 평범한 군주도 하기 쉬운 일이다. 장차 천하를 다스리고자 하면서 평범한 군주가 하기 쉬운 것을 버려두고 요·순도 하기 어려운 일을 거치려 한다면 정사를 도모할 수 없는 것이다."178 그의 생각에 나라를 다스리는 일이란 이와 같이 쓸데없는 일이 필요치 않다. "상벌이란 천하 사람들로 하여금 지키도록 만드는 것이다. 명령하여 이르기를 '법에 맞는 자는 상주고 법에 안 맞는 자는 벌할 것이다'라고 할 때 아침에 명령이 이르면 저녁에 백성이 변하고, 저녁에 이르면 아침에 변하고, 열흘이면 천하에 고루 다 미치게 될 것이다. 어째서 일 년을 기다리겠는가?"179 원래 가볍고 쉽게 일으킬 수 있는 일은 요·순이 필요하지 않으며 오랜 시간도 필요하지 않다.

좀더 말하자면, 법가는 설사 요·순의 덕이 있더라도 덕으로써 사람을 감화시킨다는 사실을 의문시한다. 즉 백성이 감화될 수 있겠는가 하는 생각이다. "인한 자는 다른 사람에게 인할 수 있으나 사람을 인하게 만들 순 없으며, 의로운 자는 다른 사람을 사랑할 수 있지만 다른 사람으로 하여금 사랑의 마음을 갖게 할 수는 없다."[180] 그러니 잘못을 자기 자신에게서 찾으려는 것은 터무니없는 말 아니겠는가?[181] 한비자는 유가의 도를 반박하여 말했다. "순이 세상을 구제하게 되면 요에게 과실이 있었음이 증명되는 셈이다. 순을 현인이라 한다면 요의 명찰明察이 있을 수 없고, 요를 성인이라 한다면 순의 도덕 교화가 있을 수 없다. 둘을 다 같이 얻을 수는 없다."[182] 요의 성덕으로써 천하에 간악함을 없앨 수 있는데 어찌 또 순에게 애쓰도록 하겠는가? 요의 덕이 순보다 못할 리 만무하지만, 인의로 천하를 바꾸는 것은 실제에서는 있을 수 없다고 본 것이다. 적어도 보편적인 것은 아니며, 이는 모든 나라가 그러하다.

따라서 법가는 사람의 다스림人治을 믿지 않는다. 성군은 "법도法度에 맡기지 지모智謀에 맡기지 않으며"[183] "법에 의거할 뿐 개인적으로 하지 않는다"[184]고 했다. 성인이라 할지라도 역시 법제 없이는 나라를 다스릴 수 없는데 하물며 보통의 사람은 어떠하겠는가? 법가는 항상 법을 자와 규구規矩컴퍼스에 비유한다. 설령 성인이 법에 맡길 수는 있지만 법을 폐지하고 나라를 다스릴 수는 없다. 이는 기술자가 규구를 잘 활용하면 효과를 낼 수 있지만 규구를 없애고서는 방원方圓을 정확히 그릴 수 없는 것과 같다. 설사 현명하고 품행이 훌륭하더라도 법을 어기면서 다스린다면 규구를 없애고 방원을 그리는 것과 다를 바 없다.[185] "법술을 포기하고 개인의 마음에 의거하여 다스리면 요임금도 한 나라를 바로 세울 수가 없다."[186] "포상의 장려나 형벌의 위엄이 없고, 권세를 포기하고 법치를 실행하지 않는다면, 요·순이 집집마다 설득하고 일일이 사람을 찾아가 변론한들 세 집조차 다스릴 수 없을 것이다."[187]

법가는 인치를 반대하는 대신 객관적인 도구를 중시한다. 때문에 "법이 설사 선하지 않더라도 법이 없는 것보다는 낫다"[188]고 여긴다. 사람에게 맡기면 "설령 정교한 눈과 뛰어난 솜씨를 지녔다 해도 규구를 가지고 방원을 그리는 것만 못한"[189] 것과 같다. 주관적인 판단은 수시로 들쭉날쭉하지만 객관적인 표준은 적어도 일률적이며, 설사 법이 선하지 않더라도 "한 사람의 판단"일 수 있으므로 법이 없는 것보다 낫다.[190]

치국의 입장에서 보면, 법가는 근본적으로 인의도덕의 가치를 부인한다. 인의도덕은 무질서함을 저지하기에 충분치 않으며 치세에 무익하다고 여긴다. 그러한 것들은 도덕가나 교육가의 일로서, 그들이 일생 힘을 다해 교화하고 지선至善에 머물 것을 장려하며, 인생의 궁극적인 가치를 토론하는 것은 문제가 되지 않는다. 그러나 이것은 결코 법률의 범위에 속하지 않는 것으로, 법가가 흥미롭게 여기거나 주목하는 일이 아니다. 법가는 질서 유지를 법률의 목적으로 삼는다. 그들은 가장 정확한 프로그램과 가장 빠른 방법을 가지고 최단 시간에 목적에 도달코자 한다. 원래 법의 기능은 간악함을 막는 것[191]이지, 선을 권고하기 위함이 아니기 때문이다. 따라서[192] "민중의 잘못은 추궁하지만, 민중의 선행은 아랑곳하지 않는다."[193] "선하지 않은 사람에게만 형벌을 내리고, 선한 사람에게는 포상하지 않는다."[194] 법률 기구가 악행을 없애고 간악함을 징벌하여 사람들로 하여금 나쁜 일을 저지르지 않게 한다면 법률의 목적은 이미 이룬 것이다. 본래 법률은 인간의 마음이 선한지 악한지를 묻지 않을뿐더러 인간의 마음이 선량해지기를 요구하는 일도 하지 않는다. 법가의 눈으로부터 본다면, 나쁜 일을 하지 않는 선량한 사람과 형벌이 두려워서 감히 악행을 저지르지 못하는 간사한 인간은 객관적인 행위의 측면에서 구별되지 않는다. 그 둘의 내면적인 차이에도 주목할 필요가 없기 때문에 인의를 가르치는 것을 선으로 삼을 필요가 없다.

따라서 한비자는 말했다. "현명한 군주는 나라를 다스림에, 지켜보는 눈과 귀를 많이 두고 그 죄를 무겁게 다루어 법령으로써 금지할 뿐 청렴으로써 나쁜 짓을 막지 않는다."195

대저 성인은 나라를 다스림에 사람들이 스스로 선량해짐에 기대지 않는다. 성인으로 인해 선량해지는 사람은 나라 안에 열을 헤아리지 못하나, 악행을 저지르지 못하도록 수단을 쓰면 온 나라를 가지런하게 할 수 있다. 통치하는 자는 많은 것을 취하고 적은 것을 버리므로 덕화보다는 법치에 힘을 써야 한다. 무릇 절로 곧은 화살대를 기다린다면 백 년이 되도록 화살을 구할 수 없으며, 절로 둥근 나무를 기다린다면 천 년이 되어도 화살을 구할 수 없으며, 절로 둥근 나무를 기다린다면 천 년이 되어도 바퀴를 구할 수 없다. 절로 곧은 화살대나 절로 둥근 나무는 백 년에 하나도 못 된다. 그런데도 세상이 모두 수레를 타고 새와 짐승을 쏘는 것은 어째서인가. 도지개 방법을 쓰기 때문이다. 훌륭한 공장이는 비록 도지개에 기대지 않고 절로 곧은 화살대나 절로 둥근 나무가 있다 해도 귀하게 여기지 않는다. 왜냐하면 타는 자가 한 명이 아니고 쏘는 것이 한 발이 아니기 때문이다. 현명한 군주는 상벌에 기대지 않고 저절로 선량해지는 백성을 귀하게 여기지 않는다. 왜냐하면 국법을 쓸모없게 할 수 없기 때문이며, 다스리는 대상이 한 명이 아니기 때문이다. 그러므로 방법을 터득한 군주는 우연한 선善을 쫓지 않고 반드시 그렇게 되어야 할 도道를 행한다.196

도덕가, 교육가가 소수의 사람들이라도 선량해지도록 할 수 있다면 이미 대단한 성과다. 그러나 법률가는 전 국민으로 하여금 악행을 일삼지 못하게 하기 때문에 몇몇 소수의 착한 사람에 주목하는 것이 아니라 악한 무리 또는 악해질 수 있는 자들에 주목한다. 소수의 선량함은 결코 주된 취지와 관계가 없으며, 나라의 태평에 보탬이 안 된다. 따라서 "비간比干같이 충절을 지켜 죽기를 기대하는 것도 아니고, 난신亂臣이 속이지 않도록 요행을 바라지도 않는다" 다만 "겁 많고 나약한 사람들이 방어 수단에 의지하게 하고, 보통의 군주도 정권의 법령을 잘 지킬 수 있도록 할" 뿐이다.197 "백성 가운데 단 한 명도 감히 나쁜 짓을 못한 나라 안 모든 사람이 법을 수호하는 것이다."198 하필이면 왜 소수의 사람을 대상으로 해야 하는가? 나라를 다스리는 데 소수의 선량함만을 주목하고 나머지 대다수의 사람을 간과한다면 "백이伯夷와 같은 청렴한 사람을 만날지라도 위험하고", 분명히 "전성田成이나 도척盜跖의 화를 면치 못한다."199 법가가 주장하는 치국은 간악한 백성을 대상으로 삼기 때문에 선량한 백성을 다스리는 법으로 간악한 백성을 다스리지 않고, 간악한 백성을 다스리는 법으로 선량한 백성을 다스린다. "나라가 선량한 백성을 데려다가 간사한 백성을 다스리면 반드시 어지러워져 쇠약하게 된다. 나라가 (개혁을 부르짖는) 간악한 백성을 등용하여 (죄악을 덮어주는) 선량한 백성을 통치하면 기필코 잘 다스려져 강대함에 이른다."200

법률가는 교육가나 도덕가와는 목적이 상이하며, 범위 또한 무관하다. 각자 자기 일을 행할 뿐이므로 상호 저촉됨도 없다. 문제는 유가는 도덕가이자 교육가인 동시에 정치가로서 정치적인 의도를 가지고 있으며, 무엇보다도 유가의 도는 하나로 관철된다. 즉 수신修身, 남을 교도함敎人, 치국治國의 이치가 같은 원리로 움직이는데, 도덕가와 교육가의 방법을 정치에 응용하고자 하며 예악과 인의로써 천하를 감화시키고자 한다. 확실히 그들은 정치적으로 상당한 세력을 형성했고, 그들의 주장은 몇몇 나라에서 다양한 실행으로 드러났다. 결국 정치 무대에서 법가와 유가의 정면 충돌이 발생했고, 극단적으로 상반된 입장에 있었기에 서로를 용납하지 않았다. 법가는

400

정치에서 인의의 가치를 부정함으로써 유가를 배척했을 뿐만 아니라 "성왕은 의義를 존귀하게 보지 않고, 법法을 존귀하게 본다"[201]고 했다. 더 나아가 인의는 부정적 가치만 있으며, 국가에 해악을 끼친다고 여겼다. 상앙은 예악을 무절제함의 상징으로 보았으며, 자애로움과 어짊을 범죄의 근원으로 보았다.[202] 또한 예악禮樂, 시서詩書, 수선修善, 효제孝悌, 성신誠信, 정렴貞廉, 인의仁義를 국풍國風으로 여기지만 나라에 이 같은 장치들이 있으면 반드시 쇠약해져 망할 것이라고[203] 논단했다.

그러므로 형벌로 다스리면 백성이 두려워하게 되고, 백성이 두려워하면 간악한 짓이 없게 되며, 간악함이 없으면 백성은 자기들이 즐겨하는 것을 편히 누리게 된다. 그런데 의義로써 가르치면 백성은 방종하게 되고, 백성이 방종하면 어지러워지고, 어지러워지면 백성은 자기들이 싫어하는 것에 의해 해를 당한다. 내가 말하는 형벌은 의의 근본이며, 세상에서 말하는 의는 난폭함의 법칙이다.[204]

특히 한비자는 유가의 인의설을 규탄하여, 그 망령됨을 무당에 비유하는데 이르렀다.

만일 어떤 이가 남에게 말하기를 '자네를 반드시 지혜롭고 오래 살게끔 해주겠다'고 한다면 세상은 이 말을 잠꼬대로 여길 것이다. 무릇 지혜는 천성性이며 장수는 명命이다. 천성이나 목숨은 남에게 배우는 것이 아니다. 그런데 사람이 할 수 없는 것을 가지고 설교를 하니, 이것이 세상이 잠꼬대라고 하는 이유다. (…) 인의로써 사람을 가르침이 바로 지혜와 장수를 말하는 것으로, 법도를 터득한 군주는 받아들이지 않는다. 그러므로 모색毛嬙이나 서시

西施의 미모를 좋아하더라도 나의 얼굴에는 도움이 안 된다. 하지만 지택脂澤과 분대粉黛를 사용하면 처음의 갑절에 이를 수 있을 것이다. 선왕의 인의를 말함은 다스림에 도움이 되지 않으며, 나의 법도를 밝히고 상벌을 세우는 것이야말로 나라의 지택과 분대다. 그러므로 현명한 군주는 도움 되는 것을 서두를 뿐 칭송을 미루기 때문에 인의를 말하지 않는다. 오늘날 무당이 사람들을 위해 빌며 축원하기를 '너를 천추만세토록 살게 해주겠다'고 한다. 이러한 소리가 귀를 시끄럽게 하지만 단 하루의 수명도 늘림이 없다. 이것이 사람들이 무당을 소홀히 대하는 이유다. 지금 세상의 유자들은 군주를 설득하되, 오늘의 다스림이 될 방법을 좋다고 하지 않고 이미 다스려진 공적만을 말한다. 관이나 법제에 관한 일을 분명히 하지 않고 간악한 실정을 살피지도 않으면서, 모두들 예로부터의 전승을 말하고 선왕의 성공만을 칭찬한다. 유자들이 꾸며 말하기를 '내 말을 들으면 가히 패왕이 될 수 있다'고 하지만, 이것을 말하는 자들은 무당과 같아서 법도를 터득한 군주는 받아들이지 않는다. 그러므로 현명한 군주는 실용되는 것을 거두고 쓸모없는 것을 버리며, 인의에 관한 일을 말하지 않고 학자들의 말을 듣지 않는다.205

유가는 말했다. "선왕先王은 차마 남을 해치지 못하는 마음不忍之心이 있어서, 남들에게 잔인하게 하지 않는 정치가 생기게 되었다. 불인지심을 가지고 사람에게 잔인하게 하지 않는 정치를 하게 되면, 천하의 다스림은 손바닥 위에 놓인 것처럼 될 것이다."206 법가는 이러한 인정仁政을 단호하게 반대한다. 자애로운 어머니가 자식을 애지중지하여 키운다면207 자식은 제멋대로 되어 간사함이 길러지고, 백성이 방종하면 악행을 저지르게 된다고 여긴다. 관자管子는 말했다. "무릇 백성이 탐욕을 부리며 조급하게 덤비는데 처벌이 가벼워서 죄악이 고발되지 못하면, 무절제하고 어지러운 행위를 조장하고 비도덕적인 일을 유리하게 만드는 것이다. 남을 사랑하는 마음이 있다고 하나, 실제로는 백성을 다치게 하는 일에 해당한다."[208] 한비자는 말했다. "나라를 보전하게 하는 것은 인의가 아니다. 인이란 자혜로움이다. (…) 자혜로우면 차마 할 수가 없고, (…) 차마 할 수가 없으면 처벌에 사면이 많아진다. (…) 그러므로 어진 사람이 제위에 오르면 신하들은 방자하여 쉽게 범법을 저지르며 요행을 바라는 마음으로 군주의 은혜를 입고자 한다."[209] 그뿐 아니라 성환成驩과 복피卜皮의 말을 인용하여 제나라와 위나라의 왕이 인자한 탓에 약해지고 망하는 결과를 초래했다고 말한다.[210] 이러한 이치로 법가는 사면에도 반대한다. 백성을 북돋는 길은 "잘못이 있으면 사면하지 않고, 선행이 있어도 하사하지 않는 것"에 있다고 여긴다. 잘못을 사면하고 선행을 치사한다고 해서 백성이 고무되지 않으니, 작은 잘못을 사면하면 더 큰 죄를 짓는다는 것이다. 따라서 "사면이 실시되면 백성은 불경해지고, 자혜로움이 행해지면 과실은 날로 늘어가니, 자혜로움과 사면이 백성에게 가해지면 수감자가 가득 차고 살육이 빈번해지는데도 간악함이 제지될 수 없다." "사면을 행하는 것은 이득이 적고 해가 크기 때문에 오래되면 그 화를 감당할 수가 없다. 사면을 행하지 않는 것은 해가 적고 이득이 크기 때문에 오래되면 그 복을 감당할 수가 없다. 자혜로움이란 여러 번 사면하는 것이다. 처음엔 쉽지만 나중엔 어려워져서 오래되면 그 화를 감당해낼 수 없다. 법이란 처음엔 어렵지만 나중에 쉬우니 오래되면 그 복을 감당할 수가 없다. 그러므로 자혜로움이란 백성의 원수이고, 법은 백성의 부모다."[211]

결론적으로 법가는 무거운 형벌을 강조한다. 관자는 말했다. "군령을 행하는 것은 형벌을 엄중히 하는 데 있다."[212] 상앙은 말했다. "간악함의 근본을 제거하는 데 엄형嚴刑보다 효과적인 것이 없다."[213] 한비자는 말했다. "형을 엄격히 하고 벌을 무겁게 하는 것을 백성은 싫어하지만 그로써 나라가 다스려질 수 있는 것이다."[214] 그들은 가벼운 형벌은 간사함을 그치게 하고 악행을 제어하기에 미약하다고 여겼다.

무릇 백성은 성미가 급하고 행위가 사사롭고 편벽되어 상을 내리는 데 두텁게 하지 않을 수 없으며, 형벌을 내리는 데 무겁게 하지 않을 수 없다. 그런데 성인聖人은 상을 내림에 과분하게 할 수 없고, 형을 세움에 지나치게 잔혹할 수 없다. 반면 상이 박하면 사람들은 이롭다고 여기지 않으며, 형벌이 가벼우면 악한 무리들은 두려워하는 바가 없게 된다. 사람들이 이롭지 않다고 생각하는 가벼운 상을 제정하여 그들로 하여금 일하게끔 하려 한들 사람들은 전력을 다하지 않는다. 사람들이 두려워하지 않는 법을 제정하여 그들의 악행을 막으려 한들 악한 무리들은 그치지 않는다. 이에 법령이 공포되어도 백성은 따르질 않는다. 그러므로 포상은 백성을 고무시키기에 부족하며, 사민士民은 군주를 위해 힘을 쏟지 않는다. 형벌은 두려움을 느끼게 하기에 부족해서, 난폭한 자들은 죄의 금지를 가벼이 여긴다. 사람들은 형살刑殺에 복종한 후에야 따를 수 있고, 이익을 얻은 후에야 힘을 쏟아 일하고, 잘 다스려진 후에야 바른 길로 갈 수 있고, 안정을 얻은 후에야 평정해진다.[215]
분명히 처단했는데도 간사함과 도둑질이 여전히 있는 것은 형벌이 가볍기 때문이다. 형벌이 가벼우면 처벌할 수가 없으며, 반드시 처벌하고자 잡아들인다면 형벌을 받는 자가 많아진다. 그러므로 잘 다스리는 자는 착하지 않은 사람을 처벌하되 착한 사람에겐 상을 주지 않는다. 그로 인해 형벌을 내리지 않아도 백성은 선해진다. 처벌하지 않아도 백성이 착한 것은 형벌이 무겁기 때문이다. 형벌이 무거우면 백성이 감히 법을 어기지 못하므로 형벌이 없게 되고, 백성 가운데 아무도 감히 나쁜 짓을 하지 않게 되고, 온 나라 사람 모두가 선해진다.[216]

형벌이 무거우면 사람들이 두려움을 느끼고 굴복하며 감히 법을 시험하지 못한다는 이치다.

무릇 엄형嚴刑이란 백성이 두려워하는 것이며, 중벌重罰이란 백성이 싫어하는 것이다. 그래서 성인은 그들이 두려워하는 바를 펼쳐놓음으로써 사악한 행동을 금지하고, 싫어하는 바를 설정함으로써 간사한 행위를 방지한다. 그리하여 나라가 안정되고 난폭한 일이 일어나지 않는다. 나는 이로써 인의와 사랑, 은혜 같은 것은 유용하게 쓰기에 부족하며 엄형과 중벌만이 나라를 잘 다스릴 수 있다는 점을 밝힌다. 채찍의 위협이나 재갈의 구속이 없으면 조보造父라 해도 말을 복종시킬 수 없을 것이다. 규구規矩의 규범과 먹줄의 곧음이 없다면 비록 전설적인 장인인 왕이王爾라 해도 네모와 동그라미를 그릴 수 없다. 그리고 위엄 있는 권세와 상벌의 법도가 없다면 비록 요·순이라 할지라도 잘 다스릴 수 없다. 지금 세상의 군주들은 모두 엄형을 내버려두고 사랑이나 은혜를 베풀면서 패왕의 공적을 이루려고 하는데 이 또한 불가능한 일이다. 따라서 뛰어난 군주는 상의 이로움을 명확히 제시하여 백성을 북돋아주고 각기 공에 따르는 상을 내림으로써 백성을 부릴 뿐 인의로써 상을 내리지 않는다. 엄형과 중벌로 나쁜 행동을 금하고, 백성을 부림에 죄에 따라서 벌할 뿐 사랑과 은혜로 죄를 면해주지 않는다. 그렇게 함으로써 공이 없는 자는 상을 기대하지 않고 죄가 있는 자는 요행을 바라지 않게 될 것이다.[217]

중형을 주장하는 어떤 법가들은 가벼운 죄에 엄중한 형벌을 제기한다. 막중한 죄에 가벼운 형을 내리는 것은 죄를 방임하고 악행을 허용하는 셈으로 백성은 간사해지고, 형벌의 경중과 죄질의 크고 작음이 대등해진다.

중죄에는 중형을 내리고 경미한 죄에는 가벼운 형벌을 내리는 것도 치국에 무익하며 간악함을 그치게 할 수 없다. 상군은 말했다.

형을 집행할 때 가벼운 죄를 중형에 처하면 가벼운 범죄는 발생하지 않는다. 그러면 중범죄는 더욱 발생할 수 없게 된다. 이것을 '질서 있는 사회의 다스림'이라고 말한다. 형벌을 집행할 때 무거운 죄를 중형에 처하고 가벼운 죄를 가볍게 처벌하면 가벼운 죄를 범하는 일이 그치지 않는다. 그러면 무거운 범죄도 제지할 수 없게 된다. 이것을 '무질서한 사회의 다스림'이라고 말한다. 그러므로 가벼운 죄를 중형에 처하면 형벌이 없어지고 사건이 잘 처리되어 나라가 강성해진다. 반면 무거운 죄를 중형에 처하고 가벼운 죄를 가볍게 처벌하면 형벌은 더욱 치밀해지고 범죄도 계속해서 발생해 나라가 쇠약해진다.[218]

법가는 유가에서 비판하는 것과 같이 각박하고 정이 없으며 만사를 죽이는 방식으로 해결해야 한다고 주장하지는 않는다. 다만 간악함을 막고 난폭함을 끊는 수단으로써 부득이하게 엄중한 형벌이 필요하다는 입장이다. 가벼운 형벌로 간악함을 그치게 할 수 있다면 중형은 필요치 않다. 한비자는 이 문제에 대해 일찍이 아래와 같이 변호했다.

지금 법을 모르는 자들은 모두 중형이 백성을 다치게 한다고 말한다. 가벼운 형벌이 간악함을 그치게 할 수 있다면 무슨 이유로 중형을 실행하고 있단 말인가? 이것은 치국의 이치를 살피지 못한 경우다. 무릇 중형으로 제지할 수 있는 것은 가벼운 형으로 제지할 필요가 없다. 즉 가벼운 형의 죄를 중형으로 다스린다면 반드시 제지할 수 있을 것이다. 군주가 중형을 마련하면 간악함은 모두 제지될 수 있다. 간악함이 모두 제지될 수 있다면, 이것이 어찌 백성을 다치게 하는 일이겠는가?[219]

엄중한 형벌은 "형벌로써 형벌을 제거하는以刑去刑"[220] 기능을 갖고 있다. 그래서 법가는 법이 설사 "거칠고 사납더라도 행하지 않으면 안 된다"[221]고 여긴다. 일시의 고통을 참으면 장기적인 이로움을 얻을 수 있기 때문이다. 한비자는 말했다. "법을 치국의 원칙으로 삼으면 처음에 고생스럽지만 장기적인 이로움이 있고, 인을 치국의 원칙으로 삼으면 처음엔 즐겁지만 나중에 곤궁하다. 성인은 (법과 인의) 그 경중을 비교하고 따져보아 이익이 큰 쪽을 선택한다. 그래서 법을 이용하여 서로 억제하고, 어진 사람들 간의 연민을 포기한 것이다." 비유컨대 집안을 다스리는 것과 같다. 굶주림과 추위를 함께 견디고 고통과 어려움을 함께 견딤으로써 전쟁과 흉년의 재난과 맞닥뜨려도 배부르게 먹고 따뜻하게 입을 수 있다. 반대로 잘 입고 잘 먹는 것으로 서로를 사랑하고 편안함과 향락으로 서로에게 자혜롭게 대한다면 기근을 만났을 때 처자식을 팔아버리는 것을 면치 못한다.[222]

3. 예에서 법으로

유가가 사회질서 유지의 행위 규범으로 삼은 것은 예이고, 법가는 법률을 내세웠다. 유가에게 예를 유지하는 힘은 덕과 교화였고, 법가에게 법률을 추진하는 힘은 법률적 제재였다. 유가와 법가는 대항 관계에 있어 예치·덕치와 법치가 양립될 수 없음은 앞에서 설명한 바와 같다. 사상의 공통점과 차이점으로부터 말하자면, 두 학파는 완전히 상반된 입장에 있기 때문에 본래 타협할 만한 가능성이 없으나, 사실상 꼭 그렇지는 않다. 여기서는 이러한 측면을 논해보고자 한다. 유가와 법가가 대항하던 시대는 전국戰國 및 진秦나라의 시대였다. 원래 춘추·전국 시대는 유가, 도가, 양주, 묵가, 명가, 법가 등 각 학파의 사상과 학설이 최초로 등장하여 경쟁하던 시대였다. 비교적 나중에 나타난 법가는[223] 유가와 시비를 다투려 했으며, 한 치의 양보 없이 극렬히 경쟁을 벌였다. 그러나 전한前漢 이후, 이러한 사조의 쟁론은 점점 잠잠해지고, 유가와 법가의 다툼儒法之爭 역시 보이지 않게 되었다.

첫째로, 학술계의 분파는 이미 복잡함에서 단순함으로, 다름에서 같음으로 옮겨가고 있었다. 전국 시대 학술 논쟁의 과정을 거쳐 어떤 학파는 세력이 쇠퇴하여 소멸되었다. 조정은 유술儒術을 정통이라 여겼으며, 제왕은 이에 근거하여 학자들을 취했고, 유생은 이를 가지고 관직에 올랐다. 한대 이후 역대 조정이 모두 그러했다. 이에 학술은 하나로 통합 귀결되어, 유가 홀로 존귀하고 나머지 학파는 도태의 대열에 섰다. 법가 역시 세력을 잃은 채 무력하게나마 유가와 대항했다. 주목할 만한 것은 그때 이후로 유자는 실제적으로 독서인讀書人의 대명사代名詞일 뿐이라는 점이다. (춘추 전국 시대의 유가와 구분하기 위해 어쩔 수 없이 '유儒' 또는 '유자儒者'라고 부를 수밖에 없다)물론 그들이 읽은 것은 여전히 유가가 남긴 경전이며, 요·순을 조술祖述하고 공맹을 본받고자 했지만, 사상 안에는 이미 다른 학파의 사상이 잡다하게 내재되어 순수한 유가의 전형은 아니었다. 어쩌면 한대 이후의 유자란 이미 본래의 생김새를 잃었다고 말할 수도 있겠다. 때문에 반고班固의 「예문지藝文志」는 유가를 두고 "미혹한 사람은 이미 (유가 경전의) 심오하고 미묘한 이치를 잃어버리고, 행실이 바르지 않은 사람은 또한 제멋대로 경전의 이치를 왜곡했다. 유가의 학문은 성현의 근본으로부터 멀어져 떠들썩한 사람들의 말로써 점점 쇠퇴했다"고 했다. 사실상 한대에는 위경僞經이 분분하게 나

타나는데, 위서가 아닌 경전마저도 통상적인 것을 이상하게 바꿔놓아 오경
五經을 어그러뜨렸으니 이미 유가의 진수를 전수받은 것이 아니다. 유가가
점점 쇠퇴한 것은 예상된 일이다.

둘째로, 제도적인 측면에서 유가와 법가의 논쟁은 의미를 잃게 되었다. 공
자 시대의 각국은 대부분 법이 제정되지 않은 상태였다. 자산子産이 형법서
를 각인하려 하자 숙향은 편지를 써서 질책하며 말하기를 "옛 선왕이 일을
의론하여 제재하되 형으로 문책하지 않은 것은 백성에게 다툼이 있을까 염
려해서였다. (⋯) 다투는 마음이 생기고 책으로써 증명하려 하게 된다."²²⁴
후에 진나라에서 형정刑鼎 형법을 정鼎에 새겨 넣어 국가의 대법으로 삼는 것. 이
를 천하에 공표하여 법률의 위신을 세우려 했다을 주조하려 하자 공자 또한 일찍
이 개탄하면서 "백성이 형법에 마음을 두겠구나"²²⁵라고 말했다. 이를 통해
법전을 편제하고 공포함은 당시 사람들을 깜짝 놀라게 한 기획으로서 당
시 사대부 여론의 격렬한 반대와 개탄을 불러일으켰음을 알 수 있다. 숙향
의 "사건을 의론하여 제재한다"는 말은 당시에 죄에 대한 의론은 했으나 법
은 정해지지 않았던 추세를 알려준다.²²⁶ 따라서 공자의 시대는 유가가 예
치와 인치를 드높이고 법률을 필요로 하지 않은 시대였다. 맹자는 바야흐
로 법가가 기세를 떨치던 때에 나타났다. 몇몇 나라는 법으로 강성함을 도
모했지만 맹자는 재야의 학자였으므로 순수하게 학문의 이치에 따라 논리
를 세울 수 있었다. 그러나 진·한 이후의 상황은 달랐다. 왕조마다 법률을
갖추기 시작했고, 조정과 왕조가 바뀌는 시기에 법률의 제정과 반포는 연호
의 개정만큼 중요해졌다. 법률의 필요성은 이미 객관적 사실이 되어 의심과
변론의 여지가 없게 되었고, 당연히 법률의 필요와 가치에 대한 문제 제기
는 나타나지 않게 되었다. 게다가 법전 제정 사업에 참여하는 사람은 대개
독서인이었다. 한대 이후 전문적으로 법률을 연구한 법학자가 극히 드물었

기 때문에[227] 법전은 결코 법률가의 손에서 입안되지 않았다. 앞선 시대와 당대의 법률에 대해 어느 정도 섭렵한 독서인이라면 법학에 정통하다는 영예를 얻어 책임을 맡았다. 따라서 한대의 법률을 제외한 역대 법전은 모두 유신儒臣이 맡았다.

세 번째로, 중요한 사실 하나는 유가와 법가 사이의 쟁론을 소멸시킨 것이다. 독서인이 시험을 통해 관직을 얻은 뒤에는 법률을 이해하고 응용하지 않을 수 없게 되었다. 지방 정부를 예로 들면 목령牧令으로부터 봉건 영토의 대리大吏는 모두 사법적 책임을 맡았다. 중앙 정부도 마찬가지였는데, 삼법사三法司만 사법과 관련이 있는 것이 아니라 구경九卿도 항상 사법적 토론에 참여하는 회심會審 제도를 통해 심판에 참가할 수 있다. 송사를 듣는 것은 관직을 수행하는 자의 피할 수 없는 책임으로, 그것이 시험 과목의 하나가 된 이후로 독서인들은 송사 듣기를 회피하거나 법치에 반대하여 덕치나 인치 등의 진부한 논리를 고양하기 어려워졌다. 한 선제宣帝가 많은 문법리文法吏 전국 시대부터 형성된 관료 형태의 하나로, 주로 천자가 알고 있던 법률을 존숭하고 법률에 합치하는 것이 무엇인지에 능통해 규범적으로 복잡한 공문과 구체적인 사무를 처리했다를 기용하여 형 집행이 매우 엄했는데, 태자가 유생을 기용하도록 권고했다. 선제는 "한나라는 제도가 있으니 본래 패도와 왕도가 뒤섞여 있다. 순전히 유교를 따라 주나라의 정치를 쓴다는 것이 가능하겠는가?"[228]라고 말했다. 따라서 정치에 나선 유생은 실제의 필요에 적응해야 했다. 공손홍은 젊어서 이미 옥리가 되었고,[229] 예관兒寬은 박사博士로서 주얼연奏讞掾 천자에게 소송에 대해 보고하는 관리이 되어 옛 법률에 의거하여 형벌을 심사하고 의결했으며, 나중에는 중대부로 승진하고 좌내사左內史로 천거되었다. 역사는 그에 대해 "형벌을 완화하고 송사를 정리했다"[230]라고 평한다. 한대의 법률사에는 숙손헌叔孫宣, 곽령경郭令卿, 마융馬融 등 10여 명의 유가가 등장하는데 이들에 대한 이야기가 10만 자에 달한다.[231] 유가이면서 법률에 뜻을 두고 학습한 사실은 법률 또는 유가 사상의 발전을 살펴볼 때, 더 나아가 유가와 법가의 관계를 살펴볼 때 매우 주의를 기울일 만한 부분이다. 이후 송사를 들은 유가에 관한 이야기는 헤아릴 수 없이 많다. 1대 이학理學의 대사 육구연陸九淵, 주희, 소백온邵伯溫 소강절의 아들도 예외가 아니다. 소백온은 성도로成都路의 제점형옥提點刑獄 제직할지의 사법을 장관하여 형벌이나 심문을 담당하던 사람을 역임했으며,[232] 주희의 송사 문건은 지금도 여전히 문집에 남아 있다.[233] 육상산陸象山은 소송 처리가 매우 신중했는데, 형문군荊門軍을 다스릴 때 하소연하는 백성이 있으면 밤낮 없이 관청에서 만나주었고 즉각 심리 소집일을 정했다. 이에 (송사를) 잘 처리한다는 칭찬이 자자해 군에서는 그를 신처럼 여겼다. 구양수歐陽修는 이릉夷陵의 수령으로 있을 때 오랫동안 누적된 옛 안건들을 반복하여 살폈다.[234] 설선薛瑄은 율령을 스승으로 삼았으며[235] 독서인이 관리로 복무하면 "큰일을 하는 것(주자의 말을 이용)"이므로 관리로서의 다스림을 명심하여 경사자집經史子集 이외의 유용한 책들을 읽어야 한다고 했다. 청대 옹정雍正 연간의 『흠반주현사의欽頒州縣事宜』에서는 지방관에게 율령의 숙독을 권면하면서 "젊을 때 보니, 주현에서 총명함을 좋아하고 믿는 자들은 일하지 않을 때 서예와 그림을 공부하고 바둑과 시를 강의하면서 흥미진진하게 그 능함을 자랑하곤 했는데, 그들에게 율령에 대해 물으면 말을 더듬으며 아무 말도 못하는 일이 있었다. 무릇 서예나 그림, 시, 바둑 등은 집에 머무는 문인들의 취미지만 율례는 임관하여 다스리는 대강大綱인 것이다. 이미 임지에 나가 다스리면서도 집에 머무는 자들의 붓놀림이나 시 짓는 일을 흉내 내고 자랑하며 사치스럽게 득의양양하니, 자기(의 임무)를 내팽개치고 예술하는 자들의 한심함과 무엇이 다르겠는가? 무릇 관리로서의 현명은 그 다스림에서 드러나는 것이니, 다스림과 관련하여 아무런 명성도 없이 그저 붓과 먹의 오묘함에 빠진 채 나라의 계획과 민생의 요구를 맡지 않는다면 결국 시기를 놓쳐 공적인 일에 지장을 주게 될 것이다. 이로써 유용한 정신을 무용한 놀이에 낭비할뿐더러 그 피곤함으로 인해 잘못을 범하게 될 테니 얼마나 안타까운 일인가?"[236] 임관하게 되면 율례가 급선무가 되는데 제대로 익히지 않으면 자신의 임무를 다할 수 없었다.

이렇듯 한나라 이후의 유자들은 유가의 저술을 정종正宗으로 삼되, 약간의 법가 사상을 수렴해왔음을 살필 수 있었다. 따라서 유자의 사상을 보면 당시 유자들이 덕치를 구호로 삼으면서도 법치를 배척하지 않았음을 알 수 있었다. 이로써 이전의 유가와는 달리 유가와 법가의 사상적 충돌이 절대적인 것은 아니었으며, 예치와 덕치를 위주로 하되 법치를 보조적 원칙으로 삼음으로써 세 사상이 절충되고 조화되기에 이르렀음을 알 수 있다.

사실 유가와 법가의 사상적 조화는 이미 가능한 것이었다. 법가는 물론 절대적으로 예치와 덕치를 배척했지만, 유가는 절대적으로 법가를 배척한 것이 아니라 단지 법치가 예치와 덕치를 대신할 수 없다고 주장했을 따름이다. 유가의 계보는 요·순·우·탕·문·무·주공·공자다. 유가의 기록상 요·순 시대에 (우임금의 아버지인) 곤鯀을 주살했고, (순임금의 대신인) 공공共工을 유배했으며, 환두驩兜를 풀어주었고, 삼묘三苗를 쫓아냈고, 사묘四苗를 이사시켰다. 순임금은 일찍이 사법관을 임명했고, 고요는 역사 기록 이전의 최초이자 최고로 유명한 선비로서 오형五刑, 태형, 벌금형이 모두 그의 시기에 제정된 것이다.[237] 전설 중의 영묘한 동물, 해치 또한 고요 시기의 산물이다. 탕임금의 결의문 중에는 형벌 제재가 자주 언급되었다.[238] 주공은 일찍이 관숙을 주살했고, 채숙을 놓아주면서 서약서를 지었다.[239] 공자는 비록 송사가 없도록 하는 것을 목적을 삼았지만 "송사에 대해 판단하는 것은 나도 다른 사람과 같다"[240]고 말했다. 공자 역시 일찍이 자로에 대해 "한두 마디 말로 송사를 판결할 수 있다"[241]고 칭찬했고, 증자의 제자는 양부陽膚를 사사士師로 삼았다.[242] 공문孔門의 제자들 역시 소송 사건에 주의를 기울이고 전문 지식과 기능을 갖췄으며, 송사를 심의하는 일을 부끄러이 여기지 않았다. 사실상 공자는 재상의 일을 수행할 때 이미 소정묘少正卯를 주살한 적이 있으니,[243] 그는 결코 형법을 전적으로 배척한 것이 아니며 다만 예교를 중심으로 하고 형벌을 보조로 삼았을 뿐이다. 공자는 말했다. "이름이 바르지 않으면 말이 순조롭지 않고 말이 순조롭지 않으면 일이 이루어지지 않는다. 일이 이루어지지 않으면 예악이 흥하지 않고, 예악이 흥하지 않으면 형벌이 적중하지 않는다. 형벌이 적중하지 않으면 백성은 손과 발을 편히 두지 못한다."[244] 예악과 형벌은 실제 나란히 거론될 뿐 아니라 연대 관계에 있었다. 공자가 반대한 것은 형벌이 적중하지 않는 경우에 대해서였다. 형벌이 적중하면 의론될 만한 일은 없다.

공자 이후 법률에 대한 유가의 견해는 한층 더 절충하는 입장으로 향한다. 맹자가 "선하기만 해서는 정치를 하기에 족하지 않고, 법을 제정해도 저절로 잘 운용되는 것은 아니다"[245]라고 말한 것은 둘 중에 어느 한쪽에만 치우쳐서는 안 된다는 절충의 태도를 나타낸다. 순자의 사상 안에 법가의 사상이 뒤섞여 있고, 한비韓非와 이사李斯가 그의 문하에서 나온 것은[246] 결코 우연이 아니다.

순자의 책에는 '예법지분禮法之分'이라는 말이 누차 언급되는데,[247] 형벌에 대해서는 종전의 유가가 내린 평가만큼 낮지 않다. "무릇 사람을 처형하는 근본은 난폭을 금하고 악을 미워하며 그 미래를 경계함이다"[248]라고 한 순자의 말은 형벌이 사회질서를 유지하는 데 특수한 역할을 하고 있으며, 예의와 교화가 대신할 수 없다는 점을 인정한 것이다. 이러한 견해와 법가의 법률의 기능에 대한 견해는 처음부터 다를 바 없었다. 그는 사람의 본성이 악하다고 보았고, 군자는 마땅히 예의禮義와 사법師法으로 백성을 선하게 변화시켜야 하지만 모든 사람이 다 교화로써 선을 따를 수는 없다고 인식했다. 즉 교화를 따르는 자는 교화로 변화시킬 수 있으나, 교화를 따르지 않는 자는 반드시 형벌로써 위협해야 하는 것이다. 예와 형벌을 나누어 다스려도 문제되지 않는다. "선을 가지고 오는 자는 예로 대우하고, 악을 가지고 오는 자는 형벌로 대응해야"[249] 비로소 난폭을 금하고 악을 징벌하고 사회질서를 유지할 수 있다. 이러한 예와 형벌을 구분하여 다스린다禮刑分治는 견해는 유가와 법가의 주장을 하나의 용광로에 넣어 융합한 것 같다. 하지만 그가 유가라는 사실을 잊어서는 안 된다. 순자는 여전히 예치를 중심으로 하고 교화를 우선으로 한다. 그는 말했다. "나라의 운명은 예에 달려 있다. 군주 된 자가 예를 극진히 하고 현자를 존중하면 왕자가 되고, 법을 중시하고 백성을 사랑하면 패자가 된다."[250] 또한 말하기를 "나라의 군주로 백성의 어른 된 자는 (…) 반드시 먼저 자신에게 있는 것을 바르게 닦은 후에 서서히 남에게 있는 것을 꾸짖는다면 형벌보다 더 위엄 있을 것이다."[251] 이러한 주장은 법가가 인의를 폄하하고 오직 법치에만 의지한 것과는 다르며, 유가의 도덕 교화만 믿는 정신과도 역시 크게 다르다.

그는 먼저 교화하지 않고 처형하는 방식으로는 교도가 될 수 없으며, 먼저 가르치기만 하고 처벌하지 않는 것 역시 교도로서 부족하다고 여겼다. 그는 말했다. "가르치지 않으면서 벌만 준다면 형벌이 번다하게 되어 악을 이겨내지 못할 것이고, 가르치기만 하면서 벌주지 않는다면 간악한 백성을 징계하지 못할 것이며, 벌주기만 하고 상을 주지 않는다면 근면한 백성을 부지런히 힘쓰도록 하지 못할 것이고, 벌과 상에 기준이 없다면 아랫사람들이 의심을 품고 풍속이 험악해져서 하나가 되지 못할 것이다."[252] "살인한 자를 죽이지 않고 남을 해친 자에게 형벌을 내리지 않는다면 이는 난폭한 자에게 혜택을 주고 적에게 관대하다는 말을 부를 테니, 악을 싫어하는 처사가 아니다."253 즉 제재를 가하지 않는 것은 불공평한 처사다. 그러므로 그는 상·벌과 예·형 모두가 없어져서는 안 된다고 주장한다. 그는 묵자墨子의 주장을 비판하며 말했다. "상을 내리지 않으면 현자를 얻어서 나아가게 할 수 없고, 형벌이 행해지지 않으면 불초자를 가려서 물러나게 할 수 없다."254 "공이 없는 자를 포상하지 않고, (…) 죄 없는 자를 벌하지 않으며, (…) 진실한 자를 고르고, 포악한 자를 금하면서, 형벌에 과실이 없게 하는 것"을 왕의 정론으로 삼았다. "집안에서 선행을 하더라도 조정에서 상을 내리고, 남모르게 불선한 행동을 하더라도 형벌을 받는다는 것을 백성 모두가 분명히 알고 있어야"255만 선행을 권하고 악행을 벌할 수 있다. 그러므로 그의 책에는 항상 덕·형, 예·법을 서로 병론하여 제기한다.

옛날 성인은 인간의 본성이 악하기 때문에 치우치면 음험해져서 바로잡기 어렵고, 도리를 어기면 무도해져서 다스리기 힘들다고 생각했다. 이를 위해 군주의 세勢를 세워 임하게 하고, 예의를 밝혀 교화토록 하며, 법도를 일으켜 다스리게 하고, 형벌을 엄중히 하여 금하게 함으로써 천하가 모두 다스려지고, 나아가 선善에 합하도록 했던 것이다. (…) 이것이 성왕의 다스림이고 예의의 감화다. 이제 시험 삼아 군주의 세를 버리고, 예의의 교화를 없애며, 법정의 다스림을 버리고, 형벌의 금함을 무시하며, 천하 사람들이 서로 바라보기만 한다. 이와 같다면 강한 자가 약한 자를 해쳐 빼앗고, 많은 쪽이 적은 쪽을 사납게 대하며 갈라놓아, 천하의 도리가 어긋나고 어지럽혀져 서로 망할 것을 잠시도 기다리지 않게 될 것이다.256

다스림의 준칙은 예와 형벌이고, 군자가 그것을 닦음으로써 백성이 안녕할 것이니, 덕을 밝히고 형벌을 삼가야 한다.[257]

순자는 형법에 대해서도 항상 가벼운 형벌을 주장하지는 않았다. 그는 형의 경중은 언제나 시의에 맞게 제정해야 한다고 보았으며, 결코 중형을 반대하지 않았다.

상형象刑은 사람이 죄를 범하더라도 그 형벌을 가볍게 하기 위한 것이라고 한다. 그렇다면 이는 살인한 자를 죽이지 않고 사람을 해친 자를 처벌하지 않는 것이 된다. 죄가 더없이 중한데도 형벌이 지극히 가벼우면 일반 사람은 악을 싫어할 줄 모르게 될 것이니, 어지러움이 이보다 큰 것은 없다. 무릇 사람을 처형하는 근본은 난폭을 금하고 악을 싫어하며 그 미래를 경계함이다. 살인한 자를 죽이지 않고 사람을 해친 자를 처벌하지 않는다면 이는 난폭한 자에게 혜택을 주고 적에게 관대한 것으로, 악을 싫어하는 처사가 아니다. 그러므로 상형은 아마도 잘 다스려졌던 고대에 생긴 것이 아니라 어지러운 오늘날 막 생긴 것이다. 잘 다스려졌던 고대에는 그렇지 않았다. 무릇 작위·관직·포상·형벌은 모두 그 행위에 대한 보답이고 같은 유類에 따라 서로 상응하는 것이다. (…) 형벌이 그 죄에 맞지 않는다면 이보다 큰 불상사는 없다. (…) 무릇 난폭한 자를 정벌하고 흉악한 자를 주살하는 것은 다스림의 대단한 번성이다. 살인자는 죽이고 해친 자는 처벌한다 함은 모든 왕이 똑같이 해오던 것으로, 그 유래하는 바를 아는 자가 없다. 형벌이 죄에 걸맞으면 다스려지고 죄에 걸맞지 않으면 어지러워진다. 그러므로 잘 다스려지면 형벌이 무거운 것이고, 어지러워지면 형벌이 가벼운 것이다. 원래 다스려진 세상에서 범한 죄는 무겁고, 어지러워진 세상에서 범한 죄는 가벼운 것이기 때문이다.

『서書』에 이르기를 "형벌은 때에 따라 가볍고 때에 따라 무겁다"고 하니 이것을 가리키는 말이다.258

순경荀卿(순자)이 활동하던 전국 말기는 법치주의가 대두하고 강성한 진나라가 천하를 통일하기 직전이었다. 따라서 그의 사상도 이러한 시대적 배경과 무관하지 않다. 한유漢儒가 국가 율령을 반포한 시대에 (사실상 한대漢代 법률의 반포는 멀게는 한 무제가 육예六禮를 표창하고 유술儒術을 존숭하기 이전이다259) 법률에 대해 배척이 강하지 않은 것은 전혀 이상하지 않다. 당시 한유는 (엄형嚴刑을 반대한 것은 별도 문제로 하고) 형법의 존재를 반대하지 않았기 때문이다.

동중서는『춘추』의 전문가였고 음양오행으로 왕도王道의 심오한 뜻을 해석한 유가의 대가다. 그는 덕德, 형刑과 음양사시陰陽四時의 비유를 통해 형과 덕 가운데 하나라도 폐기해서는 안 된다고 여겼다. 그것은 마치 음 없는 양이 있을 수 없으며, 봄과 여름만 있고 가을과 겨울이 없을 수 없음과 같다. 그는 말했다.

왕 된 자가 무엇을 하려거든 마땅히 하늘에서 그 단서를 구해야 한다. 천도의 큰 것은 음양인데 양은 덕德이고 음은 형刑이다. (…) 양은 나와서 위로 널리 퍼져 한 해를 이루는 공功을 주관하고, 음은 들어가서 아래에 엎드려 쌓이니 사시四時가 출현하여 양을 보좌한다. 양은 음의 도움 없이 홀로 한 해의 공을 이룰 수 없다.260

봄이라는 것은 하늘이 그것으로써 낳는 것이다. 인仁이라는 것은 임금이 그것으로써 사랑하는 것이다. 여름이라는 것은 하늘이 그것으로써 키우는 것이며, 덕이라는 것은 임금이 그것으로써 기르는 것이다. 서리라는 것은 하늘이 그것으로써 죽이는 것이요, 형이라는 것은 임금이 그것으로써 벌을 내리는 것이다. 이로 말하자면 하늘과 인간은 서로 징험하니, 고금의 도이다.[261]

양은 음 없이 홀로 한 해의 공을 이룰 수 없듯이, 법률은 법률만의 공능功能이 있어서 교화가 그것을 대치할 수 없음을 (동중서는) 인정했다. 교화만 가지고는 다스릴 수 없으며 반드시 형이 필요하다는 것이다.[262] 다만 그는 형과 덕의 주종 문제를 견지했다. 천도는 양을 자임하며 음을 자임하지 않는다는 비유를 통해 덕은 크고 형은 작으며, 덕을 자임해야 하며 형을 자임해서는 안 된다고 했다.

양은 덕이 되고 음은 형이 된다. 형은 죽이는 것을 위주로 하고 덕은 살리는 것을 위주로 한다. 그러므로 양은 늘 한여름에 거하여 낳고 기르며 양육하며 키우는 것을 일로 삼는다. 음은 늘 한겨울에 거하여 공허하고 쓰임이 없는 곳에 쌓인다. 이를 통해 보자면 하늘은 덕을 자임하며 형을 자임하지 않는다. (…) 양은 한 해를 이루는 것을 이름으로 삼으니 이것이 하늘의 뜻이다. 왕 된 자는 하늘의 뜻을 받들어 종사해야 하는 까닭에 덕을 자임하여 교화해야지 형을 자임해서는 안 된다. 형을 자임해서는 세상을 다스릴 수 없다. 그것은 마치 음을 자임하여 한 해를 이룰 수 없음과 같다. 정치를 하는 데 형을 자임하는 것은 하늘에 순종하지 않는 것이므로 선왕은 그렇게 하는 것을 받아들이지 않았다. 요즘 선왕이 세운 덕과 교화의 관직을 없애고 오직 법을 집행하는 관리만을 두어 백성을 다스리는데, 형을 자임하겠다는 뜻이 아니겠는가?[263]

동중서는 이론상 덕과 형 중에서 하나라도 폐기해서는 안 된다는 태도를 드러내었을 뿐 아니라 『춘추』를 토대로 판결을 내림으로써 유가의 경전적 의미를 법률에 적용한 최초의 인물이 되었다. 그는 유儒를 체體로 삼고 법法을 용用으로 삼아 실제적으로 덕치와 법치를 소통시키고 유가와 법가를 하나로 융화시킨 실행가로서, 예관兒寬과 시대는 달라도 같은 생각을 가졌다고 할 수 있다.

이러한 형으로 교화를 보조한다는 견해는 한나라 유가들에게 유행하던 것이다. 유향劉向은 "교화에 의지하여 다스려야 하고 형법으로 다스림을 보조해야 한다"라고 말한다. 그도 역시 형을 자임하고 교화를 자임하지 않는 것에 반대했다. 그는 "지금 의지해야 할 것을 없애고 보조해야 할 것을 일으키니 그렇게 해서는 태평성대를 이룰 수 없다"[264]고 말했다.

왕부王符는 도덕으로 교화된 유자儒者를 주장하지만(『잠부론潛夫論』의 「덕화德化」 등의 편이 있다. 그의 덕화 사상은 앞에서 다루었다) 역시 상벌은 반드시 함께 실시해야 한다고 여겼다. 당시 그는 공적이 있는 자를 포상하지 않고 덕이 없는 자를 벌하지 않는 경우를 비판했다. "심한 경우 권선징악이 부정되고 만다. 충현忠賢을 끌어들이는 것이야말로 이풍역속移風易俗의 법술法術일 것이다."[265] 교묘히 속이는 행위巧僞를 바꿈으로써 아름다운 풍속을 숭상하고 민사 소송詞訟을 끊어 관아의 업무를 한가하게 하고자 한다면 "실행을 표창하여 드러내 보이고, 악한 자를 주벌해야 한다."[266] "법령과 상벌이란 실제 치란을 결정하는 중추적 역할이므로 엄히 행하지 않으면 안 된다."[267] 그는 법률의 효용은 "선한 사람에게는 그 덕을 권하여 정치의 편안함을 느끼도록 하며, 악한 사람에게는 그 화를 통감하고 행동을 참회하도록 하는 데 있다"[268]고 강조했다. 또한 법을 제정하는 것은 울타리나 도랑·참호를 만들어 방비함과 같고,[269] 간악함을 철저히 막는 것은 치국의 도구이므로 결코 없어서는 안 되는 것이다. 백성이 수레나 말과 같다면 법령은 군주의 재갈·고삐·채찍인데, 군주의 재갈·고삐·채찍을 빼앗는다면 어찌 제어할 수 있겠는가?[270] 그는 "정치 명령이 반드시 시행되고 법의 규제가 틀림없이 실행되는데도 나라가 다스려지지 않은 경우는 아직까지 본 적이 없다"[271]고 했다. "법령이 시행되면 나라가 다스려지고, 법령이 느슨해지면 나라가 어지러워진다."[272] 즉 나라의 어지러움을 다스리는 것은 법을 시행하고 폐지하는 문제와 관련된 것으로, 악한 자를 제거하고 간악한 자를 징벌하는 일에 결코 관용을 베풀어서는 안 될 일이다. "피나 잡초가 자랄 수 있게 놔두는 것은 농사를 망치게 하는 행위고, 간귀奸宄한 자에게 은혜를 베푸는 것은 선량한 백성을 해하는 행위기 때문이다."[273] 형법을 제정한 것은 "사람의 살가죽을 해치거나 남의 수명 끊기를 좋아해서가 아니라 간악한 자를 두려움에 떨게 하고 악한 자를 징벌함으로써 백성에게 끼칠 해악을 제거해주기 위한 것이다."[274] 즉 차마 어쩔 수 없는 심정으로 "한 사람으로 하여금 올바른 법에 따라 처벌하여 만가萬家가 복을 받게 되는 것"이 낫다. "그것이 처음에는 한 사람에게 수치를 안겨주는 일이지만 끝내는 만세에 이르도록 이롭게 하니, 작은 징계로 큰 경계를 삼을 수 있는 것이다."[275] "무릇 여러 화근을 일찍이 단절시키지 않으면 돌고 돌아 넝쿨이 무성해진다."[276] 분명 한없이 해악을 끼칠 테니 수습할 수 없다.

이러한 말들은 거의 법가에 근접해 보인다. 왕부 역시 엄격한 형벌을 주장했다. 그는 당시 실패의 원인이 형벌의 느슨함 때문이라고 비판하면서, 너그러움과 엄격함을 잘 조화시켜야 한다고 생각했다. 즉 정치가 관대하면 백성이 태만해지므로 반드시 엄격함으로써 교정해야 한다고 주장했다. 그는 말했다. "무릇 태만함이 누적되어 풍속이 되었을 때 상이 융성하지 않으면 선이 권장되지 못하고 벌이 무겁지 않으면 악이 징벌되지 않는다. 따라서 풍속이 바뀌기를 바란다면 상벌을 잘 시행해야 하고, 백성으로 하여금 간담이 서늘하게 해야 용이하게 다스려진다."[277] 모든 유가가 사면을 주장할 때 왕부만 반대한 것도 형을 엄격히 해야 한다는 뜻에서였다. 그는 말했다.

오늘날 법을 잘 지키는 선량한 백성을 해치는 일이 심한 것은 잦은 사면 때문이다. 사면이 잦으면 악인이 창궐하고 선인이 상해를 입는다. (…) 침탈과 억울함을 당하는 모든 백성은 성인이 악인을 주살하고 원망을 다스려 자신들의 쌓인 원한을 풀어주기를 바란다. 그러나 한쪽 문으로 사면을 하여 악인들로 하여금 공공연히 모이거나 마음대로 활보하고 다닐 수 있게 하며, 도둑이 훔친 옷을 입고 그 문 앞을 맘놓고 다닐 수 있게 해주고 있다. 효자는 자기 부모를 죽인 원수를 만나도 그를 토벌할 수 없고 물건을 잃은 주인은 자신의 물건을 보고도 되찾을 수 없으니, 그 통한이 이보다 심할 수 없다. 많은 논자論者들은 "오랫동안 사면하지 않으면 간악함이 더욱 치열해져서 관리들이 통제할 수 없으므로 그들을 사면과 속죄로 풀어주어야 한다"고 말하지만, 이것은 혼란을 초래하는 근본이다. 화복이 어떻게 생기는지를 살펴보지 못하는 자들의 의견일 뿐이다. 무릇 백성이 도적질을 가벼이 여기고 관리들이 쉽게 간특한 짓을 하게 되는 이유는 바로 속죄와 사면이 잦은 탓으로, 요행을 바라게 만든다. 범죄를 저지른 사람으로 하여금 종신토록 그 죄명을 쓰고 살게 하거나 잡아들여 반드시 형벌을 받게 한다면 간악한 음모를 꾀하는 일이 사라질 것이며, 악한 행동을 하려는 마음도 끊어질 것이다.[278]

왕부가 도덕 교화를 칭송한 유자로서 법을 중요하게 여긴 것은 모순이라 할 수 없다. 오히려 충분한 이유가 있다고 할 수 있다. 그는 도덕 교화를 최고의 이상으로 삼은 한편으로 "극악무도한 자의 타고난 성질은 결국엔 교화시킬 수 없다"[279]고 여겼기 때문이다. 그러한 인간에게 교화란 결국 무용지물일뿐더러, 오랫동안 게으르고 오만한 자라면 더욱 교화에만 맡겨둘 수 없는 일이다. 그는 말했다.

혹자는 형벌과 사형을 더 이상 사용해서는 안 되며 덕화로 다스릴 수 있다고 말한다. 그러나 이는 변통變通한 자의 말이 아니며, 세상을 바꾸고자 하는 자의 말도 아니다. 무릇 성인 중에 요·순만 한 이가 없건만 그들은 네 명을 추방했고, 성덕으로 문왕과 무왕을 넘어설 자가 없지만 그 두 분도 "크게 노했다"라 했다. (…) 군자는 기쁨과 노여움의 감정이 있기 때문에 대개 난을 그치게 할 수 있는 것이다. 그래서 주벌로써 살인 행위를 막아야 하고, 형벌로써 잔악하고 포악한 행동을 방어해야 하는 것이다.[280]

왕부 자신은 생전에 사회를 개선하는 일을 맡았다. 따라서 그의 말은 기강이 파괴되고 법령이 시행되지 않는 상황에 대한 유감有感에서 나온 것이고, 시대의 폐단을 겨냥한 주장이었다.

순열荀悅의 사상 역시 주목할 만하다. 인간의 본성이 선과 악을 서로 겸한다고 본 그는 자연에 맡겨버리면 악이 되기 쉽고 선이 되기 어려우므로 악한 자가 많아진다고 주장했다.[281] 따라서 선은 교화의 힘을 빌려 지탱할 수 있지만 악은 반드시 법률의 힘을 빌려 제지해야 한다. 사회에서 일부 사람들은 교화되어 선하게 되고, 일부 사람들은 비록 사리에 어둡고 융통성이 없지만 형법의 제제가 두려워 감히 악한 행위를 할 수 없다. 나머지 사람들은 교화와 형벌을 동시에 실시할 수 있고 그 영향을 받는다. 그는 말했다.

혹자는 말하길 "선과 악이 모두 본성이라면 법과 교화는 어찌 베풀어야 하는가?" 말하길 "본성이 비록 선하더라도 교화를 거쳐야 완성되고, 본성이 비록 악하다 해도 법에 기대어 소멸시킬 수 있다. 상지上智와 하우下愚는 바꿀 수가 없으나, 그 중간 정도를 타고난 사람이라면 마음속에 선악이 서로 교차하여 다투게 된다. 이에 교화는 그 선함을 붙잡아주고 법은 그 악함을 억제해준다. 이를 구품九品으로 나누어 베풀어보면 교화에 의해 성선을 완성하는 자가 절반일 것이며, 형벌이 두려워 선악이 억제되는 경우가 4분의 3은 될 것이다. 물론 전혀 고쳐지지 않을 자가 있을 것이나, 그렇게만 된다면 법과 교화가 백성을 변화시키는 역할을 거의 다했다고 볼 수 있다. 그러나 법과 교화를 잃는다면 그로 인한 혼란도 역시 이와 같다."[282]

군자는 정情으로 등용하고 소인은 형벌로써 부린다. 영광과 치욕이란 상벌의 정화精華다. 그러므로 예교와 영욕을 군자에게 더하여 그 마음을 감화시키고, 질곡과 채찍과 회초리를 소인에게 가함으로써 형벌로 다스려야 한다. 군자는 치욕스러운 일을 범하지 않을 것인데 하물며 형벌 받을 짓을 하겠는가? 소인이라면 형벌도 꺼려하지 않을 것인데 하물며 치욕을 주는 정도로 되겠는가? 중간 정도의 사람들이라면 형벌과 예교를 겸해야 한다. 교화가 폐지되면 중간의 사람들을 밀어내 소인의 구역으로 추락시킬 것이고, 교화가 행해지면 중간의 사람들을 이끌어 군자의 길로 들어서게 할 것이다.[283]

따라서 교教와 화化, 예禮와 형刑은 각각의 기능이 있어서 하나라도 없어서는 안 된다. 반드시 두 개의 수단을 겸용해야만 선을 세우고 악을 억제하는 기능을 유지할 수 있다. 그는 말했다.

끓는 용광로에서 불을 빼지 않으면 쇳물은 계속 액체 상태다. 흐르는 물도 계속 막으면 솟구쳐 올라간다. 그러므로 큰 용광로의 쇳물은 끓어오르지 않게 할 수 있으며, 물은 수차를 계속 밟고 있으면 내려오지 않게 할 수 있다. 교화를 잘 세우는 자가 이와 같이 한다면 종신토록 백성을 다스릴 수 있다. 그러므로 모든 기구란 가히 일반 백성으로 하여금 안연顔淵이나 염유冄有처럼 계속 앞으로 나아가도록 할 수 있다. 그들 앞에 백금百金을 던져놓아도 그들 몸에 서슬 푸른 칼을 들이대면 비록 도척이라 해도 감히 주우려 들지 못할 것이다. 법을 잘 세우는 것은 이와 같은 것이니, 감히 종신토록 누구도 그것을 줍지 못하도록 할 수 있다. 그러므로 도척일지라도 백이와 같은 청렴을 얻도록 할 수 있는 것이다.284

결론적으로 그는 "덕과 형벌의 병행은 예로부터 늘 해온 것이며"285 "그러므로 무릇 정치의 상도는 법과 교화일 뿐"286이라고 했다.

순열은 형벌이 우선이고 덕이 나중이라는 질서에 대해 이견이 없다. 뿐만 아니라 형벌을 조밀하게 만드는 것 역시 반대하지 않는다.

덕과 형벌의 병행은 예로부터 늘 해온 것이며, 다만 어느 것을 먼저 하고 어느 것을 뒤에 했는가는 시대에 맞게 선택했을 뿐이다. (…) 처음 시작할 때의 교화는 반드시 간단해야 하며, 형벌의 시작도 간략해야 한다. 그래야 그러한 일이 점차 줄어들게 된다. 교화가 융성하면 인의가 흥성해지지 않을 수 없으니, 그런 다음에야 덕을 갖추기를 요구할 수 있다. 형법이 고정되면 죄를 피하려 하지 않을 자가 없으니, 그런 다음에야 형법을 조밀하게 요구할 수 있다. 교화가 아직 갖추어지지 않은 단계인데 지나치게 하는 것을 허교虛敎라 일컫고, 법이 아직 조밀해지지 않았는데 시행하는 것을 준형峻刑이라 한다.

허교는 교화를 손상시키고 준형은 백성을 해치는 것으로서 군자는 결코 이렇게 하지 않는다. 위반할 수밖에 없는 교육을 만들어놓고 백성이 해낼 수 없음을 헤아리지 않는 것은 백성이 악을 저지르도록 하는 것이니, 이를 말하여 상화傷化라 한다. 죄를 저지를 수밖에 없는 법을 만들어놓고 백성의 정황을 헤아리지 않는다면 이는 백성을 죄의 구덩이에 빠뜨리는 것이니, 이를 일러 해민害民이라 한다. 도덕이 흥성하지 않을 수 없도록 했다면 털끝만 한 선행일지라도 찾아서 권면해야 한다. 그러한 다음에야 교화를 요구할 수 있는 것이다. 죄를 피하지 않을 자가 없도록 했다면 실오라기나 겨자씨 같은 작은 악이라도 찾아내어 금지시켜야 한다. 그런 다음에야 형벌을 조밀하게 갖출 수 있는 것이다.[287]

순열은 교教와 법法을 서로 병립하여 거론하되, 글 안에서 전후前後 대비를 극명히 하여 기능의 본질을 명확하게 드러내려 했다. 고대의 유가 가운데 순자를 제외하면 순열이 그 역할을 가장 잘 담당하고 있다. 유가 가운데 법가의 의견을 받아들이고 덕치와 법치의 주의主義를 겸유한 사람으로는 역시 두 순筍씨가 첫손에 꼽힌다. 한 사람은 성악性惡을 주장했고 다른 한 사람은 선과 악이 서로 겸한다고 주장했다. 후자의 사상은 법치에 편중되어 있으나 근본적으로 이론은 배격되지 않는다. 이러한 순열의 사상은 정치 관에서도 찾아볼 수 있다. 그의 정치는 먼저 네 가지 환란 四患(거짓, 사리, 방종, 사치)을 제거할 것을 주장하고 오정五政을 숭상함으로써 악한 사람을 제거하고 질이 나쁜 사람을 없애는 것을 우선시한다는 점을 분명히 드러냈다. 이른바 오정五政의 정속正俗(풍속을 바로 세우는 것으로, 좋고 나쁨을 살핌)과 장화章化(교화를 조목으로 만듦으로써 예악법도를 소명함)의 두 항목은 덕치 및 인치주의이고, 병위秉威(위엄을 잡는 것으로, 군비軍備를 세움)와 통법統

法(법을 통섭하는 것으로써 상벌을 밝힘)은 법치의 측면이다.[288]

　한대의 소제昭帝가 현량문학에게 자문하자 어사대부인 상홍양桑弘羊과 현량문학은 서로를 힐난했다. 상홍양은 법을 무겁게 하고 형을 엄하게 할 것을 주장한 반면 현량문학은 형을 나중으로 하면서 덕정德政을 숭배했지만, 그들이 법률을 절대적으로 배척한 것은 아니다. 그들은 다음과 같이 말했다.

　옛사람들은 교화를 돈독히 하여 백성을 이끌었으며 법률을 밝혀 형을 바르게 했는데, 형의 다스림이란 채적으로 말을 모는 것과 같다. 훌륭한 장인은 말을 몰 때 채적을 쓰지 않는 것은 아니지만 채적이 있어도 사용하지 않는다. 성인은 법에 기대어 교화를 완성하지만 교화가 이루어지면 형을 시행할 필요가 없다. 그래서 위엄은 있으나 죽이지 않고, 형은 사라졌으나 죄를 범하지 않았다.[289]

　옛사람들은 예를 널리 하고 교화를 밝게 했는데, 예가 널리 퍼지고 교화가 밝아져도 따르지 않는 경우에 형을 사용함으로써 형벌이 적중하여 백성이 원망하지 않았습니다. 그러므로 순임금이 네 가지 죄를 반포하자 천하가 복종했으나 어질지 못한 자는 징벌을 받았습니다. 죄가 가벼운 것이든 무거운 것이든 형이 부과되면 모두가 복종하여 사면되지 않았는데, 오직 (죄가) 의심스러운 자만 사면했습니다. 이와 같은데 세상에 어찌 따르지 않고 죄 짓는 사람이 있겠습니까?[290]

　이를 통해 현량문학의 선비들은 법률을 배척하지 않았을 뿐 아니라 법률의 사용을 승인했으며, 예교를 위주로 하고 형벌을 교화의 보조적 도구로 사용했음을 알 수 있다. 물론 교화의 완성에는 법률이 필요치 않고 형이 마련되어도 쓰지 않는 것이 최고의 이상이다. 그들이 견지한 것은 단지 주종主從의 부분이었다. 그들이 반대한 것은 첫째 교화에 임하지 않고 오직 법에만 임하는 것, 둘째 전문가가 아닌 사람이 법을 집행하는 것,[291] 셋째 법이 너무 가혹하여 오직 형벌로 다스리는 것이다.[292]

형벌과 교화에 대한 이러한 논조는 한대 현량문학 전체의 의견이며, 당시 유가를 자처하는 독서인의 일반적 견해로서, 결코 한두 사람의 사견이 아니었다. 이 점에 주의해야 하는 까닭은 그 속에서 유가와 법가의 논쟁을 엿볼 수 있기 때문이다. 논쟁은 비절대적이며 상대적인 것이며, 논쟁의 대상은 법률 존폐의 문제가 아니라 형벌과 교화의 주종 문제였다. 또한 이것이 중국사에서 유가와 법가 사이에 있었던 최후의 공개적 쟁변이라고 할 수 있다. 이미 법률이 국가의 제도로 정착된 후에는 이러한 쟁변이 발생할 가능성이 없기 때문이다.

『백호통덕론白虎通德論』은 후한後漢의 박사博士·의랑議郎·낭관郎官 또는 다양한 유생들의 의론을 모은 견해로, 개인의 견해가 아닌 공통된 견해다. 따라서 이 역시 주목해볼 만한 가치가 있다. 『백호통덕론』은 말한다. "성인이 천하를 다스림에 반드시 형벌이 있어야 하는 이유는 무엇인가? 그것(형벌)이 덕을 보좌하고 다스림을 보조하고 하늘에 순응하는 것을 돕기 때문이다. 그러므로 작위와 봉록으로 상을 내거는 것은 권장함이 있음을 드러내는 것이요, 형벌을 세우는 것은 두려운 바가 있음을 드러내는 것이다."[293]

예의 의의 및 내용을 기재한 저서 가운데 유가의 중요한 경전인 『예기』에도 형법의 기능을 논한 대목이 있다. 뿐만 아니라 예禮·악樂·정政·형刑 모두를 함께 제시하여 논하고 있어 예·법 합치의 의미를 자못 드러내고 있다.

형벌이 나라에 행해짐으로써 어지럽히는 자를 처벌한다면 백성은 잘 다스려지고 나라는 안정될 것이다.[294]

군자는 예로써 덕을 막고, 형벌로써 음란한 것을 막고, 명령으로써 욕심을 막는다.[295]

예로 사람의 뜻志을 지도하고, 악樂으로 사람의 소리를 조화롭게 하고, 정치로 사람의 행동을 규제하며, 형벌로 간악함을 방지한다. 예·악·정·형은 그 도달코자 하는 지점이 하나다.[296]

예는 민심을 조절하고, 악은 백성의 목소리를 조화롭게 하는데, 정치로써 행하고, 형으로써 방지한다. 예·악·정·형의 네 가지가 바르게 행해져서 위배됨이 없으면 왕도가 갖추어진 것이다.[297]

『예기』는 한유들의 책을 모은 것이니, 이러한 사상은 마땅히 한유의 견해를 대표한다고 볼 수 있다. 위의 서술에 따르면 한대에는 유가와 법가 자체의 논쟁이 없었던 것으로 보인다. 한대 유가의 사상 안에는 사실상 약간의 법가 사상이 내재되어 있으며 법률을 배척하지 않고 있다. 형벌의 보조를 받아 교화한다는 논조는 한유 사이에 보편적인 것으로, 각 학파의 논저를 세심하게 읽어보면 이와 같은 말의 진실성은 의심되지 않을 것이다.

한대 이후의 유자들에게서는 형법에 대한 상반된 입장이 드물게 나타난다. 제갈량諸葛亮 이후로 엄격하게 법을 집행하기로 이름난 왕안석王安石, 장거정張居正 같은 경우는 말할 것도 없고, 공맹을 조술祖述함으로써 성리性理에 전념할 것을 자처한 대유大儒 주희朱熹 역시 형벌은 없앨 수 없다고 주장한다. 그는 말했다.

지금, 요·순 시대에 용서는 있으나 형벌이 없었다고 하는 말은 살인자가 사형에 처해지지 않고 사람을 해친 자가 형벌을 받지 않음을 의미하는 것이다. 이것이 성인의 마음이라면 커다란 죄악에 대해서는 어쩌지 못하면서 억울하고 애통한 양민에 대해서는 모른 척하는 것이 된다. 이렇게 되면 이른바 "끝까지 뉘우치지 않는 자는 형벌에 처하며" "고의로 행한 것에 대한 형벌은 작은 것이라도 제외되지 않는다"라고 하는 말은 빈말이 되어 후세에 오해를 일으키게 된다. 반드시 그렇게 되어선 안 된다. 무릇 형벌이라는 것은, 비록 선왕이 그것에 의지하여 다스린 것은 아니지만 형을 분명히 하여 가르침을 보조하도록 하여 백성이 잘못된 행동을 못하도록 금했으니, 이른바 "피부를 손상시켜 악을 징벌하는 것"은 또한 마음을 다하여 끊게 하는 것이니 (맹자가 말한) 차마 하지 못하는 마음의 정치不忍人之政"의 한 가지 모습이다.[298]

또한 말하기를,

호령이 이미 분명하니 형벌 또한 느슨해서는 안 된다. 형벌을 사용하지 않는다면 호령은 공연히 벽에 걸어두는 것이 될 뿐이다. 그것을 지키지 않아 나의 다스림을 어지럽히게 하니 차라리 하나를 징벌하여 많은 이에게 경계토록 하는 것이 낫지 않겠는가? 마지막에 일일이 검사하고 살피느니 차라리 처음부터 엄격히 해서 범죄가 없도록 하는 것이 낫지 않겠는가? 큰일을 하는데 어찌 차마 하지 못함을 삼는 것이 가하겠는가?[299]

이러한 말들은 여실히 법가의 정신을 품고 있으며, 한대 이전의 유가 사상과도 현저한 차이가 있다.

더 중요한 것은 위魏나라 이후 유자가 법률을 제정하는 작업에 참여했다는 점이다. 따라서 유가 사상은 법률상 결정적인 작용을 했고 지대한 영향을 끼쳤다. 앞서 진·한의 율법 외에 역대의 법전이 모두 유자의 자필로 부터 나왔으며 법가를 거치지 않았다고 말한 바 있다. 유자들이 법치에 대해 더 이상 반대 입장을 고집한 것은 아니지만 결국 유가를 추대하여 정통으로 삼았다. 그러므로 유가의 사상은 일체의 고대 법전을 지배했다. 이것은 중국 법계法系의 가장 큰 특색으로, 주의할 대목이다. J. 에스카라Escarra는 말했다. "중국 고대에서 법을 제정하는 모든 부분에 유가의 개념이 지배하고 있다."300 그의 말이 정확하다. 무릇 중국 고대 법률에 숙달된 사람이라면 모두 공감할 것이다. 만약 법전이 법가에게서 만들어졌다면 유가 사상은 절대 법전 안에 섞이지 않았을 것이다. (당연히 반대로 말하면, 진정한 유가들도 이러한 법을 제정하는 작업에 참여하지 않았을 것이다. 마치 선왕이 성문 형법을 공표하지 않았음을 숙향이 언급한 것이나 진나라가 형법을 성문화해 주조한 것을 공자가 개탄한 것처럼 말이다.) 동시에 반드시 지식인의 반대에 부딪혔을 것이다. 청말淸末에 민형률民刑律 초안이 제정되었을 때 전통 사상을 옹호하는 지식인들은 거세게 반대했다. 왜냐하면 이러한 초안은 법가의 정신이자 서양의 법률 정신으로, 그 안에 예교禮敎의 요소가 고려되지 않음으로써 2000년 동안 유가가 지지해온 예교 사상을 찾아볼 수 없었기 때문이다.

요컨대 역대 법전들은 비록 편제가 다르고 내용도 다르지만 모두 동일한 전통과 정신을 대표하고 있다. 좀더 세심하게 살펴본다면 예교와 법률의 관계는 발견하기 어렵지 않다. 그래서 중국의 고대 법률을 연구하려면 예서禮書와 법전法典을 같이 봐야 그 연원을 이해하고 정확한 의의를 밝힐 수 있다.

유가는 귀천상하의 유별함이 본래 예가 생겨난 까닭이라고 말한다. 그래서 팔의八議라는 제도가 법률에 편입되어 귀천에 따라 다른 형벌이 내려졌고 경감의 정도도 다르게 된 것이다. 예는 귀천에 따라 복식, 궁실, 여마, 혼인, 상장례, 제사의 제도가 다르며 이러한 내용은 모두 법률에서도 구분되어 규정된다. 유가는 존비·장유·친소의 차이를 중시한다. 효제와 윤리 도덕을 말하기 때문에 반드시 부자父子의 친함을 바탕으로 두고 송사를 듣는다. "오형五刑에 속하는 죄가 3000가지이나 불효보다 더 큰 것이 없다."[301] 따라서 불효의 죄는 특히 중대하여 법률의 조항을 기다리지 않으며, 수·당 이래 10가지 죄악 가운데 첫 번째로 거론된다. 자식이 부모에게 효도하는 것이 예이기 때문에 부모를 봉양하는 데 부족함이 있는 것은 법률의 조목이 된다. 부모가 살아 계신 동안에는 사유 재산을 축적하지 않는 것이 예이기 때문에 이 또한 죄가 된다. 부모는 삼년상을 치르는 것이 예이기 때문에 상복을 벗고 길복을 입는 것은 죄가 되며, 부모 상중에 시집을 가는 것도 죄가 된다. 부모의 원수와 같은 하늘 아래 있어선 안 되는 것도 예이기 때문에 자식이 부모의 원수를 갚는 행위는 종종 죄가 경감된다. 유가에서는 부모가 자식을 숨기거나 자식이 부모를 숨길 수 있으므로 법률은 먼저 숨기면 죄로 삼지 않으며 자손에게 증인이 되라고 요구하지 않을뿐더러 자손이 부모와 조부모를 고발하는 것은 더욱 용인하지 않는다. 예에는 칠출삼불거七出三不去 7가지 내쫓을 이유가 있는 아내라도 내쫓지 못할 3가지 경우가 있어서 이로써 법률상 이혼의 조건을 규정했다. 이렇듯 일체 모든 것이 예경禮經에 바탕을 두고 있기 때문에 친척, 계승, 혼인에 관한 실제의 법률은 예를 근거로 한다고 말할 수 있다. 이러한 행위 규범은 원래 모두 예서禮書에 상세히 규정되어 있고, 후대 법률을 편제할 때에도 예의 규범을 법전 안에 모아 넣었다. 즉 예에 형벌의 제재를 더한 것이 곧 법률이다. 고대 사람들은 "예는 법의 대강령大綱領이다"[302]라고 말한다. 또한 "법은 예로부터 나왔다"[303]고 말한다. 한나라 때 숙손통叔孫通은 예의禮儀와 율령律令을 택하여 이관理官에 함께 보관했다.[304] 예와 법의 밀접함은 비할 바가 없어, 때로는 하나이고 때로는 둘이 된다. 어떤 때는 나누어 다스리고, 어떤 때는 하나로 합쳐서 다스렸다.

예와 법은 모두 행위 규범으로서, 사회적 약속이다. 둘의 차이는 형식에 있지 않으며 강제력의 크고 작음과도 관계가 없다. 형식적으로 그것이 성문화되었는지의 여부는 결코 결정적인 조건이 될 수 없다. 법률이라고 해서 반드시 성문화되는 것은 아니고, 반대로 예가 성문화될 수도 있는 것이다. 상고 시대의 『예기』『의례』, 근대의 『대청통례大淸通禮』는 모두 성문화된 예서禮書이다. 다른 각도에서, 강제력의 크고 작음 또한 단지 정도의 차이일 뿐 예와 법을 구분할 수 있는 객관적인 기준이 될 수 없다. 다만 제재의 성질 및 방식의 관점에서 본다면 하나의 중요한 구분을 발견할 수 있다. 우선 예라는 것은 교화 및 사회 제재의 힘을 빌려 유지하는 것이다. 한 사람이 예에 어긋난 행위를 했을 때 그에게 돌아오는 반응은 여론의 경시, 조소, 견책 또는 사람 취급을 못 받는 것 외에는 없다. 『예기』에서 말하는 "집권하고 있는 자라도 물러나니 백성은 그것을 재앙으로 여긴다"[305]라는 것은 일종의 소극적인 제재라고 말할 수 있다. 반면 법률은 법률적 제재를 집행한다. 일종의 적극적이거나 조직화된 제재다. 그러나 예 역시 법률 제재로 유지하고 추진할 수 있는데, 그렇다고 해서 그것이 예로 인정되는 데 해가 되는 것은 아니다. 동일한 규범이 사회의 제재를 이용할 때에는 예가 되는 것이고, 법률적 제재가 가해진 이후에는 비로소 법률이 되는 것이다. 법률이 된 이후라 해도 예가 기대하는 목적에 해가 되지 않으며 역시 예의 존재를 방해하지 않는다. 즉 동일한 규범이 예에도 존재하고 법에도 존재할 수 있어 예와 법으로 구분지어 다스려지고 같이 존재한다. 유가가 핵심으로 다룬 것은 덕치라는 표현보다는 예치라는 표현이 맞을 것이다. 어떠한 행위 규범을 채택했느냐가 중요한 문제이지 어떠한 힘으로 규범을 추진했느냐의 문제는 부차적인 것이다. 비록 유가는 덕화를 주장했지만 절대적으로 법률을 배척한 적이 없다. 한대 이후 유자는 법률 자체의 존재에 대해서는 이미 의문을 품지 않았으며, 또한 법을 치세의 도구로 삼는 것을 반대하지 않았다. 이처럼 쓸데없이 무익한 주장을 견지하지 않았기 때문에 입법을 지배할 기회를 장악했고, 예의 원칙과 정신을 법률 제재에 부가하여 법전에 편입시켰다. 이로써 유가의 목적에 변통의 방식으로 도달하여 득의양양하게 된 것이다.

따라서 예가 허락하는 것은 옳은 것으로 여겨졌고, 법이 허락하는 것은 합법으로 여겨졌다. 예가 윤허하지 않는 것은 금지되었으며, 법에 의해 금지된 것은 제재가 행해졌다. 예를 들어 한대에 정위였던 진총陳寵은 상소문에서 "예가 버리고 형이 취하니, 예에서 벗어나면 형벌이 가해져 서로 안과 밖이 된다"[306]고 했다. 예가 지켜질 수 있으면 자연히 범죄가 되지 않기 때문에 고대인들은 예와 법을 병칭하여 '예법禮法' 혹은 '예율禮律'이라 한 것이다. 『사고전서제요四庫全書提要』에서는 당률의 법률을 한결같이 '예'라고 불렀는데,[307] 확실히 긍정할 만한 논법이다. 실제로 중국의 고대 법률은 모두 이와 같았고, 당의 법률만 그런 것이 아니었다. 명나라 때 태종이 율령을 제정할 때에는 다음과 같이 말했다. "이 서書의 첫 부분에는 오형도五刑圖가 들어가고 다음으로 팔례도八禮圖가 들어가는데, 이는 예를 중요시한 것이다."[308] 법과 예의 관계는 쉽게 무시할 수 없는 것이었다.

율律은 예禮와 상응하며 상호 안팎이 되기 때문에 송사를 판단할 때는 반드시 예를 근거로 삼아야 한다. 그렇지 않으면 따라야 할 원칙이 사라지게 된다. 친족 간의 소송으로 말하자면 의복에 대한 규정을 판단 기준으로 삼아야 한다. 이에 입법이나 사법은 모두 우선 의복에 대한 규정을 분명히 해야 한다. 때때로 의복에 대한 규정이 명확하지 않아 판결을 진행할 수 없을 때에는 예부에서 의논이 정해진 후에야 죄를 물을 수 있었다. 예와 법의 관계는 말하지 않아도 분명하다.

법전의 내용이 이미 예의 간섭을 받아 유가의 윤리 사상에 지배된 것 외에, 형을 판결하는 데에도 유가 사상의 영향을 받았다는 데 주목할 필요가 있다. 유자가 관리가 되면 사법적 책임을 떠안게 되므로 법률 조문에 매이지만 사실은 유가 사상에 더욱 의존하게 된다. 중국의 법률은 원래 법률이나 정해진 문건이 없으면 죄로 규정할 수 없는 자유제정주의를 취했는데, 이는 신속성이 극대화된 것이다. 이처럼 유가 사상은 단번에 법률상 최고의 원칙이 됨으로써 법률과 다를 바 없게 되었다.

동중서가 『공양동중서치옥십육편公羊董仲舒治獄十六篇』[309]을 저술했는데, 전부 『춘추』의 대의大義와 성인의 심오한 뜻으로써 형을 판결하고 있다. 『한서漢書』에 서술되어 있다. "동중서가 집에 있을 때, 조정에 큰 의론이 있으면 사자使者 및 정위 장탕張湯을 집에 보내 묻게 했으니 (춘추에) 대조해보면 모두 명법이 있었다."[310] 정위를 보내 묻게 했다는 것은, 당시 형의 판결과 관련된 일이 있으면 동중서가 『춘추』에 나오는 판결의 의미와 서로 대조해보았다는 것이다. 응소應劭는 동중서의 글을 책으로 엮었는데, 다음과 같이 이야기하고 있다. "그러므로 교동膠東의 재상 동중서는 늙고 병들어 퇴임했지만 조정에 정사와 관련된 의논이 있을 때면 여러 차례 정위 장탕을 친히 마을로 보내 득실을 묻게 했다. 이에 『춘추』에 나타난 판결 232개 조목을 경문과 대조하다 보면 내용이 상세했다."[311] 동중서의 제자인 여보서呂步舒는 동중서에게 전수받아 역시 『춘추』에 따라 판결을 내렸다.[312] 이외에도 춘추를 가지고 판결을 내린 경우가 매우 많은데, 『사기』 및 『한서』의 열전 가운데 산재해 있다.[313]

동중서 이외에도 예관은 유생을 정위주언연廷尉奏讞掾 정위 소속의 관리으로 임명하여 옛 법에 따라 판결하여[314] 일시에 유명해졌는데, 이 또한 경전

의 의미에 의거하여 판결함으로써 유명해진 것이다. 사실 당시에 정위사廷
尉史는 많은 경우 『상서尚書』와 『춘추』를 연구하는 박사의 제자들로 보충했
으니 경전의 의미에 따라 판결하는 것이 예관만의 일은 아니었다.[315]

한대 이후에도 이와 같은 분위기는 사그라지지 않았다. 진晉나라 주박主
簿인 웅원熊遠이 상주하기를 "무릇 판결에 대해 반박하는 자에 대해서는 마
땅히 경전과 이전의 판결에 관한 고사에 비추어 법령과 절도에 어긋나는지
를 살펴야 하며, 정해져 있는 법령을 내키는 대로 파기해서는 안 됩니다. 제
생각에는 마땅히 일을 기록하여 다시 조례를 세움으로써 의론을 제기하
는 자들에게 율령과 경전을 인용해야 하며, 준거 없이 감정적인 말로써 옛
법을 훼손시켜서는 안 됩니다."[316] 이는 당시 경전의 법률적 효력을 법령과
같은 등급으로 승인한 사례다. 원위元魏의 태평진군太平真君 6년에 한 관리
가 판결을 공평하지 않게 하자, 중서中書로 하여금 판결이 의심스러운 것들
을 옛 경전에 의거하여 판결하도록 했다.[317] 이것은 조서에서 드러나는 것
으로, 유가 경전의 법률 효력을 승인하도록 명령한 것이며, 경전 의미의 법
률적 효력이 성문 법전보다 상위에 있음을 선포한 셈이다. 이는 매우 중요한
지점으로, 그 의미와 법률에 대한 영향을 무시할 수 없다. 당시에 고윤高允
은 의심나는 모든 일을 경서로써 판단한 것이 30여 건이 넘었는데 모두 공
평하다 여겼다.[318]

당唐대에도 유사한 분위기가 있었다. 형부원외랑 손혁孫革은 다음과 같
이 상주했다.

경조부 운양현 현인 장리張莅는 우림관기羽林官騎 강헌康憲의 돈과 쌀을 빌
려 썼습니다. 강헌은 그것을 찾으러 갔으나 장리는 술에 취해 강헌의 멱살
을 잡았는데, 숨통이 막혀 죽을 지경이었습니다. 강헌의 아들 매득買得은 나

이 14세로, 아버지를 구하고자 했으나 장리는 씨름하는 힘센 사람이라 뜯어 말릴 수 없었고, 마침내 삽자루를 들고 머리를 가격하니 피가 흘러 3일 뒤에 죽었습니다. 법률에 따르면 아버지가 다른 사람에게 구타당하면 아들이 도와주되, 상대를 때려 상해를 입히면 일반 치상죄로 세 등급을 감하고 죽게 만들면 일반적 율령에 따른다고 합니다. 즉 매득이 아버지의 어려움을 구하려 한 것은 효성이지 폭력이 아니며, 장리를 때린 것은 절실한 것이지 흉악함이 아닙니다. 어린 나이에 아버지와 아들의 친함을 바르게 한 것이니 만일 성화聖化가 더해지지 않았다면 어린 자식이 어떻게 이와 같이 했겠습니까? 『왕제王制』는 오형을 저울질하는 이치는 반드시 부자의 친함에 의거하여 저울질하되, 얕고 깊음의 정도를 신중히 측정하여 구별해야 한다 했습니다. 『춘추』의 뜻은 마음에 의거하여 죄를 정한다는 것이고, 『주서』에 가르치길 모든 벌에는 저울질이 있는 것이라 했습니다. 지금 매득이 황제의 은택을 입어 어리지만 지극한 효에 부합했으니, 불쌍히 여기어 용서하신다면 감히 전하의 자애를 입었다 할 것입니다. 신의 직무는 마땅히 형을 심문함에 선악에 따를 뿐입니다." 법사에 칙령을 내려 사형죄에서 한 등급을 낮추었다.[319]

후기 당대 장흥長興 2년 대리시경大理寺卿 이정범李廷范이 올린 상주는 당시 경전에 따라 판결을 내린 상황을 더욱 잘 보여준다.

공문이 태화太和 4년 12월 3일에 접수되어, 형부원외랑 장번張諷이 상주합니다. 대리시 관리가 형벌을 판결함에 과거의 예에 의거하여 경卿에서부터 사司에 이르기까지 고발한 내용의 진술을 모두 살피도록 허락했습니다. 제가 본 결과 율문을 빠뜨리거나 경전의 의미를 견강부회하여 문초하거나 그 법을 반박한 것이 마음속의 견해에 의한 것이 아니라 장구章句의 말을 제멋대로 하여 죄명을 정한 것이었습니다. 요즘에 법사들이 형을 판결함에 제시하는 예들은 모두 문구들을 편집하고 엮은 것이어서 율문들이 빠져 있을 뿐 아니라 하나의 범법에 대해 결단한 말로써 살리거나 죽이거나 하니, 마침내 형명이 일정치 않고 사람들로 하여금 사사로움에 따르도록 했습니다. 신이 청컨대 앞으로 각 수령들은 율문을 탐구하여 그 실재를 모두 담아 형법을 정하되, 경서의 뜻에 의거하여 명확히 판단하고 소견과 신판에 임할 수 있도록 해야 합니다. 만일 예와 율에 기록된 것이 아니면 망령되이 범죄에 대해 판결문을 내어서는 안 됩니다.[320]

이상의 토론으로부터 우리는 유가 사상이 중국 고대 법률에 미친 심원한 영향을 충분히 확인할 수 있었다.

결론

지금까지 각 장의 논의를 통해 우리는 가족과 계급이 중국 고대 법률의 기본 관념이자 주된 특징이며, 법률에서 굉장히 두드러진 위치를 차지하고 있음을 충분히 알 수 있었다. 법률에 의해 부권이 인정되어 부친이 자녀를 지배하고 징벌할 권한이 있다는 사실도 확인되었다. 아들은 독립적인 자주권이 없었고, 사유 재산을 가질 수 없었으며, 부모와 따로 지낼 수 없었고, 자유롭게 배우자를 선택할 수도 없었다. 법률은 부권夫權 또한 인정하여 윗사람의 우월한 지위도 인정했다. 가족 구성원 사이의 분규나 침범, 상해 등의 죄는 가족 안에서 당사자가 차지하는 신분에 의해 판결되었다. 친족에 대한 은닉, 또는 죄를 짓고도 남아서 부모를 봉양하는 유양留養 등의 법률은 가족 윤리가 법률에서 중요한 위치를 차지했음을 보여준다.

법률은 귀족, 관리, 평민, 천민의 신분의 상이함을 인정했다. 법률은 사회적 법적 신분의 상이함으로 인해 생활 방식의 차이가 존재함을 명문화하여 규정했다. 뿐만 아니라 더욱 중요한 점은 신분에 따라 법률의 대우가 달랐다는 것이다. 귀족과 관리는 법적으로 특권을 누린 반면 천민은 법적 차별을 받는 계층으로서 가장 낮은 지위에 놓여 있었다. 그들은 양민과 통혼할 수도, 응시하여 관리가 될 수도 없었다.

법률이 신분을 극히 중시한 결과 친족이나 사회적 신분과 관련된 다수의 특별 규정이 생겨났고, 법전 안에 일반적인 규정과 병존하게 되었다. 그리고 특별 규정이 일반 규정에 우선하여 운용되며, 특별 규정이 적용되지 않는 경우에만 비로소 일반 규정을 적용한다는 것이 원칙이었다.

위의 두 종류 신분을 법률이 특별히 중시한 까닭은 유가 사상의 영향 때문이다. 유학자들의 관념에서 가족과 사회적 신분은 예의 핵심이자 유가에서 고취하는 사회질서의 지주였다. 따라서 고대 법률은 유가의 윤리 사상 및 예교에 의해 완전히 지배되었다고 할 수 있다.

그렇다고 해서 중국 법률이 상고 시대부터 유가 사상에 의해 지배되었던 것은 아니다. 진·한대의 법률은 법가에 의해 제정된 것으로서, 그 안에 유가 사상의 요소는 없었다. 예가 법에 포함된 것은 후대의 일이었으니, 법률의 유학화는 전진적으로 이루어진 것이다. 유학화는 중국 법률의 발전사에서 굉장히 중요한 과정으로서, 중국의 고대 법률은 그로 인해 중대하고 심원한 변화가 생겨났다.

이 책의 각 장에서 살펴본 것처럼, 유학화의 과정이 완결된 이후 중국 고대 법률에서는 더 이상 중대하고 본질적인 변화가 없었다. 적어도 가족과 계급의 측면에서는 그렇다. 바꿔 말하자면 가족주의와 계급 관념은 줄곧 중국 고대 법률의 기본 관념이자 주된 특징이었다. 그것은 법률, 도덕, 윤리가 함께 옹호하는 사회 제도 및 가치관, 즉 옛사람들이 말하던 강상명교綱常名教를 대표한다.

부록

중국 법률의 유교화

유학 사상은 인륜의 강상綱常을 중심으로 하며, 귀천·존비·장유·친소에 구별이 있음을 강조한다. 이 구별이 있는 경지에 이르고자 차별성을 지닌 행위 규범을 제정했다. "지위가 다르면 예도 그 등급이 달랐다."[1] 이처럼 귀천·존비·장유·친소에 따라 차별성을 보이는 규범, 즉 유가의 예禮는 바로 유가의 통치 수단이기도 했다. 때문에 『예기』에서 "예는 다름을 분별하는 것"이며 "친하고 소원한 것을 정하고, 의심스러운 것을 해결하며, 같은 것과 다른 것을 구별하고, 옳은 것과 그른 것을 밝히기 위한 것"이라고 했다. 순자는 "인간의 도에 대해 분별이 없는 것은 없으며, 분별에 대해 구분하는 것보다 좋은 것은 없고, 구분에 대해 예보다 좋은 것은 없다"[2]고 했다. 또 "예란 길러짐養이다. 군자는 자신이 길러진 뒤에는 다시 구별함을 좋아한다. 무엇을 구별함이라 하는가? 귀함과 천함에 차등이 있고, 어른과 아이에 차별이 있으며, 빈부귀천에 모두 부합됨이 있는 것이다"[3]라고도 했다. (다른 예증도 아주 많으나, 차별성을 지닌 행위 규범으로서의 예에 관한 논의는 이 책의 6장 1절에서 이미 상세히 논했으니 여기에서는 생략한다.) 한편 법가는 상벌을 똑같이 줄 것을 강조하여,[4] "친하고 소원함, 멀고 가까움, 귀하고 천함, 아름답고

추함을 고려하지 않고 똑같이 헤아려 판단했다."5 차별을 두는 것에 반대하여 친한 이를 친애하고 사사로운 것을 좋아하면 어지러워진다고 여겼으니,6 동일성을 지니는 행위 규범인 법을 치국의 도구로 삼아 사람마다 그것을 준수하게 하고 사람에 따라 법에 차이를 두지 않았다. 이에 태사공(사마담)의 『논육가요지論六家要旨』에 "친하고 소원함을 구별하지 않고, 귀하고 천함을 다르게 여기지 않으며, 똑같이 법에 의해 판단하는 것"이라고 했다. 그러한 사상은 바로 유가가 표방하는 친한 이를 친애하고 현명한 이를 존숭하는 도와는 반대되는 것으로,7 유가는 이를 극도로 꺼려하여 "친한 이를 친애하는 은덕이 끊어지므로 엄해지고 은혜가 적어진다"8고 여겼다. 이른바 유가와 법가의 주된 다툼은 예치와 법치 간의 다툼이었다. 더 구체적으로 말하면 차별성을 지니는 행위 규범과 동일성을 지니는 행위 규범 사이의 다툼이었다. 덕치·인치와 형벌의 통치 사이의 다툼은 그것에 비하면 부차적이었다. 어떤 행위규범을 채용할 것인가가 주된 부분이었고, 덕화德化를 사용하거나 형벌의 힘을 사용하여 어떤 행위 규범을 따르도록 할 것인지는 부차적인 문제라는 것이다. 유가는 물론 덕치나 인치의 방법으로 예를 행하도록 할 것을 주장했으나, 법적 제재의 힘으로 예를 따르도록 하는 것도 예의 정신과 그 존재를 훼손하는 것은 아니었다. 그 목적은 똑같이 이루어질 수 있었다. 유가는 법률과 형벌을 완전히 배척하지 않으면서도 예에 대한 옹호를 시종 포기하려 하지 않았다. 선진先秦 시대에는 정치 영역에서 유가와 법가의 장점과 단점을 다투었는데, 우열과 성패가 판명나지 않았다. 유가는 예치를 높이 외치고 법가는 법치를 높이 외치며 첨예하게 대립하여 양보하지 않는데, 이론적으로 논쟁하는 시대였다. 그러다가 법가가 득세하여 법률이 그들을 거쳐 제정된 이후 유가는 법률을 유학화하려 했는데, 실제적으로 쟁취하는 시대였다. 법률의 유학화라는 것은 겉으로는 형벌을 밝게 드러내고 예교로 보완하는 것이었으나明刑弼教 그 이면에는 예를 법 안에 편입시키는 것, 즉 어떻게 법가에서 제정한 법 안에 예의 정신과 내용을 집어넣을 것인가 하는 문제가 있었다. 바꿔 말하자면 동일성을 지니는 법률을 어떻게 차별성을 지니는 법률이 되게 할 것인가의 문제였다. 『왕제王制』에서 "다섯 가지 죄와 관련된 사건을 심리함에 반드시 부모와 자식 사이의 정을 살피고 임금과 신하 사이의 의리를 세워 헤아리라"고 한 것은 이와 같은 정신을 설명해준다. 『사고전서제요四庫全書提要』에서 당의 법률은 한결같이 예를 표준으로 한다고 했으니, 이는 법률이 유학화된 이후의 상황에 대한 가장 간명한 결론이다. 또 근대 이후에 중국과 서양의 학자들은 중국의 법률이 유가주의적인 법률이라고 자주 언급했는데, 이 역시 당나라 이후 현존하는 법전에 의거해 세운 이론이다. 선진 시대 이후의 법률로 말한다면 전적으로 그렇다고 볼 수 없다. 이 문제에 대해 논하자면 중국 상고시대의 법률 또한 유가주의를 중심으로 했는지의 여부를 물어야 한다. 그렇지 않다면 그 시대의 법의 정신은 어떠했을까? 또 법률의 유학화는 어느 시대부터 시작되었으며, 그 과정은 어떠했을까? 본문은 이것에 대해 탐구하는 데 그 목적을 둔 것으로, 아래의 각 항목에서 그에 대해 살펴보고자 한다.

(1)

진秦, 한漢의 법률은 법가에 의해 입안된 것으로서 순전히 법치 사상에 근거하고 있다. 춘추와 전국 시대는 봉건 천했으니, 유가의 정치 사상은 주나라의 전장典章 제도에 근거했다. 바꿔 말하면 그 사상은 봉건 제도를 배경으로 한 것이었다. 그래서 공자는 스스로 주나라를 따르겠다고 밝혔고, 그의 문인들 역시 공자가 요·순을 조술하고 문文·무武를 선양했다고 말했다. 그 점은 한나라 때 사람들이 가장 잘 알고 있던바, 선제宣帝는 태자에게 이렇게 말했다. "한나라에는 자신의 제도가 있으니, 본디 왕도와 패도가 섞여 있다. 어찌 순전히 유교에만 내맡겨 주나라의 정치 제도를 활용하겠는가?"9 '유교'라 하고 '주나라 정치'라 했으니 말한 바가 매우 분명하다고 하겠다. 그러나 동시에 봉건 제도는 쇠락의 길로 접어들어 거의 무너진 상태였으며, 제후들은 패권을 쟁취하기 위해 부강해지는 것을 치국의 우선으로 여기고 있었다. 이에 유가는 점차 쇠락하여 시대의 조류와는 맞지 않게 되었다.10 반면 법가는 시대의 요구에 따라 출현해 군주에 의해 중시되었다. 이 학파의 학설은 전적으로 당시 패주들의 수요를 겨냥한 것이었고, 그 사상은 봉건 제도에 반하는 것으로 유가의 반대편에 있었다.11 이들 법가는 정치적으로 우위를 점했으며, 당시 각국의 법률은 대부분 이들에 의해 제정되었고, 그들이 입안한 법률은 법가가 고취하던 주장이었다. 이회李悝의 『법경法經』, 상앙의 진법秦法은 말할 것도 없고 소하蕭何가 만든 한나라 법률 또한 진나라의 옛 제도를 답습한 것으로, 법가라는 한 계통이 서로 계승하여 정통을 이루었다. 그래서 문영文穎은 이렇게 말했다.

소하가 진나라의 법률을 계승해 만든 것을 율령으로 삼으니, 율경律經이 그것이다.12

진·한 법률의 연원에 대해서는 『진서晉書』 「형법지刑法志」에서 가장 상세하게 밝히고 있다. 그 책에서는 다음과 같이 말하고 있다.

그때(위 명제明帝가 위의 법률을 제정하기 이전을 가리킴)에 진·한의 옛 법률을 계승해 사용했다. 그 글은 위 문후文侯의 스승 이회에게서 시작되었다. 이회는 여러 국법을 편집하여 『법경』을 저술했다. (…) 상군은 그것을 받아 진나라를 도왔다. 한나라는 진나라의 제도를 계승하여 소하가 법률을 제정했다.

이것이 곧 법가의 정신을 대표하는 것으로, 유가에서 공격하는 법률이다.

(2)

법가의 유학화는 한나라 때에 이미 시작되었다. 한나라의 법률은 비록 법가 계통이어서 유가가 좋아하지 않았지만, 한 무제武帝가 유술儒術을 표방한 이후로 법가가 점차 세력을 잃자 유가가 힘을 발휘하기 시작했다. 이들은 전열을 다시 정비하여 유가의 정수를 국가 제도로 만들고 정치와 법률의 힘을 빌려 유가 사상을 천추에 길이 빛내려 했다. 한의 법률은 이미 반포되어 있었으므로 하루아침에 고칠 수 없었지만, 유가에게는 당시의 법률을 좌우할 수 있는 기회가 많았다. 그 일을 상세히 고찰할 수는 없지만 오늘날에도 약간의 흔적은 엿볼 수 있다.

① 『사기史記』 84, 「가생열전賈生列傳」(『한서』 48, 「가의전賈誼傳」에도 같은 기록이 보임)에 다음과 같은 기록이 보인다.

가의는 한나라 건국 후 효문제에 이르기까지 20여 년 만에 천하가 통합되었으니 정삭正朔을 고치고 복색을 바꾸며 제도를 본받고 관명官名을 정하고 예악을 일으켜야 한다고 여겼다. 그리하여 그 일에 관한 예의 법도의 초안을 다 갖추었는데, 복색은 황색을 숭상하고 숫자는 5를 사용하며 관명을 만들었으니, 모두 진나라의 법을 고친 것이었다. 효문제는 이제 막 즉위하여 그럴 겨를이 없다고 미루었다. 여러 율령이 개정되고 여러 제후가 다 본국으로 돌아가게 한 주장은 모두 가의가 발의한 것이었다.

가의는 이사李斯에게서 배우고 섬기면서 율령에 주목했으니, 당연히 법률에 힘을 기울였을 것이다. 그가 고친 율령이 어떠했는지에 대해서는 알수 없지만 유가의 입장을 담았음은 의심의 여지가 없다. 가의의 상소에 대해 당시 왕후대신들과 대중이 불만을 품었던 점, 그리고 글자를 새기는 형벌黥, 코를 베는 형벌劓, 수염을 자르는 형벌髡, 발뒤꿈치를 베는 형벌刖, 태형笞, 욕먹는 형벌罵, 저자에 버려지는 형벌棄市에 관한 법이 옛날에는 대부위로 적용되지 않았다는 이치를 반복적으로 설명한 점을 볼 때 그 나머지가 어떠했는지 대체로 알 수 있다. 『한서』 48, 「가의전」에서는 또 이런 기록도 보인다.

그리하여 옛날에 성왕은 등급을 만들었으니, 안으로는 공경·대부·사士가 있고, 밖으로는 공公·후侯·백伯·자子·남男이 있으며, 관청의 우두머리와 말단 관리가 있고 서인에 이르니, 그 등급은 분명하고 천자가 올려줄 수 있습니다. 그러니 그 존귀함은 누구도 미칠 수 없습니다. (…) 군자는 염치와 예절로 다스려야 하기 때문에 죽음을 내릴 수는 있어도 형벌을 받거나 모욕을 당하는 일은 없습니다. 이에 글자를 새기거나 코를 베는 형벌은 대부에게는 가하지 않는데, 이는 그가 주상에게서 멀지 않기 때문입니다. (…) 주군이 총애하는 신하에게 혹여 잘못이 있다고 해도 형벌을 그 몸에 가하지 않는 까닭은 주군을 존중하기 위해서입니다. 이는 주상을 위해 미리 불경함을 멀리하는 것이고, 대신을 예의바르게 대하는 것이며, 그 절조를 격려하는 것입니다. 지금 왕후와 삼공三公의 귀인들은 모두 천자께서 낯빛을 고쳐 예우하는 이들입니다. 옛날에 천자께서 백부伯父나 백구伯舅라 부르던 이들에게 뭇 서인들에게 하듯이 글자를 새기고 코를 베며 수염을 자르거나 발뒤꿈치를 베고 욕하며 저자에 내버리는 법으로 명령한다면 대청에 오르는 계단을 없애는 것과 같지 않겠습니까? 형벌과 모욕을 당한다면 그 누가 천자 가까이에 있겠습니까? 염치를 지키지 못하면 대신은 막중한 권력을 쥘 수 없거늘 어찌 대신으로서 죄수처럼 부끄러워하는 마음이 없겠습니까? (…) 무릇 이미 귀하고 총애를 받던 지위에 있었으며, 천자께서 낯빛을 고쳐 예로 대했고, 말단 관리나 백성이 엎드려 공경하고 두려워했으니, 지금 잘못이 있다면 황제께서는 그를 그만두게 해도 되고 물러나게 해도 되며 죽음을 내려도 되고 멸족을 해도 됩니다. 하지만 구금하고 묶어두며 형벌을 맡은 사공에게 보내어 죄수에 편입시키고, 사공 밑의 하급 관리에게 욕을 먹거나 곤장을 맞는 것은 서민들에게 보일 바가 아닙니다. 비천한 자로 하여금 하루아침에 자신이 존귀한 자보다 더 낫게 될 수 있다고 생각하게 하는 것은 천하에 습관화될 것이 아니요, 존귀한 자를 존귀하게 대하는 교화가 아닙니다. 천자께서 일찍이 공경하셨고 서인들이 일찍이 높였던 자인데 죽을 때 죽더라도 어찌 천한 사람들이 그와 같이 머리를 땅에 쥐어박고 모욕을 하게 만들 수 있겠습니까? (…) 그래서 옛날에 "예는 서인에게까지 내려가지 않고 형벌은 대부에게까지 이르지 않는다"고 한 것은 신하의 절조를 격려하고 높이기 위함이었습니다. 옛날에 청렴하지 못한 대신을 파직시킬 때에는 청렴하지 않다고 말하지 않고 제기祭器를 잘 꾸미지 않았다고 했습니다. 지저분하고 음란하여 남녀 간에 유별함이 없는 경우에는 지저분하다고 말하지 않고 휘장을 손질하지 않았다고 했습니다. 해이하고 연약하여 일을 감당하지 못하는 경우에는 해이하고 연약하다고 말하지 않고 아래 신하로서 직분을 다하지 못했다고 했습니다. 이렇듯 귀한 대신에게 확실히 죄가 있다 하더라도 사실대로 질책하지 않고 에둘러 말할 뿐 감히 고하지 않았습니다. 그래서 큰 견책과 문책을 당해야 하는 상황에 처한 자들은 흰색 갓에 검은색 갓끈을 매고 물을 담은 그릇에 칼을 얹고 벌을 청하는 방에 들어가 죄를 청했으며, 주군은 묶거나 잡아 끌고 가게 하지 않았습니다. 혹여 죄를 지은 자는 어명을 받아 자결했지, 주군이 사람을 시켜 목을 치거나 형벌을 가하게 하지 않았습니다. 혹여 큰 죄를 지은 자는 어명을 듣기 위해 북쪽을 향해 재배하고 꿇어 앉아 자결했지, 주군이 사람을 시켜 머리채를 잡아 누르며 형에 처하지 않았습니다. 그러고는 "그대는 대부로서 과오가 있었을 뿐이니, 나는 그대에게 예로 대했다"고 하셨습니다. 주군이 예로 대했기 때문에 여러 신하들은 기뻐하며 염치를 알고, 그리하여 사람들은 절조를 지켰습니다. (…) 이는 염치를 장려하고 예의를 지켜 얻을 수 있는 것입니다. 주상께서 그것을 어찌 버릴 수 있겠습니까? 그런데 그것을 하지 않고 반대되는 것을 오래 행하고 계시니, 긴 탄식을 하는 바는 이 때문입니다.

이 무렵 승상 강후絳侯 주발周勃이 면직되고 봉국封國에 부임했는데, 누군가 주발이 모반하려 했다고 고발했다. 주발은 장안의 옥에 잡혀와 조사를 받았으나 끝내 아무 죄가 없었으며, 작위와 식읍을 회복했다. 가의가 이 일을 주상에게 간언했다. 주상이 그 말을 깊이 받아들여 신하를 대하는 데 절도가 생겼다. 그 후로 대신들에게 죄가 있으면 모두 자살을 명하고 형벌은 받지 않게 되었다. 그러다가 무제 때에 이르러 점차 다시 옥에 보내졌는데, 이는 가혹한 관리였던 영성寧成에서부터였다.

이상은 "여러 율령이 그 설을 고쳐 정한 것은 모두 가의에서부터였다"는 것의 일례다. 그의 말은 유가의 입장에서 당시 귀한 자와 천한 자가 똑같이 형벌을 받아야 한다는 법률을 공격한 것이었다. 주발 이전에 한의 법률을 기초했던 소하 또한 일찍이 형벌을 관장하는 정위 직에서 내려와 족쇄를 차고 묶였던 것을 보면[13] 진·한의 법률에는 대신이 형벌을 받지 않는다는 규정이 없었음을 알 수 있다.

② 『진서』 「형법지」에 이런 기록이 보인다. "후대 사람들이 글에 대해 뜻이 생겨나 각기 장구를 지었다. 숙손선叔孫宣, 곽령경郭令卿, 마융馬融, 정현鄭玄 등 10여 가家의 유생들이 장구를 지었으며, 각자 수십 만 자나 되었다. 죄를 판결할 때 마땅히 적용해야 할 법조문은 모두 2만 6272개 조, 773만 2200여 자였다." 유가가 법률에 대해 관심을 가지고 법률에 장구를 지은 것은 매우 깊이 살펴볼 만한 일이다. 왕충王充은 "법률지가法律之家 또한 유생이다"[14]라고 했는데, 이 말 또한 주목할 만하다. 유가의 주석이 달림으로써 법률은 본래의 모습이 아니게 되었다. 유가들이 법률을 해석하는 기회를 이용해 법률을 좌지우지할 수 있게 되었기 때문이다. 동일한 법조문이 주석의 차이로 인해 그 내용이 바뀌는 일은 역사상 비일비재했다. 왕식王植이라는 자는 상주하여 이렇게 아뢰었다. "제가 진晉의 법률을 살펴보았는데, 문장은 간략하고 내용은 대강에만 통할 뿐입니다. 법조문이 지나치게 질박해서 판단하고 해석하기 어렵습니다. 장비張斐와 두예杜預는 똑같은 장절에 주석을 달았는데 그 취사선택이 완전히 다릅니다. 진나라 태시泰始 연간 이후로 단지 참고하여 선택적으로 활용해왔습니다. 그러다 보니 관리들은 권세에 기대어 전횡을 하고 백성은 불만을 품고 원망이 생겨나게 되었습니다."[15] 이를 통해 우리는 여러 유학자들의 장구가 한의 법률에 미친 영향을 미루어 알 수 있다. 법률이 이미 반포되어 마음대로 고칠 수 없는 상황에서 가장 좋은 방법은 법률을 주석하는 것이었다. 이에 필자는 유가가 법률에 장구를 단 것은 의미심장한 것으로, 절대 우연이 아니라고 생각한다.

③ 진총陳寵은 법률 전문가로서 사법을 관장하는 관리가 되었지만 "의혹이 있는 옥사에 대해 논의할 때면 직접 상주를 하고 매번 경전을 덧붙여 인용해 관용을 베푸는 데 힘썼다"고 하니, 그는 유가에 깊이 물든 인물로 생각된다. 진총은 율령의 법조문을 정리하여 주나라의 형법인 보형甫刑보다 많은 것들을 제거해내며 아래와 같이 말했다.

신은 큰 예절禮經은 300가지요, 세세한 예절威儀은 3000가지라는 말을 들었습니다. 그래서 보형에 머리를 자르는 대벽大辟은 200가지요, 다섯 형벌로는 3000가지가 있었습니다. 예를 벗어난 것은 형벌이 취할 바이니, 예를 상실하면 형벌의 범위에 들어가게 되어 이 둘은 서로 표리 관계를 이룹니다. 그런데 오늘날 율령에 사형은 610가지요, 수염을 자르는 형벌은 1698가지, 재물로 죄를 대신하는 형벌은 2681가지로, 보형보다 1989가지나 많습니다. 그 가운데 410가지는 대벽이고, 1500가지는 수염을 자르는 형벌이며, 79가지는 재물로 죄를 대신하는 형벌입니다. 『춘추보건도春秋保乾圖』에서는 "왕 노릇하는 자는 300년에 한 번씩 법령을 엄격하고 명확하게 한다"고 했습니다. 한나라가 건국된 지 302년 동안 현령憲令은 약간 증가했으나 법조문은 무한해졌습니다. 또 법률에 관해 세 학파가 있는데 그 주장은 각기 다릅니다. 삼공三公 및 형벌을 담당하는 정위에 명하여 율령을 심의 확정하여 경經과 상응하고 의義에 합치되도록 하시고, 대벽은 200가지로 하고 수염을 자르는 형벌과 재물로 죄를 대신하는 형벌은 2800가지로 총 3000가지가 되게 하고, 나머지는 전부 삭제하여 예와 상응하도록 하십시오.[16]

예와 법률을 결합해 논하는 태도는 "경과 상응하고 의와 합치하도록 하라"는 말과 "예와 상응하도록 하라"는 말을 통해 알 수 있다. 심지어 형식적인 문제에도 유의하여 형법의 조문 또한 의례 3000가지라는 수치에 합치되도록 하고 싶어 했으니, 이를 통해서도 예와 법률의 관계가 밀접하다는 점을 알 수 있다. 이렇게 법률이 예를 준칙으로 삼아야 하고 그것의 지배를 받아야 한다는 것이 대체로 그 시대의 기풍이었다.

④ 법전의 내용에 예가 끼어들면서 유가의 윤리 사상에 의해 지배된 것 외에, 심리와 판결에도 유가 사상의 영향이 작지 않았다. 유자들이 관리가 되어 사법적인 책임을 지거나 사법적 논의에 참여할 수 있는 기회가 생겼기 때문이다. 이에 법률 조문 외에 유가의 윤리적 주장에 의해 결정되는 일이 자주 있었다. 원래 중국의 고대 법률에는 없는, 죄가 되지 않는 규정이 견강부회될 만큼 신축성이 커졌다고 할 수 있다. 그렇게 유가 사상은 법률에서 최고의 원칙이 되어 법리와 다를 바 없게 되었다.

공손홍은 어렸을 때부터 옥리가 되어 "문서 및 법률과 관의 일에 대해 잘 알고 있었으며 유학의 관점으로 잘 꾸밀 줄도 알았다"[17]고 한다. 또 아관兒寬(예관)은 형옥의 속관으로 있으면서 "옛 법의 의리로 큰 옥사의 의혹이 되는 점들을 잘 해결했다"고 한다. "교동의 재상 동중서가 노환으로 사직했는데, 조정에서 정사를 논할 때 여러 차례 정위 장탕으로 하여금 그가 머무는 누추한 거리로 가서 그 득실을 묻도록 했다. 이에 『춘추결옥春秋決獄』232가지 일을 써서 늘 경經으로 응대하여 상세하게 이야기했다."[19] 후한의 응소應劭 또한 『춘추단옥春秋斷獄』을 지었다.[20] 그밖에 『춘추』로 판결을 내린 자는 아주 많았으니, 『사기』와 『한서』의 열전 가운데에 산재해 있다.[21] 남아 있는 판결의 말들을 보건대 『춘추』『상서』 등의 경전을 최고의 사법적 원칙으로 삼았다고 할 수 있다.

위와 같은 것들은 모두 한대 법률에 대한 유학의 영향을 잘 보여준다. 요컨대 당시 국법(국가에서 기초한 법률)은 이미 반포되어 있어 신하들이 멋대로 고칠 수 없었고, 반드시 황제를 설복해 동의를 얻어야 한두 조목을 고칠 수 있었다. 가의의 경우처럼 말이다. 그러나 그것은 힘이 많이 드는 일이었고 성공한다는 보장도 없었다. 그래서 한나라 때 유가가 행한 대부분의 노력은 장구의 주석과 경전의 의미로 판결을 내리는 것이었다.

(3)

유가가 체계적으로 법률을 뜯어고친 것은 조曹씨의 위나라 때부터였다. 실제적인 제한으로 인해 한나라 때 유자들의 법률 수정이 산발적이었다는 점은 앞에서 설명한 바와 같다. 그러다가 조씨 위나라 이후로 새로운 왕조가 세워지면 반드시 그 왕조의 법률을 제정했는데, 법률의 편제와 수정이 유자 신하의 손에 들어감에 따라 그들은 기회를 얻어 원하는 대로 개정했으며, 될 수 있으면 유가의 정수인 예를 법조문 안에 많이 섞어 넣으려 했다. 법률이 전부 유가 사상에 의해 지배될 때까지 말이다. 그러한 과정은 위·진 시대에 시작되었고, 특히 결정적인 시기는 북위 때였다. 그러니 중국 법률의 유학화는 수·당 시대까지 갈 필요도 없이, 위·진 남북조를 거치면서 대체로 완성되었다고 할 수 있다. 물론 유가가 법률을 고친 것들에 대해 역사가들은 직접적으로 기록하지 않았고, 당나라 이전의 법전 중에 오늘날 전하는 것이 없어서 수정한 전모를 비교해 살펴볼 수는 없지만 실마리 정도는 찾아볼 수 있다. 따라서 법률을 기초한 자들의 학문 사상적 배경 및 각 왕조별로 유가 사상이 침투해 들어간 정황에 대해 논해보겠다.

위魏의 법률을 제정한 사람은 진군陳群, 유소劉劭, 한손韓遜, 유역庾嶷, 순선苟詵 등이다.[22] 『삼국지』 「유소전劉劭傳」에 따르면 유소는 "어명을 받아 오경을 모아 분류를 했으며" 정시正始 연간에 경전을 가지고 강학을 했다고 되어 있다. 또 "마땅히 예악 제도를 만들어 풍속을 변화시켜야 한다고 여겨 『악론樂論』 14편을 지었다"[23]고 되어 있다. 이를 통해 그가 경전을 자세히 연구하고 예악에도 주목했음을 알 수 있다. 한편 진군은 상주하여 의론할 때 자주 경전을 인용했으니,[24] 그 또한 유가 경전을 숭상하는 자였다. 위나라의 법률이 그러한 유자들의 손에서 만들어진 것을 고려할 때 유학화의 정도가 깊었음을 쉽게 알 수 있다. 또 살펴보면 위나라 사람들이 늘 형벌과 예를 합쳐서 논했던 것[25] 역시 기풍이 그와 같았기 때문으로, 예와 법의 관계에 대한 당시 사람들의 견해를 대표한다고 할 수 있다. 또 법률의 유학화 운동 아래에서 예와 법의 문제에 주목한 것 또한 우연이 아니었다. 정의丁儀의 『형례론刑禮論』을 통해서도 그러한 토론이 유가의 입장에서 출발한 것임을 알 수 있다. 한편 한나라 때에는 법률에 관한 장구를 지은 유학자들이 10여 명에 달했는데, 위 명제明帝는 조칙을 내려 정씨의 장구만을 사용하고 다른 사람의 것은 뒤섞어 사용할 수 없도록 했다.[26] 이는 법률이 유가의 주석만을 합법으로 인정하고 다른 학파의 설명은 부인한 것이다.

『진서』 「형법지」에 따르면 위나라에서 개정한 형법 제도는 대부분 옛 의리古義에 의거한 것으로서, 여기서 말하는 '옛 의리'란 사실상 한나라 이전의 유가가 숭상하던 이상적 제도를 가리킨다. 바꿔 말하면 한나라 때에 법가에서 기초한, 이회와 상앙 이후의 전통 법가 정신을 규준으로 삼은 한나라 법률을 전복시키는 것이었다. 「형법지」에서는 위나라에서 고친 것을 대략 아래와 같이 기록하고 있다.

잔인하게 살해하거나 격투를 하다가 사람을 죽이고 적발되어 도망한 경우, 옛 의리에 따르면 죽임을 당한 자의 자제들은 쫓아가서 그를 죽일 수 있었다. 사면이 되었거나 실수로 죽인 경우에는 복수를 못하게 한 것은 서로 살해하는 일을 그치게 하기 위해서다. (…) 둘째아들 이상이 분가하지 않은 경우 부가세를 매기는 것을 삭제한 것은 부자간에는 재산을 분할함이 없기 때문이다. 형이나 누이를 때릴 경우 5년 형으로 늘린 것은 교화를 분명히 하기 위해서다.

옛 의리에 따르면 쫓아가서 죽일 수 있다는 것은 예경禮經에서 말하는 복수의 의미로, 한나라 법에서는 금지된 일이었다.[27] 또 둘째아들 이상이 분가하지 않은 경우 부가세를 매긴 것은 상앙이 정한 진나라 법으로,[28] 자식은 사유 재산을 가질 수 없다는 예의 규정과 어긋나며 가의 같은 부류의 유자들이 극히 싫어했던 것으로,[29] 이때에 이르러 삭제되었다. 이러한 전환을 통해 한대의 법률은 진대의 법률을 계승한 법가 계통이었음이 족히 증명된다. 그밖에 여덟 부류의 사람들이 죄를 지을 경우 황제가 결재하거나 법에 의거해 처벌을 경감하는 제도인 팔의八議 제도가 법률 안으로 들어온 것도 위나라 때부터였는데, 이것 역시 예경을 흡수한 가장 중요한 일 가운데 하나였다. 『당육전唐六典』의 주석에는 이렇게 쓰여 있다.

팔의 제도는 위나라에서부터 진晉, 송宋, 제齊, 양梁, 진陳, 후위後魏, 북제北齊, 후주後周를 거쳐 수, 당에 이르기까지 모두 법률에 기재되어 있다.

진나라의 법률은 가충賈充, 정충鄭沖, 순기荀顗, 순욱荀勖, 양호羊祜, 왕업王業, 두우수杜友守, 두예杜預, 배해裵楷, 주권周權, 곽기郭頎, 성공수成公綏, 유궤柳軌, 영소榮劭 등 열네 사람이 기초했다.[30] 역사 기록에 따르면 정충은 "경經과 역사서를 깊이 연구했고 유학과 제자백가의 말을 널리 궁구했다"[31]고 한다. 두예는 "경적經籍 속에서 깊이 사유해"『춘추좌씨경전집해春秋左氏經傳

集解』를 지었고, 종족의 계보나 동종의 사물 계통을 기술한 서적들을 참조한 『석례釋例』를 지었고, 『맹회도盟會圖』와 『춘추장력春秋長歷』도 지음으로써 학문으로 일가一家를 이루었으니,[32] 유가 경전 연구에서 가장 성과가 많은 인물이다. 순기는 "삼례三禮에 밝고 조정의 큰 예절을 알아" 양호·임개任愷 등과 진나라의 예를 만들었다.[33] 순욱은 국가의 장서를 관장하는 비서감秘書監을 이끌며 유향劉向의 『별록別祿』에 근거해 옛 서적을 정리했고, 또한 어명을 받들어 도굴된 무덤 안의 옛 죽서를 편집해 『중경中經』을 만들기도 했다.[34] 그 밖의 인물로, 배해는 "『노자』와 『주역』에 특히 정통했고 (…) 여러 서적을 널리 섭렵했으며 특히 의리義理를 정밀하게 알았다"[35]고 했다. 양호는 "본래 도가를 자처했으나 공손함이 유자 같았다."[36] 이로써 가충 한 명을 제외하면[37] 대략 모두가 유가를 이념으로 하는 쪽으로 기울어진 자들이었다. 그래서 『위서』「형법지」에서는 다음과 같이 말한다.

조서를 내려 거기車騎 장군 가충에게 여러 유학자를 모아 총칙을 29권으로 산정刪定하고 2900여 조항으로 병합하도록 했다.

위 조서를 보면 당초에 법률을 제정할 때 인선은 유학자도 제한되어 있었고, 그들을 채용해 유학화된 법률을 제정하려 했음을 알 수 있다. 정충이나 두예 등 유학의 대가들이 그 일에 참여할 수 있었던 것은 우연이 아니었던 것이다. 이와 관련해 진인각陳寅恪 선생은 이렇게 말했다. "고대에 예와 법률의 관계는 밀접하다. 사마씨는 후한 말기 유학의 대귀족으로서 진晉 왕실을 만들고 중국을 통제했으니, 그들이 만든 형률은 더욱 유학화되었다. 그것은 남조에 이르러 왕조마다 답습되었고, 북위도 법률을 개조해 그것을 채용했다. 전전하여 탈바꿈하면서 북제와 수를 거쳐 당에 이르렀으니, 그것은 실로 중국 형법 계통의 변치 않는 정통이라 하겠다.”38 이 말은 확실히 정론이라 할 수 있다. 그러나 한 가지 유의할 점이 있다. 중국 법률의 유학화는 진나라가 아닌 위나라 때부터 이미 시작되었다는 사실이다.

진나라의 법률은 유가 사상을 숭상하는 제왕과 유자 신하들의 손에서 만들어졌으니, 그 법률의 유학화는 일반적이지 않았다. 오늘날 알려진 것으로, 백모나 숙모와 간음하면 가중 처벌한다는 법령 외에 가장 중요한 것은 “예교의 커다란 방비를 엄격히 하고 다섯 복식五服을 기준으로 하여 죄를 다스린다”39는 것이다. 그것은 후대에 복제에 따라 죄를 정하는 것의 효시이며, 위나라에서 팔의 제도를 법률에 넣은 것과 마찬가지로 중국의 법률이 유학화하게 된 큰 사건이라 하겠다. 또 자손이 가르침과 명령을 어기거나 공경함이 부족하여 부모가 자식을 불효죄로 고발하는 경우 죽이고자 하면 모두 허용되었다. 이것 역시 진나라에서 새로 만든 규정인 것 같다.40

북위는 오랑캐로서 중원을 지배했지만 입법에 참여한 중요 인물들은 모두 중원의 사족土族이었다. 최굉崔宏, 최호崔浩 부자와 고윤高允이 초기에 법률 제정을 주도한 인물이다.41 최호는 경학에 조예가 깊어 일찍이 태종에게 경서를 가르쳤다. 오경에 단 주석은 모두 돌에 새겼다. 『위서』에서는 그에 대해 다음과 같이 말했다.

어려서 문학文學(『북사北史』에는 ‘문文’이라는 글자가 없다)을 좋아했고 경서와 역사서를 널리 읽었으며 천문 현상, 음양, 제자백가의 말에 관통하지 않음이 없었다. 당시에 경서의 의미를 깊이 연구하는 데 따라올 사람이 없었다. (…) 제도, 법률 및 경학에 관심을 가졌다. 가정에서의 제사법에 관한 글을 지어 오종五宗 및 제사의 의례 순서를 정했는데, 풍성함과 검소함이 적절했으며 이치는 취할 만했다. 성정이 노자나 장자의 책을 좋아하지 않아 매번 수십 줄도 읽지 못한 채 내려놓고 이렇게 말하곤 했다. "이것은 허망한 교설로 인정人情에 가깝지 않다. 틀림없이 노자가 쓴 것이 아닐 것이다. 노담은 예를 익혀 공자가 배웠던 이인데, 어찌 법도를 어그러뜨리는 문서로 선왕의 가르침을 어지럽히겠는가?"42

이런 내용을 보면 최호의 학문 연원과 유가에 대한 복응服膺을 개략적으로 알 수 있다. 한편 고윤 또한 "경서, 역사서, 천문, 술수術數에 널리 정통했으며, 특히 『춘추공양春秋公羊』을 좋아했다." 벼슬하지 않았을 때에는 집에서 가르쳤는데, 수업을 받는 자들이 1000여 명이었다. 시·부·추도문·송頌·잠언箴·논論·표表·찬贊, 『좌씨공양석左氏公羊釋』『모시습유毛詩拾遺』『하정고황사何鄭膏肓事』 등 100여 편을 지었다. 사관은 그를 칭송하여 "인仁에 기대고 예술에서 노니며, 옳음을 붙잡고 명철함을 지킨 자는 사공司空 고윤이 아니겠는가?"43라고 했으니, 그의 학문과 인격을 지극히 숭상했다고 하겠다. 또 고윤 본전本傳에서는 다음과 같이 말했다.

당초 진군眞君 연간에 소송이 많게 되자 중서성에서는 경서의 이치를 가지고 풀기 어려운 사건들을 판결하도록 했다. 고윤은 법률에 의거해 행형行刑을 판정하기를 30여 년간 했는데, 안팎에서 공정하다고 칭찬했다.

이를 보면 『춘추』학에 대한 그의 조예는 학문적 토론에만 그쳤던 것이 아니라 재판에도 응용되었음을 알 수 있다.44

최호와 고윤 외에 법률을 논의하고 제정한 다른 사람들로는 고려高閭, 유명근遊明根, 상경常景, 원번袁翻, 유방劉芳 등이 있었으니, 모두 당시의 유자였다. 고려는 "경서와 역사서에 널리 정통했으며 글재주가 뛰어났다." 고윤과 더불어 "두 고씨二高라고 칭해졌고 당시에 탄복된 인물이었다."[45] 유명근은 "경전을 종합적으로 익혔고 (…) 고려와 함께 유학과 노자 관련 학문에서 특별히 예우를 받았다. (…) 세간에서는 고유高遊라고 불렀다." 사관은 그가 "바른 도와 유풍儒風으로 시종 특별한 대우를 받았다"[46]고 칭송했다. 상경은 유림儒林의 후손으로[47] 가학家學을 계승해 "경서와 역사서를 특별히 좋아했고 문장을 음미하기를 즐겼다."[48] 원번은 "어려서 재주와 학문으로 한동안 명성을 독점했고" 일찍이 명당明堂의 예에 대해 논의했다.[49]

유방은 정시正始 연간에 예와 법률을 논의한 주요 인물로 『위서』 본전에서는 다음과 같이 말했다.

조정에 돌아온 후에 율령을 논의해 정했으니, 유방은 고금을 참작하여 중대한 의견을 내놓는 주요 인물이 되었고, 그 가운데 덜어내고 보탠 것은 대부분 유방의 뜻에서 나왔다.[50]

또 이렇게도 말했다.

세종世宗은 조정의 의례에 구멍이 많다고 여겨 모든 논의를 다 유방에게 넘겨 수정하게 했으니, 이에 조정의 길흉과 대사를 모두 유방에게 묻고 구했다.

본전本傳에 따르면 사학四學, 오교五郊, 사직 등의 일이 모두 유방을 거쳐 논의되었다고 한다. 한 사람이 예를 논하고 법률을 논했다는 데서 유방의 학문 사상의 중심이 무엇인지 알 수 있을 뿐 아니라, 당시에 예와 법률이 서로 통하고 양자의 관계가 밀접했으며 조정의 입법 정신이 어디에 무게를 두었는지도 미루어 알 수 있다. 그리고 유방이 유자의 신분으로, 그리고 유가의 정신으로 법률을 논했다는 점은 의심할 여지가 없다.

유방은 경학에 대한 조예가 매우 깊었다. 그래서 일찍이 황태자에게 경전을 가르쳤고, "경학에 대한 이해가 깊고 넓어" 국자감 제주로 파격 승진했다. 본전에서는 이렇게 말한다.

경전에 뜻을 독실하게 두었다. (…) 사고가 깊고 민첩했으며, 특히 경전의 뜻을 자세히 알았으며, 널리 듣고 힘써 기억했으며, 「창힐蒼」과 「아雅」를 함께 읽고, 특히 음훈音訓을 잘했으며, 글자의 뜻을 분석함에 의심할 바 없이 정확했다.

그는 경전의 음과 의미를 다룬 저술이 아주 많았다. 그래서 공부하는 자들은 글자에 바르지 않은 것이 있으면 그를 찾아가 문의했으니, 당시 사람들은 그를 '유석경劉石經'이라 불렀다. 사관은 그를 다음과 같이 칭송했다.

굳세게 홀로 서서 깊게 침잠하고 옛것을 좋아하며 널리 통하고 알아 세간에서 유가의 종사가 되니, 당시의 사표師表라 하겠다.

그 학문적 지위의 높음을 추정해볼 수 있다. 유방은 일찍이 다음과 같이 말했다. "나라를 다스리는 자 중에 유학과 도를 존숭하지 않는 이 없으니 우선 학교를 설치하라." 이는 정치적인 주장이지만, 법률을 논의함에도 그는 틀림없이 이와 같은 태도였을 것이다.

위나라의 법률은 최호, 고윤 등의 기초를 거치면서 이미 유학화되어 있었는데, 다시 경학대사인 유방이 덜어내고 보태는 수정 작업을 함으로써 유학화의 정도가 더욱 철저해졌음을 추정해 알 수 있다. 위나라의 법률은 오늘날 존재하지 않아 상세히 고찰할 수는 없지만, 집에 남아 봉양하는 것 및 관작에 따라 형벌을 감당하는 것에 관한 조례를 통해 그 내용의 일부를 알 수 있다. 『위서』「형벌지刑罰志」에서는 다음과 같이 기록되어 있다.

고조高祖 12년 조서에 이르기를, 죽을죄를 지었는데 만약 부모나 조부모가 연로하시고 성인인 자손이 없고 기년복을 입는 친족이 없는 자는 판결한 이후에 그 사실을 열거한 내용을 상주하여 천자의 답신을 기다리고, 그것을 법령에 명기하라.

『법례율法例律』: 죽을죄를 지었는데 조부모나 부모의 연세가 70세 이상이며 성인인 자손이 없고 방계에 기년복을 입는 친족이 없는 자는 문서를 갖추어 상부에 청함으로써, 유형을 받을 자는 곤장을 치고 남겨서 자신의 부모를 봉양하게 하고, 부모 사후에 유형을 따르게 함으로써 용서하고 사면하는 사례 안에 포함되지 않게 한다.

『법례율』: 다섯 등급의 작위가 있는 자와 『관품령官品令』에서 종5품 이상에 있는 자는 1품계로 도형 2년을 대체한다. 관직에서 면직된 자는 3년 후에 벼슬하는 것을 허용하되 이전의 품계에서 한 등급을 내린다.

「형벌지」의 관리 중 아홉 품계에 있는 자는 관작으로써 형벌을 면제받을 수 있다는 조항은 최호에 의해 정해진 것이다. 그 밖에 대신이 죄를 지으면 자진하도록 하는 것도 있었으니, 이는 곧 "율령에 대한 논의에 열심히 참여하여 비단 500필, 말 한 필, 소 두 마리를 수여받은" 이표李彪가 건의한 것이다. 이 모든 것들은 유가의 입장으로, 그 논의는 가의의 그것과 마찬가지이다.

『위서』「이표전」에는 다음과 같은 기록이 보인다.

옛날에 대신 중에 청렴하지 못해 파직된 자가 있으면 청렴하지 않다고 하지 않고 제기祭器를 잘 꾸미지 않았다고 했는데, 이는 군주가 귀한 신하를 예우 하여 그 과오를 분명히 밝히지 않은 것이었습니다. 신하가 크게 견책당해야 할 것이 있으면 흰색 갓에 검은색 갓끈을 매고 물을 담은 그릇에 칼을 얹고 벌을 청하는 방에 들어가 죄를 청했는데, 이는 신하가 죄를 알아 형벌을 피 하지 않겠다는 것입니다. 본 왕조에서 대신들을 예우하는 것은 옛날과 같습 니다. 태화太和 연간 이래로 죄를 지어 극형을 받아 마땅한 자는 대부분 자 신의 집으로 돌아가 자진할 수 있었습니다. 쫓겨난 날, 황제는 가엽게 여기는 마음으로 처량하고 구슬픈 말을 내립니다. (…) 그러나 성은은 마음속에서 발해졌으되 영원한 법도는 드러내지 못했습니다. 이것이 어리석은 제가 감히 얕은 견해를 진술하려는 까닭입니다. 옛날 한 문제 때에 승상 주발이 모반 을 했다고 고발된 적이 있었습니다. 그를 체포해 장안의 옥에 가두고 옥보임 이 노예를 대하는 것과 같자, 가의가 상소를 올려 군신간의 의리에 따르면 그 래서는 안 된다고 힘껏 진언했습니다. (…) 효문제는 가의의 말을 깊이 받아 들였고, 그 후로 죄가 있는 대신은 모두 자살을 하게 했지 형벌을 내리지 않 았습니다. 효무제 때에 이르러 다시 점차 감옥에 들어가는 일이 있었는데, 이는 효무제가 그것을 시행할 때에 영원한 제도로 만들지 않았기 때문입니 다. 제 생각에 폐하의 성덕과 자애로움을 어찌 당시 한 문제에 비교할 수 있 겠습니까? (…) 하지만 저는 오랜 세월이 지난 후에 황위를 계승한 군주에게 한 문제 때와 같은 일이 일어나면 어찌할지 걱정입니다. 무릇 도는 오래 지속 됨을 귀히 여기니, 이에 그것에 기대어 영향력을 확립하려 합니다. 법은 훼손되지 않음을 최상으로 여기니 자손에게 방략을 물려주려 합니다. 어찌 일시적으로 은혜를 베풀고 오래갈 수 있는 제도를 만들지 않을 수 있겠습니까? (…) 고조가 그것을 읽고는 좋다고 하시니, 일이 모두 시행되었다.[51]

북위는 오랑캐가 중원에 들어와 지배한 나라로서, 문화가 낙후되고 부락 사회와 중원 사회의 조직이 서로 달라서 한나라의 법으로 한족을 통치하고 중국을 다스리지 않을 수 없었다. 이에 당시 통치 계급은 한인漢人 문화를 추숭했음을 곳곳에서 확인할 수 있다. 아울러 자신의 종족 중에 관리할 수 있는 인재가 부족하고 중국의 상황에 대해서도 어두웠기 때문에 중원의 인재를 중용하고 사족을 중시하지 않을 수 없었다. 그런 이유로 입법의 권한은 남쪽으로 이동하지 않고 북조에 편입되어 벼슬하기를 원했던 옛 귀족의 수중에 놓이게 되었다. 때마침 최씨 부자父子, 고윤, 유방과 같은 유가의 전형적인 인물들이 있었고, 이들은 이 천재일우의 기회를 포착해 통치 계급이 제창한 것에 도움을 주는 가운데[52] 자신들의 뜻대로 유가 예교의 정수를 새로운 법전 안에 최대한 주입시킬 수 있었다. 그러니까 법률의 유학화는 철저하고 체계적이었으며, 국부적이지 않고 소규모가 아니었던 것이다. 아마도 중국 법률의 유학화는 위진 시대에 이미 시작되었고 북조에 이르러 완성되었던 듯하다.

북위의 법률은 후에 제齊와 수隋에 의해 계승되었다. 『수서隋書』 「형법지」에는 다음과 같은 기록이 보인다.

북제의 신무제神武帝와 문양제文襄帝는 모두 위나라 제상을 거쳤기 때문에 여전히 옛 법을 사용했다. 그러다 문선제文宣帝 천보天保 원년에 이르러 여러 관리에게 명하여 위 왕조의 『인지격麟趾格』을 고쳐 간행하도록 했다. (…) 그러다가 사도부司徒府의 공조참군사功曹參軍事 장로張老가 글을 올려 다음과 같이 말했다. "위대한 제나라가 천명을 받은 이래로 율령이 아직 개정되지 않고 있습니다. 이는 제도를 만들고 법을 공포하여 사람들의 이목을 새롭게 하는 것이 아닙니다." 이에 여러 관리들에게 명령하여 제율齊律을 의논해 만들도록 했으나, 여러 해가 지나도록 완성되지 않았고 재판은 여전히 옛 위나라 법률에 의거했다. (…) (무성제武成帝가 즉위한 후에) 율령이 완성되지 않자 자주 독촉을 했다. 하청河清 3년에 상서령인 조군왕趙郡王 고예高叡 등이 제율 12편을 바쳤다. (…) 또 새로운 법령 40편도 바쳤는데, 대체로 위·진의 고사를 채록했다.

이와 관련하여 진인각 선생은 이렇게 말했다. "제율이 완비된 것은 북위의 형률을 이어 발전시킨 덕분이다. (…) 북제의 전장 제도는 전부 북위의 것을 따른 것이니 형률만 유독 다를 수는 없었다. 따라서 이는 전체 문화의 계승 및 그 자연스러운 변화의 결과다."[53] 그러나 북위의 형률을 전부 답습했다고 한다면 어찌하여 제의 법률을 논의해 만들도록 했는데 여러 해가 지나도록 완성되지 않고 10여 년 동안 여러 차례 독촉한 후에야 완성된 것일까? 이는 아마도 위의 법률을 저본으로 삼아 대부분 답습했겠지만 약간의 다른 점도 있었기 때문인 것으로 보인다. 『북제서北齊書』 「최앙전崔昂傳」에는 다음과 같은 기록이 보인다.

또한 조서를 내려 율령을 산정하고 예악을 덜어내고 보태도록 하고, 상서尙書 우복右僕 사설반射薛斑 등 43명이 영군부에서 의논해 정하도록 했다. (…) 최앙은 일부 법조문에 대해 고금의 법률을 교정하여 고치는 등 손수 증감한 것이 10가지 중에 7, 8가지였다.[54]

이것을 보면 북제에서 법률에 대해 논의를 시작할 때 원칙은 고금의 율령을 교정하여 증감하는 것이었지, 완전히 위나라의 법률에 의거할 의도는 아니었음을 알 수 있다. 이른바 고금의 율령을 교정한다는 것은 반드시 북위 이전의 법률도 인용하는 것을 뜻한다. 그래서 『수서』 「형법지」에서는 북제의 율령이 "대체로 위와 진의 고사를 채록했다"고 한 것이다. 그것은 북제 법률의 또 다른 주된 원천으로서, 위나라 법률을 완전히 답습해 사용하지 않았음을 보여주는 하나의 증거다. 그밖에 몇 가지 법 규정은 북제가 자체적으로 기초한 것으로 보인다. 예를 들어 10가지 중죄를 범한 자를 팔의의 면죄 범위 안에 포함시키지 않은 것은 이전 시대에는 없었던 것으로, 북제 율령의 새로운 발명이라 하겠다. 이 때문에 『수서』 「형법지」에서는 다음과 같이 말한다.

또 중죄 열 가지를 나열했다. 첫째는 왕조의 통치를 전복하는 반역反逆이다. 둘째는 황제의 무덤이나 궁궐을 훼손하는 대역大逆이다. 셋째는 국가를 배반하는 반叛이다. 넷째는 전쟁 중에 적에게 투항하는 항降이다. 다섯째는 존속을 때리거나 모살하는 악역惡逆이다. 여섯째는 인도에 반하여 잔인하게 살인하는 부도不道이다. 일곱째는 황실의 기물을 도용하는 불경不敬이다. 여덟째는 부모를 욕하거나 봉양하지 않는 불효이다. 아홉째는 부하나 백성이 관리를 죽이는 등의 불의不義이다. 열째는 근친상간하는 내란內亂이다. 이 열 가지 범죄를 저지르는 자는 팔의의 면죄 받는 범위 안에 포함시키지 않는다.

또 다음과 같이 말하기도 했다.

(수隋는) 또한 열 가지 악에 관한 조항을 설치했는데 많은 경우 후제後齊의

제도를 채용했다.

『당률소의』에서도 다음과 같이 기록했다.

북주北周, 북제北齊 대에는 비록 열 가지 조목의 죄명은 갖추어져 있었으나 '십악十惡'이라는 죄목은 없었다. 그러다가 수 문제 개황開皇 연간에 법제를 정하면서 비로소 이 죄목이 갖추어지게 되었다.

북제의 법률은 상서령 조군왕 고예 등이 상주했지만, 조군왕은 법률을 제정한 사람이 아니었다. 단지 작위와 관계되어 서명의 첫 자리를 차지했을 따름이다. 진짜 집필한 이는 따로 있었고, 그 사람들 중에는 유학자들이 끼어 있었을 것이 틀림없다. 그런 류의 일은 대개 그와 같이 진행했다. 위수魏收는 상서우복사尙書右僕射로 제수를 받아 오례五禮에 관한 일을 전체적으로 이끌어 논의하고 정하도록 했는데, 상주하여 조언침趙彦琛, 화사개和士開, 서지재徐之才가 함께 감수하도록 청했다. 그에 앞서 화사개에게 청하자 그는 배움이 없다면서 사양했다. 그러자 위수는 "천하의 일은 모두 왕이신 그대를 따르고 오례는 왕이 아니면 결단할 수 없습니다"라고 하니, 화사개가 감사를 표시하며 허락했다. 이에 문사文士들을 많이 끌어들여 집필하게 하니, 실제로는 유학자인 마경덕馬敬德, 웅안생熊安生, 권회權會가 주관했다.[55] 이러한 정황을 통해 법률 제정에 관한 내막을 확인할 수 있다. 내막이 남김없이 누설됨을 알 수 있다. 법률을 논의하는 자에 대해 어떤 예외가 있겠는가?

제나라 초기에 율령을 논의한 최앙崔昂과 형소邢卲는 국초에 예악을 덜어내고 보태는 일을 논의해 정했던 인물이다. 또 이현李鉉이라는 자도 있었다. 『북제서』에서는 다음과 같이 기록했다.

천보天保 연간에 조서를 내려 이현과 전중상서殿中尙書 형소, 중서령 위수 등이 율령을 논의하도록 했다.[56]

본전에 따르면 이현은 당시의 경학대사였다고 한다.

16세에 부양浮陽 이주인李周仁에게서 『모시毛詩』와 『상서』를 배우고, 장무章武 유자맹劉子孟에게서 『예기』를 배웠으며, 상산常山 방규房虬에게서 『주관周官』과 『의례』를 배우고, 어양漁陽의 선우영복鮮于靈馥에게서 『춘추좌씨전』을 배웠다. 이현은 고향에서 따를 만한 스승이 없다고 여겼다. (…) 대유大儒 서준명徐遵明에게 나아가 배웠다. 서준명의 문하에 5년 동안 머물렀는데, 늘 수제자라 칭해졌다. 23세에 스스로 은거하여 시비를 논했으며 『효경』『논어』『모시』『삼례三禮』『의소義疏』『삼전이동三傳異同』『주역의례周易義例』 등 총 30여 권을 지었으니, 각고의 노력을 다했다. (…) 27세에 고향으로 돌아와 양친을 봉양하면서 가르쳤는데, 생도들은 항상 수백 명에 이르렀다. 연燕과 조趙 지역에서 경서를 강해할 수 있는 자는 대부분 그의 문하에서 나왔다.

하청률河淸律의 경우 참여한 주요 인물은 바로 위수, 조언침, 화사개 및 막후에서 예를 논의하던 유생 마경덕과 웅안생이었다. 『북제서』 「봉술전封述傳」에서는 이렇게 말한다.

하청河淸 3년에 그와 녹상서錄尙書 조언침, 복사僕射 위수, 상서 양휴지陽休之, 국자감 제주 마경덕 등은 법률을 논의하여 제정했다.[57]

또 『북사北史』 24 「최표전崔儦傳」에는 이렇게 기록되어 있다.

웅안생, 마경덕 등과 오례를 논의하고 아울러 율령을 수정했다.

한편 「유림전儒林傳」을 살펴보면 아래와 같은 것이 보인다.

마경덕은 어려서 유학을 좋아하여 큰 유학자였던 서준명을 따라다니며 『시경』과 『예기』를 배워 대략 대의를 알았으나 정통하지는 못했다. 이에 『춘추좌씨전』에 주목하여 밤낮으로 깊이 생각하며 연구하기를 게을리 하지 않았다. 그리하여 그가 의미를 해석한 것은 여러 유학자들로부터 칭송되었다. 연燕과 조趙 지역에서 가르쳤는데 따르는 생도들이 많았다.

한편 웅안생은 경서와 예에 밝아 북제와 북주 두 왕조에서 중시되었다.

처음에는 진달陳達을 따라 『춘추』 삼전三傳을 배우고 그다음으로는 방규房虯를 따라 『주례』를 배워 그 대의를 다 알게 되었다. 동위東魏 천평天平 연간에는 이보정李保鼎에게서 『예기』를 배웠고, 이에 『오경』에 널리 통하게 되었다. 하지만 오로지 『삼례』로 가르쳤으니, 먼 곳에서 온 제자들이 1000여 명 정도에 달했다. 도참과 위서緯書에 대해 토론하고 이설異說을 모았으며, 과거의 유학자들이 깨닫지 못한 것을 모두 분명하게 설명해냈다. 북제 하청 연간에 양휴지陽休之가 특별히 국자감 박사로 주청했다. 당시 조정에서는 『주례』에 따라 행했으니 공경公卿 이하의 사람들이 대부분 이 예를 익혔다. (…) (북주의 무제武帝는) 대승불교 사원이 오례에 대한 논의에 참여하도록 칙령을 내렸다. 선정宣政 원년에는 노문학路門學 박사, 하대부下大夫를 역임했다. (…) 『주례의소周禮義疏』 20권, 『예기의소禮記義疏』 40권, 『효경의소孝經義疏』 1권을 지었는데 모두 세간에 유행했다.[58]

북제의 법률이 모두 유학자의 손에 있었으니 법률이 유학화된 것도 이상할 것이 없다. 앞서 설명했듯이 법률의 유학화는 위진 시대에 시작되었으며 북위에 이르러 체계가 이미 완성되었다. 그런데 북제에서 다시 수정을 한 것은 북위의 법률이 완비되지 않았다고 생각해서가 아니었다. 기본적인 동기는 장로가 말했던 것처럼 "위대한 제나라가 천명을 받은 이래로 율령이 아직 개정되지 않았으니, 이는 제도를 만들고 법을 공표하여 사람들의 이목을 새롭게 하는 것이 아니었기" 때문이다. 즉 정삭을 고치고 복색을 바꾸는 전통적 관념 때문이었다. 따라서 이들 유자들이 명을 받들어 법률을 수정할 때 대부분은 북위의 옛 법률 및 위와 진의 법률 가운데 유학화된 법조항에 의거하고 일부 소소한 부분만 보태 수정했으니, 이는 보완해 수정한 것일 따름이다.

한편 북주의 법률은 『주례』를 완전히 모방했는데,[59] 유학화하려는 노력이 가장 적극적이었다고 하겠다. 그러나 『주례』는 실정에 맞지 않고 작위적이어서 당시의 환경에 부응할 수 없었기 때문에 잠시 존재했을 뿐 후대에는 별 영향이 없었다. 수·당이 북위·북제를 계승하고 북주의 제도를 취하지 않은 까닭이 바로 여기에 있다.

수나라 법률의 원천으로는 두 부분이 있다. 『수서』 「형법지」에서는 이렇게 말한다.

고조高祖는 북주에서 선양을 받고 개황開皇 원년에 조서를 내려 상서 좌복사左僕射 고영高穎 등에게 새로운 법률을 다시 제정하여 상주하라고 했다. 그들은 북제의 제도를 많이 채록했는데 다소 덜어내고 보탠 것이 있었다.

이듬해에 산정한 새로운 법률은 위·진 이래의 법률을 아울러 채록했다.

『수서』66, 「배정전裵政傳」에는 이런 기록이 보인다.

> 조서를 내려 소위蘇威, 우홍牛弘 등과 율령을 수정하도록 했는데, 배정은 위·
> 진의 법전을 채록하고 아래로는 제齊와 양梁에 이르렀으며, 경중에 따라 답
> 습하고 변화시켜 절충을 취했다. 함께 찬술한 자로는 10여 명이 있었는데,
> 의심스럽고 막혀 이해되지 않는 것은 모두 배정에 의해 결정되었다.

이렇게 북제를 직접 계승하고 아울러 위·진의 법률을 채록한 수나라의
법률은 곧 당나라 법률의 근본이 되었다. 『구당서舊唐書』「형법지」에는 다음
과 같은 기록이 보인다.

> 얼마 지나지 않아 다시 칙령을 내려 상서좌복사 배적裵寂, 상서우복사 소우
> 蕭瑀, 대리경大理卿 최선위崔善爲, 급사중給事中 왕경업王敬業, 중서사인中書舍人
> 유림보劉林甫, 안사고顔師古, 왕효원王孝遠, 경주涇州의 별가別駕 정연靖延, 태
> 상승정太常丞丁 효오孝烏, 수隋의 대리승大理丞 방축房軸, 상장부上將府의 참
> 군參軍 이동객李桐客, 태상박사太常博士 서상기徐上機 등이 법률을 저술해 제
> 정하도록 했다. 대략 『개황률開皇律』을 표준으로 했다. 당시 여러 일들이 막
> 안정되었고 변방 지역에는 아직 어려움이 있었으므로 시대의 폐단을 제거하
> 는 데는 여력이 미치지 않는 것도 있었다. 그래서 53조목을 새로운 법률 안
> 에 넣고 다른 나머지는 고친 것이 없었다.[60]

수나라의 법률을 표준으로 삼았다는 말은, 바꿔 말하면 북제와 위나라
의 법률을 근거로 삼았다는 말이기도 하다. 그래서 진인각 선생은 이렇게
말했다. "당의 법률은 개황 연간의 옛 저본을 따랐고, 수나라 개황 연간의

법률은 대부분 북제를 따랐으며, 북제는 다시 북위의 태화와 정시 연간의 옛 법률을 계승했다. 그러므로 그 원류와 변화를 일목요연하게 살펴볼 수 있다."[61] 그런데 역사서에 따르면 수나라의 법률은 "위나라와 진나라의 법전을 아울러 채록했고", 제나라의 법률 또한 "대체로 위나라와 진나라의 고사를 채록했으니", 북조와 수·당의 법률 역시 일부 원류는 위·진에서 나온 것임을 알 수 있다. 위나라의 팔의 제도는 진晉·송·제·양·진陳·북위·북제·북주·수·당에 의해 계승되었고, 진법晉法의 복제에 따라 죄를 정하는 규율역시 후대에 변함없이 따르는 것이 되었다. (모두 전술한 바와 같다.) 이는 확실히 법제가 위·진에 뿌리를 두었음을 알 수 있는 것들이다.

요컨대 다음과 같은 사실을 알 수 있다. 진·한의 법률은 법가의 계통으로서 유가의 예의 규범이 포함되어 있지 않았으나, 예를 법 안에 집어넣으려는 유가의 시도는 한나라 때부터 이미 시작되었다. 비록 법조문의 제한으로 인해 법률을 해석하고 경서의 의리를 응용하여 판결하는 데 힘쓸 수밖에 없었지만, 유학화 운동이 기풍이 되고 갈수록 뿌리가 깊어진 것은 실로 이 시기에 배태되었다. 이렇게 시대적으로 일찌감치 무르익은 상태에서 조씨 위나라가 법률을 제정하자 유학화된 법률이 시대의 요청에 부응할 수 있었다. 또 위나라 이후로 진, 북위, 북제를 거치는 과정은 이 운동의 지속이었다고 할 수 있다. 앞선 왕조의 법률이 지닌 유가의 요소는 대부분 후대왕조에 의해 흡수되었고, 왕조마다 약간의 새로운 유학적 요소를 첨가하여내용은 갈수록 축적되고 풍부해졌으며 체계는 더욱 정밀해졌다. 예를 들어보자. 위나라가 팔의 제도를 법률 안에 집어넣자 진은 그것을 보존했고, 진은 복제에 따라 죄를 정하는 새로운 법률을 만들었다. 이 두 가지는 북위에 의해 보존되었고, 또 다시 남아서 부모를 봉양하는 것, 제명이나 면직으로 도형이 면제되는 관당官當에 관한 법규가 추가되었다. 이것들은 모두 제의 법률에 의해 계승되었고, 또한 10악에 관한 법조문이 추가되었다. 그리고 수·당은 그것을 이어갔다. 나는 앞선 왕조의 것이 후대 왕조에 의해 모두 보존되었다고 말하는 것은 아니다. 그 사이에는 고금을 참조하여 교정하고 숙고해 덜어내거나 보태며 수정하는 등 복잡한 과정이 있었으나, 그것은 쉽게 말할 수가 없다. 말처럼 단순하지 않기 때문이다. 다만 간단한 예들을 가지고 당시 유학화의 과정을 설명하려 했을 뿐이다. 정리해 말하자면 중국 법률의 유학화는 위·진 시대에 시작되었고, 북위·북제에 이르러 완성되었으며, 수·당이 채택함으로써 중국 법률의 정통이 되었다. 그 사이에 실로 오랜 기간 복잡한 과정을 거치면서 배태되고 성장하여 완성에 이르렀던 것이다.

(이 글은 본래 『국립 베이징대학 50주년 기념 논문집國立北京大學五十周年紀念論文集』 문학원文學院 제4종, 베이징대학출판부北京大學出版部, 1948년에 실었던 논문이다.)

이 책은 사상사적 관점과 사회학적 방법으로 고대 중국 법률을 체계적으로 연구해 전통 중국 사회가 어떤 모습이었으며 어떤 중요한 특징을 지니고 있는지 해명한 역작이다. 취퉁쭈瞿同祖(1910~2008)라는 학자가 중일전쟁이 한창이던 1940년대에 저술해 학계의 주목을 받았고, 1961년에는 미국에서 이 책의 영문 번역본이 출간되어 서구에서 고대 중국의 법률을 이해하는 데 가장 훌륭한 책으로 평가되었다.

이 책의 저자 취퉁쭈는 1910년에 중국 중부에 위치한 후난성 창사에서 태어났다. 할아버지가 청나라 말기 조정 대신을 지냈고 아버지는 중화민국 초기에 스위스, 네덜란드 공사관에서 외교관으로 재직했으며, 숙부도 대학에서 중국의 고전문학과 역사를 가르치는 학자였으니, 그의 집안은 그야말로 명문가였다. 어려서 할아버지와 숙부로부터 전통 학문을 익혔다. 1930년에 당시 중국 최고의 대학 가운데 하나였던 옌징대학에 입학해 사회학을 공부했다. 1934년에는 대학원에 진학해 우원짜오 교수의 지도 아래 중국 사회사를 연구했는데, 상당히 우수한 학위 논문을 작성해 석사 논문임에도 『중국봉건사회』(商務印書館, 1937)라는 책으로 출간되어 중요한 학술 저서로 인정받았다. 1937년에 중일전쟁이 발발하자 많은 중국인들은 남쪽으로 피난을 갔는데, 취퉁쭈 역시 남하하여 1944년까지 남부 윈난성의 윈난대학에서 교수 생활을 했다. 그리고 바로 이 시기에 그는 평생에서 가장 중요한 저작인 『법으로 읽는 중국 고대사회』(원제: 『중국 법률과 중국 사회』)를 집필한다. 일본군의 공습을 피해 시골 농가 한 채를 빌려 살면서 말과 기차를 갈아타고 수업을 하러 다니던 시기에 심혈을 기울여 쓴 책이다.

1944년에 취퉁쭈는 부인, 아들, 딸과 함께 미국으로 가 컬럼비아대 중국역사연구실에서 연구원으로 일할 기회를 얻는다. 그사이 중국의 상무인서관商務印書館에서는 그의 『법으로 읽는 중국 고대사회』를 1947년에 정식 출간했다. 1949년에 중화인민공화국이 수립되자 부인과 자녀를 먼저 고국으로 돌려보냈으나, 그 후 장장 15년간 가족과 생이별하게 된다. 한편 1955년에는 미국의 유명한 중국사 연구가인 페어뱅크John King Fairbank의 초빙으로 하버드대 동아시아연구센터 연구원으로 일하며 '중국 법률' 수업을 하기도 했다. 1961년에 이 책의 영문 번역본을 정식 출판했고, 1962년에는 『청대 지방 정부Local Government in China Under the Ch'ing』라는 또 다른 역작을 영문 저술로 출판했다. 이 두 영문 저술은 당시 영어권 세계에서 크게 주목을 받았으며 서양 학계가 고대 중국의 법률과 지방 정부의 행정 운영에 대해 상당히 완전한 형태로 이해할 수 있도록 돕는 명저로 평가되었다. 이런 연구 성과 덕분에 1962년부터 취퉁쭈는 캐나다 브리티시 컬럼비아대 아시아학과 부교수로 재직하며 '중국 통사'를 강의하기도 했다.

그렇게 안정적으로 대학에서 연구와 교육을 해오던 그는 1965년에 교수직을 그만두고 중국으로 돌아왔다. 무엇보다 가족이 보고 싶어서였을 것이다. 중국에서 연구를 계속 이어나갈 수 있는 직장도 약속되어 있었다. 그러나 1966년 문화대혁명이 발발하자 그의 기대는 물거품이 되고 말았다. 10여 년에 가까운 문화대혁명 기간에 중국의 많은 저명한 지식인이 그랬듯이 그는 제대로 된 연구를 할 수 없었다. 초기 몇 년간은 베이징에서 직장에 배치되지 못한 채 자비로 화교초대소에서 아무 일 없이 지냈고, 그후 돌아온 후난성에서는 주로 정치 학습 같은 의미 없는 일을 해야 했다. 1976년, 마오쩌둥이 사망하고 문화대혁명이 끝나던 해에 사랑하던 부인도 사망했다. 나이가 칠순에 가까워진 1978년에야 그는 중국 사회과학원 근대사연구소에서 연구원으로 일할 수 있게 되었다. 중년에 이미 크게 성취한 그의 학문적 업적을 잘 아는 이들은 그가 다시 옥고를 집필하기를 바랐다. 하지만 뜻하지 않게 오랫동안 중단된 학문 연구, 전성기에 이룬 업적과 유사한 것을 써내야 한다는 심리적 압박감 등으로 위병을 여러 차례 앓았고, 건강을 위해 더 이상 책을 쓰지 않는 게 좋겠다는 의사의 진단을 받아들여 결국 절필했다. 일체의 학술 활동을 하지 않고 한가로이 노년을 보내던 그는 베이징 올림픽이 열리던 2008년에 98세를 일기로 생을 마감한다.

마치 롤러코스터를 탄 듯, 한때는 국제적 지명도를 지닌 저명한 학자로 살다가 일순간에 돌이킬 수 없이 쇠락의 길을 걷게 된 그의 인생 여정에서 『법으로 읽는 중국 고대사회』는 학문적으로 가장 왕성한 성취를 보여주는 작품이다.

제목이 암시하듯 이 책에서 그는 고대 중국의 법률을 사회 상황과 관련하여 고찰하고 있다. 법률은 어떤 시대의 것이든 그것이 적용되는 사회의 형태, 나아가 사회적 이념과 긴밀히 연관되어 있다는, 즉 법률은 사회적 산물이라는 관점을 지니고 있기 때문이다. 이러한 관점에 근거해 그는 고대 중국의 법률이 가족주의와 계급 관념을 기본 정신으로 한다고 보았고, 그것을 유가의 중심 이념이라고 했다. 물론 이에 대해서는 반론이 있을 수 있다. 유학 사상의 핵심은 인仁이며, 이 사랑의 이념은 가족이라는 협소한 범위를 넘어 백성, 나아가 천지만물에까지 실현될 것을 지향한다는 것, 그리하여 구별 혹은 차별 관념이 강하기는 하지만 늘 관계의 조화를 지향한다는 주장이 그것이다. 역자 또한 유학에 대한 반론에 상당 부분 동의한다. 그러나 법률이 사회의 기존 제도와 질서를 유지하기 위한 성격이 있다는 점을 고려한다면 그가 왜 유학 사상 가운데 어두운 측면, 즉 지배 이데올로기적 성격이 강한 이념들에 주목했는지 쉽게 이해할 수 있을 것이다. 요컨대 이 책의 가장 큰 특징은 고대 중국의 법률에 유학의 가족주의 및 계급 관념이 얼마나 철두철미하게 투영되어 있는지를 보여준 데 있다. 이 책의 3분의 2 이상이 이에 관한 논의라는 것이 그러한 점을 잘 나타내고 있다.

이 책의 또 다른 특징은 한나라에서 청나라에 이르기까지 왕조마다의 법조문, 사법적 절차, 형벌, 죄명과 처벌 등이 어떠했는지를 살피되 세세한 차이보다는 큰 틀에서의 공통점에 주목한 것이다. 그리하여 법률 발전의 일관된 맥락을 제시함으로써 법률이 위 두 이념의 실현임을 분명히 증명하려 했다. 그 밖에 법조문 자체에만 매몰되지 않고 다양한 사례나 판례 연구를 통해 법률이 실제로 사회 속에서 어떻게 운용됐는지를 보여준 것 또한 법률을 사회와의 연관 속에서 보고자 했던 취지와 부합한다.

차례를 보면 알 수 있듯이 이 책은 총 6장으로 구성되어 있다. 1~2장 가족, 혼인에서는 고대 중국 법률과 사회의 가족주의적 특징을 서술하고, 3~4장 계급, 계급 속편에서는 법률과 사회에 체현된 계급 관념을 논하며, 5장 무술과 종교에서는 고대 중국 법률이 원시 종교로부터 받은 영향이 무엇인지 설명하고 있다. 마지막으로 6장 유가 사상과 법가 사상, 그리고 부록인 중국 법률의 유교화에서는 고대 중국의 법률 체계 형성과 내용 구성의 측면에서 유가와 법가가 상호 보완적 관계를 맺었을 뿐 아니라 그것이 점차 유교화되었음을 논증했다.

각 장의 중심적인 내용을 요약하면 아래와 같다.

1장 '가족'에서는 가족의 범위, 부권, 형법에 투영된 가족주의 이념, 친족 간의 복수, 행정법에 투영된 가족주의 이념 등의 문제가 논의되고 있다. 유학의 가족주의 이념으로 무장한 고대 중국 사회에서 가족은 사적인 영역이 아니라 사회의 기층 단위였다. 아버지가 자식과 아내에 대해 절대적인 권위를 갖고 그 권력을 행사함으로써 가정의 질서를 유지한다는 논리가 군주의 신하에 대한 관계, 나아가 중화제국의 주변국에 대한 관계에도 그대로 적용되었기 때문이다.

2장 '혼인'에서는 고대 중국 사회에서 혼인의 의미, 혼인과 관련된 금기, 혼인의 체결, 아내의 지위, 혼인의 청산 등의 문제가 논의되고 있다. 혼인은 종족의 지속과 조상의 제사를 지내기 위한 것으로, 혼인 역시 가족주의적 색채를 강하게 띠고 있음을 천명한다. 혼인은 개인의 일이 아니라 상이한 가족 간의 결합으로 이해되었기 때문에 동성 간 혼인, 일부 인척과의 혼인 등이 엄격히 금지되었다. 또 마찬가지 이유로 혼인은 혼인 당사자의 의지가 아니라 혼주인 가장의 승낙에 의해 성사되었다. 혼인 이후에는 지아비의 권한이 절대적이고, 아내는 그 지위가 상대적으로 낮아 법적으로 불평등한 대우를 여러 면에서 받았다. 심지어 혼인 관계가 청산되는 것 역시 주로 여성이 칠거지악 같은 봉건적 윤리 규범을 어길 경우에 이루어졌다. 요컨대 1장에서 논한 가족주의 이념 및 절대적 부권의 행사로 인해 혼인은 가족 간의 결합 및 부부 간 불평등한 관계로 나타났다는 것이다.

3장 '계급'에서는 역대 각 왕조별로 각급 관리, 평민, 천민 등의 차이에 따라 의식주 등을 영위하거나 교통수단을 이용하는 방식이 어떻게 다른지 상세히 논했다. 예를 들어 옷은 신분의 차이를 드러내는 중요한 지표로서, 옷의 재료, 색깔, 문양 등은 직급과 신분에 따라 달랐다. 주택 역시 집의 크기, 칸수, 장식 등 각 요소가 신분에 따라 엄격한 차이를 보였다. 심지어 이용하는 교통수단도 신분에 따라 달라서, 수레는 아무나 탈 수 없었고 수레 장식이나 수행하는 인원 등도 직급에 따라 각기 달랐다.

4장 '계급 속편'에서는 귀족의 갖가지 법적 특권, 주인과 노예, 양민과 천민 사이의 불평등, 종족 사이의 불평등 문제 등을 다루고 있다. 고대 중국 사회에서 만인은 결코 법 앞에 평등하지 않았다. 귀족은 법적으로 갖가지 특별대우를 받았으니, 황제가 직접 명령을 내리지 않은 이상 구금되거나 고문을 받지 않았다. 사법 처리 과정도 일반적인 절차를 밟지 않았고, 황제의 허가를 받아야 했다. 심지어 처결이 내려진 뒤에도 봉급 발급이 정지되거나 돈을 내고 풀려나며, 직급이 낮아지는 등의 조치로 형벌을 면하는 경우도 비일비재했다. 그뿐만이 아니었다. 귀족과 평민 사이에 분쟁이 발생하여 평민이 귀족에게 상해를 입히거나 죽이는 경우에는 아주 무거운 처벌을 받았다. 마찬가지로 천민이 평민을 살상하는 경우에도 일반적인 것에 비해 가중 처벌을 받았다. 그 밖에 한족 아닌 다른 민족이 지배하던 당시 종족 사이의 불평등한 현상도 심심치 않게 일어났다.

5장 '무술巫術과 종교'에서는 샤머니즘이 법률에 미친 영향에 대해 논했다. 저자는 중국은 법률적 제재와 종교적 제재가 분리되어 있지만 샤머니즘과 법률의 기능에는 긴밀한 연관 관계가 있음을 밝히고 있다. 예컨대 옛사람들은 귀신이 사람의 선악을 모두 꿰뚫어보고 있다고 여겼다. 그래서 관리들은 옥사를 판결하지 못할 때 꿈속에서 신에게 답을 구하거나 향을 피우고 기도를 했다. 군주들은 자연재해를 하늘의 경고로 여겨 사면을 베풀곤 했다. 음양오행설의 영향을 받아 만물이 생장하는 봄과 여름에는 형벌을 피하고 가을과 겨울에 집행하도록 했다. 저주가 사람을 질병에 걸리거나 죽게 만드는 힘이 있다고 믿어 무고하게 저주를 한 자는 엄히 처벌했다.

마지막으로 6장 '유가 사상과 법가 사상'에서는 이 책 전체를 관통하는 이념적인 내용을 다루고 있다. 즉 예와 법의 관계 및 구조를 사상과 제도의 측면에서 세밀하게 분석했다. 저자는 이러한 작업을 통해 이 책 전체에서 증명하고자 한 점, 즉 예와 법이 서로 긴밀한 관계를 유지하면서 고대 중국의 법률에 유가 사상이 깊은 영향을 끼쳤다는 점을 보다 분명히 밝혔다.

이 책은 세 명의 중국 사상과 중국 문화 연구자들에 의해 공동 번역되었다. 각자 책임지고 번역을 한 부분을 소개하면, 황종원은 서문, 1장, 2장, 결론, 부록을 맡고, 윤지원은 3장과 4장을, 김여진은 5장과 6장을 맡았다.

그 밖에 중국 칭화대학에서 박사후과정을 밟고 있는 왕쿤王坤 박사가 원서 1~4장을 일독하며 일부 고문 중 해독이 까다로운 구절들의 뜻을 현대 중국어로 옮겨줌으로써 한글 번역에 적지 않은 도움을 주었다.

이 저작은 비록 현대 중국어로 쓰인 것이지만 본문의 두세 줄 건너 하나씩, 그리고 한 쪽마다 몇 개의 각주에 법률·역사·사상 관련 고문헌 자료가 다량 인용되어 있어서 실로 방대한 양의 고문헌을 번역하는 일은 참으로 고된 작업이었다. 하지만 이 작업은 고대 중국 법률과 중국 사회에 대해 그동안 제대로 알지 못했던 여러 면모를 생생하게 이해할 수 있는 보람찬 작업이기도 했다. 오랜 기간 결과물이 나오기까지 인내해주신 글항아리 강성민 대표님께 이 지면을 빌려 감사의 말씀을 올린다.

모쪼록 고대 중국 법률뿐 아니라 중국 사회, 중국 문화, 중국 사상에 관심을 지닌 분들에게 이 책이 널리 읽히기를 기대한다.

2020년 2월
공동 번역자를 대표하여 황종원 씀

주

개정판 서문

1   이 책(원제: 『中國法律與中國社會』)은 우원짜오吳文藻가 책임편집한 『사회학총간』 갑집甲集 다
    섯 번째 도서로, 상하이 상무인서관에서 1947년에 출간되었다.
2   Ch'ü T'ung-tsu, *Law and Society in Traditional China*, École Pratique des Hautes
    Études-Sorbonne, Sixième Section: Sciences Économiques et Sociales, Le Monde d'
    outre-Mer, Passé et Présent, Première Série Études IV, Mouton, Paris and The Hague,
    1961. 『전통 중국의 법률과 사회』, 파리대학교 고등연구실용대학, 제6부 경제 및 사회과학; 『나
    라 밖 세계: 과거와 현재』 총서, 제1집, 4번째 도서, 파리·헤이그, 무통출판사, 1961.
3   「중국 법률의 유교화」, 『국립 베이징대학 50주년 기념 논문집』, 문학원 제4종, 베이징대학출판부,
    1948.

1장

1   그러므로 『爾雅』 「釋親」에서는 아버지의 계승자를 종족宗族이라 일컫고 성이 다른 친척을 모당
    母黨, 처당妻黨이라 일컬었다.
2   예로부터 어머니의 사촌 형제자매에 대해서는 상복을 제정하지 않았는데, 당 현종은 구족九族
    의 화목을 독려하기 위해 어머니의 사촌 형제자매에 대해서도 상의와 모자를 벗는 단면袒免의
    복을 제정했다.(『唐會要』 37, 「服紀上」) 하지만 이는 한때의 제도였을 뿐이다.
3   『儀禮』 「喪服」; 『元典章』 30, 「禮部」 3, 「禮制」 3, 「喪禮」, '外族服圖'; 『明會典』 102, 「禮部」 60,
    「喪禮」 7, 「喪服」, '外親服圖'; 『淸律例』 2, 「喪服圖」, '外親服圖' 참고.
4   『儀禮』 「喪服」, '外親之服皆緦麻也' 참고.
5   『儀禮』 「喪服」, 開元 23년, 태종이 조서를 내려 복기服紀의 제도에 통하지 않는 점이 있으니 예
    관학사들이 상세히 논의하여 상주하도록 했다. 태사경太常卿 위도韋縚가 상주하여 외조부모에
    대한 복상을 대공大功 9개월로 늘려야 한다고 했다. 태자의 빈객 최면崔沔이 의론해 말했다. "집

안을 바르게 하는 도에 변동이 있어서는 안 됩니다. 일관된 원칙은 본가에 근거하는 것입니다. 아버지는 존숭의 예로 하고 어머니는 염강厭降[옛 상례에 어머니가 돌아가시면 삼년상복을 입되 아버지가 생존해 계실 때 어머니가 돌아가시면 1년을 줄이는 것]의 예로 합니다만, 그것이 어찌 경애함을 잃은 것이겠습니까? 마땅히 인륜의 질서가 있는 것이니, 이에 자최齊衰가 있는 것입니다. 외조부모의 상복은 모두 시마로 하되 추가되는 존명尊名은 한 등급을 넘을 수 없으니, 이것은 선왕의 불변하는 원칙입니다." 직방職方 낭중郎中 위술韋述이 의론해 말했다. "성인은 천도天道를 궁구해 조상을 후하게 대하고 대가를 한 계통으로 삼아 자손을 사랑하되 가까이로는 현명한 자와 우매한 자를 분별하고 멀리로는 금수와 구별합니다. 이로부터 말하건대 외가와 본가를 하나로 꿰뚫어 논할 수 없음은 분명합니다. 더군다나 한 집안에서 두 명의 존장尊長이 있을 수 없고 상복에 두 참최斬衰가 있을 수 없으니, 사람이 떠받드는 것에 둘이 있을 수 없습니다. (⋯) 지금 외조부와 외삼촌에 대해 한 등급을 높이고, 어머니의 형제자매 또한 복기 안에 포함시킨다면 화하와 오랑캐 사이의 예제에 무슨 차이가 있겠습니까? 예의를 폐하고 사사로운 감정을 좇는 것, 이것이 구하는 것은 말단입니다. (⋯) 게다가 어머니의 자매와 어머니의 형제가 외증조부모에 의해 생육되었으므로 그들을 위해 상복을 갖춘다면 외증조부모 및 외숙부의 조부모에 대해서도 마땅히 상복을 갖추어야 할 것입니다. 외조부를 대공 9개월로 늘렸다면 외증조부는 소공에 이르러야 하고 외고조부는 시마에 이르러야 합니다. 어떤 것은 취하고 어떤 것은 버린다면 일의 형평에 맞지 않습니다. 가까운 이를 버리고 멀리 있는 이를 취하는 것은 이치에도 맞지 않습니다. 이대로 밀고 나가면 외가와 본가 사이에 아무런 차이가 없게 될 것입니다." 예부 원외랑員外郎 양중창楊仲昌 또한 이렇게 말했다. "안과 밖 사이에 질서를 잃을까, 친한 이와 소원한 이 사이에 인륜을 상실할까 자못 우려스럽습니다." 호부 낭중郎中 양백성楊伯成, 좌감문록사참군左監門錄事參軍 유질劉秩 또한 같은 의견으로, 모두 불가하다고 했다. 위씨의 상주는 이에 폐기되었다.(『唐會要』「服紀上」)

6 『唐會要』「服紀上」.

7 『儀禮』「喪服」; 『元典章』, '外族服圖'; 『明會典』, '外族服圖'; 『清律例』, '外親服圖' 참고.

8 구족에 대한 설명으로 한대 유학자들에게는 두 가지 설이 있다. 하나는 하후夏候, 구양歐陽 등의 금문학파가 주장한 것으로, 복을 입는 (성이 다른) 가까운 친척을 포함한다는 설이다. 구족은 부계 친족 넷, 모계 친족 셋, 처가 친족 둘을 포함한다.(孔穎達, 『書經注疏』) 그 상세한 내용은 이렇다. 부계 친족 넷으로는 오복五服 안의 친족五族이 그 일족이요, 부계 여자형제들 중 출가한 자와 그 자식이 일족이요, 자신의 여자형제들 중 출가한 자와 그 자식이 일족이요, 자신의 여식의 자식 중 출가한 자와 그 자식이 일족이다. 모계 친족 셋으로는 어머니의 부계 성씨가 일족이요, 어머니의 모계 성씨가 일족이요, 어머니의 여자형제들 중 출가한 자와 그 자식들이 일족이다. 처가 친족 둘로는 처의 아버지 성씨가 일족이요, 처의 어머니 성씨가 일족이다.(孔穎達, 『左傳』桓公 6년 「注疏」) 한편 『白虎通義』에서는 부계 성씨를 일족으로 여겨 오복 안의 친족으로 제한하지 않았으며, 모계 친족으로는 모친의 부모 일족, 모친의 형제 일족, 모친의 형제의 자식 일족을 일컫는다고 했으니, 공영달의 소疏와는 다르다. 두예杜預는 구족이 외조부, 외조모, 이모의 자식, 처의 아버지, 처의 어머니, 고모의 자식, 여자형제의 자식, 딸자식의 자식, 자기 밖의 동족[『左傳』桓公 6년 主, 現行本에는 '비非'가 '병幷'으로 되어 있어 의미가 다르다]을 일컫는다고 했다. 구족은 "모두 외가 친척 중 복을 입으나 친족과 다른 자"라고 여겼다. 또 고모, 여자형제 및

여식의 출가한 자에게서는 그 자식만을 취하고 그 어머니는 빼버렸으니, 이상의 두 가지 설과는 다르다.

한편 孔安國, 馬融, 鄭康成은 구족은 모두 부계로 한정된다고 하여, 위로는 고조에서 아래로는 현손에 이른다고 했다.(『尙書注疏』, 「堯典」, 孔『傳』, 陸德明의 『音義』, 孔穎達의 『疏』, 그리고 『左傳』 桓公 6년의 孔『疏』를 참고할 것) 후대의 유학자 가운데 陸德明, 賈公彦, 顧炎武 등은 모두 이 설을 따랐으며 『日知錄』에 논변이 아주 상세하다. 일반적으로 「상복소기喪服小記」의 "3대에서 5대에 이르고 5대에서 9대에 이르는 것"에 근거하는 것이 거의 정론으로 여겨지고 있다. 명률과 청률의 '明定九族五服圖'에서 구족은 부계만을 가리켜 더욱 확정된 제도가 되었다.

9 『禮記』 「喪服小記」

10 위의 책, 「大傳」

11 부계의 복제 체제를 이 글에서는 서술하지 않는다. 이에 관해서는 『元典章』 30, '五服圖'; 『明會典』 102, 「喪服」, '本宗九族五服正服圖'; 『淸律例』 2, 「喪服圖」, '本宗九族五服正服圖' 참고.

12 『史記』 68, 「商君列傳」

13 『孟子』 「梁惠王上」

14 같은 책, 「梁惠王上」 「盡心上」

15 趙翼, 『陔余叢考』

16 陶希聖, 『婚姻與家族』, 商務印書館, 1934, pp.66~67.

17 범치춘氾稚春은 7세대가 함께 거주했으니, 아이는 일정한 아버지가 없었고 옷은 일정한 주인이 없었다.(『晉書』 「儒林傳」 「氾毓傳」) 양파楊播와 양춘楊椿 형제의 일가 안에 남녀 100여 명이 시복을 입고 함께 살았다. 양춘이 자손들에게 경계해 말했다. "우리 형제는 집 안에서 반드시 한 자리에서 밥을 먹는다. (…) 우리 8형제 가운데 현재 셋밖에 안 남았으니, 따로 밥을 먹을 수 없다. 우리 형제는 종신토록 따로 거주하면서 재산을 나누지 않기를 바란다."(『魏書』 58, 「楊播傳」) 박릉博陵 이씨는 7세대가 함께 거주하며 재산을 함께했으니, 집에 22개의 방이 있었고 식구가 198명이었다.(『魏書』 87, 「節義傳」 「李幾傳」) 의흥義興 진현자陳玄子는 4세대가 함께 거주했으며 집에는 식구 170명이 있었다.(『南齊書』 55, 「孝義傳」 「李延伯傳」) 곽준郭儁의 가문은 화목하여 7세대가 함께 거주했다.(『隋書』 72, 「孝義傳」 「郭儁傳」) 당나라 때의 유군량劉君良은 누대가 함께 거주했는데, 4세대의 당방 형제에 이르러서도 모두 함께 숨을 쉬는 것 같아 한 자의 베나 한 말의 곡식도 사사로이 하는 바가 없었으니, 그 집에 딸린 정원이 여섯이었으나 모두 한 곳에서 밥을 먹었다.(『舊唐書』 188, 「孝友傳」 「劉君良傳」; 『新唐書』 199, 「孝友傳」 「劉君良傳」) 장공예張公藝는 9세대가 함께 살았으니(『舊唐書』 「劉君良」 附), 당시 동거하는 의로운 가문 가운데 최고였다. 송대에는 의롭게 거주하는 풍습이 더욱 성했다. 강주江州 진씨陳氏는 남당南唐 때에 모인 족이 이미 700명에 달했고 송에 이르러서는 1000명에 이르렀다. 식사를 할 때마다 넓은 뜰에 무리지어 앉았다. 그 후대의 족은 3700여 명으로 급증하기도 했다.(『新五代史』 62, 「南唐世家」; 『宋史』 456, 「孝義傳」 「陳竟傳」 「毘陵西灘陳氏宗譜」) 월주越州 구승순裘承詢은 19대에 이르러서도 따로 취사하지 않았다. 신주信州의 이림李琳은 15대 동안 함께 살았다. 하중河中의 요숭명姚崇明은 10대에 걸쳐 함께 살았으며 모인 족이 100여 명이었다. 강주江州의 허조許祚는 8대가 함께 살았으니 어른과 어린아이가 781명이었다. 지주池州의 방강方綱은 8대에 걸쳐 함께 취사를 했고, 방 600칸에 가족 700여 명이 살았으며 매일 아침 북을 울려 모이게 한 뒤 식

사했다. 그 밖에도 10대에 걸쳐 함께 살거나 8대, 7대, 6대, 5대, 4대에 걸쳐 함께 사는 집안은 많았다. 짧게는 수십 년에서 100년 이어진 집안도 있었고, 길게는 300~400년 이어진 집안도 있었다.(상세한 것은 『宋史』 456, 「孝義傳」 「許祚傳」 「裴承詢傳」 「方綱傳」 「姚宗明傳」 참고) 원나라 때 연안延安의 장윤張閏은 8대에 걸쳐 함께 취사했으며 집안 사람은 100여 명이었다.(『元史』 197, 「孝友傳」 「張閏傳」) 무주婺州 정씨鄭氏는 남송 이래로 명나라 때까지 260여 년 동안 10대에 걸쳐 함께 살았다.(『宋史』 456, 「孝義傳」 「鄭綺傳」; 『元史』 197 「孝友傳」 「鄭文嗣傳」; 『明史』 296, 「孝義傳」 「鄭濂傳」; 宋濂, 『鄭氏規範序』) 석위石偉는 11대에 걸쳐 함께 살았다.(『明史』 296, 「孝義傳」 「石偉傳」) 기주蘄州의 왕도王燾는 7대에 걸쳐 함께 살았으며 집안 사람이 200여 명이었다.(『明史』 「孝義傳」 「鄭濂傳」 附) 그 밖에도 4대, 5대, 6대, 7대, 8대에 걸쳐 함께 살거나 5대, 8대에 걸쳐 함께 취사한 집안도 많았다.(『明史』 296, 「孝義傳」)

18 『宋史』 88, 「薛安都傳」. 영가永嘉 21년에 설안도薛安都는 같은 집안사람 설영종薛永宗과 봉기하여 척발도拓撥燾를 공격했다. 영종은 분곡汾曲에 주둔했고 안도는 습격해 홍농弘農을 얻었다. 그러자 척발도가 무리를 이끌고 영종을 공격해 그 종족을 멸하려 했으나 실패했다. 집안 세력이 웅대하여 3000가家를 지닌 강한 족強族이 아니면 대처할 수 없었다. 그러한 족의 주인 된 자를 종호宗豪라 하여 가족 내에서나 사회적·정치적으로 큰 세력을 지녔다. 고로 『宋史』에서는 안도의 아버지를 넓은 의미에서 호종豪宗이라 했고, 송 고종宋高宗은 상당태수上黨太守라 했다. 안도가 정치적 힘을 얻어 북조의 도통都統이 되고 송에서 건무장군建武將軍이라는 벼슬을 한 것은 그 집안의 강성함 때문이었다.

19 『說文解字』, "矩也, 家長率敎者, 從又擧杖."

20 『呂氏春秋』, "家無怒笞則豎子嬰兒之有過也立見."

21 『顏氏家訓』, "笞怒廢於家, 則豎子之過立見, 刑法不中, 則民無所措手足, 治家之寬猛, 亦猶國焉."

22 『孔子家語』 참고.

23 『顏氏家訓』 1, 「敎子」

24 『禮記』 「內則」

25 『左傳』 昭公 21년.

26 『史記』 87, 「李斯列傳」

27 『白虎通』, "父煞其子死, 當誅何? 以爲天地之性人爲貴, 人皆天所生也, 托父母氣而生耳. 王者以養長而敎之, 故父不得專也."『春秋傳』曰 '晉侯煞世子申生'."

28 『魏書』 111, 「刑罰誌」

29 『唐律疏義』 22, 「鬪訟」 2, '毆詈祖父母父母'; 『宋刑統』 22, 「鬪訟律」, '夫妻妾媵相毆幷殺' 참고.

30 『唐律疏義』 24, 「鬪訟」 4, '子孫違犯敎令'의 원주原註. 그리하여 「疏義」에서는 이렇게 말했다. "자손은 조부모, 부모의 합당한 가르침에 대해 명을 받들어 실행해야 할 뿐 거슬러서는 안 된다. (…) 만약 가르침이 위법적인데 집행하면 잘못이 있는 것이다. (…) 유죄여서는 안 된다."

31 『刑案彙覽』 44: 1a-2a.

32 『元史』 「刑法志」, '殺傷'; 『明律例』, '毆祖父母父母'; 『淸律例』, '毆祖父母父母' 참고.

33 『現行刑律』 「鬪毆下」, "毆祖父母父母" 참고.

34 『刑案彙覽』 44:3a-4b.

35 『續增刑案彙覽』 12:4ab.

36 『刑案彙覽』44:2a-3a.

37 『刑案彙覽』44:5ab.

38 같은 책, 10a.

39 『唐律疏義』24, 「闘訟」4, '子孫違犯教令';『宋刑統』24, 「闘訟律」, '告周親以下';『宋史』「刑法志」에 진종 때 민가의 한 남자가 어떤 이와 싸웠다. 그의 아버지가 불러서 말렸지만 멈추지 않았고, 곧이어 아버지가 쓰러져 사망했다. 법관이 아들을 태형에 처하자 주상이 말했다. "불러도 멈추지 않음은 명령을 어긴 것이니 2년 징역에 처해야 하는데 어찌 태형을 말하는가?"

40 『明律例』10, 「刑律」2, 「訴訟」, '子孫違犯教令';『清律例』30, 「刑律」「訴訟」, '子孫違犯教令' 참고.

41 『宋書』64, 「何承天傳」에서는 "어머니가 불효한 자식을 고발하여 죽이기를 원한 경우 모두 그렇게 하도록 했다"고 했다. 주석에는 "가르침과 명령을 거스르는 것은 공경함에 결함이 있는 것이니 부모가 죽이고자 함에 모두 그것을 허용한 것이다"라고 되어 있다. 남조의 송나라 법률에 따르면 자식이 부모에게 불효하면 원래는 죽여 저자에 버리도록 했다.(『宋書』81, 「顧覬之傳」에서 律을 인용)

42 張鷟,『朝野僉載』上.

43 陳德秀,『西山政訓』寶顏本.

44 『刑案彙覽』1:64a의 각 사건 참고.

45 『清律例』4;『名例律』上, '常赦所不原' 참고. 가경 6년 續纂, 11년, 15년, 19년에 걸쳐 4차례 수정, 25년에는 구례舊例를 고쳤다.

46 『刑案彙覽』1:69b-71a. 說帖에서 사의査議 부분에는 다음과 같은 문장이 있다. "사면 후에 다시 조사하는 사례는 없다. 오직 왕법王法은 인정에 근본을 두고 있다는 점을 고려하여 자녀를 변방의 군대 노예로 보내는 사건에서 사면을 맞으면 범인의 부모에게 문의해 자녀가 돌아가도 좋을지 묻는다. 결정권은 분명히 범인의 부모에게 주어져 부모가 스스로 결정하게 한다. 이는 법을 시행하는 것 밖의 인덕仁德이자 간접적으로 효도하라는 뜻도 담겨 있는 것이다. (…) 본인은 오직 골육의 정을 생각해 자식이 돌아오기를 바라는데 여전히 유배지에 머무르게 한다면 그 범인은 조수鳥獸의 사사로운 은혜도 입을 수 없을 것이다. 범인이 자신이 지은 죄를 온전히 인정한 경우 그 부모를 봉양할 사람이 없다면 만년을 위로받을 수 없게 되니 천리와 인정에 맞지 않는 것 같다. 이 범인은 일찍이 사면을 맞이해 조사받은 범인으로서 황제의 은혜를 베풀 수 있을 것 같으니 그를 되돌려 보내도록 한다. (…) 이후로 이와 유사한 사례가 있다면 이에 따라 처리하도록 한다."

47 『清律例』, '常赦所不原' 例.

48 건륭 60년의 구례舊例에 따르면 원래 부모의 뜻에 거역하여 유배되었던 자였으나 부모가 작고하여 석방시켜 돌아가도록 허락되었다고 한다. 그러다 가경 13년의 찬례纂例에서는 부모가 작고하여 다시 부모에게 거역할 일이 없으므로 석방되어 돌아가도록 하는 것은 정리에 맞지 않다고 했다. 그 범인은 부모가 계실 때에도 뜻을 어겨 환심을 얻지 못했는데 그가 어찌 부모를 그리워하는 성심이 생기길 바라겠느냐는 것이다. 이에 그 조항을 삭제하고 판례에 따라 사면하지 않았다.(위 조례와 같은 곳)

49 『清律例』, '常赦所不原', 가경 19年 續纂, 도광 25年 수정 例.『刑案彙覽』1:76b-77a; 77a-78a;

78a-79b; 80a-81b; 82ab, 83ab.

50 위의 책, 75b.

51 『刑案彙覽』44:56b.

52 위의 책, 1:82a.

53 위의 책, 44:54a.

54 위의 책, 1:73b.

55 위의 책, 1:72b.

56 위의 책, 44:55a.

57 위의 책, 1:83ab.

58 『淸律例』30, 「刑律」 「訴訟」, '子孫違犯敎令', 가경 15年 수정 例.

59 『刑案彙覽』1:15b.

60 위의 책, 44:56b.

61 『淸律例』28, 「刑律」 「鬪毆下」, '毆祖父母父母', 건륭 42年 例.

62 「曲禮」에서는 부모가 계실 때에는 "사적 재산이 없다"고 했다. 「坊記」에서도 "부모가 계실 때에는 감히 자신을 내세우지 않고 감히 재물을 사사로이 축적하지 않는다"고 했다. 「內則」에서도 "며느리에게는 사적인 재물이 없고 사적인 저축과 기물도 없으며, 사적으로 감히 빌려주거나 줄 수 없다"고 했다.

63 당·송의 법률에서는 사사로이 재산을 유용한 자 중에서 10필匹에 대해서는 태형 10대, 10필 단위로 1등급을 더했으며, 죄를 주는 것은 장형 100대에 그쳤다.(『唐律疏義』12, 「戶婚上」, '卑幼私輒用財'; 『宋刑統』12, 「戶婚律」, '卑幼私用財' 참고) 명과 청의 법률은 20관貫에 태형 20대, 20관마다 1등급을 더했으며, 죄를 주는 것은 장형 100대에 그쳤다.(『明律例』4, 「戶律」 「戶役」, '卑幼私擅用財'; 『淸律例』8, 「戶律」 「戶役」, '卑幼私擅用財' 참고)

64 『宋刑統』13, 「戶婚律」, '典賣指當論競物業' 참고.

65 『元史』103, 「刑法誌」, '戶婚' 참고.

66 당·송·원·명·청의 법률『名例』, '十惡'에서 이를 불효不孝로 규정했다.

67 『唐律疏義』12, 「戶婚上」, '子孫不得別籍'; 『宋刑統』12, 「戶婚律」, '父母在及居喪別籍異財' 참고.

68 『明律例』4, 「戶律」1, 「戶役」, '別籍異財'; 『淸律例』8, 「戶律」 「戶役」, '別籍異財' 참고.

69 당·송에서는 징역 1년에 처했다.『唐律疏義』12, 「戶婚上」, '居父母喪生子'; 『宋刑統』12, '父母在及居喪別籍異財' 참고. 명·청의 법률에서는 장 80대였다.『明律例』, '別籍異財'; 『淸律例』, '別籍異財' 참고.

70 漢高帝는 칙령을 반포해 백성은 자식을 팔 수 있다고 했다.(『漢書』24, 「食貨志」) 곧이어 칙령을 내려 굶주림으로 인해 노비로 팔려간 자는 서인이 될 수 있다고 했다.(『漢書』「高帝紀」) 「嚴助傳」에서는 "백성이 작위와 자녀를 팔아 의식을 이어나갈 수 있다"고 했는데, 순여는 주를 달아 이렇게 말했다. "회남의 풍속에 자녀를 타인에게 팔아 노비로 삼게 하는 것을 췌자贅子라고 했다. 3년 동안 되사지 않으면 노비가 되었다."(『漢書』64, 「嚴助傳」) 풍속과 법률로써 부모가 자녀를 팔 수 있는 권리를 인정한 것은 한나라 때부터였다.

71 司馬光, 『書儀』권4, 「居家雜儀」

72 『禮記』「檀弓」

73 『荀子』9, 「致士」, "군왕은 나라의 권위자고, 아버지는 집안의 권위자다. 권위자가 하나면 다스려지고 둘이면 어지러워진다."

74 『禮記』「大傳」, "적장자 외의 다른 아들別子은 조祖이고, 별자의 위치를 계승한 후대 사람은 종宗이며, 별자의 여러 동생을 계승한 후대의 자손은 소종小宗이다."

75 『禮記』「喪服傳」에서는 "대종은 한 종宗을 이끄는 자로서 족인을 단결시키는 자"라고 했다.

76 『白虎通德論』에서는 "시조 이후에 백대가 으뜸으로 여기는 것이 종宗"이라고 했다.

77 『白虎通德論』에서는 "증조부의 후대를 종으로 하는 것은 증조종曾祖宗이고, 조부의 후대를 종으로 하는 것은 조종祖宗이며, 아버지의 후대를 종으로 하는 것은 부종父宗이다. 부종 이상에서 고조부에 이르기까지는 모두 소종小宗이다. (…) 소종에는 네 가지가 있고 대종에는 한 가지가 있으니, 모두 오종五宗이다. 사람의 친족은 이렇게 완비된다."

78 『白虎通德論』

79 『禮記』「大傳」, "100대에도 옮기지 않는 종이 있고 5대에 옮기는 종이 있다. 100대에 옮기지 않는 것은 별자의 후대다. 별자의 적자 및 적손을 종으로 하는 것은 100대에도 옮기지 않는다. 고조부를 계승한 자를 종으로 하는 것은 5대에 옮긴다."『白虎通德論』에서 해석하여 이르기를 "시조의 후대를 종으로 하는 것은 대종으로, 이는 100대에서 으뜸으로 여기는 바다. 고조부의 후대를 종으로 하는 것은 5대에 옮기니, 고조부가 위에서 옮기면 종은 아래에서 바뀐다"고 했다.

80 『白虎通德論』「宗族」

81 毛奇齡은 "종의 도는 형의 도道之道, 兄道也"라고 했다. 우리는 형제가 서로 으뜸으로 하는 법이 없으면 종이 없는 것이나 마찬가지라고 할 수 있겠다.

82 이 점을 가장 명료하게 설명한 李塨은 이렇게 말했다. "「제례통속보祭禮通俗譜」에는 '제사는 반드시 아들이 지내야 한다'고 했다. 아들 중에는 형이 있고 동생이 있는데, 주나라 제도에 형제간에는 적서嫡庶가 엄격했고 적서 사이에는 장유長幼가 엄격했다. 그래서 오직 적장자만이 제사를 지낼 수 있고, 적차자嫡次子와 서자는 모두 가지라 하여 제사를 지낼 수 없었다. 봉건시대에 천자, 제후, 경대부는 적장자만이 지위를 세습할 수 있었고, 적차자는 지위를 세습할 수 없었다. 그래서 옛사람들이 적嫡을 중시하는 것은 귀한 것을 중시하는 것이었다."

83 『白虎通德論』『尚書大傳』에는 종인宗人이 종실宗室로 되어 있고, 『詩經』 모전毛傳에는 종자라고 되어 있다.

84 賀循, 『賀氏喪服譜』『通典』p.73에서 인용.

85 『白虎通德論』

86 『儀禮』「喪服」

87 『賀氏喪服譜』

88 『賀氏喪服譜』, "만약 종족 안에 길흉의 일이 있으면 종자는 두루 무리를 이끌고 나아가 참석한다."

89 『儀禮』「士婚禮」

90 『儀禮』「士婚禮」; 『禮記』「昏義」

91 『賀氏喪服譜』

92 『左傳』成公 3年.

93 『禮記』「內則」

94 『宋史』434,「儒林」4,「陸九韶傳」

95 鄭文融, 鉉, 濤 等,『鄭氏規範』『學海類編』本.

96 『宋史』「陸九韶傳」

97 포강浦江 정씨는 삭망朔望 세시세시歲時에 모두 가장(족장)이 제사를 주재했다.(『鄭氏規範』「義門鄭氏家儀」「通禮第一」―『續金華叢書』참고) 李塨,『學禮』, "공공 사당의 제사 주재자는 실제로 족장과 비슷했다. 족인들은 항렬, 나이, 덕행이 높은 자를 제주로 추대했다 (…) 공공 사당에서 제사를 지낼 때는 집안 사당에서 제사를 지낼 때와 마찬가지로 족 전체 장자 지파의 적장자를 족장으로 세우고 물을 따른 후 장자 지파의 적장자에게 절을 하고 제수를 드리기 시작하는데, 그 뜻은 시조의 적장자를 감히 잊지 않고 있다는 것이다."

98 『淸律例』8,「戶律」「戶役」, '立嫡子違法' 條.

99 위의 책, 같은 곳.

100 위의 책, 같은 곳.

101 『淸律例』10,「戶律」「婚姻」, '男女婚姻' 條例.

102 『刑案彙覽』

103 위의 책, 7:78a.

104 『馭案新編』10:1a.

105 『宋史』434,「陸九齡傳」

106 『元史』197,『孝友傳』「鄭文嗣傳」. 상세한 가규家規, 예컨대 어떤 잘못에는 어떤 벌을 주고 어떻게 때리는지는 『鄭氏規範』에 실려 있다.

107 『馭案新編』10:1a-7b.

108 『刑案彙覽』27:14b-20a.

109 『漢書』7,「昭帝紀」, '如淳引律' 참고.

110 『唐律疏義』12,「戶婚上」,「脫戶」;『宋刑統』12,「戶婚律」, '脫漏增減戶口';『明律例』4,「戶律」1,「戶役」, '脫漏戶口';『淸律例』8,「戶律」「戶役」, '脫漏戶口' 참고.

111 『晉書』30,「刑法志」

112 『明律例』18,「禮律」「儀禮」, '服舍違式';『淸律例』17,「禮律」「儀制」, '服舍違式' 참고.

113 『淸律例匯輯便覽』, '服舍違式' 참고.

114 『淸律例』17,「禮律」「儀制」, '喪葬' 참고.

115 『魏書』111,「刑法志」

116 『唐律疏義』22,「鬪訟」2, '毆罵祖父母父母';『宋刑統』22,「鬪訟律」, '夫妻妾媵相毆幷殺' 참고.

117 『元史』103,「刑法志」3, '殺傷' 참고.

118 『明律例』10,「刑律」2,「鬪毆」, '毆祖父母父母' 참고.『淸律例』28,「刑律」「鬪毆下」, '毆祖父母父母' 참고.

119 『淸現行刑律』「鬪毆下」, '毆祖父母父母' 참고.

120 『唐律疏義』21,「賊盜一」, '謀殺人';『宋刑統』17,「賊盜律」, '謀殺';『明律例』19,「刑律」1,「人命」, '謀殺祖父母父母';『淸律例』26,「刑律」「人命」, '謀殺祖父母父母' 참고.

121 『唐律疏義』21,「鬪訟」1, '鬪毆手足他物傷' '鬪毆折齒毀耳鼻' '兵刃斫射人' '毆人折跌肢體瞎目' '鬪毆故殺用兵刃';『唐律疏義』17,「賊盜」1, '謀殺人';『宋刑統』21,「鬪訟律」, '鬪毆故毆故殺';

『宋刑統』 17, 「賊盜律」, '謀殺'; 『元史』 103, 「刑法志」 3, '殺傷'; 『明律例』 10, 「刑律」 2, 「鬪毆」, '鬪毆'; 『明律例』 9, 「刑律」 1, 「人命」, '鬪毆及故殺人' '謀殺人'; 『淸律例』 27, 「刑律」 「鬪毆上」, '鬪毆'; 『淸律例』 26, 「刑律」 「人命」, '鬪毆及故殺人' '謀殺人' 참고.

122 『公羊傳』 文公 16年, 何休 注.

123 『魏書』 「刑法志」

124 북제北齊, 북주北周 시대에 불효는 이미 10대 중죄 가운데 하나였다. 『隋書』 「刑法志」에서는 이렇게 말한다. "제나라에서 중죄 열 가지를 나열했는데 그 여덟 번째가 불효였다. 이 열 가지 죄를 범한 자는 팔의八議의 죄를 경감해주는 경계선 밖이었다. 또 이르기를, 주나라는 10대 악의 죄목을 세우지 않았으나 악역惡逆(직계 친족을 살상하는 것), 부도不道(일가의 세 사람을 죽이는 것), 대불경大不敬(황제의 몸과 존엄을 침범하는 것), 불효, 내란의 죄를 중히 여겼다. 그러다가 수나라에 이르러 10대 악의 명칭이 확립되었고, 이후 청나라 법률에 이르기까지 변화가 없었다. 고로 『隋書』 「刑法志」에서는 열 가지 악의 조목을 나열했으되 후제後齊의 제도를 많이 채용하면서 덜어내고 보탠 것이 있었는데, 그 일곱 번째가 불효였다. 또 『唐律疏義』 「名例」 '十惡條'의 疏義에 이르기를 "생각건대 양梁, 진陳 이후로 그 조목이 대략 있었고 주나라와 제나라에 10조목의 이름이 갖추어져 있었으나 10악이라는 조목은 없었다. 개황開皇 연간에 제도를 만들어 이 법령이 갖추어지기 시작했으니, 옛 전장典章을 헤아려 수는 열 가지로 보존했다. 대업이 이루어졌으나 이후 다시 덜어내어 10조목 안에서 오직 그 여덟 가지만 보존되었다. 당의 무덕武德 연간 이후로는 개황 연간의 제도를 따라 덜어내고 보탠 것이 없었다."(당·송·명·청의 법률, 「名例」, 十惡條)

125 당나라에서는 일반인 간의 욕설에 관한 죄목이 없으나 윗사람에게 욕을 하는 행위는 명분 관계상 구타와 함께 엄격히 취급되었다. 한편 명·청의 법률에서는 욕설에 관해서는 특별히 취급하되 일반인 간의 욕은 태형 10대에 그쳤다.(『明律例』 10, 「刑律」 2, 「罵詈」, '罵人'; 『淸律例』 29, 「刑律」, '罵詈' '罵人' 참고)

126 『唐律疏義』 22, 「鬪訟」, '毆詈祖父母父母'; 『宋刑統』 22, 「鬪訟律」, '夫妻妾媵相毆幷殺'; 『明律例』 「刑律」 「罵詈」, '罵祖父母父母'; 『淸律例』 29, 「刑律」 「罵詈」, '罵祖父母父母' 참고.

127 『淸現行刑律』 「罵詈」, '罵祖父母父母' 참고.

128 『太平御覽』 640, 董仲舒의 『春秋決獄』 인용.

129 『宋書』 54, 「孔季恭傳」에 송의 법률을 인용하여 "자식이 부모를 해치고 죽이고 구타하면 효수한다"고 했다.

130 『唐律疏義』 22, 「鬪訟」, '毆詈祖父母父母'; 『宋刑統』 22, 「鬪訟律」, '夫妻妾媵相毆幷殺'; 『明律例』 10, 「刑律」 2, 「鬪毆」, '毆祖父母父母'; 『淸律例』 28, 「刑律」 「鬪毆下」, '毆祖父母父母'; 『淸現行刑律』 「鬪毆下」, '毆祖父母父母' 참고.

131 『元史』 104, 「刑法志」, '大惡' 참고.

132 당과 송의 법률은 단지 구타한 자는 참수한다고 되어 있을 뿐 상해 여부는 분별하지 않았다. 반면 청의 법률에서는 이 죄에 대해 이러한 보충 설명이 있다. "무릇 구타에 참여한 자는 주범이든 방조범이든, 상해를 입혔든 말든, 그 상해의 정도가 크든 작든 간에 모두 참수한다." 또 조례에서 말하기를 "모든 자손이 조부모와 부모를 구타한 일에 대해서는 다른 사정을 살필 일이 없으며 상해의 경중도 논하지 않고 즉시 상주하여 참수로 처결하기를 청한다."(『淸律例』, '毆祖父母父母'

참고)

133 『太平御覽』 p.640, 董仲舒, 『春秋決獄』 인용.

134 『刑案彙覽』 2:13a-14b.

135 위의 책, 8a-11a.

136 위의 책, 11a-12a.

137 『淸律例』 28, 「刑律」 「鬪毆下」, '毆祖父母父母'條, 도광 5年 續纂 例.

138 『刑案彙覽』 44-23b.

139 『元史』 104, 「刑法志」, '大惡'; 『明律例』, '毆祖父母父母'; 『淸律例』, '毆祖父母父母' 참고.

140 『淸現行刑律』, '毆祖父母父母' 참고.

141 『刑案彙覽』 44:34b.

142 『續增刑案彙覽』 12:2b.

143 『刑案彙覽』 44:34b-35a.

144 『元史』 「刑法志」, '大惡' 참고.

145 『刑案彙覽』 44:35a-36b.

146 청의 법률 총주總注에서는 이렇게 말한다. "죽인 자는 주범이든 종범이든 가리지 않고 모두 능지처참으로 사형에 처한다. 때려죽인다고 하지 않고 죽인다고 한 것은 때려죽이거나 고의로 죽인 것 모두를 포함한 것이다."

147 『刑案彙覽』 44:25ab.

148 위의 책, 26ab.

149 『淸律例』, '毆祖父母父母', 도광 5年 續纂 例.

150 『刑案彙覽』 44:25ab.

151 위의 책, 29b-30a.

152 과실로 살상하는 것過失殺傷과 잘못하여 살상하는 것誤傷은 다르다. 모두 뜻하지 않게 생겨난 일이고 의도적으로 살상한 것은 아니지만, 중국 고대 법률의 함의는 구별된다. 잘못 살상하는 것 誤傷은 타인과 치고 박고 싸우다가 옆에 있던 사람을 살상하는 것을 가리킨다. 그래서 법률에서는 '치고 박고 싸우다가 옆에 있던 사람을 살상한 것은 어떻게 죄를 물어야 하는가?' '타인을 모살하고 고의로 살해하는 것과 옆에 있던 사람을 보지 못해 살해한 것은 어떻게 죄를 물어야 하는가?'라고 말한다.(『唐律疏義』 23, 「鬪訟」 3, '鬪毆誤殺傷人'; 『宋刑統』 23, 「鬪訟律」, '誤殺傷'; 『明律例』 9, 「刑律」 1, 人命, '戲殺誤殺過失殺傷人'; 『淸律例』 26, 「刑律」 人命, '戲殺誤殺過失殺傷人' 참고) 과실로 살상하는 것이란 "이목이 미치지 않고 사려하지 못함"으로 인한 상해로, 법률 주석에 여러 예가 있다. 예컨대 함께 무거운 물건을 들다가 힘에 부쳐서 옆 사람을 다치게 한 것, 높은 곳을 오르거나 위험한 곳을 가다가 발을 잘못 디뎌 동료에게 누를 끼친 것, 바람을 부려 배를 운전하거나 말을 타고 내달리거나 수레를 몰고 산비탈을 내려갈 때 멈추지 못하는 것, 금수에게 활을 쏘고 벽돌이나 기와를 던지다가 예기치 않게 사람을 다치게 한 것 등이 그러한 경우다. 애당초 타인을 해칠 뜻이 없었는데 우연히 죽이는 결과에 이른 상황이다.(『唐律疏義』 23, 「鬪訟」 3, '過失殺傷人'; 『宋刑統』 23, 「鬪訟律」, '過失殺傷'; 『明律例』, '戲殺誤殺過失殺傷人'; 『淸律例』, '戲殺誤殺過失殺傷人' 참고) 따라서 법적으로 과실로 인한 살상의 죄는 잘못으로 인한 살상보다 가벼웠다.

153 『唐律疏義』23,「鬪訟」3, '過失殺傷人';『宋刑統』23,「鬪訟律」, '過失殺傷';『明律例」, '戲殺誤殺過失殺傷人';『淸律例』, '戲殺誤殺過失殺傷人' 참고.

154 『唐律疏義』, '毆詈祖父母父母';『宋刑統』22,「鬪訟律」, '夫妻妾媵相毆幷殺';『明律例』, '毆祖父母父母';『淸律例』, '毆祖父母父母';『淸現行刑律』, '毆祖父母父母' 참고.

155 『淸律例』, '毆祖父母父母' 條, 건륭 28年 例, 도광 25年 개정 조례.

156 『淸律例』, '毆祖父母父母' 條, 건륭 28年 例, 도광 25年 개정 조례.

157 『淸律例』, '戲殺誤殺過失殺傷人', 가경 16年 續纂, 11年 復奏頒修. 도광 25年 개정 조례. 가경 11年 題準通行『刑案彙覽』44:18b-19a 참고.

158 『刑案彙覽』44:19a-22a.

159 『淸律例匯輯便覽』26,「刑律」「人命」, '戲殺誤殺過失殺傷人'에서 인용.

160 위의 책, 같은 곳.

161 『刑案彙覽』44:18a-19a.

162 『明律例』9,「刑律」1,「人命」, '威逼人致死' 條例.

163 『淸律例』26,「刑律」「人命」, '威逼人致死' 條, 건륭 37年 例.

164 『刑案彙覽』44:8b-11a.

165 『續增刑案彙覽』10:3b-4a.

166 『刑案彙覽』44:7a-8a.

167 도광 원년의 說帖에는 이런 기록이 있다. "아버지와 자식의 윤리법도와 관련된 것으로서 정숙한 자세와 웃는 낯빛을 우매한 백성에게 일률적으로 요구할 수는 없겠으나, 자식이 가르침과 명령을 어겨 부모가 분노를 품고 자살한 경우 평소에 자식이 순종하지 않고 두려워하지도 않았음을 짐작할 수 있다. 죽음이 스스로에 의한 것이고 자식이 예측할 수 없었다 할지라도 상황을 헤아리고 법을 집행하는 것은 윤리강상을 세우기 위함이다. 그러므로 가르침과 명령을 어기는 사건을 처리함에 관대하게 감면해주는 조문은 없다."(『刑案彙覽』44:8ab)

168 『刑案彙覽』44:15a-16a.

169 『刑案彙覽』44:11a-13a.

170 『淸律例』30,「刑律」「訴訟」, '子孫違犯敎令' 條의 건륭 27年 部議 인용;『刑案彙覽』44:1a-2b 참고.

171 "자손 죄인이 모의 살인을 저지른 일이 폭로되자 조부모나 부모가 스스로 목숨을 끊으면 각기 본 범죄의 명칭에 따라 즉각 참형한다. 자손이 강도를 한 경우 조부모나 부모가 이를 눈감아주었는지 혹은 자손에게 나쁜 짓을 하도록 가르치고 명했는지를 분별한다. 만약 조부모나 부모가 눈감아준 적이 없고 사건을 벌인 후에 근심하고 분노하여 자진하거나 타인에게 맞아 죽거나 모의되어 살해되었다면, 죄를 범한 자손은 즉결 교수형에 처한다. 그러나 조부모나 부모가 눈감아주고 비호하다가 발각되었는데 벌이 두려워 자진한 경우라면 자손은 운남, 귀주, 광동, 광서의 변경 군대의 노예가 되게 한다. 조부모나 부모가 타인에 의해 맞아 죽거나 모의 살해된 경우에 그 자손은 교수형 유예에 처한다. 자손의 강도 행위가 조부모나 부모의 가르침과 명령에 따른 것으로, 발각된 후에 조부모나 부모가 두려워 자진한 경우 자손은 장 100대에 3년 징역형에 그친다. 그러나 조부모나 부모가 타인에 의해 맞아 죽거나 모의되어 살해되었다면 장 100대에 3000리 유배형에 처한다."(『淸律例』, '子孫違犯敎令' 條, 가경 6年, 15年 두 차례에 걸쳐 수정했으며, 도광

원년에 수정을 받들어 반포함.)

172 『刑案彙覽』44:15a-16a.

173 송나라 때 자식이 누군가와 싸울 때 그의 어머니가 말렸으나 싸움을 멈추지 않았다. 그러던 중 어머니가 넘어져 사망했다. 법관이 태형의 죄로 처결하자 진종眞宗이 말했다. "어머니가 호소했는데 멈추지 않음은 가르침과 명령을 어긴 죄로서 마땅히 징역 2년에 처해야 하거늘 어찌하여 태형을 말하는가?"(『宋史』200, 「刑法志」) 이것은 자손을 단지 가르침과 명령을 어긴 죄로만 처결할 뿐 부모가 스스로 상해를 입고 죽은 책임을 지우지 않은 청나라의 법률과는 달랐다.

174 『刑案彙覽』44:5a-6a.

175 위의 책, 2b-3a.

176 위의 책, 44:4b-5a.

177 위의 책, 6a-7a.

178 위의 책, 4ab.

179 위의 책, 10:5b-6a.

180 『隋書』25, 「刑法志」; 『唐律疏義』1, 「名例」, '十惡'; 『宋刑統』「名例」, '十惡'; 『元史』102, 「刑法志」 「名例」, '十惡'; 『明律例』1, 「名例上」, '十惡'; 『淸律例』4, 「名例律上」, '十惡' 참고.

181 『唐律疏義』22, 「鬪訟」2, '毆兄姊'; 『宋刑統』22, 「鬪訟律」, '夫妻妾媵相毆幷殺' 참고.

182 『明律例』10, 「刑律」2, '罵詈', '罵尊長'; 『淸律例』29, 「刑律」, '罵詈' '罵兄姊' 참고.

183 『晉書』「刑法志」

184 『唐律疏義』22, 「鬪訟」2, '毆總麻兄姊'; 『宋刑統』22, 「鬪訟律」2, '夫妻妾媵相毆幷殺'; 『明律例』10, 「刑律」2, 「鬪毆」, '大功以下尊長'; 『淸律例』28, 「刑律」「鬪毆下」, '毆大功以下尊長' 참고.

185 『唐律疏義』, '毆兄姊'; 『宋刑統』, '夫妻妾媵相毆幷殺'; 『明律例』「鬪毆」, '毆期親尊長'; 『淸律例』 「鬪毆下」, '毆期親尊長'.

186 『唐律疏義』, '毆總麻兄姊' '毆兄姊'; 『宋刑統』, '夫妻妾媵相毆幷殺'; 『明律例』, '毆大功以下尊長' '毆期親尊長'; 『淸律例』, '毆大功以下尊長' '毆總麻以下尊長'; 『淸現行刑律』에서는 남동생이나 여동생이 한 어머니에게서 태어난 형이나 누이를 때리는 경우, 또는 조카가 백부모나 숙부모 및 고모를 때리는 경우, 그 처분은 『淸律例』와 같았으나 장형을 부가하지 않았다. 사형 또한 경감하여, 칼로 죽이는 것, 팔다리를 부러뜨리는 것, 눈을 멀게 하는 것은 교수형 집행유예로 바꾸고 죽인 자에 대해서는 교수형으로 바꾸었다.

187 『明律例』, '毆期親尊長'; 『淸律例』, '毆期親尊長' 참고.

188 『明律例』10, 「刑律」2, 「鬪毆」, '同姓親屬相毆' 참고.

189 『淸律例』28, 「刑律」「鬪毆下」, '同姓親屬相毆' 참고.

190 『唐律疏義』18, 「賊盜」2, '謀殺祖父母父母'; 『宋刑統』17, 「賊盜律」, '謀殺祖父母父母'; 『明律例』9, 「刑律」1, 「人命」, '謀殺祖父母父母'; 『淸律例』23, 「刑律」「人命」, '謀殺祖父母父母' 참고.

191 당·송·원·명·청의 법률 중 「名例」, '十惡' 참고.

192 『唐律疏義』, '謀殺祖父母父母'; 『宋刑統』17, 「賊盜律」, '謀殺' 참고.

193 『明律例』, '謀殺祖父母父母'; 『淸律例』, '謀殺祖父母父母'; 『現行刑律』에서는 실행에 옮긴 자는 교수형에 처하고 이미 살해한 자는 참형에 처하도록 개정되었다.

194 『唐律疏義』23, 「鬪毆」3, '過失殺傷人'; 『宋刑統』23, 「鬪訟律」, '過失殺傷'; 『明律例』9, 「刑律」1,

「人命」, '戲殺誤殺過失殺傷人'; 『淸律例』 26, 「刑律」 「人命」, '戲殺誤殺過失殺傷人' 참고.

195 『唐律疏義』, '毆兄姊'; 『宋刑統』, '夫妻妾媵相毆幷殺'; 『明律例』, '毆期親尊長'; 『淸律例』, '毆期親尊長' 참고.

196 『刑案彙覽』 44:36b-37b.

197 위의 책, 37b-38a.

198 『唐律』에는 사람을 핍박해 죽음에 이르게 하는 죄에 관한 조문이 없다. 직접 살상한 것이 아니라 상대방이 분개하거나 난처하여 자진한 경우에 대해서는 법적 책임을 지지 않았다. 명률明律에 이르러서야 특별히 특정 조문을 세웠다.

199 『明律例』, '威逼人致死'; 『淸律例』, '威逼人致死' 참고.

200 『刑案彙覽』 44:29ab.

201 위의 책, 33ab.

202 위의 책, 32a-33a.

203 위의 책, 33a.

204 위의 책, 44:31ab.

205 위의 책, 30b-31a.

206 위의 책, 30b-31a.

207 위의 책, 28ab.

208 위의 책, 44:42b-43a.

209 위의 책, 43a-44b.

210 위의 책, 29b-31b.

211 『續增刑案彙覽』 10:9a.

212 '위력으로 타인을 핍박해 죽음에 이르게 하는 것'에 관한 법률에는 원래 "범인에게 반드시 두려워할 만한 위협이 있는지 살핀다"라는 문장이 주석으로 달려 있다. 『淸律輯注』에도 이렇게 쓰여 있다. "위력으로 핍박하는 정황은 천태만상으로, 반드시 그 사람의 위세가 두려워할 만하고, 참을 수 없는 핍박이며, 참기 어렵고 어쩔 수 없는 상황으로 인해 자진한 자만이 이 법률에 합치된다. 대개 어리석은 사람들은 사소한 일로 말미암아 목숨을 가벼이 여기므로, 반드시 위력으로 핍박하여 죽게 되는 것은 아니다. 법이 다소 가벼워 형벌을 관리하는 자가 쉽게 적용하는데, 이는 법률의 의미를 모르는 것이다." 그러나 이는 일반인에 대해 말하는 것이고 아랫사람의 윗사람에 대한 경우에는 이런 것을 묻지 않았다.

213 『淸律輯注』에서는 이렇게 말한다. "법률에서는 윗사람이 아랫사람을 위력으로 핍박하는 일은 말하지 않는다. 윗사람은 아랫사람에 대한 명분이 있으니 두려워할 만한 위세라는 것이 없고, 모든 일은 아랫사람이 마땅히 참아야 하므로 핍박이라 할 만한 것도 없다. 그러므로 그 법을 쓰지 않는다."

214 戴震, 『孟子字義疏證』

215 呂坤, 『刑戒』, '三莫輕打' 참고.

216 『唐律疏義』, '毆總麻兄姊'; 『宋刑統』, '夫妻妾媵相毆幷殺'; 『明律例』, '毆大功以下尊長'; 『淸律例』, '毆大功以下尊長' 참고.

217 『唐律疏義』, '毆兄姊'; 『宋刑統』, '夫妻妾媵相毆幷殺'; 『明律例』, '毆期親尊長'; 『淸律例』, '毆期親

尊長'; 『淸現行刑律』, '毆期親尊長' 참고.

218 『唐律疏義』, '謀殺期親尊長'; 『宋刑統』, '謀殺'; 『明律例』, '謀殺祖父母父母'; 『淸律例』, '謀殺祖父母父母' 『淸現行刑律』, '謀殺祖父母父母' 참고.

219 『淸律例』, '毆大功以下尊長' 참고. 가경 6년에 수정하고 도광 5년에 다시 명을 받들어 修例를 반포했으며, 同治 9년에는 續纂例를 반포했다. 맞다가 다급히 저항한 경우에 관해서는 續纂例에 상세히 설명되어 있다. 반드시 윗사람에게 붙잡혀 있고 무기가 쓰이고 몸에 상해를 많이 입었으며 피할 곳이 없을 때 비로소 저항할 수 있다고 되어 있다. 이와 같이 자세하게 상황을 묘사한 까닭은 저항의 범위를 구체적으로 규정함으로써 모호하게 농간을 부리거나 다른 평계를 대지 못하게 하기 위함이다.

220 『淸律例』, '毆大功以下尊長' 참고. 同治 9년 續纂例에는 이렇게 기록되어 있다. "그 밖의 기구를 들고 저항하는 것은 서로 때리는 것과 같으니 모두 본 의율擬律에 따라 참형을 선고한다. 구타당했기 때문에 저항하거나 칼을 뺏어 찔렀다는 식으로 벗어날 수 없고, 협첩에 밝혀 신청할 수 없다.

221 『刑案彙覽』51:76b-79b의 각 사건 說帖 참고.

222 위의 책, 21:80a-82b.

223 위의 책, 85b-86a.

224 『暫行刑律補充條例』제1조에서 친어머니나 계모의 학대에서 나온 행위 외에 존속에 대해서는 『刑律』제15조의 정당방위에 관한 규정이 적용될 수 없다고 명문화하고 있다.

225 『淸律例』, '毆大功以下尊長' 참고. 건륭 49년의 조례로, 가경 6년과 11년, 同治 9년에 조례를 개정했다.

226 『淸律例』, '毆期尊長', 도광 15년에 속찬했고 同治 9년에 조례를 개정했다.

227 『刑案彙覽』41:15b-16a.

228 『馭案新編』12:13a-17b.

229 『唐律疏義』17, 「賊盜」1, '謀殺期親尊長' 22, 「鬪訟」2, '毆兄姊'; 『宋刑統』17, 「賊盜律」, '謀殺' 22, 「鬪訟律」, '夫妻妾媵相毆幷殺'; 『明律例』「刑律」1, 「人命」, '謀殺祖父母父母'; 10, 「刑律」2, '毆鬪', '毆期親尊長'; 「罵詈」, '罵尊長'; 『淸律例』「刑律」「人命」, '謀殺祖父母父母'; 28, 「刑律」「毆鬪下」, '毆期親尊長'; 29, 「刑律」「罵詈」, '罵尊長' 참고.

230 『唐律疏義』24, 「鬪訟」4, '告期親尊長'; 『宋刑統』24, 「鬪訟律」, '告周親以下'; 『明律例』10, 「刑律」2, 「訴訟」, '干名犯義'; 『淸律例』30, 「刑律」「訴訟」, '干名犯義' 참고.

231 『明律例』「刑律」1, 「人命」, '威逼人致命'; 『淸律例』「刑律」「人命」, '威逼人致死' 참고.

232 당·송 법조문에는 시마, 소공의 윗사람과 아랫사람에 대해서만 논할 뿐 외척에 대해서는 다루지 않았으나, 실제로는 본가와 외척을 함께 가리킨다. 따라서 당의 법률 '謀殺期親尊長'條의 「疏義」에 이르기를 "시마 이상의 윗사람을 모살하는 경우를 말하므로 대공 이하 모두가 포함되고, 외척 중에 복服을 입는 윗사람 또한 마찬가지다"라고 했다. 또 '毆緦麻兄長'條의 「疏義」에 이르기를 "형과 누이를 때린 경우 본가나 외척이나 시마복을 입는 자 모두 똑같이 해당된다"고 했다. 또 '告緦麻卑幼'條의 「疏義」에 이르기를 "시마 소공이라 함은 외척 가운데 복을 입는 자도 해당된다"고 했다.(『宋刑統』, '謀殺' '夫妻妾媵相毆幷殺' '告周親以下'의 「疏義」는 당 법률의 「疏義」와 같다.) 명·청 법률에는 본가와 외척이라는 글자의 표시를 분명히 했다. 명의 법률 '毆大功以

下尊長' 條에는 본가와 외척의 형과 누이라고 분명히 하고 있으나, '謀殺祖父母父' 條, '罵尊長' 條, '干名犯義' 條에서는 모두 외척을 말하지 않고 있다. 청의 법률 '毆大功以下尊長' 條에는 명의 법률과 똑같이 본가와 외척이라는 말이 있다. 아울러 『輯注』에 이르기를 "공복功服과 시마복總麻服을 입는 높고 낮은 친지는 너무 많아서 다 열거하기 어려우니, 구타한 자는 본가와 외척의 각 복제 도표에 의거하면 죄를 정할 수 있을 것이다"라고 했다. 또 '罵尊長' 條에는 '내외內外'라는 두 글자를 덧붙여 밝힌 후 법조문 뒤의 총결 주석에 이르기를 "시마, 소공, 대공의 형과 누이의 존속은 모두 본가와 외척을 아울러 가리킨다"고 했다. 또 '謀殺祖父母父母' 條에는 아랫사람이 시마 이상의 윗사람을 모살하는 경우에 대해 본가와 외척을 언급하지 않았지만, 윗사람이 아랫사람을 모살하는 경우에 대해서는 본가와 외척이라는 말을 덧붙여 밝혔다. 이로부터 아랫사람이 윗사람을 모살하는 경우도 외척을 아울러 가리킴을 알 수 있다. 그 밖에도 윗사람과 아랫사람이 서로 범하는 것에 관한 법률은 비록 그 사이에 외척이라는 글자를 덧붙여 밝히고 있지는 않으나 실제로는 외척을 포함하고 있다. 그러므로 '威逼人致死'에 관한 법률 조문의 총결 주석에 이르기를 "아랫사람이 어떤 일로 인해 기년복의 존속을 위협하고 핍박하는 것"에서 "그 윗사람은 본가나 외척이나 마찬가지"라고 정했다. 또 '干名犯義' 條의 총결 주석에 이르기를 "다음으로 대공, 소공, 시마의 친지는 성이 같든 다르든 윗사람이면 모두 명분과 관계되므로, 모든 아랫사람이 자백하여 사실이라면 모두 해당한다"고 했다. 이에 법률은 높은 자와 낮은 자 사이의 문제는 외척이라는 글자가 있든 없든 본가와 외척을 아울러 가리켰음을 알 수 있다.

233 『漢書』 25, 「燕王澤傳」.

234 남편이 없는 간통은 징역 1년, 남편이 있는 간통은 징역 2년이다. 강간은 한 등급씩 가중되었으며, 상해를 입힌 자는 여기서 한 등급씩 가중되었다.(『唐律疏義』 26, 「雜律上」, '姦徒一年半'; 『宋刑統』 26, 「雜律」, '諸色犯姦' 참고.)

235 원의 법률에서는 남편이 없는 간통은 장 77대, 남편이 있는 간통은 장 87대였고, 미수에 그친 자는 네 등급을 감했다. 강간죄의 경우 남편이 있는 자는 죽을 죄였고, 남편이 없는 자는 장 170대, 미수에 그친 자는 한 등급 감했다.(『元史』 103, 「刑法志」.) 명·청 법률에서는 남편이 없는 간통은 장 80대, 남편이 있는 간통은 장 90대였고, 유혹하여 간통한 경우는 장 100대였다. 강간은 교수형이었고, 미수에 그친 자는 장 100대에 3000리 밖으로 유배되었다.(『明律例』 11, 「刑法志」 「犯姦」, '犯姦'; 『淸律例』 32, 「刑律」 「犯姦」, '犯姦' 참고.)

236 『明律例』 「犯姦」, '親屬相姦'; 『淸律例』 「犯姦」, '親屬相姦' 참고.

237 『唐律疏義』 26, 「雜律上」, '姦總麻以上親'; 『宋刑統』 26, 「雜律」, '諸色犯姦' 참고.

238 『明律例』, '親屬相姦'; 『淸律例』, '親屬相姦'; 『現行刑律』에서는 강간죄를 교수형으로 개정했다.

239 당·송·원·명·청의 법률, 「名例」 가운데 '十惡' '內亂' 條 참고.

240 『唐律疏義』 26, '姦從祖母姑'; 『宋刑統』, '諸色犯姦'; 『元史』 「刑法志」; 『明律例』, '親屬相姦'; 『淸律例』, '親屬相姦'; 『淸現行刑律』에서 간음한 자는 교수형 집행유예로 개정했고, 강간한 자는 교수형 혹은 참형으로 개정했다. 당·송·명·청의 법률에서 시마 이상의 친척 및 그 아내와 간음한 경우에 대한 것은 본래 소공·대공 및 기년복 친족이 포함하고 있다. 그런데 다시 일일이 열거하여 가중처벌을 제시한 것으로 보아 열거되지 않은 소공 친족, 예컨대 재종자매, 당질녀, 질손녀는 포함되지 않은 듯하다. 그들은 시마 이상의 친족에 관한 조문에 따라 죄를 다스렸을 것이다.

241 『左傳』, 宣公 3年 注에서 인용.

242 『晉書』30,「刑法志」

243 『唐律疏義』,'姦父祖妾';『宋刑統』,'諸色犯姦' 참고.

244 『元史』104,「刑法志」3,'姦非' 참고.

245 『明律例』,'親屬相姦';『淸律例』,'親屬相姦';『現行刑律』에서는 참형을 교수형으로 개정했다.

246 『唐律疏義』,'姦緦麻以上親';『宋刑統』,'諸色犯姦';『明律例』,'親屬相姦';『淸律例』,'親屬相姦' 참고.

247 당·송·원·명·청률,『名例』,'十惡','內亂' 참고.

248 『唐律疏義』,'姦父祖妾';『宋刑統』,'諸色犯姦';『明律例』,'親屬相姦';『淸律例』,'親屬相姦';『淸現行刑律』,'親屬相姦' 참고.

249 『史記』118,「衡山王傳」

250 『唐律疏義』,'姦父祖妾';『宋刑統』,'諸色犯姦' 참고.

251 당·송의 법률에서 복을 입지 않는 친족은 비록 한 종가라 해도 일반적인 판정과 같고, 간음에 관한 조항이 따로 없었다. 명·청의 법률에서 복을 입지 않는 친족에 대한 간음죄가 성립하게 된 것은 한 종가에만 제한되었다. 그러므로 청의 법률에서는 친족 간 간음에 관한 법률 조문의 총결 주석에 "한 종가인 경우만을 말할 뿐이니, 복을 입지 않는 외척에 대해서는 일률적으로 일반적인 판정에 따른다"고 했다.

252 『唐律疏義』에서는 "시마 이상의 친척과 간음이라 함은 내외內外의 복을 입는 친척을 말한다"고 했다.(『宋刑統』의「疏義」도 같다) 명·청의 법률에도 모두 내외라는 글자를 밝혀두고 있다.

253 『唐律疏義』,'姦父祖妾';『宋刑統』,'諸色犯姦';『明律例』,'親屬相姦';『淸律例』,'親屬相姦' 참고.

254 『明律箋釋』에 이르기를 "아내의 친어머니와 간음한 경우에 대한 법조문은 없으나 합당하게 견주어 청해야 한다. 복제로 논하자면 시마 이상의 친족이고, 의미로 논하자면 큰어머니, 작은어머니 등 어머니의 자매에 비할 것이다"라고 했다.(薛允昇,『唐明律合編』26,'親屬相姦'條에서 인용) 청의 법률에서는 이러한 주가 달려 있다. "처의 친어머니와 간음한 자를 시마 친척에 대한 것으로 논죄함은 너무 가벼우니 어머니의 자매에 대한 논죄에 비견해야 할 것이다."

255 『唐律疏義』20,「賊盜」4,'盜緦麻小功財物';『宋刑統』20,'賊盜律','盜親屬財物' 참고.

256 『元史』104,「刑法志」,'盜賊' 참고.

257 『明律例』9,「刑律」1,'賊盜','親屬相盜';『淸律例』「刑律」'賊盜','親屬相盜' 참고.

258 『元史』,「刑法志」,'盜賊';『明律例』,'親屬相盜';『淸律例』,'親屬相盜' 참고.

259 『唐律疏義』,'竊緦麻小功財物';『宋刑統』,'盜親屬財物'條에 이르기를 "살상한 자는 각기 본 살상 법률에 따라 논죄한다. 이는 도적질하다 실수로 죽인 자를 말하는데, 재물을 받아내려고 기년 존속 이하의 아랫사람을 고의로 죽인 자는 교수형에 처하고 나머지 조목은 이에 준한다"라고 했다.

260 『禮記』「王制」

261 『明史』93,「刑法志」1.

262 이 관계에 관해서는 공서례龔瑞禮의 논의가 가장 분명하다. 그는 이렇게 말했다. "성인은 예제禮制로 복服의 기강을 정했고, 복의 기강으로 형법을 확립했다. 그리하여 복에는 높임이 있고 형벌은 경중로 나뉘니, 형벌의 명칭을 바로잡고자 한다면 먼저 복의 기강을 밝혀야 한다. 복의 기강이 바르면 형벌이 바르고, 복의 기강이 바르지 않으면 형벌은 표준에 들어맞지 않는다."(『五服圖

解』, 宛委別藏影抄本)

263 그러므로 『明史』「刑法志」에서는 "또한 상복에 관한 도표 여덟 가지를 만들었으니, 친족 사이의 범법행위에 대한 형벌의 경중을 복의 차등에 따라 정했다"고 했다. 명 태조明太祖 또한 "이 책에서 우선 오형도五刑圖를 넣고 다음으로 팔례도八禮圖를 넣은 것은 예를 중시함이다"라고 했다.

264 『清律例匯輯便覽』권2, 「諸圖」, '喪服圖'에서 인용.

265 작자 미상, 『審理雜案』; 『牧令書輯要』7, 「刑名上」

266 『刑部通行章程』上, 70a.

267 위의 책, 73a-74a.

268 『論語』「子路」

269 『孟子』「盡心上」

270 『春秋公羊傳』, 閔公 元年, 何休 注.

271 『漢書』8, 「宣帝紀」

272 『唐律疏義』6, 「名刑」, '同居相爲容隱'; 『宋刑統』6, 「名例」, '有罪相容隱'; 『明律例』1, 「名例」, '親屬相爲容隱'; 『清律例』5, 「名律例下」, '親屬相爲容隱' 참고.

273 『晉書』30, 「刑法志」

274 『宋書』57, 「蔡廓傳」

275 『隋書』25, 「刑法志」

276 『唐律疏義』29, 「斷獄上」, '八議請減老小'; 『宋刑統』29, 「斷獄律」, '不合拷訊者取衆證爲定'; 『明律例』12, 「刑律」4, 「斷獄」, '老幼不拷訊'; 『清律例』36. 「名律例下」, 「刑律」4, 「斷獄上」, '老幼不拷訊' 참고.

277 『明會典』177, 「刑部」19, '問擬刑名' 참고.

278 『史記』118, 「衡山王傳」

279 『後漢書』44, 「齊武王縯傳」

280 『魏書』88, 「竇瑗傳」에서 인용.

281 唐, 宋, 元, 明, 清律, 「名例」, '十惡', 不孝.

282 『唐律疏義』23, 「鬪訟」3, '告祖父母父母絞'; 『宋刑統』23, 「鬪訟律」, '告祖父母父母' 참고.

283 『元史』105, 「刑法志」, '訴訟' 참고.

284 『新元史』103, 「刑法志下」

285 『明律例』10, 「刑律」「訴訟」, '干名犯義'; 『清律例』30, 「刑律」「訴訟」, '干名犯義' 참고.

286 『唐律疏義』24, 「鬪訟」4, '告期親尊長'; 『宋刑統』24, 「鬪訟律」, '告周親以下'; 『明律例』, '干名犯義'; 『清律例』, '干名犯義' 참고.

287 『唐律疏義』5, 「名例」5, '犯罪未發自首'; 24, 「鬪訟」4, '告期親尊長'; 『宋刑統』5, 「名例」, '犯罪未發自首'; 24, 「鬪訟律」, '告周親以下'; 『明律例』2, 「名例下」, '干名犯義'; 『清律例』「名例」, '犯罪自首' '干名犯義' 참고.

288 沈之奇, 『清律輯注』『唐明律合編』24, '干名犯義' 條에서 인용.

289 『唐律疏義』24, 「鬪訟」4, '告緦麻卑幼'; 『宋刑統』, '告周親以下'; 『明律例』, '干名犯義'; 『清律例』, '干名犯義' 참고.

290 『唐律疏義』, '同居相爲容隱' '告期親尊長'; 『宋刑統』, '有罪相容隱' '告周親以下'; 『明律例』, '親屬

相爲容隱’ ‘干名犯義’;『淸律例』, ‘親屬相爲容隱’ ‘干名犯義’ 참고.

291 『唐律疏義』, ‘同居相爲容隱’;『宋刑統』, ‘有罪相容隱’ 참고.

292 『明律例』, ‘親屬相爲容隱’;『淸律例』, ‘親屬相爲容隱’ 참고.

293 『唐律疏義』 24, 「鬪訟」 4, ‘部曲奴婢告主’;『宋刑統』 24, 「鬪訟律」, ‘奴婢告主罪’ 참고.

294 『明律例』, ‘干名犯義’;『淸律例』, ‘干名犯義’ 참고.

295 『唐律疏義』, ‘部曲奴婢告主’;『宋刑統』, ‘奴婢告主罪’;『明律例』, ‘犯罪自首’;『淸律例』, ‘犯罪自首’ 참고.

296 『明律例』, ‘干名犯義’;『淸律例』, ‘干名犯義’ 참고.

297 『唐律疏義』, ‘部曲奴婢告主’;『宋刑統』, ‘奴婢告主罪’ 참고.

298 『明律例』, ‘干名犯義’;『淸律例』, ‘干名犯義’ 참고.

299 『漢書』 23, 「刑法志」

300 『宋書』 91, 「孝義列傳」 「孫棘傳」

301 『魏書』 86, 「孝感傳」 「長孫慮傳」

302 錢昌, 『南部新書』 丁.

303 祝允明, 『野記』

304 餘繼登, 『典故紀聞』『畿輔叢書』 本, 3.

305 위의 책, 12.

306 『後漢書』 2, 「明帝紀」

307 위의 책, 76, 「陳寵傳」

308 『明史』 93, 「刑法志」

309 『御覽』 646.(臧榮緖, 『晉書』에서 인용)

310 『魏書』 111, 「刑罰誌」

311 당·송 때는 10악을 기준으로 삼았다. 그러다가 명·청의 법률에서 특별사면으로 용서되지 않는 것으로 수정되었다. 여기에는 10악 외에 관의 재물을 훔치는 행위, 강도, 절도, 방화, 무덤을 파헤치는 행위, 장물을 받는 행위, 사기, 간음, 납치, 인신매매, 유괴, 반역의 무리 및 중상모략으로 살인을 지시하는 것, 유죄를 무죄로 판결하거나 무죄를 유죄로 판결하는 것, 정황을 알면서도 고의로 검거하지 않는 것, 장물을 운송하는 것, 사건을 말함에 잘못이 있는 것이 포함되어 당의 법률보다 엄격했다.(『唐律疏義』 3, 「名例」 3, ‘犯死罪非十惡’『宋刑統』, ‘犯徒流罪’『明律例』 2, 「名例下」, ‘犯罪存留養親’ ‘常赦所不原’;『淸律例』 4, 「名例律上」, ‘犯罪存留養親’ ‘常赦所不原’ 참고.)

312 당·송의 법률에서는 80세, 원·청의 법률에서는 70세로 수정되었다.(『唐律』, ‘犯罪非十惡’ 條의 疏義,『宋刑統』 ‘범사유죄범徒流罪’ 條의 疏義,『元史』 103, 「刑法志」 3, 恤刑,『淸律例』의 ‘犯罪存留養親’ 條의 법률 주석.)

313 당·송의 법률에서는 집에 기년복 친족의 성인 남자가 없는 경우라고 했으나, 명·청의 법률에서는 집에 성인 남자가 없는 경우라고만 하여 기년복 친족이라는 제한을 두지 않았다.

314 『唐律疏義』, ‘犯死罪非十惡’;『宋刑統』, ‘犯徒流罪’;『元史』, 「刑法志」 「恤刑」;『明律例』, ‘犯罪存留養親’;『淸律例』, ‘犯罪存留養親’ 참고.『金史』 45, 「刑法志」에 이르기를 상서성에서 범덕范德이 유우劉佑에게 맞아 죽었으니, 법대로라면 유우는 마땅히 참형에 처해져야 한다. 그러나 유우의 부모가 70여 세인데다 집에 모실 장정이 없어 상부에 신청한다고 했다. 금나라에도 이러한 법이

있었음을 알 수 있는 대목이다.

315 『金史』7,「世宗紀」

316 『清會典』56.

317 『清律例』, '犯罪存留養親' 條에서 옹정 3년의 例.

318 『清律例』, '犯罪存留養親' 條.

319 『魏書』「刑罰誌」

320 『唐律疏義』, '犯死罪非十惡'; 『宋刑統』, '犯徒流罪' 참고.

321 『明律例』, '犯罪存留養親'; 『清律例』, '犯罪存留養親' 참고. 그후 수량에 따라 장의 대수를 결정했
으며 형틀을 메는 조례를 추가했다. 징역형을 받은 범인은 형틀을 1개월 멨고, 군대 유배형을 받
은 자는 40일, 사형을 면한 유배형 범죄인은 2개월 멨다.(『清律例』위와 같은 조항, 가경 6년에
수정하고 도광 15년에 수정한 例.)

322 실수로 부모를 다치게 했거나 무심코 저지른 경우라도 남아서 봉양하는 것이 허락되지 않았다.
도광 시기에 공노재龔奴才는 간음을 저지른 아내를 가위로 찔렀는데 아내가 피했다. 때마침 아
버지 공가흥龔加紅이 뒤에서 달려와 말리다가 좌측 옆구리를 찔려 다쳤다. 얼마 지난 후 아버지
는 회복되었다. 공노재는 의도적으로 침범한 것이 아니었으므로 즉결 처형을 수정하여 감금 후
기다리는 것으로 상주했다. 추심秋審에서 죄를 인정하여 집행하는 정실情實이 두 차례에 걸쳐
이루어지지 않았고, 형부에서는 관례에 따라 상주해 처결을 늦추는 완결緩決로 바꾸었는데 총
네 차례의 완결이 이어졌다. 그때 공가흥이 글을 올렸다. 자신과 아내는 나이 칠순이 넘었고 하
나뿐인 아들은 본래 성격이 효성스럽고 뜻을 거스른 적이 없었다고 했다. 그리고 아들이 실수로
자신에게 상해를 입혀 구금된 지 8년이 되었는데, 집에 다른 장정이 없으니 남아서 봉양하기를
청했다. 절강 순무가 상주하여 이렇게 말했다. "법률 조례의 문구에 따르면 남아서 봉양하는 것
을 허가해서는 안 됩니다. 범죄자가 효도라는 사적인 행위도 이루지 못했고 잘못도 스스로 지은
것에 해당합니다. 그러나 범인의 부모를 봉양할 사람이 없고 인생이 황혼에 기울었는데 돌볼 이
가 없으니 긍휼히 여길 만합니다. (…) 부모의 더 이상 기다릴 수 없는 정을 생각하고 효로 천하
를 다스린다는 황상의 뜻에 따라, 현행의 관례를 변통하여 남아 봉양할 수 있도록 해주시겠는지
요." 황상은 공노재가 남아서 봉양할 수 있도록 은혜를 베풀었다. 그러나 이는 법 밖에서 인仁을
베푼 것으로서 이 사례를 이후의 관례로 삼을 수 없다고 했다.(『刑案彙覽』2:8a-11a) 한편 번괴
樊魁의 사건에서 번괴와 그의 동생 번원樊沅이 싸우다가 실수로 어머니 왕씨를 칼로 다치게 했
다. 이에 즉결 참형이 선고되었다가 상주를 거쳐 참형 감금 유예로 바뀌었다. 왕씨는 글을 올려
자신은 수절한 지 20년이 넘었고 세 아들이 있는데, 막내아들은 병으로 죽었고 둘째아들 번원
은 불효하여 일찍이 유배를 보냈으니, 첫째아들 번괴를 남아서 봉양하게 해달라고 청했다. 이에
형부에서 상주했고 뜻을 받들어 남아 봉양하도록 했다.(『刑案彙覽』2:11a-12a)

323 『清律例』, '犯罪存留養親' 條의 가경 6년에 수정 조례.

324 위의 책, 가경 15년에 수정하고 도광 15년에 수정한 例.

325 『清律例』, '犯罪存留養親' 條.

326 『刑案彙覽』2:1ab, 2a-3b, 3b-5a, 5a-6b, 6a-3a, 15a-16a, 56a-57b의 각 조항 참고.

327 『清律例』, '犯罪存留養親', 가경 6년에 수정되어 합쳐졌고, 도광 원년에 수정되었으며, 5년에 다시
받들어 수정된 조례를 반포했다.(『刑案彙覽』2 참고.)

328 피 맺힌 원수에 대한 보복의 묘사와 토론에 대해서는 아래의 책들을 참고했다. E. Westermarck, *The Origin and Development of the Moral Ideas*, Macmillan, London, 1912 2nd ed., I, pp.24~25, 30~36, 477~490; R. H. Lowie, Primitive Society, Boni & Liveright, New York, 1290, pp.399-400; P. Vinogradoff, *Outlines of Historical Jurisprudence*, Cambridge University Press, 1920, I, p.53, pp.309~310; E. S. Hartland, *Primitive Law*, Methuen, London, 1924, p.48, pp.52~54, 58~59; L. T. Hobhouse, *Morals in Evolution*, Henry Holt, New York, 19294th ed., pp.73~75, 78~83; W. H. Sumner, A. G. Keller and M. R. Davie, *Science of Society*, New Haven, Yale University Press, 1928, I, pp.643~650, IV, pp.263~672; W. H. Robson, *Civilization and the Growth of Law*, Macmillan, London, 1935, pp.88~90; W. I. Thomas, *Primitive Behavior*, MacGrawhill, 1937, pp.520~554; E. A. Hobel, *The Political Development and Law-Ways of Commanche Indians*, Memoirs of the American Anthropological Association, U. S. A., No. 54, 1940, pp.60~70; R. Thurnwald, "Blood-Vengeance-Feud", *Encyclopaedia of Social Sciences* II, pp.598~599; A. R. Redcliffe-Brown, "Law, Primitive", *Encyclopaedia of Social Sciences*, IX, pp.203~204; and "Sanction, Social", VIII, p.533.

329 역사적으로 그리스인, 히브리인, 아랍인, 인도인도 모두 복수를 허용했다. 『모세의 율법Mosaic law』과 『코란』에서 복수는 옳은 것이라고 한다. 고대 일본인은 법적으로 복수를 허용하되 약간의 제한을 두었다. 영국에서는 10세기에, 이탈리아에서는 16~17세기에 이르기까지 이 풍조가 존재했다. 따라서 원시 사회에서는 더욱 이루 헤아릴 수 없이 많았다. 에스키모인, 동부 아프리카의 토인, 아프리카의 콩고인, 오스트레일리아 서부의 토인, 멜라네시아인, 영연방 파푸아뉴기니의 인디언, 아메리카의 인디언에게도 그러한 관습이 있었다.

330 복수가 일종의 신성한 의무였다는 점은 간과될 수 없다. 아메리카 인디언들은 천 조각에 죽은 자가 흘린 피를 묻혀 복수를 마칠 때까지 기념품으로 보관했다.(Sumner, op *cit.*, IV, p.269) 오스트레일리아 서부의 토인 사회에서는 남자가 복수를 완수하지 못했을 때 부인은 잔소리를 하며 조롱했고, 또 다른 아내들도 그의 곁을 떠났다. 혼인하지 않은 남자라면 젊은 여성들은 그를 상대하지 않았고, 그의 어머니는 눈물을 흘리면서 타락한 아들을 낳았다고 한탄하며, 아버지는 아들을 무시하고 질책했다.(Westermarck *op. cit.*, I, p.479 Jibaro) 인디언 사회에서는 아버지가 타인에 의해 살해된 경우 그의 아이는 죽은 아버지에 대한 자신의 책임이 무엇인지를 분명히 알게 된다. 죽은 자는 자신의 아들과 형제의 꿈에 나타나 울면서 원수가 탈 없이 자유롭게 살 수 없도록 해달라고 부탁한다. 그의 아들과 형제들이 그를 위해 복수하지 않는다면 원한을 품은 원귀冤鬼가 되어 그의 아들과 형제를 해코지한다.(Sumner, *op. cit.*, I, p.648) 이와 같이 신념은 의심의 여지없이 복수를 신성한 의무로 간주하는 구체적 표현으로, 사람들에게 복수에 대해 종교와도 같은 믿음을 갖게 만든다. 또한 복수를 하지 않았을 때 생겨나는 나쁜 결과에 대한 관념은 신성한 의무를 무시할 수 없게 하는 수단으로 작용한다. 아랍인에게 친족을 대신한 복수의 의무는 모든 의무 위에 있었다.(Ibid., I, p.649) 복수가 다른 권리와 연결되는 사회도 있었다. 고대의 스칸디나비아에서는 아버지의 원수를 갚지 않으면 계승권을 누릴 수 없었다.(*Ibid.*, I, 654) 이렇게 복수는 어떤 권리를 획득하기 전에 반드시 이행해야 하는 의무이기도 했다.

331 유프라테스의 베두인이 그렇다. Westermarck, *op. cit.*, I, p.34.

332 『孟子』「盡心上」

333 Hobel, *op. cit.*, p.66.

334 Westermarck, *op. cit.*, Ⅰ, p.35~36; Sumner, *op. cit.*, Ⅰ, p.648. 중국에서도 그러한 예가 있다. 후한後漢 때 소불위蘇不韋의 아버지 겸謙이 사례교위司隷校尉 이숭李嵩에 의해 누명을 뒤집어 쓰고 옥사했다. 이에 불위와 친형제 및 종형제는 이숭의 침실로 통하는 지하 갱도를 파고 들어가 이숭이 화장실에 간 틈에 그의 첩과 아이를 죽인 뒤 글을 남겼다. 이숭이 크게 두려워하며 삼엄하게 경비를 세웠다. 그러자 불위는 이숭의 아버지 묘를 파헤친 뒤 그 머리를 꺼내어 자신의 아버지 앞에 제사지냈다.(『後漢書』 61, 「蘇不韋傳」) 그러나 본래 불위의 목적은 이숭을 죽이는 것이었으며, 일반적으로 중국에서는 원수 당사자를 베는 것을 통쾌한 복수로 여겼다.

335 Steinmetz, "Ethnologische Studien zur Ersten Entwicklung der Strafe Westermarck," *Ibid.*, Ⅰ, 23ff에서 인용.

336 Hartland, *op. cit.*, p.59.

337 Westermarck, *op. cit.*, Ⅰ, p.35.

338 *Ibid.*, Ⅰ, p.36.

339 Sumner, *op.cit.*, Ⅰ, p.649.

340 『太平御覽』 p.481, 王隱의 『晉書』 인용.

341 『宋書』 100, 沈約 自序.

342 Vinogradoff, *op.cit.*, Ⅰ, 354ff; Ⅱ. 186ff.

343 Robson, *op.cit.*, p.96.

344 Vinogradoff, *op.cit.*, Ⅱ, p.59.

345 『後漢書』 29, 「郅惲傳」

346 『禮記』「曲禮」에서는 "아버지를 죽인 원수와는 같은 하늘을 이고 살 수 없다"고 했다. 또 「檀弓」에는 부모의 원수와 거하는 것에 대한 자하의 질문에 공자가 대답한 내용이 기록되어 있다. "볏짚방석에 누워 흙덩이를 베개 삼고 벼슬을 하지 않으며, 천하에 원수와 함께 거처하지 않는다. 길에서 마주쳤을 때 병기를 가지러 돌아가지 않도록 늘 무기를 지니고 있다가 바로 싸우라."

347 「曲禮」에서는 "형제의 원수를 만나면 무기를 가지러 돌아가지 않도록 늘 무기를 곁에 두고 있어야 하고, 친구의 원수에 대해서는 같은 나라에 없다면 모르겠으나 같은 나라에 있다면 반드시 원수를 찾도록 하라"고 했다. 또 「檀弓」에서는 "형제의 원수가 있으면 그 원수와는 한 나라에서 벼슬을 하지 않고, 군주의 명을 받들어 사신으로 감에 원수를 마주치더라도 싸우지 않는다"고 했다. 형제의 원수와 함께 있을 때는 "앞장서서 복수하지 않고, 죽은 자의 가족이 복수를 하려 할 때 병기를 들고 그 뒤를 따른다"고 했다.

348 『周禮』「秋官」「司寇」, '朝士' 참고.

349 『周禮』「地官」「司徒」, '調人'에 이렇게 기록되어 있다. "부모형제의 원수는 멀리 피하여 하여 조정하되, 피하지 않으면 붙잡아 처리한다. 상대를 죽여 복수했는데, 상대가 되받아 죽이게 두는 것은 나라와 나라를 원수지게 만드는 것이다. 원수 진 이들을 같은 나라에 머무르게 하지 않음으로써 복수하지 않게 하는 것이 의로운 자다."

350 『孟子』「盡心上」

351 「桓譚傳」에 따르면 "세조世祖가 즉위하자 시조侍詔를 소집해 국사國事에 대해 글을 올리게 했

으나 뜻에 맞지 않으면 쓰지 않았다. 후에 대사공大司空 송홍宋弘이 환담을 추천해 의랑議郎 급사중給事中을 알현케 하자 그는 상소에 마땅한 바를 고했다"(『後漢書』 28, 「桓譚傳」)고 했다. 그는 복수를 금지시키는 상소를 청한 것이다. 또 「宋弘傳」에 따르면 송홍은 建武 2년에 왕량王梁을 대신해 대사공이 되었으니,(『後漢書』 16, 「宋弘傳」) 그렇다면 환담이 의랑 급사중을 알현하여 복수에 관한 상소를 건의한 것은 건무 초기의 일임을 알 수 있다.

352 『後漢書』 28, 「桓譚傳」.

353 程樹德, 『九朝律考』, 商務印書館, 1927, 上冊, 131쪽. 또 정씨는 『晉書』 「刑法志」의 다음 구절을 인용했다. 참살하거나 죽인 경우 옛 논의에 의거해 자제들이 쫓아가 죽이는 것을 허용했으나, 사면된 후에도 서로 죽이므로 복수하지 못하게 했다. 이것이 살해를 금한 까닭이다." 말하자면 위나라가 한의 법률을 개정한 것이고 "한나라 때에는 설사 사면되었다 하더라도 복수를 할 수 있었음도 알 수 있다"고 했다. 그러나 실제로 위의 법률은 고례古禮 를 근본으로 삼아 개정한 것으로, 애초부터 한의 법률과는 상관이 없다. 그래서 『晉書』 「刑法志」에서는 "옛 논의에 의거해 자제들이 쫓아가 죽이는 것을 허용했다"고 했고, 또 "이는 모두 위나라 때 개정된 것으로 대략은 이러하다"고 한 것이다. 이 말의 의미는 지극히 분명하다. 이른바 옛 논의가 한나라를 가리키는 것은 결코 아니며, 위나라는 한나라 법률을 개정한 것이 아니라는 사실이다. 그렇다 해도 한나라 때에는 사면된 자에 대해 복수할 수 있었다고 단정할 수도 없다. 한과 위의 법률 모두 옛 논의에 의거해 자제들이 쫓아가 죽이는 것을 허용했고, 위나라에서 개정한 것은 사면된 경우 복수하지 못하게 한 것이므로, 한의 법률이 이를 허용했다고 보는 것은 견강부회하는 것이다.

354 『後漢書』 83, 「申屠蟠傳」.

355 위의 책 84, 「烈女傳」 「龐淯母傳」; 皇甫謐, 『烈女傳』(『魏志』 18, 「龐淯傳」에서 인용.)

356 皇甫謐, 『烈女傳』.

357 도반은 안제 때의 사람으로 순상荀爽, 한융韓融 등과 동시대를 살았다. 대장군 하진 何進이 관리로 추천했으나 나아가지 못했다. 中平 5년에는 순상, 한융 및 진기陳紀 등과 박사로 추천되었으나 이르지 못했다. 이듬해 동탁董卓이 폐위되었다. 나이 74세에 사망했는데, 獻帝 초년에 해당된다. 구여옥 사건은 신도반이 15세 때의 일로, 제생諸生이 그 일을 안 것은 안제 때 혹은 순제 초년 때일 것이다.

358 『魏志』 18, 「龐淯傳」(황보밀의 『열녀전』에서 인용)

359 『後漢書』 74, 「張敏傳」 참고. 또 무구장毋丘長 사건을 통해서도 건룡 화제 이후에 경모법이 확실히 폐지되었음을 알 수 있다. 안구安丘의 남자 무구장이 어머니와 함께 저자거리에 나갔다가 길에서 취객을 만났는데, 어머니가 모욕을 당하자 무구장이 그를 죽였다. 오우吳祐가 이렇게 말했다. "어머니가 모욕을 당했으니 그 자식이 느끼는 치욕은 사람의 감정이다. 그러나 효자가 성을 낼 때에는 반드시 곤란할 것을 생각하고 행동하여 부모님이 연루되지 않도록 해야 한다. 그런데 부모님의 바람을 거스르고 대낮에 사람을 죽여 분노를 표출했으니 풀어줌은 옳은 일이 아닌 것 같고, 차마 형벌에 처함도 안 될 것 같으니 장차 어찌해야 할 것인가?"

360 조조는 建安 10년에 명령을 하달해 백성이 사사로이 복수를 하지 못하도록 했다.(『魏志』 1, 「武帝紀」) 비록 자신은 아버지의 원수를 갚기 위해 동쪽의 도겸陶謙을 정벌했지만 말이다.

361 『梁書』 3, 「武帝紀」, 太淸 元年 詔.

362 위 문제魏文帝 黃初 4년의 조서에 이르기를 "세상이 어지러워진 후로 전쟁이 그치지 않고 세상

504

사람들이 서로 참살해왔다. 이제 나라 안이 처음으로 안정되었는데 감히 사사로이 복수하는 자가 있으면 일족을 멸할 것이다'라고 했다.(『魏志』「文帝紀」) 그러나 피해자의 자제가 체포되지 않은 살인범을 쫓아가 죽이는 것은 예외였다. 『晉書』「刑法志」에 이르기를 "해치고 때려 사람을 죽임으로써 죽을죄를 지은 자에 대해서는 옛 이치에 의거해 그의 자제가 추격해 살해하도록 놔두었고, 실수로 서로 죽이는 경우 용서하여 복수하지 못하게 한 것은 살해를 그치게 하기 위함이다'라고 했다.

363 『魏書』4, 「세조기世祖紀」, 太延 원년의 조서에 이르기를 "백성이 서로 살해하면 목사와 군수는 법에 의거해 평결하되, 이에 따르지 않고 사사로이 죽이는 자는 그의 일족을 베었으며 이웃 중에 돕는 자도 같은 죄로 다스렸다'고 했다.

364 『隋書』25, 「刑法志」에 이르기를 "복수에 관한 법률을 처음으로 개정했으니 범법자는 죽이는 것으로 논죄했다"고 했다. 『주서周書』5, 「武帝紀」에 근거해 복수를 금한 것이 保定 3년 4월이었음을 알 수 있다. 그러나 『隋書』「刑法志」에서는 "복수를 한 자가 법정에서 사실을 고하고 자살하면 연좌제를 적용하지 않았다'고도 했다. 개정한 것이 바로 이 법률이었는지 또 다른 법이 있었는지는 알 수 없다.

365 『송사宋史』200, 「刑法志」에서 말하는 "복수에 대해서는 후세에 관련 법 규정이 없다'는 것이 그것이다.

366 『宋刑統』23, 「鬪訟律」, '祖父母父母爲人毆擊子孫却毆擊'(復讐 條)에서 "신 등은 조부모나 부모의 원수를 갚은 자가 있으면 자세히 살펴 공문을 갖추어 상주하여 칙령에 의해 재가된 것을 취하겠습니다'라고 되어 있다.

367 『元史』105, 「刑法志」2, '殺傷' 참고.

368 『明律例』10, 「刑律」2, 「鬪毆」, '父祖被毆'; 『淸律例』28, 「刑律」 「鬪毆下」, '父祖被毆' 참고.

369 『晉書』「刑法志」

370 『淸律例』, '父祖被毆' 條. 가경 6년에 제정하여 집어넣고 咸豊 2년에 개정했다.

371 『晉書』「刑法志」

372 『淸律例』, 앞의 조문과 같음.

373 『刑案彙覽』45:12a.

374 『周禮』「地官」「司徒」, 調人.

375 『宋書』55, 「傅隆傳」

376 『唐律疏議』18, 「賊盜」, '殺人移鄕'; 『宋刑統』18, 「賊盜律」, '殺人移鄕' 참고.

377 桓譚의 疏에 나오는 말. 『後漢書』「桓譚傳」

378 『公羊』定公 4년.

379 『東觀漢記』, '載記' 참고.

380 『魏志』18, 「龐淯傳」

381 『太平御覽』p.481.(王隱의 『晉書』에서 인용) 오늘날 판본의 『晉書』에서는 "당시 사람들이 이를 칭송했다'라고 되어 있다.

382 『魏志』24, 「韓曁傳」

383 위의 책, 같은 곳.

384 『南史』74, 「孝義列傳」「張景仁傳」

385 『太平御覽』p.481.(王隱의『晉書』에서 인용)

386 『舊唐書』188, 「孝友傳」「王君操傳」

387 『列子』5, 「湯問」

388 皇甫謐, 『烈女傳』『魏志』(「龐淯傳」에서 인용)

389 『魏書』92, 「列女傳」, 平原女子 孫氏.

390 『風俗通義』佚文.(『太平御覽』p.482에서 인용)

391 『後漢書』41, 「鍾離意傳」

392 皇甫謐, 『列女傳』;『魏志』「龐淯傳」; 孔演, 『漢魏春秋』(『太平御覽』p.440에서 인용)

393 『後漢書』29, 「郅惲傳」

394 謝承, 『後漢書』(『太平御覽』p.481에서 인용)

395 檀道鸞, 『續晉陽秋』(『太平御覽』p.482에서 인용)

396 『宋書』73, 「孝義列傳上」「孫棘傳」附.

397 『南齊書』55, 「朱謙之傳」

398 『魏書』92, 「列女傳」, 平原 女子 孫氏.

399 『魏書』86, 「孝感列傳」「孫益德傳」

400 『周書』46, 「杜叔毗傳」

401 『隋書』80, 「列女傳」, 孝女王舜.

402 『舊唐書』193, 「列女傳」, 濮州 孝女 賈氏.

403 같은 책, 絳州 孝女 衛氏.

404 『舊唐書』50, 「刑法志」

405 『五代會要』9, 議刑輕重.

406 『宋史』200, 「刑法志」2.

407 『金史』45, 「刑法志」

408 『明史』297, 「孝義」6, 「何競傳」

409 『後漢書』「申屠蟠傳」

410 皇甫謐, 『列女傳』

411 『後漢書』「龐淯母傳」에는 "주군에서 그 이름을 새기고 마을에 패를 세워 공덕을 드러냈다"고 되어 있고, 『魏志』「龐淯傳」에는 "주군에서 귀함을 찬탄하여 마을에 이름을 새긴 패를 세워 공덕을 드러냈다"고 되어 있다. 皇甫謐의 『列女傳』에서는 "양주涼州의 자사 주홍周洪, 주천酒泉의 태수 유반劉班 등이 함께 상주하여 그 의로움과 절개를 칭송했고, 돌을 새기고 비를 세워 그 마을을 드러냈다"고 했다.

412 魚豢의 『魏略』에 이르기를 "주군에서 여인이 그와 같이 할 수 있음을 의롭다고 보아 풀어주고 죄를 묻지 않았다. 또 방육龐淯이 장성함에 절조와 행동이 저와 같으므로 주천酒泉에 그 모자의 상을 대청 벽에 그려 마음에 새기고 찬미하도록 했다"고 했다.(『太平御覽』p.349에서 인용)

413 『後漢書』「龐淯母傳」; 皇甫謐, 『列女傳』

414 皇甫謐, 『列女傳』

415 같은 책.

416 『南史』74, 「孝義列傳下」「張景仁下」;『梁書』

417 『舊唐書』「列女傳」

418 『舊唐書』188,「孝友傳」「張琇傳」

419 『文獻通考』66,「刑孝」5, '刑制' 참고.

420 『唐新語』;『太平御覽』(p.482에서 인용)

421 荀悅,『申鑒』2,「時事」

422 『舊唐書』50,「刑法志」

423 『唐律疏義』17,「賊盜」1, '祖父母父母夫爲人殺';『宋刑統』17,「賊盜律」, '親屬被殺私和' 참고.

424 『明律例』「刑律」「人命」, '尊長爲人殺私和';『淸律例』26,「刑律」「人命」, '尊長爲人殺私和' 참고.

425 『唐律疏義』, '祖父母父母夫爲人殺';『宋刑統』, '親屬被殺私和';『明律例』, '尊長爲人殺私和';『淸律例』, '尊長爲人殺私和' 참고.

426 莊季裕,『鷄肋篇』下.

427 『宋史』336,「呂公著傳」注附.

428 『鷄肋篇』下.

429 『唐律疏義』3,「名例」3, '府號官稱'; 10,「職制」中, '府號官稱犯名';『宋刑統』2,「名例」, '以官當徒除名免官免所居官'; 10,「職制律」, '匿哀' 참고.

430 『宋史』336,「呂公著傳」注附.

431 『唐律』, '府號官稱' 條 '問答';『宋刑統』, '匿哀' 條 '問答' 참고.

432 『明律例』6,「禮律」「儀制」, '棄親之任';『淸律例』17,「禮律」「儀制」, '棄親之任' 참고.

433 『元典章』11,「吏部」5,「職制」2, '作闕' '棄職侍親作闕' 참고.

434 『明會典』11,「吏部」10,「侍養」;『淸律例』, '棄親之任' 條, 가경 6년에 수정된 규정.

435 『元典章』8,「吏部」2,「官制」2, '選格' '親老從近遷除';『元史』103,「刑法志」3, '職制' 上, "여러 먼 곳에 있는 관원들 중 부모의 나이가 70 이상인 자는 본적지의 관직을 보장토록 하고 가까운 빈자리에 배치하여 봉양케 하되, 부적격인데 임용된 자는 죄로 다스린다."

436 『明會典』, 같은 곳.

437 『唐律疏義』3,「名例」3, '姦盜略人受財' 10,「職制」, '府號官稱犯名' 13,「戶婚中」, '父母囚禁嫁娶';『宋刑統』2,「名例」, '以官當徒除名免官免所居官' 10,「職制」, '匿哀' 13,「戶婚律」, '居喪嫁娶';『明律例』4,「戶律」「婚姻」, '父母囚禁嫁娶' 6,「禮律」「儀制」, '棄親之任';『淸律例』10,「戶律」「婚姻」, '父母囚禁嫁娶' 17,「禮律」「儀制」, '棄親之任' 참고.

438 『元史』「刑法志」, '職制' 上.

439 『明律例』6,「禮律」「儀制」, '匿父母夫喪';『淸律例』17,「禮律」「儀制」, '匿父母夫喪' 참고.

440 『唐律疏義』, '府號官稱';『宋刑統』, '以官當徒除名免官免所居官' 참고.

441 원나라의 법제는 관리가 사적인 죄를 지어 체포되었는데 부모의 죽음을 맞은 경우, 자신의 죄를 인정했든 인정하지 않았든 급히 돌아가 삼년상을 치른 뒤에 죄를 추궁했다. 공적인 죄라면 용서해준다.(『元史』102,「刑法志」2) 한편 청의 규정에 따르면 관리가 삼년상을 치를 경우 공적인 죄는 묻지 않았으나, 불법적으로 재물을 취득한 죄거나 관의 재산과 식량을 훔친 경우는 규정에 따라 심문했다.(『淸律例』, '匿父母夫喪' 條 例)

1 『孟子』「離婁上」

2 같은 책, 같은 곳.

3 『禮記』「大傳」

4 『說文』, "성姓은 사람이 낳은 것이다."

5 『禮記』「曲禮」. 또 「坊記」에 이르기를 "처를 취함에 같은 성을 취하지 않음으로써 구별을 튼실하게 했다."

6 공손교公孫僑는 "남녀관계에서 성을 분별하는 것은 예禮에 관한 중요한 일이다"라고 했다.(『左傳』 昭公 원년) 또 경사지사慶舍之士는 노포계盧蒲癸에게 "남녀관계는 성을 분별하는 것"이라고 했다.(『左傳』 襄公 28년)

7 『白虎通德論』에서는 이렇게 말한다. "사람에게 성姓이 존재하는 까닭은 무엇인가? 은애恩愛를 숭상하고 친한 이를 친애함을 두텁게 하며 금수를 멀리하고 혼인을 구별하기 위함이다. 그래서 세대를 기록하고 종류를 구별하여 사는 동안 서로 사랑하고 죽으면 서로 슬퍼하며 동성 간에는 취하지 못하게 하니, 이는 인륜을 중시하기 때문이다."

8 번성하지 못한다는 관념은 옛사람들에게 보편적인 것이었다. 숙첨叔詹은 "남녀가 성이 같으면 후손이 번성하지 못한다"고 했다.(『左傳』, 僖公 23년) 『國語』「晉語」에서는 "동성 간의 금혼은 번성하지 못함을 걱정함이다"라고 했다. 자산子産은 "내가 듣기로 임금의 후궁으로 성이 같은 이는 없으니 후손이 번성하지 못한다"라고 했다.(『左傳』, 昭公 원년)

9 공손교가 말했다. "아름다움을 우선시하면 질병이 생겨난다. 군자는 이에 그것을 싫어한다." (『左傳』, 昭公 원년) 또 사공司空 계자季子가 말했다. "성이 다르면 덕이 다르고, 덕이 다르면 종류가 다르다. 종류가 다르면 서로 가까워도 남녀가 혼인하여 자식을 낳을 수 있다. 성이 같으면 덕이 같고, 덕이 같으면 마음이 같다. 마음이 같으면 뜻이 같으니, 뜻이 같은 사람은 멀리 떨어져 있더라도 남녀가 통혼해서는 안 된다. 인륜을 어지럽힐까 두려워해서이다. 어지러우면 원망이 생겨나고 원망하면 재앙이 생겨나며, 재앙은 성을 소멸시킨다. 그러므로 처를 취할 때 같은 성을 피하는 것은 재앙을 불러일으킬까 두려워해서다."(『國語』「晉語」)

10 『唐律疏義』 14, 「戶婚下」, '同姓爲婚'; 『宋刑統』 14, 「戶婚律」, '同姓及外姻有服共爲婚姻' 참고.

11 『明律例』 4, 「戶律一」 「婚姻」, '同姓爲婚'; 『淸律例』 10, 「戶律」 「婚姻」, '同姓爲婚' 참고.

12 『明律例』「婚姻」, '娶親屬妻妾'; 『淸律例』「婚姻」, '娶親屬妻妾' 참고. 기년복을 입는 친족 중의 고모·누나와 여동생·질녀는 각기 참형에 처했다. 대공복을 입는 친족 중의 사촌자매, 소공복을 입는 친족 중의 대고모·당고모·당질녀·종손녀는 각기 교수형에 처했다. 그 밖에 시마복을 입는 친족 중의 족증조고·종조고·족고모·족자매·재종질녀·종질손녀·질증손녀는 각기 장 100대에 3년 징역형에 처했다.

13 공손교는 "지금 임금님의 내실에는 네 명의 희씨가 있다"고 했다.(『左傳』 昭公 원년)

14 『刑案彙覽』 7:80ab.

15 『淸律例匯輯便覽』, '同姓爲婚' 條附.

16 『淸律例』, '尊卑爲婚' 條例; 『刑案彙覽』 40:4b-5a 참고.

17 『淸律例』, '嫁娶違律主婚媒人罪', 가경十五年續纂例.

18 『唐律疏義』14,「戶婚下」, '同姓爲婚';『宋刑統』14,「戶婚律」, '同姓及外姻有服共爲婚姻';『明律
    例』「婚姻」, '尊卑爲婚';『淸律例』「婚姻」, '尊卑爲婚' 참고.

19 며느리와 손주며느리의 자매에 관한 항목은 당·송 법률에는 없다가 명·청의 법률에서 추가된
    것으로 보인다.

20 『唐律疏義』14,「戶婚下」, '同姓爲婚';『宋刑統』14,「戶婚律」, '同姓及外姻有服共爲婚姻';『明律
    例』4,「戶律一」「婚姻」, '尊卑爲婚';『淸律例』10,「戶律下」「婚姻」, '尊卑爲婚' 참고.

21 당률에서 외친과의 혼인을 불허한 것으로는 두 항목이 있다. 첫째는 외친 가운데에 복을 입으며
    위아래의 명분이 있는 자이고, 둘째는 외친 가운데 복을 입지 않지만 위아래의 명분이 있는 자
    로서 법률 조문에 분명히 열거되어 있다. 확실한 것은 복을 입지 않는 동년배 외친(종고모, 외종
    이모, 외종숙이 낳은 자녀) 및 비록 복을 입지만 동년배인 고모, 외숙, 이모의 자매들은 포함되지
    않았다. 그래서 「疏義」에 이르기를 "비록 외친이 복을 입지만 윗사람과 아랫사람 사이가 아니면
    혼인이 금지되지 않는다"고 했다.

22 『宋刑統』의 법조문 및 「疏義」는 당률과 완전히 같다. 이에 대해 홍매洪邁는 이렇게 말했다. "예
    법에 고종형제 사이의 혼인이 금지되어 있지 않은데 세속에서는 이를 모른다. 살펴보건대 『刑統』
    「戶婚律」에 이르기를 (…) 그러므로 고종, 이종사촌 형제자매는 바로 한 부류로, 그들이 시집가고
    장가드는 데 아무 장애가 없다. 나는 정화政和 8년에 한양군漢陽軍의 지사였던 왕대부가 이 조
    항을 설명하고 칙국勅局[송대에 법률 조례를 제정하던 기관]에서 검토한 바를 기억한다. 그것은
    예컨대 아버지의 내외종 사촌동생이 고종·외종·이종 조카딸에게 장가를 들고, 생질녀가 어머니
    의 사촌형제에게 시집가는 따위다. 휘주徽州의 '法司編類續降'에 전문이 담겨 있다. 오늘날 주현
    관부의 문서 판결에 고종사촌형제 간에 혼인한 경우 그들을 떼어놓도록 한 것이 있는데, 이는 율
    령을 세밀하게 파악하지 못한 것이다."(『容齋續筆』8,「姑舅爲婚」)

23 『明律例』, '尊卑爲婚';『淸律例』, '尊卑爲婚' 참고.

24 袁采,『世範』1,「睦親」, '因親結親尤當盡禮' 참고.

25 『明史』137,「朱善傳」.

26 『唐明律合編』, "명나라 洪武 17년에 황제께서 한림학사의 의견에 따라 주선의 말을 시독侍讀한
    뒤 사촌 형제자매 간의 혼인 금지를 풀어주었다. 다만 특별히 조례를 만들지 않아 사람마다 다르
    다는 부분에 대해서는 면할 수 없었다."(권14, '尊卑爲婚' 참고)

27 『淸律例』, '尊卑爲婚' 條例.

28 당·송의 법률에는 단지 오복 이외의 먼 친척만 언급되어 있으나, 명·청의 법률에서는 같은 종가
    이되 복을 입지 않는 아내도 포함하여 범위가 확장되었다.

29 『唐律疏義』14,「戶婚下」, '爲祖免妻嫁娶';『宋刑統』, '同姓及外姻有服共爲婚姻';『明律例』4,「戶
    律」「婚姻」, '娶親屬妻妾';『淸律例』「婚姻」, '娶親屬妻妾' 참고.

30 같은 곳.

31 『明律例』, '娶親屬妻妾';『淸律例』, '娶親屬妻妾' 참고.

32 같은 곳.

33 춘추시대 주邾나라 임금 안공顏公이 죽임을 당하고 그 동생 숙술이 옹립되자 안공의 아내를 부
    인으로 삼았다.

34 하지만 형이 동생의 아내를 거두는 것은 금령을 어긴 것이다. 그러므로 법률에서는 형이 동생의

부인을 거두는 경우에 대해서만 규정했다.(동생의 부인을 거두는 형은 장 170대, 부녀자는 99대에 처하고 이혼시켰다. 설사 자수했다 해도 여전히 정죄했고, 주례는 태형 57대, 중매자는 37대에 처했다. 『元史』 103, 『刑法志』 3, '戶婚' 참고. 실례로는 『元典章』 18, 「戶部」 4, 「婚姻」, '不收繼' '兄收弟妻斷離'; 『元典章新集』 「戶部」 4, 「婚姻」, '不收繼' '兄收弟妻斷離' 참고.) 한편 동생이 형수를 거두는 경우 통상적으로 승계가 허용되었다. 다만 동생을 젖을 먹여 키웠거나, 형수와 동생의 나이 차이가 현격하거나, 부녀자가 수절을 원하여 승계를 거부하는 경우는 허락되지 않았다.(『元典章』 18, '不收繼' '守志婦不收繼' '抱乳小叔不收繼' '嫂叔年甲爭懸不收'의 각 조항.)

35 법률에는 "여러 한인漢人과 남방 사람들은 아버지가 돌아가신 뒤 아들이 아버지의 첩을 거두거나 형이 사망한 뒤 동생이 형수를 거두는 일을 금한다"고 되어 있다.(『元史』 「刑法志」, '戶婚' 참고) 이후 원元 7년에 상서성 호부에서 다음과 같은 수정안을 바쳤다. "옛 조례를 상세히 검토해 보건대 발해의 한인은 복을 입는 형제의 아내를 거두어 승계하는 범위 내에 없습니다. 중서성 막료에게서 옛 조례를 얻은 바, 이를 범하는 자는 각각 본 세속의 법에 따르게 하고, 지정된 조례에 따르지 않는 한인들도 거두어들이지 못하도록 해주십시오." "본 부인이 복상이 끝나 수절하기로 자원하거나 종가로 돌아가 개가하기를 원한다면 그렇게 하도록 하려 하니, 청컨대 검토해주십시오. 성부省府에서는 호부에 서찰을 보내 각 지방에 방을 붙여 알리도록 하고, 그 밖의 일은 이상에 의거해 시행하기를 바랍니다."(『元典章』, '不收繼' '漢兒人不得接續' 참고)

36 『元典章』, '漢兒人不得接續' 참고.

37 『刑案彙覽』, '娶親屬妻妾' 條에 형이 동생의 처를 거두고 동생이 형수를 거둔 사건으로는 모두 7건이 있다. 그중 하나는 남편이 스스로 아내를 대공복을 입는 동생에게 팔아버린 지극히 예외적인 경우며, 다른 하나는 출타한 아버지가 오래 돌아오지 않아서 혼인한 사건이고, 나머지는 가장이 주례를 선 것으로, 부모가 주례를 선 경우가 4건이고 한 배에서 난 형이 주례를 선 경우가 1건이다. 또한 형이 동생의 처를 거두거나 동생이 형수를 거둔 사례가 각 조목으로 있다. 그러나 동생이 형수를 거두는 것에 제한을 두거나, 같은 배에서 난 형제 사이에 대해서만 제한한 것은 아니었다. 친동생의 처를 아내로 맞이한 것이 2건, 대공복을 입는 형의 처를 아내로 맞이한 것이 2건, 소공복을 입는 동생의 처를 아내로 맞이한 것이 2건, 시마복을 입는 동생의 처를 아내로 맞이한 것이 1건이다.(권8, pp.1~10)

38 呂坤, 『民務』 「惡風十誡」

39 鄭端, 『政學錄』 5.

40 『淸律例匯輯便覽』, '娶親屬妻妾' 條에서 인용.

41 『淸律例』, '娶親屬妻妾' 條, 가경 19년에 수정된 규정.

42 『唐律疏義』 14, 「戶婚下」, '尊長與卑幼定婚'; 『宋刑統』 14, 「戶婚律」, '和娶人妻'; 『明律例』 4, 「戶律」 「婚姻」, '男女婚姻'; 『淸律例』 10, 「戶律」 「婚姻」, '男女婚姻' 참고.

43 『唐律疏義』 14, 「戶婚下」, '嫁娶違律'; 『宋刑統』 14, 「戶婚律」, '違律爲婚'; 『明律例』 6, 「戶律」 3, 「婚姻」, '嫁娶違律主婚媒人罪'; 『淸律例』 10, 「戶律」 「婚姻」, '嫁娶違律主婚媒人罪' 참고.

44 『唐律疏義』, 같은 곳; 『宋刑統』, 같은 곳.

45 『明律例』, 같은 곳; 『淸律例』, 같은 곳. 당률에는 기년복을 입는 웃어른이 혼인을 주도했다고만 되어 있을 뿐 열거하지 않았는데, 이로부터 외조부모는 혼인을 주도하는 대상이 아니었음을 알 수 있다. 또한 외지에 있는 아랫사람의 혼처를 웃어른이 정하는 조목이 있는 「疏義」에서 말하는

웃어른이란 조부모와 백부모, 숙부모, 고모, 형제를 말한다고 되어 있다. 이로써 역시 외조부모가 포함되지 않았음을 알 수 있다. 명·청의 법률의 '男女婚姻' 條에서도 조부모, 부모, 백부모와 숙부모, 고모, 형제 등은 외지에 있는 아랫사람을 위해 혼처를 정할 수 있다고 했다. '嫁娶違律主婚媒人罪' 條에서야 외조부모가 포함되기 시작했는데, 그 권한은 기년복을 입는 자와 같은 경우도 있고 다른 경우도 있다.

46　『大明令』「戶令」; 『清律例』, '男女婚姻' 참고.

47　『唐律疏義』, '嫁娶違律'; 『宋刑統』, '違律爲婚'; 『明律例』, '嫁娶違律主婚媒人罪'; 『清律例』, '嫁娶違律主婚媒人罪' 참고.

48　『唐書』18, 「禮志」8. 『宋史』115, 「禮」68, 「禮」18, 「嘉禮」6. 『明史』55, 「禮」9, 「嘉禮」3. 『司馬氏書儀』3, 「婚儀上」; 『朱文公家禮』

49　『荀子』19, 「大略」

50　『司馬氏書儀』3, 「婚儀上」, '納采' 참고.

51　『宋史』115, 「禮志」68, 「禮」18, 「嘉禮」6, "여성의 이름을 묻고 가묘에서 점을 쳐 길하면 여자 쪽 집에 고하는데 이를 문명납길問名納吉이라 한다."

52　『禮記』「曾子問」

53　『司馬氏書儀』에 따르면 혼인한 당일에 부녀자가 사당에서 조상을 뵙고 다음과 같이 축원하는 말을 읽는다고 한다. "아무개(남편의 이름)는 길한 달 길한 날에 부인을 맞이해 아무개(부녀자의 성)와 혼인하여 그 일을 조상님께 보입니다." 주인이 재배하고 물러나 위치로 돌아가면 남편과 부인이 절을 했다. 이에 대해 온공溫公은 "옛날에는 이러한 예가 없었으나 오늘날에는 그것을 선조의 영혼을 배알한다고 한다"고 했다.(『司馬氏書儀』3, 「婚儀上」, '親迎') 이로부터 혼인한 날 사당을 찾아뵙는 의례가 송나라 때에도 있었음을 알 수 있다.

54　『禮記』「哀公問」

55　『晏子春秋』「天瑞」

56　『孟子』「滕文公下」

57　『白虎通德論』

58　『禮記』「內則」

59　『左傳』, 僖公 23年.

60　『禮記』「坊記」에는 "집에 두 주인은 없다"라고 했다. 『孔子家語』「本命解」에는 "하늘에는 두 개의 태양이 없고 나라에는 두 명의 군주가 없으며 집에는 두 명의 존귀한 자가 없다"고 했다. 『荀子』「致士」에는 "아버지는 집안의 높은 자다. 높은 자가 하나면 다스려지고 둘이면 어지러워진다. 자고이래로 두 명의 높은 자가 중함을 다투면서 오래 지속되는 경우는 없다"라고 했다.

61　『尙書』「牧誓」

62　『清律例』8, 「戶律」「戶役」, '立嫡子違法' 條例.

63　『明律例』12, 「刑律」4, 「斷獄」, '婦人犯罪'; 『清律例』37, 「刑律」, 「斷獄下」, '婦人犯罪' 참고.

64　『漢書』「宣帝紀」

65　『唐律疏義』24, 「鬪訟」4, '告期親尊長'; 『宋刑統』24, 「鬪訟律」, '告周親以下' 참고.

66　『明律例』10, 「刑法」2, 「訴訟」, '干名犯義'; 『清律例』30, 「刑律」, 「訴訟」, '干名犯義' 참고.

67　『刑案彙覽』48:65b~66b, '被逼賣姦喊告其夫與人通姦' 사건.

68 『淸律例』, '干名犯義' 참고.

69 『唐律疏義』 24, 「鬪訟」 4, '告緦麻卑幼'; 『宋刑統』, '告周親以下' 참고.

70 『明律例』, '干名犯義'; 『淸律例』, '干名犯義' 참고.

71 『宋書』 81, 「顧凱之傳」에서 인용.

72 『唐律疏義』 22, 「鬪訟」 2, '媵妾毆詈夫'; 『宋刑統』 22, 「鬪訟律」, '夫妻妾媵相毆幷殺' 참고.

73 『明律例』 10, 「刑律」 2, 「鬪訟」, '妻妾毆夫'; 『淸律例』 28, 「刑律」 「鬪毆下」, '妻妾毆夫' 참고.

74 『明律例』 9, 「刑律」 1, 「人命」, '謀殺祖父母父母'; 『淸律例』 26, 「刑律」 「人命」, '謀殺祖父母父母' 참고.

75 『唐律疏義』 22, 「鬪訟」 2, '毆傷妻妾'; 『宋刑統』, '夫妻妾媵相毆幷殺' 참고.

76 『明律例』, '妻妾毆夫'; 『淸律例』, '妻妾毆夫' 참고.

77 『淸律例』, '妻妾毆夫' 조목의 총결 주석.

78 『唐律疏義』, '毆傷妻妾'; 『宋刑統』, '夫妻妾媵相毆幷殺' 참고. 당 장경唐長慶 연간에 요문수姚文秀라는 자가 아내 아왕阿王을 때려죽였다. 형부 대리시大理寺에서는 싸우다 죽인 투살鬪殺죄로 정했다. 그러자 백거이白居易가 상소를 올려 이렇게 말했다. "서로 다투는 것을 투鬪라 하고 서로 가격하는 것을 구毆라고 하니, 서로 싸우다 죽음에 이르러야 투살이라 칭할 수 있다. 그런데 지금 아왕은 마구 맞아 죽음에 이른 반면 요문수는 검사를 해보았으되 몸의 손상이 없다." 그러니 서로 가격했다고 칭할 수 없고 마땅히 고의로 죽인 것으로 죄를 정해야 한다. 칙령을 받들면 아내를 살해한 죄는 십악十惡으로서 의당 백거이의 상소문에 의거해 무거운 장을 때려 사형에 처해야 한다.(『通考』 170, 「刑考」 9, '詳讞' 참고) 이를 통해 아내를 살해하는 경우 반드시 참형을 내리는 것은 아니지만 사형에 처하기도 했음을 알 수 있다.

79 『明律例』, '妻妾毆夫'; 『淸律例』, '妻妾毆夫' 참고.

80 당률과 송률에서는 남편이 실수로 아내를 살상하는 경우에 대해서 논죄하지 않은 반면, 아내가 실수로 남편을 살상하는 경우에 대해서는 고의로 살상하는 경우보다 2등급 감형해주었다.(『唐律疏義』, '妻妾毆夫'; 『宋刑統』, '夫妻妾媵相毆幷殺' 참고) 명·청의 법률에서는 아내가 남편을 때리거나 남편이 아내를 때리는 경우 또는 아내가 첩을 때리는 경우에 관한 법조문 뒤에 실수로 살상하는 경우에 관한 조항이 있다. 규정이 부부 쌍방에 적용되는 것으로 오해하게끔 적혀 있다. 첫 단락은 첩이 남편을 때려 상해를 입힐 경우 어떤 죄로 다스려야 할지에 관한 것이고, 둘째 단락은 남편이 아내를 때리고 아내가 첩을 때리는 경우 어떤 죄로 다스려야 하는지에 관한 것이다. 실수로 살상한 경우 각기 논죄하지 말라는 말은 남편이 아내를 때리거나 아내가 첩을 때리는 경우를 말하는 것이지, 아내나 첩이 남편을 때리는 경우도 포함되는 것은 아니다. 그러므로 청률의 주에서는 이렇게 말한다. "남편이 실수로 아내나 첩을 죽이고 정실이 실수로 첩을 죽이는 것에 대해 각기 논죄하지 말라는 것이고, 아내나 첩이 실수로 자신의 남편을 죽이거나 첩이 실수로 정실을 죽이는 경우에는 마땅히 이 법률을 적용해야 한다. 실수로 죽이는 것에 대해 죄를 묻지 말라는 것은 위 두 조목에 통할 수 없는 것이다." 또 법률 뒤에 덧붙인 총결 주석에서도 이렇게 말했다. "실수로 죽인 자에 대해 각기 논죄하지 말라는 것은 남편이 실수로 아내나 첩을 죽이거나 아내가 실수로 첩을 죽인 것에 대해 말하는 것이다. 하나는 존귀함을 구분하여 마땅히 용서해야 한다는 것이고, 다른 하나는 직계 친족은 마땅히 긍휼히 여겨야 한다는 것이다."

81 위와 같은 진술서에 내용을 살펴보면, 의식적으로 저지른 것은 아니지만 죽은 자가 남편이므로

512

명분과 관련된다는 따위의 문구들이 보인다.(『刑案彙覽』40:33a-46a, '被夫逼令賣姦拒姦誤斃
夫命' '被夫屢次毆逼賣姦將夫毆死' '毆死不孝之夫立決改爲斬監候' '妻毆死夫情輕止準疏內聲
明'의 각 사건 진술서 참고)

82   『刑案彙覽』40:47ab.

83   위의 책, 40:45a-46a.

84   위의 책, 46b.

85   위의 책, 40:44b-45a.

86   위의 책, 43ab.

87   위의 책, 46a.

88   위의 책, 42b-43a.

89   위의 책, 40:44a.

90   위의 책, 32:67b, '因瘋殺妻雖得勿論, 仍應監禁' 案.

91   『淸律例』26, 「刑律」 「人命」, '戲殺, 誤殺, 過失殺傷人' 條. 도광 25년에 속찬하고 咸豐 3년에 수정
    한 조례.

92   위의 책, 가경 15年 續纂例.

93   『明律例』26, 「刑律」 1, 「人命」, '威逼人致死' 條例.

94   『淸律例』26, 「刑律」 「人命」, '威逼人致死' 條. 건륭 25년에 최초로 규정했고, 가경 6년에 수정한
    규정.

95   『駁案新編』18:15a-19b.

96   『刑案彙覽』34:51b-52a.

97   『淸律輯註』에서는 이렇게 말한다. "법률에서는 윗사람이 아랫사람을 위협하고 핍박하는 경우에
    대해 말하지 않는다. 대개 윗사람의 아랫사람에 대한 명분은 군림함이니 두려워할 위협이란 없
    으며, 의당 아랫사람이 참아야 하므로 핍박이라 할 만한 것이 없다. 그러므로 그 법을 두지 않는
    다. 설사 범한 자가 기년복을 입는 친족이라 하더라도 논죄하지 않고, 대공복 이하라면 의당 고
    의로 저지른 범죄가 아닌 것으로 판결하고, 재산을 함께하는 동거자가 아니라면 매장하는 것으
    로 판결한다."

98   『明律例』9, 「刑律」 1, 「人命」, '夫毆死有罪妻妾'; 『淸律例』26, 「刑律」 「人命」, '夫毆死有罪妻妾' 참
    고. 청률의 총결 주에서 이렇게 말했다. "가정의 규문 안에서 일어나는 처첩의 과실에 대해서는
    크고 작음을 막론하고 남편의 구타로 골절상에 미치지 않은 경우에는 논죄하지 말라. 스스로 목
    숨을 가벼이 여긴 것에 남편이 무슨 죄가 있겠는가?"

99   『淸律例』, '夫毆死有罪妻妾' 조례에서는 이렇게 말했다. "아내와 남편이 말다툼을 하다가 아내가
    스스로 목을 맸다 하더라도 상흔이 없다면 의론할 필요가 없다. 그러나 때려서 중상을 입고 목
    을 매어 죽었다면 남편은 장 80대에 처한다." 또 이렇게 말했다. "처첩이 죄 없이 맞아 골절상 이
    상의 상해를 입은 경우라면 자진한 흔적이 있다 하더라도 남편이 처첩을 때려 상해를 입힌 법률
    에 따라 판결한다."

100 원나라 이전의 법률에 어떤 상황에서든 남편이 아내를 죽일 권리는 없었고, 당률과 송률에서도
    간음 현장에서 간부간부를 잡아 죽이거나 죄가 있는 처첩을 때려죽여도 된다는 규정은 없었다.
    칠거지악을 범한 아내는 단지 쫓아낼 수 있을 뿐 멋대로 죽일 수는 없었는데, 후에 사람들은 쉽

게 아내를 쫓아내려 하지 않았다. 칠거지악에 관한 문구가 갖추어지자 비로소 아내를 죽이는 것에 관한 규정이 생겨나고 칠거지악과 함께 법률에 존재하게 되었다.

101 『元史』104, 「刑法志」 3, '姦非'; 『名律例』 9, 「刑律」 1, 「人命」, '殺死姦夫'; 『淸律例』 26, 「刑律」 「人命」, '殺死姦夫' 참고.

102 원율에는 다음과 같다. "간음 현장에서 처첩을 죽이되 내연남을 살려둔 자는 장 170대에 처한다. 다만 남편이 간음한 현장을 잡았는데 저항하는 아내에 대해서는 죽여도 죄가 되지 않았다." (『元史』 「刑法志」, '姦非' 참고) 청의 조례는 다음과 같다. "간음 현장에서 간음을 발견한 것이 아니라 부인을 괴롭혀 시인하게 한 뒤 죽였는데, 살펴보니 간음을 저지른 확실한 증거가 없는 경우에는 아내를 구타해 죽음에 이르게 한 법률에 따라 논죄한다. 남편이 간음 현장에서 간음하는 이들을 붙잡아 즉시 아내를 죽였고, 내연남은 달아났다가 후에 관아로 잡혀와서 간음한 사실을 시인한 경우에는 남편에게 장 80대를 내렸다. 남편이 간음 현장에서 간음한 아내를 즉시 죽이지 않고 나중에 살해했고, 내연남이 관아로 찾아와 죄를 시인하고 확실한 증거가 있는 경우에는 남편에게 장 100대를 내렸다."(『淸律例』, '殺死姦夫'; 건륭 32년의 조례, 도광 5년의 수정 조례.)

103 『明律例』 9, 「刑律」 1, 「人命」, '夫毆死有罪妻妾'; 『淸律例』 26, 「刑律」 「人命」, '夫毆死有罪妻妾' 참고. 아내가 남편의 조부모나 부모를 때리고 욕하지 않았는데 다른 일로 아내를 때려죽게 한 경우, 반드시 부모가 직접 고변해야 한다고 한 이유는 사후에 사실을 날조해 처벌을 피하지 못하도록 한 것이다. 또 조부모나 부모가 자신의 자손을 구하기 위해 사건을 날조하여 자신이 대리하지 못하도록 한 것이다.(『淸律例』, '夫毆死有罪妻妾' 조의 집주 참고. 『刑案彙覽』 33:2a-3a, 3b-5b, 7b-3a에서 상주하여 황제의 허가를 얻은 사건 및 진술서 참고) 부모가 직접 고발하지 않았으나 시부모를 때리고 욕한 불효의 증거가 있고 남편이 격분하여 죽음에 이르게 했다면 변통하여 처리했다. 옛 조례에 따르면 초심에서 처벌할 때에는 비록 법률에 따라 교형으로 정하지만 가을 재심秋審 시에 불쌍히 여길 만한 경우에 죽음을 면하거나 감형되는 조례에 따라 한 등급 감형되어 징역형으로 판결했다.(『淸律例』 27, 「刑律」, '斷獄下', '有司決囚等第' 條, 건륭 25년의 판례) 도광 연간에 제정한 『通行章程』의 법은 더욱 너그러워서 때려죽임에 증거가 있고 그 증거가 확실하면 비록 직접 고변하지 않았다고 하더라도 임의로 죽인 것에 관한 법률을 인용하여 장형으로 판결할 수 있었다.(『刑部通行章程』 上, 15a-17b)

104 『刑案彙覽』 40:40a-11a.

105 위의 책, 37a.

106 위의 책, 40:41a-42b.

107 『淸律例』 4, 「名例律上」, '犯罪存留養親' 條. 가경 6년, 11년 두 차례 수정, 15년에 수병修幷, 19년에 다시 수정, 도광 15년에 수정한 규정.

108 '불쌍히 여길 만함可矜'이란 시부모를 욕하거나 때려 불효의 근거가 있는 아내, 간음을 저지르고도 그만두지 않는 아내, 남편을 때린 아내를 고의로 죽이거나 때린 경우를 가리킨다. 예컨대 계획적으로 참살하는 중대한 죄가 아니면 불쌍히 여길 만한 경우에 속한다. 그렇지 않은 경우에는 처결을 늦추는 것緩決에 속하는데, 예컨대 소리질러 대들었을 뿐 불효한 증거가 없는 아내를 죽였다면 처결을 늦추는 것에 포함되었다.(『刑案彙覽』 2, 「名例」, '犯罪存留養親門, 隨本留養應査秋審緩矜比較' 條항 참고)

109 『淸律例』, '犯罪存留養親' 條. 가경 6년, 11년 두 차례 수정, 15년에 수병, 19년에 다시 수정, 도광

15년에 수정한 규정. 또『督捕則例』건륭 32년 중앙 각 부의 결정.『刑案彙覽』2:25b-26b, '毆
妻致死隨本行查親者准留' 사건, 도광 11년의 진술서 참고.

110 『淸律例』, '犯罪存留養親' 條;『督捕則例』(『刑案彙覽』2:51b-52a, '毆妻致死減流之犯准其毆祀'
사건, 가경 18년의 진술서 참고)

111 『淸律例』, 같은 조항, 건륭 21년에 규정, 38년 수정, 가경 6년에 수병한 규정.

112 『刑案彙覽』2:4a-51b, '毆死妻准承祀此外一槪不准' 사건, 가경 20년의 진술서 참고.

113 위의 책, 2:52b-53b, '異姓義子殺妻准其歸宗承祀' 사건, 도광 원년 진술서.

114 사당 알현은 남편 집의 사망한 친족들과 만나는 의례며, 시부모 및 친족들을 만나는 것은 남편
집의 살아 있는 친족들과 만나는 의례다. 두 가지 의례는 모두 혼례 가운데 매우 중요한 절차다.
사마씨는『書儀』에서 신부가 시부모를 배알한 후에 친족과 만나는 의례를 어떻게 행하는지 상
세하게 묘사했다. 형제자매 앞에서 먼저 윗사람인 친족으로서 절을 받아야 하는 자에게 절을
하고 나서, 아랫사람인 친족으로서 맞절을 해야 하는 자와 맞절을 한다. 그 나머지 윗사람인 친
족들에게는 신부가 집으로 찾아가 절을 하고, 아랫사람인 친족들은 신부의 집에 왔을 때 절을
한다.(『書儀』4,「婚儀下」, '婦見舅姑') 최근 풍속은 윗사람인 친족들이 당堂 앞에 모여 상견례를
한다.

아내의 신분은 남편의 신분에 따라 친족관계를 맺는다.『禮記』「大傳」에서 "남편이 아버지의 도
리를 다해야 하는 곳에서 아내는 어머니의 도리를 다하고, 남편이 자식으로서의 도리를 다해야
하는 곳에서 아내는 며느리의 도리를 다한다"는 말은 이러한 이치를 담고 있다. 친족의 범위를
말하자면 아내는 남편의 구족九族을 범위로 한다. 또 복제의 부분은 남편과 공통점도 있고 차
이점도 있다. 대체적으로 아랫사람에 대해서는 남편과 같은 복을 입는다. 하지만 윗사람에 대해
서는 부모를 제외하면 남편보다 한두 등급 낮아지니, 남편이 시마복을 입는 경우에 아내는 복을
입지 않는다.(『元典章』『明會典』『淸律例』'妻爲夫族服 圖'에 상세함.)

115 고대에 삼족을 멸하는 법은 부모, (같은 어머니에게서 태어난) 형제, 처자식까지 주살했다. 여자
가 출가하면 남편 집안에 대해 책임을 질 뿐 아니라 친정에 대해서도 책임을 져야 했으니, 이중
연좌의 책임을 졌다. 후한後漢 때 곽회郭淮의 아내는 왕릉王淩의 여동생이었다. 왕릉이 역모로
주살되었으므로 여동생인 그녀는 연좌제로 죽어야 했다. 이에 어사가 그녀를 보러 향할 때 곽회
의 부장은 만류해줄 것을 곽회에게 통사정했으나 곽회는 말에 따르지 않았다. 아내가 끌려가자
다섯 아들은 머리에서 피가 나도록 땅에 찧어댔다. 곽회는 이를 차마 볼 수 없어 측근들에게 아
내의 뒤를 따라가 데려오게 했다. 그리고 사마선왕司馬宣王에게 보내는 서신에 이렇게 말했다.
"다섯 자식이 어머니에 대해 슬퍼하며 자신을 아끼지 않으니, 그 어미가 없어지면 다섯 아들도
없게 되고 저 또한 없어질 것입니다. 지금 쫓아가 돌아오게 했으니 법에 통용되지 않는다면 마땅
히 제가 벌을 받아야 할 것입니다." 선왕이 그를 용서해주었다.(『魏志』「郭淮傳」;『世說新語』) 또
다른 예로 무구검毋丘儉이 주살되자 그 아들 전甸의 아내인 순荀씨 또한 연좌되어 죽어야 했다.
그의 족형인 개凱가 경제景帝와 인척 관계인 터라 위나라 황제에게 그녀를 살려줄 것을 상주했
다. 조서에 따라 이혼함으로써 형벌을 면할 수 있었다. 또 순씨가 낳은 딸 지芝는 유자원劉子元
의 아내로서 역시 연좌되어 죽어야 했는데, 임신한 채로 옥에 갇혔다. 순씨는 감찰관인 사예교
위司隸校尉 하증何曾에게 글을 보내어 관의 노비로 강등해 여식의 목숨을 구제해달라면서 은
혜를 베풀어주기를 청했다.『晉書』「刑法志」에는 "위나라 법률에서 대역죄를 저지른 자는 출가한

여식까지 주살했다"고 되어 했다.

그러나 당시에 그러한 이중적인 연좌의 책임은 지나치게 불공평하다고 여기는 이가 있었고 하증도 그것을 슬피 여겨 주부主簿 진함陳咸에게 다음과 같이 상소하여 의론하게 했다. "부모에게 죄가 있음에 이미 출가한 여식에게까지 형벌을 더하고, 남편 집안이 주살을 당해도 성姓을 따르는 죽임이 있으니, 한 사람의 몸으로 안팎에서 형벌을 받습니다. 여식이 출가를 했다면 성이 다른 자의 아내가 된 것이고, 자식을 낳고 기른다면 다른 가족의 어미가 된 것입니다. 이는 크게 악한 자가 소홀히 여기는 바이며 무고한 자가 중히 여기는 자를 죽이는 것입니다. 법의 측면에서 간악함의 근원을 징벌하기에 부족하고 정의 측면에서는 측은지심을 해치는 것입니다. 남자는 다른 가족으로 인해 형벌을 받지 않으면서 여자만 유독 두 가문에서 죽임을 당하니, 이는 여자와 약한 이를 궁흉히 여기는 것, 법제의 본분을 밝히는 것이 아닙니다. 신이 생각하기에, 시집을 가지 않은 여식은 부모가 주살됨에 따라야 하지만 이미 혼례를 치른 부녀자는 남편 집안의 형벌을 따라야 합니다. 의당 옛 법조문을 고쳐 영원한 제도로 삼아야 할 것입니다." 이에 칙령을 내려 법령을 개정했다.(『晉書』「刑法志」) 이때부터 중국의 법률은 연좌를 시집가지 않은 여자로 제한하고 출가한 여자에게는 미치지 않게 했다. 진晉 왕조 때 삼족을 멸하는 법은 부녀자에게는 미치지 않는다고 분명하게 규정하고 있다.(『晉書』「明帝紀」) 여기서 부녀란 출가한 여인 혹은 자매를 가리킨다. 「해진전解縉傳」에 따르면 해계解系가 해를 입자 해결解結 또한 죽임을 당했는데, 다음 날 해결의 여식이 배裵씨에게 시집가기로 되어 있었다. 배씨가 이를 알고 그 여식을 살려주려 했으나 그녀는 "집이 이렇게 되었는데 내가 어찌 살겠습니까?"라며 연좌에 따라 죽었다. 조정에서는 이에 옛 제도를 논의해 개혁했으니, 여자가 연좌제를 따르지 않음은 해결의 여식으로부터 시작되었다. 당·송·명·청에서는 대역 모반의 죄를 지었을 때 범인의 여식과 자매는 모두 관몰하여 노비로 삼거나 공신 집안에 노비로 주었다.(『唐律疏義』17, 「賊盜」1, '謀反大逆'; 『宋刑統』17, 「賊盜」1, '謀反大逆'; 『明律例』18, 「刑律」1, 盜賊, '謀反大逆'; 『淸律例』23, 「刑律」, 盜賊上, '謀反大逆' 참고) 그리고 여식의 혼인이 정해졌거나 출가한 경우에는 연좌의 범위에 포함되지 않았다. 법률마다 이 점을 분명하게 말하고 있다. "여식(자매도 포함)의 혼인이 결정되어 남편이 정해져 있고 (…) 아직 혼인 절차가 마무리되지 않은 자들에 대해서는 모두 연좌하지 않는다."(『唐律疏義』17, 「賊盜」, '緣坐非同居'; 『宋刑統』, '謀反叛逆'; 『明律例』, '謀反大逆'; 『淸律例』, '謀反大逆') 혼인 허가서 및 혼인 서약서가 있거나 이미 예물을 받았다면 혼인이 정해진 것으로 보아 혼인 절차가 마무리되지 않았더라도 그 남편에 속한 것으로 여겼다.(『唐律』, '緣坐非同居'「疏義」) 『淸律』의 총결 주석에서도 이렇게 말한다. "여식의 혼인이 허락되었고 남편 집안의 예물을 받았으되 아직 규문을 넘어선 적이 없거나 (…) 다른 사람의 여인으로 정해졌으되 아직 규문을 넘어 아내가 되지 않은 자들은 연좌하지 않는다." 이는 여자에게 시집을 가기 전과 후의 신분 차이를 나타내며, 시집가기 전에는 아버지를 따르고 시집간 후에는 남편을 따르라는 이치를 설명하고 있다. 이미 시집갔다면 아버지의 집을 벗어나 남편의 집에 편입된 것이므로 친정의 형사 사건에 대해서는 연대적 책임을 지지 않지만, 남편의 집에서는 아내나 어머니의 신분으로서 함께 연좌된다. 그래서 대역 모반죄를 지은 정범의 어머니, 아내, 첩 그리고 아들의 처첩 모두 관몰되거나 공신의 집에 수여되어 노비가 되었다. 또한 모반죄를 지은 자의 어머니와 처첩은 각기 따로 배치했다.(『唐律疏義』, '謀反大逆' '謀叛'; 『宋刑統』, '謀反叛逆'; 『明律例』, '謀反大逆'; 『淸律例』, '謀反大逆' '謀叛')

116　여자가 시집가지 않았을 때 본가의 구족에 대한 복제服制는 남자와 같다. 그러므로 '本宗九族五服正服圖'의 주석에는 이렇게 적혀 있다. "고모, 자매, 여식 그리고 손녀 중에 시집을 가지 않았거나 시집갔다가 돌아온 이들의 복제는 남자와 같다."(『明會典』102, 「禮部」60, 「喪禮」7, '喪服'; 『淸律例』2, 「諸圖」'喪服圖'」) 그후 출가를 하면 본가에 대해 입던 복의 등급이 낮아진다. 비록 부모라 할지라도 참최斬衰 3년에서 기년복으로 강등되고, 다른 친족에 대한 복제도 한 등급씩 강등된다. 이렇게 하면 소공복을 입던 등급은 시마로 강등되고, 시마를 입던 등급은 복을 입지 않는 것이 된다. 이렇게 등급이 밀려남에 따라 친족의 범위는 축소된다. 아울러 동년배의 형제는 소공에 미치고, 아랫사람의 경우는 형제 또는 할아버지가 같은 형제의 자식(조카뻘)만 해당될 뿐으로 형제의 손주(조카손주)는 복을 입지 않는 사이가 된다. 이렇듯 친족의 범위가 축소됨이 명백하다. 친족의 배우자들의 경우, 직계 존속 및 방계의 큰어머니, 작은어머니를 제외한 나머지 존속과 비속의 배우자들은 복을 입는 범위 밖이다.(『元典章』, '女嫁爲本族服圖'; 『明律例』, '出嫁女爲本宗降服圖'; 『淸律例』, '出嫁女爲本宗降服圖'에 상세하다)

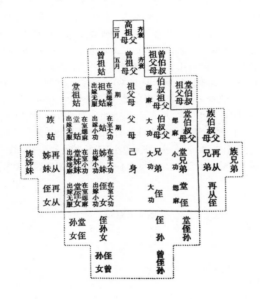

여자 쪽 집안 또한 같은 원칙으로 그녀에 대한 복이 강등되었다. 시집가면 한 등급씩 강등되었다. 고모·자매·질녀는 원래 기년복의 관계지만 출가 후에는 대공복으로 강등되었다. 대공복의 관계인 종자매는 소공복으로 강등되고, 소공복인 종조조고모·종고모·재종자매·종질녀·질손녀는 시마로 강등되었다. 시마의 친족들, 즉 족증조고모·족조고모·족고모·족자매·재종질녀·종질손녀·질증손녀 등은 모두 오복 밖으로 밀려나 복을 입지 않는 등급이 된다.(위의 인용 참고)

117　『唐律疏義』22, 「鬪訟」2, '妻妾毆詈夫父母'; 『宋刑統』22, 「鬪訟律」, '夫妻妾媵相毆幷殺' 참고.
118　위의 책 17, 「賊盜」, '謀殺期親尊長'; 『宋刑統』17, 「賊盜」, '謀殺' 참고.

119 『明律例』,「刑律」,「訴訟」, '干名犯義'; 『淸律例』,「刑律」,「訴訟」, '干名犯義' 참고.

120 『明律例』,「刑律」,「罵詈」, '罵祖父母父母'; 『淸律例』,「刑律」,「罵詈」, '罵祖父母父母' 참고.

121 『明律例』,「刑律」,「鬪毆」, '毆祖父母父母'; 『淸律例』,「刑律」,「鬪毆」, '毆祖父母父母' 참고.

122 『明律例』,「刑律」,「人命」, '謀殺祖父母父母'; 『淸律例』,「刑律」,「人命」, '謀殺祖父母父母' 참고.

123 『淸律例』, '毆祖父母父母' 條, 가경 19年 續纂例, "며느리가 간음을 거부하고 시아버지를 때려 다치게 한 사건을 살펴 밝혀보니, 실제로는 강간범이라 생각한 며느리가 다급하고 위태로운 상황에서 막아낸 경우, 시아버지가 관아에 이르러 사실을 인정하여 숨김이 없거나, 친족이나 이웃이 평소의 음험하고 포악한 실제 행적을 지적하거나, 한 집에 사는 사람으로부터 확실히 보고 들은 증거가 있어 조금도 의심할 바가 없으면, 전과 같이 남편의 부모를 때린 본 법률에 따라 초심 판결을 한다. 다만 형부에서 심의하여 회답할 때 형결 사건에 대한 황제의 뜻을 기록하여 면죄부를 쓰고 석방할 점이 있는지를 상주하여 결정을 청한다."(『刑案彙覽』 53:12b-13b 참고)

124 『淸律例』, '毆祖父母父母' 條, 도광 10年 續纂例. 관리는 판결을 할 때 며느리가 남편의 부모를 치사한 것에 관한 법률에 따라 죄를 정해야 했고, 참형 감후로 바꿀 수 있는지에 대해서는 심문해 판결할 수 없고 상주하여 결정을 청해야 했다. 비록 간음을 거부할 때 시아버지인 줄 몰랐다고 하더라도 예외일 수 없었다. 이 사건은 어두운 밤에 며느리를 강간하려 한 사건에서 며느리가 소리치며 물었으나 대답하지 않았고, 다시 며느리가 입이 눌리자 시아버지를 때려 다치게 하여 사망했다. 시아버지가 사망하기 전 시어머니에게 물어 사실을 밝혔으니 확실한 증거도 있었다. 총독은 그 며느리가 범행할 때 (시아버지인 줄) 몰랐으므로 일반인이 멋대로 죽인 것에 관한 법률에 따라 징역형으로 판결했다. 그러나 형부에서는 사건이 인륜의 기강과 관련된 것으로, 며느리가 간음을 거부해 시아버지를 때려 상해를 입힌 모든 사건은 (시아버지인 줄) 알았든 몰랐든 본 법률에 따라 각기 심문해 판결한 다음, 사건을 원용해 상주하여 청함으로써 판결해야 한다고 여겼다. 따라서 그 며느리를 아내가 남편의 부모를 때린 법률에 따라 능지처참으로 판결한 뒤, 내막을 분명히 밝혀서 사건을 원용하여 상주해 다시 판결을 청했다.(『續增刑案彙覽』 14:23ab 참고)

125 『刑案彙覽』 53:4a.

126 『淸律例』,「刑律」,「人命」, '威逼人致死' 條, 건륭 37年 例.

127 『刑案彙覽』 34:25b-26a.

128 위의 책, 13a-14b.

129 『續增刑案彙覽』 9:46b-47a.

130 『刑案彙覽』 9:26b.

131 위의 책, 27a.

132 『刑案彙覽』 9:27ab.

133 (며느리가) 간음이나 도둑질을 한 일로 시부모가 분노하여 자진했거나, 남에게 맞아죽었거나, 살해당한 경우 며느리를 즉결 교형에 처했다. 반면 시부모가 처음에는 가만히 있거나 거들다가 나중에 두려워하여 자진한 경우에는 며느리를 운남, 귀주, 광동, 광서 국경 지역의 충군充軍으로 보냈다. 며느리의 일로 시부모가 남에게 맞아죽거나 고의로 살해당한 경우에는 며느리를 교형 감후로 판결했다. 시부모가 간음이나 도둑질을 지시했고 나중에 두려워 자진한 경우에는 며느리를 장 100대에 징역 3년형에 처했다. 며느리의 일로 시부모가 남에게 맞아죽거나 모의하여 고의로

살해당한 경우에는 며느리를 장 100대에 3000리 밖 유형에 처했다. 며느리가 범한 죄가 마땅히 죽을죄이거나 고의로 살인을 한 진상이 드러나 시부모가 자진하게 되었다면 각기 본 범죄의 명칭에 비추어 즉결 처형했다.(『淸律例』, 「刑律」 「訴訟」, '子孫違犯敎令' 條, 가경 6년, 15년 두 차례 수정, 19년 뒤에 받들어 수정해 반포, 도광 원년에 판례 수정)

134 『唐律疏義』, '妻妾毆詈父母'; 『宋刑統』, '夫妻妾媵相毆幷殺' 참고.

135 『明律例』, '毆祖父母父母'; 『淸律例』, '毆祖父母父母' 참고.

136 『唐律疏義』, '妻妾毆詈父母'; 『宋刑統』, '夫妻妾媵相毆幷殺'; 『明律例』, '毆祖父母父母'; 『淸律例』, '毆祖父母父母' 참고.

137 당률과 송률에서는 자손의 부인을 때려죽인 자는 징역 3년형에 처했고, 명·청의 법률에서는 장 100대에 징역 3년형에 처했는데 '도리에 어긋나게 때려죽인 경우'라는 내용이 덧붙었다.(『唐律疏義』, '妻妾毆詈父母'; 『宋刑統』, '夫妻妾媵相毆幷殺'; 『明律例』, '毆祖父母父母'; 『淸律例』, '毆祖父母父母' 참고.)

138 『明律例』, '毆祖父母父母'; 『淸律例』, '毆祖父母父母' 참고.

139 『刑案彙覽』 44:9a-10a.

140 『唐律疏義』, '妻妾毆詈父母'; 『宋刑統』, '夫妻妾媵相毆幷殺'; 『明律例』, '毆祖父母父母'; 『淸律例』, '毆祖父母父母' 참고.

141 『淸律例彙輯便覽』, '毆祖父母父母' 條 부록 중 건륭 45년 호남湖南 사건.

142 『淸律例』 26, 「刑律」 「人命」, '謀殺祖父母父母' 條 가운데 건륭 48년의 원 판례, 도광 10년의 수정 판례.

143 위의 책, '毆祖父母父母' 條, 건륭 56년의 원 판례, 가경 6년의 수정을 19년의 것과 병합, 도광 5년에 판례를 수정.

144 『淸律例』 26, 「刑律」 「人命」, '謀殺祖父母父母' 條, 건륭 37년의 판례.

145 위의 책, '威逼人致死' 條, 가경 6년 찬수纂修, 도광 6년 수정 판례.

146 위의 책, '威逼人致死' 條, 가경 6년 찬수, 도광 6년 수정 판례.

147 『刑案彙覽』 53:29b-31a; 『續增刑案彙覽』 14:24a.

148 『刑案彙覽』 53:31a.

149 『刑案彙覽』 53:28b-29a.

150 『唐律疏義』 23, 「鬪訟」 3, '毆詈夫期親尊長'; 『宋刑統』 23, 「鬪訟律」, '毆前夫之子及受業師' 참고.

151 『明律例』 10, 「刑律」 2, 「鬪毆」, '妻妾與夫親屬相毆'; 『淸律例』 28, 「刑律」 「鬪毆下」, '妻妾與夫親屬相毆' 참고.

152 『唐律疏義』, '毆詈夫期親尊長'; 『宋刑統』, '夫妻妾媵相毆幷殺'; 『明律例』, '妻妾與夫親屬相毆'; 『淸律例』, '妻妾與夫親屬相毆' 참고.

153 위의 책, 같은 곳.

154 위의 책, 같은 곳.

155 『唐律疏義』 「鬪毆」, '毆兄妻夫弟妹'; 『宋刑統』, '夫妻妾媵相毆幷殺' 참고.

156 『明律例』, '妻妾與夫親屬相毆'; 『淸律例』, '妻妾與夫親屬相毆' 참고.

157 칠거지악에 관한 글은 『大戴禮記』에도 있고 『孔子家語』 「本命解」에도 있다. (부녀자의 칠거지악은 다음과 같다. 부모님께 순종하지 않는 것으로, 이는 덕을 거스르는 것이기 때문이다. 아들이

없는 것으로, 이는 대를 끊는 것이기 때문이다. 음란한 것으로, 이는 일족을 어지럽히는 것이기 때문이다. 질투하는 것으로, 이는 가정을 어지럽히는 것이기 때문이다. 악질에 걸리는 것으로, 이는 제사에 쓸 곡식을 바칠 수 없기 때문이다. 말이 많은 것으로, 이는 친족을 이간질하기 때문이다. 절도하는 것으로, 이는 의에 반하기 때문이다.) 당·송 때는 명령슈에 나왔으며(『疏義』에 따르면 칠거지악을 명령에 의거해 운용하고 있다) 원·명 때에도 이는 마찬가지였다.(『通制條格』 4, 「戶令」; 『大明令』 「戶令」) 청률의 경우에는 법조문 뒤의 주석에 붙어 있다. 대개 칠거지악은 본래 전통적인 예에서 나온 것이지만 법률에 의해 승인됨으로써 법적인 효력이 부여되었다.

한편 법률에 등장하는 칠거지악의 순서는 예에 관한 서적에 기재된 것과 약간 다르다. 그 선후는 사회에서 강조되는 것의 차이 때문으로 보인다.(당률 이후로 칠거지악의 순서는 아들이 없는 것, 음란한 것, 시부모를 섬기지 않는 것, 말이 많은 것, 절도하는 것, 질투하는 것, 악질에 걸리는 것이다.) 아들이 없는 것이 맨 앞에 놓이고 질투하는 것과 악질에 걸리는 것이 맨 뒤로 밀려났는데, 그러한 변화는 사회적인 이데올로기와 관련이 있으므로 유의하지 않을 수 없다.

158 예컨대 고대 그리스 사회에서도 아들이 없는 것은 이혼의 조건 가운데 하나였다.

159 『東觀漢紀』 「應順傳」, "응순應順은 어려서부터 같은 군郡에 사는 허경許敬과 사이좋게 지냈다. 허경의 집이 가난하고 부모님이 연로하며 자식이 없자, 허경을 위해 아내를 버리고 다시 장가를 들도록 했다." 이것이 역사적으로 아들이 없어 아내를 쫓아낸 하나의 사례다.

160 『唐律疏義』, '妻無七出' 條 「疏義」 및 『宋刑統』 13, 「戶婚律」, '和娶人妻' 條 「疏義」에 나온다.

161 위의 책, 같은 곳. 위衛의 장강莊姜은 아름다웠으나 아들이 없어 여사厲姒의 동생 대규戴嬀의 자식을 자신의 자식으로 삼았다.(『左傳』 隱公 3年) 아들이 없다고 해서 언제 쫓겨난 적이 있었던가? 첩의 자식을 자식으로 삼는 관례는 예로부터 있었다.

162 『漢書』 98, 「元后傳」

163 『後漢書』 58 下, 「馮衍傳」

164 『北史』 16, 「太武五王傳」

165 皇甫謐, 『列女傳』, "패공손沛公孫은 병든 아내를 버린 자다. 같은 군郡에 사는 대원세戴元世의 여식은 시집간 지 오래되었는데도 자식이 없자, 자신의 남편에게 이렇게 말했다. '재주가 없는 소첩이 그대의 세수를 시중들 수 있었으나 세월이 흐르도록 후사가 없습니다. 예에 칠거지악이 있으니, 청컨대 처벌 받기를 바랍니다.' 남편이 허락하지 않자 다시 진언했다. '번창하는 것보다 더 큰 복은 없고 후사가 없는 것보다 더 큰 화는 없습니다. 그대가 차마 쫓아내지 못하시겠다면 마땅히 첩을 들이셔야 합니다.'"(『太平御覽』 p.440에서 인용) 남편에게 첩을 허용하는 한 아내에게 아들이 없는 것은 문제가 되지 않았다.

166 『唐律疏義』, '妻無七出'; 『宋刑統』, '和娶人妻'; 『通制條格』 4, 「戶令」; 『大明令』 「戶令」; 『清律例』, '出妻' 條 조례.

167 『唐律疏義』, '妻無七出'; 『宋刑統』, '和娶人妻' 참고.

168 『예기』에서는 이렇게 말했다. "며느리가 순종해야 할 것은 반드시 시부모에 대해서다." 또한 「婚義」에서는 이렇게 말했다. "아들과 며느리로서 효도하고 공경하는 자는 부모와 시부모의 명령에 거역하지 않고 태만하지 않다."(「內則」) 「內則」에는 며느리가 시부모를 섬기는 예가 아주 상세히 기록되어 있다. "기색을 온화하게 하고 부드러운 목소리로 따뜻하신지 추우신지 여쭈라. 통증을 느끼시거나 가려워하시면 공손하게 안마를 해드리라. 출입을 하실 때에는 앞쪽이나 뒤쪽에서 걸

으며 공손 하게 부축해드리라. 세수를 하실 때 작은머느리는 세숫대야를 들고 있고 큰며느리는 물을 따르며 씻으신 후에는 수건을 건네드리라. 잡숫고 싶으신 것을 여쭈어 공손하게 바치고 부드러운 안색으로 응답하라." 또 시부모를 모시는 태도도 기록되어 있다. "부르시면 공손히 대답하며, 나아가거나 물러나거나 돌아갈 때 신중하고 단정해야 한다. 오르내리거나 출입할 때에는 읍을 해야 한다. 감히 딸꾹질, 트림, 재채기, 기침, 하품을 하지 않고 기지개를 켜지 않는다. 좌우로 기대거나 곁눈질하지 않고 침을 뱉거나 콧물을 흘리지 않는다." 역대로 여성에 대한 가르침은 부녀자의 순종을 강조하지 않은 적이 없었다. 시집갈 딸에게 부모는 평소의 가르침을 잊을까 하여 시부모의 말을 따를 것을 재삼 당부한다.(『穀梁傳』참고)

169 「內則」

170 『孔子家語』「七十二弟子解」

171 『後漢書』59, 「鮑永傳」

172 강시는 어머니를 모심이 지극히 효성스러웠고 아내도 받들어 순종함이 아주 독실했다. 어머니가 즐겨 마시는 강물이 6~7리 떨어져 있었고, 아내는 물을 길러 갔다가 세찬 바람을 만나 제때 돌아오지 못했다. 어머니는 목말라했고 강시는 책망하며 그녀를 내쫓았다.(『後漢書』114, 「列女傳」「姜詩妻傳」)

173 유환의 아내 왕씨가 벽을 뚫어 신발을 걸어두었는데, 흙이 어머니 공씨 침상에 떨어지자 어머니가 불쾌해했다. 유환은 곧 아내를 쫓아냈다.(『南齊書』39, 「劉瓛傳」; 『南史』50, 本「傳」)

174 「內則」

175 『後漢書』114, 「列女傳」「曹世叔妻」

176 『孔子家語』에 따르면 '세 가지 쫓겨나지 않는 경우三不去'란 돌아갈 친정이 없는 경우, 삼년상을 치른 경우, 처음에는 가난했으나 나중에는 부유해진 경우다. 법률에는 그 자세한 사례를 열거하지 않았는데, (당률과 송률에서는 「疏」에 있고, 명률에서는 『大明令』에 있고, 청률에서는 법률 주석에 있다) 이 역시 법 안에 예가 녹아든 경우다. 그래서 『淸律輯注』에서는 "일곱 가지 쫓겨남이란 예에 따라 마땅히 쫓아냄을 말하고, 세 가지 쫓겨나지 않는 경우란 예에 따라 마땅히 남겨두어야 함을 말한다"고 했다.

177 都穆, 『都公談纂』(陸采 編, 원래 제목은 『談纂』, 『硯雲』甲乙編本.)

178 『史記』56, 「陳丞相世家」

179 『後漢書』111, 「獨行傳」「李充傳」

180 『禮記』「婚義」

181 이 항목은 남편이 아내의 조부모·부모를 때리는 것, 아내의 외조부모·백부모·숙부모·형제·고모·자매를 죽이는 것, 그리고 부부의 조부모·부모·외조부모·백부모·숙부모·형제·고모·자매가 서로 죽이는 것, 아내가 남편의 조부모·부모를 때리고 욕하는 것, 남편의 외조부모·백부모·숙부모·형제·고모·자매를 살상하는 것을 포함한다.(『唐律』, '妻無七出' 條의 「疏義」; 『宋刑統』, '和娶人妻' 條의 「疏義」. 명·청의 법률은 각 조문 가운데에 흩어져 있다.)

182 아내가 남편의 시마 이상의 친족과 간음하는 것, 그리고 남편이 아내의 어머니와 간음하는 것이다.

183 『唐律』, '妻無七出' 條의 「疏義」와 『宋刑統』, '和娶人妻' 條의 「疏義」에서는 남편을 해하고자 하는 자라고 했다.

184 당·송의 법률에는 칠거지악 및 도의에 어긋남이 없는데 아내를 쫓아낸 자는 징역 1년 반에 처했고, 명·청의 법률에는 장 80대로 처벌이 비교적 가벼워졌다. 세 가지 쫓겨나지 않는 조건에 맞지 않음에도 아내를 쫓아낸 자는 2등급 경감되어, 당·송 시대에는 장 100대였고, 명·청 시대에는 장 60대였다.(『唐律疏義』, '妻無七出'; 『宋刑統』, '和娶人妻'; 『明律例』, 「戶律」 '婚姻', '出妻'; 『清律例』 10, 「戶律」, '婚姻', '出妻' 참고)

185 『唐律疏義』, '妻無七出'; 『宋刑統』, '和娶人妻'; 『明律例』, '出妻'; 『清律例』, '出妻' 참고.

186 『唐律疏義』 「戶婚下」, '義絶離之'; 『宋刑統』, '和娶人妻'; 『明律例』, '出妻'; 『清律例』, '出妻' 참고.

187 옛사람들은 부녀자는 의당 남편을 따를 뿐 자기 마음대로 할 수 없다고 여겼다. 즉 남편은 아내를 내쫓을 수 있지만 아내가 스스로 남편과 단절하는 이치가 없으니, 멋대로 집을 나가는 것은 남편을 배신하고 도망하는 것과 마찬가지로 여겨 당·송의 법률에서는 징역 2년에 처했고, 명·청의 법률에서는 장 100대에 처하고 남편이 팔아넘길 수 있었다. 따라서 개가를 하는 것은 더욱 용서될 수 없는 일로, 처벌이 무거웠다. 당·송의 법률에서는 징역 3년에 처했고, 명·청의 법률에서는 처벌이 교형 감후에 이르렀다. 설사 남편이 아내를 버려서 집을 나왔다 하더라도 3년 안에 관아에 알리지 않으면 도망한 자로 여겨 장 80대에 처했고, 개가한 자는 장 100대에 처했다.(『唐律疏義』, '義絶離之'; 『宋刑統』, '和娶人妻'; 『明律例』, '出妻'; 『清律例』, '出妻' 참고)

188 『唐律疏義』, '義絶離之'; 『宋刑統』, '和娶人妻'; 『明律例』, '出妻'; 『清律例』, '出妻' 참고.

189 『白虎通義』에는 "경대부는 처 하나에 첩 둘이고, 사士는 처 하나에 첩 하나이되 질녀와 여동생은 첩으로 삼지 않는다"고 되어 있다. 평민 또한 첩을 두는 것이 허용되었다. 『孟子』에서는 제나라 사람에게 처 하나에 첩이 하나 있다고 했다. 『戰國策』에서는 초나라 사람에게 처 하나에 첩이 하나 있다고 했다. 『韓非子』에서는 송나라 사람에게는 첩이 둘 있다고 했다. 첩이 하나여야 하는지 둘이어야 하는지에 대해서는 그다지 엄격하지 않았던 것 같다. 후대 사람들이 첩을 맞아들이는 데는 재력이 받쳐주기만 하면 수의 제한은 없었다.

190 『禮記』 「昏義」에 따르면 옛날에 천자는 육궁六宮, 3명의 부인夫人, 9명의 빈嬪, 27명의 세부世婦, 81명의 어처御妻를 두었다고 한다. 또 『周禮』에서 왕의 지위는 왕후, 3명의 부인, 27명의 세부, 81명의 여어女御를 두었다고 했다. 후대에 액정掖庭에는 황후 외에 미인美人, 재인才人, 팔자八子, 칠자七子, 첩여婕妤, 소아昭娥, 소의昭儀, 수용修容, 수의修儀, 귀비貴妃, 숙비淑妃, 덕비德妃, 현비賢妃 등의 명목이 있었으니, 왕조마다 명목은 달랐으나 모두 비빈이었다. 공후公侯의 경우 「曲禮」에 따르면 부인, 세부, 처, 첩이 있었다.

191 『春秋左傳』, 杜預 注.

192 『春秋左傳』, 桓公 18年, 신백辛伯의 말.

193 『唐律疏義』 13, 「戶婚」, '有妻更娶'; 『宋刑統』 13, 「戶婚律」, '婚嫁妄冒' 참고.

194 『明律例』 4, 「戶律」 「婚姻」, '妻妾失序'; 『清律例』 10, 「戶律」 「婚姻」, '妻妾失序' 참고.

195 『晉書』 20, 「禮志」.

196 張大來, 『倚陽雜錄』; 『仰視千七百廿九鶴齋叢書』 본.

197 『刑案彙覽』 40:22b-23a.

198 위의 책, 24a.

199 위의 책, 40:23b.

200 위의 책, 22ab.

201 위의 책, 23a-25b. 하지만 이와 함께 사회적 관습은 사회적 관습이고, 법률은 법률이었다는 상황에도 유의해야 한다. 법률과 예가 유지하려는 것은 명분일 뿐 혼인 관계의 지속은 아니었다. 실제로 법률은 그러한 혼인을 강제로 취소시키지 않았고, 집안사람들이 명분을 어떻게 바로잡는지에 대해서도 관여하지 않았다. 여독생을 예로 들어보면, 뇌씨는 생전에 실제로 아내를 자처했고 사람들도 그녀를 아내로 간주했다. 만약 여만전이 부학생원附學生員이 아니었다면 복제에 관한 의문이 생겨나지 않았을 것이고 학정도 예부에 공문을 보내지 않았을 것이니, 아내가 둘인지 하나인지는 문제되지 않았을 것이다. 마찬가지로 팽문한의 사건도 며느리를 죽이는 강력 사건이 일어나지 않았다면 팽씨 집안과 친구들의 마음속에 왕씨와 정씨는 똑같이 아내였을 것이니, 명분상의 의문이 생겨나지 않았을 것이다. 그러나 관아에 이르면 일반인의 생활과는 관계없는 경전을 인용하여 자구를 따지곤 했다.

202 『禮記』「內則」

203 「曲禮」에서는 "첩을 사들이면서 성姓을 모르면 점을 친다"고 했다. 『唐律疏義』에서는 "첩은 매매할 수 있다"고 했다.(13, 「戶婚」, '以妻爲妾' 참고)

204 혼인의 의례는 혼인이 성립되는 형식적 요건이었으니, 성백聲伯의 어머니는 신부로 맞아들이는 의례를 거치지 않았기 때문에 목강穆姜은 그녀를 동서로 인정하지 않고 첩으로 간주했으며, 비록 아들을 낳았지만 그녀를 내쫓았다.(『春秋左傳』成公 11年)

205 『白虎通義』에서 "첩이란 접합으로 때때로 접하여 봄이다"라고 했다. 『釋名』에서도 "첩은 접합이다. 천하게 총애를 받는 자를 만나 접합이다"라고 했다.

206 『儀禮』「喪服」에서는 첩이 주군君에게 군지존군至尊이라고 말했다. 주注에 이르기를 첩이 지아비를 주군이라 하는 것은 합당하지 않고 존尊을 덧붙여야 한다고 했다.

207 복제도服制圖에 '妾爲家長族服圖'가 있다.

208 가장, 가장의 조부모와 부모, 그리고 가장의 아들을 제외하면 모두 복을 입지 않았다. 그러나 가장의 여러 사람들에 대해 복을 입는 것을 가지고 그들 사이에 친족의 관계가 존재함을 증명하기에는 부족하고, 아울러 보답으로 복을 입음도 없었으니, 그러한 복제는 순전히 존비를 분별하려는 의미가 중했기 때문이다.

209 『唐律疏義』22, 「鬪訟」2, '毆傷妻妾'; 『宋刑統』22, 「鬪訟律」, '夫妻妾媵相毆幷殺'; 『明律例』10, 「刑律」2, 「鬪毆」, '妻妾毆夫'; 『淸律例』28, 「刑律」「鬪毆下」, '妻妾毆夫' 참고.

210 당·송의 법률에서는 아내를 죽인 자는 일반적인 것으로 논했으나, 첩을 죽인 자는 일반인보다 2등급 감형되었다.(『唐律疏議』, '毆傷妻妾' 條 「疏義」; 『宋刑統』, '夫妻妾媵相毆幷殺' 條 「疏」) 일반인을 때려죽인 자는 교형에 처하고 칼로 죽이거나 고의로 죽인 자는 참형에 처했으니, 2등급을 감형했다는 것은 유형 1500리 또는 3000리에 처했다는 말이다.

211 『明律例』, '妻妾毆夫'; 『淸律例』, '妻妾毆夫' 참고.

212 『唐律疏義』, '毆傷妻妾'; 『宋刑統』, '夫妻妾媵相毆幷殺'; 『明律例』, '妻妾毆夫'; 『淸律例』, '妻妾毆夫' 참고.

213 『唐律疏義』22, 「鬪訟」2, '媵妾毆詈夫'; 『宋刑統』, '夫妻妾媵相毆幷殺'; 『明律例』10, 「刑律」2, 「罵詈」, '妻妾罵詈期親尊長'; 『淸律例』29, 「刑律」「罵詈」, '妻妾罵詈期親尊長' 참고. 아내가 남편을 욕하는 것은 무죄라는 점에 유의하라.

214 당·송의 법률에서는 아내가 남편을 때리면 징역 1년에 처했으니, 1등급 가중되면 징역 1년 반이

었다. 명·청의 법률에서는 아내가 남편을 때리면 장 100대에 처했으니, 1등급 가중되면 징역 1년이었다.(『唐律疏義』, '媵妾毆詈夫'; 『宋刑統』, '夫妻妾媵相毆幷殺'; 『明律例』 10, 「刑律」 2, 「鬪毆」, '妻妾毆夫'; 『清律例』 「刑律」 「鬪毆」, '妻妾毆夫' 참고)

215   부러뜨려 상해를 입힌 죄에 대해 곧 사형에 이르도록 가중 처벌할 수 있었으며, 반드시 중병에 걸리게 한 경우만 사형에 처한 것은 아니다.(『唐律疏義』, '毆傷妻妾'; 『宋刑統』, '夫妻妾媵相毆幷殺'; 『明律例』, '妻妾毆夫'; 『清律例』, '妻妾毆夫' 참고)

216   『釋名』에서는 "지아비는 남성 주군이니, 그 처를 일컬어 여성 주군이라 일컫는다"고 했다.

217   『儀禮』 「喪服」에 이르기를 "첩이 여자 주군을 섬기는 것은 처가 시부모를 모시는 것과 같다"고 했다.

218   『唐律疏義』, '毆傷妻妾'; 『宋刑統』, '夫妻妾媵相毆幷殺'; 『明律例』, '妻妾毆夫'; 『清律例』, '妻妾毆夫' 참고.

219   『唐律疏義』, '毆傷妻妾' '妻妾毆詈夫'; 『宋刑統』, '夫妻妾媵相毆幷殺'; 『明律例』, '妻妾毆夫'; 『清律例』, '妻妾毆夫' 참고.

220   『唐律疏義』에 이르기를 "법령에 따르면 오품五品 이상인 자에게는 시첩媵이 있고, 평민 이상에게는 첩이 있다."고 했다.('妻妾毆詈夫' 條 「疏義」) 『宋刑統』, '夫妻妾媵相毆幷殺'條의 「疏義」도 같다.

221   『唐律疏義』, '媵妾毆詈夫'; 『宋刑統』, '夫妻妾媵相毆幷殺' 참고.

3장

1   6장의 주석 2 참고.

2   『左傳』, 隱公 5年.

3   『左傳』, 桓公 2年.

4   『管子』 1, 「立政」; 『春秋繁露』 7, 「服制」

5   『新書』 1, 「服疑」

6   『管子』 1, 「立政」

7   『漢書』 「成帝紀」

8   『左傳』, 桓公 2年.

9   『左傳』, 宣公 12年.

10   가의는 한나라 정치의 잘못된 점을 상소하여 진술했는데, 그 가운데 깊이 탄식할 만한 것은 의복이 예제를 넘어서는 일이라 했다.(『漢書』 48, 「賈誼傳」)

11   『國語』 「楚語下」, 觀射父의 말.

12   조귀曹劌가 노장공魯莊公을 뵙기를 청하자 그 고향사람이 말하기를 "고기 먹는 자들이 잘 알아서 할 텐데 무엇 하러 끼어드는가?"라고 했다. 이에 대답하기를 "고기 먹는 높은 분들은 식견이 낮아서 큰 계책을 내지 못한다"고 했다.(『左傳』, 莊公 10年) 또 『說苑』에는 이런 말이 있다. "초야의 신하인 동곽東郭의 백성 조조祖朝가 국가의 계획을 듣기를 원합니다." 헌공이 사자使者를 보내서 고하기를 "벼슬아치들이 이미 고려를 하고 있는데, 초야의 백성이 어찌 국사에 간여한단 말

인가?"

13 『詩』「豳風」, '七月'의 한 구절.

14 공복公服 및 조복朝服 예제와 관련하여 모든 관의 모양(예를 들어 관량冠梁[관의 가로로 둥긋하게 마루가 진 부분]의 많고 적음에 관해서는 『漢官儀』;『通典』108,「禮」68,「開元禮纂類」3, 「序例下」,'君臣冕服冠衣制度';『明會典』61,「禮部」19,「冠服」2, '文武官公服'에 상세하다) 관의 장식(예컨대 청대 모자의 끝부분과 모자에 달린 구실에 관해서는 『淸典』29,「禮部」;『淸通禮』53,「冠服通制」;『淸律例』17,「禮律」「制儀」, '服舍建式'에 상세하다) 복색服色(『通典』61, 「禮」21,「嘉」6, '君臣章服制度';『唐書』24,「輿服志」;『禮部式』[『唐律疏義』27,「雜律」, '違令' 조에서 인용];『宋史』153,「輿服志」;『元典章』29,「禮部」2,「禮制」2, '服色';『明會典』, '文武官公服'), 종류(『通典』, '君臣章服制度';『唐書』「輿服志」;『元典章』, '服色';『明會典』, '文武官公服'; 『淸會典』29,「淸通禮」「冠服通制」;「淸律例」, '服色違式') 허리띠(『通典』63,「禮」23,「嘉」8, '天子諸侯玉佩劍綬璽印';『宋史』153,「輿服志」;『元典章』, '服色';『明會典』, '文武宮冠服';『淸會典』29,「淸通禮」, '冠服通制';『淸律例』, '服舍違式'에 상세하다) 채색 띠(『禮記』「玉藻」;『唐書』「輿服志」;『通典』,「天子諸侯玉佩劍綬璽印」;『明會典』, '文武官公服'에 상세하다) 어대魚袋[관리의 신분을 증명하는 장신구] (『通典』, '天子諸侯玉佩劍綬璽印';『唐書』「輿服志」;『宋史』153,「輿服志」) 조회할 때 드는 홀 (『禮記』「玉藻」;『唐會要』30,「輿服下」,「笏」;『宋史』153,「輿服志」;『明會典』, '文武宮冠服'에 상세하다) 심지어 모자와 의복의 미세한 부분 하나까지도 관계와 등급을 나타내지 않는 것이 없었다. 당시 사람들은 관복의 모든 요소를 살펴볼 필요 없이 하나의 사물(예를 들어 모자 혹은 모자 위의 구슬이나 허리띠 또는 허리띠의 옥 조각)을 통해 상대의 관직을 알 수 있었다.

15 뒤에 상술되어 있음.

16 "대저 절기의 차례와 정한 시기가 아닌 집안잔치에서 가장家長에게 축수를 올릴 때 항렬이 낮고 나이 어린 사람들은 성복盛服을 차려입고 차례대로 서서, 한 사람이 홀을 꽂고 술잔을 잡고 한 사람이 홀을 꽂고 술 주전자를 잡고 술을 따른 후 홀을 꺼내어 재배한다. 가장이 시중드는 사람에게 명하면 항렬이 낮거나 어린 사람들에게 두루 술을 돌리고 마시는 것이 끝나고, 가장이 옷을 갈아입으라고 명하면 모두 물러나 편복으로 갈아입고 돌아와 다시 자리로 나아간다."(司馬光, 『書儀』4,「居家雜儀」) 또 같은 책 권2「冠儀」에 이르기를 성복이란 관직에 있는 자의 경우 공복·장화·홀을 갖추는 것을 말하고, 관직에 없는 자는 두건·장화 그리고 상하의가 붙어 있는 옷이나 적삼과 띠를 하는 것을 말한다고 했다. 송나라 때에는 관리가 집에 있을 때에도 공복을 입는 것을 허용했다.

17 명나라 洪武 3년에는 연로하여 벼슬을 그만두거나 부모님을 모시기 위해 벼슬을 그만둔 관원에게는 사모紗帽와 속대束帶의 사용을 허용했다. 사고로 인해 파면당한 자라면 복식과 수레는 서인과 같았다. 洪武 30년에 이르면, 연로하여 벼슬을 그만둔 자의 복색은 현직일 때와 같도록 했다. 조정에 나아가 축하하거나 성은에 사례하거나 사직을 할 때에도 복식을 갖춰 입고 예를 행하도록 했다.(『明會典』, '文武官冠服') 청나라의 예제에 따르면 관원이 벼슬을 그만둔 후에도 봉호를 받은 품계에 따라 복식을 사용함이 허가되었고, 공을 세워 가급加級[공을 세워 등급이 더해지는 것], 견봉捐封[재물을 바치고 부모나 처에게 봉호를 내려줄 것을 청하는 것], 공적인 일로 파직되는 것, 공을 세웠으나 봉호가 추증되지 않은 자는 본래의 품관으로 모자를 장식해 자신

을 드러내도록 했다.(『淸會典』29,「禮部」)

18 『漢書』10,「成帝記」

19 예제에 따르면 수나라는 3품과 4품은 자주색, 5품은 붉은색, 6품 이하는 녹색을 입었다.(『二儀實錄』; 王三聘,『古今事物考』6;『冠服』, '服色' 條) 당나라는 2품 이상은 자주색을 입고, 4품·5품 이상은 붉은색, 6품 이상은 녹색, 8품·9품 이상은 청색을 입었고 전체적으로는 황색을 입었다.(『通典』61,「禮」21,「嘉」6, '君臣章服制度';『唐書』24,「興服志」;『唐會要』31,「章服品第」 및 「雜綠」) 『唐會要』에는 "貞觀 4년 8월 14일에 조서를 내려 관면冠冕에 관한 제도는 이미 명령을 내리는 글에 갖추어져 있으나 일상의 복식에 대해서는 아직 차등을 두지 않았다. 이에 (…)"라고 되어 있다.(『通典』에는 정권 4년에 제정했다고만 되어 있다.) 그것이 상복의 복색이었음을 알 수 있는 대목이다. 또 『禮部式』에 따르면 황제의 아들이나 형제인 친왕親王 및 3품 이상은 이전 두 왕조 왕족의 후예와 같이 자주색 의복을 착용했고 옥으로 치장했다. 5품 이상은 붉은색을 착용하고 금으로 치장했다. 7품 이상은 녹색을 착용하고 은으로 치장했다. 9품 이상색은 청색을 착용하고 놋쇠로 치장했다.(『唐會要』31,「雜錄」) 송나라는 당의 예제에 따라 3품 이상은 자주색을 입고, 5품 이상은 붉은색을 입고, 7품 이상은 녹색을 입고, 9품 이상은 청색을 입었다. 원나라는 元豊 원년부터 청색을 사용하지 않고, 4품 이상은 자주색, 6품 이상은 빨간색, 9품 이상은 녹색을 입었다.(『宋史』153,「興服志」5)

20 『二儀實錄』

21 『通典』, '君臣章服制度';『唐書』「興服志」;『唐會要』「雜錄」

22 『唐會要』31,「章服品第」

23 『五代會要』6,「雜錄」

24 『宋史』153,「興服志」. 왕영王泳은 『燕翼詒謀』에서 이렇게 말했다. "국초에는 당의 옛 제도를 따랐다. 관직이 있는 사람은 검은색의 도포를 입었고, 관직이 없는 사람은 백색의 도포를 입었다." 즉 검정 도포는 원래 관직에 있는 사람의 복장이었으나 후에 서인들에게도 통용되기 시작했다.

25 『宋史』「興服志五」 "현, 진, 장무의 각종 관인과 서인, 상인, 기녀, 소속이 없는 예인, 모두 흰색과 검은색만 허용되었으며 (…) 자주색은 금지되었다."『燕翼詒謀』에 따르면 "자주색은 오직 조복에만 사용되었으며, 조복 이외에 자주색의 사용은 금지되었으니" 품계 있는 관리도 자주색 옷은 제한이 있었다.

26 『宋史』「興服志五」

27 『明會典』;『冠服』二, '士庶巾服' 참고.

28 위의 책, 같은 곳.

29 『漢書』72;『鮑宣傳』주석에서 맹강孟康은 "한에서는 노예를 창두라고 한다"고 했고, 찬瓚은 "『漢儀注』에 따르면 관노 급서는 시중 이하로부터 헤아리면 창두와 청책靑幘이다"라고 했다.

30 『漢書』72,「兩龔傳」의 안사고顏師古 주석에는 "흰옷을 관부의 뛰어다니는 천인에게 지급한다"고 되어 있다.

31 『二儀實錄』

32 『唐會要』31,「雜錄」

33 『元典章』, '服色' 참고.

34 『明會典』「冠服」2, '敎坊司冠下服' 참고.

35 위의 책, '吏員巾服' '士庶巾服' 참고.

36 『淸通禮』「冠服通志」

37 『漢書』 2, 「高帝紀」; 24, 「食貨志」

38 한 고조가 계포季布를 잡으려 현상금을 내걸자 계포는 복양濮陽의 주朱씨 집에 숨었다. 주씨는 그의 머리를 깎고 목에 쇠로 된 테를 씌웠으며 갈포로 만든 옷을 입힌 뒤 노魯 지역의 주씨 집 노비로 팔았다.(『史記』 100, 「季布傳」)

39 『唐書』「輿服志」. 또한 지방관과 서인은 명주紬, 두꺼운 비단綾, 조금 거칠게 짠 비단絁, 가늘고 설핀 베布를 입는다고 했다.(『通典』 6, '君臣章服制度')

40 『燕翼詒謀』

41 『元典章』, '服色'; 『元史』 105, 「刑法志」 4, '禁令' 참고.

42 위의 책, 같은 곳.

43 『明律例』「士庶巾服」에서는 "서민 남녀는 의복으로 참월하여 금金, 수繡, 금錦, 기綺, 저紵, 사絲, 능綾, 나羅를 사용할 수 없다"고 했다. 『明律例』, '服舍違式' 조례에서 "만약 평상복을 참월하여 금錦, 기綺, 저紵, 사絲, 능綾, 나羅를 사용한다면(…)"이라고 하여 평상복에 대해 말하고 있는데, 예복의 경우에는 금하지 않았음을 알 수 있다.(금金의 경우에 예복이든 평상복이든 모두 사용 금지의 목록에 있었다.) 그러므로 『明會典』, '士庶妻官服' 조에도 사인과 서인의 처는 저, 사, 능, 나, 주, 견을 사용하는 것을 허용한다는 문구가 있다.

44 『明律例』「禮律」, '服舍違式'; 『明會典』, '士庶妻冠服' 참고. 전자의 조목에서는 군인과 백성의 부부가 참월하여 금으로 수를 놓거나 빛나는 색깔의 옷을 착용하는 사건이 발생하면 각기 마땅히 받아야 할 죄를 묻고 의복은 추적하여 관에 몰수하겠다고 했다. 후자의 조목에서는 군인과 백성 집안의 부녀자는 금박이 된 의복과 장막을 사용하는 것을 불허하니, 이를 어기면 본인, 가장, 지아비, 남자, 장인을 각기 중죄로 다스린다고 했다.

45 『明會典』「士庶巾服」

46 위의 책, 같은 곳.

47 『禮部則例』

48 『淸律例』, '服舍違式' 條例. 또 가경 15년 수정 조례에서는 "군인, 백성, 승려, 도사 등의 평상복은 참월하여 금錦, 기, 저, 사, 능, 나, 채색 자수를 사용하는 것을 허용하지 않는다"고 했다. 원 주석에서는 "평상복을 말하는 것으로 예복은 금하지 않았다"고 했다. 전자의 조례에서는 예복도 아울러 가리켜 말한 것이다.

49 사건이 발생하면 조례에 비추어 죄로 다스렸으며 가장도 연좌되었고, 물품은 관에 몰수되었다.(『淸律例』, '服舍違式'. 가경 15年 수정 조례)

50 『淸會典』 29; 『淸通禮』「冠服通制」; 『淸律例』, '服舍違制'(가경 15년 수정 조례)

51 『淸律例』 17, 「禮律」「儀制」, '僧道拜父母' 참고.

52 『管子』 1, 「立政」

53 『春秋繁露』 7, 「服制」

54 『明會典』「士庶巾服」

55 『淸會典』 29; 『淸通禮』「冠服通制」; 『淸律例』, '服舍違制' 條例.

56 『唐會要』「章服品第」

57 『元典章』, '服色'; 『元史』 「刑法志」, '禁令' 참고.

58 『明會典』, '士庶巾服' 참고.

59 평소에 쓰는 겨울철 모자와 여름철 모자로 친왕 세자, 군왕郡王 장자, 패륵貝勒[종실 봉작 가운데 세 번째 등급], 패자貝子[종실 봉작 중 네 번째 등급] 등 여섯 등급 안에 드는 귀족들은 모두 붉은 보석 정頂을 사용했다. 이 여섯 등급 안에 들지 못한 귀족은 황후가 낳은 고륜공주固倫公主의 지아비, 화석공주和碩公主의 부마, 한족 중의 공작·후작·백작·진국장군鎭國將軍[군왕郡王의 장자가 아닌 나머지 아들에게 주는 작위], 비빈이 낳은 화석공주의 지아비, 1품 대신은 모두 산호 정頂을 사용했다. 보국장군輔國將軍 그리고 진국장군 아래의 작위와 2품관은 도드라진 무늬를 넣은 산호 정頂을 사용했고, 봉국장군奉國將軍[보국장군 아래의 작위]과 3품관은 남색 보석 정頂과 남색 투명유리를 사용했다. 봉은장군奉恩將軍[봉국장군 아래의 작위]과 4품관은 청색의 금석金石 정頂 및 남색 불투명 유리를 사용했고, 5품관은 수정 정頂 및 흰색 투명유리를 사용했다. 6품관은 차거硨磲[판서류에 속하는 조개] 및 흰색 불투명 유리를 사용했고, 7품관은 보석을 박지 않은 금素金 정頂을 사용했다. 8품관은 도드라진 무늬를 넣은 금정金頂을 사용했고, 9품관은 도드라진 무늬를 넣은 은정銀頂을 사용했다. 품계에 들지 못한 자는 9품과 같았다. 진사·거인·공생貢生은 모두 금정金頂을 사용했고, 생원과 감생監生[국자감 생원]은 모두 은정銀頂을 사용했다.(『淸律例』, '服舍違制' 條例)

60 비모자와 비옷으로는 1품과 2품의 경우는 진홍색 비모자를, 4·5·6품은 홍정紅頂에 검은 테두리 비모자를, 7·8·9품 및 모자에 장식이 있는 이들은 흑정黑頂에 붉은 테두리 비모자를 착용했다.(위의 책, 같은 곳. 『淸通禮』에 따르면 2품 이하의 경우 독무督撫 외에는 일률적으로 청색 비옷을 사용했다고 한다.)

61 『淸通禮』 53, 「官民冠服」

62 『唐會要』 「章服品第」; 『唐書』 「輿服志」

63 『元典章』, '服色'; 『元史』 「刑法志」, '禁令' 참고.

64 『元典章』, '士庶巾服' 참고.

65 『通典』 61, '君臣章服制度'; 63, '天子諸侯玉佩劍綬璽印'; 『唐書』 「輿服志」, 『唐會要』 「章服品第」 「雜錄」에 상세하다.

66 『宋史』 「輿服五」

67 봉작을 수여하고 추증하는 것에 대해서는 각 왕조마다 정해진 규정이 있었다. 당나라와 송나라 때 1품의 어머니와 아내는 국부인國夫人, 3품 이상은 군부인郡夫人, 4품은 군군郡君, 5품은 현군縣君이었으며, 훈관勳官[작호만 있고 직무는 없는 벼슬] 4품으로 봉작이 있는 자는 향군鄕君이었다. 명나라와 청나라 때 문관 1품은 3대까지 수여되었고, 2품과 3품은 2대까지, 4~7품까지는 1대까지 수여되었다. 정1품과 종1품의 증조할머니·할머니·어머니·아내는 각각 1품 부인으로 봉작이 수여되고 추증되었으며, 정2품과 종2품의 할머니·어머니·아내는 각각 부인夫人으로, 정3품과 종3품의 어머니와 아내는 각각 숙인淑人으로, 정4품과 종4품의 어머니와 아내는 각각 공인恭人으로서 봉작이 수여되고 추증되었다. 정5품과 종5품의 아내는 의인宜人, 정6품과 종6품의 아내는 안인安人, 정7품과 종7품의 아내는 유인孺人이 되었다. 증조할머니, 할머니, 어머니에게는 각기 태太라는 글자가 추가되었다.

68 『通典』 61, 「禮」 21, 「嘉」 6, '君臣章服制度'; 『唐會要』 「章服品第」

69 『唐會要』,「章服品第」

70 『通典』108,「禮」68,「開元禮纂類」3, '皇后妃內外命婦服及首飾制度' 참고.

71 『明會典』61,「冠服」2, '命婦冠服' 참고.

72 『宋史』153,「輿服」5; 『燕翼詒謀』에서는 "명부가 아니면 금으로 된 장신구를 쓸 수 없었으니 사람들이 붙잡아 고발하는 것을 허용했으며 규정을 위반한 것으로 논한다"고 했다.

73 『元典章』, '服色'; 『元史』,「刑法志」, '禁令' 참고.

74 위의 책, 같은 곳.

75 『明史』,「輿服三」

76 『明會典』, '士庶巾服'; '士庶妻冠服' 참고. 창기의 경우에는 은팔찌도 착용할 수 없었다.

77 『明律例』, '服舍違式' 條例; 『明會典』, '士庶妻冠服' 참고. 전자의 조례에서는 금과 보석으로 된 장신구나 팔찌, 그리고 진주를 박아 넣은 옷과 신발, 아울러 보자補子, 얼굴가리개, 영락瓔珞 등의 물품을 사용하면 각기 해당하는 죄를 묻고 의복 장식과 기물 용품 등의 물건은 관아로 들인다고 했다. 후자의 조항에서 부녀자는 보석으로 된 장신구와 팔찌를 사용할 수 없으며, 그것을 위반한 자는 본인과 가장, 지아비, 남자, 장인을 각기 중죄로 다스린다고 했다.

78 『淸通禮』24,「冠服通制」; 『淸律例』, '服舍違式' 條例.

79 『淸律例』, '服舍違式', 가경 15年 수정 조례.

80 『宋史』154,「輿服」6.

81 『唐書』,「輿服志」; 『唐会要』31,「雜錄」

82 『明会典』62,「礼部」20, '房屋器用等第' 참고.

83 『淸律例』, '服舍違式' 條例.

84 당의 제도에서는 3칸 4가였고, 송·명·청 시대에는 3칸 5가였다.(『唐書』,「輿服志」; 『唐會要』31,「雜錄」; 『宋史』,「輿服志」; 『明會典』, '房屋器用等第'; 『淸律例』, '服舍違式' 條例)

85 당의 제도에서는 1칸 2가였고(『唐書』,「輿服志」; 『唐會要』31,「雜錄」), 송에서는 품계를 지닌 관리가 아니면 문옥을 세울 수 없었다.(『宋史』,「輿服志」) 원·명·청대에는 모두 서인의 문옥에 관한 규정이 없었다.

86 『明会典』, '房屋器用等第' 참고.

87 당의 營繕令에서는 "왕공 이하의 집에는 모두 겹처마와 돔 모양의 장식인 조정藻井을 세울 수 없다"고 했다.(『唐律疏義』26, '舍宅輿服器物') 송 이후의 금령은 『宋史』,「輿服志六」; 『明會典』, '房屋器用等第'; 『淸律例』, '服舍違式' 條例 참고.

88 『唐書』, 같은 곳.

89 『明會典』, 같은 곳.

90 『元史』,「刑法志」, '禁令' 참고.

91 『淸律例』, '服舍違式' 條例.

92 『明会典』, '房屋器用等第' 참고.

93 『淸律例』, 같은 곳.

94 『唐書』,「輿服志」에 서인은 장식을 할 수 없다고 했다. 『宋史』,「輿服志」에 모든 서민의 집에서는 5색의 채색 무늬로 치장할 수 없다고 했다. 『明會典』, '房屋器用等第'에 "서민이 거주하는 집에서 두공을 사용하고 채색으로 장식하는 것을 불허한다"고 했다. 또 洪武 35년에 군민軍民은 집의

도리와 들보에는 분청으로 칠해 치장할 수밖에 없음을 분명히 밝혔다. 청률에도 서민의 집에서는 두공과 채색으로 꾸밀 수 없다는 문장이 있다.(『清律例』, '服舍違式')

95 『唐書』, 같은 곳.

96 『明會典』, 같은 곳.

97 『清律例』, 같은 곳.

98 『唐書』, 같은 곳.

99 『唐會要』 32, 「輿服下」, 「軷」

100 『宋史』, 같은 곳.

101 『五代會要』 下, 「軷」

102 『宋史』, 「輿服志五」

103 『元典章』, '服色'; 『明會典』, '房屋器用等第'; 『清律例』, '服舍違式' 條例.

104 『明律例』, '服舍違式' 條例에서는 군인, 백성, 승려, 도사 등이 참월하여 진홍색이나 금박으로 장막과 침구 따위를 만드는 일에 대해 사건이 발생하면 각기 해당하는 죄를 묻고 기물은 추적하여 관으로 들인다고 했다. 또 『明會典』, '士庶妻冠服' 조에서는 正德 원년에 군인, 백성, 부녀자 등은 금박을 한 의복이나 장막을 사용할 수 없으며 이를 어긴 자는 본인뿐만 아니라 가장, 지아비, 장인도 중죄로 다스릴 것이라고 했다. 한편 『清律例』, '服舍違式' 조례는 『明律例』와 같다.

105 『明會典』, '房屋器用等第' 참고.

106 『清會典』 29; 『清通禮』 「官服通制」

107 『宋史』, 같은 곳.

108 『明會典』, 같은 곳.

109 『明律例』, '服舍違式' 條例; 『清律例』 같은 조항.

110 『唐律疏義』 26, 「杂律」, '舍宅車服器物' 條 「疏義」

111 『宋史』, 같은 곳.

112 위의 책, 같은 곳.

113 『元典章』, 같은 곳.

114 『明會典』, 같은 곳.

115 『明律例』; 『清律例』, '服舍違式" 條例.

116 『論語』 「先進」

117 『漢書』 「高帝紀」 「食貨志」; 『後漢書』 39, 「輿服志」

118 『唐會要』 31, 「雜錄」

119 『元典章』, '服色'; 『元史』 「刑法志」, '禁令'.

120 이 절과 관련해서는 다음 자료를 참고할 것. 『唐書』 24, 「輿服志」; 『唐会要』 31, 「雜錄」; 『宋史』 150, 「輿服志」; 趙彥衛, 『雲麓漫鈔』 7; 錢易, 『南部新書』, 戊; 李心傳, 『建炎以來朝野雜記』 「甲集」 3, '典禮' '百官肩輿蓋' 條, 嚴有禧, 『漱華隨筆』 1. 각 서적에 따르면 북송 시대에 승상은 특별한 성은이 아니면 수레를 탈 수 없었다. 오직 『南部新書』에서만 원화元和 이후에 승상이 조서에 의해 가마를 타기 시작했다고 했다. 이는 다른 서적들의 기록과 같지 않다.

121 『明会典』, '房屋器用等第'; 『明律例』, '服色違式' 條例; 『明史』 「輿服一」; 『漱華隨筆』 1 참고.

122 청나라 제도에서 무관은 가마를 타지 못하도록 규정했다. 嘉庆 연간에는 금령을 공표하여, 장

군, 도통都統, 부도통副都統, 제독, 총병관總兵官 중에 가마를 탄 자가 고발된 경우 즉시 관례에 따라 파면했다. 성수위城守尉, 팔기의 주둔 고급장교, 협령協領, 각 성의 주둔 장수 휘하의 관리, 부장副將 이하의 관원이 가마를 타면 소관의 장군, 도통, 부도통, 독督, 무撫, 제提, 진鎭이 탄핵하여 즉시 파면했다. 출병하여 공적이 있는 자의 경우 그 내용을 상주하여 밝히되 공적이 없는 자는 즉시 파면했다.(嘉庆 12년 4월 초나흘 주상의 효유문,『淸律例彙輯便覽』, '服舍違式' 條例) 장군, 제독, 총병관이 70세가 넘어 말을 탈 수 없으면 천자에게 상소하여 허가되면 수레를 탈 수 있었다. 또한 공무로 수도에 갈 때 말이 없는 역을 만나거나 우천으로 말을 탈 수 없을 때도 잠시 가마를 타도록 허락되었다.(『淸通禮』 54,「儀衛通制」;『中樞政考 —『大淸律例彙輯便览』, '服舍違式') 제독, 총병 이하의 관원은 절대 가마가 허락되지 않았으며, 부장 이하의 관리가 가마를 타면 즉시 파면되었다.(『中樞政考』에 보인다. 『漱華隨筆』에서는 무관 가운데 제독이나 총병관 이하는 가마를 탈 수 없다고 했다.)

123 『漱華隨笔』에 보인다. 청의 제도에 의하면 한족 관리와 만주족 관리의 권한은 같지 않았다. 한족 문관은 지위 고하와 무관하게 모두 가마를 탈 수 있었으며, 오직 잡직만 말을 탔다. 만주족 관리는 오직 종실 남성인 친왕親王과 군왕郡王, 대학사大學士, 육부상서만이 가마를 탈 수 있었으며, 패륵貝勒[종실 봉작 가운데 세 번째 등급], 패자貝子[종실 봉작 중 네 번째 등급], 공公, 도통都統 그리고 2품 문신의 연로하지 않은 이들은 수레를 탈 수 없었다. 나머지 문무관은 모두 말을 탔다.(『淸会典』 29;『淸通禮』 54)

124 『宋史』「興服五」에 이르기를 "민간에서는 가마를 타서는 안 된다"고 했다.

125 『唐書』「興服志」

126 『建炎以來朝野雜記』, '百官肩興蓋' 조에 이르기를 "동부의 옛 제도에 따르면 오직 부녀자만이 수레를 탈 수 있다"고 했다.

127 『明會典』, '房屋器用等第' 참고.

128 『漢書』 5,「景帝紀」;『後漢書』 39,「興服志」 참고.

129 『通典』 65,「禮」 25,「嘉」 15, '公侯大夫等車輅' 참고.

130 위의 책, 같은 권, '王紀命婦等車' 참고.

131 『唐書』「興服志」

132 『准盧簿令』, 외명부의 1품은 꿩의 깃털로 가린 염적거厭翟車를 탔고, 2품 이하는 백동으로 장식한 우거를 탔다. 이후 부인들이 가마를 많이 이용하자 시대의 흐름을 고려해 따로 제도를 세웠다.(『唐會要』 31,「雜錄」에 상세함)

133 『宋史』 150,「興服志」 2.

134 같은 책,「興服志」 5.

135 『元典章』, '服色';『明会典』, '房屋器用等第' 참고.

136 『淸會典』 29;『淸通禮』 54.

137 『唐書』「興服志」;『唐會要』 31,「雜錄」

138 『宋史』「興服五」

139 『明會典』, 같은 곳.

140 『淸會典』 29;『淸通禮』, 같은 곳.

141 余繼登,『典故纪闻』 5.

142 『明會典』, 같은 곳.

143 『淸會典』 29; 『淸通禮』, 같은 곳.

144 『通典』 63, 「天子諸侯王佩劍綬璽印」; 『唐會要』 31, 「雜錄」; 『唐書』 「輿服志」 참고.

145 『五代會要』 6, 「雜錄」

146 상부祥符 5년의 조서에 수놓은 안치와 금은, 보석으로 치장한 안장 장식물은 종실 및 은사를 받은 자를 제외하고는 모두 금지했다. 이후 熙寧 연간에 5품 이상은 은으로 된 안장 장식을 사용하는 것을 허용했는데, 꽃을 수놓은 안치는 은사를 받은 자만이 탈 수 있었다.(『宋史』 「輿服二」)

147 『宋史』 「輿服二」

148 『元典章』 「服色」

149 『明會典』, '房屋器用等第' 참고.

150 朱彧, 『萍洲可談』

151 釋夕瑩, 『湘山野錄』

152 『唐律疏義』 27, 「雜錄」, '違令' 條 「疏義」에서 인용.

153 『宋史』 118, 「禮志」 71, 「禮」 21, 「賓禮」 3.

154 『明會典』 59, 「禮部」 17, '官員禮' 참고.

155 『淸會典』 29, 「禮部」; 『淸通禮』 46, 「賓禮」

156 『淸律例』 17, 「禮律」 「儀制」, '禁止迎送' 條 條例.

157 『唐書』 「輿服志」

158 (당나라 때는 4품 이상, 송나라 때는 3품 이상으로 제한되었던) 품계별 의장대에 관한 것은 『通典』 107, 「禮」 67, 「開元禮纂類」 2, 「序列」 中, '群官鹵簿'; 『宋史』 147, 「儀威」 5에 상세히 보인다.

159 『明會典』, '官員禮' 참고. 처음 제정했을 때 6품 이하는 인도하는 것을 불허했다.

160 『淸會典』 29; 『淸通禮』 54, '儀威通制'에 상세함.

161 『通典』 107, 「開元禮纂類」 2, '外命婦鹵簿' 참고.

162 『宋史』 「儀威五」에 상세함.

163 『淸通禮』 「儀威通制」에서는 명부의 의장과 호위대는 모두 그 지아비를 따른다고 했다.

164 『宋史』 「輿服志五」

165 『禮部則例』에 나온다. 앞에서 말을 타고 인도하는 자는 정마頂馬라고도 칭했다. 또한 "지금 귀인이 거리에서 행차를 함에 앞에서 말을 탄 자 두 사람이 있으니 정마頂馬라고 부른다"고 했다.(『隨園隨筆』 9, '頂馬' 條) 수도의 관리는 오직 3품 이상, 외지의 성의 문관 또한 3품 이상, 무관의 경우에는 2품 이상만이 앞에서 말을 타고 인도하는 자를 이용할 수 있었다.(『淸通禮』, 「儀威通制」)

166 명의 제도에 따르면 1~4품까지는 다갈나茶褐羅를 썼고, 5품은 청라靑羅를, 6~9품은 청견靑絹을 사용했다.(『明會典』, '官員禮') 청의 제도에 따르면 1~4품까지는 행황라杏黃羅를, 5품은 남라藍羅를, 6~8품은 남견藍絹을 사용했다.(『淸律例』, '服舍違式', 도광 15년 修改例)

167 명의 제도에 따르면 5품 이하는 홍색 기름을 먹인 비단을 사용하고 나머지는 기름 먹인 종이만을 사용했다.(『明會典』, 같은 곳) 청대에는 품계 관원의 경우 기름 먹인 비단 우산이 통용되었다.(『淸律例』, 같은 곳)

168 『明史』 65, 「輿服志」 1; 『淸律例』, '服舍違式', 도광 15년 修改例.

169 武德 4年 令(『唐書』「興服志」), 咸豊 5年 勅(『唐會要』 31,「章服品第」),「開元禮」(『通典』 108,「禮」 68,「開元禮纂類」3, '皇后王妃內外命婦及首飾制度'), 元 延祐 2年 旨(『元會典』, '服色;『元史』「刑法志」, '禁令'), 明 洪武 初令(『明會典』, '房屋器用等第'),『淸律例』('服舍違式' 條例)

170 예란 곧 존비와 귀천을 구별하기 위한 것이고(제7장 제1절에 상세함) 예서란 곧 그것에 관한 구체적인 규정이다.

171 당나라 때에는 사택, 수레, 복식, 기물의 등급이 각기 『營繕令』 『儀制令』 『衣服令』 『禮部式』 등의 법령조문 가운데에 상세히 규정되어 있었고 (그밖에 정관예貞觀禮, 현경예顯慶禮, 개원예開元禮도 있었다) 법률은 포괄적인 규정만 했다. 그래서 '宅舍興服器物' 조에 이르기를 "사택, 수레, 복식, 기물을 만듦에 명령을 위반한 것이 있는 자는 장 100대에 처한다"고 했다. 또 '違令' 조에 이르기를 "명령을 어긴 자는 태형 50대에 처하고 별도의 의례(명령에는 금지하는 규정이 있으나 법률에는 죄명이 없는 것)의 경우에는 한 등급 감해준다"고 했다. 법리의 측면에서 말하자면 이러한 포괄적 규정의 법률적 효력은 하나씩 열거하는 것과 같고, 명령과 의례令式 자체가 곧 법률로서 그 법률적 효력은 법전과 같다. 즉 법전에 그러한 규정이 있어야 효력이 발생하는 것은 아니었다. 법률상에 그러한 규정이 있는 것은 명령과 의례를 어긴 것에 대한 처벌을 명확히 정한 것일 뿐이었다. 명·청의 '服舍違式' 조에도 "명령을 어긴 자는 모두 태형 50대에 처한다(명령에 금지하는 규정이 있으나 법률에는 죄명이 없는 것)"고 하여 역시 포괄적인 규정만 했다. 상세한 규정은 예서나 회전會典, 그리고 각 조정의 칙령 조례 중에 있었다. 이처럼 법률은 규정 위반에 대한 처벌만을 명확히 규정할 뿐이고(예서나 회전에는 어떤 죄로 다스릴 것인지에 대한 구절이 없다) 상세한 등급은 예서, 회전, 그리고 각 조정의 칙령 조례 중에 있었다. 청나라 때부터는 의관, 주택, 수레와 말, 기물, 분묘에 관한 상세한 규정이 '服舍違式' 조의 조례에 상세히 나열되기 시작했다.

172 위의 책, 같은 곳.

173 『唐律疏義』, '舍宅興服器物'의 소의에서는 의복에 관한 명령을 언급할 때 복복에 관한 것은 『衣服令』의 1품은 곤면袞冕, 2품은 별면鷩冕을 말한다고 했다. 또 '違令' 27,「雜錄下」에서 별도의 의례를 설명할 때에는 『禮部式』의 5품 이상은 자주색을 입고 6품 이하는 붉은색을 입는 것을 말한다고 했다.(『宋刑統』 26,「雜律」, '營造舍宅興服違令' 條, 27「雜律」, '違令及不應得爲而爲' 條도 『唐律疏義』와 같다.) 그렇다면 의복을 참월하여 사용하는 자를 장 100대나 태형 40대에 처한 것은 마땅히 명령과 의례를 기준으로 한 것임을 알 수 있다.

174 『唐會要』 「雜錄」

175 『元史』 「刑法志」, '禁令' 참고.

176 『元典章』, '服色;『元史』 「刑法志」, '禁令' 참고

177 『明律例』, '服舍違式';『淸律例』, '服舍違式' 참고.

178 『明會典』 173,「刑部」 15, '罪名一' 참고.

179 『明律例』, '服舍違式;『淸律例』, '服色違式' 참고.

180 『唐律疏義』, '舍宅興服器物'『宋刑統』, '營造舍宅興服器物' 참고.

181 『唐會要』 31,「雜錄」

182 『元典章』, '服色;『元史』 「刑法志」, '禁令' 참고.

183 『明律例』, '服舍違式;『淸律例』, '服舍違式' 참고.

184 『元典章』과 『元律』에서는 모두 이렇게 말한다. "직임을 맡던 관리가 벼슬을 그만두더라도 현임 관리와 같다. 해직되어 내려간 자가 마땅히 얻어야 하는 품계에 따라 서용되지 않음은 서인과 같다."(『元典章』, '服色'; 『元史』「刑法志」, '禁令') 명의 제도에 따르면 관원의 임기가 차 벼슬을 그만두더라도 현임 관리와 같았다. 『明會典』, '房屋器用等第')

185 『唐會要』31,「雜錄」

186 『宋史』「輿服六」

187 『明會典』, '房屋器用等第' 참고.

188 『淸律例』, '服舍違式' 條例.

189 『元典章』, '服色'; 『元史』「刑法志」, '禁令'; 『明會典』, '房屋器用等第'; 『淸律例』, '服舍違式' 條例.

190 홍무洪武 원년에 예부에서 황제의 명을 받들어 논의해 다음과 같이 정했다. 중앙과 지방 관리의 아버지, 형, 큰아버지, 작은아버지, 아들, 손자, 동생, 조카는 오사모烏紗帽와 연각수대軟脚垂帶를 착용하고 둥근 깃의 상의, 은색 테두리에 검은 뿔 조각을 붙여 만든 오각대烏角帶를 하도록 했다. 이는 8품과 9품의 평상복과 같아 보인다. 품계가 있는 관리의 할머니, 어머니, 자손과 함께 거주하는 친동생의 조카며느리의 예복은 관리 본인이 위치한 관직의 품계에 따라 칠을 한 천에 진주와 비취를 박아 넣은 상운관祥雲冠을 착용하고 본인의 품계에 따른 적삼, 목에서 앞가슴까지 덮는 덧옷인 하피霞帔, 저고리에 덧입는 덧옷인 배자褙子, 테를 두른 치마저고리를 입도록 했다. 산송특계자山松特髻子는 봉작을 내리는 칙서를 받은 자만 사용할 수 있도록 했다. 품계 있는 관리의 첩은 관리 본인의 품계에 따라 진주와 비취 장식을 한 상운관과 배자를 예복으로 사용했고, 금색 실을 박아 넣은 넓은 깃과 긴 치마저고리는 일상복으로 입었다. 25년에는 문무관의 아버지, 형, 큰아버지, 작은아버지, 동생, 조카, 아들, 사위는 장화를 신을 수 있었다. 관직에 없는 자는 장화가 허용되지 않은 것 같다.(『明史』67,「輿服志」3) 『元典章』, '服色' '貴賤服色等第' '命婦衣服首飾' 아래의 주에 이르기를 "호적이 같으면 친소에 제한을 받지 않는다. 기년복을 입는 친족은 비록 호적이 다르지만 출가한 자와 같다"고 했다. 즉 품계가 있는 관리 집안의 부녀자의 의복과 장식이 시집간 자와 같음은 그 유래가 오래되었다.

191 『明會典』182,「工部」「營造」

192 『刑案彙覽』11:5a-6a.

193 위의 책, 60:50a-52b.

194 『漢書』10,「成帝紀」

195 옹정 7년 주상의 효유문.(『淸律例彙輯便覽』, '服舍違式' 조례에서 인용)

196 옹정 8년 주상의 효유문. 이후로 중앙과 지방의 문무관과 대소 관원들은 모자의 끝 장식, 앞뒤로 수놓은 대례복, 방석까지 자신의 현임 품계에 따라야 하며, 등급을 더한다는 이유로 참월의 단초를 열어서는 안 된다. 수도에서는 조사를 담당한 자가 처리하고 지방에서는 지역의 장관이 조사를 하되, 지시에 따르지 않은 본인을 처벌하는 것은 물론이거니와 살피는 일을 소홀히 한 관원도 처벌하도록 했다.(위의 책, 같은 곳) 가경 8년 주상의 효유문에서는 군민이 금령을 어길 경우 살피는 일을 세 차례 소홀히 한 도독과 순무는 봉급 정지 3개월에 처하고, 살피는 일을 두 차례 소홀히 한 사司와 도道는 봉급 정지 3개월에 처하며, 부·주·현의 관원은 매번 봉급 정지 3개월에 처하도록 했다.(위의 책, 같은 곳)

197 『漢書』48,「賈誼傳」

198 『漢書』10, 「成帝紀」

199 『唐會要』31, 「雜錄」

200 『宋史』153, 「輿服五」

201 위의 책, 같은 곳.

202 蘇洵, 「申法」『嘉祐集』

203 呂坤, 『實政錄』3, 「民務」「禁約風俗」

204 『國語』「越語上」

205 瞿同祖, 『中國封建社會』, 商務印書館, 1937, p.259~261.

206 『魏書』33, 「公孫表傳」

207 위의 책 56, 「崔辯傳」, 附 「崔武傳」

208 『魏書』60, 「韓麒麟傳」, "조정에서는 인재를 선출할 때마다 혼인 상황과 관직 경력을 살펴 승진시
키고 강등시키는 근거로 삼는다."

209 『北齊書』23, 「崔悛傳」, 40, 「白建傳」

210 『魏書』84, 「平恒傳」

211 『晉書』84, 「楊佺期傳」. 당시 사람들이 늘 혼인과 벼슬을 함께 거론한 것은 우연이 아니다.

212 沈休文, 「奏彈王源」(『文選』40, 「彈事」)

213 위의 책, 같은 곳.

214 『魏書』5, 「高宗紀」

215 『新唐書』223 上, 「李義府傳」

216 당 태종이 말했다. "나는 최씨, 노씨, 이씨, 정씨에 대해 싫어하는 바가 없다. 그러나 그들의 가세
는 쇠해졌고 다시 벼슬하는 이들이 없다."(『新唐書』「高儉傳」)

217 "관동關東 위, 제의 옛 성씨들은 비록 모두 몰락했지만 서로를 칭송하며 자기들끼리 혼인했다"고
했다.(『舊唐書』82, 「李義府傳」)

218 당 태종이 말했다. "오늘날 책사와 공신들 중에서 충효와 학문, 재능을 가지고 나와 더불어 천하
를 평정한 자들이 어찌 옛 문벌에게서 뇌물을 받고 헛된 명성을 좇고 실제를 거스르며 돈으로
혼인함을 영광으로 여길 수 있단 말인가?"(『新唐書』「高儉傳」)

219 『新唐書』「高儉傳」

220 위의 책, 같은 곳.

221 위의 책, 같은 곳. 『唐書』106, 「李敬玄傳」 참고.

222 『新唐書』172, 「杜羔傳」, 附 「中立傳」

223 "수, 당 이전에 관아에는 관리 장부가 있고 집에는 족보가 있었다. 관에서 인재를 선출할 때는 반
드시 관리 장부에 따르고 집에서 혼인을 치를 때는 반드시 족보에 따랐다. 그러다가 오대 이래로
는 사대부를 취하는 데 가세를 묻지 않고 혼인을 할 때 문벌을 묻지 않았다. 그래서 그 책들이
흩어져 유실되고 그 학문이 전해지지 않게 되었다."(『通志』25, 「氏族略」氏族序) 그러나 『舊五
代史』에는 이런 기록이 보인다. "남녀가 혼인할 때에는 다른 성씨와 뒤섞지 않고 그 족인들하고
통혼하고자 했으니, 많은 황금과 비단을 보내야 비로소 허락했다"(『舊五代史』93, 「李專美傳」)
이전미李專美의 먼 조상은 본래 고장姑臧의 대방大房으로서, 청하淸河의 소방小房 최씨, 북조
北祖의 제이방第二房 노씨, 소국昭國의 정씨와 더불어 4대 명문 가문이다. 이로써 오대 때에도

계급 내부의 혼인이 완전히 소멸된 것은 아니었음을 알 수 있다.

224 그러므로 『新唐書』 71 上, 「宰相世序表」에서는 이렇게 말했다. "당나라는 나라가 오래 지속되었고 유서 깊은 가문도 많으며, 신하들은 자신의 가법家法을 정돈하여 가문의 명성을 높이는 데 힘썼다. 총명하고 재주 있는 자손들은 누세의 공덕을 쇠미하게 두지 않았다. 아버지와 아들이 연이어 재상의 지위에 오르기도 했고, 누세에 걸쳐 명성을 더욱 찬란하게 하기도 했고, 당나라가 망할 때까지 관직이 끊어지지 않기도 했다. 아! 그 융성함이여. 그러나 이들이 성하고 쇠한 까닭이 공덕의 얇고 두터움에 있다고 해도 그것은 자손에게 달려 있는 것이다."

225 『新唐書』 「高儉傳」, 태종이 조서를 내려 "고사렴高士廉, 위정韋挺, 잠문본岑文本, 영호덕분令狐德棻에게 천하의 족보를 모으게 하니 (…) 총 293개의 성姓, 1651개의 가문을 9등급으로 나누었고, 그 책을 『氏族志』라고 했다. 그런데 최간崔幹이 여전히 첫 번째 자리를 차지했다. 황제가 말했다. '나는 최씨, 노씨, 이씨, 정씨에 대해 싫어하는 바가 없다. 그러나 그들의 가세는 쇠해졌고 다시 벼슬하는 이들이 없는데, 옛 문벌에 기대어 재물을 모으고 불초한 자손들은 안이하게 자신을 높이 여기면서도 무덤의 나무를 팔아 생계를 유지하는 지경에 이르렀으니, 세상 사람들이 어찌 이들을 귀하다고 하는지 이해할 수 없다. 제齊는 하북 지역에 있고, 양梁과 진陳은 강남 지역에 있어, 인물이 있기는 하지만 치우쳐 위치해 있고 작은 나라로서 귀하게 여길 만한 이들이 없으니, 최씨, 노씨, 왕씨, 사씨를 중히 여기는 것이다. 오늘날 책사와 공신들 중에서 충효와 학문, 재능으로 나와 더불어 천하를 평정한 자들이 어찌 옛 문벌에게서 뇌물을 받고 헛된 명성을 좇고 실제를 거스르며 돈으로 혼인함을 영광으로 여길 수 있단 말인가? 최상은 덕을 세우는 것이고, 다음은 공을 세우는 것이며, 다음은 이론을 세우는 것이고, 다음은 작위를 받아 공경대부가 되어 대대로 끊어지지 않는 것, 이것을 문호門戶라고 한다. 그런데 오늘날은 이와는 반대되니 어찌 미혹되었다고 하지 않겠는가? 짐은 오늘날의 관직을 가지고 등급의 고하를 나눌 것이다.' 이에 최간을 세 번째 성씨로 하고 그 책을 천하에 반포했다. 고종 때에는 『姓氏錄』을 간행하여 사후성四后姓, 휴공酅公, 개공介公, 태자삼사太子三司, 개부의동삼사開府儀同三司, 상서복사尙書僕射를 제일 등급의 성으로 했고, 문무文武 2품과 참지정사參知政事 3품을 제2등급의 성으로 했으며, 각각 품계의 고하로 서술하니, 모두 9등급으로, 자신과 형제자손을 수록했으나 나머지 친족들은 기입하지 않았다. 당시에 전공戰功으로 5품에 진입한 자들도 모두 계보 안에 집어넣었는데 사대부들은 이를 치욕스러워하며 그것을 훈공 규격勳格이라고 불렀다. 이의부는 상주하여 『氏族志』를 찾아내어 불태우게 했다. 「李義府傳」에서도 이렇게 말했다. "당나라에서 5품에 이른 관리는 모두 사족의 반열에 올랐으니, 이에 병졸 가운데 전공으로 진급한 자들도 모두 책에 수록되었다."

226 그래서 이적李勣은 동생 이필李弼에게 이렇게 말했다. "나는 방현령, 두여회杜如晦, 고계보高季輔가 모두 힘들게 가문을 세우고 후세에 그것을 이어가기를 바랐으나 모두 다 불초한 자손들이 망쳤음을 보았다."(『新唐書』 93 「李勣傳」)

227 鄭樵, 『通志』 25.

228 『唐律疏議』 14, 「戶婚下」, '奴娶良人爲妻' 條 「疏義」

229 『唐律疏議』 12, 「戶婚」 中, '養雜戶爲子孫' 條 「疏義」에서 인용한 「戶令」; 『宋刑統』 12, 「戶婚律」, '養子' 條 「疏義」에서 인용.

230 『唐律疏議』 14, 「戶婚下」, '雜戶不得娶良人'; 『宋刑統』 14, 「戶婚律」, '主與奴娶良人' 참고.

231 『唐大詔令』81.

232 『唐律疏議』, '雜戸不得娶良人' 條「疏義」; 『宋刑統』, '主與奴娶良人' 條「疏義」

233 노비가 양민 여성을 아내로 맞으면 도형 1년 반이고, 양민으로 꾸며 양민과 혼인한 자는 도형 2년이었다.(『唐律疏議』, '奴娶良人爲妻'; 『宋刑統』, '主與奴娶良人')

234 양민이 사병을 때리면 일반인의 경우보다 한 등급 경감되었고 노비를 때리면 다시 한 등급 더 경감되었다. 사병과 노비가 서로 때려죽이면 사병과 양민이 서로 때려죽이는 것에 관한 법에 의거했다.

235 "사병은 자신의 아내를 양민, 객녀, 노비에서 다 맞아들일 수 있었다."(『唐律疏議』6,「名例」6,「官戸部曲」條「疏義」; 『宋刑統』6,「名例律」「官戸奴婢犯罪」條「疏義」)

236 『明律例』4,「戸律」1,「婚姻」, '良賤爲婚姻'; 『淸律例』10,「戸律」「婚姻」, '良賤爲婚姻' 참고.

237 당·송의 법률에서 여자 집안은 도형 1년이고(『唐律疏議』, '奴娶良人爲妻'; 『宋刑統』, '主與奴娶良人') 명·청의 법률에서는 장 70대다.(『明律例』, '良賤爲婚姻'; 『淸律例』, '良賤爲婚姻')

238 『唐律疏議』12,「戸婚上」, '放部曲爲良' 條의 문답; 『宋刑統』13,「戸婚律」, '放良壓爲賤' 條의 문답.

239 당·송의 법률에서는 장 100대, 명·청의 법률에서는 장 60대였다.(『唐律疏議』, '奴娶良人爲妻; 『宋刑統』, '主與奴娶良人'; 『明律例』, '良賤爲婚姻'; 『淸律例』, '良賤爲婚姻')

240 위의 책, 같은 곳.

241 『明律例』11,「刑律」3,「犯姦」, '買良爲娼'; 『淸律例』33,「刑律」,「犯姦」, '買良爲娼' 참고.

242 『明律例』4,「戸律」1,「婚姻」, '娶樂人爲妻妾'; 『淸律例』10,「戸律」「婚姻」, '娶樂人爲妻妾' 참고. 청의 법률에서는 이 조목의 총결 주석에서 "서민을 언급하지 않은 것은 책임을 지울 수 없다고 보았기 때문이다"라고 했다.

243 『元史』103,「刑法志」, '戸婚' 참고.

244 『唐律疏議』, '奴娶良人爲妻'; 『宋刑統』, '主與奴娶良人'; 『明律例』, '良賤爲婚姻' '娶樂人爲妻妾' '買良爲娼'; 『淸律例』, '良賤爲婚姻' '娶樂人爲妻妾' '買良爲娼' 참고.

245 『宋史』115,「禮志」68,「禮」18,「嘉禮」6, '品官婚禮' '士庶人婚姻' 참고.

246 『明會典』71,「婚禮」5, '品官納婦' '庶人納婦' 참고. 嘉靖 8년의 상주문에 따르면 사인과 서인의 혼례에서 문명과 납길 같은 것이 행해지지 않은 지 오래되었으며 단지 『家禮』를 본떠 납채, 납폐, 친영 등의 예를 행했다고 한다. 이러한 습관이 오래되었음을 알 수 있다.

247 『明史』55,「禮」9,「嘉禮」3, '品官婚禮' '庶人婚禮' 참고.

248 북제北齊 : 1품—원元[검은색 비단] 3필, 훈繢[분홍빛 비단] 3필, 속백束帛 10필, 벽璧[얇은 고리 모양의 옥] 하나, 표범 가죽 둘, 금채錦采[비단으로 된 채단] 40필, 명주 140필, 새끼 양 한 마리, 양 두 마리, 송아지 두 마리, 술, 기장, 멥쌀 각각 4곡斛. 4품 이하—벽璧이 없음. 6품 이하~종9품—사슴 가죽으로 바꿔 씀. 명주는 2품 이하부터 품계마다 20필씩 감소시킴. 1~3품까지 금채錦采를 쓰되 품계마다 14필씩 감소시키고, 4품 이하는 여러 빛깔 무늬의 피륙을 씀. 4품—16필, 5품은 10필, 6~7품—5필. 4·5품—송아지를 한 마리 줄이고, 6품 이하는 송아지가 없음. 술, 기장, 멥쌀은 4품과 5품은 2곡으로 줄이고, 6품 이하는 1곡으로 줄임.
당唐 : 1품~3품—원훈속元纁束[검은색 3필과 분홍색 3필을 합쳐 묶은 것], 승마乘馬[네 필의 말], 옥은 홀璋로 함. 4·5품—원훈속, 두 필의 말, 홀이 없음. 6~9품—원훈속, 여피儷皮[자웅 한 쌍의 사슴 가죽] 둘, 말이 없음.

원元 : 1·2품-500관貫. 3품-400관. 4·5품-300관. 6·7품-200관. 8·9품-120관. 서인-상호上
戶, 100관. 중호中戶, 50관. 하호下戶, 20관.

청淸 : 1품~4품-비단幣의 겉과 속 각 8냥兩, 장신구 총 8가지, 식품 10기器. 5~7품-비단의 겉과
속 각 6냥, 장신구 총 6가지, 식품 8기. 8~9품 및 정대頂戴[관원의 등급을 나타내는 모자의 장
식]가 있는 자-비단의 겉과 속 각 4냥, 장신구 총 4가지, 식품 6기. 서인-명주 4냥, 장신구 총 4가
지, 식품 4기.

(이상 『通典』 129, 「禮」 89, 「開元禮纂類」 24, 「嘉」 8, '納徵; 『唐書』 18, 「禮樂志」 8; 『元典章』 18,
「戶部」 4, '婚禮; 『淸通禮』 26, 「嘉禮」 참고.)

249　당唐 : 1품 이하는 희생물로 소뢰少牢[통째로 쓰는 양]와 납육臘肉[소금에 절여 말린 고기]을 쓰
고, 6품 이하는 희생물로 특생特牲[한 종류의 희생물]과 납육을 쓰는데, 모두 조俎[산적 담는 그
릇] 3개, 보簠 3개, 궤簋 3개, 등登+瓦 1개를 쓴다. 식기의 수는 1품은 16개, 2품은 14개, 3품은
12개, 4품은 10개, 5품은 8개, 6품은 6개를 쓴다.

원元 : 품계가 있는 관리는 4가지 맛을 넘지 않는다. 서인은 상호와 중호는 3가지 맛을 넘지 않고,
하호는 두 가지 맛을 넘지 않는다.

청淸 : 민공民公[한인 중에 공에 봉해진 자]은 20석, 후侯는 18석, 백伯은 17석, 1품관은 15석,
2품은 13석, 3품은 8석, 4품은 6석, 5품은 5석, 6품~9품은 모두 3가지 희생물을 썼고 서인은
두 가지 희생물을 썼다.

(이상 『通典』 129, 「禮」 89, 「開元禮纂類」 24, '親迎; 『唐書』 18, 「禮樂志」 8; 『淸會典』 28; 『淸通
禮』 25, 「嘉禮」 참고)

250　『通典』 129, 「開元禮纂類」 24, '親迎'에서는 이렇게 말한다. "아들은 상등上等의 예복을 입는다.
1품은 곤면袞冕[임금의 곤룡포와 면류관], 2품은 별면鷩冕[후백의 예복과 면류관], 3품은 취면
毳冕[천자가 산천에 제사지낼 때 입고 쓰던 예복], 4품은 치면絺冕[제왕이 사직과 곡식에 제사
지낼 때 입던 예복], 5품은 현면玄冕[제왕이 작은 제사를 지낼 때 입던 검은색 예복], 6품은 작
변爵弁을 쓴다. 『五代會要』 2, 「婚禮」에서는 이렇게 말한다. "본 왕조[後唐]의 옛 의례에 따르면
1~3품은 혼인을 할 때 곤면을 입고 쓰며, 노리개를 차고 구장九章, 아홉 가지 도안이 그려진 예
복을 입는다." 『宋史』 115, 「嘉禮」 6, '官品婚禮'에서는 신랑이 신부를 맞이하는 친영親迎을 할
때 "아들이 공복을 입고 서쪽 계단에서 올라온다"고 했다. 또 『宋史』 153, 「輿服志」에서는 이렇
게 말했다. "순희淳熙 연간에 주희朱熹는 제사, 관례, 혼례의 복식을 다시 정해 특별히 그것을 반
포하고 시행했다. 사대부의 집에서 제사, 관례, 혼례를 할 때는 모두 화려한 예복을 갖추고 두건,
띠, 신발을 하고 홀을 쥔다. 진사는 두건을 하고 난삼襴衫[치마와 저고리가 한데 붙은 옷]을 입
고 띠를 한다. 처사는 두건에 검은색 홀적삼을 입고 혁대를 찬다. 관직이 없는 자는 통용되는 모
자와 적삼, 띠를 한다. 갖추어 입을 수 없으면 심의深衣[흰 베로 만든 두루마기]를 입거나 양삼凉
衫[흰색 편의복]을 입는다."

사마광은 이렇게 말했다. "관례, 혼례, 제례 등 여러 의례에서 주인은 모두 화려한 예복을 입는다.
관직에 있는 자는 공복·신발·홀을 갖추고, 관직에 없는 자는 두건·신발·난삼·띠를 갖춘다. 각
기 평소에 입던 가장 화려한 것을 취한다."(司馬光, 『書儀』 2, 「冠儀」, '冠')

"사위는 공복을 갖추어 신부를 맞이하는 친영을 한다."(『明會典』 71, 「婚禮」 5, '品官納婦') "혼

인 첫날 사위는 공복을 입고 당 아래에 서고, 관직에 있는 자는 그 복장으로 한다."(『淸通禮』 26,
「嘉禮」)

251 『通典』 108, 「禮」 68, 「開元禮纂類」 3, 「序例下」, '君臣冕服冠衣制度' 참고.

252 『宋史』 115, 「禮」 18, 「嘉禮」 6, '士庶人婚禮' 참고.

253 『明會典』 71, 「婚禮」 5, '庶人納婦' 참고.

254 『淸會典』 28; 『淸通禮』 26.

255 『通典』 108, '君臣冕服冠衣制度'; 129, '親迎' 참고.

256 『明史』 55, 「禮」 9, '庶人婚禮'; 『明史』 67, 「輿服」 3. 또한 "품계가 있는 관리의 자손은 9품의 예
복을 빌려 입고, 나머지는 검은색 적삼에 절상건을 쓴다"고 했다.(『明會典』 71, 「婚禮」 5, '庶人納
婦')

257 『宋史』, '士庶人婚禮' 참고.

258 『淸通禮』 26.

259 『二程語錄』 11.

260 당나라 때에는 백관 이하 관리의 부인은 그 지아비에 준하여 비녀, 보석, 장식을 하고 적의翟衣
[황후를 수행할 때 입는 꿩 문양의 예복]를 입는다. 1품은 비녀 9개에 8층의 꿩 무늬 적의, 2품
은 비녀 8개에 7층의 꿩 무늬 적의, 3품은 비녀 7개에 7층의 꿩 무늬 적의, 4품은 비녀 6개에
6층의 꿩 무늬 적의, 5품은 비녀 5개에 5층의 꿩 무늬 적의를 입는다. (살펴보건대 비녀와 적의
는 곧 내명부와 외명부의 복식으로서 오직 5품 이상만 취할 수 있었다. 『唐書』 「輿服志」에 따르
면 외명부外命婦[왕족, 종친의 딸과 아내 및 문무관의 아내]가 시집을 가거나 책봉을 받을 때,
선잠先蠶[누에치기를 처음 시작했다는 신]에게 제사지낼 때, 대조회에 나갈 때의 복식이다.)
6품 이하 9품 이상의 아내 및 9품 이상의 여식은 비녀(금, 은, 각종 보석으로 장식한 것)와 소매
가 큰 복식을 했고, 서인은 비녀(금, 은, 유리琉璃 등으로 바른 것)와 치마가 붙은 복식을 입었
다.(『通典』 108, 「禮」 68, 「開元禮纂類」 3, '皇后王妃內外命婦服及首飾制度'; 『通典』 29, 「禮」
89, 「開元禮纂類」 24, '親迎') 『五代會要』 2, 「婚禮」, 후당後唐 同光 3년에 황제의 아들 홍성궁興
聖宮이 이계급李繼岌을 혼인시키는데, 태상예원太常禮院에서는 황제 아들의 관원이 검교태위
檢校太尉이니 마땅히 1품에 준해 혼인을 시행해야 한다고 상주했다. 그리고 비妃는 부인은 지아
비의 작위를 따른다는 예에 준하여 1품 명부의 예에 따라 비녀 9개, 양박빈兩博鬂[양쪽의 넓은
귀밑머리 꾸미개], 9층의 꿩 무늬 유적褕翟[왕후가 왕을 따라 선공에게 제사를 지낼 때 입던 옷]
을 입도록 했다. 이는 당대의 제도와 같다. 『淸通禮』 26, 「嘉禮」에서는 "여식이 예복을 갖추고 장
식을 더할 때 복식은 사위의 등급을 본다"고 했다. 이것들을 보면 신부의 복식은 각 시대마다 모
두 명부의 품계에 의거했음을 알 수 있다.

261 『靑會典』 28.

262 수나라의 제도에 따르면 친영 및 장례를 지낼 때 왕공대신은 상로象輅[상아로 장식한 수레], 혁
로革輅[끌채가 달린 말 하나와 양 측면의 말 셋이 끄는 수레], 목로木輅[끌채를 끄는 말 둘과 양
측면의 말 넷이 끄는 수레]를 탔다.(『通典』 65, 「禮」 25, 「嘉」 10, '公侯大夫等車輅') 당나라의 제
도에 따르면 친영을 할 때 친왕은 왕의 수레를 탔고, 3품 이하의 관원은 혁로를 탔으며, 4품과
5품은 목로를, 5품이면서 수도의 관리로 구체적인 직무를 맡지 않은 자는 푸른색 휘장으로 덮은
송아지가 끄는 수레를 탔으며, 6품 이하는 앞부분만을 푸른색 휘장으로 덮은 수레를 탔다. 부인

주

의 수레 및 따르는 수레들은 각기 그 지아비에 준했다.(『通典』 129, 「開元禮纂類」 24, '親迎') 또
한 "왕공 이하의 수레는 모두 태복관太僕官이 만들고 보관하는 것을 관장했으며 혼인이나 장례
를 치를 때 공급해주었다"고 했다.(『通典』 65, 「禮」 25, '王妃命婦等車')
청나라의 제도에 따르면 품계 있는 관리는 수레장식으로 명주 휘장 덮개를 쓰고 술을 달았다. 5품 이
상은 술 8로로 전후좌우 각각 2개씩이었고, 6품 이하는 술 4개로 앞 2개, 뒤 2개였다. 8품 이하
는 술이 없고 휘장 덮개 앞쪽에 명주 둘을 취했으며, 서인은 휘장 덮개에 장식이 없으며 큰 가마
를 탈 수 없었다.(『清會典』 28, 「清通禮」 26)

263 당나라의 제도에 따르면 노부를 공급함에 구체적인 직무를 맡은 직사관職事官 4품 이상, 구체적
인 직무가 없는 산관散官 2품 이상, 그리고 수도의 관리로서 구체적인 직무를 맡은 직사관 5품
이상인 경우 자신의 혼인과 장례에 모두 공급해주었다. 수도의 관리로서 5품인 자는 아울러 4품
의 고취鼓吹 의장을 빌릴 수 있었다. 景龍 3년에는 칙서를 내려 비주妃主와 5품 이상 관리의 어
머니와 아내에게도 특별히 고취 의장을 공급해주었다. 좌대어사左臺御事 당소唐紹는 상소문을
올려 혼인과 장례에서의 노부는 구체적 직무가 없는 산관의 경우 1품에 이르고, 구체적인 직무
를 맡은 정식 직사관의 노부는 3품에 이르며, 부마도위駙馬都尉의 경우는 일에 따라 헤아려 공
급하며, 나머지 일체의 권한은 정지시켜달라고 청했다.(『唐會要』 38, 「葬」) 원나라 至元 21년에는
예부에서 품계 있는 관리가 혼례나 상례를 치를 경우 그 품계와 직급에 따라 의장을 얻어 사용
해야 한다고 논의했다.(『元典章』 30, 「禮制」 3, '婚禮') 청나라의 제도에 따르면 품계를 지닌 관리
의 혼인은 그에 해당하는 것에 따라 집행했다. 고악鼓樂 악사는 12명을 넘을 수 없었고 등鐙[말
에 오르내릴 때 딛는 발판 모양의 의물儀物]은 6쌍을 넘을 수 없었다.

264 『元典章』에서는 의장을 내주는 문제로 관리와 백성 등이 본분을 넘어서 사용하게 두는 일은 결
코 없다고 했다. 『清通禮』에서 "품계에 따라 의장과 호위병을 쓰되, 아들에게 아직 품계가 없는
경우에는 부인이 남편의 품계에 따르는 예에 비추어 그 아버지의 품계에 따른다. 고악 악사는
12명을 넘을 수 없고, 등은 12개를 넘을 수 없다."(『清會典』 28, 「禮部」)

265 "품계가 없는 사람, 국자감 학생, 군인과 백성은 그것을 사용할 수 없다."(『清會典』 28) 『清通禮』
에서는 서민은 본분을 넘어 의장과 호위병을 사용할 수 없다고 했다.

266 고악 악사는 8명을 넘을 수 없었고, 등은 4쌍을 넘을 수 없었다.(『清會典』 28; 『清通禮』 52)

267 『唐會要』 31, 「雜錄」

268 가정 20년 10월 초나흘의 조서.

269 진사進士[전시殿試 합격자], 거인擧人[향시 합격자], 공사貢士[회시會試 합격자], 생원, 국자감 학
생, 직무가 있는 사람, 군인과 백성 등이 혼례·상례·제사에서 예와 본분을 넘어서지 못하도록
살피는 주현의 관리가 일을 제대로 하지 못하면 봉급 1개월분을 지급하지 않았다.(공무상의 죄)
나아가 이들을 비호하거나 얽매어 불쌍히 여겨 숨겨주고 추궁하지 않으면 3계급 강등하고 전근
을 보냈다.(사적인 죄) 『清律例彙集便覽』 17, 「禮律」 「儀制」, '喪葬' 조항.

270 王應奎, 『柳南隨筆』(『借月山房彙鈔』 本) 3.

271 『禮記』에 "천자는 붕이라고 하고 제후는 홍이라고 하며 대부는 졸이라고 하고 사士는 불록不祿
이라 하며 서인은 사死라고 한다"고 했다.(「曲禮下」; 『春秋公羊傳』 「隱公」 元年) 개원례開元禮에
서는 이렇게 말한다. "백관이 사망한 경우 3품 이상이면 홍이라 칭하고, 5품 이상이면 졸이라 칭
하고, 6품 이하 서인에 이르기까지는 사死라 칭한다."(『通典』 108, 「禮」 68, 「開元禮纂類」 3, 「序

列下」, '雜制')『明會典』에서는 이렇게 말했다. "망자의 관품이 높으면 홍서薨逝라 하고, 약간 높으면 연관捐館이라 하며, 산 사람의 관품이 높으면 엄기영양奄棄榮養이라고 했다.(권99, 「禮部」 57, 「喪禮」 4, '品官' '弔奠賻' 條의 주석)

272 『荀子』「禮論」

273 수의 제도에 따르면 관원이 재직 중에 사망하면 조복으로 염습하고, 봉작이 있는 자는 면복으로 염습하고, 관직에 있지 않았던 자는 백색 겹옷이나 홑옷으로 염습했다. 부녀자 중 품계가 있는 자는 그 품계에 맞는 복식으로 염습을 했다.(『通典』 84, 「禮」 44, 「凶」 6, 「喪制」 32, '小斂') 당나라 때에는 사유가 있어 관직을 떠났다가 죽은 자는 본 관직의 의복으로 염습을 하고, 관직이 없는 자는 개책介幘[헝겊으로 만든 관]을 씌우고 홑옷을 입혔다. 부녀자에게 관품이 있으면 그 품계의 의복으로 염습했다.(위의 책, 같은 곳) 사마광은 『書儀』에서 이렇게 말했다. "오늘날은 「開元禮」를 따르니, 상의로 입는 것으로 관직에 있던 자는 공복을 입히고, 관직에 없던 자는 남삼襴衫[치마와 저고리가 한데 붙은 옷] 혹은 적삼을 입고 부인은 넓은 소매 옷이나 배자褙子를 입히니, 모두 평소에 입던 것이었다."(권5, 「喪儀」 1) 이를 보면 송나라의 제도 또한 그러했음을 알 수 있다. 『明史』에서는 품계가 있던 관리는 염습할 때 조복 한 벌을 사용한다고 했다.(『明』 60, 「禮」 14, 「凶禮」 3, '喪葬' '士庶人喪禮')『清會典』과 『清通典』에서는 관원을 염습할 때 입히는 조복과 관대는 그 등급을 따른다고 했다.(『清會典』 38; 『清通典』 「凶禮」)

274 당의 제도에 따르면 품계 있는 관리는 소렴小殮[시신에 새로 지은 옷을 입히고 이불로 싸서 묶는 일]할 때 19벌, 대렴大殮[소렴을 한 다음 날 시신에 옷을 더 포개놓고 이불로 싸서 묶는 일]을 할 때 13벌을 입혔다.(『通典』 138, 「禮」 98; 「開元禮纂類」 33, 「凶」 5; '三品以上' '喪上', '陳小殮衣' '陳大殮衣') 명의 제도에 따르면 품계 있는 관리는 평상복을 10벌, 이불을 10벌 사용했고, 서인은 습의襲衣 1벌과 심의深衣[흰 베로 만든 두루마기] 1벌을 입혔다.(『明史』, '士庶人喪禮') 청나라 때의 품계 있는 관리는 평상복 1벌에 솜이불 하나, 염의를 입혔고, 3품 이상은 5벌, 5품 이상은 3벌, 6품 이하는 2벌, 사는 평상복 1벌, 염의 하나, 솜옷 하나였다. 서인은 평상복, 염의, 솜이불 하나였다.(『清會典』 38; 『清通典』 「凶禮」)

275 청나라 제도에 따르면 1~2품은 진홍색, 3~4품은 검은색, 5품은 청색, 6품은 감색, 7품은 회색이었다.(『清會典』 38; 『清通典』 「凶禮」)

276 당唐: 1~3품-조량米梁를 먹이고 둥근 옥璧을 물린다. 4~5품-기장稷을 먹이고 둥근 옥을 물린다. 6~9품: 조를 먹이고 조개를 물린다. *명明*: 1~5품-기장을 먹이고 구슬을 물린다. 6~9품-조를 먹이고 작은 구슬을 물린다. 서인-조를 먹이고 돈(3개)을 물린다. 청淸: 1~3품-작은 주옥珠玉 부스러기(5개)를 물린다. 4~7품-금과 옥 부스러기(5개)를 물린다. 사士-금과 은 부스러기(3개)를 물린다. 서인-은 부스러기(3개)를 물린다.

(이상 『通典』 138, 「開元禮纂類」, '含'; 『明史』, '喪葬之制' '士庶人喪禮'; 『清會典』 38, 『清通典』 「凶禮」 참고)

277 『明會典』 99, 「禮部」 57; 「喪禮」 4, '品官'; 100, 「禮部」 58; 「喪禮」 5, '庶人' 참고.

278 개원례開元禮에서는 이렇게 말했다. "아무개 관봉官封의 영구靈柩라고 쓰되, 봉작이 없는 자는 아무개 성姓 관리의 영구라고 썼다. 부인의 경우 남편이 관봉이 있으면 아무개 관봉 부인 성姓의 영구라고 쓰고, 관봉이 없는 자는 태부인의 영구라고 썼다. 군현의 우두머리는 그 칭호를 따랐다."(『通典』 138, 「開元禮纂類」, '銘')『宋史』에 명정銘旌에는 아무개 관봉 성姓의 영구라고 쓴다

고 했다.(권124,「禮志」17;「禮」27;「凶禮」3, '諸臣喪葬等儀')『書儀』에서는 이렇게 말했다. "관직이 낮으면 아무개 군君 아무개 처妻라고 했고(그 관직의 아무개 공公이라고 하지 않았다.) 아무개 봉읍의 아무개 씨라고 했으며, 관봉이 없으면 그 태어난 때를 따랐다."(권5,「喪儀」1,「銘旌」條)『淸通禮』에서는 품계 있는 관리의 명정에는 아무개 관직의 아무개 공(내자의 상례인 경우 아무개 봉작의 아무개 씨)의 영구라고 적었고, 사士(8~9品 및 정대頂戴[관원의 등급을 나타내는 모자 장식]가 있었던 자)인 경우에는 아무개 관봉(벼슬하지 않았다면 이 글자는 없음) 현고顯考[돌아가신 아버지에 대한 호칭] 아무개 부군府君[돌아가신 자에 대한 호칭]의 영구라고 적었으며, 부인의 경우에는 현비顯妣[돌아가신 어머니에 대한 호칭] 아무개 씨라고 썼다.(권52,「凶禮」)

279 당唐 : 1~3品-9척. 4~5品-8척. 6~9品-7척. 후당後唐 : 위와 같음. 송宋 : 위와 같음. 명明 : 1~4品-9척.5~6品-8척. 7~9品-7척. 청淸 : 1~3品-9척. 4~5品-8척. 6~8品-7척. 9品 및 정대가 있었던 자-5척.
(이상의 기록은『通典』138,「開元禮纂類」, '銘';『五代會要』8,「喪禮上」;『宋史』124,「禮志」77,「禮」27,「凶禮」3;『明史』'士庶人喪禮;『淸會典』38;『淸通禮』「凶禮」에 있다.)

280 수나라의 제도에 따르면 1품은 솔 5개를 매달았고, 6품 이상은 4개, 6품 이하는 2개를 매달았다.(『通典』84,「凶」6, '懸重') 당나라 때에는 1~3품은 길이가 8척, 4~5품은 7척, 6품 이하는 6척이었다.(『通典』138, 「開元禮纂類」, '重') 송나라 때에는『喪禮令』에 따르면 임시로 제사를 받는 나무인 중重에는 1품인 경우 솔이 6개, 5품 이상은 4개, 5품 이하는 2개였다.(『書儀』5,「喪儀」1, '魂帛' 참고.) 임시로 제사를 받는 나무인 중重은 신주와 같은 것이었다. 위에 구멍을 뚫어 사당 계단 아래의 정중앙에 놓았다.(『禮記』「檀弓」;『儀禮』「士喪禮」) 사인과 서인은 임시로 제사를 받는 나무가 없었고 혼백魂帛[명주로 만든 임시 신위]으로 그것을 대신했다.『書儀』에서는 이렇게 말한다. "선비와 백성의 집에서는 임시로 제사를 받는 나무인 중을 알지 못하고 모두 명주로 된 임시 신위인 혼백을 사용한다. 혼백 또한 신주와 이치가 같다."(「喪儀」1, '魂帛') 그래서 후대에는 모두 혼백으로 중을 대체하게 되었으니,『明會典』에는 단지 혼백만이 기재되어 있다.

281 당唐 : 3품 이상-명기 90가지, 총 50명의 관을 드는 자. 5품 이상-명기 60가지, 총 30명의 관을 드는 자. 9품 이상-명기 40가지, 총 10명의 관을 드는 자. (이상의 명기는 기와와 나무를 함께 사용해 만들었는데, 사신四神[청룡, 백호, 주작, 현무]은 한 자를 넘어서는 안 되고, 나머지 인물들도 일곱 치를 넘으면 안 되었다.) 서인-명기 50가지, 사신과 십이시十二時를 세우지 않았음. 명기는 기와를 사용했으며 일곱 치를 넘으면 안 되었음. 총 3명의 관을 드는 자. 후당後唐 : 3품 이상-명기 90가지. 5품 이상-명기 60가지. 9품 이상-명기 60가지. 송宋 : 5~6품-30가지, 총 8상林. 7품의 상참관常參官[매일 황제를 알현하는 관리]-20가지, 6상. 6품 이하 수도의 관리京官와 검교시관檢校試官-15가지, 5상. 서인-12가지, 2상. 명明 : 공후公侯-90가지. 1~2품-80가지. 3~4품-70가지. 5품-60가지. 6~7품-30가지. 8~9품-20가지. 서인-1가지. (이상은『通典』108,「禮」68,「開元禮纂類」3,「序例下」, '雜制';『唐會要』38,「葬」;『五代會要』9,「喪葬下」;『宋史』125,「禮志」78,「禮」28,「凶禮」4;『明會典』「喪禮」4,「喪禮」5) 당나라 開元 29년과 會昌 원년에 따로 정해진 규정이 있었는데, 본 주에서는 원화 6년의 제도만을 예시로 삼았다. 또 후당의 경우는 天成 원년의 제도를 예시로 삼고 長興 2년에 만든 새로운 제도는 생략했다.)

282 『唐會要』38,「葬」;『宋史』124,「禮志」77,「禮」27,「凶禮」3과 147,「儀衛」5;『元典章』30,「禮

服」3, '婚禮';『淸會典』38,「禮部」

283 『五代會要』8,「喪葬上」;『宋史』124,「禮」27,「凶禮」3;『明會典』「喪禮」, '品官' 참고. 당·송 때
에는 눈이 네 개인 것과 눈이 두 개인 것으로 방상과 기두를 분별했으나, 명나라 때에는 이 두
가지를 통칭해 방상이라 했다. 그러나 여전히 4품 이상만이 눈이 네 개인 것을 사용했고, 7품 이
하는 눈이 두 개인 것을 사용했다.

284 인引은 곧 수레를 끄는 동아줄이고, 피披는 수레의 네 기둥에 묶여 있는데 수레가 전복되는 것
을 방비하기 붙잡아주는 것이다. 구리로 된 방울은 상엿소리에 박자를 맞추기 위한 것이고, 삽
翣은 한나라의 예에 따라 나무로 광주리를 만들고, 자리는 세 자, 높이는 2자 4치, 방형의 양쪽
모서리는 높게 해서 백포로 덮는다. 손잡이는 5척, 수레가 움직이면 사람이 그것을 잡고 따른
다.(『禮記』「喪大記」鄭注) 후대에는 모두 장구障柩를 사용했다. 보삽黼翣에는 보문[자루가 없
는 도끼 모양]을 그리고 불삽黻翣에는 불문[弓자 2개가 등을 마주 대고 서있는 모양]을 그렸다.
화삽畫翣은 구름무늬를 그렸다.(同上, 그 밖에 『開元禮』에 의하면 보삽과 불삽의 네 테두리에는
구름무늬를 그렸다. 화삽은 안과 밖 네 테두리 모두 구름무늬를 그렸다.(『通典』139, '陳器用')

285 『禮記』에 따르면 천자의 삽은 8개, 제후는 6개, 대부는 4개를 사용한다.(『禮記』「喪大記」에 따
르면 군君은 불삽·보삽·화삽이 각 2개, 대부大夫는 보삽·화삽이 각 2개다.『左傳』襄二五에서
최서崔舒는 제나라 경공을 죽인 뒤 장사를 대충 지내면서 사삽하고 길을 통제하지 않았다. 군주
에 대한 禮를 따르지 않은 것이다.)

역대의 제도는 다음과 같다.

당唐 : 1품-동아줄 4, 수레기둥 줄 6, 방울 16, 보삽 2, 불삽 2, 화삽 2. 2~3품-동아줄 2, 수레 기
둥 줄, 4 방울 12, 보삽 2, 화삽 2. 4~5품-동아줄 2, 수레기둥 줄 2, 방울 8, 보삽 2, 화삽 2. 6품
이하-동아줄 2, 수레기둥 줄 2, 방울 4, 화삽 2.

후당後唐 : 3품 이하-동아줄 수레 기둥 줄, 방울, 삽의 숫자는 알 수 없음. 상엿소리 36, 5품 이
상-동아줄2 수레기둥 줄 2, 방울 4, 삽 4, 상엿소리 16, 9품 이상-삽 2.

송宋 : 3품 이상-동아줄 4, 수레기둥 줄 6, 방울 6, 삽 6(불, 보, 화삽 각기 2개), 상엿소리 36,
4품-동아줄 2, 수레기둥 줄 2, 방울 4, 삽 4, 상엿소리 16. 5~6품 : 상엿소리 8인. 7~8품-상엿소
리 6인.

명明 : 공후-동아줄 4, 수레기둥 줄 6, 방울 16. 1~2품-동아줄 2, 삽 4, 방울 12. 3~4품-동아줄
4, 삽 2, 방울 4. 삽-공후 6, 3품 이상 4, 5품 이상 2.

청淸 : 5품 이상-화삽 4, 6~7품-화삽 2.

(이상은 『通典』139,「開元禮纂類」, '陳器用';『唐會要』,「葬」;『唐書·禮樂志』;『五代會要』,『喪
葬』上;『宋史』, '諸臣喪葬等儀';『明會典』,「喪禮」4, '品官';『淸會典』38;『淸通禮』;「凶禮」참조)
본주에서 인용한 唐의 제도는 『開元禮』를 근거로 했다. 원화 6년과 會昌 원년에 새로운 제도가
있었으나 여기에서는 생략했다. 『唐會要』참조. 또한 장송곡挽歌의 수는 『開元禮』에 기재되어
있지 않으나 『唐會要』에 따르면 "3품 이상은 만가 36인, 5품 이상은 16인, 9품 이상은 10인"이
다.)

286 「喪大記」, "관을 치장하는 것은 다음과 같다. 제후의 관은 용을 그린 장막으로 영구를 가리고
상여에 3개의 빗물받이를 단다. 빗물받이 밑에는 흔들리는 장식振容을 단다. 영구의 덮개는 주
위에 흰색과 검은색으로 도끼무늬를 그린 보황黼荒을 사용하고 덮개 중앙에는 '火' 무늬를 그린

주

543

것이 3줄이고, 두 개의 '己' 자를 등지게 하여 그린 불敝 무늬가 3줄이다. 흰색 비단으로 지붕을 만들어 관을 덮고 그 위에 주변을 가리는 장막과 그 위를 덮는 덮개를 더한다. 분홍색 끈 6개를 양쪽 측면에 3개씩 두어 덮개와 옆을 가리는 장막을 연결한다. 덮개 중앙 원형 부분에는 5가지 채색 비단을 넣어 옷을 입히고 그 위에 조개를 엮어 만든 5개의 줄을 붙인다. 삽翣은 보黼 무늬를 새긴 것이 2개, 불敝 무늬를 새긴 것이 2개며, 구름무늬를 새긴 것이 2개로, 모두 모서리에 규옥圭玉을 단다. 구리로 만든 물고기를 빗물받이 아래에 달아 수레가 움직일 때 물고기가 흔들리며 빗물받이를 움직이게 한다. 관의 끈과 상여를 결속시키는 분홍색 끈戴이 6줄, 수레가 기우는 것을 막기 위해 분홍색 비단으로 만든 피披가 6줄이다.

대부의 관은 구름무늬를 그린 장막으로 영구를 가리고 상여에는 2개의 빗물받이를 단다. 빗물받이 밑에 흔들리는 장식을 달지 않는다. 상여의 덮개는 주위에 구름무늬를 그린 것을 사용하고 덮개의 중앙에는 '火' 무늬가 3줄이고 '己'자가 등지도록 그린 불敝 무늬가 3줄이다. 흰색 비단으로 지붕을 만들어 관을 덮는다. 분홍색 끈 2개와 검은색 끈 2개를 두어 덮개와 옆을 가리는 장막을 연결한다. 덮개 중 중앙의 원형 부분에는 세 가지 채색을 한 비단을 넣어 옷을 입히고, 그 위에 조개를 엮은 3개의 줄을 붙인다. 삽은 불敝 무늬를 새긴 것이 2개, 구름무늬를 새긴 것이 2개로, 양쪽 모서리에 5가지 색의 깃털로 만든 술을 단다. 구리로 만든 물고기를 빗물받이 아래에 달아 상여가 움직일 때 물고기가 흔들리고 빗물받이를 움직이게 한다. 관의 끈은 분홍색으로, 상여를 결속시키는 끈戴을 검은색으로 만든다. 피披의 색깔과 수량은 대戴와 같다.

사士의 관은 그림이 없는 흰색 포로 장막을 만들어 영구를 가리고 상여의 덮개도 그림이 없는 흰색 포로 만든다. 상여에는 1개의 빗물받이를 달고, 빗물받이에 꿩을 그린 끈을 매단다. 분홍색 끈 2개와 검은색 끈 2개를 두어서 덮개와 옆을 가리는 장막을 연결한다. 덮개 중앙의 원형 부분에는 세 가지 채색의 비단을 넣어 옷을 입히고 그 위에 조개를 엮어 만든 1개의 줄을 붙인다. 삽은 구름무늬를 새긴 것 2개로, 양쪽 모서리에 5가지 채색의 깃털로 된 술을 단다. 관의 끈은 분홍색으로, 상여를 결속시키는 끈은 검은색으로 만든다. 2개의 피披도 분홍색으로 만든다."

287 수隋 : 3품 이상-들기름 칠을 한 휘장, 붉은색으로 된 말머리 끈장식, 상여 가장자리 장식, 수레 양쪽 끝에 구름 기운을 그리고, 6개의 술을 늘어뜨림. 7품 이상-들기름 칠을 한 휘장과 상여 가장자리 장식, 수레 양쪽 끝에 구름기운을 그려넣고, 4개의 술을 늘어뜨림. 8품 이하~서인-상여에 휘장, 가장자리 장식, 술, 그림 장식이 없음. 당唐 : 3품 이상-개철거開轍車를 사용함. 들기름 칠을 한 휘장, 붉은색으로 된 말머리 끈장식, 수레 양쪽 끝에 용과 호랑이를 그려넣고, 붉은색 휘장 막대기의 길이는 2장丈 6자이고, 띠는 5겹, 술은 18개, 큰 깃발의 장대는 9자. 5품 이상-휘장 막대기의 길이는 2자, 띠는 4겹, 술은 16개. 붉은색 말머리 끈장식은 없음. 9품 이상-휘장 막대기의 길이는 1장 9자, 띠는 3겹, 술은 14개. 서인-합철거合轍車를 사용함. 휘장 막대기는 1장 6자, 띠는 2겹, 술은 4개.(이는 원화 6년의 제도로, 會昌 원년에는 서인들이 들기름 칠을 한 휘장과 술 등의 장식을 사용하지 못하도록 했다.) 후당後唐 : 3품 이상-들기름 칠을 한 휘장, 붉은색 말머리 끈장식, 상여의 가장자리 장식, 양쪽 끝에는 용과 호랑이를 그려넣음. 붉은색 휘장 막대기, 6개의 깃발 띠를 늘어뜨림. 7품 이상-들기름 칠을 한 휘장과 가장자리, 양쪽 끝에는 구름기운을 그림, 4개의 깃발 띠를 늘어뜨림. 9품 이상-깃발 띠가 없음. 송宋 : 3품 이상, 들기름 칠을 한 휘장, 붉은색으로 된 말머리 끈장식, 상여 가장자리 장식, 수레 양쪽 끝에 용을 그림, 붉은색 휘장 막대기, 6개의 깃발 띠를 늘어뜨림. 7품 이상-들기름 칠을 한 휘장과 상여 가장자리 장식,

양쪽 끝의 구름기운을 그림, 깃발 띠를 늘어뜨림. 9품 이상-깃발 띠가 없음.

(이상은 『通典』 86, 「禮」 46, 「凶」 8, '喪制'之四, '鷹車馬明器及飾棺; 『唐會要』 「葬」; 『五代會要』 「喪葬上」, 「喪葬下」; 『宋史』 「凶禮」 3 참고)

288 『唐會要』 「葬」; 『五代會要』 「喪葬上」

289 후당 天成 원년에 상례 제도의 조례를 세워 서인은 노래를 하지 못하게 하고 오직 거북 등껍질 모양의 수레만 사용하도록 했고 장막, 가장자리 장식 및 그림 장식도 없었다. 長興 2년에 상을 당한 집안에서 영구를 장지로 보낼 때 더운 여름철에 수레가 흔들리면 고통스럽고 불편했다. 이에 담당 관리의 요청에 따라 서인들도 자라 등껍질 모양의 수레 외의 상여를 사용할 수 있도록 칙령을 내렸다.(『五代會要』 「喪葬上」, 「喪葬下」) 송나라의 제도에서 서인은 여전히 자라 등껍질 모양의 수레를 사용했고 장막이나 가장자리 장식 및 그림 장식이 없었다.(『宋史』 「凶禮」 3, '諸臣喪葬等儀')

290 『明會典』 「喪禮」 4, '品官'; 「喪禮」 5, '庶人' 참고.

291 청대에 품계 있는 관리의 상여에는 네 귀퉁이의 처마에 술을 늘어뜨리고 청람색 비단 덮개에 비단 휘장을 쳤다. 공작·후작·백작의 경우에는 다섯 채색의 술을 늘어뜨렸고, 2품 이상은 돈을 뿌렸으며, 5품 이상은 구름 기운을 그렸고, 6품과 7품은 흰 바탕에 장식이 없었다. 士士(9품 및 갓에 장식이 있는 자)의 경우에는 명주로 덮개를 덮고 휘장을 쳤으며 술을 늘어뜨렸다. 장대는 5품 이상의 경우 붉은 칠을 했고, 9품 이상은 홍백토로 치장했다.(『淸會典』 38; 『淸通禮』 「凶禮」)

292 『淸通禮』 「凶禮」

293 5~6품의 승조관昇朝官은 상여를 메는 데 20명을 쓰고, 7~8품의 승조관은 16명, 6~9품의 조정에 오르지 않는 관리는 12명.(『五代會要』 「喪葬下」)

294 2품 이상은 64명, 5품 이상은 8명, 8품 이상은 32명, 9품 및 갓에 장식이 있는 자는 24명, 서인은 16명.(『淸會典』 38; 『淸通禮』 「凶禮」)

295 『舊唐書』 「李義府傳」

296 『禮記』 「禮器」

297 瞿同祖, 『中國封建社會』, pp.263~265.

298 『唐會要』 38, 「葬」

299 『淸通禮』 52, 「凶禮」

300 『明律禮』 6, 「禮律」, '喪葬'; 『淸律禮』 17, 「禮律」, '喪葬' 참고. 『淸通禮』에 따르면 장례 기간을 규정해 품계가 있는 관리와 士士는 3개월, 서인은 1개월이었다. 반면 『淸律禮』에 따르면 직분이 있는 관리와 서민 모두 3개월 후에 장례를 치르도록 했다.

301 『通典』 138, 「開元禮纂類」, '卜兆宅' '卜葬日' 참고.

302 『周禮』 「春官」 「宗伯」, 冢人, 鄭玄 주에서 인용.

303 『潛夫論』 3, 「浮侈」

304 당唐 1품, 묘지는 사방 90보, 분묘의 높이는 1길 8자.
　　　2품, 묘지는 사방 80보 분묘의 높이는 1길 6자
　　　3품, 　　　　70보 　　　　　　　1길 4자
　　　4품, 　　　　60보 　　　　　　　1길 2자

	품	보	분묘 높이	담 높이
	5품,	50보	9자	
	6품 이하	20보	7자	
송宋	1품	90보	1길 8자	
	2품	80보	1길 6자	
	3품	70보	1길 4자	
	4품	60보	1길 2자	
	5품	50보	1길	
	6품	40보	6품 이하 8자	
	7품 이하	20보		
	서인	18보	6자	
원元	1품	90보		
	2품	80보		
	3품	70보		
	4품	60보		
	5품	50보		
	6품	40보		
	7품 이하	20보		
	서인	9보		
명明	공후	100보	분묘의 높이는 2길	담의 높이는 1길
	1품	90보	1길 8자	9자
	2품	80보	1길 6자	8자
	3품	70보	1길 4자	7자
	4품	60보	1길 2자	6자
	5품	50보	1길	4자
	6품	40보	8자	
	7품 이하	30보	6자	
청淸	1품	90보	1길 6자	담의 높이는 35길
	2품	80보	1길 4자	35길
	3품	70보	1길 2자	30길
	4품	60보	1길	30길
	5품	50보	8자	30길
	6품	40보	6자	12길
	7품 이하	20보	6자	12길
	서인	9보	4자	8길

(이상은 『通典』108, 「開元禮纂類」3, '雜制';『政和五禮新儀』24, 「喪葬之制」;『元典章』30, '葬禮';『明會典』203, 「工部」23, '墳塋' '職官墳塋';『清會典』38;『清通禮』53, 「凶禮」;『清禮律』17, '服舍違式' 條例 참고)

305 묘비에는 모두 관원의 지위를 기재했다. 『淸通禮』에서는 이렇게 말한다. "품계가 있었던 관리의

묘비에는 아무 관원 아무 공公의 묘라고 쓰고 부인의 경우에는 아무 봉작 아무개 씨라고 쓴다. 8~9품 이하와 서사庶士의 비문에는 아무 관원 아무개의 묘라고 쓰고 관직이 없었으면 서사庶士 아무개의 묘라고 쓰며, 부인은 아무 봉작 씨氏라고 칭한다. 봉작이 없었으면 아무개 씨라고 칭한다."(「凶禮)

306 당唐 5품 이상   교룡 머리에 거북 기단(높이는 9자를 넘지 않음)

　　　7품 이상   움푹진 머리에 네모진 기단(높이는 4자)

　송宋　　　　　위와 같음

　명明 공후公侯 교룡 머리에 거북 기단(묘비 몸체의 높이는 9자, 폭은 3자 6치, 묘비 머리의 높이는 3자 2치, 묘비 기단은 3자 8치)

　　　1품　　　위와 같음(묘비 몸체의 높이는 8자 5치, 폭은 3자 4치, 묘비 머리의 높이는 3자, 묘비 기단은 3자 6치)

　　　2품　　　기린 머리에 거북 기단(묘비 몸체의 높이는 8자, 폭은 3자 2치, 묘비 머리의 높이는 2자 8치, 묘비 기단은 3자 4치)

　　　3품　　　천록과 벽사(날개가 달린 사자 비슷한 전설의 동물로 뿔이 하나인 것이 천록이고 뿔이 없는 것이 벽사임) 머리에 거북 기단(묘비 몸체의 높이는 7자 5치, 폭은 3자, 묘비 머리의 높이는 2자 6치, 묘비 기단은 3자 2치)

　　　4품　　　둥근 머리에 네모진 기단(묘비 몸체의 높이는 7자, 폭은 2자 8치, 묘비 머리의 높이는 2자 4치, 묘비 기단은 3자)

　　　5품　　　위와 같음(묘비 몸체의 높이는 6자 5치, 폭은 2자 6치, 묘비 머리의 높이는 2자 2치, 묘비 기단은 2자 8치)

　　　6품　　　위와 같음(묘비 몸체의 높이는 6자, 폭은 2자 4치, 묘비 머리의 높이는 2자, 묘비 기단은 2자 6치)

　　　7품　　　위와 같음 (묘비 몸체의 높이는 5자 5치, 폭은 2자 2치, 묘비 머리의 높이는 1자 8치, 묘비 기단은 2자 4치)

　청淸 1품　　　교룡 머리에 거북 기단 (묘비 몸체의 높이는 8자 5치, 폭은 3자 4치, 묘비 머리의 높이는 3자, 묘비 기단은 3자 6치)

　　　2품　　　기린 머리에 거북 기단 (묘비 몸체의 높이는 8자, 폭은 3자, 묘비 머리의 높이는 2자 8치, 묘비 기단은 3자 4치)

　　　3품　　　천록과 벽사 머리에 거북 기단 (묘비 몸체의 높이는 7자 5치, 폭은 3자, 묘비 머리의 높이는 2자 8치, 묘비 기단은 1자 2치)

　　　4품~7품 둥근 머리에 거북 기단 (묘비 몸체의 높이는 7자, 폭은 2자 8치, 묘비 머리의 높이는 2자 6치, 묘비 기단은 1자)

　　　사士　　　둥근 머리에 네모진 기단

(이상은 『通典』 108, 「開元禮纂類」 3, '雜制'; 宋, 『喪葬令』; 『書儀』 7, 「喪儀」 3, '碑志'에서 인용. 『明會典』, '職官墳塋'; 『淸會典』 38; 『淸通禮』 「凶禮」 참고)

307 당·송·명대에는 7품 이상의 경우에만 묘비가 있었다.(위의 주석 참고) 또한 "은거해 살지만 덕이 순박하고 효의로 잘 알려져 있다면 비록 벼슬하지 않았다고 하더라도 묘비를 세운다."(『唐會要』 38, 「葬」) 따라서 벼슬하지 않았는데 비를 세우는 경우는 예외적인 것이었다. 명·청대에는 서인

주

들의 경우 묘지만 쓸 수 있었을 뿐 비를 세우는 것은 불허되었다.(『明會典』, '職官墳塋', "서인은 단지 묘지만을 쓸 수 있을 따름이다."『淸通禮』「凶禮」, "서인에게는 묘지만 있고 비는 없다.")

308 당唐 : 석수石獸-2품 이상 6가지, 2~5품 이상 4가지

송宋 : 3품 이상-석인石人 2, 석양石羊 2, 석호石虎 2, 석망주石望柱[무덤 양쪽에 기둥처럼 세우는 돌] 2, 5품 이상-석양 2, 석호 2, 석망주 2.

명明 : 공후公侯~2품-석인 2, 석마石馬 2, 석양 2, 석호 2, 석망주 2. 3품-석호 2, 석양 2, 석마 2, 석망주 2. 4품 -석호 2, 석마 2, 석망주 2. 5품-석양 2, 석마 2, 석망주 2.

청淸 : 위와 같음.

(이상은 『唐律疏議』26, '舍宅興服器物'조에서 唐令文 인용, 『通典』108, 「禮」68, 「開元禮纂類」3, 「序例下」, '雜制'; 『儀禮』7, 「喪儀」3, '碑志'; 『宋史』124, 「禮志」77, 「禮」27, 「凶禮」3; 『明會典』203, 「工部」23, '職官墳塋'; 『淸通禮』「凶禮」; 『淸律例』, '服舍違式' 條例 참고.)

309 『五代會要』「喪葬上」

310 『唐律疏議』「雜律上」, '舍宅興服器物'; 『宋刑統』26, 「雜律」, '營造舍宅車服違式' 참고.

311 『五代會要』「喪葬上」; 『宋史』「凶禮」4, '士庶人喪' 참고.

312 『五代會要』「喪葬上」

313 『唐會要』「葬」

314 『五代會要』「喪葬下」

315 위의 책, 「喪葬上」

316 위의 책, 같은 곳.

317 『明律例』, '服舍違式'; 『淸律例』, '服舍違式' 참고.

318 당대 長慶 3년에 절서浙西 관찰사 이덕유李德裕는 윗사람으로서 규찰하지 못한 관리를 처벌해 줄 것을 상주했다. 청나라 때에는 각 아문을 관장하여 수시로 살피도록 하고 관리 중에 살피지 못한 자는 각각 봉급을 정지하거나 직급을 강등시키도록 했다.(앞선 주 참고)

319 『唐會要』「葬」

320 위의 책, 같은 곳.

321 『宋史』125, 「禮志」78, 「禮」28, 「凶禮」4.

322 『唐律疏議』, '舍宅興服器物'; 『宋刑統』, '營造舍宅車服違令' 참고.

323 『唐會要』「葬」; 『五代會要』「喪葬上」

324 『五代會要』「喪葬上」

325 『元典章』30, 「禮部」20, '禁送殯迎婚儀仗' 참고.

326 『春秋穀梁傳』, 僖公 15年.

327 『國語』「楚語下」; 『春秋穀梁傳』, 僖公 15年; 『禮記』「王制」'祭法'; 『孔子家語』8, 「廟制解」

328 『通典』48, 「禮」8, 「吉」7, '諸侯士大夫宗廟' 참고.

329 『通典』108, 「禮」18, 「開元禮纂類」3, '雜制'; 『唐書』13, 「禮樂志」3; 『唐會要』19, '百官家廟' 참고.

330 『宋史』109, 「禮志」62, 「禮」12, 「吉禮」12.

331 위의 책, 같은 곳.

332 『明會典』95, 「禮部」53, 「祭祀」5, '品官家廟' 참고.

333 『淸通禮』17, 「吉禮」

334 『唐書』「禮樂志」3.

335 『明史』52, 「禮志」6, 「吉禮」6.

336 『淸通禮』17, 「吉禮」

337 『國語』「楚語下」; 『春秋穀梁傳』僖公 15년; 『禮記』「王制」「祭法」; 『孔子家語』8, 「廟制解」

338 『通典』48, '諸侯士大夫宗廟' 참고.

339 위의 책 108, '雜制' 참고.

340 『宋史』109, 「禮志」「禮」12, 「嘉禮」12.

341 『明史』52, 「禮志」6.

342 『淸通禮』17, 「吉禮」

343 『通典』121, 「禮」81, 「開元禮纂類」16, 「吉」13, '三品以上時享其廟; 『唐書』13, 「禮樂志」, "5품 이상은 실마다 희생물을 달리 하고, 6품 이하는 희생물을 함께한다."

344 『宋史』109, 「禮志」62, 「禮」12, 「吉禮」12.

345 『淸通禮』17.

346 『國語』「楚語下」

347 『國語』「楚語上」

348 『通典』48, 「禮」8, 「吉」7, '諸侯大夫宗廟' 참고.

349 위의 책 108, 「禮」68, 「開元禮纂類」3, 「序例下」, '雜制' 참고.

350 위의 책 121, 「開元禮纂類」16, '三品以上時享其廟' 참고.

351 『明史』52, 「禮」6.

352 『淸通例』17.

353 오직 원대만이 예외였던 것 같다. 이에 대해서는 아래를 참고하라.

354 『通典』108, 「禮」68, 「開元禮纂類」3, 「序例下」, '君臣冕服冠衣制度; 『唐書』「輿服志」 참고.

355 『唐書』13, 「禮樂志」3.

356 司馬光, 『書儀』2, 「冠儀」, '冠' 참고.

357 『宋史』153, 「輿服志」5.

358 『明會典』61, 「禮部」19, 「冠服」2, '文武官公服' '命婦冠服' 참고. 같은 책 95, 「禮部」53, 「群祀」 5, '品官家廟' '行事'에서는 이렇게 말한다. "제사를 주재하는 자가 현재 관직에 있으면 당대풍의 관唐帽에 띠를 맸으며, 일찍이 봉작을 받은 부인은 비녀에 적의를 착용했고, 아직 관리가 되지 못한 사인士人은 복건幅巾에 심의를 착용했고, 서인은 두건과 적삼에 여러 가닥으로 된 끈을 묶었으며, 부인은 길고 두터운 솜옷에 긴 치마를 입었다. 장신구는 규정과 같았다."

359 『淸通例』17.

360 『元史』104, 「刑法志」, '禁令' 참고.

4장

1 H. Maine, *Ancient Law*, 11th edition, John Murry, London, pp.11~13.

2 『春秋左傳』, 昭公 6年, 『漢書』「刑法志」 이기李奇 주석에 이르기를 "그 범한 일을 우선 논의하여 결정한 후에 그 죄를 판단할 뿐 일단 만든 형법을 솥에 기록하지 않는다"고 했다. 안사고는 이렇게 말했다. "순임금은 기물에다 다섯 가지 자주 사용하는 형벌을 새기고 유배의 방법으로 다섯 종류의 형벌을 받은 죄인을 용서했다. 『周禮』에서는 세 가지 형법三典과 다섯 가지 형벌五刑로 나라를 다스렸는데, 미리 만들지 않은 것은 아니고 폭로되어 사람들이 알게 되지 않도록 했다."

3 『國語』「晉語九」

4 『春秋左傳』에 정자산鄭子産이 형서를 주조한 것은 소공昭公 6년이라 되어 있다.

5 진진나라가 형정刑鼎을 만들고 범선자范宣子가 만든 형서를 주조한 것은 소공昭公 29년이다.

6 이회李悝는 『法經』을 지었다.

7 昭公 6年, 『春秋左傳』

8 昭公 29年, 위의 책.

9 『韓非子』16, 「難三」

10 위의 책 17, 「定法」

11 『商君書』「定分」26.

12 위의 책, 같은 곳.

13 『禮記』「曲禮上」

14 『荀子』6, 「富國」

15 『禮記』「坊記」

16 『荀子』19, 「大略」

17 『禮記』「曲禮上」

18 『白虎通德論』4, 「五刑」

19 위의 책, 같은 곳.

20 『荀子』6, 「富國」. 순자가 말하는 사士와 서인은 신분에 따른 구분이라기보다는 행위에 따른 구분이다. 그렇기 때문에 그는 "사람에게 이 예가 있으면 사군자士君子고, 없으면 민民이다"라고 했다.(같은 책 13, 「禮論」) 또 이렇게도 말했다. "제왕, 공후, 사대부의 자손이라 하더라도 예를 따르지 않는다면 서인으로 귀속시킨다. 반면 서인의 자손이라 하더라도 고대문헌 지식을 쌓고 심신의 행위가 바르며 예의를 따를 수 있다면 경상卿相과 사대부로 귀속시킨다."(같은 책 5, 「王制」) 그는 예와 형벌로 구분해 다스릴 것을 주장했으나, 사와 서인을 객관적인 기준에 따라 구별했다. 이로 인해 예와 형벌의 사용은 행위를 기준으로 삼게 되었다. "선으로 이른 자는 예로 대하고 불선으로 이른 자는 형벌로 대한다."(「王制」)

21 荀悅, 『申鑑』1, 「政體」

22 가의賈誼는 이렇게 말했다. "주상께서 총애하시는 신하에게 혹여 잘못이 있더라도 죽임의 형벌을 내리지 않는 것은 주상을 존숭하기 위해서입니다. 이는 주상께서 공경하지 않는 것을 미리 멀리하게 하고 예의로 대신이 절조를 지키도록 하고자 함입니다. 지금 왕후를 비롯해 삼공과 같은 귀인들은 다 천자께서 낯빛을 고쳐 예우해야 할 자로서, 옛적에 천자들은 백부, 백구伯舅라 불렀

습니다. 그런데 그들에게 백성과 똑같이 글자를 새기고 코를 베며 수염을 자르고 발뒤꿈치를 베며, 곤장을 치고 욕을 하며, 저자에 버린다면 이는 궁전 마루가 섬돌을 잃는 것이 아니겠습니까? 죽임과 모욕을 당하는 사람은 천자와 아주 가까운 이들이 아닙니까? 대신들이 염치에 따라 행동하지 않는데 무거운 권력을 쥐고 있는 큰 관리로서 어찌 죄수와 같이 부끄러움을 모르겠습니까? (…) 일찍이 높은 지위에 있는 자들에 대해 천자는 낯빛을 고쳐 예우했고, 관리와 백성도 엎드려 경외했습니다. 지금 그들에게 잘못이 있다면 황제께서는 작위를 폐할 수 있고 면관시킬 수 있으며, 죽으라고 명하거나 가족을 멸할 수도 있습니다. 하지만 그를 묶어 사구에게 끌고 가거나 사공에게 보내어 형벌을 관장하는 관리가 관할하게 하고, 사공의 하급관리로부터 욕을 먹거나 맞게 하는 것은 백성에게 보여서는 안 되는 것입니다. 비천한 자들은 존숭하던 사람이 잘못이 있음을 알게 되면 자기도 그를 비천하게 대할 수 있다고 여기게 되니, 이는 천하를 교화하는 방법이 아니고 존귀한 이를 존귀하게 대하는 교화도 아닙니다. 천자께서 일찍이 존숭하셨고 백성도 일찍이 존숭하던 자는 스스로 죽게 둘 뿐, 어찌 천한 이들이 저와 같이 괴롭히고 모욕하게 할 수 있습니까? (…) 그래서 옛날 사람들은 '예는 서인에게 미치지 않고 형벌은 대부에게 이르지 않는다'고 했습니다. 그렇게 한 것은 높은 신하들이 절조를 지키도록 격려하기 위함입니다."(『漢書』「賈誼傳」) 또 『白虎通德論』에서도 "형벌이 사대부에게까지 이르지 않는 것은 무엇 때문인가? 대부를 존중하기 때문이다"라고 했다.

23 Thomas, *Primitive Behavior*, p.515; E. S. Hartland, *Primitive Law*, Methuen, 1924, p.161 ff.

24 한대 이후에는 자의赭衣를 죄수복으로 삼았다. 『漢書』「食貨志」에서 동중서는 자의를 입은 자가 길거리의 절반에 가득하다고 말했다. 또 「楚王元傳」에서는 왕인 유무劉戊가 신공申公과 백생白生에게 노역을 시켜 모욕을 주었는데, 자의를 입히고 저자에서 절구로 방아를 찧게 했다. 또한 『孝經緯』에서는 상등의 죄에는 흑색 두건에 자의를 입히고 중등의 죄에는 잡색의 신발을 신겼으며 하등의 죄에는 잡색의 신발을 신겼다고 했다.(『通典』 163, 「刑」) 『尙書大傳』에서는 상등의 형벌은 적갈색의 옷깃이 없는 옷을 입고, 중등의 형벌은 잡색의 신발이며, 하등의 형벌은 검은색 두건이었다고 한다.(『太平御覽』, p.645) 순자는 사형에 처할 자는 적갈색의 옷깃이 없는 옷을 입히는 것으로 대체했다고 말했다.(『通典』 12, 「正論」) 『白虎通』과 『北堂書鈔』에서는 『尙書大傳』을 인용하여 코를 베는 형벌을 받을 자는 자의를 입히는 것으로 대체했다고 말했다. 오직 『愼子』에서만은 여러 다른 책들과는 달리 상형象刑에 자의를 입히는 것은 없다고 했다. 『孝經緯』와 『尙書大傳』은 위서僞書로 증거가 되기에 부족하고, 순자 또한 세속의 상형에 관한 주장을 믿지 않았지만, 순자가 살던 시대에 세간에 있었던 그러한 주장에 근거가 없는 것은 아니다. 따라서 후대에 자의는 근거 없이 생겨난 것이 아니다.

25 『周禮』「秋官」「司寇」에서 대사구의 직무에 대해 이렇게 말한다. "사람을 해친 자는 옥성獄城에 집어넣어 벌로써 일하게 하고 죄상을 밝혀 수치스럽게 한다"고 했다. 정현鄭玄의 주석에서는 "죄상을 밝힌다고 함은 그 죄악을 네모진 판에 써서 등에 지게 하는 것을 말한다"고 했다. 또 '사원司圜'의 직무에 대해 이렇게 말했다. "사람을 해친 자는 갓에 장식을 못 하게 하고 죄상을 써서 밝힌다. (…) 옥성에서 사람에게 형벌을 가함에는 신체를 훼손하지 않는다." 주석에서는 "갓에 장식을 못 하게 한다는 것은 흑색 두건을 쓰게 하는 것이니, 옛적의 상형과 같지 않은가?"라고 했다.

26 『周禮』, '司圜'.

27 封演, 『封氏聞見記』 9, '奇政' 참고.

28 『明史』 4, 「刑法志」, 명대 초기에 "탐관오리를 무겁게 처벌했으니 범법자의 명단을 신명정에 붙여 경계를 표시했고, 또 형부刑部에 지시하여 관리 중에 뇌물을 받은 자는 우선 너그러이 복직하도록 하되 그 잘못을 대문에 써 붙여 자성하도록 했다. 고치지 않는 자는 법에 따라 논죄했다." 이는 관리에 대한 것이었고, 평민에게 잘못이 있어도 역시 신명정에 글을 썼다. 『明律集解』에서는 이렇게 말했다. "주현州縣의 각 리里마다 신명정을 세워, 리의 백성 중에 불효와 불손 또는 간음이나 도둑질 등의 악을 행한 자는 그 성명과 사건을 방문에 써서 징계함을 표시해 수오지심을 갖게 했고, 과오를 고쳐 새로워지면 그것을 떼어내었다. 혼인, 호적, 전토田土 등의 작은 일은 마을의 노인이 분쟁을 중재했다. 오늘날 공개적으로 밝혀 가르치고 경계하는 제도다." 『箋釋』에서도 이렇게 말했다. "살펴보건대 옛날 각 주현과 리마다 모두 신명정을 설치했으니 십악十惡, 강도, 살인 외에 혼인, 호적, 전토 등의 일은 이갑里甲의 노인이 정자에서 판결했다. 불효, 불손함을 비롯해 일체의 악을 행한 자의 성명을 신명정에 써 붙였고, 과오를 뉘우쳐 새로워지면 그것을 떼어냈다. 판으로 만든 격문은 일종의 백성을 가르치는 격문이다."(『唐明律合編』 26, 「制律」 9, 「雜犯」, '拆毀申明亭' 條)

신명정이 악을 징계하는 데 쓰였다면, 정선정旌善亭이라는 것이 따로 있어 선을 기록해 권면했음을 알 수 있다.(『日知錄』) 洪武 연간에는 중간급과 하급의 읍리에 이 두 정자를 설치했으나, 중엽에 이르러 사문화되어 정자는 대부분 사라지고 선악이 기록되지 않게 되었음을 알 수 있다. 하지만 명·청의 형률에서는 여전히 신명정을 철거하거나 방문을 훼손하는 것을 금했고 위반하는 자는 장 100대에 3000리 밖으로 유배되었다. 아울러 청률에서는 형벌에 처할 것을 각각 분명히 밝혀 고치도록 했다. 그러다가 건륭 9년에 남아 있는 신명정을 조사하여 고쳐 짓도록 했으며, 과거에 신명정이 있었으나 당시 노역하는 사람들에 의해 점유된 것들을 조사해 관부에서 수리하도록 했다. 백성을 교화하는 칙유는 독무가 소속 관원들에게 적게 해서 신명정에 걸어놓도록 했고, 과거의 모든 조목들을 나무패에 새겨 일깨웠다.(이 조목은 규정에도 찬술되었다) 또한 신명정의 옛 제도를 손질하여 불효, 불손함 및 일체의 악을 행한 사람의 이름을 정자에 쓰고, 과오를 고치고 스스로 새로워진 자는 이름을 없애게 해서 과거의 제도를 따르도록 했다.(이것은 규정에 찬술되지 않았다. 이상의 내용은 『淸律例彙集便覽』 34, 「刑律」 「雜犯」, '拆毀申明亭' 참고) 이를 보면 청대 초기에 옛 제도를 회복했으나, 칙령의 간행과 반포가 강조되었을 뿐 악을 기록하는 것은 사문화되어 있었음을 알 수 있다.

29 『漢書』 48, 「賈誼傳」. 『周禮』에서는 여덟 가지 수단으로 왕이 여러 신하를 통제하는데, 일곱 번째는 쫓아내는 수단으로 죄 지은 신하를 징벌하는 것이라고 했다.(권1, 「天官家宰」, 太宰之職)

30 『隋書』 「刑法志」, 양梁나라에서 "사인士人들에게는 종신 혹은 누대에 걸쳐 관리가 될 수 없는 금고禁錮의 조목이 있었는데, 이 역시 죄의 경중에 따라 차이를 두었다. 관리를 비평하는 청의를 당한 경우 종신토록 함께하지 못했다." 다음과 같은 말도 있다. 진陳의 법제에서는 "오로지 관원을 비평하는 청의에 의해 종신 혹은 누대에 걸쳐 관리가 될 수 없는 금고의 조목을 중시했다. 사인의 가족으로서 명교를 거스른 자, 불효한 자, 소공 이상의 부모나 조부모와 간음한 자는 조서를 반포해 종신토록 관직에 들어가지 못하게 했다."(『日知錄』)

31 『漢書』 「賈誼傳」

32 『白虎通德論』 4, 「五刑」

33 『周禮』, '司圜'에서는 "옥성에서 형벌을 받는 사람은 신체를 훼손시키지 않는다"고 했다. 또 '掌戮'
    에서는 "곤형髡刑을 받은 사람은 양식과 사료를 지키게 한다"고 했다. 정사농鄭司農은 곤형은 마
    땅히 노역형인 완형이어야 한다고 했으니, 3년 동안 노동을 하고 신체가 훼손되지 않는 것을 말
    한다. 정현鄭玄은 곤형은 오형에서 비롯된 것으로, 왕의 동족으로서 궁형에 처하지 않는 자에게
    내려진다고 했다. 이들을 궁형에 처하는 것은 그 동류를 잘라내는 것이니 머리카락을 자를 따름
    이라고도 했다. 양식과 사료를 지키는 일을 시키는 이유는 양식과 사료는 고정된 곳에 두어야 하
    기 때문이다. 한나라에서는 육형 외에 완형에 처해야 할 자는 성을 쌓고 곡식을 빻는 형벌로 바
    꿨고, 글자를 새겨야 할 자는 머리카락을 자르고 쇠사슬로 목을 묶는 형벌 대신 성을 쌓고 곡식
    을 빻는 형벌로 바꾸었다.(『漢書』「刑法志」)

34 『周禮』 「秋官」 「司寇」, '掌戮' 참고.

35 가의는 이렇게 말했다. "옛날에 대신이 청렴하지 않아 파직할 때에는 청렴하지 않다고 표현하지
    않고 제기祭器를 잘 꾸미지 않았다고 했습니다. 지저분하고 음란하여 남녀 간에 유별함이 없는
    경우에는 지저분하다고 표현하지 않고 휘장을 손질하지 않았다고 했습니다. 해이하고 유약하여
    일을 감당하지 못할 경우에는 해이하고 유약하다고 표현하지 않고 아래 신하로서 직분을 다하
    지 못했다고 했습니다. 이렇듯 귀한 대신에게 확실히 그 죄가 있다 하더라도 질책하여 사실대로
    말하지 않고 에둘러 말했습니다."(『漢書』「賈誼傳」)

36 『漢書』 「賈誼傳」

37 『史記』 68, 「商君列傳」

38 『先秦政治思想史』, p.47

39 『尙書』 「虞書」 「舜典」

40 자산이 말했다. "나는 차마 너를 죽이지 못하여 너그러이 먼 곳으로 유배 보내려 하니 어서 가서
    너의 죄를 가중시키지 말라."(『左傳』, 昭公 元年)

41 『周禮』 「秋官」 「司寇」, '掌戮' 참고.

42 『禮記』 「王制」

43 『漢書』 「景帝紀」, '시신을 해체함을 저자에 버린다로 바꾼다'는 구절에 대한 주석.

44 『漢書』 「賈誼傳」

45 위의 책, 같은 곳.

46 『春秋左氏傳』, 僖公 10年.

47 『史記』 66, 「伍子胥列傳」

48 위의 책 73, 「白起列傳」

49 위의 책 87, 「李斯列傳」

50 『春秋左氏傳』, 昭公 2年.

51 『史記』 88, 「蒙恬列傳」

52 『周禮』 「秋官」 「司寇」, '掌囚' 참고.

53 『隋書』 「刑法志」

54 『史記』 「李斯列傳」

55 『漢書』 「賈誼傳」

56 『魏書』62,「李彪傳」

57 『舊唐書』50,「刑法志」 "會昌 원년 9월에 고부낭중庫部郎中 지제고知制誥 흘우천紇于泉 등이
    상주하여 형부에 뇌물죄를 범한 5품 이상의 관리가 사형에 처해지는 것을 막아달라고 한 것을
    허락했다. 또한 옥관이 집에서 사사하도록 함을 영원한 규정으로 정해지게 해달라고 상주한 것
    을 허락하여 이에 따랐다."『新唐書』56,「刑法志」 "5품 이상인 자가 죽음으로 논죄되면 수레를
    타고 형장으로 가되 형옥을 관장하는 대리정大理正이 참석하거나 집에서 사사한다."

58 『新唐書』56,「刑法志」

59 『史記』6,「始皇本紀」 "법률 제도와 도량형을 통일하고 수레 두 바퀴 사이의 간격을 똑같게 했
    다. 글을 쓸 때는 문자를 통일했다." 진나라가 천하를 합병한 후 봉건을 폐기하고 사해 안에 군현
    郡縣을 만들었으며, 각종 제도가 정돈되고 통일되기 시작했다. 법령 역시 통일되었는데 과거 제
    후국마다 각자의 법률이 있던 것과는 다르다. 그래서 승상 관綰, 어사대부 겁劫, 정위 사斯 등은
    "법령의 통일은 상고시대 이래로 없었던 일이고, 오제五帝도 미치지 못한 바"라고 했다.

60 선청先請하는 한 부류는 종실宗室이다. 『後漢書』36,「百官志」에서는 이렇게 말한다. 종정宗正
    은 경卿으로서 매년 장부에 보고되는 종실의 명부를 관장한다. 머리카락을 자르는 것 이상의 범
    법 행위를 했다면 우선 종정에게 보고하고, 종정은 임금에게 아뢴 후 판결하고 집행할 수 있다.
    『周禮』「秋官」「小司寇」 주에서는 황제의 친척, 외척에 대한 특별 심의 및 감형을 뜻하는 의친議
    親은 오늘날 종실에 죄가 있으면 먼저 황제에게 보고하여 청하는先請 것과 같다고 했다. 선청하
    는 또 다른 부류는 관리다. 한 고조漢高祖는 조서를 내려 낭중郎中 가운데 수염이 깎이는 것 이
    상의 죄가 있는 자는 보고해 감형을 청하도록 명령했다.(「高帝紀」) 선제宣帝는 黃龍 원년에 조
    서를 내려 관리 중에 600석의 대부들에게 죄가 있으면 먼저 조정에 보고해 감형을 청하도록 했
    다.(「宣帝紀」) 평제平帝는 元始 원년에 공공이나 제후의 상속자에게 수염이 깎이는 이상의 죄
    가 있으면 먼저 보고해 감형을 청하도록 했다.(「平帝紀」) 광무제光武帝는 建武 3년에 조서를 내
    려 관리 중에 600석 이하의 현령과 현장縣長에게 죄가 있으면 먼저 보고해 감형을 청하도록 했
    다.(『後漢書』「光武紀」) 그러므로 『周禮』「秋官」「小司寇」의 주석에서는 귀족의 죄를 특별 심의
    해서 감형하는 의귀議貴는 현령과 현장에게 죄가 있을 때 우선 보고해 감형을 청하도록 하는 것
    과 같다고 했다. 실제로 관리가 조착朝錯, 병길邴吉, 소망지蕭望之를 체포하게 해달라고 주청했
    으나 모두 황제의 허락을 얻지 못했다. 소망지는 후에 홍공弘恭과 석현石顯의 탄핵 상주가 통과
    되고서야 비로소 정위에게 압송되어 넘겨졌다.(『漢書』49,「朝錯傳」, 74,「邴吉傳」, 78,「蕭望之
    傳」)

61 『明律例』1,「名例上」 '應議者犯罪'; 『清律例』4,「名例律上」 '應議者犯罪' 참고.

62 『明律例』「名例上」 '職官有犯' 참고.

63 위의 책, 같은 곳.

64 『清律例』「名例律上」 '職官有犯' 참고.

65 『漢書』「惠帝紀」

66 『隋書』25,「刑法志」

67 위의 책, 같은 곳.

68 '의론해야 할應議' 자란 팔의 이내에 있는 자를 말한다. '청할' 자란 의론해야 할 자 중에서 기
    년복 이상의 친족과 자손으로 관작이 5품 이상인 자를 말한다. '감할' 자란 7품 이상의 관리와

5품 이상인 자의 조부모, 부모, 형제, 자매, 처, 자손을 말한다.

69　『唐律疏義』29,「斷獄上」,'八議請減老少;『宋刑統』29,「斷獄律」,'不合拷訊者取衆證爲定' 참고.

70　『宋史』199,「刑法志」1.

71　『元史』102,「刑法志」1.

72　『明律例』12,「刑律」4,「斷獄」,'老少不拷訊' 條;『淸律例』36,「刑律」「斷獄上」, 같은 조항.『淸律總注』와 『輯注』에 따르면, 고의나 실수로 잘못 판결한 죄란 고신을 하는 과정에서 거짓 자백을 한 것을 가리킨다. 법률을 위반해 고신했는데 죄상이 참이라면 그 죄는 비교적 가벼웠으니,『輯注』에서는 '법제를 거스른違制' 것으로 논죄해야 한다고 했고,『箋釋』에서는 '불응不應'한 것으로 논죄해야 한다고 했다.

73　『淸律例』4,「名例律上」,'應議者犯罪' 참고.

74　예를 들어 조착晁錯, 가연지賈捐之, 조광한趙廣漢 등은 모두 주청하여 통과된 후에 사형에 처해졌다.(『漢書』49,「晁錯傳」, 64下,「賈捐之傳」, 76,「趙廣漢」)

75　『唐律疏義』2,「名例」2,'八議者;『宋刑統』2,「名例律」,'八議 참고.

76　『五代會要』10,「刑法雜錄」

77　『明律例』,『淸律例』,'應議者犯罪' 참고.

78　『唐律疏義』2,「名例」2,'皇太子妃';『宋刑統』2,「名例律」,'請減贖' 참고.

79　『明律例』「職官有犯」

80　『淸律例』「職官有犯」

81　『隋書』「刑法志」

82　『唐律疏義』2,「名例」2,'八議者' '七品以上之官' 應議請減;『宋刑統』2,「名例律」,'八議 '請減贖' 참고.

83　『漢書』「惠帝紀」

84　『唐律疏義』1,「名例」1,「死刑」2, 문답에서『晉律』을 인용.

85　『魏書』111,「刑罰志」

86　『隋書』「刑法志」

87　수의 형률에 따르면 9품 이상은 은자를 내고 속죄되었고, 당·송의 형률에서는 논의하고 주청하여 9품 이상의 관원이 유형의 죄 이하를 범하면 은자를 내고 속죄되는 것으로 감형되었다.(『隋書』「刑法志」;『唐律疏義』「名例」2,'應議請減;『宋刑統』「名例律」,'請減贖')

88　『隋書』「刑法志」;『唐律疏義』「名例」2,'以官當徒';『宋刑統』2,「名例律」,'以官當徒除名免官免所居官' 참고.

89　『唐律疏義』,'以官當徒';『宋刑統』,'以官當徒除名免官免所居官' 참고.

90　위의 책, 같은 곳.

91　『唐律疏義』3,「名例」3,'以官當徒不盡';『宋刑統』,'以官當徒除名免官免所居官' 참고.

92　『唐律疏義』3,「名例」,'除名者';『宋刑統』,'以官當徒除名免官免所居官' 참고.

93　위의 책, 같은 곳.

94　제명된 자는 6년 후에 출신법出身法에 따라 서용되었고, 면관免官된 자는 3년 후에 앞선 품계보다 2등급 강등되어 서용되었으며, 관직에서 면직된 자는 1년 후에 앞선 품계에서 1등급 강등되어 서용되었다.(『唐律疏義』,'除名者';『宋刑統』,'以官當徒除名免官免所居官' 참고)

주

95 『明律』에 "모든 안팎의 높고 낮은 군인과 관아의 관리 중에서 공적인 죄를 지어 태형을 받아야 하는 관원은 은자를 내어 속죄하고, 하급관리는 계절마다 모아 결정한다. 관리명부에 잘못을 덧붙여 적을 필요는 없다. 장형 이상의 죄에 대해서는 문안으로 명확히 작성한 후 매년 한 차례 살펴 죄명을 기록하고, 9년이 지나면 한 차례 전체적으로 살펴 죄를 범한 차수와 경중에 따라 물러나게 하고 승진하게 하는 근거로 삼는다."(『明律例』 1, 「名例上」, '文武官犯公罪' 참고.) 『淸律』에 "모든 안팎의 높고 낮은 문관과 무관 중 공적인 죄를 지어 태형이 내려진 경우, 10대는 1개월 봉급을 중지하고, 20대와 30대는 각각 1개월씩 추가하고, 40대와 50대는 3개월씩 추가한다. 장형을 받아야 하는 자의 경우, 60대는 1년 봉급을 정지하고, 70대는 한 등급 강등하며, 80대는 두 등급, 90대는 세 등급 강등하되 모두 유임한다. 100대는 네 등급 강등하고 맡은 업무를 조정한다. 부와 현의 하급관리 중에 죄를 범한 자는 태형과 장형 판결이 종결되면 남아서 일한다." (『淸律例』 4, 「名例律上」, '文武官犯公罪' 참고.)

96 『明律例』 1, 「名例上」, '文武官犯公罪' 참고. 9품 안에 들지 않은 관리와 부·현의 하급관리가 사적인 죄를 지은 경우, 태형 40대를 받은 자는 잘못을 명부에 덧붙여 적고 직무로 복귀시키고, 50대는 현 직무에서 파직하고 다른 곳에 서용하고, 장형의 죄는 직무에서 파직하고 서용하지 않았다.

97 『淸律例』 4, 「名例律上」, '文武官犯私罪' 참고. 부·현의 하급관리가 범법 행위를 하여 장 60대 이상을 받은 경우 직위에서 파면되었다.

98 『淸律例』 4, 「名例律」 7, '贖刑' 條例: 모든 진사, 거인, 공, 감, 생원 그리고 관冠 꼭대기에 장식이 있는 관원들이 태형과 장형의 가벼운 죄를 지으면 관례에 따라 은자 납부로 속죄되었고, 장 100대를 받은 자는 자격과 참여 정도資參를 분별하여 제명하고 장형 집행을 면하게 해주었다. 도형과 유형 이상에 대해서는 관례에 따라 집행했다.

99 『唐律疏義』 21, 「鬪訟」 1, '皇家袒免以上親'; 『宋刑統』 21, 「鬪訟律」, '毆皇親'; 『明律例』 10, 「刑律」 2, 「鬪毆」, '毆制使及本管長官' 참고. 『淸律例』, '毆制使及本管長官' 참고.

100 『唐律疏義』 21, 「鬪訟」 1, '流外官毆議貴' 참고.(의귀議貴란 3품 이상의 문무文武 직사관, 2품 이상의 산관散官, 작위가 1품인 자를 말한다) 『宋刑統』, '毆皇親'; 『明律例』 10, 「刑律」 2, 「鬪毆」, '毆制使及本管長官' 참고. 『淸律例』 29, 「刑律」 「鬪訟上」, '毆制使及本管長官' 참고.

101 『宋書』 81, 「劉秀之傳」

102 『唐律疏義』 21, 「鬪訟」 1, '毆制使府主縣令'; 『宋刑統』 21, 「鬪訟律」, '毆制使刺史縣令'; 『明律例』, '毆制使及本管長官'; 『淸律例』, '毆制使及本管長官' 참고.

103 『唐律疏義』 1, 「名例」 1, '十惡'; 『宋刑統』 1, 「名例律」, '十惡'; 『元史』 105, 「刑法志」 「名例」, '十惡'; 『明律例』 1, 「名例上」, '十惡'; 『淸律例』 4, 「名例上」, '十惡' 참고.

104 『唐律疏義』 17, 「賊盜」 1, '謀殺府主等官'; 『宋刑統』 17, 「賊盜律」, '謀殺'; 『明律例』 9, 「刑律」 1, 「人命」, '謀殺制使及本管長官'; 『淸律例』 26, 「刑律」 「人命」, '謀殺制使及本管長官' 참고.

105 『元史』 105, 「刑法志」 4, '殺傷' 참고.

106 『唐律疏義』 21, 「鬪訟」 1, '毆府主縣令父母'; 『宋刑統』 21, 「鬪訟律」, '毆制使刺史縣令' 참고.

107 『刑案彙覽』 38:24b.

108 『續增刑案彙覽』 10:68ab.

109 『周禮』 「秋官」 「司寇」, '소사구의 직무小司寇之職'라는 구절에 대한 주석에서 이렇게 말한다. "옥

리가 존귀한 자를 모독하는 것을 다스리기 위함이다. 궁신은 자신身을 가리킨다. 자신이 심문을 받지 않는 것은 그 부류가 재제와 같을 때다."

110 『元史』102, 「刑法志」1, '職制上.' 105, 「刑法志」4, '訴訟' 참고. 당시 관원이 백성과 소송을 벌이면 서명이 된 공문을 백성에게 보내 임직에 있지 않은 관원을 대면케 했다. 그와 같은 방법은 백성을 괴롭히고 불편하게 하는 것으로, 大德 7년 공문의 왕래를 금지하기 시작했고 관원의 자손·아우·조카 등 집안사람이 대신 소송하는 것을 논의해 확정했다.(『元典章』53, 「刑部」15, 「訴訟」, '閑居官員與百姓爭論子侄代訴'에 자세하다)

111 『明律例』10, 「刑律」2, '訴訟', '官吏詞訟家人訴'; 『淸律例』30, 「刑律」「訴訟」, '官吏詞訟家人訴' 참고.

112 鄭端, 『政學錄』(『畿輔叢書』本) 3, '事上接下' '待士大夫' 참고. 방문의 쪽지에 관리들의 성명에 점을 찍지 않도록 한 것은 어느 한 명의 견해가 아닌 것으로 보인다. 왕응규王應奎는 『柳南隨筆』에서 이렇게 말했다. "고로 일을 주관하는 관리가 소장을 검토할 때 반드시 붉은색으로 소송 당사자의 성명에 점을 찍되, 그가 사대부라면 원으로 그렸다. 그런데 당시 현령인 유종전喩宗栓이 실수로 왕응전汪應銓의 이름에 점을 찍었다. 왕응전이 그 말을 듣고 대노하여 절구 시 한 수를 지었다. '8척 복숭아 가지로 짠 자리에 더워 먹어 누우니, 현의 문 동쪽에 걸어놓은 명성이 널리 퍼지네. 옥좌에 글자를 기재한 이후로 관아에서 붉은 점 하나를 얻었네."

113 呂坤, 『刑戒』, '官莫輕打' 條. "보잘것없는 작은 관원이라 하더라도 국가의 귀한 그릇이며 일생 동안 염치에 묶여 있다."

114 『唐律疏義』2, 「名例」2, '以理去官'; 『宋刑統』2, 「名例律」, '請減贖' 참고.

115 『明律例』2, 「名例下」, '以理去官'; 『淸律例』4, 「名例律上」, '以理去官' 참고.

116 『唐律疏義』2, 「名例」2, '皇太子妃'; 『宋刑統』2, 「名例律」, '請減贖' 참고.

117 『唐律疏義』2, 「名例」2, '七品以上之官'; 『宋刑統』2, 「名例律」, '請減贖' 참고.

118 『唐律疏義』2, 「名例」2, '應議請減'; 『宋刑統』2, 「名例律」, '請減贖' 참고.

119 『明律例』1, 「名例上」, '應議者之祖父有犯'; 『淸律例』4, 「名例律上」, '應議者之父祖有犯' 참고.

120 위의 책, 같은 곳.

121 『唐律疏義』2, 「名例」2, '以理去官'; 『宋刑統』「名例律」, '請減贖' 참고.

122 『淸會典』17, 「戶部」. "호적에 오른 백성은 다음 넷으로 구별된다. 첫째는 민적民籍, 둘째는 군적軍籍, 셋째는 상적商籍, 넷째는 조적竈籍(제염업자)이다. 그들의 본적과 거주지를 살피고 양민과 천민을 구별한다." 양민과 천민의 분별은 추상적인 언어 관습에 그치지 않고 호적, 고시법考試法, 형법에도 분별을 두었다. 또 명·청의 법률에는 양민과 천민이 서로 때리는 것에 관한 조문이 있다.

123 위의 책, 같은 곳. "양민과 천민을 구별한다區其良賤"는 구절의 주에 "사민은 양민이다四民爲良"라고 되어 있다.

124 위의 책, 같은 곳. 주석에서 노복, 광대, 관아의 심부름꾼은 천민이다. 관아에 징집되어 노역하는 사람으로 창고지기, 양곡 창고지기, 징집 장정은 양민이라고 밝히고 있다. 반면 관아의 심부름꾼, 죄인을 체포하는 자馬快, 죄인을 도보로 다니며 체포하는 자步快, 소마小馬, 간수, 문지기, 궁병弓兵, 시신을 검안하는 자仵作, 양차糧差, 순포영巡捕營의 범죄자를 체포하는 자番役는 모두 천민이다.

125 산서, 섬서의 악호, 강남의 개호, 절강의 타민은 청대 초기에 모두 천적賤籍에 속했다. 그러다가 옹정 원년, 7년, 8년에 차례대로 천적에서 빠지기 시작했다. 예컨대 관아에 신고하여 직업을 바꾼 지 4대가 지났고, 친척과 친구 중에서 천한 직업에 종사하는 자가 없다면 고시에 응하여 출사할 수 있었다. 광동의 단호, 절강의 아홉 성으로 구성된 어민九姓漁戶 또한 이 율례를 따랐다.(『淸會典』 7, 戶部) 또 특정 사람들, 예컨대 휘주부徽州府의 반당伴當[주인 외출 시 수행하는 자]과 영국부寧國府의 세복世僕[집안 전체가 대대로 한 집안의 노복인 자]은 현지에서 세민細民이라 불렸는데(휘주, 영국, 지주池州에 그러한 명칭이 보인다) 노복의 천한 일을 했으나 법적으로 천적에 들지 않았다. 사회적 지위와 법적 지위도 일치하지 않았다. 예컨대 신분이 모호한 이들이 곡식을 바치고 국자감에 들어간 학생이 과거 시험에 응시하여 소송 사건 발생했으니, 다른 천민과는 차이가 있었던 것 같다. 그래서 옹정 5년의 유지諭旨에서는 이렇게 말했다. "근래에 휘주부에는 반당이 있고 영국부에는 세복이 있어, 현지에서는 세민이라 부른다고 들었다. 그 호적과 직업이 낮고 천하여 거의 악호나 타민과 같아 언제부터 그러했는지 추적해보니 고찰한 바가 없었다. 실로 상하의 구분이 있는 것이 아니고, 단지 악습을 이어온 것일 따름이다. 이것이 짐이 전해들은 것이다. 이런 자들이 있다면 마땅히 양인이 될 길을 열어 분발하고 향상케 함으로써 비천하게 생을 마치는 일을 면해주고, 이를 후대에 미치도록 해야 할 것이다." 또 안휘 순무는 공문 자첨에서 이렇게 말했다. "현재 안휘에 휘주 등의 부府 지역이 있는데, 세복 같으나 세복이 아니고, 양민 같으나 양민이 아닌, 세민이라고 불리는 자들이 수천 호에 이른다."(『淸律例彙集便覽』 27, 「刑律」 「鬪毆上」, '良賤相毆' 條에서 인용한 「說帖」) 곡식을 바치고 들어간 국자감 학생이 과거 시험에 응하는 등의 일로 분규 사건이 일어났다. 가경 14년 안휘 순무는 황제에게 상주하는 문서奏摺에서 이르기를, 과거에 휘주·영국·치주 이 세 부府에는 세복이라는 명칭이 있어 곡식을 바치고 들어간 국자감 학생이 과거 시험에 응하는 등의 일이 일어나 고소하는 일이 그치지 않고 있다고 했다. 또 도광 3년에는 세민 주용법周容法이 이응方應芳을 때려죽이는 사건이 있었는데, 형부에서는 이렇게 말했다. "주용법이라는 범인은 오랜 세월 세복이었으나 매매 계약서가 없고 주인집에서 아침저녁으로 노역을 하며 밥을 먹은 것도 아니니, 노복으로 논하는 것이 적합하지 않다. 그리고 양민과 천민이 서로 때린 것에 따라 판결하면 세민이 평민을 치사한 것과 등급의 차이가 없게 된다. 고용된 자가 집안의 어른을 때려죽인 율례를 따른다면 억지로 따르게 한 복수심에서 살인을 저지를까 우려스럽다. 이는 공평하고 신중하게 형법을 사용하는 방법이 아니므로 어떻게 처리해야 할지, 미혹됨은 없는지 크게 주저되는 바다. 이러한 세민을 일률적으로 양민으로 해야 할지, 아니면 이어온 나날이 오래되었으니 갑자기 바꾸는 것이 적합하지 않은 것인지, 등급을 구별하는 가운데 어떻게 헤아려 제한할지를 그곳 순무가 상황을 살펴보고 장정章程을 기획하고 정해서 상주하여 어지를 청하고 그에 따라 행하도록 했다.(『淸律例彙集便覽』, '良賤相毆' 條에서 인용한 「說帖」)

126 악호, 개호, 타민, 단호蛋戶[광동의 수상 거주민], 절강의 어호漁戶는 황제의 명령으로 천적에서 벗어났다. 예를 들어 관아에 신고하여 직업을 바꾼 지 이미 4대가 지났고 친족이나 벗 중에 천한 직업에 종사하는 자가 없으면 과거 시험에 응시해 출사할 수 있었다.(『淸會典』 17, 戶部) 휘주·영국·지주 세 부府의 세복이 현재 주인집에서 복역하는 자라면 방출된 지 3대가 지난 후 낳은 자손이라야 신고하여 세금을 내고 과거 시험을 치르는 것이 허용되었다. 그러나 일찌감치 방출되어 현재 주인의 밥을 먹는 것도 아니고 노복과 혼인하지 않은 자라면 비록 조상이 주인집

558

의 산에 묻혔고 주인집의 밭을 소작했더라도 3대 이전에 모두 벗어나 양민이 된 자는 신고하여 세금을 내고 과거에 응시하는 것이 허용되었다.(『淸律例』8, 「戶律」「戶役」, '人戶以籍爲定', 가경 15年 續纂例) 그 밖에 계약으로 사들인 노복 역시 주인에게서 방출된 사실이 관아에 문서로 보존되어 있고 민적民籍에 편입된 지 3대가 지났다면 그 자손은 평민과 마찬가지로 응시하여 출사할 자격이 허용되었다.(『淸律例』, '人戶以籍爲定', 가경 11年 修改例) 설사 평민으로 면천된 후에 첩을 맞아들여 자식을 낳았다면 그 자식이 주인에 의해 먹여지지 않았더라도 과거 시험에 응시할 수는 없고, 3대부터 가능했다.(『刑案彙覽』7:36a-38a, 가경 22年, 「說帖」) 그 이유는 "집안의 노비가 천한 노역에 충당되었다가 방출된 후 곧바로 평민과 마찬가지로 응시하여 출사한 경우, 그 조부는 집안의 노비로서 신하의 가족에게 주어지는 봉전封典을 받기에 등급이 깨끗하지 않고 벼슬자리를 받기에도 부족하기 때문이다."(위의 책, 說帖) 주인이 방출하지 않고 관아에 신고하여 민적의 편입이 허용되지 않았다면 제민齊民과 마찬가지로 시험에 응시할 수 없었다. 관아에서 고용한 장수長隨나 고용된 일꾼은 집안 노비와는 신분이 다르지만, 관원이 되는 일은 필경 벼슬자리를 남용하는 것에 해당되므로 자신과 그 자손들은 응시하거나 재물을 주고 관리가 되는 일이 허용되지 않았다. 이를 위반한 자를 다스리는 별도의 조항이 법률에는 없지만, 과거에는 집안 노비의 자식이 재물을 주고 관원에 임직하는 죄에서 한 등급 경감한 죄로 다스려, 직함을 없애고 장 100대에 도형 3년을 내렸다.(『刑案彙覽』7:42b-43a, 44ab, 45ab, '家奴之子, 長隨之子捐官' '長隨爲子捐監, 加捐衛千總銜' '優令轎夫矇捐官職' '長隨捐官幷令其侄冒籍考試' '報捐主簿之後, 其父曾充長隨'의 각 사건) 설사 약간의 군사적 공로가 있다고 하더라도 파격적으로 출사하는 것은 허용되지 않았다. (위의 책, 7:43b, '長隨之子雖有軍功, 不准出仕' 사건.)

광대, 관아의 심부름꾼 및 그 자손들은 예에 따라 과거시험에 응시하거나 재물을 바쳐 국자감 학생이 되는 것이 허용되지 않았으니, 이름을 바꾸어 사칭하여 응시하거나 재물을 바쳐 관직을 얻은 자는 해고되는 것 외에 제도를 위반한 법률에 따라 장 100대에 처했다.(『淸律例』, '人戶以籍爲定' 條例) 관아의 심부름꾼 중에서 징집 장정, 창고지기, 양곡 창고지기의 경우 재물을 바쳐 관직을 얻는 것이 허용되었지만, 관아에서 노역을 하는 나머지 사람들은 과거 응시가 허용되지 않았다.(『學政全書』) 그 차이는 전적으로 천한 노역에 종사하는가에 달려 있었다. 예를 들어 조산원은 본래 천한 노역이 아니어서 그 자손은 시험을 볼 수 있다. 그러나 간음을 저지른 처녀의 죄가 참인지 거짓인지를 검사하는 일은 원래 관부의 중매쟁이가 하던 것으로, 만약 조산원이 간음 사건을 검사한 적이 있다면 그 행적은 사체를 검수하는 것과 유사하다고 하여 천적賤籍에 편입되었다. 그 자손은 재물을 바치고 시험에 응시할 수 없었고, 관부에 신고해 직업을 바꾼 지 4대가 된 후에야 재물을 바치고 시험을 치는 일이 허용되었다.(『刑案彙覽』7:37b, 『禮部通行』에서 인용)

127 제2절 참고.

128 『後漢書』「光武紀」에 조서를 내려 노비가 활을 쏘아 타인을 상해하면 죽여 저자에 버린다는 법률을 없앴다고 하니, 전한前漢 때에는 이러한 법률이 있었음을 알 수 있다.

129 『唐律疏義』22, 「鬪訟」2, '部曲奴婢良人相毆'; 『宋刑統』22, 「鬪訟律」, '良賤相毆' 참고.

130 『明律例』10, 「刑律」2, 「鬪毆」, '良賤相毆'; 『淸律例』27, 「刑律」「鬪毆上」, '良賤相毆' 참고.

131 『唐律疏義』, 같은 곳; 『宋刑統』, 같은 곳; 『明律例』, 같은 곳; 『淸律例』, 같은 곳. 일반인들이 때려 상해를 입히는 경우, 상해의 정도에 따라 논죄했는데 기껏해야 도형 최고형이나 유형 최고형이

었다. (『唐律疏義』21, 「鬪訟」1, '鬪毆折齒毀耳鼻' '兵刃斫射人' '毆人折跌肢體瞎目; 『宋刑統』21, 「鬪訟律」, '鬪毆故毆故殺; 『明律例』10, 「刑律」2, '鬪毆', '鬪毆; 『淸律例』27, 「刑律」 「鬪毆上」, '鬪毆' 참고)

132 『唐律疏義』, '部曲奴婢良人相毆'; 『宋刑統』, '良賤相毆' 참고.

133 『明律例』, '良賤相毆'; 『淸律例』, '良賤相毆' 참고.

134 『唐律疏義』21, 「鬪訟」1, '鬪毆故殺用兵刃'; 『宋刑統』21, 「鬪訟律」, '鬪毆故毆故殺'; 『明律例』9, 「刑律」1, 「人命」, '鬪毆及故殺人'; 『淸律例』26, 「刑律」 「人命」, '鬪毆故殺人' 참고.

135 『唐律疏義』, '部曲奴婢良人相毆'; 『宋刑統』, '良賤相毆' 참고.

136 『明律例』, '良賤相毆'; 『淸律例』, '良賤相毆' 참고.

137 『元史』 「刑法志」, '鬪毆' '殺傷'; 『元典章』42, 「刑部」4, '鬪毆', '踢打致死' 참고.

138 『元史』 「刑法志」, '殺傷' 참고.

139 『唐律疏義』26, 「雜律上」, '姦徒一年半' '奴姦良人'; 『宋刑統』26, 「雜律」, '諸色犯姦' 참고.

140 위의 책, 같은 곳.

141 『明律例』11, 「刑律」3, '犯姦', '良賤相姦'; 『淸律例』33, 「刑律」 「犯姦」, '良賤相姦' 참고.

142 명대에 연좌제로 처벌된 사람은 공신의 집에 넘겨져 노비가 되었다. 법적으로는 공신의 집안에만 노비를 둘 수 있도록 했으며 서민의 집에서는 노비를 둘 수 없었다.(『明律例』 「戶律」, 「戶役」, '立嫡子違法' 및 「瑣言」 「輯注」 참고)

143 『唐律疏義』4, 「名例」4, '彼此俱罪之贓'의 「疏義」에 이르기를 "그 노비는 재물과 같다"고 했다. 같은 책 18, 「賊盜」2, '造畜蠱毒'의 「問答」에 이르기를 "노비는 재물에 비견된다"고 했다. 같은 책 20, 「賊盜」4, '私財奴婢, 貿易官物', 律注에 이르기를 "나머지 조목에서 따로 노비에 대해 말하지 않은 경우에는 축산물과 같다"고 했다.

144 위의 책, 6, 「名例」6, '官戶部曲', 「疏義」

145 위의 책 17, 「盜賊」1, '祖父母父母夫爲人殺', 問答.

146 위의 책 14, 「戶婚下」, '雜戶不得娶良人', 「疏義」

147 『唐律疏義』4, 「名例」4, '以贓入罪' 참고.

148 청률 조례에서는 이렇게 말한다. "백성의 집에서 노복을 낳으면, 관부의 날인이 찍힌 전택田宅 증서로 사들인 노복, 옹정 13년 이전에 관부의 날인이 찍히지 않은 부동산 증서로 사들인 자, 주인에게 의탁하여 산 지 오래된 자, 계집 노복이 짝지어 낳은 자식은 대대로 영원히 노역에 종사하고, 혼처를 정하는 일은 집안의 주인이 하고 책을 만들어 관아에 신고하여 문서로 남겨둔다." (『淸律例』28, 「刑律」 「鬪毆下」, '奴婢毆家長', 건륭 43년의 원원 조례를 가경 64년의 수정 병합한 조례의 같은 조목에서 인용) 또 건륭 24년의 중앙 부서 조례에서는 이렇게 말한다. "집안의 노비가 낳은 자손은 대대로 노역에 종사해야 하는데, 세월이 오래되어 인신매매 계약서가 유실되는 일이 발생하므로 여러 사람의 증언이 확실하다면 인신매매 계약서를 증거로 다시 삼을 필요가 없다." 또 『戶部則例』에서는 이렇게 말한다. "한인漢人으로서 노복이 된 자가 집에서 태어났거나, 관부의 날인이 찍힌 전택 증서로 사들였거나, 옹정 13년 이전에 관부의 날인이 찍히지 않은 부동산 증서로 사들였거나, 주인에게 의탁하여 산 지 오래되었거나, 계집 노복을 짝 지워 자식을 낳았다면 모두 팔기八旗의 조례에 따라 그 자손들은 영원히 노역에 종사한다. 노복을 팔 경우 계약서가 유실되었더라도 주인집에서 먹고 살아온 자는 여전히 노역에 종사하도록 하고, 이미

면천되었으나 주인집에서 먹고 사는 자는 명분이 존재하니 벗어나는 것이 허용되지 않는다."(『淸律例』, 「戶律」, 「戶役」, '人戶以籍爲定') 이를 통해 주인집에서 노비가 낳은 자손은 영원히 주인집에 예속된 것으로, 태어날 때부터 노비가 된 후손의 신분은 스스로 몸을 팔아 의탁한 노비와 다를 것이 없을뿐더러 상술한 조례를 보건대 신분이 더욱 고착화되어 변하기 어려움을 알 수 있다. 『硏堂見聞雜錄』에서는 "남자가 부유한 집에 노비로 들어가 인신매매 계약서가 만들어지면 자손들은 대대로 그 천적에서 벗어날 수 없다"고 했는데, 이 말은 그러한 상황을 잘 보여주고 있다.

149 앞의 주석 참고.

150 그래서 청나라 때 만주족과 한족이 돈을 주고 여자 노비를 사들일 때 계약서 안에는 반드시 "혼인을 마음대로 한다任憑婚姻"거나 "집주인의 사용에 맡긴다聽任隨房使用" 등의 글자가 반드시 기입되어 있었다.(건륭 7년, 형부시랑 장조張條의 상주문 참고. 『刑案彙覽』 44:18a)

151 『唐律疏義』 14, 「戶婚下」, '雜戶不得娶良人'; 『宋刑統』 14, 「戶婚律」, '主與奴娶良人' 참고.

152 『淸律例』 28, 「刑律」, 「鬪毆下」, '奴婢毆家長' 條, 가경 6年 續纂例.

153 『元史』 104, 「刑法志」 3, '姦非' 참고.

154 『唐律疏義』 28, 「捕亡」, '官戶奴婢亡'; 『宋刑統』 28, 「捕亡律」, '征人防人逃亡' 참고.

155 은신처로 이끈 자는 장 67대에 처하고, 이웃사람, 향촌의 우두머리, 이웃을 관리하는 방정坊正과 이정里正 중에서 잡는 데 앞장서지 않은 자는 태형 37대에 처하고, 관문에서 기찰하고 마땅히 체포해야 하는 자를 뇌물을 받고 놓아준 자는 법을 어긴 자로 판정하여 처리했다. 절이나 도관, 군영, 세력가가 숨겨주고 토착민으로 위장하도록 도운 자는 은닉죄에 따라 판정하여 처리하되 자수한 자는 면죄되었다.(『元史』 105, 「刑法志」 4, '捕亡' 참고.)

156 『淸律例』, '奴婢毆殺家長' 條, 가경 6年 修幷例.

157 위의 책, 10, 「戶律」, 「婚姻」, '出妻' 참고.

158 위의 책, 28, 「刑律」, 「鬪毆下」, '奴婢毆家長', 가경 6年 續纂例.

159 『論衡』, 「骨相」

160 司馬光, 『書儀』 4, 「居家雜儀」

161 王保定, 『唐摭言』

162 『唐律疏義』 22, 「鬪訟」, '毆部曲死決罰'; 『宋刑統』 22, 「鬪訟律」, '良賤相毆', "그(사병이나 노비)에게 형률을 어긴 일이 있어 곤장을 쳐 죽음에 이르게 하거나 실수로 죽인 자에 대해서는 논죄하지 않는다." 『元典章』 42, 「刑部」 4, 「諸殺」 1, '殺奴婢倡佃', '毆死有罪驅' 條, "(노비에게) 형률을 어긴 죄가 있어 곤장을 쳐서 죽음에 이르게 한 자는 논죄하지 않는다." 명·청의 법률에서는 이렇게 말한다. "(노비나 고용된 일꾼이) 가르침과 명령을 거슬러 법에 의거해 곤장을 쳤는데 우연히 죽음에 이르게 하거나 실수로 죽인 자는 논죄하지 않는다."(『明律例』 10, 「刑律」 2, 「鬪毆」, '奴婢毆家長'; 『淸律例』 28, 「刑律」, 「鬪毆下」, '奴婢毆家長' 참고.

163 『後漢書』 1, 「光武紀」

164 『文獻通考』 166, 「刑考」 5, "진종眞宗 함평咸平 6년에 조서를 내려 주인의 돈을 다섯 꿰미 이상 도둑질한 자는 등에 곤장을 치고 얼굴에 글자를 새기며 유배지로 보내고, 열 꿰미 이상인 자는 상주하여 헤아리도록 하되 사사로이 얼굴에 글자를 새기거나 검게 물들여선 안 된다."(옛 제도에 선비나 서민 집안 하인에게 죄를 범한 일이 있으면 혹 그 얼굴에 사사로이 글자를 새겼는데, 주상은 오늘날의 하인은 본디 고용된 양민이라 여겨 이러한 조서가 있게 되었다.) 원률에 따르면

까닭 없이 노비에게 멋대로 글자를 새긴 자는 장 67대에 처했다.(『元史』105, 「刑法志」4, '雜犯')

165 『唐律疏義』에서는 "노비와 천한 노예에게는 각기 주인이 있지만, 이들을 살육하는 것에는 의당 황제의 명령을 따르는 일이 있어야 한다"고 했으니, 바로 이러한 의미다.(22, 「鬪訟」2, '主殺有罪 奴婢')

166 역대 법률에서는 모두 실수로 노비를 죽이는 것에 대해 논죄하지 말라고 했다.『唐律疏義』22, 「鬪訟」, '毆部曲死決罰';『宋刑統』22, 「鬪訟律」, '良賤相毆';『明律例』10, 「刑律」2, 「鬪毆」, '奴婢 毆家長';『清律例』28, 「刑律」「鬪毆下」, '奴婢毆家長' 참고.

167 『漢書』26, 「董仲舒傳」

168 『後漢書』「光武紀」

169 『漢書』76, 「趙廣漢傳」

170 『晉書』30, 「刑法志」

171 『遼史』61, 「刑法志」

172 『唐律疏義』22, 「鬪訟」, '主殺有罪奴婢';『宋刑統』22, 「鬪訟律」, '良賤相毆';『元典章』42, 「諸殺」 「殺奴婢倡佃」, '毆死有罪驅';『明律例』, '奴婢毆家長';『清律例』, '奴婢毆家長' 참고.

173 『唐律疏義』, '主殺有罪奴婢' '毆死部曲死決罰';『宋刑統』, '良賤相毆' 참고.

174 『元史』105, 「刑法志」4, '殺傷';『元典章』42, 「刑部」4, 「諸殺」1, '殺奴婢倡佃', '毆死有罪驅' 조 에 따르면 죄가 없는 노비를 죽인 자는 도형 1년이었다.

175 『明律例』, '奴婢毆家長';『清律例』, '奴婢毆家長' 참고.

176 『唐律疏義』24, 「鬪訟」, '部曲奴婢告主';『宋刑統』24, 「鬪訟律」, '奴婢告主罪' 참고.

177 『遼史』「刑法志」

178 『明律例』10, 「刑律」2, 「訴訟」, '干名犯義';『清律例』30, 「刑律」「訴訟」, '干名犯義' 참고.

179 위의 책, 같은 곳.

180 『唐律疏義』22, 「鬪訟」, '部曲奴婢過失殺主';『宋刑統』22, 「鬪訟律」, '奴婢毆詈主并過失殺' 참고.

181 『元史』104, 「刑法志」, '大惡' 참고.

182 위의 책, 같은 곳, '殺傷' 참고.

183 『明律例』10, 「刑律」2, 「罵詈」, '奴婢罵家長'「鬪毆」, '奴婢毆家長';『清律例』29, 「刑律」「罵詈」, '奴 婢罵家長' 28, 「刑律」「鬪毆下」, '奴婢毆家長' 참고.

184 『唐律疏義』, '部曲奴婢過失殺主';『宋刑統』, '奴婢毆詈主并過失殺' 참고. 「疏義」에는 이렇게 적 혀 있다. "사병과 노비는 집안의 노복으로서 주인을 섬기에 반드시 조심스럽고 경건해야 하며, 또 한 두 마음이 생기는 것을 방비해야 하므로, 설사 실수로 주인을 죽였다 하더라도 교형에 처한 다." 청률의 법률 뒤에 붙인 총결 주석에서 말하는 것은 다르다. "실수로 살상하는 것은 무심함에 서 비롯되는 것으로, 법을 세움이 이와 같이 엄한 까닭은 노비가 가장을 섬김에 조심스럽고 경건 해서 실수에 이르지 않아야 하기 때문이다." 그러나 그 의미는 같다.

185 『元史』「刑法志」, '大惡' 참고.

186 『明律例』, '奴婢毆家長' 9, 「刑律」1, 「人命」, '謀殺祖父母父母';『清律例』, '奴婢毆家長' 62, 「刑律」 「人命」, '謀殺祖父母父母' 참고.

187 육유陸游는 상주하여 이렇게 아뢰었다. "살이 이미 다 없어졌는데도 숨은 아직 끊어지지 않았고,

간과 심장은 연결되어 있으며 시각과 청각은 아직 존재합니다."『淸律例彙輯便覽』에는 이렇게 적혀 있다. "능지처참하는 방법은 한 자씩 사지를 찢어 반드시 몸에 남은 살점이 없게 하는 정도에 이르러야 하고, 남자는 거세를 하고 여자는 궁형에 처하며 장부를 들어내어 목숨을 다하게 하며, 사지를 찢고 뼈마디를 해체해 뼈를 잘게 부순 후에야 그친다."(권4,「名例律上」) 이로써 그 잔혹함을 상상할 수 있다.

188 육유는 상주하여 이렇게 아뢰었다. "법조문을 공손히 읽어보건대 죄가 심히 무겁다 해도 참형에 처하는 것에 불과하나, 오대五代에는 사고가 많아 일반적인 법으로는 부족했기 때문에 법 밖에 특별히 능지처참이라는 한 조목을 두기 시작했습니다. (…) 감정이 지극히 조화로움을 상하게 하고 인정仁政을 훼손케 하니 이는 실로 성세에 따를 바가 아닙니다. 바라옵건대 선군의 자애로움으로 담당 관리에게 특별히 명하여 능지처참의 형벌을 없애심으로써 국가가 태평해지는 복을 더해주십시오." 이를 통해 오대와 송나라에서는 법 밖에 이미 능지처참을 활용하고 있었음을 알 수 있다. 원대에는 교형을 없애고 능지처참이 오형 안으로 편입되었으며, 명·청의 법률에서는 사형은 단지 교형과 참형 두 종류였으며 능지처참은 극형으로서 명례율名例律에는 보이지 않으나, 능지처참이라는 죄명이 법조문에 포함된 것은 보인다.

189 『元史』104,「刑法志」3, '大惡' 참고.

190 『明會典』173,「刑部」15,「罪名」1. 174,「刑部」16,「罪名」2.

191 『刑案彙覽』권1,「赦款章程」

192 노비가 옛 주인을 벗어나는 방법으로는 다음 두 가지 방식밖에 없었다. 하나는 재물을 내고 자유를 얻거나 주인이 놓아주는 것이고, 다른 하나는 주인이 타인에게 팔아 넘겨 새로운 주인을 섬기는 것이다. 법적으로는 전자의 상황에서 주인을 벗어난 노비와 옛 주인에게 적용되는 특별 조항만을 인정하여 침범함이 있으면 일반적인 경우로 논죄하지 않았으나, 팔아넘긴 자에 대해서는 일률적으로 일반적인 경우에 따라 논죄했다. 그래서 당·송의 법률의 '奴婢謀殺舊主' 조의 주석에서는 "옛 주인이란 양민으로 놓아준 자를 말하며 나머지 조목에서 옛 주인은 이에 준한다"고 했다. 「疏義」에서도 분명히 말했다. "옛 주인이란 양민으로 풀려나거나 스스로 재물을 내어 면천된 자의 상대자를 말한다. 팔아넘기거나 스스로 소송을 해서 벗어난 자에 대해서는 일반인과 같다."(『唐律疏義』17,「賊盜」1, '謀殺故夫父母';『宋刑統』17,「賊盜律」, '謀殺') 명률에서는 노비 중에서 옛 가장을 욕한 자, 가장 중에서 옛 노비를 때린 자, 노비 중에서 옛 가장을 욕한 자는 모두 일반적인 경우로 간주해 논죄했다.(『明律例』9,「刑律」1,「人命」, '謀殺故夫父母'; 10,「刑律」2,「罵詈」, '妻妾罵故夫父母';「鬪毆」, '妻妾毆故夫父母') '謀殺故夫父母' 조의 주석에서 이는 "자신의 노비를 타인에게 팔아넘긴 자는 일반인과 같음을 말하며 나머지 조목도 이에 준한다"고 했다. 일반적인 경우로 논죄하는 것은 단지 팔아넘긴 자만을 가리켜 말한 듯하다. 그러나 재물을 내고 풀려나 양민이 된 노비와 옛 주인 사이에 침범함이 있는 경우 어떤 죄로 다스려야 하는지에 대한 명문화된 규정이 없고, 법조문이 심히 불분명하다. 한편 청률의 경우, '妻妾罵故夫父母' 조에 "(타인에게 팔아넘겨 그들 사이의 의리가 이미 끊어진) 노비가 옛 가장을 욕하는 경우 일반인의 경우로 논죄하고, (재물을 내고 자유를 얻은) 노비가 가장을 욕한 경우에는 가장을 욕하는 본 법률에 의거해 논죄한다"고 되어 있다. 또 '謀殺故夫父母' 조에서는 이렇게 말했다. "노비가 옛 가장을 모살한 경우에는 일반인의 경우로 논죄한다."(이는 자신의 노비를 타인에게 팔아넘긴 자를 말하니, 모두 일반인의 경우로 논죄하고 나머지 조목도 이에 준한다. 재물을 내고 자유를

얻은 노비는 주인과 노복 사이에 은혜와 의리가 남아 있기 때문에 옛 가장을 모살했다면 여전히 가장을 모살한 것에 관한 법률에 의거해 판결한다.) 또 '妻妾毆故夫父母' 조에서는 이렇게 말했다. "노비가 옛 가장을 때리거나 가장이 옛 노비를 때리는 경우에는 각기 일반적인 경우로 논죄한다."(이것 역시 타인에게 팔아넘긴 자의 경우를 말한 것으로, 재물을 내고 자유를 얻은 노비에게는 이 법률이 적용되지 않은 까닭은 의리가 아직 끊어지지 않았기 때문이다.)(『淸律例』 29, 「刑律」 「罵詈」, '妻妾罵故夫父母'; 28, 「刑律」 「鬪毆下」, '妻妾毆故夫父母'; 36, 「刑律」 「人命」, '謀殺故夫父母') 법조문은 비록 『明律』과 같지만, 법률의 주석에서는 이미 팔아넘긴 노비에 대해서는 일반적인 경우로 논죄하기 시작했으나, 재물을 내고 풀려나 양민이 된 노비에 대해서는 이 법률이 적용되지 않았음을 분명히 지적하고 있다. 그리고 당·송의 법률과 다른 점이 또 한 가지 있으니, 당·송의 법률에서는 풀려나 양민이 된 사병이나 노비가 실수로 옛 주인을 상살한 경우에 일반적인 경우로 논죄하지만 나머지 죄에 대해서는 특별한 규정을 적용했다. 이것은 일반적인 경우와 다르고 노비의 경우와도 달랐다. 예컨대 욕을 한 자는 도형 2년, 때린 자는 2000리 떨어진 곳으로 유형, 상해를 입힌 자는 교형, 죽인 자는 참형이었다.(『唐律疏義』 23, 「鬪訴」 3, '部曲奴婢詈舊主'; 『宋刑統』 23, 「鬪訟律」, '誤殺傷') 욕을 한 경우를 보자면, 일반인에게는 욕에 대한 처벌이 없으나 주인을 욕한 자는 유형이었고, 옛 주인을 욕한 자는 도형 2년이었다. 형벌에 처함이 일반인보다는 무겁고 노비보다는 가벼웠던 것이다. 반대로 옛 주인이 옛 사병이나 노비를 때리면 그 처벌 역시 위와 유사한 원칙을 취해 일반인보다 경감하여 논죄하고, 아직 양민으로 풀려나지 못한 사병이나 양민을 때리는 것보다는 무거웠다. 그래서 일반인이 타인의 사병을 때리거나 상해를 입히거나 죽이면 일반인에 대한 것보다 1등급 감형해주었다. 노비를 때리거나 상해를 입히거나 죽이면 일반인에 대한 것보다 2등급 감형해주었고, 옛 주인이 옛 사병을 때리면 일반인에 대한 것보다 2등급 감형해주었다. 옛 노비를 때린 자는 4등급 감형해주었으며, 실수로 죽인 자는 논죄하지 않았다.(『唐律疏義』, '部曲奴婢詈舊主'; 『宋刑統』, '誤殺傷') 청률에서 옛 주인은 옛 가장으로 간주되었고 옛 노비는 여전히 노비로 간주되어 노비에 관한 법률이 적용되었고, 특별한 규정을 취하지는 않았다. 즉 노비가 풀려나 양민이 되었다고 하더라도 본 주인은 여전히 주인과 노복 사이의 명분을 유지하여 옛 주인을 때리고 욕하는 것에 대한 처벌이 당·송의 법률보다 훨씬 무거웠다.

193 관원이 노비를 질책하여 때려 죽게 한 경우는 봉급 정지 2년에 처했고, 고의로 죽인 자는 2등급 강등에 전근되었다.(『淸律例』, '奴婢毆家長', 도광 15年 수정 율례)

194 관리의 가족이 노비를 때려죽이면 2등급 강등에 이동하여 기용되었고, 고의로 죽인 자는 3등급 강등에 이동하여 기용되었고, 각각 뒤따르는 사람 한 명을 주인에게 주었다. 칼로 죽인 자는 관직을 파면하고 면죄가 허용되지 않았으며 장 100대였다. 타인의 노비를 때려죽인 자는 관직을 파면하고 뒤따르는 사람 한 명을 주인에게 주었으며, 고의로 살해한 자는 율에 의거해 교형 감후였다.(위의 책, 같은 곳)

195 위와 같은 조항, 가경 6년, 도광 5년, 15년, 세 차례의 수정 예례.

196 위와 같은 조항, 건륭 28년의 원원 예례, 도광 15년의 수정 예례

197 康熙 연간의 옛 율례에 따르면 관원의 할머니, 어머니, 처 중에서 노비를 때려죽인 자는 그 남편이나 자손의 품계에 비추어 봉급을 1년간 정지했고, 고의로 죽인 자는 봉급을 2년간 정지했으며 뒤쫓는 사람 한 명을 관부에 편입시켰다. 남편과 자손이 관직에 있었으나 작고해 봉급이 없는

자는 원래 관직의 품급에 따라 벌했다. 후에 건륭 5년의 수정 율례에서는 이 조항을 삭제했다. 과거 율례에서 부녀자가 도형이나 유형의 죄를 지은 경우 장 100대로 처결했고, 나머지 죄에 대해서는 은자를 받고 면죄해주었을 뿐 실제로 처벌하지는 않았다. 예컨대 同治 10년 어떤 마을에 참혹한 형벌로 노비를 때려죽이는 일이 많았는데, 사정을 들여다보니 부녀자가 노비들을 때려죽이고 관례에 따라 은자를 내고 면죄되었다. 이처럼 멋대로 해악을 끼치고 이치에 맞지 않게 학대하는 것을 그치게 하고자, 장정을 타당하게 정하기를 주청했다. 은자를 내고 면죄되지 못하게 하거나 연좌하여 가장에게도 죄를 물어야 한다는 것이었다. 그러자 형부에서는 어지를 받들어 다음과 같이 처벌 방법을 정했다. "주인과 노복은 명분이 극히 무거우니 범상한 관계로 다루어서는 안 된다. 노비를 죽이는 것은 자손을 죽이는 것과 죄명이 같은 것으로서, 부녀자가 자손을 고의로 죽이는 것에 관해 실제로 발생한 죄목이 없거늘 어찌 유독 노비에 대해서만 그 죄를 엄히 하겠는가. 게다가 부녀자가 평민을 치사하는 등의 사건에 대해서는 변방에서 노역하는 충군充軍으로 경감되든 유형으로 경감되든 모두 은자를 받고 면죄해주는 것이 허락되고 있는데, 노비를 살상한 죄에 대해서만 단지 도형에 해당하는 사건으로 판결하여 집행할 수 있겠는가. 이는 인정과 법의 공평함이 아닌 것 같다. 그런데 근년 들어 노비 치사 사건은 평민 부녀자에게는 적게 일어나고 관원의 집안에서는 많이 일어난다. 관원을 모시는 정실들은 형법이 가해지는 대상이 아니어서 마음대로 노비를 깔보고 해하며 가혹한 형벌로 죽음에 이르게 한다. 그런 범죄 사건이 관부에 이르러도 가상의 죄명에 불과하여 관례에 따라 은자를 받고 면죄해준다. 징벌로써 경계함을 보이지 않으면 더욱 멋대로 행동하고 거리낌이 없을까 싶어, 마땅히 康熙 연간의 옛 관례를 따라야 할 것 같다. 참작하고 변통하여 공평타당하게 되기를 바란다. 이후로 관원 집안 부녀자들이 고의로 노비나 고용된 일꾼 등을 죽여서 마땅히 목숨으로 보상해야 하는 자 또는 율이 장형에 그치는 자는 본 율령에 따라 판결하도록 한다. 그러나 죄가 도형 1년에 처하는 자는 남편 및 가장의 품계에 의거해 봉급을 1년간 정지하고, 도형 3년에 처해야 하는 자는 봉급을 2년간 정지하며, 유형에 처해야 하는 자는 봉급을 3년간 정지한다. 가장과 남편이 작고하여 봉급이 없는 자라면 원래의 직급에 따라 벌금을 추징하며 본 부인에게 작위를 내린 칙서를 거두어들이고, 다시는 어물쩍 넘어가 봉전封典을 받을 수 없도록 한다. 이에 사납고 잔인한 자가 조금이라도 자신의 행동거지를 조심하게 하고 각 조항의 율례 또한 저촉하는 바가 없게 한다.(『刑部通行章程』, 光緒 丙申, 京師善成堂 刻本, 上, 67~80쪽, '婦女致斃奴婢不准收贖')

198 『淸律例』 28, 「刑律」 「鬪毆下」, '奴婢毆家長', 가경 6년에 수정하여 병합한 율례.

199 위의 책, 같은 곳.

200 위의 책, 같은 곳.

201 『淸律例』, '奴婢毆家長' 율에 이어지는 총결 주석에서는 이렇게 말한다. "고용된 일꾼의 경우에는 노비와 간극이 있으니 (…) 고용된 일꾼은 고용 가격을 받고 타인을 위해 일을 하고 일이 완료되면 보통사람과 똑같아지니, 종신토록 노비인 자와는 다르다."

202 『明律例』 10, 「刑律」 2, 「罵詈」, '奴婢罵家長'; 『淸律例』 29, 「刑律」 「罵詈」, '奴婢罵家長' 참고.

203 『明律例』, '奴婢毆家長'; 『淸律例』, '奴婢毆家長' 참고.

204 오직 노비나 고용된 일꾼이 가장을 모살한 죄에 대해서만 같았다.(『明律例』, '謀殺祖父母父母'; 『淸律例』, '謀殺祖父母父母')

205 『明律例』, '奴婢毆家長'; 『淸律例』, '奴婢毆家長' 참고.

206 위의 책, 같은 곳.

207 『清律例』, '奴婢毆家長', 가경 6년에 수정하고 병합한 율례.

208 『元典章』42, 「刑部」 4, 「諸殺」 1, 같은 권, 「殺奴婢娼佃」, '主戶打死佃客'에 따르면, "송이 망하기 이전에 주인집은 소작인을 살리고 죽임에 잡초만도 못하게 여겼는데, 원을 따르게 된 이후로 전대의 적폐를 다소 개혁하고 시대에 합당한 것을 참작하여 다음과 같은 일들을 할 수 없도록 금지"했다고 되어 있다.

209 『元史』 103, 「刑法志」 2, 「戶婚」

210 『清律例』 28, 「刑律」 「鬪毆下」, '奴婢毆家長', 건륭 43년의 원原 율례, 가경 6년의 수정 병합한 율례에서는 이렇게 말한다. "모든 백성의 집안에서 태어난 노복, 인장을 찍고 계약을 맺어 사들인 노복, 옹정 13년 이전에 관부의 인장 없이 백계白契로 사들였으며 의탁해 양육된 세월이 오래되었거나 여자 노비에게 짝을 지어주어 자식이 생긴 자들은 단지 가노로서 그 자손은 영원히 복역하며, 혼처를 정함도 집안의 주인이 하되 책으로 만들어 관부에 보고하여 문서를 보존한다. 여자 노비에게 배필을 찾아주고, 의탁하거나 사들인 노복에 대해서는 계약서를 작성하고 지방관에게 보고하여 관부의 인장을 찍는다. 가장을 침범하거나 가장이 노복을 살상한 경우에는 관부의 책자 중에서 인장이 찍힌 계약서를 검증해 밝혀지면 노복에 관한 본 율령에 따라 죄를 다스린다." 또 「戶部則例」에서는 이렇게 말했다. "백성이 노복을 계약으로 사들이면 지방관에게 보고하여 계약서 안에 관부의 도장을 찍는다. 침범함이 있으면 계약서를 검증하여 추궁하고 다스린다." (『清律例』 8, 「戶律」 「戶役」, '人戶以籍爲定'에서 인용.)

211 전매典賣 증서가 없는 것은 고용된 일꾼으로 논했다. 설사 계약으로 사들인 자라 하더라도 홍계紅契와 백계白契의 구분이 있었다. 매매계약이 지방관에게 보고되어 관부의 인장이 찍힌 것이 홍계, 계약서에 관부의 인장이 찍히지 않은 것이 백계다. 전자의 경우 자손은 영원히 노비가 되고, 후자의 경우 연한이 오래된 자 외에는 인신의 자유를 얻는 것이 허용되었다.(청의 율례에 따르면 옹정 13년 이전에 백계를 첨부해 사들인 자는 인장이 찍힌 계약과 같은 것으로 간주해 인신의 자유를 얻는 것이 허용되지 않았다. 건륭 원년 이후에 백계로 사들여 호구 장부에 기입되지 않은 자는 율례에 따라 인신의 자유를 얻어 백성이 되는 것이 허용되었다.) 그밖에 중요한 구별이 또 한 가지 있다. 청 초기의 옛 율례에서는 백계로 사들인 노비를 고용된 일꾼과 똑같이 간주했다.(건륭 7년에 형부시랑 장조가 상주하여 이렇게 말했다. "세종헌世宗憲 황제께서는 세속에서 주인과 노복의 분별에 기대어 인명을 가볍게 여기는 해악을 통찰하시어 홍계와 백계의 구분을 정하시니, 백계로 사들인 노비는 단지 고용된 일꾼으로만 논했습니다." 그래서 『刑案彙覽』에서는 이렇게 말했다. "과거에 홍계로 사들인 자는 노비로 논했고, 백계로 사들인 자는 고용된 일꾼으로 논했다. 이 죄명의 도형과 교형은 마땅히 홍계와 백계로 판단해야 하니 (⋯) 현재와 과거의 율례의 의미가 다르니 기록하여 참고로 삼는다.") 건륭 이후에는 새로운 율례를 또 정했으니, 그것은 은혜롭게 길러준 연한 및 혼처를 정해주었는지의 여부로 판단하기 시작했다는 점이다. 백계로 사들인 노비가 가장이나 시마복 이상의 친족을 죽인 경우, 연한이나 짝을 지어주어 가정을 이루었는지의 여부를 막론하고 모두 노비가 가장을 살상한 것에 따라 일률적으로 죄를 다스렸다. 또 가장이 백계로 사들이고 양육한 연한이 오래되었으며 짝을 지어주어 가정을 이룬 자를 살상한 경우 노비를 살상한 것으로 논했다. 이제 막 계약하여 사들였고 가정을 이루지 않은 자라면 고용된 일꾼을 살상한 것으로 논했다. 이렇게 양육을 한 연한과 혼처를 정해주었는지의 여

부는 사회와 법률이 주목하는 두 가지 조건이었으니, 전당 잡힌 사람이나 몸이 예속된 관부의 하인들에 대한 것도 이러한 점을 고려 조건으로 삼았다.(이상의 내용은 『淸律例』8, 「戶律」「戶役」, '人戶以籍爲定', 가경 11년 수정 율례. 28, 「刑律」「鬪毆下」, '奴婢毆家長', 건륭 43년 원 율례, 가경 6년 수정 병합 율례. 『刑案彙覽』34:17b, 21ab 참고)

212 『唐律疏義』22, 「鬪訴」2, '部曲奴婢過失殺主'; 『宋刑統』22, 「鬪訟律」, '奴婢毆詈主幷過失殺' 참고.

213 『明律例』10, 「刑律」2, 「罵詈」, '奴婢罵家長'; 『淸律例』29, 「刑律」「罵詈」, '奴婢罵家長' 참고.

214 『明律例』, '奴婢毆家長'; 『淸律例』, '奴婢毆家長' 참고.

215 위의 책, 같은 곳.

216 위의 책, 같은 곳.

217 『唐律疏義』22, 「鬪訴」2, '主殺有罪奴婢' '毆緦麻親部曲奴婢'; 『宋刑統』22, 「鬪訟律」, '良賤相毆' '奴婢毆詈主幷過失殺' 참고.

218 『明律例』, '奴婢毆家長' '良賤相毆'; 『淸律例』, '奴婢毆家長' '良賤相毆' 참고.

219 『明律例』, '奴婢毆家長'; 『淸律例』, '奴婢毆家長' 참고.

220 『明律例』, '良賤相毆'; 『淸律例』, '良賤相毆' 참고.

221 『唐律疏義』13, 「戶婚」中, '有妻更娶'; 『宋刑統』13, 「戶婚律」, '嫁娶妄冒' 참고.

222 『元史』104, 「刑法志」3, '姦非' 참고.

223 『唐律疏義』26, 「雜律上」, '姦徒一年半' 條. 「疏義」에 이르기를 "타인의 사병의 처와 간음하는 것을 통해 자기 집안 사병의 아내 및 사병의 여식과 간음하는 것에 대해서는 각기 죄를 묻지 않는다는 점을 밝힌 것이다"라고 했다. 『宋刑統』26, 「雜律」, '諸色犯姦' 조의 「疏義」 또한 같다.

224 『明律例』11, 「刑律」3, '犯姦', '奴及雇工人姦家長妻'; 『淸律例』33, 「刑律」, '犯姦', '奴及雇工人姦家長妻' 참고.

225 『元史』104, 「刑法志」3, '姦非' 참고. 고로 『元典章』45, 「刑部」7, '諸姦', '主姦奴妻' 아래의 주석에서는 "논의하여 죄로 다스리기 어렵다"고 했다.

226 『淸律例』, '奴及雇工人姦家長妻' 條. 건륭 8년의 율례.

227 『刑案彙覽』63:48a.

228 『刑案彙覽』51b~53a.

229 『刑案彙覽』63:52a.

230 『淸律例』, '奴婢毆家長', 건륭 3년의 원 율례, 가경 6년의 수정 율례.

231 강간 후 부녀자를 죽인 자는 참형에 처하고 효시했으며, 강간이 이루어지지 않았고 부녀자를 즉시 죽인 자는 참형으로 판결하고 그해 가을에 집행하는 참입결로 처리했다.(『淸律例』26, 「刑律」「人命」, '威逼人致死', 가경 11년의 수정 율례)

232 『淸律例』, '奴及雇工人姦家長妻' 條例.

233 강간을 당해 부녀자가 수치와 분노를 느끼고 자진한 경우에는 참형 감후로 초심 판결하고, 강간이 이루어지지는 않고 희롱에 그쳤으나 부녀자가 수치와 분노를 느껴 자진한 경우에는 교형 감후로 초심 판결했다.

234 『刑案彙覽』63:46ab.

235 『唐律疏義』26, 「雜律上」, '奴姦良人'; 『宋刑統』26, 「雜律」, '諸色犯姦' 참고.

236 『明律例』, '奴及雇工人姦家長'; 『淸律例』, '奴及雇工人姦家長' 참고.

237 『明會典』 174, 「刑部」 15, 「罪名」 1; 16, 「罪名」 2.

238 『唐律疏義』, '奴姦良人'; 『宋刑統』, '諸色犯姦' 참고.

239 『元史』 104, 「刑法志」 3, 「姦非」 참고.

240 『明律例』, '奴及雇工人姦家長'; 『淸律例』, '奴及雇工人姦家長' 참고.

241 『淸律例』, '奴及雇工人姦家長', 건륭 53년의 원原 율례, 가경 15년과 19년, 도광 원년, 함풍 2년, 4년, 4차례에 걸친 수정 율례.

242 『唐律疏義』, '奴姦良人'; 『宋刑統』, '諸色犯姦' 참고.

243 『明律例』, '奴及雇工人姦家長'; 『淸律例』, '奴及雇工人姦家長' 참고.

244 『唐律疏義』 26, 「雜律上」, '奴總麻妾及妻'; 『宋刑統』, '諸色犯姦' 참고. "첩인 경우 1등급 감형해준다"는 구절에 대한 주석에서는 "나머지 조항에서 첩과 간음한 것은 이에 준한다"고 했다. 명·청의 법률의 '奴及雇工人姦家長'에서는 "첩인 경우 각각 1등급 감형해주고 강간인 경우에는 참형한다"고 했다.

245 『續增刑案彙覽』 14:27b-28a.

246 『刑案彙覽』 53:45a.

247 『輟耕錄』에 따르면 한인漢人이란 거란, 고려, 여진, 죽인알竹因歹, 이활알里闊歹, 죽온竹溫, 죽역알竹亦歹, 발해의 여덟 종족을 가리킨다. 또 전대흔錢大昕의 『養新錄』에 따르면 한인과 남인의 구분은 송과 금의 강역으로 했으니, 절강, 호광湖廣, 강서江西의 세 행성은 남인이고, 하남성의 강북江北, 회남의 제諸 노로路는 남인이었다. 그러므로 망한 금의 유민은 한인이고 망한 송의 유민은 남인이었다.

248 『元史』 26, 「仁宗紀」에 이르기를 "과거의 제도에 승상은 반드시 몽골의 공훈이 있는 관리를 썼습니다"라고 했다. 또 186, 「成遵傳」에서는 이렇게 말했다. "평장정사平章政事라는 관직은 승상 바로 아랫자리입니다. 천하가 태평할 때에는 비록 덕망이 있는 한인이라 하여도 누르고 그 직을 주지 않습니다." 또 하유일賀惟一이라는 자는 어사대부에 임직해 있을 때 전장 제도에 따르면 황제와 성씨가 다른 사람은 어사대부로 임명될 수 없었으므로 순제 때에 성씨를 내려 그 이름을 태평으로 바꾸었다.(140, 「太平傳」) 어사대부는 몽골인이 아니면 주지 않았음을 알 수 있다.

249 『元史』 184, 「王克敬傳」에 이르기를 "전장 제도에 따르면 한인은 군정에 간여할 수 없다"고 했다.

250 『元史』 154, 「鄭制宜傳」, "옛 제도에 추밀원의 관원이 제왕이 타는 수레를 수행함에 매년 관원 한 명을 본원에 사무를 보도록 남겼으나 한인은 그 일에 간여할 수 없었다." 또 184, 「韓元善傳」에서는 지정至正 11년에 승상 탈탈脫脫이 내정에 관한 일을 상주했는데 그 일이 군사 기밀과 관련된 것이라 한인인 한원선과 참정정사 한용韓傭은 물러나게 하고 참여하지 못하게 했다고 기록하고 있다. 이처럼 기밀에 관계된 일에는 한인들이 간여할 수 없었음을 보여준다.

251 『元史』 85, 「百官志」 참고. 지방 관아의 장관과 관련하여 지원至元 2년 2월 갑자甲子일에 명령하여 일찍이 몽골인은 각 노로의 다루가치를 맡고 한인은 총관總管을 맡으며, 회회回回인은 동지同知를 맡는 것을 영원히 정해진 제도로 한다고 명확히 규정했다. 또 일찍이 두 차례에 걸쳐 명령을 내려 한인, 여진인, 거란인으로서 다루가치가 된 자를 파면하고, 오직 회회인, 외올畏兀, 내만乃蠻, 당올唐兀인만 그대로 두었다.(『元史』 6, 10, 「世祖紀」) 제왕의 부마로서 토지를 분봉 받은 다루가치 또한 정식 몽골인을 선별해 써야 했다. 대덕大德 8년에 강절행성江浙行省에서 중서

성의 다루가치를 반드시 몽골인에게 맡겨야 하느냐는 물음에 답했는데, 몽골인이 없다면 적합한 색목인에게 맡기고 한인, 여진, 거란, 타타르의 보잘것없는 이름으로 다루가치를 맡은 자들은 모두 파직해야 한다고 했다.(『元典章』9,「吏部」3,「官制」3,'投下達魯花赤') 당시, 한인, 거란인, 여진인 가운데에는 몽골인의 이름을 도용하여 다루가치를 맡는 자가 있었는데, 원 정부에서는 이 일로 여러 차례 공문을 내려 엄금했으며, 발각된 자는 관리 임명장을 회수하고 영원히 서용되지 못하도록 했다. (『元典章』「官制」3, '有姓達魯花赤革去' '有姓達魯花赤追奪不敍' 참고. 염방사 廉訪司에서 색출해 파직한 사례는 같은 권 '革罷南人達魯花赤' '有姓達魯花赤革去' 참고)

252 예를 들어 양유중楊維中은 야율초재耶律楚材 후임으로 중서령을 맡았고, 사천택史天澤·하승 賀勝·하유일賀惟一은 좌우 승상을 맡았으며, 조벽趙璧·사천택은 일찍이 추밀원부사가 되었고, 하유일은 어사대부였다. 이 몇 사람들은 모두 한인으로서 중추적인 관직에 있었다. 한인이 다루 가치가 되는 경우는 더욱 드물지 않았다.(趙翼, 『二十二史札記』 30, '元制百官皆蒙古人爲之長'; 箭內亘, 『元代蒙漢色目待遇考』[陳捷, 陳淸泉 譯], 商務印書館, 1933, p.33 이하 참고)

253 『元代蒙漢色目待遇考』, p.30.

254 『元史』 20, 「成宗紀」; 83, 「選擧志」

255 『元史』 105, 「刑法志」 4, '禁令' 참고.

256 『元典章』 29, 「禮部」 2, 「禮制」 2, 「服色」, '貴賤服色等第' 참고.

257 위의 책, 같은 곳.

258 『元史』 「刑法志」, '禁令'; 『元史』 29, 「泰定帝紀」

259 『元史』 「刑法志」, '禁令' 참고.

260 『元史』 14, 「世宗紀」. 색목인 중에 말 세 마리를 가진 자는 두 마리를 취한 반면, 한인은 전부 다 관아에 바쳐야 했다.

261 『元史』 「刑法志」, '禁令'에 상세하다.

262 지원至元 26년에 공창鞏昌 왕유화汪惟和는 근래 한인의 병기를 강제로 빼앗았으니, 신이 관할 하는 구역 안에서는 이미 다 없어졌다고 했다.(『元史』 15, 「世祖紀」) 그가 상주한 것이 거짓 상주 가 아닌 한, 강제로 빼앗는 일의 엄함을 가히 짐작할 수 있을 것이다.

263 『元史』 13, 「世祖紀」

264 『元史』 16, 「世祖紀」; 24, 「仁宗紀」; 28, 「英宗紀」

265 『元史』 105, 「刑法志」 4, '禁令' 참고.

266 『遼史』 61, 「刑法志」, "태조가 조서를 내려 대신들에게 거란과 여러 오랑캐를 다스리는 법을 정하게 했으니, 한인은 율령으로 판결하고 종원鐘院을 설치하여 백성의 억울함을 풀어주었다. 태종 때에 이르러 발해인을 다스릴 때 한인을 다스리는 법에 의거했으며 나머지는 고친 것이 없었다." 또 성종聖宗 태평太平 6년에 조서를 내려 이렇게 말했다. "짐의 국가에 거란인과 한인이 있으니, 남북의 두 원院으로 나누어 죄를 다스리게 하니, 이는 대개 뇌물을 받고 법을 어기는 것을 제거하고 성가심을 제거하고자 함이다."

267 『遼史』 61, 「刑法志」

268 王偁, 『東都事略』 123, 「附錄一」; 李燾, 『續資治通鑑長編』 72, 「眞宗」; 洪皓, 『松漠紀聞』; 『遼史』 61, 「刑法志」. 거란인과 한인의 상이한 법률 또한 도종道宗 함옹咸雍 6년에 일치하게 되었다. 『遼史』 62, 「刑法志」, "거란과 한인은 풍속이 다르지만 국법은 다르게 시행되어서는 안 된다. 이에 체

은惕隱 蘇와 추밀사 을신乙辛 등에게 조례를 다시 제정하도록 했다. 율령에 부합하는 모든 것을 갖추어 신도록 했고 부합하지 않는 것은 따로 보존하게 했다." 그러나 대안大安 5년에 다시 조서를 내려 옛 법을 다시 시행하도록 했다.

269 『元史』102, 「刑法志」1, '職制上'. "칸의 금위군인 사겁설四怯薛, 여러 왕들, 부마 등이 몽골인이나 색목인으로서 간음·절도·사기 등을 범하면 대종정부大宗正府가 그것을 판결했다." 원 초의 제도에 따르면 몽골인이 죄를 짓거나 한인이 간음이나 도적질 등의 죄를 지으면 모두 종정부에서 판결하고 다스렸다고 한다.(『元史』87, 「百官志」3에서는 종정부와 단사관斷事官을 언급한 뒤에 "여러 왕들, 부마, 채읍을 받은 몽골인, 색목인 등이 범한 일체의 공적인 사건, 그리고 한인 가운데 간음과 도적질, 사기, 독약 살포, 주술과 저주, 유괴와 약탈, 도망한 것에 대해 범죄자의 죄를 헤아리는 일" 등을 모두 관장했다고 했다.) 그러다가 황경皇慶 원년에 한인에 대한 형사 사건은 형부가 맡기 시작했다.(「百官志」3, 그러나 태정泰定 원년에 다시 명하여 종정부가 겸하여 처리하도록 했다.) 그러니 「刑法志」에서 말한 것은 황경 원년 이후의 상황이다. 태정제泰定帝 치화致和 원년에는 또 다른 규정도 있었으니 규정이 다음과 같이 개정되었다. "대도, 상도에 소속된 몽골인 및 겁설 군참軍站의 색목인이 한인과 다투어 분규가 일어난 경우에는 종정부가 처리하고 판결한다. 나머지 노·부·주·현에서 한인, 몽골인, 색목인이 송사를 하면 모두 전담 관리인 형부에서 관장한다."(「百官志」3) 그러나 순제順帝 원통元統 2년에 다시 조서를 내려 "몽골인, 색목인이 간음, 도적질, 사기의 죄를 지은 경우에는 종정부에 배속하고, 한인과 남인 중에 범죄를 저지른 자는 전담 관리에게 배속한다"고 했다.(『元史』38, 「順帝紀」) 그리하여 다시 옛 제도를 회복했으니, 몽골인은 종정부에게 배속되고 지방의 전담 관리로 배속되지 않았다.

270 『元史』「刑法志」, '職制上' 참고.

271 위의 책, 105, 「刑法志」4, '鬪毆' 참고.

272 "살펴보건대 근래에 금위군 성원인 겁설알怯薛歹 중 몽골인에게 각 지역의 백성이 먹을 것을 주려 하지 않고 방을 내어주려 하지 않으니, 병부에 공문을 내려 두루 다니며 결속시켜 상부의 지시에 응하도록 했다. 그런데 이제 다시 각 지역의 백성이 과거에 하던 대로 밥과 죽을 주지 않고 방을 내주지 않으려 해 다툼이 일고 사단이 발생하는 불편한 상황을 알게 되었다. 바라건대 두루 다니며 결속시켜 성省, 유喩, 부府, 주州, 사司, 현縣 촌村, 방坊, 도道, 점店의 인민들에게 당부하기를 이후로 겁설알 몽골인이 지나가는 곳에 마주하면 마땅히 죽과 밥을 주고 잠시 머무르도록 방을 내주고 감히 싸우지 말라. 만약 몽골인이 한인을 때리면 되받아쳐서는 안 되며, 신분증을 가지고 소재지의 관리에게 가서 고소하라. 이를 어기는 사람이 있으면 엄히 죄를 부과할 것이다. 상부의 지시에 의거해 시행하라."(『元典章』44, 「刑部」6, 「雜禮」, '蒙古人打漢人不得還報 참고.)

273 『元史』103, 「刑法志」2, '職制' 上.

274 몽골인과 부녀 중에서 범죄를 지은 자는 글자를 새기는 대열에 포함되지 않았다. 색목인이 도적질을 해도 글자를 새기는 판결이 면제되었다. 오직 여진인만 도적질을 하면 글자를 새기는 것으로 판결한 점이 한인과 같았다.(『元史』104, 「刑法志」3, '盜賊')

275 『元史』「刑法志」, '職制' 下.

276 『淸律例』8, 「戶律」「戶役」, '人戶以籍爲定' 참고. 가경 19년의 수정 율례. 『刑案彙覽』1:34ab, 가경 19년 直隷司 說帖 참고.

277 팔기 사람들을 관리하는 기관旗官 역시 그 점을 인정했다. 도광 5년에 팔기도통八旗都統이 상주해 이렇게 말했다. "과거에 팔기의 백성이 사건에 연루되면 관례에 따라 이사청에서 심리했으니, 유배되어온 충군의 무리들은 모두 칼을 씌우고 태·장·채찍으로 때리는데, 팔기 사람들은 믿는 바가 있어 지방관이 처리하지 못한다. 그리하여 교만하고 방종하여 지방관이 통제하기도 어려우니, 이로 인해 사단이 자주 많이 일어난다."(『刑案彙覽』1:38a)

278 『淸律例』4,「名例律上」, '犯罪免發遣' 참고.

279 위의 책, 같은 곳. 건륭 15년의 수정 병합한 율례에는 다음과 같이 규정되어 있다. 북경, 만주, 몽고, 한인 군대漢軍 그리고 외성外省에서 주둔하며 방어하고 아울러 심양, 길림 등지에 모여 살며 파견되지 않은 팔기 사람이 염치없이 기적을 더럽힌 경우에는 모두 자신의 호적을 삭제하고 율례에 따라 귀양 보내며 사건의 진상을 밝혀 황제의 명령을 청한다. 일반적으로 충군, 귀양, 유형, 도형, 태형, 장형 등의 죄를 지은 것이라면 율례에 따라 칼을 씌우고 때리는 것으로 처리한다.

또 도광 5년 속찬례續纂例에는 다음과 같이 규정되어 있다. "팔기 사람이 몰래 절도, 매음, 도박, 무고, 사기를 치고, 무뢰한과 같이 행동하면서 제 행실을 돌아보지 않으며, 무뢰배와 더불어 소란을 피워 해를 끼치고, 친족에게 나쁜 짓을 하도록 꾀고, 도박 용구를 만들어 갖추고, 대신 해치고 장물을 내다팔며, 가짜 은을 사용하고, 가짜 계약서를 날조하고, 전표를 그리는 등 속임수를 써서 재물을 취하는 모든 행동을 절도로 논하여 그에 준한 죄를 정한다. 유괴, 강간, 근친상간을 한 자는 모두 자신의 기적이 삭제되어 각기 일반 백성의 일례에 따라 처리한다. 이 도형, 유형, 충군형을 범한 자는 각각 그에 따라 배치될 뿐 칼을 씌우는 것으로 대신하는 것은 허락되지 않는다."

280 팔기도통의 원 주청 문서(『刑案彙覽』1:38a-39a)와 『淸律例』, '人戶以籍爲定' 도광 5年 續纂例 참고.

281 『淸律例』24,「刑律」「賊盜」中, '竊盜', 건륭 57년 주상의 효유, 도광 5년 수정 율례.

5장

1 H. Maine, *Ancient Law*, p.23.

2 어떤 법률은 대부분 법률을 준수하는 사람에게 축복을 내리고 위반하는 자에게는 저주를 내리기 위한 것이지만, 어떤 경우에는 신체상의 실재적 형벌 없이 위법자 스스로 자업자득하는 것이 응당한 처벌이라 믿었다. 그것으로 족하므로 세간의 제재는 불필요하다 여긴 것이다. 고대 이집트 사람들이 그랬고, 12표법이 또한 그러하다.(상세한 것은 W. A. Robson, *Civilization and the Growth of Law*, Macmilan, London, 1935, Ch. XI)

3 다음을 보라. H. Maine, *Early Law and Custom*, pp.26~27; *Ancient Law*, p.160

4 이러한 관념 가운데 얼孽(sin)과 죄罪(crime)는 하나다. 종교적 죄악과 세속적 죄악은 나뉠 수 없는 것이어서 하나라도 어기면 곧 둘을 어긴 것이다. 종교적 규약을 어긴 자는 세속적 제재에 처해져야 하고 법률이나 세속적 규범을 어긴 자는 신이 좋아하지 않으므로 종교상의 징벌을 받아야 한다. 고대 중국인 역시 이러한 관념을 지니고 있었다. 『尙書』(고요모 편)에 "하늘의 질서로 예가 있고 하늘의 처벌로 죄가 있다天秩有禮, 天討有罪"라는 말은 바로 그런 의미를 지닌다. 『漢

書』「刑法志」는 "성인은 하늘 질서로 인하여 오례를 제정하고 하늘 처벌로 인해 오형을 만들었다"
고 말한다.

5   부침浮沉의 관습은 각기 다른데, 바빌론의 함무라비법에서는 죄를 지은 사람이 강의 신에 의해
     강바닥에 가라앉거나 물 위로 떠오른다고 생각했다. 인도의 마노법은 완전히 반대의 견해를 지
     녔다.

6   신판법에 대해서는 다음 책들을 참고하라: R. H. Lowie, *Primitive Society*, pp.405~406,
     418, 419~420, 422; W. A. Robson, *Civilization and the Growth of Law*, Ch. X; E.
     Westermarck, *The Origin and Development of the Moral Ideas* I, pp.504~507, II,
     pp.686~690; P. Vinogradoff, *Outlines of Historical Jurisprudence*, I, pp.349~350; L.
     T. Hobhouse, *Morals in Evolution*, pp.116~117, 131; Summer and Keller, *Science of
     Society*, I, pp.679~686, IV, pp.277~286; E. A. Hobel, *The Political Organization and
     Law-Ways of the Commanche Indians*, pp.102~103; E. B. Tylor, "Ordeal", *Encyclopedia
     Britannica*(14th ed), Vol. XVI.

7   T. M. Nathubhoy's article in *Journal of the Anthropological Society of Bombay*, quoted
     by Summer and Keller, IV, p.284.

8   『明律例』11, 刑律 3,「人命」, "간음한 남자를 죽임"; 『清律例』26,「人命」, "간음한 남자를 죽임"
     참고.

9   Robson, *op, cit.,* p.112, note 1.

10   그러므로 Hobhouse는 공평은 최초에 초자연적 방법을 이용했고, 신판과 맹세는 그 이후 증거
     와 합리적 증명을 찾아내는 사법적 심문을 하는 것으로 대치된다고 말한다.(Hobhouse, *op. cit.,*
     p.131)

11   13세기 유럽에서 고문은 사법상 계통적으로 증거 및 자백을 얻어내는 방법이 되었다. 이 시
     기부터 고문은 이전의 신판법을 대체했다. 예를 들어 영국은 1215년 정식으로 신판법의 사
     용을 폐지했다. 이탈리아는 13세기에 고대 로마법에서 고문 방법을 배워 형법에 응용했다. 이
     후 프랑스도 똑같이 시행했다. 오래지 않아 전 유럽으로 전파되었다.(J. Williams and G. M.
     Keeton, "Torture", *Encyclopedia Britannica*, 14th edition, X , p.311; Robson, *op, cit.,*
     pp.135~136; Hobhouse, *op. cit.* p.131)

12   앞의 글에서 말한 독사나 악어가 사는 하천을 헤엄치게 하는 것 외에, 동아프리카의 반투Bantu
     부락에서는 도마뱀을 용의범의 코끝에 올려놓기도 한다. 죄가 있다면 그의 코를 꽉 물고 놓지 않
     을 것이다.(Sumner, *op. cit.,* IV, p.281) 고대 멕시코인은 항상 뱀을 용의범들 앞에 풀어놓았다.
     그들 중 죄인이 없다면 뱀은 감옥 안으로 스스로 돌아갈 것이고, 그렇지 않다면 용의범의 몸 위
     로 꿈틀꿈틀 기어오를 것이다.(Sumner, *op. cit.,* IV, p.286) 이 두 예시는 중국의 전설과 매우 비
     슷하다.

13   『漢書』「輿服志」는 해치관獬豸冠을 해석하여 말하길, 해치獬豸라는 신성한 양은 곡직을 구별할
     줄 알아 관冠으로 삼게 되었다고 한다. 또한 『漢官儀』에서는 옛날에 해치라는 동물을 접촉케 해
     서 옳지 않은 자를 가려냈기 때문에 해치 형태를 본떠 어사의 관을 만들었다고 한다. 당·송 시
     대에도 법관은 모두 해치관이라 불렸으며, 어사가 착용했다.(『舊唐書』24,「輿服志」; 『宋史』, 153,
     「輿服志」) 명대에는 해치를 풍헌관風憲官의 공식 복장으로 삼았다.(『明史』67,「輿服志」) 청대에

는 보복補服으로 사용했다.(『淸會典』)

14 『論衡』 16, 「亂龍」

15 『明會典』 94; 『禮部』 55; 『郡祀』 4, 「有司祀典下」, "祭厲"와 "鄕厲". 향려鄕厲에 따르면 제문은 동
    일하지만 문장 앞부분에 "무릇 우리 마을의 백가 안에凡我一里之中百家之內"라고 기록되어 있
    고, 문장 끝에 "우리 전부의 관리我等閭府官吏"라는 말이 없다.

16 汪輝租, 『學治臆說』 下, "敬城隍神".

17 위의 책, 같은 곳.

18 『漢書』 71, 「于定國傳」

19 『後漢書』 106, 「循吏列傳」 「孟嘗傳」

20 위의 책, 10, 「后紀」 「和熹鄧皇后傳」

21 『晉書』 28, 「五行志」에 다음과 같이 적혀 있다. "형벌이 망령되이 적용되어 음기 무리가 다가오지
    못하니 양기가 이겨 생긴 벌이다." 왕은의 『晉書』(「御覽」 879 인용)를 참고.

22 『宋史』 200, 「刑法志」 2, '獄治' 참고.

23 『南齊書』 49, 「孔稚珪傳」

24 『後漢書』 1, 「光武紀」

25 위의 책, 같은 곳.

26 『宋史』 199, 「刑法志」 1.

27 위의 책, 200, 「刑法志」 2.

28 『明史』 73, 「職官志」 1, '刑部' 참고.

29 『淸律例』 「名例上」, '常赦所不原' 條, 건륭 8년 사례.

30 『西漢會要』 63, 「刑法」 3, '大赦'에 자세하다.

31 『隋書』 「高祖紀」

32 『新唐書』 1, 「太宗紀」

33 같은 책 6, 「代宗紀」

34 『宋史』 4, 「太宗紀」

35 같은 책 10, 「仁宗紀」

36 같은 책 201, 「刑法志」 3.

37 『宋史』 199, 「刑法志」 1.

38 徐式圭, 『中國大赦考』, 商務印書館, 1934, pp.95~96.

39 『舊唐書』 50, 「刑法志」

40 진나라 때 장윤진張允進은 『駁赦論』에서 이렇게 말했다. "신이 보건대 자고이래로 가뭄이 들면
    제왕들께서 덕을 베풀어 감옥을 열고 수인들을 풀어줌으로써 천심을 감동시켜 재앙이 거둬지기
    를 바랐으나 이는 잘못된 것입니다. 예를 들어 두 사람이 소송을 할 때 한 사람은 죄가 있고 다
    른 사람은 죄가 없는데, 죄 있는 자가 운 좋게도 사면된다면 죄 없는 자는 억울한 죄를 입는 것이
    니, 어찌 억울하게 죄를 입은 자를 소홀히 하고 사면된 자를 가까이 하겠습니까? 원통한 기운이
    조정에 보고되니, 이것은 재앙이 발생한 것이며 해결된 것이 아닙니다. 어린 백성이 하늘의 재앙
    이 닥치면 기뻐하고 악을 권장하면서 '국가가 사면을 좋아하니 반드시 나를 사면하여 재앙을 구
    할 것이다. 그러면 사면된 자는 백성에게 악을 저지르라 가르친다. 게다가 하늘은 선을 축복하고

음란함에 화를 내리는데, 악을 저지른 자를 사면하면 악으로 바꾸어 재앙을 내리니, 이것은 하늘이 백성을 악하게 돕는 것이다'라고 말합니다. 또 어떤 이는 '하늘이 재앙을 내려 임금을 경각시킨다'고 하니, 어찌 유죄한 자를 함부로 풀어주어 그 재앙을 구할 수 있겠습니까?"(『五代會要』9, '論赦宥')

41 『西漢會要』67, 「刑法」3, ;大赦, '赦徒' 참고.

42 『梁書·武帝紀』

43 『西漢會要』, '大赦' 참고.

44 『文獻通考』172, 「形考」11, '赦宥' 참고.

45 『梁書』「武帝紀」

46 『通考』, '赦宥' 참고.

47 『宋史』201, 「刑法志」

48 『明史』각 본기를 참고.

49 『新元史』103, 「刑法志」. 중서우승이 나한에게 간언하여 말하길 "스님들이 절을 수리하면서 반드시 중형에 처한 수인들을 풀어주어야 한다고 하여 살인자, 지아비를 살해한 처첩도 지명하여 풀어줬습니다. 살아 있는 자가 터무니없이 사면되고 죽은 자가 원통하게 되었으니 그것이 잘된 일이겠습니까?"(『元史』,「刑法志」) 또한 "서쪽 승려가 그해에 절을 지을 때 멋대로 수인을 풀어주고 그 악당들을 써서 선량한 자들이 깊은 원한을 품게 되었으니, 이것이 병이 되었습니다"라고 했다. 이에 대해 가소민柯劭忞은 「刑法志」에서 "사면령은 역대 동일하게 실시한 일이지만 특별히 절을 중건하는 일로 중형의 수인을 풀어주는 것은 오직 몽골에만 있었다"고 했다. 하지만 이것은 사실이 아니다. 양무제 역시 법회를 통해 수인을 풀어주었다.

50 『通考』171, 「刑考」10下, '赦宥' 참고.

51 汪輝祖, 『說贅』

52 『魏書』48, 「高允傳」

53 『朱文公政訓』

54 『朱文公政訓』

55 陳宏謀, 『飭各屬辦案條件檄』(『牧令書輯要』7, 「刑名上」)

56 袁濱, 『律例條辨』(『唐明律合編』26, '犯奸'에서 인용)

57 方大湜, 『平平言』3(『牧民寶鑒』本)

58 동중서董仲舒 등은 이에 대해 매우 상세하게 말했다. 『春秋繁露』,「四時之制章」에서 말하길 "하늘에는 사시가 있고 왕에게는 사정四政이 있으니 경상형벌과 춘하추동은 유사하게 상응한다." 한대의 유가는 대부분 천도天道의 정치를 시행할 것을 주장했다.

59 『後漢書』「章帝紀」

60 위의 책, 천자의 명령으로 다음과 같은 기록이 있다. "12월 입춘에는 형을 판결해서는 안 된다는 법률이 있다. 월령에는 동지 이후 양기에 순응하여 생명을 돕는다 했으니 심문과 하옥 형을 집행하는 정치는 없다. 짐은 임의로 덕 있는 선비를 방문하여 전적을 검토한바, 왕이 된 자가 살리고 죽이는 일을 해야 할 경우 마땅히 때의 기운에 순응해야 하니, 11월과 12월에는 형을 판결하지 않는 것으로 법률을 정한다."

61 관대서寬大書에서는 이렇게 말한다. "삼공에 명하노니, 바야흐로 봄이 동쪽에서 일어나 경건함

574

이 시작되고 신중함이 미미하게 나타나니 이에 따라 행동하라. 죄가 사형에 처할 정도가 아니면 처리하지 말 것이다. 반드시 봄가을에는 탐욕과 잔인함에서 물러나 부드러움과 양선함으로 나아가되, 바로 해야 할 것들은 예전처럼 하여라."(『後漢書』 「禮儀志」)

62 원화元和 원년 조서에서는 이렇게 말한다. "가을과 겨울에 이르러 형에 대해 조사하여 그 금지를 명확히 하라." 2년에는 삼공에게 다음과 같이 명령했다. "바야흐로 봄에는 기르고 키우는 것이니, 만물의 싹이 마땅히 싹트는 양기를 도와 만물을 키운다. 명령하노니 사형에 처할 죄가 아니면 어떤 관리든 안건을 조사하지 말고, 관리들은 안건에 대해 서로 고하거나 듣지 않고 쉬게 하라. 사람들을 평안케 하고 천기를 경건히 받들라. 입추가 다가왔을 때 그 일을 하라."(『後漢書』 「章帝紀」)

63 『後漢書』 76, 「陳寵傳」

64 숙종 때 모든 소송 판결을 동지 이전에 시행하자 뜨거운 논쟁이 일었다. 등태후가 공경 이하 회의를 소집하자 노공 등이 다양한 의견을 제시했다.(『後漢書』 55, 「魯恭傳」)

65 『唐律疏議』 30, 「斷獄下」, "입춘 후에 사형을 결정하지 않는다."; 『宋刑統』 30, 「斷獄律」, "죽을죄를 결정한다."

66 "사형에 처한 죄수는 다시 상고하여 비준을 기다린다."(『明律例』 12 , 「刑律」, 4, '斷獄') 홍무제 원년에는 "중죄에 처한 죄수가 다시 판결을 받으려면 반드시 가을 이후에 하고 잘못된 때 생의生意를 손상시켜서는 안 된다."(『明會典』 177, 「刑部」 19, '決囚')

67 피고에 대한 입결에 이러한 제한만 있는 것은 아니다. 『淸律例』에 따르면 봄·여름 두 계절은 단지 정월과 6월에 형을 정지했다. 중죄인에 대한 판결은 2월 초에 하고, 사형은 7월 입추 이후에 집행했다. 또한 5월에 6월절을 맞이하거나 입추가 6월 안에 있게 되는 경우에도 형을 멈추었다.(『淸律例』 4, 「名例律上」, '五刑' 조례) 이외에도 동지 이전 10일, 하지 이전 5일에는 형 집행을 중단했다.(같은 책 37, 「刑律」 '斷獄下', '有司決囚等第', 가경 15년 수정 例)

68 매월 1일, 8일, 14일, 15일, 18일, 23일, 24일, 28일, 29일, 30일은 십재일이다.(『唐律』 '立春后不決死刑' 條의 「疏義」; 『宋刑統』 '決死罪' 條의 「疏義」. 송대에는 '십재일'을 '십직일十直日'로 표현한 듯하다) 이때에는 도살을 금지했다. 당 고조唐高祖 무덕武德 초기에 "오늘 이후로 매년 정월, 5월, 9월과 매월 십재일에는 형을 집행하지 않는다. 어디든 공적으로나 사적으로 도살 및 낚시를 금한다"는 황명을 반포했다. 이후 여러 번 금지령을 내렸다. 당 현종 천보天寶 7년에는 다음과 같은 칙문을 내렸다. "오늘 이후로 매월 십재일에는 도살을 할 수 없다." 당 숙종 지덕至德 2년에도 다음과 같은 칙서를 내렸다. "삼장재월三長齋月과 십재일에 도살이나 낚시를 금하는 것은 결코 변할 수 없다."(『唐會要』 41, '斷屠釣' 條 참고)

69 「唐律疏議」, '立春后不決死刑' 條; 「宋刑統」, '決死囚' 참고.

70 당 무종 회창會昌 4월, 중서문하가 상소하여 이르기를 "정월, 5월, 9월은 도살을 금지합니다. 제가 보건대 재일齋日(지덕 2년 2월 29일 칙문에 3, 5, 9월은 장재월長齋月로 불리고 있다)에 도살을 금지하는 것은 석씨에게서 나온 것입니다."(「唐會要」, '斷屠釣') 또한 「雲麓漫鈔」에서도 "석씨의 지론智論에 이르기를 '하늘의 제왕인 석가모니는 대보경으로 사대신주를 비추니 매월 한 번 이동하여 사람의 선악을 살핌에 정월, 5월, 9월은 남첨부주南瞻部洲를 비춘다'고 했다. 당 고조는 불교를 숭상한 까닭에 정월, 5월, 9월에 생선이나 육류를 먹지 않았고 백관들도 양羊을 사들이지 않았다."

71 『明會典』177,「刑部」19, '決囚' 참고.

72 『明律例』, '死囚覆奏待報' 참고.

73 「唐律疏義」, '立春后不決死刑'의 「疏義」;『宋刑統』, '決死罪'의 「疏義」

74 『元史』103,「刑法」2, '祭令' 참고.

75 『清律例』, '死囚覆奏待報';『清史稿』「刑法志」 참고.

76 『清律例匯輯便覽』, '死囚覆奏待報' 條附.

77 E. Westermarck, *The Origin and Development of Moral Ideas*, Ⅱ, pp.66~73; W. I. Thomas, *Primitive Behavior*, pp. pp.575~576; E. S. Hartland, *Primitive Law*, pp.81~82.

78 통상 무술은 선의의 무술white magic과 사악한 무술black magic, 두 가지로 나뉜다. 전자는 사람을 위해 복리를 추구하여 공인된 행위 규범에 합치되는 것이고, 후자는 사람을 해치는 것을 목적으로 하는 것이다. 그러나 실제로는 구분이 분명하지 않다. Malinowski는 이렇게 말했다. "합법에 준하는 것과 범죄에 준하는 무술의 응용은 매우 구분하기 어려운 것이다." 또한 "무술은 사법 집행의 방법이 아니며, 범죄 실행의 방법도 아니다. 그들은 양 방면에서 모두 응용될 수 있다."(B. Malinowski, *Crime and Custom in Savage Society*, Kegan Paul, London, 1932, pp.93~94) 본래 절차나 방법 및 내용으로 보면 무술 자체는 좋고 나쁨이 없다. 무술의 응용은 한쪽 영역에 있을 수도 있고 그 반대쪽 영역에 있을 수도 있는 것으로, 명확히 한쪽에 고정된 것이 아니다. 무술을 사용하는 자에 대해서도, 그 의도가 확실하지 않으면 그가 좋은 무인인지 나쁜 무인인지 단정하기 어렵다. 여러 사회에서 무술에 대해 좋음과 나쁨을 구별하는 개념도 분명하지 않은데, 다부Dabu 사람들이 그렇다. 그러나 무술의 구분이 불가능하다거나 불필요하다는 것을 의미하는 것은 아니다. 무술 자체는 좋고 나쁨이 없지만 응용 이후 사회적 결과는 반응을 일으키기 때문이다. 어떤 것은 용인되고 찬성되고 어떤 것은 배격된다. 전자는 사회가 공인한 행위 규범에 합치되는 것이고, 후자는 사회의 행위규범에 위배되어 사회질서를 파괴하는 것이다. 사회질서의 측면에서 볼 때 구분의 개념이 무익한 것은 아니다. 사실 많은 민족들은 무술의 좋고 나쁨에 대해 명백한 관념이 있다. 예를 들어 아프리카 사람들은 무술을 합법적인 것과 비합법적인 것으로 구분하거나 좋은 것과 나쁜 것으로 나눈다.(19세기에 Rowley가 이러한 사실을 드러냈다.—H. Rowley, *Religion of the Africans*, 1879, p.125.; Westermarck, *The Origin and Development of Moral Ideas*, Ⅱ, pp.650~651) E. E. Evans-Prichard는 최근 아프리카의 잔데Zande 사람에 대한 연구를 통해 합법과 불법의 무술에 관해 상세하고 정확히 분석했다. 그의 의견에 따르면 좋은 무술은 사회가 공인한 행위에 합치되는 것이고, 나쁜 무술은 건강과 재산에 대한 파괴성 때문이 아니라 한 사회의 법률과 도덕적 규칙을 위배했기 때문이다. 그는 말한다. "좋은 무술의 목적은 사회의 규칙에 합치되는 것이고, 그것은 좋은 사람에게 해롭지 않은 무술이다. 단지 범죄와 요술을 사용하는 사무邪巫는 음란자 및 도적에게 해가 될 뿐으로, 그것의 사용은 부끄러울 게 없다. 그것은 여론과 추장의 권력에 의해 지지된다. 그 목적은 사회적, 경제적, 문화적 작위를 실현하는 데 있으며 타인의 사업을 방해하거나 침해하지 않는다. 무술을 사용하는 자는 만인에게 알려진 자다." 반면 나쁜 무술 혹은 요술의 목적은 한 사회에 세워진 법칙에 합치되지 않는다. 그것이 백성에 대한 범죄가 되는 이유는 개인적 혹은 사회적으로 유해하기 때문이다. 그러한 무술은 부끄러운 것이고 범죄로서, 여론은 이를 비판하고 추장은 그를 사형에 처한다. 그 무술의 목적은 타인의 사회경제 및 문화적 사업을 망가뜨리는 데 있다. 그 의식이 비

밀스러운 것은 정직한 징벌이 두렵기 때문이다."(E. E. Evans-Pritchard, "Sorcery and Native Opinion", *Africa*, pp.27~40; Thomas, *Primitive Behavior*, pp.582~587. 참고) 고대의 튜튼 Teuton인은 인류에 위해한 무술만 금지하여 범죄로 여겼다.(Westermarck, *The Origin and Development of Moral Ideas*, II, p.651) 로마에도 동일한 일이 있었는데, 무해한 무술은 간섭 받지 않았다.(Westermarck, II, p.652) 한 사회에서 무술의 좋고 나쁨에 대한 표준이 없는 것은 아니지만 그 구분이 합리적이고 필요하다는 것을 알 수 있다. Benedict는 일반적 상황에서 사악 한 무술과 선의의 무술을 구분하는 것은 무의미하지만, 이미 무술의 좋고 나쁨을 판별할 수 있 는 문화에 도달한 사회에서는 예외라고 여겼다.(R. Benedict, "Magic", *Encyclopedia of Social Sciences*, X, p.427)

79 Sumner and Keller, *Science of Society*, II, pp.109~120, 777~780, 1132ff.; IV, pp.301~305, 725.

80 Radcliffe-Brown은 무술죄를 대중범죄에 배치시켰다. 살상, 절도, 음란, 채무 등의 항목은 단지 개인범죄로서 특정인에 대한 침범일 뿐이므로 배상과 처벌만이 따른다. 반면 대중범죄는 사회 전체에 대한 범법 행위로, 사회 전체의 화복禍福과 관련이 있기 때문에 반드시 형사적 제재가 가해져야 한다.(A. R. Radcliffe-Brown, "Law, Primitive", *Encyclopedia of Social Science*, IX, 202ff) 이러한 관념과 구별은 옳은 것이다. 즉 하나의 범죄와 침해crime and wrong에 대 한 구별이 분명하지 않은 사회에서도 이처럼 무술은 여느 침해적 범죄와는 다르다고 여겨졌다. 예를 들어 코만치 인디언들은 무술이 특정인에게 사용되는 것은 일종의 침해로 보았다. 즉 그러 한 무술 행위의 사회적 결과는 사회 전체적 반응을 일으킬 수 있기 때문에 그와 한 공간에서 생 활하는 것을 두렵고 위험하게 생각했다. 그래서 무술을 하는 자를 군중과 멀리 떨어지도록 했 으며, 때로는 군중이 분노하고 격동하여 무술인에 대해 직접적 폭력을 행사하거나 사적으로 죽 이는 등의 행위를 일으킬 수 있었다. 이와 같이 무술에 대한 사회적 반감과 공동체적 제재는 무 술을 범죄로 보는 것으로, 그것이 개인적 침해에 제한되지 않고 사회에 유해하다고 여긴 것이 다.(E. A. Hobel, *The Political Organization and Law-Ways of the Commanche Indians*, pp.77ff., 85ff)

81 모살죄는 늘 사형에 처해졌지만 모든 사회에서 그런 것은 아니다. 호메로스 시대의 그리스인들에 게 살인은 대중범죄가 아니었으며 단지 개인 간의 침해로만 여겨졌다. 그래서 살인자는 복수를 피해 달아나는 것 이외에 법률적으로 검거나 징벌이 부과되지 않았다.(Summer, *op. cit.*, p.276) 어떤 사회에서는 살인죄에 대한 처분이 벌금형에 그치거나, 사형에 처해져도 보석으로 풀려날 수 있었다.(Westermarck, *op. cit.*, I. p.189)

82 Westermarck, *op. cit.*, II. p.650.

83 *Ibid.*, II. p.651.

84 *Ibid.*, II. p.652.

85 *Ibid.*, II. p.651.

86 Lowie, *Primitive Society*, p.420; Summer and Keller, *op. cit*, II, p.1399.

87 Summer and Keller, II, p.1320.

88 *Ibid.*, II. p.1337.

89 *Ibid.*, II. p.1321.

90 *Ibid.*, Ⅵ. p.1321.

91 예를 들어 Wagogo and Washambala(Westermarck, *op. cit.*, I, p.189; Ⅱ, p.650)참고.

92 아프리카의 에베인이 이렇게 했다.(Lowie, *op. cit.*, p.420)

93 아프리카의 통가인은 무당을 말뚝 박아 죽였다.(Lowie, *op. cit.*, p.422) 뉴기니 사람들은 무당을 처참히 잘라 죽였다.(Summer and Keller, *op. cit.*, Ⅱ, p.330)

94 예를 들면 아프리카의 통가인.(Lowie, *op. cit.*, p.422)

95 예를 들어 Koffirs.(Summer and Keller, *op. cit.*, Ⅳ, p.726)

96 예를 들어 에베인.(Lowie, *op. cit.*, p.420)

97 예를 들어 반투족의 바반다Bavanda인.(Thomas, *Primitive Behavior*, p.551)

98 『漢書』98, 「元后傳」

99 위의 책, 45, 「江充傳」

100 위의 책.

101 문제文帝 때 여자 무당 엄도육과 동명공주 여비 영무가 무고巫蠱했는데 옥을 깎아 황제의 형상으로 만들어 함장전含章殿 앞에 묻었다. 이 일이 발각되자 도육과 영무는 편살鞭殺되고 석두사망산에서 그 시신이 태워졌으며 장강에 뿌려졌다.(『宋史』99, 「二兇傳」)

102 장사왕 숙견이 원망하여 마침내 좌도左道 경미慶魅에게 기복적 도움을 청하게 했다. 그러자 사람 형상으로 나무를 깎아 도사 복장을 입히고 그 앞에 절하거나 무릎을 꿇게 했고, 밤낮으로 일월신에게 제사를 바쳐 황제를 저주했다.(『陳書』28, 「長沙王堅傳」)

103 수나라 태자는 은밀히 우상을 만들어 황제 및 한왕漢王의 성姓을 기록한 뒤, 우상의 손을 묶고 심장에 못을 박은 뒤 칼과 족쇄를 채워 형틀에 매달았다. 그후 화산 아래에 매장했다. 그 앞에서 말하길 "청컨대 서악 화산의 자비로운 아버지 거룩한 어머니시여 신병 구억만기를 받아들이시고, 양량의 혼백을 화산 아래 묻으니 흩어지지 않게 하소서"라고 했다. 또한 황제의 상 위에서 말하기를 "서악산 신병神兵께서는 (아버지) 양견楊堅[수 문제隋文帝. 이 책에는 楊坚으로 기록되어 있으나 楊堅의 오기로 보임]의 혼백을 받아들이소서"라고 했다.(『隋書』45, 「文四子烈傳」)

104 『周禮』「秋官」, '司寇', 庶氏註, '鄧司農引賊律'.

105 『魏書』111, 「刑法志」

106 위의 책, 주석 108 참고.

107 사람들은 요술이 신명神明을 침범하여 사회에 불길함을 부른 행위이므로 범인을 변방으로 쫓아내거나 사형에 처하게 하는 것 외에, 종교적 정결 의식으로 오염된 것을 씻어내야 한다고 생각했다. Radcliffe-Brown은 그것을 '의식 제재Ritual Sanction'라 했다.(cf. Radcliffe-Brown, "Law, Primitive", *Encyclopaedia of Social Sciences*, Ⅸ, p.202~203; "Sanction, Social", ⅩⅢ, pp.531~532; W. I. Thomas, "Primitive Behavior", p.550)

108 『左傳』에서 공공이 무당인 왕恬을 불태워 죽이려 한 것을 예로 들 수 있다. 또한 『漢書』에는 려戾 태자가 호무胡巫를 정원에서 태워 죽인 사건이 기록되어 있는데(『漢書』63, 「戾太子傳」) 무당을 사형에 처하는 방법이 일반적인 경우와 다름을 분명히 볼 수 있다. 태자는 강충의 지시를 받고 행동한 무당 호무를 불에 태우게 했고, 강충은 일반적인 방식에 따라 목을 베어 처형했다. 이에 대해 복건服虔[후한後漢 시대의 경학가]은 "태자께서는 특별히 분노하여 그 사태를 분명히 하고자, 불에 태워 고통스럽게 죽게 했다"고 했다. 무당을 태워 죽이는 사형 방식은 일종의 의식

제재로서, 정화의 의미가 내포되어 있다.

109 『册府元龜』611.

110 『唐律疏義』1,「名例」「十惡」, '不道';『宋刑統』1,「名例律」「十惡」'不道';『元史』「刑法志」1,「名例」「十惡」, '不道';『明律例』1,「名例上」「十惡」, '不道';『清律例』4,「名例律上」「十惡」, '不道' 참고.

111 당·송대는 교수죄, 명·청대는 참수죄.(『唐律疏義』18,「賊盜」2,'造蓄蠱毒';『宋刑統』18,「賊盜律」,'造蓄蠱毒';『元史』104,「刑法志」3, '大惡';『元典章』4, '不道', '采生蠱毒';『明律例』19,「刑律」2,「人命」'造蓄蠱毒殺人';『清律例』26,「刑律」「人命」,'造蓄蠱毒殺人')

112 당·송대는 3000리 밖 유형, 명·청대는 2000리 밖 유형, 원대에는 변방 멀리 쫓아냈다.(『唐律疏義』,'造蓄蠱毒';『宋刑統』,'造蓄蠱毒';『元典章』,'采生蠱毒';『明律例』,'造蓄蠱毒殺人';『清律例』, '造蓄蠱毒殺人' 참고)

113 『元典章』,'采生蠱毒';『明律例』,'造蓄蠱毒殺人';『清律例』,'造蓄蠱毒殺人' 참고.

114 당대에 이러한 이정이나 이장은 조축자造蓄者[축고를 행한 자]와 같은 죄로 보았고, 명대와 청대는 비교적 가벼운 죄를 적용했으니 곤장 100대에 처했다. 고발한 자에게는 은 20량을 주었다.(『唐律疏義』,'造蓄蠱毒';『宋刑統』,'造蓄蠱毒';『明律例』,'造蓄蠱毒殺人';『清律例』,'造蓄蠱毒殺人')

115 『唐律疏義』18,「賊盜」二'憎惡造厭魅';『宋刑統』,'造蓄蠱毒';『明律例』,'造蓄蠱毒殺人';『清律例』,'造蓄蠱毒殺人' 참고.

6장

1 유가의 철학은 순수철학적이거나 비세속적이지 않다. 일체의 이론은 실천적이어서 사회와 정치의 질서 유지가 최종의 목적이다. 인의도덕仁義道德이라고 하는 것은 홀로 선해지는 개인주의가 아니라 사회적인 것이다. 수신修身은 개인적 수양의 기초일 뿐이며, 그로써 제가齊家, 치국治國, 평천하平天下의 목적에 도달하고자 한다. 인仁이라는 것, 서恕라는 것은 모두 타인에 대한 것으로, 상호간의 행위에서 발생한다. 인仁이라는 글자는 두 사람의 모습을 따른 것이다.(『說文』에서 "인은 친함이다. 인人과 이二 글자를 본떠 만든 것"이라 했다. 또 정현鄭玄은 『禮記』의 주석에 "사람이 짝함을 형상화한 것"이라고 했다.) 인은 사람과 사람이 함께 살아가는 도로서, 번지樊遲가 인에 대해 물었을 때 공자는 "타인을 사랑하는 것이다"(『論語』「顔淵」)라고 했고, "거처할 때는 공손하고 일할 때는 경건하며 타인과 함께할 때는 충심을 다하는 것이다"(같은 책,「子路」)라고도 했다. 그밖에 중궁仲弓이 인에 대해 묻자 공자는 "자기가 원하지 않는 것을 타인에게 강요하지 않는 것"이라고도 했다.(안연의 '서恕'에 대한 설명도 이와 같아서「衛靈公」에 보인다.)

2 사농공상의 분업에서 육체노동과 정신노동, 소인과 군자를 구분하고 나아가 쌍방의 권리와 의무를 규정한 것은 각 학파의 저술에서 자주 볼 수 있다. "군자는 예에 힘쓰고 소인은 힘을 다한다."(『左傳』, 成公 13년, 劉子) "군자는 마음을 쓰고 소인은 힘을 쓴다."(같은 책, 襄公 9년, 知武子) "군자는 능력을 숭상하며 아랫사람에게 양보하고, 소인은 농사짓는 힘으로 윗사람을 섬긴다."(같은 책, 襄公 13년, 君子) "군자는 다스리는 일에 힘쓰고 소인은 육체노동에 힘쓴다."(『國語』「周

語」, 嚴公) "서인 및 노동자, 상인은 각기 자신의 생업에 종사함으로써 윗사람을 받든다."(같은 책, 內史過) "대인의 일이 있고 소인의 일이 있다. (…) 혹자는 정신노동을 하고 혹자는 육체노동을 한다. 정신노동을 하는 자는 타인을 다스리고 육체노동을 하는 자는 타인의 통치를 받는다. 타인의 통치를 받는 자는 타인을 먹이고, 타인을 다스리는 자는 타인에 의해 먹여진다. 타인을 다스리는 자가 타인에 의해 먹여지는 것은 천하에 통용되는 이치다."(『孟子』「滕文公上」)

3 『荀子』 3, 「仲尼」

4 『荀子』 4, 「榮辱」

5 『荀子』 10, 「富國」

6 『中庸』

7 『荀子』 10, 「富國」

8 『荀子』 3, 「非相」

9 『左傳』 莊公 18年.

10 『禮記』「樂記」

11 위의 책, 같은 곳.

12 『荀子』 14, 「樂論」

13 『禮記』「禮器」, 정현의 주에서 "같지 않음不同은 다름異을 말한다"고 했다.

14 『荀子』「非相」

15 『禮記』「曲禮上」

16 『中庸』

17 『荀子』「禮論」

18 같은 책, 「榮辱」

19 같은 책, 「王制」

20 『淮南鴻烈解』 11, 「齊俗訓」

21 『韓非子』 6, 「解老」

22 董仲舒, 『春秋繁露』 9, 「奉本」

23 『管子』 3, 「五輔」

24 『左傳』, 隱公 11年.

25 『白虎通德論』 1, 「禮樂」

26 公孫弘, 『漢書』 58, 「公孫弘傳」

27 『荀子』 19, 「大略」

28 『左傳』 昭公 30年.

29 『新書』 6, 「禮」

30 『禮記』「禮運」「曲禮上」에서도 "군신, 상하, 부자, 형제는 예가 아니면 정해지지 않는다"고 했다.

31 『禮記』「樂記」

32 『左傳』 僖公 11年.

33 『禮記』「哀公問」「經解」에서도 이렇게 말했다. "혼인의 예를 없애면 부부 관계가 망가져 간음하는 죄가 많아진다. 향음주鄕飮酒의 예를 없애면 장유의 서열을 잃어 다투는 일이 빈번히 발생한다. 상제의 예를 없애면 신하와 자식 된 자는 선왕과 선조의 은혜를 잊게 되어 죽음에 대한 경건

함이 없어지고 삶을 제대로 돌보지 않는 일이 많아진다. 조근朝覲의 예를 없애면 임금과 신하의 지위 분별이 없어져 제후가 악을 일삼고 함부로 반역하며 찬탈하는 일이 일어날 것이다."

34 『禮記』「大傳」

35 『禮記』「禮運」

36 『論語』「八佾」

37 같은 책; 『後漢書』 39; 『輿服志』에서 말하길 "대부大夫가 대문臺門과 여수旅樹를 만들고, 술받침대反坫를 사용하며, 도끼무늬를 수놓고, 중의中衣 끝에 붉은 선을 두르며, 제기簋에 조각을 장식하고, 면관의 끈을 붉게 한다면, 이것은 대부가 제후의 예를 참용한 것이다." 대부가 군주의 예를 참용한 일은 샛문과 반점 두 사건에 그치지 않았다.

38 『荀子』「大略」

39 『論語』「鄕黨」; 『荀子』「大略」

40 「鄕黨」

41 『禮記』「曲禮上」

42 같은 책, 「玉藻」

43 「曲禮上」

44 「曲禮上」「內則」

45 「曲禮上」

46 「曲禮上」에서 말했다. "어른이 물을 때 사양하지 않고 대답하는 것은 예가 아니다."

47 예禮와 의義가 함께 언급되는 경우는 일일이 열거할 수 없을 만큼 많다. 둘은 하나의 사물의 안과 밖이다. 의란 마땅함으로, 이치에 합당하다는 뜻이다. 『論語』에서는 "군자는 의를 본질로 삼고, 예로써 행한다"고 했다.(「衛靈公」) 『左傳』에서는 "의로써 예를 생겨나게 한다"고 했다.(師服, 桓公 2년, 杜注, "예는 의로부터 나온다") "예로써 의를 행한다"(「僖公 28년」) 순자는 "의를 행함에 예로써 한 연후에 의가 완전하다"고 했다.(「大略」) 「禮運」에서는 "예라는 것은 의의 열매다. 의를 제도로 결실하게 한 것이 바로 예라 할 수 있다." 의란 단지 원리 원칙이며, 예는 의의 구체적인 표현이다. 예의는 본래 하나의 물物인데, 하나는 추상적인 개념이고 다른 하나는 구체적인 행위다. 펑유란馮友蘭은 "예의 의란, 예의 보편원리를 말한다"고 했다.(『중국철학사』, 1936, 商務印書館, p.335) 이는 예의에 대한 함의를 가장 잘 표현한 말이라 할 수 있다. 의가 없으면 예가 생겨날 수 없으며, 예가 없으면 의를 표현하기 어려우니, 하나라도 없어선 안 된다. 예를 들어 남녀가 정당하게 결합하는 것이 의라면, 이러한 의는 어떻게 실현될 수 있을까? 남녀가 중매 없이는 사귀지 않고 육예六禮를 갖춰 부부가 되는 것이 바로 예다. 한비는 비록 법가지만 예의에 대한 함의 및 관계를 명백하고 철저하게 꿰뚫어보았다. 그는 말했다. "의란 군주와 신하, 윗사람과 아랫사람이 그 직분의 일을 하는 것이고, 아버지와 아들의 귀하고 천한 차이며, 마음을 알아주는 친구 사이의 교제이고, 친한 자와 소원한 자를 가까이할 것인지 멀리할 것인지를 구분하는 준칙이다. 신하가 군주를 섬기는 것이 마땅하고, 아랫사람이 윗사람을 따르는 것이 마땅하며, 아들이 아버지를 섬기는 것이 마땅하고, 천한 자가 귀한 자를 존경하는 것이 마땅하며, 잘 아는 친구 간에 서로 돕는 것이 마땅하며, 친한 자는 가까이 하고 소원한 자는 멀리 두는 것이 마땅하다. 의란 그 마땅함을 뜻한다. 마땅하므로 그것을 실천해야 하는 것이다. (…) 예란 감정을 겉으로 드러내는 방법이며 모든 의로움을 꾸미는 것으로, 군주와 신하, 아버지와 아들 간의 관계를 만들고, 귀함

과 천함, 현명함과 어리석음을 분별하는 수단이다. 속으로 흠모하는 마음으로는 상대방이 깨닫지 못하므로 종종걸음으로 달려가 몸을 낮추어 절함으로써 나타내는 것이다. 그리고 마음으로는 진실로 사랑해도 상대방이 이를 알 수 없으므로 듣기 좋은 말을 많이 늘어놓아 믿도록 한다. 예란 밖을 꾸미는 것으로 속내를 알리는 것이다."(『韓非子』 6, 「解老」) 『管子』는 예와 의의 관계를 잘 나타내는 말을 했다. "의란 각기 그 마땅함에 처함이다. 예란 사람의 감정에 기인하고 의의 도리理에 의거해서 만든 절문節文이다. 때문에 예란 도리가 있음을 말하며, 도리란 본분을 명확히 하는 것으로써 의를 드러냄을 뜻한다. 고로 예는 의에서 나오고, 의는 도리에서 나오며, 도리는 마땅함에 의거하는 것이다."(『管子』 13, 「心術上」) 관자와 한비의 문장을 자세히 읽어보면 예의에 대한 함의와 관계에 대한 본질을 알 수 있으니, 깊이 음미해볼 만하다.

48 『論語』 「顏淵」에는 이렇게 말했다. "군주는 군주다워야 하고, 신하는 신하다워야 하며, 어버이는 어버이다워야 하고, 자식은 자식다워야 한다." 『易』 下, 「咸傳」에는 이렇게 말했다. "어버이는 어버이다워야 하고, 자식은 자식다워야 하며, 형은 형다워야 하고, 아우는 아우다워야 하며, 남편은 남편다워야 하고, 아내는 아내다워야 한다."

49 군신의 윤리가 반드시 나라의 군주와 신하를 가리키는 것은 아니다. 무릇 신하로서 예속되는 관계는 모두 군신 관계라고 칭한다. 공자가 말했다. "신하에게 바라는 것으로써 임금을 섬기는 것도 잘하지 못한다."(『中庸』) 「孝敬」에서는 "그 임금을 공경하면 곧 신하가 기뻐한다"고 했다. 또한 『大戴禮記』에서 "신하가 임금을 잘 섬기지 못하더라도 임금이 그 신하를 잘 부리지 못한다고 말할 수 없다. (…) 임금과 더불어 말할 때에는 신하 부리는 일을 말하고, 신하와 더불어 말할 때에는 임금 모시는 일을 말한다"(「曾子立孝章」)고 했다. 누구나 각자 군주이면서 동시에 신하임을 알 수 있다. 하늘에 두 개의 태양이 없고 지상에 두 임금이 없듯이, 가장 존귀한 것은 오직 천자天子뿐이다. 온 땅에서 왕의 신하가 아닌 사람이 없다고 했으나, 그 아래에는 셀 수도 없는 신속臣屬 관계가 있으며, 각자 군君이 되기도 하고 신臣이 되기도 한다. 량치차오梁啓超가 "군君이라는 글자는 왕후王侯의 뜻으로만 이해해서는 안 된다. 무릇 사회 조직에서 예속관계가 없기란 불가능하다"(『先秦政治思想史』, 中華, 1922, p.75)고 한 말이 이러한 뜻이다.

50 가장 앞선 것은 『白虎通德論』에 보인다.

51 『孟子』 「滕文公上」

52 『禮記』 「大學」

53 위의 책, 「禮運」

54 『左傳』 昭公 26年.

55 『禮記』 「禮運」

56 『禮記』 「經解」

57 예는 사람들의 생활방식을 서로 다르게 한다. 욕망에 대한 만족이 많고 적음에 상관없이 원래 인간의 욕망을 절제한다는 의미를 포함하고 있기 때문에 유가는 예를 말할 때 항상 '절節'자를 언급한다. 공자는 "예로써 절제하지 않으면 행行이 이루어질 수 없다"고 했다. (『論語』 「學而」) 또한 "예는 민심을 조절한다."(『禮記』 「樂記」) "예란 사람의 정情에 의거하고 절문節文을 더해 백성에 대한 방범防範으로 삼는 것이다."(『禮記』 「坊記」) "선왕이 예악을 만든 것은 입이나 눈, 귀 등의 욕망을 만족시키려는 것이 아니라, 백성으로 하여금 호오好惡가 무엇인지 알도록 하여 바른 인도人道로 돌아오게 하려는 것이다. 사람의 마음은 태어날 때부터 고요한 것이며, 그것이 천성

天性이다. 그러나 또 마음은 외물外物에 영향을 받아 움직이니, 그것은 인욕人欲이다. 마음이 외물의 영향을 받아 사물에 대한 지식이 생겨나면 호오의 감정이 발생한다. 호오의 감정은 마음을 절제하지 못하게 만들고 외물은 부단히 사람을 유혹하여 자신의 본성을 돌아볼 수 없게 하니 천리天理가 멸절해버린다. 사람에 대한 외물의 영향은 끝이 없어서 자기의 호오에 대해 절도節度가 없는 사람은 사물에 의해 변화한다. 사람이 사물에 의해 변화하면 천리가 멸하여 개인의 욕망이 극도에 달한다. 이에 부정이나 사기詐欺의 마음이 생겨서 무도無道하고 난폭한 일을 하게 된다. 때문에 강자는 약자를 위협하고, 다수가 소수를 억압하고, 지자知者가 우자愚者를 속이고, 용맹한 자가 겁 많은 자를 괴롭히며, 병든 자는 요양할 수 없게 되고, 노인이나 어린이는 안주할 곳을 얻지 못하게 된다. 이것은 대란大亂의 형세인 것이다. 따라서 선왕이 예악을 만든 것은 사람들이 자신의 정욕情欲을 절제하도록 하기 위해서다."(『禮記』「樂記」)

58　『論語』「顏淵」

59　『禮記』「哀公問」

60　『孟子』「離樓上」

61　『禮記』「禮運」

62　『孝經』「廣要道章」

63　「禮運」

64　『左傳』昭公 15年.

65　『左傳』昭公 26年.

66　같은 책, 桓公 2年.

67　같은 책, 昭公 5年.

68　『荀子』10,「議兵」

69　『左傳』, 隱公 11年, 君子曰.

70　『禮記』「哀公問」

71　『左傳』僖公 11年.

72　『荀子』11,「強國」「天論」

73　『左傳』襄公 21年.

74　『荀子』「大略」

75　『禮記』「經解」

76　『禮記』「仲尼燕居」

77　『荀子』1,「修身」

78　같은 책,「議兵」

79　『禮記』「禮運」

80　『荀子』「議兵」

81　『禮記』「仲尼燕居」

82　한비는 말했다. "귀한 자와 천한 자가 서로 분수를 넘지 않고, 어리석은 자와 지혜로운 자가 각자 자기 자리에 있으니 다스림의 지극한 경지다."(『韓非子』2,「有度」) 『管子』에 이와 같은 말이 더욱 많다. "조정이 엄숙하지 않고, 귀천이 명확하지 않으며, 장유의 구분이 없고, 법제가 불명하고, 의복에 등급이 없으며, 군신이 서로 간에 지켜야 할 규범을 지키지 않으면서 백성에게 군주의 정령

을 존중하도록 하는 것은 불가능하다."(『管子』1, 「權修」) 또한 "상하의 예의가 없으면 어지러워지고, 귀천의 구분이 없으면 다투게 되며, 장유의 차례가 없으면 배반하게 되고, 빈부의 법도가 없으면 그 절제를 잃게 된다. 상하가 어지럽고, 귀한 자와 천한 자가 다투며, 장유 간에 배반하고, 빈부에 절제함이 없고서 나라가 어지럽지 않은 경우는 들어본 일이 없다."(『管子』3, 「五輔」)

83 관자管子는 호령號令, 형벌刑罰, 봉록俸祿을 치국의 세 가지 수단三器으로 여겼다.(『管子』15, 「重令」) "공적이 있는데 상을 내릴 수 없고, 죄가 있어도 벌을 줄 수 없으니, 이와 같은데 백성을 다스릴 수 있는 경우는 없다."(『管子』2, 「七法」) 『商君書』에서는 이렇게 말했다. "형벌이란 간사한 짓을 금지하는 수단이며, 상이란 간사한 짓을 금지하는 보조수단이다. (…) 고로 형벌이란 간사함을 억제하기 위한 것이고, 관직과 작위란 공을 세우도록 권면하기 위한 것이다.(『算地』) 신자와 한비자 모두 형벌과 상을 두 가지 수단二柄으로 삼았다. 『慎子』에서 현명한 군주는 "두 개의 자루를 쥐고 부리니, 그 둘은 형과 덕이다. 살해하는 것을 형刑이라 일컫고, 포상하는 것을 덕德이라 일컫는다.(「內篇」) 『韓非子』에서는 "현명한 군주가 그 신하를 지도하고 통제하는 것은 두 가지 자루뿐이다. 두 가지 자루는 형刑과 덕德이다. 무엇을 형과 덕이라 말하는가? 사람을 죽이는 것을 형이라 하고, 상을 주는 것을 덕이라 한다. 신하된 자는 형벌을 무서워하고 상 받기를 좋아한다. 그러므로 임금이 직접 형과 덕을 행사하게 되면 신하들은 그 위세를 두려워하고 그 이로움에 귀의한다."(「二柄」) 두 책에서 말하는 바가 유사하다. 『韓非子』는 또한 이렇게 말하고 있다. "성왕이 법을 제정할 때는 그 포상이 족히 선행을 권할 만하고, 그 형벌의 위세가 포악함을 누를 수 있어야 한다."(「守道」) "포상이 선을 권하기에 부족함이 있고, 형벌이 간악함을 금하기에 부족함이 있다면, 나라가 커더라도 반드시 위태로워진다."(「飾邪」)

84 "성인이 나라를 다스릴 때에는 상을 통일하고壹賞, 형벌을 통일하고壹刑, 교화를 통일한다壹敎." (『商君書』「賞刑」)

85 『韓非子』8, 「安危」

86 『管子』5, 「重令」

87 『管子』15, 「任法」

88 『慎子』「內篇」

89 『管子』「任法」

90 『管子』17, 「禁藏」

91 『商君書』「賞刑」. 실제로 상군자는 공수표만 던지고 실천하지 않지 않았다. 상대부 이상에게 형벌이 실행되지 않던 시대에 그는 종실宗室의 귀척貴戚의 원망을 꺼리지 않고 태자太子의 태부太傅로 있던 공자公子 건虔의 코를 베는 형벌을 내렸고, 태사太師 공손고公孫賈의 이마에 글자를 새기는 형벌을 내렸다.(『史記』68, 「商君列傳」)

92 『韓非子』2, 「有度」

93 『商君書』「賞刑」

94 『左傳』昭公 6年.

95 『管子』6, 「法法」

96 『商君書』「修權」

97 "사람으로서 지켜야 할 도리는 바로 친친이다."(『禮記』「大傳」) "인仁이란 사람다움이며, 친친이 으뜸이다."(『中庸』) 뿐만 아니라 친친을 천하를 다스리는 데 필요한 아홉 가지 상도九經 중 하나

로 여겼다.

98 『論語』「泰伯」

99 『孟子』「離婁上」

100 『商君書』「開塞」

101 "성군聖君은 "공公에 의거하지 사私에 기대지 않는다. (…) 그 결과 몸은 편안하고 한가로우며 천하는 태평하다."(『管子』15, 「任法」. 이러한 말은 『慎子』「內篇」에도 보인다) "군주와 신하가 법을 버리고 사사로움에 맡기면 반드시 어지러워진다. 그러므로 법을 확립하고 명분을 분명히 해서 사사로움으로 법을 해치지 않으면 나라가 잘 다스려진다." 고로 "공과 사의 뒤바뀜은 나라의 존망의 근원이다."(『商君書』「修權」)

법을 세운다는 것은 곧 사사로움을 없애고 공적인 것에 맡김을 의미한다. "무릇 법을 제정하는 것은 私를 폐하기 위한 것이다. 법령이 행해지면 사도私道는 없어진다."(『韓非子』1, 「詭使」) 또한 "사적인 감정이 많으면 법이 세워지지 않는다. (…) 사사로움이 행해지지 않도록 하는 데 법의 효과보다 큰 것이 없다." "지금 법을 세우고 사사로움을 행한다면 이것은 법과 다투는 것이니, 그 어지러움은 법이 없는 것보다 심하다. (…) 고로 도道가 있는 나라에서는 법령이 세워지면 사사로운 선행은 행해지지 않는다."(『慎子』「內篇」)

102 『慎子』「外篇」

103 『商君書』「說民」

104 『韓非子』18, 「六說」

105 『韓非子』19, 「五蠹」

106 『論語』「子路」

107 『韓非子』19, 「五蠹」

108 같은 책.

109 "법제를 가지고 나라의 어지러움을 규정하고, 간명함을 가지고 장황함과 의혹스러움을 다스리며, 변역變易으로써 위험과 어려움을 제거한다. 만 가지 일이 모두 하나의 이치로 귀결되니, 백 가지 법칙은 모두 법률에 준한다. 하나의 이치로 귀결된다는 것은 가장 간요簡要한 방법이며, 법률에 준한다는 것은 가장 편이便易한 방법이다. 이와 같다면 완고하고 우둔하고 귀가 어둡고 눈이 먼 사람도, 깨어 있고 지혜롭고 총명하며 이목이 넓은 사람과 함께 나라를 다스릴 수 있다." (『尹文子』「大道上」)

110 맹자는 성선性善을 주장한다. 사람이라면 누구나 측은惻隱, 수오羞惡, 공경恭敬, 시비是非의 마음을 지니고 있는데, 이 본성을 상실하면 악惡해진다. 다만 교화와 교도를 더함으로써 고유의 선한 본성을 회복할 수 있다. 순자는 성악性惡을 주장하지만 역시 교화의 힘을 부인하지 않는다. 사람의 본성이 악하기 때문에 본성에 순응하고 자연에 맡기면 반드시 쟁탈하고 잔인하게 죽인다. 때문에 교화는 절대적으로 필요한 것이다. "가령 사람의 본성은 나면서부터 이득을 좋아하게 되어 있어, 이에 따르면 쟁탈이 생기고 사양하는 마음이 없어진다. 나면서부터 시샘하고 미워하게 되어 있기 때문에, 이에 따르면 잔악이 생기고 충직하고 성실한 마음이 없어진다. 나면서부터 귀와 눈이 아름다운 소리와 색을 좋아하게 되어 있으니, 이에 따르면 음란함이 생기고 예의禮義의 문리文理가 없어진다. 그래서 사람의 본성대로 따르고 사람의 감정대로 따른다면 반드시 쟁탈하는 데로 나아가 범절을 어기고 도리를 어지럽히기 알맞아 포악한 상태로 돌아갈 것이다. 고

로 반드시 사법師法의 교화와 예의의 도를 거친 다음에 사양辭讓하는 마음으로 나아간다면 도리에 맞고 다스려지는 대로 돌아갈 것이다."(『荀子』17, 「性惡」) "성정性情에 따른다면 형제가 다툴 것이고, 예의에 교화된다면 나라의 온 사람에게 사양할 것이다."(같은 곳) 예의禮義 사법師法은 원래 본성이 악하기 때문에 만든 것이니 그 목적은 바로 사회질서를 유지하기 위해 인간의 저열한 근성을 교정하고, 무질서함을 철저하게 막는 데에 있다. "도지개가 생긴 것은 굽은 나무 때문이다. 먹줄이 생긴 것은 곧지 않기 때문이다. 군주를 세우고 예의를 밝힘은 본성이 악하기 때문이다."(같은 곳)

즉 본성이 선하든 악하든 교화를 없애선 안 된다는 주장이다. 순열筍悅이 이러한 주장을 한 대표적 인물이다. 그는 "감정情은 선악과 함께 한다"고 여겼다.(筍悅 『申鑒』5, 「雜言下」) 감정은 결코 유선무악有善無惡하거나 유악무선有惡無善한 것이 아니지만 "선해지기 어렵고 악해지기 쉽다." 만약 "백성의 감정을 방임하여 자신들이 하고 싶은 대로 둔다면 아래로 내려가는 자가 많아질 것이다."(같은 곳) 따라서 반드시 교도敎導와 단속을 더해야 악행을 없애고 선함을 취할 수 있다. 그는 "본성이 비록 선하다고는 하나 교화를 거쳐야 완성되며, 본성이 비록 악하다 해도 법이 있어 소멸시킬 수 있는 것이다. 오직 상지上智와 하우下愚는 바뀔 수가 없으나 그 중간 정도를 타고난 사람이라면 마음속에 선악이 서로 교차하여 다투게 된다. 이에 교화는 그 선함을 붙잡아주고, 악함을 억제해준다. 이를 구품九品으로 나누어 베풀어보면 교화에 의해 성선을 완성하는 자가 반일 것이며, 형벌을 두려워하는 자가 4분의 3은 될 것이고, 전혀 고쳐지지 않는 경우가 9분의 1일 것이다. 이 9분의 1 가운데 다시 미세하게나마 고쳐지는 자가 있을 것이다. 그렇게 되면 법과 교화가 백성을 변화시키는 역할을 거의 다했다고 볼 수 있다. 그러나 법과 교화를 잃는다면 그로 인한 혼란도 역시 이와 같다."(같은 곳) 따라서 그의 결론은 교도와 형법을 병행해야 한다는 것이다. 교화에 대해서는 선행을 장려하고 악행을 억제시키는 효과가 있기 때문에 보다 더 중시된다. "백성을 잘 다스린다는 것은 그들의 본성을 잘 다스린다는 것이다."(『申鑒』1, 「政體」) 다른 이가 질문한바, "쇠붙이를 녹이면 액체로 변하지만 불을 빼면 다시 식어 굳어진다. 물을 격하게 가로막으면 수면이 위로 올라가지만, 물을 그대로 흐르도록 두면 아래로 내려가 평온을 되찾는다. 이것이 어찌 다스림이 아니겠는가?"(같은 곳) 이 어려운 질문에 다음과 같이 대답했다. "용광로에 불을 제거하지 않으면 쇳물은 계속 액체 상태다. 물도 계속 막아 솟구치게 하면 계속 올라간다. 그러므로 큰 용광로의 쇳물은 강하지 않게 할 수가 있으며, 물은 수차를 계속 밟고 있으면 더 내려오지 않도록 할 수 있다. 교화를 잘 세우는 자가 이와 같이 한다면 종신토록 백성을 다스릴 수 있다. 그러므로 모든 기구란 백성으로 하여금 안연이나 염유처럼 계속 앞으로 나아가게 할 수 있다."(같은 곳) "교화가 폐지되면 중간 사람들이 소인의 구역으로 이끌어 추락시키고, 교화가 행해지면 중간 사람들을 이끌어 군자의 길로 들어서게 한다." 이를 통해 교화의 쓸모를 알 수 있다.

111 "이 때문에 군주는 백성의 일을 다스리는 데에 힘쓰는 것이 아니라, 민심을 다스리는 데에 힘쓴다."(王符, 『潛夫論』8, 「德化」) 순열의 이른바 "백성을 잘 다스린다는 것은 그들의 본성을 잘 다스린다"는 뜻이니(위의 각주에서도 언급함) 그 의미가 서로 같다.

112 陸賈, 『新語』上, 「無爲」

113 桓寬, 『鹽鐵論』10, 「申韓」

114 『論語』「爲政」

115 『新語』, 같은 곳.

116 王符, 『潛夫論』8, 「德化」

117 『論語』「爲政」

118 『大戴禮記』2, 「禮察」

119 같은 책. 또한 "예란 혼란이 발생하는 것을 금하기 때문에, 마치 제방을 쌓아 수해를 방지하는 것과 같다. (…) 때문에 예의 교화란 미묘하여 일을 도모하기 전에 사악한 것을 막게 하고, 사람으로 하여금 자신도 의식하지 못한 사이에 선한 데로 돌아가게 한다."(『禮記』「經解」)

120 『論語』「顏淵」. 후세에 진짜로 이것을 규범으로 삼아 어리석게 된 경우가 있다. 진나라 시대에 가혼은 송사를 등유鄧攸에게 보여주어 등유로 하여금 결정하게 했다. 등유는 말하길 "공자가 '송사를 듣는(판결하는) 것은 다른 사람과 같이 하겠으나 반드시 사람들로 하여금 송사함이 없게 하겠다'라고 했으니, 소송 문건을 보지 않을 것이다"라고 했다. 가혼은 그것을 진기하게 여겨 딸을 시집보냈다.(『晉書』90, 「良吏傳」「鄧攸傳」)

121 『論語』「子路」

122 『荀子』8, 「君道」

123 董仲舒對策, 『漢書』56, 「本傳」참고.

124 순임금이 역산歷山에서 농사짓고 하빈河濱에서 고기 잡으며 동이東夷의 땅에서 도자기를 굽는 자들을 교화한 것은 각기 1년의 시간 차이가 있다. 공자는 "나를 쓰고자 하는 사람이 있다면 1년만 해도 괜찮을 것이고, 3년이면 완성됨이 있을 것이다"라고 했다. 또 말하길 "왕이 있다 해도 반드시 한 세대가 지난 뒤에야 백성이 인해질 것이다", "선한 사람이 나라를 100년 동안 다스리면 잔학한 사람을 교화시키고 사형을 없앨 수 있다."(『論語』「子路」) 또한 순자가 공자를 전술傳述하여 말하기를, 선왕이 도로써 진술하니 "3년이 되자 백성이 따랐다往"라고 했다.(『荀子』20, 「宥坐」 노문홍盧文弨은 "往은 從자를 잘못 쓴 것"이라 말했다. 왕념손王念孫은 從자 다음에 風자가 있어야 한다고 했다. 즉 백성이 풍속을 따르는 것이 기껏해야 3년이라는 말이다.) 공손홍公孫弘은 대책對策으로 "주공 단이 천하를 다스림이 1년이 되자 변했고 3년이 되자 교화되었으며 5년이 되자 안정되었다"고 했다. 한 무제가 공손홍에게 그의 재능은 주공에 비교하여 누가 더 나은지 물었다. 공손홍은 대답하기를 "(…) 제가 듣기로는 휘어진 나무를 펴는 것은 하루를 넘기지 않고 금속을 녹이는 것은 한 달을 넘기지 않는데, 사람의 이해와 호오를 어찌 금수나 목석 따위에 비할 수 있겠습니까? 1년을 기다려 변했다 했는데 저는 그보다는 오래 걸리리라 보입니다."(『漢書』58, 「公孫弘傳」) 1년에서 3년은 일반인이 생각할 때 최소의 시간이다.

125 『漢書』48, 「賈宜傳」, '上文帝疏' 참고.

126 董仲舒對策, 『漢書』, 「本傳」

127 『孔叢子』2, 「記問」『孔叢子』가 비록 위서僞書이긴 하지만, 자사子思가 공자에게 질문한 이야기에 가탁한 「記問」1편은 특히 터무니없다.(姚際恒, 『古今僞書考』에서 말하길, "자사가 63년에 노나라 목공穆公 때 있었다고 하는데, 목공의 재위 시기는 공자로부터 70년 차이가 있으니 자사는 아직 태어나지 않은 때다. 어찌 공자와 문답한 일이 있을 수 있겠는가.") 그러나 인의의 풍속이 영원하다는 사상은 일반적으로 덕화를 숭상하는 자의 견해로 대표될 수 있다.

128 『論語』「爲政」

129 같은 책.

130 예를 들어『潛夫論』8,「德化」에서 성인은 "덕과 예를 존중하고 형과 벌을 비천하게 여긴다"고 했다. 또한 "성군과 영명한 왕은 모두 덕으로 행하는 교화를 돈독하게 하고 엄한 형벌은 경시했다"고 했다. "군주의 다스림으로 도道보다 큰 것은 없고 가르침보다 성한 것은 없으며 교화보다 신묘한 것은 없다"고도 말했다. 『孔叢子』에는 공자와 문자文子가 형벌과 교화의 관계에 대해 논한 것이 있는데, 공자는 이렇게 말했다. "예로써 백성을 정돈하는 것을 수레 모는 일에 비하면 고삐와 같고, 형벌로 백성을 정돈하는 것을 수레 모는 일에 비하면 채찍과 같다. 여기에서 고삐를 잡으면 저기에서 움직이니 수레 몰이가 훌륭하다. 고삐 없이 채찍을 사용하면 말은 길을 잃는다." 문자가 말했다. "수레 몰이로 말하자면" 오른손으로는 고삐를 잡고 왼손으로는 채찍을 치면 빠르지 않겠는가? 만약 고삐만 있고 채찍이 없다면 말이 무엇을 두려워하겠는가? 공자가 말했다. "나는 옛적의 수레 몰이를 잘하는 자에 대해 들었다. 고삐를 잡은 것이 끈을 쥔 것 같고, 두 마리 말이 내달림이 춤추는 것 같으니, 이는 채찍의 도움이 아니다. 그러므로 선왕은 예를 융성하게 하고 형벌을 경시했고 이에 백성은 명을 따랐다. 그런데 오늘날은 예를 폐기하고 형벌을 높이니, 백성은 더욱 포악해진다."(권2,「德刑」)『孔叢子』는 위서로서 공자의 말에 가탁한 것이므로 믿을 만하지 않지만, 채찍과 고삐의 비유를 통해서 예교를 중시하고 형벌을 경시한 유자의 일반적인 의견을 엿볼 수 있다.

131 『董仲舒對策』

132 『論語』「堯曰」

133 동중서는 대책對策에서 이렇게 말했다. "비유컨대 금슬琴瑟이 고르지 않으면 반드시 심한 것을 풀어 다시 조절해야만 연주할 수 있습니다. 정치가 이루어지지 않으면 반드시 심한 자를 다시 교화해야 다스려질 수 있습니다. 마땅히 조절해야 할 것을 조절하지 않으면 설사 훌륭한 장인이 있다 해도 제대로 연주할 수 없을 것입니다. 마땅히 교화해야 할 것을 교화하지 않는다면 설사 위대한 현자가 있다 해도 제대로 다스릴 수 없을 것입니다. 그러므로 한나라가 천하를 얻은 이후 잘 다스리려 했지만 지금까지 잘 다스리지 못한 이유는 마땅히 교화해야 할 것을 교화하지 않은 데 있습니다. 옛말에 '못가에 서서 물고기를 잡고 싶어 하느니 집으로 돌아가 그물을 가져오는 것이 낫다'는 말이 있습니다. 지금 조정에 임해 다스리기를 원한 지 70여 년이 되었으니, 차라리 물러나 다시 교화하는 것이 낫습니다. 다시 교화하면 잘 다스릴 수 있을 것입니다."

134 『韓非子』15,「難一」; 『史記』1,「五帝本紀」참고.

135 『荀子』「宥坐」

136 『後漢書』106,「循吏列傳」「仇覽傳」및 주에서 인용한 사승謝承의『後漢書』참고.

137 『舊唐書』185,「良吏列傳」「韋機傳」附「韋景駿傳」

138 『後漢書』94,「吳祐傳」

139 『漢書』76,「韓延壽傳」

140 『後漢書』50,「魯恭傳」

141 같은 책 106,「循吏列傳」「許荊傳」및 사승謝承의『後漢書』주해.

142 『論語』「顏淵」

143 『禮記』「樂記」

144 『孝經』

145 『論語』「子路」

146 『荀子』「大略」

147 『大學』

148 『孟子』「滕文公上」

149 내용은 다음과 같다.
"주周나라 양왕襄王이 계모를 모실 수 없어 정鄭나라로 떠나 거주했는데 아랫사람들이 그의 친족을 수차례 반역했다. 진秦나라 시왕始王이 교만하고 호화스럽게 높은 누각과 정자, 넓은 궁실 만들기를 좋아하자, 천하의 부호들이 그것을 따라 저택을 짓지 않는 자가 없었다. 방에는 큰 창을 만들고, 외양간을 마련하며, 옥석을 조각하고, 탁월한 것을 필사하고, 검은빛과 누런빛, 미옥의 빛깔을 가까이 함으로써 제도를 혼란스럽게 했다. 제齊나라 환공桓公은 부녀자를 좋아하여 친누이와 내연의 관계를 맺자, 나라 사람들이 친족을 범하는 경우가 많았다. 초楚나라 평왕平王은 사치스럽고 방자하여 백성을 제어하지 못했다. 덕으로 백성을 단속하고자 하면서 100마리의 수레 부대로 행차하여 세상으로 하여금 재물이 남아돌고 풍족한 것처럼 믿게 했다. 이에 초나라는 절제하지 못하여 군신 간에 구별이 없게 되었다."(陸賈, 『新語』上,「無爲」)
윤문자尹文子는 비록 유가가 아니지만 마찬가지로 말했다. "옛날 제齊나라 환공桓公이 (천자天子의) 자줏빛 옷을 좋아하자 온 나라를 통틀어 다른 색 옷감을 파는 자가 사라지고 말았으며, 초楚나라 장왕莊王이 가는 허리를 좋아하자 일국에 굶주린 여인들이 허다했다. 윗사람이 아랫사람을 통솔하는 바에 따라 치란이 그에게서 말미암게 한다. (…) 옛날 진晉나라 사람들은 사치로 인해 골머리를 앓았다. 문공文公은 검소함을 바탕으로 옷을 고쳐 입되 겹비단은 쓰지 않았고 음식은 기이한 육류를 먹지 않았다. 그러자 얼마 지나지 않아 사람들은 모두가 거친 삼베옷을 입고 껍질만 대강 벗긴 곡식으로 밥을 지어먹게 되었다. 월越나라 구천이 오나라에 보복할 모의를 하면서 용맹한 자라면 누구나 쓰고자 하는 뜻으로 길에서 만난 성난 개구리를 향해 식軾으로 예를 표했다. 그로부터 몇 년이 흐르자 백성은 어른 아이 할 것 없이 적을 만나면 끓는 물이나 타오르는 불길도 피하지 않았다. 윗자리에 거처하는 자가 이러한 행동을 보이자 그 효험이 이와 같았던 것이다."(『尹文子』「大道上」)

150 『荀子』「君道」에서 이렇게 말했다. "군주란 깃대다. 백성이란 그림자다. 깃대가 바로 서면 그림자도 바르게 된다. 군자라 하는 것은 쟁반이다. 백성이란 물이다. 쟁반이 둥글면 물도 둥글어진다." 또한 "군주란 백성의 근원이다. 근원이 맑으면 흐름이 맑으며 근원이 탁하면 흐름이 탁하다." 쇠를 제련하는 예로 비유한 경우도 흔하다. 동중서董仲舒는 말했다. "무릇 윗사람이 아랫사람을 변화시키고 아랫사람이 윗사람에게 따르는 것은 마치 진흙이 녹로에 있을 때 오직 질그릇 만드는 사람이 만드는 대로 형성되는 것과 같고, 쇠붙이가 용광로에 들어가면 오직 대장장이가 주조하는 대로 만들어지는 것과 같다."(『漢書』「董仲舒傳」) 왕부王符는 말했다. "마치 녹는 쇠붙이가 용광로 속에 있는 것과 같으니, 주물의 거푸집에 따라 변화하여 오직 어떻게 다루느냐에 따라 모난 것, 둥근 것, 얇은 것, 두꺼운 것 등이 용제溶劑에 따라 만들어질 따름이다."(『潛夫論』「德化」)

151 유가에서 수신을 중시하는 까닭은 수신한 후에 자신을 바르게 할 수 있고, 자신을 바르게 한 후에 사람을 다스릴 수 있다는 이치에 있다. 유가의 수신은 결코 개인주의가 아니다. 『大學』이 말하는 수신, 제가, 치국, 평천하의 도리는 유가의 일관된 주장이다. 수신은 단지 제가, 치국, 평천하의 기초이며, 그 일정한 순서와 체계가 있다. 『論語』에서는 이렇게 말했다. "군자는 자기 자신을 닦아 다른 사람을 편하게 한다." "수신으로써 백성을 편안하게 한다."(권7,「憲問」) 『孟子』에서는

이렇게 말했다. "군자의 몸가짐이란 그 몸을 닦는 것을 시작으로 해서 천하를 태평하게 하는 것이다."(권7, 「盡心下」) 『中庸』에서는 이렇게 말했다. "정치하는 것은 사람에게 달려 있다. 사람을 취하는 것은 다른 사람으로 하며, 몸을 수양하는 것은 도道로 하며, 도를 수양하는 것은 인仁으로 한다." 수신은 실로 정치적 기능을 갖고 있으며 도덕교화의 기본이 된다. 나라를 다스리려면 어떻게 해야 하는지 어떤 이가 묻자 순자는 이렇게 말했다. "자신의 몸을 닦는다 함은 들었으나 나라를 다스린다 함은 일찍이 듣지 못했다. 군주라 하는 것은 깃대다. 깃대가 바로 서면 그림자도 바르게 된다. 군주라 하는 것은 쟁반이다. 쟁반이 둥글면 물도 둥글어진다. 초楚나라 왕이 가는 허리를 좋아하여 조정에 굶는 사람이 있었다. 때문에 자신의 몸을 닦는다 함은 들었으나 나라를 다스린다 함은 일찍이 듣지 못했다고 말하는 것이다."(「君道」)

152 『論語』「顏淵」
153 『禮記』「哀公問」
154 『孟子』「離婁上」
155 『論語』「爲政」「顏淵」에서도 말했다. "곧은 사람을 등용해 곧지 않은 사람 위에 두면, 곧지 않은 사람도 곧게 할 수 있다."
156 『大學』
157 같은 책.
158 『論語』「子路」
159 『論語』「顏淵」
160 같은 책.
161 『大學』
162 같은 책.
163 『孟子』「離婁上」
164 『荀子』「議兵」
165 『潛夫論』「德化」
166 『中庸』
167 같은 책.
168 『荀子』「君道」
169 같은 책, 「王制」
170 『尹文子』「大道上」
171 『韓非子』 17, 「難勢」
172 같은 책.
173 같은 책.
174 같은 책.
175 『韓非子』 8, 「守道」
176 같은 책, 「用人」
177 『韓非子』 15, 「難一」
178 같은 책.
179 같은 책.

180 『商君書』「畫策」

181 "다른 사람을 사랑하는 사람은 사람들도 항상 그를 사랑하고, 다른 사람을 존경하는 자는 사람들도 항상 그를 존경한다." (이러한 것을) 얻지 못한다면 마땅히 자기를 돌이켜 구해야 한다. 유가는 스스로 반성하는 공부를 가장 중요시했다. 맹자는 말한다. "다른 사람을 사랑하면서도 친해지지 않는다면 그 인을 돌이켜보고, 다른 사람을 다스려도 다스려지지 않거든 그 앎을 돌이켜보고, 다른 사람에게 예를 해도 답하지 않는다면 그 경건함을 돌이켜보아야 한다. 행하고도 얻지 못한 것이 있다면 모두 자신에게 돌이켜 구해야 한다."(『孟子』「離婁上」) "어떤 사람이 있는데 나를 아무렇게나 막 대한다면 군자는 반드시 스스로 반성한다. 내가 정말로 인하지 않고 무례한가 보다. (그렇지 않고서야) 이러한 일이 일어나겠는가? 스스로 돌이켜 인하고 스스로 돌이켜 예가 있는데도 함부로 대함이 전과 같다면 군자는 반드시 스스로 돌이켜 내가 충실하지 못했나 보다 한다. 그러나 스스로 돌이켜 충실했는데도 또 그렇게 한다면, 군자는 다른 것을 베풀 수 없어 '다만 이 또한 미친 사람일 뿐이다' 하니, 이와 같다면 금수와 무엇이 다르겠는가? 금수에게 또 무엇을 꾸짖을 것이 있겠는가?"(같은 책, 「離婁下」)

182 『韓非子』「難一」

183 『管子』15, 「任法」; 『慎子』「內篇」

184 『慎子』, 같은 곳.

185 『管子』6, 「法法」. 한비 역시 「用人」「難勢」에서 규구로 측량하는 비유를 들었다.

186 『韓非子』「用人」

187 같은 책, 「難勢」

188 『慎子』, 같은 곳.

189 『管子』「法法」

190 『慎子』, 같은 곳.

191 상앙은 말했다. "무릇 형이란 사악함을 막기 위한 것이다." "형으로써 간악함을 막는다."(『商君書』「算地」) 한비는 말했다. "법이란 것은 헌령憲令이 관청에 명시되고, 형벌은 반드시 민심에 새겨지며 (…) 벌은 간악한 자에게 더해지는 것이다."(17, 「定法」)

192 법가는 상으로써 선을 권하지 도덕 교화로써 하지 않는다. 한비는 말했다. "상은 형벌을 삼가는 자에게 있다."(『韓非子』「定法」) 또한 말하길 "그러므로 선행을 하는 사람에게는 분명하게 상을 내리고 이익과 관록으로 고무하여 백성으로 하여금 공적으로써 상을 받게 할 뿐 인의에 의해 하사하지 않는다."(같은 책 4, 『姦劫弒臣』)

193 『商君書』「開塞」

194 같은 책, 「畫策」

195 『韓非子』18, 「六反」

196 같은 책 19, 「顯學」

197 『韓非子』「守道」

198 『商君書』「畫策」

199 『韓非子』「守道」

200 『商君書』「去強」「說民」에서도 말했다. "선량한 백성을 데려다 다스리면 반드시 어지러워져 쇠약해지고, 간사한 백성을 등용하여 통치하면 기필코 잘 다스려져 강대함에 이른다."

201 『商君書』「畫策」

202 같은 책, 「說民」

203 같은 책, 「靳令」, 원문에서는 禮樂·詩書·修善·孝悌誠信·貞廉仁義·非兵羞戰을 육풍六風이라 했는데, 실제로는 예·악·시·서·수·선·효제·성신·정렴·인의·비병·수전의 열두 항목으로 나눌 수 있다. 그래서 다음 문장에서는 "나라에 이 열두 가지가 있으면 군주는 사람들을 농사와 전쟁에 일을 시킬 수 없어 반드시 가난해지고 쇠약해진다"고 말했다. 또한 「去强」에서는 "나라에는 예·악·시·서·수·선·효·제·염·변이 있다. 나라에 이 열 가지가 있으면 군주는 백성에게 싸움터에 나서게 할 수 없어 나라는 반드시 쇠약해져 멸망에 이르게 된다." "나라가 시·서·예·악·효·제·선·수를 이용하여 다스리면, 적이 침략해 왔을 때 반드시 영토가 깎여나가며 침략해 오지 않더라도 반드시 나라가 가난해진다. 이 여덟 가지를 쓰지 않고 나라를 다스리면 적군이 감히 침략하지 못하며 비록 침략하더라도 반드시 물러간다. 군대를 일으켜서 다른 나라를 정벌하면 반드시 영토를 탈취하며, 영토를 탈취하면 반드시 그 영토를 지킬 수 있다 군대를 주둔시켜 두고서 공격하지 않으면 반드시 부유해진다." 보는 바와 같이 의미가 서로 같다. 모두 예악·효제·인의를 반대한다는 뜻이다.

204 『商君書』「開塞」

205 『韓非子』「顯學」

206 『孟子』「公孫丑上」

207 한비는 자모慈母가 자식을 망치는 것에 비유해 이렇게 말했다. "어린 자식에 대한 자모의 사랑은 누구도 앞설 수 없다. 그러나 어린 자식이 잘못을 행하면 스승을 따르게 하고, 나쁜 병이 있으면 의원을 섬기도록 한다. 스승을 따르지 않으면 형벌로 떨어지고, 의원을 섬기지 않으면 죽을지도 모른다. 자모가 비록 사랑할지라도 형벌을 면하거나 죽음으로부터 구하는 데는 도움이 안 된다. 그렇다면 자식을 생존케 하는 것은 애정이 아니다. 자식과 어머니의 본성은 애정이고 신하와 군주의 저울질은 계산이다. 어머니가 애정을 가지고 집안을 보존할 수 없는데 군주가 어찌 애정을 가지고 나라를 지탱하겠는가?"(『韓非子』18, 「八說」)

"지금 재능 없는 자식들은 부모가 꾸짖으면 고치려 하지 않고, 마을 사람들이 질책을 해도 움직이려 하지 않으며, 스승이나 어른이 가르쳐도 변하려 하지 않는다. 대체로 부모의 사랑, 마을사람의 지도, 스승이나 어른의 지혜라는 이 세 가지 도움이 더해져도 끝내 움직이지 않고 정강이의 털끝만큼도 고치지 않는다. 지방의 벼슬아치가 관병을 이끌고 나라의 법령을 발동해서 나쁜 사람을 색출하기 시작한 후에야 두려워하며 태도를 바꾸고 행동을 고친다. 그래서 부모의 사랑은 자식을 가르치기에 부족하므로 반드시 지방의 엄한 형벌에 기대야만 하는데, 이는 백성이 본래 사랑에는 교만하고 권위에는 복종하기 때문이다."(같은 책 19, 「五蠹」)

"무릇 엄한 집에는 사나운 종이 없지만, 자애로운 어머니에게는 집안을 망치는 자식이 있다. 나는 이로써 위세威勢는 난폭함을 막을 수 있지만, 덕의 후함은 어지러움을 제지하기에 부족하다는 것을 안다."(같은 책, 「顯學」)

208 『管子』15, 「五世」

209 『韓非子』「八說」

210 같은 책 9, 「內儲說上七術」

211 『管子』6, 「法法」

212 『管子』5,「重令」

213 『商君書』「開塞」

214 『韓非子』4,「姦劫弑臣」

215 『管子』「正世」

216 『商君書』「畫策」

217 『韓非子』「姦劫弑臣」

218 『商君書』「說民」. 또한「靳令」에서도 말했다. "경미한 죄에 중형을 내리고 중죄에 가벼운 형을 내리면, 가벼운 죄를 범하는 사람이 생기지 않고 무거운 죄를 범하는 사람은 더욱 나오지 않게 된다. 이것을 '형벌로써 형벌을 제거한다'라고 말하는데, 그렇게 되면 형벌이 없어지고 일이 이루어지게 된다."

219 『韓非子』「六反」

220 『商君書』「靳令」. 또한「畫策」에서 말했다. "전쟁으로 전쟁을 없앤다면 비록 전쟁을 하더라도 옳으며, 살인으로써 살인을 없앤다면 비록 살인을 하더라도 옳다. 형벌로써 형벌을 없앤다면 비록 형벌을 엄중히 하더라도 옳다."

221 『慎子』「內篇」

222 『韓非子』「六反」

223 유가는 맹자와 순자의 시대에 이르러 집대성되었고, 하나의 큰 시조가 된다. 법치 사상은 비록 관중管仲의 시대에 싹트고 있었지만 법가가 학파가 된 것은 상앙, 신도, 한비 이후인 전국시대였다.

224 『左傳』, 昭公 6年.

225 『左傳』, 昭公 29年.

226 『孔叢子』에서 공자의 이름을 빌려 "오늘날 제후들은 다른 덕을 지니며 군주마다 다른 법제를 갖고 있어 판결에 조리가 없고 마음을 법도로 삼는다"(권2,「刑德」)라고 말한 것과 "사건을 의론하여 제재한다"는 것은 형법의 의미와 닮지 않았으니 참고할 수 있다.

227 『史記』「始皇本紀」에서 "법령을 배우려거든 관리를 스승으로 삼으라"고 했다. 한대의 장탕과 조우는 모두 도필리刀筆吏[소송관계의 문서를 작성 관리하는 벼슬]에서 구경九卿까지 승진한 자들이다.(『史記』122,「酷吏列傳」)『後漢書』76,「陳寵傳」에서는 "율律에는 3家가 있는데 그 말이 각기 다르다"라고 했는데 이를 통해 진秦대와 한漢대에는 전문적으로 법률을 공부한 사람이 있었음을 알 수 있다. 후한 시기의 곽홍은 소두율小杜律[한대 두탄년이 만든 법률]을 익혀 결조연決曹掾[진대와 한대의 지방 법률 기관에서 전문적으로 사법 행정을 맡은 관리]으로 30년간 사법 판결을 내렸다. 그 아들인 궁躬은 아버지의 업을 이어받아 사람들을 가르쳤는데 그 수가 늘 수백 명에 달했고, 관직은 정위廷尉에 이르렀다. 궁의 아들 질晊과 제자 진鎭, 진鎭의 아들 정楨, 정의 제자 희禧는 모두 가업을 익혀 법률에 밝았다. 기록에 "곽씨는 곽홍 이후 여러 세대 모두 법률을 전공했다"고 하는데 자손이 정위에까지 이른 자가 7명이며 시어사侍御史, 정正, 람監, 평平에 이른 자는 더욱 많다.(『後漢書』46,「郭躬傳」) 오웅吳雄과 그의 아들 소訴, 손자인 공恭은 3대가 모두 정위를 지냈고 법률 분야의 명가를 이루었다.(위의 책) 진함陳咸은 율령으로 상서尙書가 되었는데 증손인 총寵, 현손인 충忠은 모두 법률에 정통하여 판결에 정확했다.(『後漢書』76,「陳寵傳」) 위나라 때 위기衛覬는 율박사律博士를 설치하여 돌아가며 가르칠 것을 청했다.(『晉書』30,「刑法志」) 그러나 후대에는 진・한 시대처럼 전문적으로 법률을 익히는 가문이 매

우 적어졌다. 당·송 시대에는 관리를 뽑는 시험에 명법이라는 과목이 있었지만 당시 사람들에게 중요하게 여겨지지 않았다. 명·청 시대에는 제의制義로 관리를 뽑았기 때문에 법률을 읽는 사람이 더욱 줄었다. 도필리에서 더 중요한 관직에 이르는 일은 불가능했고 오히려 전문적으로 형명이나 도필을 익힌 자는 단지 연리掾吏(예를 들어 주현아문형방서리州縣衙門刑房書吏 등)나 막우幕友[명·청 시대에 지방 군정관서에서 문건이나 형명 등을 관리하는 일을 돕는 사무 인원]가 되는 데 그쳤다. 주현의 막우는 형명刑名, 전곡錢谷, 서기書記, 쾌호掛號, 징비徵比로 나뉜다. 이 다섯 가지 가운데 형명과 전곡이 가장 어려웠고 연봉도 가장 많았다.(왕휘조汪輝祖의 『佐治藥言』의 자서自序, 「辨事分畛域」과 「勿輕令人習幕」 참고) 그래서 막우는 반드시 법률을 익혀 동옹東翁[막우가 주인에 대하여 사용한 겸칭]을 보좌했다.(위의 책, 「讀律」에서는 "막우는 법률에 정통한 것으로 관리를 보좌한다. (…) 단지 법률을 인용하는 데만 있는 것이 아니니, 예를 들어 법률 인용에만 능할 뿐이라면 사람에게 죄를 부과하는 것은 현의 법률 한 조목과 형서刑胥로 족한데 어찌 막우에 기대어 하겠는가?"라고 말하고 있으며, 또는 「須體俗情」에서는 "막우의 배움은 법률을 읽는 것일 뿐이다"라고 기록하고 있다.) 법률을 이해하고 깨우치기란 무척 어려운 것이어서 왕휘조가 처음에 법률 서적을 읽을 때 막우에 달하지 못할까 매우 두려워했다. 후에 유명한 막우가 되어 가족과 친구들이 그를 따라 막우 되는 법을 익혔는데 반드시 우선적으로 그 재식을 살펴 형명과 전곡이 될 만하지 않으면 4, 5개월 내에 다른 일을 익히도록 명령했다.(같은 책, 「戒已甚」「勿輕令人習幕」) 송사를 듣는 것은 비록 주현 정당正堂의 일이어서 막료幕僚가 대리할 수 없었고, 주현관 또한 완전하게 법률을 이해하여 모르는 바가 없었지만, 막우는 법률에 대해 더욱 능숙했고 더욱 철저했다. 『學治臆說』의 「說贅」「律例不可不讀」에서는 "관의 법률에 대한 독서는 막우와는 달라서 막우는 반드시 전부를 숙독해야 했고 관은 제반 업무를 나누어 하여도 잠시도 쉴 틈이 없었으니, 법률에 있어 송사를 듣지 않아도 되는 것은 막우에게 맡길 수 있었다. 만약 전택田宅, 혼인婚姻, 전채錢債, 도적, 인명, 투구鬪毆, 소송, 사기와 거짓, 범간犯奸, 잡범雜犯, 단옥斷獄의 모든 조목들이 마음으로 이해되지 않으면 두 문서를 대조하여 결정하기 어려운 것을 막우에게 질문하고 송사를 파악하게 했다. (…) 관직에 있는 사람은 막우에게 의존했는데, 독서인이 평상시 법률과 조례에 익숙하지 않기 때문에 부임지에 와서는 어쩔 수 없이 다른 이에게 기대야 했던 것이다. 옹정 시대의 『欽頒州縣事宜』의 「慎延幕友」에는 이렇게 말하고 있다. 주현에 초임하면 "도필박서는 이미 평소에 배우지 않은 것이니 형명전곡을 어찌 때에 맞춰 능숙히 하겠는가? 온전히 다른 이에게 이러한 번잡함에 대한 도움에 의뢰해야 한다." 유향영陸向榮은 『瘦石山房筆記』에서 말하길 "근일 관의 행정은 많은 경우 막우에게 의탁하니 율에 대한 독서는 하나도 강해講解하지 않는다"(『牧令書輯要』, 「刑名上」에서 인용)라고 했는데, 이 말은 관청 어디서나 통용되는 관습이었다. 막우는 실제로 주현의 오른팔 왼팔이었기 때문에 떠날 수 없었다. 비록 높은 자리에 앉아 송사를 듣는 것은 주현관의 일이지만 사실상 장막 뒤에서 조정하고 처리하는 것은 막우의 몫이었다. 형명에 능통하지 못한 상관은 의존성이 더욱 심해서 심리를 소집하는 데서부터 판결에 이르기까지 모두 막우에 의해 이루어졌다. 그래서 방대식方大湜의 『平平言』에서는 이렇게 말했다. "안건을 처리하는 것은 막우에 달려 있지만, 심사하는 것은 완전히 자기에게 달렸으니 막우가 대리할 수 있는 것이 아니다."(권1, 「候補宜讀書」) 『佐治藥言』은 또 다음과 같이 말한다. "송사를 듣는 것은 주인의 일이고, 막우가 전적으로 주관하여 할 수 있는 것이 아니다. 하지만 사리의 완급을 재고, 도리의 원근을 계산하고, 잘못을 독촉하고 심리를 소집하는 것은 막우의 책임이다."(「詞訟速結」조) 방대식은 지방관의 입장에서, 왕휘조는 막우의 입장에서 지방관과 막우의 관계를 논했지만 모두 관련업 종사자에 국한된 말이다. 일반적 통례는 막우는 부상副狀正裝(예비장부)에 비준하고, 관은 훑어보고 서명한 뒤에 막우가 정상正狀(정식장부)에 기재하면 도장을 찍어 방을 붙인다.(何士祁, 『牧令書輯要』7, 「詞訟」에서 인용) 형과 관련된 문서의 예비 업무는 원래 막우가 잘하는 것이며 그의 책임이기도 하다. 『刑案彙編』(광서光緖 22년, 「圖書集成局本」)은 유명한 막우인 주수적周守赤이 여러 해 동안 사용한 애서愛書다. 형률에 익숙한 사람 중에 송사를 업으로 삼은 자도 있다. 송사는 사람들에게 천시받고 미움 받았음은 두말할 필요가 없다. 『學治臆說』에서는 송사와 지역 불량배들이 교사하여 소송을 일으켜 백성을 해쳤는데 그 둘을 제거하지 않으면 선정이 사람들에게 미칠 수 없게 되니 반드시 그들을 징벌하여 다스려야 한다고 했다.(下, 「地棍訟師當治其根本」「治地棍訟師」)

즉 연리와 막우는 단지 쓸데없이 남 좋은 일만 시킬 뿐 사람들에게 중요시되지 않았다. 『佐治藥言』은 말하길 "선비 된 사람들은 직접 다스릴 수 없었고 보좌하는 사람이 다스렸는데 형세가 만족스러운 것은 아니었다."(「盡心」) 그러나 일단 막우에 입문하면 다른 길을 찾을 수 없었고 죽을 때까지 앉아서 고생했다. 그런 까닭에 사람들에게 막우가 되지 말라고 권고했다.(「勿輕令人習幕」) 게다가 대다수의 막우나 형리는 조문에만 능숙하고 그것을 잘 운용했을 뿐 법률을 연구하는 법률 전문가라 할 수는 없었다. Jean Escarra는 중국의 시험 제도가 전문 인재를 박해했고 직업적 법학자의 성립을 방해했다고 말했다. 그의 말이 맞다.(J. Escarra, "Law, Chinese", *Encyclopaedia of Social Sciences,Macmillon*, New York, 1931, IX, p.251)

228 『漢書』9, 「元帝紀」

229 『史記』133, 「平律侯主父偃列傳」

230 『漢書』58, 「兒寬傳」

231 『晉書』30, 「刑法志」

232 『宋史』433, 「儒林傳」「邵伯溫傳」

233 「潭州曉諭詞訟榜」이 그 예다. 『朱文公文集』100 참고.

234 『宋史』319, 「歐陽修傳」

235 『漢書』83, 「薛宣傳」

236 『欽頒州縣事宜』「講讀律令」

237 『史記』「五帝本紀」; 『尙書』「大禹謨」「皐陶謨」 참고.

238 『湯誓』에서 "네가 맹세의 말을 따르지 않는다면 나는 네 자자손손을 죽일 것이며 사면은 없다"라고 했다. 제후와 군신들에게 알리기를 "백성을 위해 힘써 일하지 않으면 나는 크게 벌하여 그대들을 주살할 것이니, 나를 원망치 말라."(『史記』「殷本紀」)

239 『史記』4, 「周公本紀」33, 「魯周公世家」. 서약서에서 말하길 "법칙을 훼멸시킴은 적적賊賊이요 적을 숨김은 감춤藏이다. 훔치는 것은 도盜이고 그릇을 훔침은 간간奸이다. 감춤을 주로 하는 이름, 간악함에 기대는 쓰임은 커다란 흉덕이니, 평상시 용서되지 않으며 형벌이 없을 수 없다."(『左傳』, 文公 18年)

240 『論語』「顏淵」. 후대의 유가는 이것을 근거로 위언을 가탁했다. 『孔叢子』에 기록된 공자의 말에는 몇 군데에서 송사를 판단하는 것과 관련된 것이 있다. 공자는 말했다 "(…) 송사를 판단하겠는가? 반드시 그 말을 다해야 한다. 송사를 판단한다는 것은 그 말을 따르는 것이니 말을 따르

지 않으면 반드시 정情으로 판단한다." 또 말하길 "옛날에 송사를 판단하는 자는 빈천을 살펴 고아나 자식 없는 자, 홀아비, 과부, 노약자, 변변치 못한 자손을 안타까이 여겨 고소하지 않았으니 비록 정황을 살펴 애긍히 여겼다. 죽은 자는 다시 살릴 수 없는 것이요 판결 받은 자는 계속 살 수 없는 것이다. 늙어 형을 내리는 것을 패悖라 하고, 약한 이에게 형을 내리는 것을 희虐라 하며, 잘못을 사면하지 않는 것을 역逆이라 하며, 잘못에 따라 죄를 부과하지 않는 것을 불지不枳라 한다. 그러므로 잘못에 대해 작은 죄는 용납하고 늙고 약한 자는 형을 내리지 않은 것이 선왕의 도다. 서에서 말하길 '사형이 정해지지 않은 것은 용서한다' 하고, 또 말하길 '무고한 자를 죽이느니 차라리 법을 집행하지 않는다는 비난을 듣는 것이 낫다' 했다." 또한 증자, 자장은 일찍이 송사를 판단하는 기술을 물었다고 기록하고 있다. 공자는 증자의 질문에 답하며 말하길 "그에 대한 큰 법은 세 가지다. 다스림에 반드시 관寬으로 하니, 관의 기술은 살피는 것에 있으며 살피는 기술은 의로움에 있다. 그러므로 송사를 들음에 관대하지 않는 것을 일러 어지러움亂이라 하고, 관대하되 살피지 않는 것을 태만慢이라 하고, 살피되 의에 맞지 않는 것을 사사로움이라 한다. 사사로우면 백성이 원망한다. 그러므로 잘 듣는 자는 들음에 말을 넘지 않고, 말은 정을 넘지 않으며, 정은 의義를 넘지 않는다." 자장이 묻기를 "서에서 말하길 마치 어린아이를 보호하듯 한다 했으니 송사를 판단하는 것이 이와 같으면 됩니까?" 공자가 말하길 "괜찮다. 옛날에 송사를 판단하는 자는 그 뜻을 미워했지 사람을 미워하지 않아 목숨을 지켜주려 했다. 살릴 수 없으면 형을 집행하되, 군주는 반드시 백성과 함께하고 그들을 사랑하여 목숨을 무겁게 여긴다."(『孔叢子』 2, 「刑論」) 공자가 송사를 판단하고 제자들이 송사에 대해 말한 것을 후대의 유가가 소개한 이유는 "송사를 판단하는 것은 나도 다른 사람과 같다"는 말 때문이다. 여기에는 성인의 말을 빌려 송사 판단의 가치를 높이는 의미도 담겨 있다. 유가 사상은 법가 사상의 일부를 받아들여 법률을 반대하지 않았다. 그것이 어쩔 수 없는 것이었다 해도 송사를 판단하는 데 성인의 말을 빌려 고취하려는 시도에는 다 의도가 있는 것이다.

주의를 기울여야 할 점은, 『孔叢子』가 위서라 해도 가탁한 말들이 완전히 꾸며낸 말은 아니라는 사실이다. 공자가 "송사를 판단하는 일은 나도 다른 사람과 같다"고 한 말은 사실일 뿐더러 송사를 판단하는 것에 대한 담론은 있을 수 있는 일이다. 공자는 자로에 대해 "한두 마디만 듣고도 판결을 내릴 수 있다"고 평가했으니, 자로는 판결과 소송에 대해 독창적인 말을 했거나 특별한 재능을 드러냈던 것 같다. 자로가 이와 같았기 때문에 증자, 자장 혹은 기타 문인들이 송사를 판단하는 문제에 대해 얼마든지 질문했을 수 있다. 맹씨가 양부陽膚를 사사士師로 임명했을 때 양부는 증자에게 가르침을 청했다. 이에 증자는 "위에서 도道를 잃었으니 백성이 흩어진 지 오래다. 그러한 정황을 안다면 애긍히 여길 뿐 기뻐하지 말아야 한다."(『論語』 19, 「子張」) 증자의 제자가 일찍이 송관訟官이 되어 송사에 대해 묻고 있는데 어찌 증자가 공자에게 그와 같은 질문을 하지 않았다고 볼 수 있겠는가. 증자나 자장이 이러한 말을 물었는지 사실 여부를 놓고 시시콜콜한 역사가들처럼 집착하지 않는다면 증자와 자장으로 대표되는 공문제자와 공자가 토론했을 가능성은 매우 크다. 공자 제자들은 아마도 송사 판단에 대한 담론을 꺼리지 않았을 것이고, 공자는 지시하는 방식을 중시하지 않았을 것으로 예상된다.

241 『論語』「顏淵」
242 『論語』「子張」
243 『史記』 47, 「孔子世家」

244 『論語』「子路」

245 『孟子』「離婁上」

246 『史記』 63, 「老壯申韓列傳」 87, 「李斯列傳」 74, 「荀卿列傳」

247 『荀子』 1, 「勸學」에 이르길 "예禮는 법률의 대강령大綱領이고, 판례의 요강要綱이다"라고 했다. 또한 "예법禮法의 대강령이다"라고도 했다.(같은 책 7, 「王霸」)

248 『荀子』 12, 「正論」

249 같은 책, 「王制」. 또한 "사士 이상이면 반드시 예악으로 이를 조절하고, 일반 백성은 반드시 법 조항으로 규제해야 한다"고 했다.(「富國」)

250 『荀子』「強國」

251 위의 책, 「富國」

252 위의 책.

253 위의 책, 「正論」

254 위의 책, 「富國」

255 위의 책, 「王制」

256 위의 책, 「性惡」

257 위의 책, 18, 「成相」

258 위의 책, 「正論」

259 한율漢律은 고제高帝 때 만들어졌고, 유술儒術은 무제武帝 이후에 군주가 중시하기 시작했다. 『史記』에서는 고제가 "아직 무력으로 천하를 평정하고 있으므로 상서序序의 일을 정비할 겨를이 없었다"고 했다.(「儒林列傳」121) 사실 그는 원래 주색을 좋아하는 무뢰한이라 근본적으로 유술이 무엇인지 몰랐다. 『史記』 「酈生陸賈列傳」은 다음과 같이 말한다. "패공沛公은 유생들을 좋아하지 않습니다. 그는 관을 쓴 유생들이 찾아오면 언제나 관을 빼앗아 그 안에 오줌을 누곤 합니다. 그리고 사람들과 말할 때마다 목청 높여 유생을 욕합니다." 역생이 객사에 이르러 패공을 만나러 들어갔을 때에도 패공은 침상에 걸터앉은 채 두 여자에게 발을 씻기게 하고 있었다. 육고陸賈가 황제 앞에서 항상 『詩』와 『書』를 인용하여 말하자, 고제는 그를 꾸짖으며 이렇게 말했다. "나는 말 등에 올라타 천하를 얻었소. 어찌 『詩』와 『書』 따위를 쓰겠소?" 유생에게 심하게 대했다고 할 수 있다. 그후 혜惠, 문文, 경景 등의 여러 황제 역시 유儒(學)를 중시하지 않았다. 『史記』 「儒林列傳」에서 말하길 "효혜제와 여후 때의 공경은 모두 무력으로 공을 세운 신하였다. 효문제 때에는 자못 문학하는 선비들을 등용하는 듯했으나 효문제는 본시 형명의 학설을 좋아했다. 효경제에 이르러서는 유학자들이 임명되지 않았고, 두 태후도 황제와 노자의 학술을 좋아했으므로 여러 박사는 관원 수만 채운 채 하문이 있기만을 기다릴 뿐 승진하는 사람이 없었다." 무제는 그때서야 비로소 바뀌어 유생을 중요시했다. 「儒林列傳」에서 말하길 "두 태후가 죽자 무안후 전분이 승상이 되어 황로와 형명 백가의 학설을 배척하고 문학하는 유학자 수백 명을 불러들였다. 그래서 공손홍은 『春秋』로써 평민에서 삼공이 되었고 평진후로 봉해졌다. 천하의 학자들이 이쪽으로 쏠려 바람을 타고 일어났다.(후에 공손홍의 말에 따라 박사관 및 제자를 두었다.) 이때부터 삼공, 구경, 대부, 사인에 문질文質을 겸비한 선비가 매우 많았다." 무제 이후 여러 제왕들은 더욱 유(학)을 중시했다. 『漢書』 「儒林列傳」에서 말하길 "소제昭帝 때는 현량문학을 보고 박사 제자원의 정원을 늘려 100명에 이르렀고, 선제宣帝 말에는 그것의 배로 늘었다. 원제元帝

는 유(학)을 좋아해서 하나의 경經에 통달한 자라도 모두 복귀시켰으나, 수년간 비용이 부족하자 다시 정원을 1000명으로 늘렸고, 나라에 『五經』에 관한 녹봉 백성의 졸사卒史를 두었다.[원문에 '卒史'라고 되어 있지만 '卒史'의 오타로 보임. 졸사의 녹봉은 100석이었다고 함] 성제成帝 말에는 (…) 제자 정원을 3000명으로 늘렸고, 연말에는 예전으로 회복되었다.

260　董仲舒의 대책은 『漢書』22, 「禮樂志」56, 「董仲舒傳」에 보인다.

261　『漢書』「董仲舒傳」; 『春秋繁露』11, 「天辨在人」13, 「四時之制」 참고. 「四時之制」에서는 다음과 같이 말한다. "하늘의 도는 봄의 온화함으로 낳고 여름의 따뜻함으로 기르며 가을의 시원함으로 죽이며 겨울의 추움으로 보관하니, 온화함·따뜻함·시원함·추움의 의미는 비록 다르지만 공功은 같아서 모두 하늘이 그것으로써 한 해를 이루는 것이다. 성인은 하늘의 움직임에 부합하여 그것으로 정치를 하는 것이다. 그런 까닭에 경축함慶으로 온화함에 부합하니 봄에 해당되고, 상賞으로써 따뜻함에 부합하니 여름에 해당하며, 벌罰로써 시원함에 부합하니 가을에 해당하고, 형刑으로써 추위에 부합하니 겨울에 해당한다. 경·상·벌·형은 종사함이 다르지만 공은 같아서 왕 된 자가 그것을 통해 덕을 이루는 것이다. 경상벌형과 춘하추동은 같은 부류로 상응하니 마치 부절이 맞는 것과 같다. 그런 까닭에 왕 된 자는 하늘과 짝이라 이르는 것이다. 그 이치는 하늘에는 사시四時가 있고 왕에게는 사정四政이 있는 것으로, 사정은 사시와 같이 서로 통하는 것이며 하늘과 사람이 함께 지니고 있는 것이다. 경慶은 봄이 되고 상賞은 여름이 되며 벌罰은 가을이 되고 형刑은 겨울이 되니, 경상형벌이 갖추어지지 않으면 안 되는 것은 마치 춘하추동이 구비되지 않으면 안 되는 것과 같다."

262　『春秋繁露』6, 「保位權」은 말하길 "그런 까닭에 성인이 나라를 다스리는 데 (…) 명령은 백성이 좋아하는 데 이르도록 힘쓰고, 좋아하는 바가 있고 나서야 권면할 수 있는 것이다. 그러므로 상賞을 만들어 그것으로 권면해야 한다. 좋아하는 바가 있으면 반드시 싫어하는 바도 있으니, 싫어하는 바가 있고 나서야 두려워할 수 있는 것이다. 그러므로 벌을 만들어 두려워하게 해야 한다. 이미 권면함이 있고 두려워하는 바가 있고 나서야 제제할 수 있는 것이다."

263　『漢書』「董仲舒傳」, 『春秋繁露』「天辨在人」에서는 이렇게 말한다. "하늘의 의지는 언제나 음의 빈 곳에 위치하여 그것을 약간만 취하여 보조로 삼는다. 그러므로 형이라고 하는 것은 덕의 보조이며 음이라고 하는 것은 양을 돕는 것이다. 양은 한 해의 주관이다." 또한 같은 책 「陽尊陰卑」에서는 이렇게 말한다. "그러나 인간이 하늘에 기대면 덕을 크게 하고 형을 작게 한다. 그러므로 임금은 하늘이 가까이 하는 바를 가까이 하고, 하늘이 멀리하는 바를 멀리하며, 하늘이 크게 하는 것을 크게 하고, 하늘이 작게 하는 것을 작게 한다. 그러므로 천수天數는 양을 오른쪽에 두고 음을 오른쪽에 두지 않고, 덕에 힘쓰고 형에 힘쓰지 않는다. 형이 그것으로 세상을 완성하는 것을 자임할 수 없음은 마치 음이 그것을 통해 한 해를 이루는 것을 자임할 수 없음과 같다. 정치를 함에 형을 자임하는 것은 하늘을 거역하는 것이니 왕도라 할 수 없다." 또한 같은 책 12권의 「陽陰義」에서는 이렇게 말한다. 그러므로 임금의 도는 "덕이 형보다 두텁도록 해야 하니 그것은 마치 양이 음보다 많은 것과 같다."

264　『漢書』「禮樂志」

265　王符 『潛夫論』4, 「三式」

266　같은 책 5, 「斷訟」

267　같은 책, 「三式」

268 같은 책, 「斷訟」

269 같은 책, 같은 곳.

270 같은 책 5, 「衰制」

271 같은 책, 같은 곳.

272 같은 책 4, 「述赦」 「衰制」에서 말했다. "상벌을 행하여 만민을 가지런히 하면 치국이 된다. 군주가
법을 제정했으나 밑에서 행하지 않으면 나라가 어지러워진다."

273 같은 책, 「述赦」

274 같은 책, 같은 곳.

275 「斷訟」

276 같은 곳.

277 「三式」. 본편의 서록敍錄에서도 이렇게 말한다. "선왕은 세상을 다스림에 위엄과 덕행을 함께 썼
다. 상을 주어 후侯로 세우기도 하고 벌을 내려 악행을 막았다. 상이 중하고 법이 엄해야 신하가
자신의 직무에 공경을 다하게 된다. 장차 태평을 바란다면 반드시 이러한 법을 준수해야 할 것이
다. 이에 「三式」 편을 지었다."

278 「述赦」

279 같은 곳.

280 「衰制」

281 荀悅 『申鑒』 5, 「雜言下」

282 같은 곳.

283 같은 책 1, 「政體」

284 荀悅, 『申鑒』 1, 「政體」

285 같은 책 2, 「時事」

286 같은 책, 「政體」

287 같은 책 2, 「時事」

288 荀悅, 『申鑒』 1, 「政體」

289 桓寬, 『鹽鐵論』 6, 「后刑」

290 위의 책 10, 「周秦」

291 『鹽鐵論』 「刑德」에서는 다음과 같이 말한다. "재갈과 고삐는 말 모는 도구로서 좋은 장인을 얻어
야 조종된다. 법을 집행하는 것은 다스림의 도구로서 성인을 만나야 교화된다. 재갈을 잡은 사람
이 전문가가 아니면 말이 놀라 달아난다. 키를 잡은 사람이 전문가가 아니면 배가 뒤집어져 망가
진다. 옛날에 오나라에서는 재비宰嚭로 하여금 키를 잡게 하여 그 배를 파선시켰고, 진나라에서
는 조고趙高로 하여금 재갈을 잡게 하여 마차가 뒤집어졌다. 지금 인의의 전문가를 없애고 형을
중시하는 무리를 임용한다면 오나라와 진나라의 일을 반복하는 것이다."

292 「后刑」에서는 다음과 같이 말한다. "지금 그 기강을 없애니 장려할 수 없고 예의를 망가뜨리니
방지할 수 없어 백성이 그물에 빠지게 하여 형벌로 사냥하니 이는 마치 우리를 열고 독화살을
쏘는 것과 같은데도 멈추지 않을 뿐 아니라 (…) 무릇 백성이 다스려지지 않음을 슬퍼하지 않고
자기가 간악한 자를 가려냈다고 뽐내는 것은 마치 주살로써 새를 눈멀게 하고 그물에 걸리게 함
을 기뻐하는 것과 같다." 또한 「刑德」에서는 다음과 같이 말한다. "옛날에 진나라는 법망을 가을

차茶와 응고된 기름에까지 미치게 했지만 높은 자 낮은 자 할 것 없이 모두 그것을 피해 달아나 간악함과 거짓이 판을 치게 되었다. 법을 집행하는 기구가 있어서 혼란을 구하고 엄히 처벌했으나 잘못을 금하게 할 수 없게 되었다. 법망이 느슨해져 죄들이 그 사이를 빠져나왔으니 예의를 버리고 형법을 자임한 것이다. 지금에 이르러 율령 100여 편은 문장이 번잡하고 죄명이 중복되어 지방과 나라에서 그것을 사용하는 데 의혹이 일어난 바, 혹자는 너무 얕다고 하고 혹자는 너무 깊다고 한다. 관리 가운데 법에 능숙한 자라 해도 어찌할 바를 모르는데 백성은 어떠하겠는가? 율령은 잔도棧道에 점점 낡아져 가고 관리는 (율령을) 모두 볼 수 없는데 하물며 어린 백성은 어떠하겠는가? 이렇게 판결하여 백성을 혼탁케 하니 백성이 죄를 짓는 것이다."

293 『白虎通德論』

294 『禮記』「聘義」

295 같은 책, 「坊記」

296 『禮記』「樂記」

297 같은 책, 같은 곳.

298 鄭端輯, 『朱子學歸』18.

299 『朱子語類』

300 Jean Escarra, *op. cit.*, p.251.

301 『孝經』「五刑章」

302 『荀子』 같은 곳.

303 『管子』4, 「樞言」에는 "사람의 마음이 사납고 흉악하기 때문에 법을 공포했다. 법은 예에서 나온다."고 했다. 또한 "례는 의에서 나오고, 의는 이理에서 나오며, 이는 마땅함에 근거한다. 법은 들쑥날쑥함 때문에 부득이하게 사용한다"고 했다.(13, 「心術上」)

304 『漢書』22, 「禮樂志」. 또한 『晉書』「刑法志」에서는 "숙손통의 율법이 못 미치는 것이 『傍章』18편이다"라고 했다.

305 『禮記』「禮運」

306 『後漢書』76, 「陳寵傳」. 구준邱濬은 『大學衍義』에서 "사람 마음이 예의에 위배된 이후에 형법에 들어가는 것이다"라고 했다.

307 『四庫全書提要』82, 「吏部」38, 「政書類」2.

308 『明史』「刑法志一」

309 『漢書』30, 「藝文志」; 『春秋繁露』3, '精華'는 '춘추에서 송사를 듣는 의미가 있다'의 1절, 『春秋』에서의 송사는 반드시 사건에 근본하며 그 의지에 근원하는데 의지가 사악한 자는 (범죄의) 성립을 기다리지 않고 (판결하며), 주모자의 죄는 특별히 무거웠으며 근본이 정직한 사람은 판결을 가벼이 내렸다. 그런 까닭에 봉추逢丑父[춘추 시기 제齊나라의 충신으로 알려진 대부는 마땅히 죽였어야 했으나 (그렇게 하지 않았고), 원도도轅濤涂는 마땅히 (형을) 집행하지 말아야 했는데 (집행했고), 노나라의 계자季子는 경부慶父를 쫓아내었고 오나라의 계자는 합려闔閭를 풀어주었는데, 이 네 사람은 죄가 같으나 판결은 다르게 내려진바 근본이 다르기 때문이다. 모두 삼군을 기만했으나 누구는 죽고 누구는 죽지 않았다. 모두 군주를 시해했으나 누구는 주살되고 누구는 주살되지 않았다. 송사 판별에 사악함을 조사하지 않을 수 있는가? 그러므로 판결 내림이 옳으면 이치가 더욱 분명해지고 교화가 더욱 성행할 것이다. 판결이 잘못되면 어두운 이치가 대

중을 미혹하여 교화에 서로 방해가 된다. 가르침은 정치의 근본이며 형벌은 정치의 말단이다. 그 사용하는 지역이 다르더라도 쓰임은 하나이니 서로 순종해야 하며, 그런 까닭에 군자는 그것을 중요히 여긴다."

310 『漢書』「董仲舒傳」

311 『後漢書』78, 「應劭傳」

312 『史記』131, 「儒林列傳」. 유실된 내용은 현재 『通典』(69, 「禮」 29, 14, '養兄弟子為后復自生子議' 賀嶠妻于氏表에서 인용-)과, 『太平御覽』(640 인용-), 『白帖』(20 인용) 등의 책에 네 가지 사건이 기록돼 있을 뿐이다.

313 청수더程樹德의 『九朝律考』 上册, p.197, "春秋決獄考"에 자세히 나와 있다.

314 『史記』「儒林列傳」; 『漢書』58, 「倪寬傳」

315 『史記』122, 「酷吏列傳」「張湯傳」에서 말하길 "이때에 황제가 바야흐로 문학에 관심을 가져 장탕이 중요한 판결을 내릴 때 고의古義에 박학한 자를 원하자 마침내 박사들의 제자 가운데 상서와 춘추를 연구케 했다. 그들을 정위에 맡김으로써 법령 가운데 의문되는 것을 조화롭게 하고 의문 나는 일에 대해서는 주연했다."

316 『晉書』「刑法志」

317 『魏書』111, 「刑法志」

318 같은 책 48, 「高允傳」

319 『舊唐書』50, 「刑法志」

320 『五代會要』16, 「大理寺」

부록

1 『春秋左傳』莊公 18年.(『淸律例』, '威逼人致死', 가경 11년의 수정 율례)

2 『荀子』3, 「非相」

3 『荀子』13, 「禮論」

4 상군商君은 "형벌을 똑같이 한다一刑는 것은 형벌을 주는 것에 차등이 없음을 말하니, 재상이나 장군에서 대부, 서인에 이르기까지 왕의 명령을 따르지 않고 국법을 어기며 위에서 제정한 것을 어지럽히는 자는 죽을죄로 처벌하고 사면하지 않는다"라고 했다.(『商君書』「賞刑」 제17)

5 『管子』15, 「任法」

6 『商君書』「開塞」 7, "친한 이를 친애하면 차별하게 되고 사사로운 것을 좋아하면 위험해진다. 많은 백성을 차별하거나 위험해지게 하면 백성이 어지러워진다."

7 「中庸」, "인이란 사람다움이니 친한 이를 친애하는 것이 중요하고, 의란 마땅함이니 현명한 사람을 존숭하는 것이 중요하다. 친한 이를 친애함이 친소에 따라 감쇄되고, 현명한 이를 존숭함이 존비에 따라 차이나는 것으로부터 예가 생겨난다."

8 太史公, 「論六家要旨」

9 『漢書』9, 「元帝紀」

10 공자와 맹자가 열국을 주유했으나 알아주는 군주를 만나지 못한 것에서 그 단서를 이미 엿볼

수 있다. 진나라에서 유학자를 묻어버린 것, 한 고조가 유생들을 모욕한 것, 효문孝文이 형명刑名의 언술을 좋아한 것, 효경孝景이 유자를 임명하지 않은 것, 두태후竇太后가 황로黃老를 좋아하여 유자를 물리친 것, 그리고 선제 때에 이르러 "한나라에는 자신의 제도가 있으니, 본디 왕도와 패도를 뒤섞는다. 어찌 순전히 유교에만 내맡겨 주나라의 정치 제도를 활용하겠는가?"라고 한 것 등에서 유가는 그 뜻을 이루지 못했음을 알 수 있다.

11　샤오궁취안蕭公權 선생은 "유가는 이미 무너지고 있던 봉건 천하를 옹호한 반면 법가는 장차 출현할 군권의 통일을 예상하고 있었다"고 했다.(『中國政治思想史』第1冊, p.7.)

12　『漢書』 8, 「宣帝紀」 注.

13　『史記』 53, 「蕭相國世家」; 『漢書』 39, 「蕭何列傳」

14　『論衡』 12, 「謝短」

15　『南齊書』 48, 「孔稚圭傳」

16　『後漢書』 16, 「陳寵傳」

17　『史記』 112, 「平津侯主父偃列傳」; 『漢書』 58, 「公孫弘傳」

18　『史記』 121, 「儒林列傳」; 『漢書』 58, 「兒寬傳」

19　『後漢書』 48, 「應劭傳」; 『漢書』 56, 「董仲舒傳」; 『漢書』 「藝文志」에 '公羊董仲舒治獄' 16편이 전한다.

20　『後漢書』 「應劭傳」

21　程樹德, 『九朝律考』 「漢律考」 7에 상세하다.

22　『晉書』 30, 「刑法志」

23　『三國志』 「魏志」 21, 「劉劭傳」

24　『魏志』 22, 「陳群傳」

25　『魏志』 21, 「劉庾傳」. 유의은 "정의와 함께 형벌과 예에 대해 논했는데 모두 세상에 전해졌다." 정의丁儀의 『刑禮論』은 오늘날 『藝文類聚』 54에 보인다.

26　『晉書』 「刑法志」

27　청수더程樹德 선생은 한의 법률이 복수를 금하지 않았다고 했으나 이는 나의 견해와 다르다.

28　『史記』 68, 「商鞅列傳」

29　『漢書』 「賈誼傳」

30　『晉書』 「刑法志」; 『晉書』 「賈充傳」에도 나온다.

31　『晉書』 33, 「鄭沖傳」

32　같은 책 34, 「杜預傳」

33　같은 책 39, 「荀顗傳」

34　같은 책 39, 「荀勖傳」

35　같은 책 35, 「裵楷傳」

36　같은 책 34, 「羊祜傳」

37　역사 기록에 따르면 그는 "법리를 잘 알았으며 잘못된 심리를 바로잡을 줄 아는 명성이 있었다. (…) 글재주가 있었으며 윗사람의 뜻을 관찰할 줄 알았다"고 한다.(『晉書』 40, 「賈充傳」)

38　陳寅恪, 『隋唐制度淵源略論稿』, 商務印書館, 1944, p.73.

39　『晉書』 「刑法志」

40　『宋書』64, 「何承天傳」에 나온다. 불효로 인해 사형당한 후에 저자에 버려지는 일은 한나라 때부터 이미 있었지만, 부모를 때리거나(『太平御覽』) 부모를 고발하는(『漢書』「衡山王傳」 태자 유상劉爽은 아버지인 임금을 불효죄로 고발했다가 사형당한 후에 저자에 버려졌다) 등의 객관적인 조건이 있는 경우로 제한되었던 것 같고, 그것을 미루어 가르침이나 명령을 거슬러 부모가 죽이고자 하면 다 허용되는 것, 이른바 "요구하는 것에서 신임을 얻어 허용되는 것"은 이전 시대에는 볼 수 없었고 아마도 진晉나라 때의 제도인 것 같다. 송나라 때에는 법률을 제정하지 않고 진나라의 법을 답습했다. 그러므로 이 규정은 진나라의 법률로 간주해야 할 것이다.(『南齊書』48, 「孔稚圭傳」, "강속江束의 땅에서는 줄곧 진나라 때 장비張斐와 두예가 주를 단 법률서 20권을 사용해왔다.")

41　『魏書』 2, 「太祖紀」 4 上下, 「世祖紀」 111, 「刑罰志」;『北史』 1, 「魏本紀」 2, 「魏本紀」

42　『魏書』 35, 「崔浩傳」, 「北史」 21.

43　『魏書』 48, 「高允傳」, 「北史」 31.

44　이 점에 대해서는 청수더 선생과 천인커 선생이 상세하게 논한 바 있다.(程樹德, 『九朝律考』와 『後魏律考序』;陳寅恪, 『隋唐制度淵源略論稿』 p.76 참고.)

45　『魏書』 54, 「高閭傳」, 「北史」 34.

46　『魏書』 55, 「遊明根傳」, 「北史」 34.

47　할아버지인 상상常爽은 생도 700여 명을 가르쳤는데, 가르치는 틈틈이 육경약주六經略注를 저술하여 세상에 전했다. 사관은 그가 "왕후를 섬기지 않고 홀로 한가하고 고요하게 지냈으며 20여 년간 경전을 강학했으니, 당대에 유림 선생이라 불렸다."(『魏書』 84, 「儒林傳」;『北史』 42, 「常爽傳」)

48　『魏書』 82, 「常景傳」, 「北史」 42.

49　『魏書』 69, 「袁翻傳」, 「北史」 47.

50　『魏書』 55, 「劉芳傳」, 「北史」 42.

51　『魏書』 62, 「李彪傳」, 「北史」 40.

52　법률이 유학화되는 과정에서 통치자들은 구체적으로 자신이 옹호하는 바를 밝혔다. 태평太平 연간과 진군眞君 연간에는 의혹이 남는 옥사를 모두 중서성에 넘겨 경전의 의리로 헤아려 결정토록 조서를 내렸다.(『魏書』 4, 「世祖紀」 48, 「高允傳」 111, 「刑罰志」) 또 태화 연간에는 조서를 내려 3000가지 죄 가운데 불효죄가 가장 크나, 법률에서는 부모에게 불손한 죄가 고작 수염을 자르는 형벌에 불과하여 이치에 맞지 않으니, 다시 상세히 고쳐도 좋다고 했다.(『魏書』「刑罰志」)

53　『隋唐制度淵源略論稿』

54　『北齊書』 30, 「崔昻傳」, 「北史」 32.

55　『北齊書』 29, 「魏收傳」, 「北史」 56.

56　『北齊書』 44, 「儒林傳」, 「北史」 81.

57　『北齊書』 43, 「封述傳」, 「北史」 82.

58　『周書』 45, 「儒林傳」, 「北史」 82.

59　이 점은 천인커 선생이 아주 상세히 논증했다.(『隋唐制度淵源略論稿』, pp.65~67.)

60　『唐會要』 39, 「定格令」 참고.

61　『隋唐制度淵源略論稿』, p.83.

찾아보기

ㄱ

가노家奴 309, 310

『가례家禮』 253

가마꾼 226, 227, 316

「가생열전賈生列傳」 448

가의賈誼 238, 282, 283, 286, 287, 384, 448, 449, 451, 464

「가의전賈誼傳」 448, 449

가족주의 7, 49, 89, 133, 136, 191, 193, 304, 319, 441,

가중加重주의 50

가충賈充 457, 458

가호형枷號 31

간음죄 83, 86, 89, 161, 190, 306~308, 322, 323

간통죄 84, 86

『강고康誥』 288

강충江充 359

『개원례開元禮』 261, 268, 270

「거복지車服志」『당서唐書』 214

겸조兼祧 196, 198

경모법輕侮法 112

경사자집經史子集 411

계강자季康子 392, 393

고옥蠱獄 359

고요皐陶 93, 115, 126, 341, 413

고용된 일꾼 251, 314~321, 325, 326

고윤高允 352, 435, 459, 460, 462, 465

고의 살해죄 49, 50, 114, 184

곤형髡刑 50

『공양동중서치옥십육편公羊董仲舒治獄十六篇』 434

공손가公孫賈 284

공손예公孫叡 244

공손오公孫敖 360

공손홍公孫弘 411, 454

공자건公子虔 284

공자孔子 36, 39, 157, 204, 222, 277, 366, 370, 373, 374, 380, 383, 385~387, 391~393, 409, 412, 413, 430, 446, 460

『공자가어孔子家語』 159

『공작동남비孔雀東南飛』 191

공치규孔稚珪 120, 437

과거 시험 248, 249, 305

곽기郭頎 457

관노비 305, 308

관대서寬大書 356

『관동풍속전關東風俗傳』 20

관리의 가족 235, 236, 315

『관자管子』 205, 212, 376, 403

관중管仲 370, 385

교감후絞監候 50, 62

교입결絞立決 56

『구당서舊唐書』 472

구양수歐陽脩 411

구여옥縣女玉 110, 111, 124

구용勾容 102

구천句踐 243

『국어國語』 204, 269

궁형宮刑 283, 285

권회權會 468

ㄴ

난신적자亂臣賊子 366, 369

내란죄 84, 86

노魯 애공哀公 157, 374, 392

노부鹵簿 228, 255

노터브호이Nathubhoy 340

녹수錄囚 348

『논육가요지論六家要旨』 445

『논형論衡』 341, 342

능지처참 50, 53~56, 67, 68, 142, 164, 177,
178, 288, 313, 314, 317, 320, 328, 360

ㄷ

당唐 태종太宗 17, 123, 125

『당률』 96

『당률소의唐律疏議』 163, 250, 251, 308, 309,
468

『당육전唐六典』 457

『대명령大明令』 153

대역죄 313

대원세戴元世 189

『대청율례大清律例』 335

『대청통례大清通例』 432

덕치 207, 384, 391, 408, 410, 412, 419, 425,
426, 433, 445

덕화德化 399, 422, 433, 445

「덕화德化」『잠부론潛夫論』 419

도의가 끊어짐 192~194

도형圖形 237, 251, 264, 291, 295~300, 308,
310, 312~317, 320, 326, 327, 335, 463, 473

독서인讀書人 408, 410, 411, 427

동성 간 혼인 139~143

『동약僮約』 110, 311

동중서董仲舒 51, 311, 383, 385, 417~419,
434, 435, 454

두기공杜祁公(두연杜衍) 229

두예杜預 452, 457, 458

두우수杜友守 457

ㄹ

량치차오梁啓超 278, 284

롭슨Robson 108, 341

ㅁ

마경덕馬敬德 468~470

맹자孟子 18, 93, 107, 110, 138, 140, 204, 222,
374, 409, 410, 413

『맹회도盟會圖』 458

『명률례明律例』 242

명부命婦　214, 215, 225, 231, 250, 255, 262, 272

『명사明史』　351

『명회전明會典』　236, 242, 261

모권母權　36

모반죄　313

『모시습유毛詩拾遺』　460

몽의蒙毅　288

무고巫蠱　357, 359, 360

무고죄　97, 98, 163

무동繆彤　19

무술巫術　357~360

묵자墨子　415

묵형墨刑　283~285

문벌門閥　243, 247~249

문법리文法吏　410

문영文穎　447

민자건 閔子騫　382

ㅂ

반고班固　409

방대식方大湜　355

배요경裴耀卿　126, 127

「배정전裴政傳」　472

배해裴楷　457, 458

백계白契　319, 325

「백관지百官志」『원사元史』　330

백기白起　287

백이伯夷　382, 400, 424

백호관白虎觀　284

『백호통덕론白虎通德論』(『백호통白虎通』)　23, 39, 280, 282, 427

번중樊重　18

범선자范宣子　277

범죄면발견犯罪免發遣　335

법가法家　364, 376~381, 394, 395, 397~415, 419, 421, 427, 428, 430, 444~448, 456, 457, 473

『법경法經』　447, 448

법률 평등주의　284

『법례율法例律』　103, 463

『별록別祿』　458

법치　381, 384, 398, 399, 408, 410, 412, 414, 417, 419, 425, 426, 430, 445, 446

병위秉威　426

복보福報　346

복제服制　132, 143, 150, 170, 177, 185, 196~199, 298, 459, 473

「본명해本命解」『공자가어孔子家語』　159

「봉술전封述傳」『북제서北齊書』　469

『봉씨문견기封氏聞見記』　281

부권父權　27, 33~38, 49, 66, 151, 161, 440

부소扶蘇　22, 287

부자상은父子相隱　281

부정공富鄭公(부필富弼)　229

『북제서北齊書』　468

불의不義　299, 467

불인지심不忍之心　402

불효죄　27, 50, 59, 95, 459

비노그라도프Vinogradoff　108

비형剕刑 283

ㅅ

『사고전서제요四庫全書提要』 433, 446

『사관장정赦款章程』 314

『사기史記』 284, 435, 448, 454

사노비 305, 308

사대부士大夫 19, 194, 204, 210, 216, 219, 222, 234, 244, 247, 249, 259, 272, 278, 281, 282, 289, 300, 301, 364, 409

사마광司馬光 31, 223, 272, 311

사면赦免 28~32, 85, 96, 99, 102, 103, 113, 115, 121~126, 259, 263, 294, 299, 314, 324, 349~351, 377, 403, 421, 427, 456, 463

사복師服 374

사유 재산 33, 161, 371, 431, 440, 457

사족士族 243~250, 282, 459, 465

살상죄 49, 142, 305, 306, 310, 317, 320

삼종三從 158, 160

상象 148

상경常景 460

상군商君(상군자商君子) 278, 284, 289, 377, 379, 406, 448

상례喪禮 206, 256~258, 261~263

상복도喪服圖 89

『상서尚書』 285, 435, 454, 469

『상장령喪葬令』 262

상해죄 49, 65, 72, 73, 183, 298, 305, 315, 321, 328

상형象刑 281, 416

상홍양桑弘羊 426

생살여탈권 22, 26, 110, 113, 311

『서의書儀』 272

서인庶人 96, 204, 208~220, 224, 226~228, 232~236, 242, 252~282, 285, 286, 298, 300, 331, 331, 347, 449

서족庶族 243, 244, 246~250

『석례釋例』 458

『석명釋名』 157, 286

「석친釋親」『이아爾雅』 159

선청先請 제도 290, 292

『설문說文』 21, 157, 159, 341

설백고薛伯皐 128

설안도薛安都 20

성공수成公綏 457

성적인 금기 306

『세범世範』 145

소백온邵伯溫 411

소순蘇洵 121, 144, 145, 240

손극孫棘 100

손혁孫革 436

『송사宋史』 231, 253

송신종宋神宗 290

『송잡령宋雜令』 34

송징권送懲權 26

『송형통宋刑統』 5

송효왕宋孝王 20

수무자隋武子 207

『수서隋書』 291, 465

숙손통叔孫通 432

숙술叔術 148

숙제女叔齊 382

숙향叔向 276, 277, 374, 375, 409, 430

순기荀覬 195, 457, 458

순열荀悅 280, 422, 424~426

순욱荀勗 457, 458

순자荀子(순경荀卿) 155, 204, 257, 279, 280, 365, 366~368, 374, 375, 383, 394, 413, 414, 416, 417, 425, 444

『순자荀子』 279

스타인메츠Steinmetz 107

『시경詩經』 208, 470

시첩侍妾 200, 201

신도반申屠蟠 111, 124

신명정申明亭 281

『신서新書』 206, 208, 368

신자慎子 373, 376, 379

신판법神判法 339~342, 359

신형률新刑律 79

심지기沈之奇 154

○

『악론樂論』 456

악역惡逆 53, 68, 467

안영晏嬰 374

『안씨가훈顏氏家訓』 21

안자晏子 372

알살법謁殺法 312

양민과 천민 249~252, 304~308, 314, 321, 480

양호羊祜 457, 458

엄형嚴刑 404, 405, 417

『여계女誡』 191

여곤呂坤 148, 241, 242, 301

여론의 제재 280~282

여보서呂步舒 435

여숙제女叔齊 374

여신오呂新吾 76

『여씨춘추呂氏春秋』 21

연좌 94, 108, 176, 293, 294, 310

『열자列子』 117

『영선령營繕令』 216

영소榮劭 457

예관兒寬 411, 419, 435, 454

예교禮敎 323, 324, 383, 413, 423, 427, 430, 431, 441

『예기禮記』 17, 33, 41, 89, 129, 138, 155, 156, 191, 192, 259, 260, 269, 279, 286, 368, 369, 373, 374, 428, 432, 444, 469, 470

『예문지藝文志』 409

예법지분禮法之分 414

예치禮治 375, 381, 408, 409, 412, 414, 433, 445

『오륜서伍倫書』 101

오맹자吳孟子 140

오살誤殺 175

오원伍員 287

오정五政 426

오형五刑 50, 53, 283, 285, 314, 413, 431, 436

『옥관령獄官令』 288

완형完刑 283

왕부王符 217, 419, 421, 422

왕승변王僧辯 21

왕식王植 452

왕안석王安石 223, 349, 429

왕언위王彦威 260, 261

왕업王業 457

왕원王源 245, 246

왕응규王應圭 256

『왕제王制』 436, 446

왕충王充 452

왕포王褒 110

왕휘조汪輝租 344, 346

요·순堯舜 393~398, 412, 446

요술妖術 358, 359

웅안생熊安生 468~470

웅원熊遠 435

『원률元律』 252, 273, 292, 300

원매袁枚 148

원번袁翻 460, 461

원빈袁濱 354

『원사元史』 330

『원전장元典章』 331

원채袁采 144

「월령月令」 355

월형刖刑 285

『위서魏書』 458, 459, 461, 463, 464

위수魏收 468, 469

위전衛展 94

유가와 법가의 다툼儒法之爭 408

유개양劉開揚 344

유궤柳軌 457

『유남수필柳南隨筆』 256

「유림전儒林傳」 470

유명근遊明根 460, 461

유방劉芳 460~462, 465

유상劉爽 95

「유소전劉劭傳」『삼국지』 455

유수지劉秀之 299

유양留養 354, 440

유향劉向 419, 458

육고陸賈 382

육구령陸九齡 42, 45

육구연陸九淵 411

육상산陸象山 411

육시戮屍 277, 286

육예六禮 253, 417

육욕戮辱 286

윤문자尹文子 394

은닉 93~95, 161, 310, 379, 440

음서蔭敍 330

응소應劭 286, 434, 454

『의례儀禮』 16, 40, 432, 469

『의제령儀制令』 218, 229

의청議請 292

의형劓刑 283, 285

이걸李杰 28

이극里克 287

이사李斯 414, 449

이임보李林甫 126, 127

이정범李廷范 437

이표李彪 463

「이표전李彪傳」 464

이현李鉉 468

이회李悝 447, 456

인치人治 391, 398, 409, 410, 445

인치주의 393, 426

일부일처제 194

일처다첩제 194

임시시행 형률 보충조례 79

ㅈ

자목子木 271

자산子産 277, 285, 287, 409

자진自盡 170~172, 179~185, 286, 288, 307, 325~328, 463, 464

장구령張九齡 126, 127

장민張敏 112

장애백臧哀伯 205, 206

장탕張湯 434, 435, 454

장화章化 426

장희백臧僖伯 205

재산 소유권 161

전내궁箭內亘 330

절도죄 71, 87, 88, 335

정관丁瓘 240

정단鄭端 149, 301

정당방위 77, 79,

정수덕程樹德 110

『정씨규범鄭氏規範』 44

정의丁儀 456

정이천程伊川 255

정충鄭沖 457, 458

『정학록政學錄』 301

제齊 경공景公 373

제영緹縈 99

『제전祭典』 271

조고趙高 287, 288

조광한趙廣漢 312

조심朝審 356

조아趙娥 111, 117, 118, 120, 124

조인調人 109, 116

조조曹操 112

조파노趙破奴 360

족장族長 37, 38, 42~48, 70

족주族誅 360

종도宗道 의식 39

종법의 시대 22

종법宗法 조직 38, 40~42

『좌씨공양석左氏公羊釋』 460

주공周公 412, 413

『주관周官』 129, 130, 469

주권周權 457

『주례周禮』 50, 109, 281, 285, 286, 288, 300, 470, 471

『주문공가례朱文公家禮』 254

주선朱善 145, 146

주인과 노예 308, 314, 318, 319, 322

주희朱熹(주자朱子) 253, 353, 411, 429

『중경中經』 458

『중국대사고中國大赦考』 349

증삼曾參 126, 127, 191, 382, 396

지앵知罃 40

진가경秦可卿 263

진덕수陳德秀 28

진범과 잡범 314, 327

『진어晉語』 286

진인각陳寅恪 458, 466, 472

진자앙陳子昂 349, 350

진晉 혜공惠公 287

진총陳寵 433, 453

ㅊ

찬살률擅殺律 47

참입결斬立決 54, 55, 62, 327

참후斬候 52

채곽蔡廓 94

채옹蔡邕 18

천살擅杀 175

『철경록輟耕錄』 306

『청률례회집편람淸律例匯輯便覽』 143

『청률집주淸律輯注』 154

청의淸議 246, 282

『청통례淸通禮』 261

『청현행형률淸現行刑律』 24, 49~51

최앙崔昂 466, 468

「최앙전崔昂傳」 『북제서北齊書』 466

「최표전崔儦傳」 『북사北史』 469

최호 459, 460~463

추심秋審 356

축고蓄蠱 359

축윤명祝允明 101

『춘추春秋』 51, 129, 195, 269, 288, 366, 417,
419, 434~436, 454, 460, 470

『춘추결옥春秋決獄』 454

『춘추공양전春秋公羊傳』 116, 460

『춘추단옥春秋斷獄』 454

『춘추번로春秋繁露』 212

『춘추보건도春秋保乾圖』 453

『춘추장력春秋長歷』 458

『춘추전』 23

『춘추좌씨경전집해春秋左氏經傳集解』 457

『춘추좌씨전春秋左氏傳』(『좌전左傳』) 469,
470

충군充軍 31, 32, 299, 325, 335

측천무후則天武后 349, 350

치사관致仕官 234

친족 간 상해죄 65

친친親親 378, 379

칠거지악 172, 188, 192~194, 479

칠출삼불거七出三不去 431

ㅌ

태사공(사마담司馬談) 445

태손청太孫請 89

통법統法 426

『통지通志』 249

투살鬪殺 175

특권 계급 204, 234, 243, 276, 290, 293, 303,
304

ㅍ

팔기八旗　300, 334, 335

팔의八議　285, 290, 292~294, 303, 431, 457, 459, 467, 473

ㅎ

하순賀循　39~41

『하정고황사何鄭膏肓事』　460

하틀랜드Hartland　107

『학치억설學治臆說』　346

『한서漢書』　435, 454

한漢 성제成帝　206, 238

한비자韓非子　278, 376~380, 394~399, 401~407

한원장韓元長　18

한유 韓愈　129, 417

해치獬豸　341~343

향의鄉議　246

헨리 메인Henry Maine　26, 276, 338

현량문학賢良文學　382, 426, 427

『형례론刑禮論』　456

현종玄宗　126

형벌의 금기　355, 356

「형법지刑法志」　291, 350, 351, 447, 452, 456, 458, 465, 467, 471, 472

형소邢劭　468, 469

『형안휘람刑案彙覽』　140, 151

형육刑戮　286

형정刑鼎　409

『호령戶令』　250

「혼의昏義」『예기禮記』　138, 155, 156

혼인 주도권　35, 152, 160

홍계紅契　319, 325

『홍루몽』　236, 263

화목하지 않은 죄不睦罪　66

환담桓譚　110, 112

황실의 친족　298

회심會審 제도　410

회영懷嬴　159

『효경孝經』　50, 387, 388, 469

효제孝悌　19, 99, 365, 401, 431

『흠반주현사의欽頒州縣事宜』　411

희살戲殺　175

J. 에스카라 Escarra　430

10대 악(10악)　50, 51, 66, 68, 84, 292~294, 299, 468, 474

12표법　358

법으로 읽는 중국 고대사회

초판 인쇄 2020년 3월 30일
초판 발행 2020년 4월 10일

지은이 취퉁쭈
옮긴이 김여진 윤지원 황종원
펴낸이 강성민
편집장 이은혜
편집 이승은 신상하 이여경
마케팅 정민호 김도윤 고희수
홍보 김희숙 김상만 오혜림 지문희 우상희 김현지

펴낸곳 ㈜글항아리 | 출판등록 2009년 1월 19일 제406-2009-000002호
주소 10881 경기도 파주시 회동길 210
전자우편 bookpot@hanmail.net
전화번호 031-955-2682(편집부) 031-955-2696(마케팅)
팩스 031-955-2557

ISBN 978-89-6735-656-9 93910

글항아리는 ㈜문학동네의 계열사입니다.

이 도서의 국립중앙도서관 출판예정도서목록(CIP)은
서지정보유통지원시스템 홈페이지(http://seoji.nl.go.kr)와 국가자료종합목록 구축시스템
(http://kolis-net.nl.go.kr)에서 이용하실 수 있습니다. (CIP제어번호 : CIP2019030919)

geulhangari.com